뿌리 깊은 한국사 샘이 깊은 이야기

2 통일신라 · 발해

일러두기

○ 본문은 큰 주제별로 모아 장으로 묶었으며 각 장은 꼭지마다 해설을 하고 이어서 원사료를 밝힌 '자료샘'과 '출전', '찾아읽기'를 배치했다.

○ 본문에 나오는 인명과 지명 등은 원칙적으로 한글 맞춤법 표기법에 따랐다. 필요한 경우, 독자의 이해를 돕기 위해 익숙하지 않은 인명, 지명, 단체명, 정기간행물 등은 원어를 병기했다. 주요 개념이나 한글만으로는 뜻을 짐작하기 힘든 용어의 경우에도 한자나 원어를 병기했다.

○ 단행본이나 전집은 『 』, 신문이나 잡지, 논문, 기관지, 문학작품명, 영화 제목 등은 「 」로 표기했고, 강의명이나 기사 제목 등은 〈 〉로 표기했다.

○ 한자와 외래어는 병기를 원칙으로 하되, 음과 뜻이 다를 경우에는 [ ]로 묶었다.

뿌리 깊은 한국사 샘이 깊은 이야기

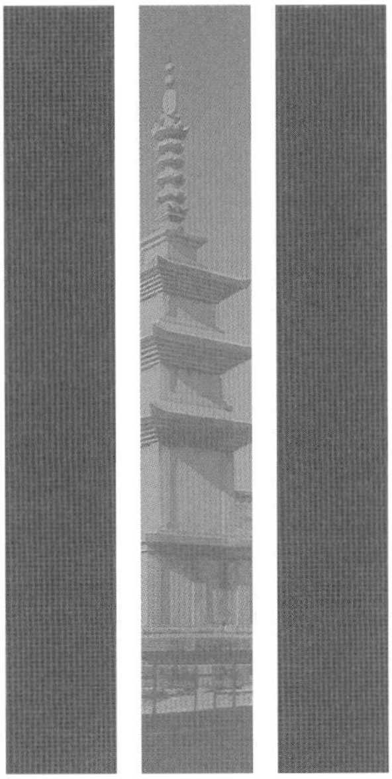

쟁점과 사료로 풀어쓴
새로운 한국사

❷ 통일신라 · 발해

강봉룡 지음

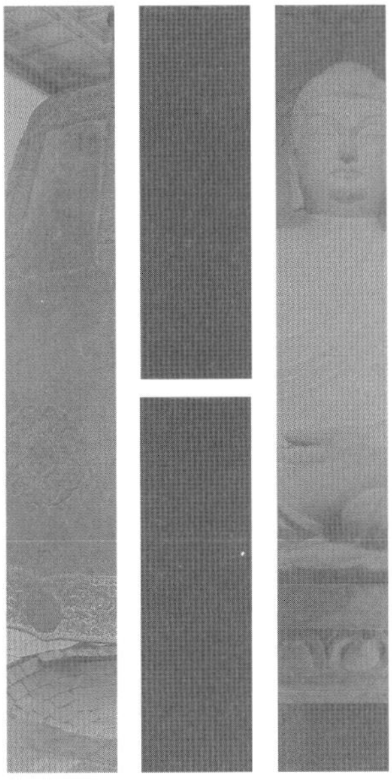

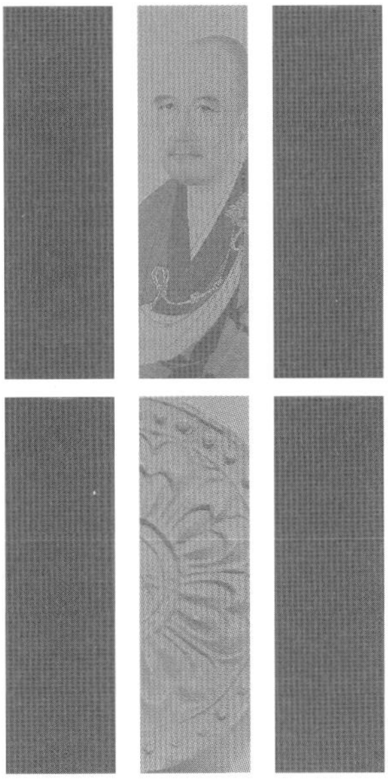

가람
기획

개정 신판 간행사

『뿌리 깊은 한국사 샘이 깊은 이야기』(이하 『뿌샘』) 초판이 나온 지 어느덧 11년이 흘렀다. 그동안 많은 독자들로부터 '뿌샘'이라는 애칭으로 많은 사랑을 받았으니 그저 고마울 따름이다. 그러나 저자들이 이 책들을 활용하고 검토하는 과정에서 더러는 서술상의 오류가 없지 않으며 보완할 여지가 적지 않음을 발견하였다. 특히 일부 항목에서는 새로운 연구 성과들이 나와 많은 이들의 관심을 끌었다. 이에 저자들 사이에서 개정·증보의 필요성이 제기되었으며 곧이어 작업 구상에 들어갔다.

한편, 2007 개정 교육과정 이래 전면적인 역사과 교육과정의 개편이 2009년, 2010년, 2011년 세 차례에 걸쳐 이루어진 사실도 『뿌샘』 개정·증보의 필요성을 더욱 느끼게 하였다. 올바로 된 국사의 이해 체계를 『뿌샘』이 견지해주어야 하지 않겠는가 하는 의무감에서다.

기실 빈번한 역사과 교육과정의 개정은 그만큼 우리의 국사 이해 체계가 흔들리고 있음을 말해주는 단면이었다. 개정은 몇몇 단원과 내용을 부분 조정하는 데 그치지 않고 역사 과목 수를 줄임은 물론 과목명을 바꾸고 그 내용의 체제를 전면 개정하는 형태로 진행되었다. 그리고 이는 교사와 학생은 말할 나위도 없고 학부형과 일반 국민들의 우려를 자아내면서 가뜩이나 위축된 역사 교육의 위상을 더욱 추락시켜 존립의 근거마저 상실케 하였다. 이러한 현실에서 『뿌샘』의 저자들은, 학생과 교사는 물론 일반인들에게도 체계적이고 과학적인 국사 이해 체계를 반듯하게 보여줄 필요가 있음을 절감하였던 것이다.

사람이 제 구실을 하며 올바로 살아가기 위해 꼭 필요한 요소를 하나만 지적해보라고 한다면 그것은 그가 지금까지 살아온 내력來歷을 거짓이나 꾸밈없이 제대로 기억하는 일이라 할 것이다. 기억상실증에 걸려 부모와 형제, 스승과 친구를 알지 못하고 자기가 누군지 어떤 일을 하던 사람인지도 알지 못한 채 살고 있다면 설령 그 삶이 유복하더라도 그것을 그의 정당한 삶이라고는 말할 수 없는 노릇이다.

지금까지 살아온 내력을 잘 기억하는 것은 곧 나를 나일 수 있게 하는 필수불가결한 요소다. 그리고 그 기억은 거짓 없는 사실에 기초한 것이어야만 한다. 지금까지 잘 살아왔다고 해도 진짜라고 믿었던 집안의 족보가 조작되었다면 자기의 뿌리를 의심하고 방황하게 될 것은 당연한 일일 터이다.

지금까지 살아온 내력을 우리는 '역사歷史'라고 부른다. 그러므로 우리는 우리 역사를 자신의 존망을 걸고 똑바로 알아야만 한다. 역사란 그저 단순한 호기심에서 알아도 그만, 몰라도 그만인 것이 아니다. 자기 역사를 모르고서는 사람이 제 구실을 할 수가 없고 자기 역사를 잘못 알아서는 남의 삶을 사는 것이 되기에, 정신을 차리고 온갖 힘을 다하여 이를 알아야 하는 것이다. 같은 이치로, 우리가 한국 사람으로서 이 시대를 올바로 살아가려면 우리 역사 곧 국사를 바르게 알지 않으면 안 된다. 국사는 우리 민족이 지금까지 살아온 내력에 대한 기억이기 때문이다.

따라서 이번 개정 신판에서는 원시에서 현대에 이르는 우리 역사의 전개를 일관하는 안목에서 체계적으로 알고 이해하는 데 무엇보다 주력하였다. 그러다 보니 그에 관한 연구 성과가 미약하여 이해 체계를 세우는 데 적잖이 애를 먹고, 결국 국사 전반에 대한 큰 이해 체계 위에서 맥락을 잡아 과감하게 서술한 부분도 없지 않다. 국사학계에 어떤 부분의 연구가 소략한지 제시함으로써 연구를 촉발하겠다는 뜻도 있었으니 널리 이해 바란다.

개정 신판에서는 초판의 문제점을 보완하는 한편 그동안에 축적된 연구 성과를 가능한 한 충실하게 반영하도록 애썼다. 10여 년 사이에 새로운 견해가 많이 제출되어 국사의 이해가 더욱 풍부해졌고, 그러다 보니 학계의 연구 경향에 큰 변화가 초래된 분야도 없지 않았다. 이를 가급적 고루고루 두루두루 소개하려 노력하였으니 역사 교육 현장에서 중등학생을 가르치는 교사는 물론 국사를 배우고 연구하는 학생들과 국사학의 동향에 관심을 가진 일반 시민에게도 도움이 되리라 생각한다.

또한 독자의 이해를 돕기 위해서 인용 자료의 원문을 첨부 소개하였다. 국사에 대한 독자의 지적 욕구와 이해력이 높아져 원문을 직접 해득하고 스스로 새로운 견해를 제시하는 수준에 이른 현실을 반영하기 위해서다. 다만 근 · 현대사의 경우, 한문 이외에 여러 외국어 원문이 소개되어야 하므로 여기서는 원문을 제시하지 않았다. 아울러 이번 시리즈에서는 일부 책의 저자가 바뀌고 체제가 개편되었음을 알려둔다. 모쪼록 『뿌샘』 시리즈를 통해 국사에 대한 관심과 연구의 열의가 더 높아지고 뜨거워지길 기대한다.

끝으로 『뿌샘』 시리즈에 변함 없는 관심을 가지고 개정 신판 편집 작업에 노고를 아끼지 않은 가람기획 편집진에 감사드린다.

2013년 10월

지은이 일동

초판 간행사

인간 만사에서 사물의 내면을 깊이 알고자 할 때, 자기 처지를 살필 때, 맞닥뜨린 문제나 난국을 풀려고 할 때 인간은 내력 · 계통 · 배경을 진지하게 되새긴다. 이것이 바로 역사를 알고자 하는 자세이고 정신이다.

역사는 과거의 실록으로, 현재의 본보기이자 미래의 지표이다. 역사는 인간을 주체로 많은 사건 · 제도 · 문물 · 산업 · 사상 · 연대들이 얽히고설키어 시간 전개와 공간 변화에 따라 단계성과 계기성, 필연성이 일관된 맥락에서 자리 잡고 거대한 체계를 갖춘다. 선행 · 인덕 · 의리 · 지조 · 풍류 · 호연 · 징악 등의 보편적 가치도 이 가운데서 구체적으로 나타난다. 그러므로 역사는 늘 새로운 생명력을 갖는다. 개인 · 가족 · 집단 · 국가나 민족 · 세계는 이를 통해 자기 주체를 발견하고 처지를 인식하고 존재가 나아갈 길을 가늠할 수 있다. 역사의 의미와 가치가 이러하여 인간 문명의 시원부터 역사를 늘 중시하고, 끊임없이 새롭게 서술하며 후세에 가르쳐왔다.

그러나 역사는 특정 공식이나 방법이 있어 손쉽게 설명하고 이해할 수 있는 분야가 아니다. 중등학생을 비롯하여 대학생과 일반인들이 역사를 공부하자면, 정신 능력이나 교육 정도에 따라 저마다 양의 많고 적음과 질의 높고 낮음은 있겠으나, 우선 역사를 구성하는 인물 · 정치 · 경제 · 제도 · 전쟁 · 문물 · 생산 · 사상 · 예술 · 연도 등 기초 사실을 익히 알지 않으면 안 된다. 그러려면 먼저, 이미 정리된 역사서에 나오는 사실들을 학습할 수밖에 없다. 이는 역사서를 거듭 반복해 읽으면서 사실들에 친숙해지고 마침내 역사 맥락에서 이해하는 숙지 훈련을 꾸준히 하는 일이다. 사실이 없으면 역사는 없다. 역사 학습에서 사실에 대한 기억과 숙지 과정이 없다면 소양 있는 역사 이해는 힘들다.

역사와 역사 학습의 속성이 이와 같아서 중등학생이나 일반인들은 역사에 커다란 의미를 부여하고 이야기는 즐겨 하지만, 정작 자신이 노력을 기울여야 할라치면 외면하거나 귀찮아하기 십상이다. 심한 경우 중등학교 역사 교사의 교육 방식에 흠이 있다고 탓하거나 역사 교육 자체가 필요 없다고 주장하기까지 한다. 이러한 경향은 우리나라 근 · 현대화가 우리 전통과 역사를 무시하거나 그 가치를 부인하는 방향으로 펼쳐진 추세와 맞물려, 갈수록 서양 역사만이 역사다운 듯한 인상을 갖도록 하고, 서양 제도나 문물을 배우는 것이 제 자신을 아는 것보다 급한 일인 양 착각하도록 만든다. 국민을 양성하기 위해 마련한 『국사』 교과가 정상적으로 교육되지 못하는 이유가 여기 있다.

이런 상황에서 우리 역사를 상식적이고 교육적으로 이해하려는 이들이 겪어야 하는, 어쩔 수 없이 반복하여 연습하고 기계적으로 암기하는 고단한 과정을 누그러뜨리면서 역사 감각과 판단을 훌륭하게 길러 나아가는 방안을 찾을 필요가 있다. 그것은 결국 우리 스스로 국사를 탐구하는 역사가가 되어, 각 사실에 관한 문헌 사료나 기타 관련 자료에서 내용을 익히고, 의미를 궁리하고, 안목과 감성을 계발하는 길일 터이다. 학습자가 직접 자료에 다가가 사실에 대해 한층 생생한 관심과 흥미를 가지며, 스스로 분석하고 해석하여 사유의 폭을 넓힘으로써만 역사 이해를 정당하게 할 수 있는 까닭이다.

『뿌리 깊은 한국사 샘이 깊은 이야기』는 이러한 목적과 필요에서 집필한 것이다. 우리나라 역사를 공부하고 이해하는 데 필요한 기초 사실들을 선택하여 사실에 관한 기본 사료를 열거하고, 관련 사실과 연계하여 해설하여 학습에 참고할 수 있는 공구로 만들었다.

『뿌리 깊은 한국사 샘이 깊은 이야기』의 큰 짜임새는 이렇다.

첫째, 시기 구분과 항목 선정 기준은 우리 사학계의 일반적인 통설을 바탕으로 하였다.

곧 우리나라 역사를 고조선 · 삼국 · 통일신라 · 발해 · 고려 · 조선 전기 · 조선 후기 · 근대(대원군 이후) · 현대(3 · 1운동부터 해방 후까지)로 나누었다. 이렇게 시대 구분을 한 뒤 사건 · 제도 · 생활 · 생산 · 사상 등 큰 주제로 관련 사실을 가려 뽑았다. 각 항목은 국사 이해를 위해 꼭 필요한 기초 사실과 관련 사실들로 엮어 국사 학습을 할 때 늘 새롭게 되뇌고 맛볼 수 있도록 하였다. 다만 우리 역사를 체계적으로 이해하는 데 꼭 필요한 부분은 새로운 견해도 과감하게 펼치고 소개하였다.

둘째, 각 항목 자료는 당대 사료史料를 위주로 하였다.

일반적으로 사료는 대부분 한자로 기록한 것이다. 하여 읽는 이의 편의를 고려하여 번역하였다. 사료 번역은 직역을 원칙으로 하였으나 어쩔 수 없는 곳은 의역했다. 해당 사료마다 출전을 달아 사료를 폭넓게 이해하고자 하는 이들이 확인하고 이용할 수 있도록 배려했다. 아울러 항목마다 도판 · 회화 · 지도 · 도표 등 보조 자료를 시각적으로 곁들인 뒤 간단한 설명을 붙여 항목에 대한 이해를 넓히려 했다. 보조 자료는 모두 저작권을 해결하여 싣는 것을 원칙으로 했다.

셋째, 각 항목 얼개는 해설 · 자료샘 · 찾아읽기로 이루어졌다.

각 항목 서술은 해당 항목에 대한 기본 지식을 얻기 위한 해설을 한 다음, 해설과 관련한 기본 사료를 번역하여 제시하고(자료샘), 사료 내용 가운데 설명이 필요한 부분은 자세하게 주를 붙였다. 그런 뒤 해설과 자료샘의 이해를 높이고자 각 항목 관련 연구 논문과 단행본을 발행 연도순으로 정리하였다(찾아읽기). 특히 현대 이후와 해방 후 당대사는 되도록 자료 제시를 넉넉히 하고 해설은 사실 진술에 충실하도록 하였다.

넷째, 부록으로 자료샘 출전, 역대 국왕 계보도, 찾아보기, 연표를 정리하였다. 자료샘에 나온 출전은 가나다순으로 정리하고, 간략한 해제를 덧붙였다(개정 신판에서는 출전 해제를 해당 꼭지에 배치했다 – 지은이). 또 나라별로 국왕 계보도를 제시하여 한눈에 잘 알아볼 수 있도록 하였으며, 본문에 나오는 주요 역사 사건, 인물 등 사료를 중심으로 찾아보기를 달았다. 연표는 크게 한국사와 세계사로 나누어 정리하고 각 해마다 일어난 주요 역사를 비교하여 알아볼 수 있게 하였다. 부록은 스스로 공부할 수 있게 길잡이하는 몫을 할 것이다.

『뿌리 깊은 한국사 샘이 깊은 이야기』는 오랜 수고의 산물이다. 1993년부터 자료를 모으고 사료를 번역하는 등 바탕 작업을 하여 이제야 빛을 보았다. 이 원고의 각 항목 서술은 사실 자체는 물론 국사의 맥락과 체계에 대한 이해 능력을 차차 기를 수 있도록 모든 시기와 항목에 걸쳐 단계성과 계기성이라는 잣대로 진행하였다. 선정 항목의 적절성에 대한 논란이나 빠진 항목에 대해 이의를 제기하는 이도 있을 것이다. 또 연구가 미약한 항목은 해설도 미흡할 것이다. 이는 지은이의 몫이며 시간을 두고 차근차근 해결해갈 것이다.

『뿌리 깊은 한국사 샘이 깊은 이야기』 지은이

「통일신라 · 발해편」 전면 개정판 머리말

『뿌리 깊은 한국사 샘이 깊은 이야기』 시리즈는 그동안 독자들로부터 큰 관심과 성원을 받아왔다. 관련 사료들을 제시하면서 이야기를 이끌어 간 독특한 서술 체제가 이목을 끌었던 것 같다. 그렇지만 내용상의 오류도 있었고, 그간의 새로운 연구 성과를 담아낼 필요성도 제기되면서 자연스럽게 개정에 대한 논의가 일어났다.

특히 제1권「고조선 · 삼국편」과 제2권「통일신라 · 발해편」의 초판본은 저자와 서의식 교수(서울대)가 장과 절을 나누어 분담 서술하여 공동 저서로 출간하였기 때문에 두 사람의 입장 차이가 조율되지 못하여 일관성이 떨어지는 부분도 적지 않았다. 이에 개정판에서 제1권은 서의식 교수가, 제2권은 저자가 각각 책임을 맡아 단독으로 저술하기로 하여 이러한 문제점을 해소하기로 하였다.

이 책은『뿌리 깊은 한국사 샘이 깊은 이야기』「통일신라 · 발해편」(솔, 2003)의 개정판이다. 저자의 단독 저서로 꾸리다 보니 장과 절의 체제를 대폭 재구성해야 했고, 다시 집필해야 할 내용도 많아져서 전면적인 개정작업이 불가피하였다. 그렇지만 저자의 능력 부족과 공사다망, 그리고 게으름까지 겹쳐 속도를 내지 못하였다.

그러던 중 2013년에「근대편」 개정판이 처음 나왔고, 2014년에「고려편」과「조선전기편」의 개정판이 나왔다. 2015년에는「조선후기편」과「고조선 · 삼국편」까지의 개정판이

나왔다.

마음이 급해졌고, 그럴수록 작업은 더뎌졌다. 출판 일정이 더 이상 미룰 수 없는 단계에 이르자 개정 작업에서 일정한 타협을 할 수밖에 없었다. 보완 작업을 적당한 선에서 멈춰야 했고, 구상한 몇 개의 절은 아예 서술을 유보해야 하였다.

그럼에도 불구하고 이 책은 나름의 의미도 있다고 생각한다. 먼저 관련 사료들을 함께 제시하면서 이야기를 풀어 간 독특한 서술 체제는 여전히 이 책의 가장 중요한 장점이다.

특히 개정판에서는 사료의 번역문은 물론 원문까지 함께 실어, 역사를 보다 실감 있게 접근할 수 있도록 하였다. 이 점은 번역문만을 제시했던 초판본에 비해 확실히 진일보한 측면이다.

이 책은 주제별로 총 6개의 장으로 구성되었다. 제1장은 신라의 삼국통일과 그 의의라는 주제하에 백제와 고구려의 멸망과 부흥운동, 이후 나당 전쟁의 승리까지, 제2장은 통일신라의 정치와 사회라는 주제하에 통일신라시대 정치사의 흐름과 정치기구의 정비, 교육 및 인사제도, 지방통치의 기틀이 된 9주5소경제 등에 대해 다뤘다. 제3장은 통일신라의 대외관계와 무역이라는 주제로 당나라 및 일본과의 관계, 동아시아 무역과 장보고에 관한 내용을 다뤘으며, 제4장은 통일신라의 불교문화와 관련한 내용을 두루 살펴봤다.

또한 제5장은 신라 하대의 사회변동을 다루면서 진골귀족의 반란과 잦은 농민봉기 이후 이어진 호족의 성장과 후삼국의 성립까지를, 그리고 마지막 장으로 발해의 흥망성쇠에 관한 주제들을 다뤘다.

내용에서는 그간 쟁점이 되거나 상대적으로 소홀히 다루어 온 주제들을 부각시키려 하였다.

신라가 국내외의 시련을 극복하고 통일을 성취해 간 과정과 그 의의를 비교적 소상하게 소개하였고, 통일신라가 개방적인 대외관계를 추구하면서 세계를 상대로 무역을 확대해 간 과정을 새롭게 강조하고자 하였다. 또한 보편적인 유교정치이념을 정착 · 보급하여 보다 진전된 중대 전제정치체제를 구현해 간 과정과 의의 및 한계에 대해서도 비중 있게 다루었다.

특히 통일신라와 발해는 이 책의 핵심 키워드로서, 양자의 관계는 저자가 이 책을 구상할 때 가장 심각하게 고민한 문제이다.

이 문제는 기본적으로 초판본의 문제의식을 계승하여 심화시키는 방향에서 갈무리하였다. 다만 여기에서 통일신라와 발해가 교차하는 7세기의 상황을 한국사의 통시적 관점에서 조망하면서, 양자의 관계에 대한 저자의 관점을 다시 한 번 제시해 두고자 한다.

한국사에서 7세기는 여러 모로 복합적인 시대였다. 역사 전개 자체가 역동적이고 복잡다단하였다. 삼국 간의 전쟁이 종국에 이르면서 당과 왜가 참전하여 '동아시아 대전'으로 확전되었고, 백제와 고구려가 멸망에 이르렀다. 백제와 고구려 부흥세력이 일어났고, 그 와중에서 나당 전쟁이 발발하였다. 신라가 당을 축출하여 삼국의 '통일'을 이루는가 싶더니, 고구려 계승을 표방하는 발해가 출현하여 신라와 함께 '남북국'의 형세를 이루었다.

역사 인식에서도 7세기는 간단치가 않다. '신라의 삼국통일'과 '신라와 발해의 남북국'이라는 양립하기 어려운 두 구도를 둘러싸고 이후의 역사를 '통일신라시대'로 볼 것인가, '남북국시대'로 볼 것인가, 논쟁이 뜨겁다.

전자를 강조할 경우 발해의 역사를 저버린다는 혐의를 피할 수 없고, 후자를 강조할 경우 민족사의 '첫 통일'의 시점을 10세기('고려의 후삼국 통일')로 미루어야 하는 허전함을 감수할 수밖에 없다. 그래서 이 책에서는 두 관점을 타협하여 '신라의 통일과 발해의 건국'이라는 다소 애매한 입장에서 봉합하기로 하였다.

여기에서 저자는 '분립'과 '분열'의 개념을 빌려서 '애매한 타협'의 불가피성을 변명하고자 한다. '분립'이란 원래부터 나누어져 있던 상태를, '분열'이란 하나(통일)로부터 다시 나누어지는 상황을 염두에 둔 개념이다.

이러한 '분립'과 '분열'의 개념을 우리 역사에 적용해 보면, '첫 통일' 이전의 역사는 수많은 집단들의 '분립' 상태를 해소해 간 자연스런 통합의 과정이었다고 할 수 있다. 그런데 '첫 통일'을 경험한 이후에는 '분열'의 상황이 발생할 경우 이를 재통일해야 한다는 강렬한 당위적 에너지가 작동하는 단계로 전환한다. 그런 만큼 '첫 통일'의 시점時點 설정은 한국사의 인식체계에서 중대한 전환기를 구상하는 문제와 연결될 수밖에 없게 된다.

만약 '첫 통일'의 시점을 10세기로 설정하게 되면, 후삼국의 시대는 하나로부터 나누어진 '분열'의 상황이 아니라, 여전히 통합과정에 있는 '분립'의 상태에 머문 것으로 파악해야 하는 난점이 뒤따른다.

그런데 '첫 통일'의 시점을 7세기로 설정하게 되면, 후삼국의 시대는 단순한 '분립'의 상태가 아닌 민족사의 '첫 분열'의 상황이 되고, 고려의 통일은 이러한 첫 분열의 상황을 극복하려는 당위적 에너지가 작동하여 성취한 민족사의 '두 번째 통일'로 볼 수 있게 된다. 또한 그 연장선상에서 우리가 살고 있는 현 남북분단의 시대는, '세 번째 통일'의 성취를 향해 우리의 당위적 에너지를 작동시켜야 할 민족사의 '두 번째 분열'의 시대로 파악할 수 있게 된다.

저자는 오늘날 남북분단을 극복할 '통일지향사학'의 출발점을 10세기가 아닌, 7세기로 올려보는 것이 필요하다고 판단하고 있다. 이 책에서 '신라의 통일과 발해의 건국'이라는 '애매한 타협'을 선택한 이유이다.

그런데 이러한 '애매한 타협'이 이 책의 구성과 내용에까지 반영된 것은 변명의 여지 없이 필자의 몫이다. 통일신라와 발해의 역사를 융합적으로 구성해내지 못하고 각각 따로 설정하였는가 하면, 그 내용의 분량도 발해 대비 통일신라의 비중이 현저히 높게 책정될 수밖에 없었다. 이 문제는 단순한 '애매한 타협'의 소산이라기보다는 전적으로 저자 능력의 한계에서 나온 것임을 고백하면서, 앞으로 두고두고 해결해 가야 할 과제임을 밝혀둔다.

이 책의 제작 과정에서 여러 사람들의 관심과 도움이 있었다. 먼저 목포대 사학과 졸업생 박오성 군은 번잡한 교정 작업에 기꺼이 참여해 주었다. 마침 박 군은 어려운 교직 임용시험에 당당히 합격하여 일선에서 학생을 가르치는 새내기 역사교사의 일을 시작하게 되었으니, 고마움과 함께 축하의 마음을 전할 수 있게 되어 여간 기쁘지 않다. 이 책이 박오성 선생의 교사생활에 자그만 동반자가 되었으면 하는 희망을 가져본다.

그리고 이 책의 초교본을 교재 삼아 교육대학원의 강의를 진행할 때, 토론에 참여하여 의미 있는 의견을 개진해 준 대학원생들에게도 고마움을 전한다. 오랫동안 인내심을 가지고 기다려 주신 가람기획의 홍정우 발행인과 어지러운 원고를 말끔하게 정돈하여 단정한 책으로 만들어준 편집팀에게도 감사드린다.

끝으로 언제나 옆에서 변함없는 지지자가 되어주는 아내 유현주에게는 사랑을 듬뿍 담은 특별한 감사의 마음 전한다.

2016년 봄을 맞으며

강봉룡

초판 머리말

삼국통일의 민족사적 의미는 더없이 크다. 수많은 소국小國들로 나뉘던 소국 분립 시대에서 수백 년 동안 소국 통합 과정을 거쳐 세 국가만이 남는 삼국 정립 시대로 가더니, 마침내 신라라는 하나의 나라로 통일되는 시대를 연출하였다. 따라서 최초의 통일 왕국을 활짝 열어젖힌 신라의 삼국통일이야말로 우리 역사가 크게 발걸음을 내디딘 획기적 사건이다.

그 의미가 큰 만큼, 삼국통일 과정은 오랫동안 날카로운 대립과 갈등이라는 시련을 이겨내야 했다. 6세기부터 무대에 오른 삼국 사이의 전쟁은 150여 년 이상이나 이어졌고, 7세기 중반부터는 당나라와 일본까지 끼어들어 '동아시아 대전'으로 번졌다. 그런 만큼 삼국은 국가 운명을 걸고 처절한 전쟁을 계속해야 했다. 막바지에 들어 나당 군사동맹(648), 백제 멸망(660), 백제 부흥 운동과 일본의 참전 그리고 패배(661~663), 고구려 멸망과 부흥 운동(668), 그리고 이후 676년까지 이어진 나당 전쟁과 신라의 승리에 이르기까지, 전쟁은 숨가쁘게 펼쳐졌고 치열함은 극에 다다랐다.

기나긴 통일 전쟁에서 신라가 어렵게 최후 승리자가 되었지만, 통일 이후 나라 안팎의 후유증을 수습하는 일은 만만치 않았다. 나라를 잃은 고구려와 백제 유민들의 허전한 마음을 달래고 끌어들이는 일도 어려운 과제였지만, 전쟁에서 적대국이 되어버린 당나라와 일본(국호를 왜에서 일본으로 바꾸었다)과 관계를 개선하는 일은 더 어려운 과제였다. 이 마당에 고구려 옛 영토를 되찾는다는 일은 엄두조차 낼 수 없었을 것이다. 신라는 민족사의 무대를 좁혔다는 비난을 두고두고 들을 수밖에 없었다.

통일 위업을 이끈 신라 무열계 왕권은 고구려와 백제 유민들을 신라라는 한 나라 백성으로 아우르는 민족융합정책을 끊임없이 펴갔으며, 더불어 한 발짝도 물러서지 않으려는 신라의 수구 기득권 세력을 대대적으로 숙청해 갔다. 관료제를 정비 · 강화하고 당나라와 관계 개선에 힘쓰는 한편 일본 침략 가능성에도 대비책을 마련하였다.

698년 발해 건국은 이러한 신라의 노력에 또 하나의 위협이 되기도 했지만, 새로운 기회를 제공해 주기도 했다. 발해의 등장은 무주공산으로 비어 있던 고구려 옛 땅을 다시 한 번 민족사의 무대로 끌어들인 쾌거였지만, 신라와 당나라에게는 심각한 위협을 의미하였다. 이것이 나당 전쟁의 후유증으로 적대 관계에 빠진 신라와 당나라 관계 개선에 결정적인 자극제가 되었다.

8세기 신라와 당나라 사이에 해빙의 분위기가 본격적으로 감돌자, 신생국 발해는 동해 바다 건너 일본과 국교를 맺고 이에 맞섰다. 동아시아 국제 관계는 '신라 · 당'과 '발해 · 일본'이 서로 대립하는 새로운 질서로 자리잡혀 갔다. 그렇지만 대립 정도는 매우 약하였고, 네 국가는 자국의 이해에 따라 서로 인적 · 물적 교류를 활발히 하였다. 서해와 동해가 이 국가들의 교류를 활성화시킨 주요 통로가 되었다.

8세기에 평화와 교류 분위기가 조성되면서 동아시아 사회는 엄청나게 번영하였다. 중국에는 당나라의 문화가 활짝 꽃피었고, 일본에는 율령 체제가 뿌리를 내렸다. 신라와 발해도 문화의 황금기를 누렸다. 유교정치이념을 적극 들여와 중앙집권적 관료 체제를 확실히 세웠으며, 불교의 교학 사상이 크게 일어나고 불교 신앙도 대중 속에 뿌리를 내렸다.

그러나 동아시아의 정치적 · 문화적 전성기는 오래가지 못했다. 8세기 후반부터 당나라에서 발생한 정치 혼란은 신라와 일본에 퍼졌다. 강고했던 신라의 중앙집권적 관료 체제는 서서히 무너졌다. 중앙에서는 왕위쟁탈전이 본격화되어 갔고, 지방에서는 농민들이 항거하는 움직임이 나타났다. 마침내 귀족들이 반란을 일으켜 혜공왕을 죽이면서 막강한 무열계 왕통은 끊어지고 정치 혼란은 심해졌다. 『삼국사기』는 혜공왕 시해 사건을 중대中代에서 하대下代로 넘어가는 전환점으로 본다.

그때 바다에서는 해적들이 나타나 동아시아의 평화적 교류를 위협하였다. 동아시아에서 성행하던 인적 · 물적 교류는 큰 타격을 받았으며, 동아시아 여러 나라의 경제력도 크게 움츠러들었다. 이때 동아시아 해양 질서를 회복한 이가 장보고였다. 장보고는 8세기 말 당나라에 건너가서 재당 신라인들을 모아 해적들을 통제하면서 국제 무역으로 큰 부를 축적하였다. 828년 귀국하여 신라 국가의 허락 아래 완도에 청해진을 설치하고 청해진대사로 취임하면서, 해적들을 소탕하고 동아시아 해양 무역을 이끌었다. 국가 공권력이 무력화된 마당에서 일개 개인에 불과한 장보고가 청해진의 군사력을 조직하고 대규모 선단船團을 꾸려 해적들을 통제하고 해양 무역을 이끌었다는 사실은 역사에서 보기 드문 일이다.

그렇지만 진골귀족의 다툼은 9세기에도 이어졌다. 이 다툼은 9세기 후반으로 넘어가면서 격렬해졌고, 실의에 빠진 농민들은 초적의 무리로 전락하여 갔다. 지방의 유력자들은 초적의 무리를 모아 독자적 세력으로 성장하더니 성주나 장군을 칭하면서 신라에 저항하였다. 흔히 호족이라 한 이들 지방세력은 전국 곳곳에서 일어났다. 이 와중에 한때 동아시아 해양 무역을 주름잡은 해상왕 장보고는 중앙 정쟁政爭의 희생양으로 암살당하였다.

전국의 호족들은 유력한 호족들을 중심으로 통합되어 갔다. 이 과정에서 모든 국토는 몇몇 대호족이 나누어 가졌으며, 대호족들은 복종하지 않는 주위 호족들을 통합하면서 건국을 선언하기에 이르렀다. 900년 견훤이 전주에서 후백제를, 901년 궁예가 철원에서 후고구려 건국을 선언하였다. 이로써 신라와 후백제와 후고구려가 정립하는 후삼국의 형세가 이루어졌다. 결국 918년 정변을 일으켜 궁예를 내쫓고 고려를 일으킨 왕건이 935년 신라의 항복을 받아내고, 936년 후백제를 무너뜨려 후삼국을 통일하는 주인공이 되었다.

이즈음 북방 거란족이 일어나더니 요遼나라를 세우고 926년 발해를 무너뜨렸다. 이로 인해 만주 대륙은 민족사의 무대에서 영원히 사라졌으니, 왕건은 발해 유민을 끌어들여 발해까지 포괄하는 명실상부한 통일 왕국을 세웠다.

『뿌리 깊은 한국사 샘이 깊은 이야기』「통일신라 · 발해편」에서는 위에서 개괄한 '통일 전쟁에서 신라와 발해의 멸망까지' 모든 과정을 담으려 하였다. 허나 모든 사실을 빠짐없이 담아낸다는 것은 사실상 불가능한 일이므로, 주요 주제를 선별하여 각 주제별 설명을 하되, 이를 통해 가능한 한 시대적 흐름도 같이 파악할 수 있도록 하였다.

통일신라와 발해가 맞서는 이 시대 성격에 대해서는 크게 두 가지 논란이 있다. 신라의 삼국통일을 중시할 것이냐 신라와 발해가 양립한 사실을 중시할 것이냐의 논란, 그리고 이 시대를 고대 후기로 볼 것이냐 중세 초기로 볼 것이냐의 논란이 그것이다. 『뿌리 깊은 한국사 샘이 깊은 이야기』「통일신라 · 발해편」에서는 먼저 신라가 이룬 삼국통일의 의미를 크게 평가하되 발해가 일어나 신라와 맞서는 새로운 판세의 성립도 중시하려 한다. 또한 시대 구분 인식은 동아시아 대전의 양상을 띤 통일 전쟁을 거친 뒤에 동아시아권이라는 새로운 세계권世界圈 성립과 유교정치이념 정착, 불교 교학과 신앙의 확산을 염두에 두면서, 고대에서 중세로 넘어간 대변혁기의 중세 초기로 파악하기로 하였다.

2002년 여름

강봉룡

차례

Ⅱ. 통일신라의 정치와 사회

Ⅲ. 통일신라의 대외관계와 무역

Ⅳ. 통일신라의 불교문화

Ⅴ. 신라 하대의 사회변동

VI. 발해

부록

Ⅰ.

신라의 삼국통일과 그 의의

1 신라, 궁지에 몰리다

7세기 전반 삼국의 형세

최고의 전성기를 이끌던 진흥왕이 죽자 신라는 내우외환에 직면하였다. 백제와 고구려의 공격은 계속되었고 귀족들은 난을 일으켜 왕권을 위협하였다. 선덕여왕 때에는 신라 최고의 요새지 대야성이 함락당했고, 상대등 비담이 대규모 난을 일으켰다. 7세기에 신라는 최악의 위기 상황에 내몰리고 있었다.

신라, 전성에서 위기로

6세기에 신라는 비약적인 발전을 이룩하였다. 지증왕과 법흥왕을 거쳐 진흥왕 대에 이르러, 동해안을 따라 원산만에 다다르고 동남해안을 따라 가야를 완전 병탄했으며, 급기야는 서해안의 중심 거점지역인 한강 하류지역에까지 진출하여 역대 최대 판도를 이루었다.

신라의 이러한 발전은, 백제와 연대하여 내분에 휩싸여 있던 고구려를 협공하여 점령지를 넓혀갔고, 결정적인 순간에 백제와의 동맹 관계를 파기하여 협공의 성과를 독차지하는 방식으로 이룬 것이었다. 433년 이래 1세기 이상 지속되어 오던 신라와 백제의 동맹 관계는 6세기 중반에 이르러 파열음이 나기 시작하였다. 결국 554년 관산성(지금의 충북 옥천)에서 양국 간에 군사 충돌이 일어났고, 이 전투에서 백제의 성왕은 신

라군에게 전사당하였다.[자료1]

어제의 우방이었던 신라와 백제는 하루아침에 철천지원수의 관계로 전락했고, 고구려는 강성대국으로 급성장해 가는 신라를 적극 견제하지 않으면 안되게 되었다. 더 나아가 백제와 고구려는 기왕의 적성 관계를 보류하고 오히려 서로 손을 잡고 신라를 협공하는 한시적 협조 관계로까지 발전하였다. 이러한 3국 관계는 영원한 친구도, 영원한 적도 없다는 냉혹한 국제 관계의 단면을 여실히 보여준다.

또한 영원한 강성국도, 영원한 약소국도 없는 법이다. 강력한 왕권을 발휘하고 영토를 넓혀 신라를 강성대국의 반열에 올려놓은 진흥왕이 576년에 죽자, 신라는 곧바로 위기의 상황에 직면하였다. 진흥왕의 뒤를 이은 진지왕은 귀족들의 공세에 밀려 4년 만에 폐위되었고,[자료2] 그의 장조카 백정白淨이 귀족들의 추대로 왕위에 올랐으니, 이가 진평왕眞平王이다. 위압적인 영도력을 발휘하던 왕권은 추락했고 귀족들의 위세가 정국을 좌지우지하는 상황으로 돌변하였다. 국론은 분열되었고 백제와 고구려는 호시탐탐 신라를 위협하였다. 여기에 백제와 고구려의 대반격이 시작되었고, 신라는 총체적 위기 상황에 내몰렸다.

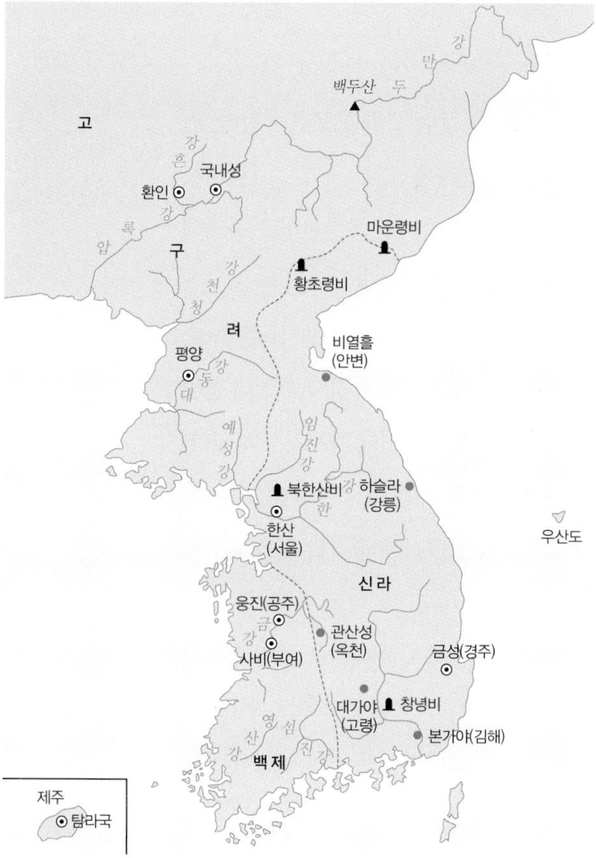

진흥왕 대 신라의 판도

6세기에 접어들면서 신라는 비약적으로 발전하고, 6세기 중반을 넘어서면서 전성기를 이룬다. 지증왕 대에 동해안으로 진출하여 강릉과 울릉도를 손에 넣고, 법흥왕 대에 금관가야를 아우른 여세를 몰아, 진흥왕은 사방으로 대팽창을 실현한다. 동해안으로 안변 지역까지, 서쪽으로는 대가야를 무너뜨리고 가야를 거머쥐었으며 한강 하류까지 점령하는 쾌거를 이룬다.

백제와 고구려의 대반격

진흥왕이 죽고 진지왕이 즉위하자 백제는 기다렸다는 듯이 신라를 공격해 왔다. 진평왕 즉위 이후 백제의 공세는 잠시 뜸해지더니 602년(진평왕 24)부터 다시 격렬해졌다. 그 이듬해에는 고구려도 가세하여 한강 하류지역의 요충지인 북한산성을 공격해 왔다.

진평왕은 국가의 위기 상황을 적절히 대처해 갔다. 먼저 위화부(581), 조부(584), 예부(586) 등을 신설하고 여타 관부를 보강하여 관제를 획기적으로 정비하는 데 힘썼다. 백제와 고구려의 공세를 막아내는 한편으로 새로운 방책 마련에 나서기도 하였다. 604년에 고구려가 노리는 북한산성의 방어체계를 보강하는가 하면,[자료3] 608년에는 유학파 승려인 원광으로 하여금 수나라에 군사를 일으켜 고구려를 공격할 것을 요청하는 '걸사표乞師表'를 작성하게 하였다.[자료4]

앞서 589년에 중국 남북조를 통일한 수의 문제는 598년에 30만 대군을 동원하여 고구려 공격에 나섰다가 홍수와 전염병과 태풍을 만나 실패하고 철수한 적이 있었다. 문제의 뒤를 이은 양제는 612년에 113만의 대군을 일으켜 고구려 총공격에 나섰다가 을지문덕에게 대패당하고 물러났다(살수대첩). 이후 양제는 615년까지 3~4차례에 걸쳐 고구려 공격을 집요하게 시도하다가 번번이 실패하더니 내란에 휩싸여 618년에 암살당하였고, 이름뿐이던 수 왕조도 이듬해에 공식적으로 멸망하였다.

신라의 걸사표는 그렇지 않아도 일촉즉발의 대치 상황에 있던 수와 고구려의 관계에 불을 붙인 셈이었다. 고구려 원정의 실패로 인해 수는 망했지만, 고구려의 타격도 만만치 않았다. 결과적으로 양국의 전쟁은 신라에게 잠시 한숨 돌릴 수 있는 여유를 준 셈이었다.

그러나 여전히 신라가 안심할 계제는 아니었다. 백제의 공세는 더욱 격렬해졌고, 신라의 성들은 잇따라 함락당하였다. 고구려의 군사적 위협도 다시 고개를 들었다. 진평왕은 수나라에 이어 중국을 통일한 당나라에 사신을 보내어 고구려 견제에 나섰지만, 고구려는 당으로 통하는 길을 봉쇄하여 신라 사신의 당 입조를 저지하는 한편으로 신라를 자주 공격하였다.[자료5 · 6]

거듭된 외환外患은 내우內憂를 불러오기 마련인가. 631년(진평왕 53)에 이찬 칠숙과 아찬 석품 등이 모반을 꾀하였다.[자료7] 다행히 사전에 발각되어 미수에 그치고 말았지만, 진평왕은 끝내 국가의 내우외환을 다잡지 못하고 632년에 세상을 떴다.

계속되는 위기와 시련

진평왕의 뒤를 이어 딸 덕만德曼이 왕위에 올랐으니, 이가 선덕여왕이다. 앞서 진평왕은 동륜銅輪(요절한 진흥왕의 태자로 진평왕의 부친)의 후예들을 여타 귀족과 구별하여 신성한 신분인 '성골聖骨'로 설정하고 성골만이 왕위를 계승할 수 있다는 규범을 정하였다. 덕만이 왕위에 오른 것은 진평왕 사후에 남자 성골이 없었기 때문이었다.

선덕여왕은 신라의 첫 여성왕으로서의 약점을 보완하고 권위를 과시하기 위해 자신의 신성성을 강조하였다. 먼저 비범한 예지력을 가지고 있다는 '지기삼사知幾三事'의 이야기를 내세워 자신이 신성한 권능을 가진 인물임을 알리고자 하였고,[자료8] 주위의 국가들을 복종시킨다는 명목을 내세워 거대한 황룡사 구층목탑 건설을 추진하기도 하였다.[자료9]

그러나 '지기삼사' 이야기와 황룡사 구층목탑 건설이 진평왕 대 이래 심화되어 온 국가의 위기 상황을 해결해 주지는 못하였다. 오히려 선덕여왕은 더욱 혹독한 위기와 시련에 직면해야 하였다. 백제와 고구려의 침략은 끊이지 않았고, 일대 위기는 642년(선덕여왕 11)에 폭발하였다. 백제의 침략으로 나라 서쪽의 40여 성이 함락된 것이다. 백제와 고구려가 연합하여 당으로 통하는 항구인 당항성을 위협하기도 하였다. 그리고 잇따라 대백제 방어의 중심 군사기지였

황강과 합천 읍내를 배경으로 한 대야성지의 모습.
오른쪽 황강에 접한 낮은 산에 연호사와 함벽루가 위치하고 있다. 연호사는 642년 와우선사가 대야성 싸움에서 숨진 김춘추의 딸 고타소랑과 장렬하게 전사한 장병 2,000여 명의 영혼을 위로하기 위해 지은 사찰로 전해진다.

던 대야성(지금의 경남 합천)마저 함락되었다.[자료10]

대야성은 천혜의 요새지였다. 중요했던 만큼 이곳은 신라의 최정예 군단이 주둔해 있었고 중신인 김춘추의 사위 김품석이 지키고 있었다. 그런데 대야성 함락 원인은 너무도 어이가 없었다. 김품석이 검일이라는 부하의 아내를 탐내 빼앗은 것에 대하여 검일이 앙심을 품고 백제군에 내응했던 것이 대야성 함락의 원인이었다.[자료11] 대야성 함락과 함께 김품석과 그 부인인 김춘추의 딸 고타소랑古陀炤娘도 죽임을 당하였다. 그 소식을 접한 김춘추는 '기둥에 기대어 서서 종일토록 눈을 깜빡이지 않고 사람과 물건이 앞을 지나가도 이를 알지 못하였다'고 한다.

대백제 전략기지였던 대야성이 무너지자 순식간에 신라의 수도 경주마저 적의 침략에 안심할 수 없는 상황이 되었다. 선덕여왕은 당에 사신을 파견하여 구원을 요청하였다. 그러나 당 태종은 이를 비웃듯 거절하였다. 신라는 여인이 왕위에 있어 이웃 나라의 업신여김을 당하는 것이니 당으로서도 어쩔 수 없다는 것이 거절의 이유였다.[자료12] 거듭된 외환은 심각한 내우를 불러왔다. 647년 상대등 비담은 염종 등과 함께 난을 일으켰다. '여왕은 정치를 잘 할 수 없다'는 것이 작란의 명분이었다.[자료13] 안팎으로 여왕의 한계가 뚜렷이 부각되어 갔고, 신라는 나락으로 떨어지고 있었다.

자료샘

자료 1

백제왕 명농明禯[주1]이 가량加良[주2]과 연합하여 관산성管山城[주3]을 공격해 오니, 군주軍主[주4] 각간角干[주5] 우덕于德과 이찬伊湌[주6] 탐지耽知 등이 맞서 싸웠으나 이기지 못하였다. 신주新州[주7] 군주 김무력金武力[주8]이 주병州兵을 이끌고 와서 교전하자, 삼년산군三年山郡[주9]의 고간高干[주10] 도도都刀[주11]가 갑자기 쳐서 백제왕을 죽였다. 이에 여러 군대가 승세를 타고 크게 쳐서 (백제의) 좌평佐平[주12] 4인과 사졸 2만 9,600인을 베어 죽이니, 말 한 필도 살아 돌아가지 못하였다.

原文 百濟王明禯與加良 來攻管山城 軍主角干于德伊湌耽知等 逆戰失利 新州軍主金武力以州兵赴之 及交戰 裨將三年山郡高干都刀 急擊殺百濟王 於是 諸軍乘勝 大克之 斬佐平四人士卒二萬九千六百人 匹馬無反者

_『삼국사기』 권4, 진흥왕 15년(554)

자료 2

제25대 사륜왕舍輪王[주13]의 시호는 진지대왕眞智大王이다. 성은 김씨요 왕비는 기오공起烏公의 딸 지도부인知刀夫人이다. 대건大建[주14] 8년에 즉위하였는데, 나라를 다스린 지 4년 만에[주15] 정사가 어지럽고 또 음란한 짓이 많다 하여 국인이 그를 폐위시켰다.

原文 第二十五舍輪王 諡眞智大王 姓金氏 妃起烏公之女 知刀夫人 大建八年丙申卽位 御國四年 政亂荒婬 國人廢之

_『삼국유사』 권1, 기이1, 도화녀 비형랑(桃花女 鼻荊郞)

자료 3

남천주南川州[주16]를 폐지하고 북한산주北漢山州[주17]를 다시 두었다.[주18]

原文 廢南川州 還置北漢山州

_『삼국사기』 권4, 진평왕 26년(604)

자료 4

(진평왕은) 고구려가 자주 신라를 침범하는 것을 불쾌하게 여겨, 수의 병사를 청하여 고구려를 치기 위해 원광圓光[주19]에게 걸사표乞師表를 지으라 하였다. 원광이 말하기를 "자기가 살려고 남을 멸하는 것은 승려의 할 짓이 아니지만, 빈도貧道[주20]가 대왕의 나

주1 명농 : 백제의 26대 성왕(聖王, 재위 523~554).

주2 가량 : 고령의 대가야를 지칭.

주3 관산성 : 지금의 충북 옥천에 있던 성.

주4 군주 : 지방에 주둔하는 군단의 총사령관에 해당.

주5 각간 : 신라 17관등제와는 별도로 정해진 신라 최고 관위의 하나. 17관등의 제1위인 이벌찬(伊伐湌)의 다른 명칭으로 보는 견해도 있다.

주6 이찬 : 신라 17관등의 제2위.

주7 신주 : 진흥왕 14년(553) 남천(지금의 경기 이천)에 설치한 남천주(南川州)를 지칭.

주8 김무력 : 금관국의 마지막 왕 구해(仇亥)의 셋째 아들이자 김유신의 조부.

주9 삼년산군 : 지금의 충북 보은에 있던 성.

주10 고간 : 신라의 지방세력가들에게 준 외위(外位)의 제3위.

주11 삼년산군 고간 도도 : 『일본서기』 흠명(欽明) 15년조에는 좌지촌(佐知村) 사마노(飼馬奴) 고도(苦都)라 나온다. 출신지와 신분과 이름이 차이가 있으나 동일 인물로 보는 것이 통설이다. 아마도 말먹이꾼('사마노')의 신분이었던 고도가 성왕 살해의 공으로 신라로부터 '삼년산군 고간'이라는 높은 지위를 받은 것이 아닐까 한다.

주12 좌평 : 백제 16관등 중 제1위. 최고 관직의 의미도 내포한다.

라에서 대왕의 수초水草를 먹으며 살고 있으니 어찌 감히 명을 따르지 않겠습니까" 하고 곧 글을 지어 바쳤다.

原文 王患高句麗屢侵封埸 欲請隋兵以征高句麗 命圓光修乞師表 光曰 求自存而滅他 非沙門之行也 貧道在大王之土地 食大王之水草 敢不惟命是從 乃述以聞

_『삼국사기』 권4, 진평왕 30년(608)

자료 5

대당大唐에 사신을 보내 방물을 바치니, 고조는 친히 위로하고 통직산기상시通直散騎常侍 유문소庾文素를 보내 조서와 그림 병풍과 비단 300필을 (신라왕에게) 내렸다.

原文 王遣使大唐 朝貢方物 高祖親勞問之 遣通直散騎常侍庾文素來聘 賜以璽書及畵屛風錦綵三百段

_『삼국사기』 권4, 진평왕 43년(621) 7월

자료 6

대당에 사신을 보내 조공을 바치고 호소하기를, 고구려가 길을 막아 입조하지 못하게 하고 자주 (신라를) 침략한다고 하였다.

原文 遣使大唐朝貢 因訟 高句麗塞路 使不得朝 且數侵入

_『삼국사기』 권4, 진평왕 47년(625) 11월

자료 7

이찬伊湌 칠숙柒宿이 아찬阿湌 석품石品과 함께 반란을 꾀하자 왕이 이를 알고 칠숙을 잡아 동시東市에서 목을 베고 9족을 멸하였다. 아찬 석품은 도망하여 백제 국경에까지 갔다가 처자가 보고 싶어서 낮엔 숨고 밤엔 걸어 총산叢山에 이르러 어느 나무꾼을 만나 옷을 바꿔 입고 나무를 지고 몰래 집에 왔다가 잡히어 사형에 처해졌다.

原文 伊湌柒宿與阿湌石品謀叛 王覺之 捕捉柒宿 斬之東市 幷夷九族 阿湌石品亡至百濟國境 思見妻子 晝伏夜行 還至叢山 見一樵夫 脫衣換樵夫敝衣 衣之 負薪潛至於家 被捉伏刑

_『삼국사기』 권4, 진평왕 53년(631) 5월

자료 8

제27대 덕만德曼의 시호는 선덕여대왕善德女大王으로 성은 김씨이고 아버지는 진평왕

주13 사륜왕 : 사륜은 즉위 전 진지왕의 이름. 금륜(金輪) 혹은 철륜(鐵輪)이었을 거라는 견해도 있다.

주14 대건 : 진(陳) 선제(宣帝)의 연호. 대건 8년은 576년.

주15 4년 만에 : 진지왕은 576년에 즉위하여 579년에 폐위되었으니, 재위년은 4년.

주16 남천주 : 지금의 경기도 이천에 설치했던 주(州).

주17 북한산주 : 지금의 서울 강북 지역에 설치했던 주.

주18 다시 두었다 : 진흥왕 18년(557)에 남천주를 북한산주로 옮겼다가 29년(568)에 다시 남천주로 옮겼었는데, 이때(604) 재차 북한산주로 옮긴 것. 이는 603년에 고구려가 북한산성을 침공해 온 것에 대한 대처였다.

주19 원광 : 중국 유학파 신라 고승(555~638). 세속오계와 걸사표를 지은 것으로 유명하다.

주20 빈도 : 승려가 자신을 낮추어 부르는 칭호.

주21 정관 : 당 태종의 연호. 정관 6년은 서기 632년.

眞平王이다. 정관貞觀[주21] 6년에 왕위에 올라 16년 동안 나라를 다스렸는데, 앞일을 미리 안 것이 세 가지가 있었다.

첫째, 당 태종이 붉은색 · 자주색 · 흰색의 세 가지 색으로 그린 모란과 그 씨 석 되를 보내왔는데, 왕이 그 그림을 보고 말하기를 "이 꽃은 정녕 향기가 없을 것이다."라 하였다. 그리고는 씨를 뜰에 심도록 명하였다. 그 꽃이 피었다 지기를 기다렸는데, 과연 그 말과 같이 향기가 없었다.

주22 영묘사 : 경북 경주시 성건동 남천의 끝부분 있던, 선덕여왕 때 창건한 절.

둘째, 영묘사靈廟寺[주22]의 옥문지玉門池에서 겨울인데도 많은 개구리가 모여서 3~4일 동안이나 울어대었다. 나라 사람들이 괴이하게 여기어 왕에게 아뢰었다. 왕은 급히 각간인 알천閼川 · 필탄弼呑 등에게 명하여 정예병 2,000명을 뽑아 속히 서쪽 교외로 가서 여근곡女根谷을 물어보면 그곳에 반드시 적군이 있을 것이니, 습격해서 죽이라고 하였다. 두 각간이 명을 받들어 각각 군사 1,000명씩을 거느리고 서쪽 교외에 가서 물어보았더니, 부산富山 아래에 과연 여근곡이 있었고 백제 군사 500명이 그곳에 숨어 있기에 모두 죽여 버렸다. 백제의 장군 울소亏召가 남산南山 고개 바위 위에 숨어 있는 것을, 포위하여 활을 쏘아 모조리 죽여 버렸다. 그리고 그 뒤에 병사 1,200명이 왔지만 역시 쳐서 죽였으니, 단 한 명도 살아남지 못하였다.

주23 도리천 : 불교의 세계관에서 욕계(欲界)에 속한 여섯 가지 천 중의 제2천.

셋째, 왕이 아무런 병도 없었는데, 여러 신하에게 이렇게 말하였다. "짐은 모년 모월 모일에 죽을 것이니, 나를 도리천忉利天[주23] 속에 장사 지내라." 여러 신하들이 그곳을 몰라 다시 어디인지 물으니 왕이 말하였다. "낭산狼山 남쪽이다." 그 달 그 날이 되자 왕은 과연 세상을 떠났다. 여러 신하들이 낭산의 남쪽에 장사를 지냈다. 10여 년이 지난 뒤 문무대왕文武大王이 사천왕사四天王寺를 왕의 무덤 아래에 세웠다. 불경에 사천왕천四天王天[주24]의 위에 도리천이 있다고 하였으니, 그때서야 대왕의 신령하고 성스러움을 알게 되었다.

주24 사천왕천 : 불교의 세계관에서 하늘을 이루는 삼계 중 육계에 속한 가장 낮은 천.

당시 여러 신하들이 왕에게 물었다. "모란꽃과 개구리의 두 일이 그러할지 어떻게 미리 아셨습니까?" 왕이 말하였다. "꽃은 그렸지만 나비는 없었소. 그래서 향기가 없는 것을 알 수 있었소. 이것은 당나라 황제가 내가 남편이 없는 것을 비웃은 것이오. 개구리가 화가 난 모습은 병사의 모습이고, 옥문玉門이란 여자의 음부요. 여자는 음陰이고 그 빛이 백색이며 백색은 서쪽을 뜻하오. 그래서 적군이 서쪽에 있다는 것을 알았소. 남근이 여근 속으로 들어오면 반드시 죽는 법이니, 그래서 쉽게 잡을 줄도 알았소."

그러자 여러 신하들이 모두 왕의 성스러운 지혜에 탄복하였다.

原文 第二十七 德曼 謚善德女大王 姓金氏 父眞平王 以貞觀六年壬辰卽位 御國十六年 凡知幾有三事 初 唐太宗送畫牧丹 三色紅紫白 以其實三升 王見畫花曰 此花定無香 仍命種於庭 待其開落 果如其言 二 於靈廟寺玉門池 冬月衆蛙集鳴三四日 國人怪之 問於王 王急命角干閼川弼呑等 揀精兵二千人 速去西郊 問女根谷 必有賊兵 掩取殺之 二角干旣受命 各率千人問西郊 富山下果有女根谷 百濟兵五百人 來藏於彼 並取殺之 百濟將軍亐召者 藏於南山嶺石上 又圍而射之殪 又有後兵一千二百人來 亦擊而殺之 一無孑遺 三 王無恙時 謂羣臣曰 朕死於某年某月日 葬我於忉利天中 群臣罔知其處 奏云 何所 王曰 狼山南也 至其月日 王果崩 群臣葬於狼山之陽 後十餘年 文武大王 創四天王寺於王墳之下 佛經云 四天王天之上 有忉利天 乃知大王之靈聖也 當時群臣啓於王曰 何知花蛙二事之然乎 王曰 畫花而無蝶 知其無香 斯乃唐帝譏寡人之無耦也 蛙有怒形 兵士之像 玉門者 女根也 女爲陰也 其色白 白西方也 故知兵在西方 男根入於女根 則必死矣 以是知其易捉 於是群臣 皆服其聖智

_『삼국유사』 권1, 기이1, 선덕왕 지기삼사(善德王 知幾三事)

자료 9

(자장법사가) 중국의 태화지太和池 옆을 지나가는데, 갑자기 신인神人이 나타나 물었다. "어찌하여 여기까지 이르렀는가?" 자장이 대답하였다. "깨달음을 구하려고 왔습니다." 신인이 예를 갖추어 절을 하고 다시 물었다. "그대의 나라에 무슨 어려운 일이라도 있는가?" 자장이 말하였다. "우리나라는 북쪽으로 말갈과 이어져 있고 남쪽으로는 왜국과 인접해 있습니다. 고구려와 백제 두 나라가 번갈아 국경을 침범하여 이웃나라의 도적들이 맘대로 돌아다닙니다. 이것이 백성들의 걱정입니다." 신인이 말하였다. "지금 그대 나라는 여자가 왕위에 있으니 덕은 있지만 위엄이 없구려. 그래서 이웃나라가 침략을 꾀하고 있는 것이오. 그대는 빨리 돌아가야만 하오." 그래서 자장이 다시 물어보았다. "고국에 돌아가서 어떤 이로운 일을 해야 합니까?" 신인이 답했다. "황룡사의 호법용護法龍은 바로 나의 맏아들이오. 범왕梵王의 명을 받고 가서 그 절을 보호하고 있소. 고국에 돌아가거든 절 안에 9층탑을 세우시오. 그러면 이웃나라들이 항복할 것이고 구한九韓이 와서 조공할 것이며 왕업의 길이 편안할 것이오. 탑을 세운 후에는 팔관회八關會[주25]를 열고 죄인을 용서하여 풀어주면, 외적이 해를 끼치지 못할 것이오. 그리고 나를 위해 서울 인근 남쪽 언덕에 절 하나를 지어 내 복을 빌어준다면, 나 또한 그 은덕을 보답할 것이오." 말을 마치자 드디어 옥을 받들어 바친 후에

주25 팔관회 : 우리의 고유 토속신앙과 불교의 팔관재계(八關齋戒)가 습합된 신라~고려시대의 국가 행사.

홀연히 사라져 보이지 않았다.

정관貞觀 17년 계묘(643) 16일에 자장법사는 당나라 황제가 준 불경과 불상, 승복과 폐백 등을 가지고 귀국해서 탑을 세울 일을 왕에게 아뢰었다. 선덕왕이 여러 신하들과 의논하자 신하들이 말하였다. "백제에게 장인들을 청한 이후에야 일을 이룰 수 있습니다." 그래서 보물과 비단을 가지고 백제에 가서 장인을 부탁하였다. 아비지阿非知라는 장인이 명을 받고 와서는 나무와 돌을 다듬었고, 이간伊干[주26] 용춘龍春[주27]이 이 공사를 주관하여 200여 명의 장인들을 통솔하였다.

주26 이간 : 신라 17관등 중 제2위. 이찬(伊飡)이라고도 함.

주27 용춘 : 폐위된 진지왕의 아들이며 태종무열왕 김춘추의 부친. 용수(龍樹)라 칭하기도 함.

처음에 절의 기둥을 세우는 날에 아비지가 꿈에 자기 나라 백제가 멸망하는 모습을 보고는, 마음 속으로 의구심이 생겨서 공사를 멈추었다. 그러자 갑자기 대지가 진동하면서 깜깜해졌는데, 그 어둠 속에서 어떤 노승 한 명과 장사 한 명이 금전문金殿門에서 나와 기둥을 세우더니, 승려와 장사가 모두 사라져 보이지 않았다. 그래서 아비지는 뉘우치고 그 탑을 완성하였다.

原文 經由中國太和池邊 忽有神人出問 胡爲至此 藏答曰 求菩提故 神人禮拜 又問 汝國有何留難 藏曰 我國北連靺鞨 南接倭人 麗濟二國 迭犯封陲 隣寇縱橫 是爲民梗 神人云 今汝國 以女爲王 有德而無威 故隣國謀之 宜速歸本國 藏問 歸鄕將何爲利益乎 神曰 皇龍寺護法龍 是吾長子 受梵王之命 來護是寺 歸本國 成九層塔於寺中 隣國降伏 九韓來貢 王祚永安矣 建塔之後設八關會 赦罪人 則外賊不能爲害 更爲我 於京畿南岸 置一精廬 共資予福 予亦報之德矣 言已遂奉玉獻之 忽隱不現 貞觀十七年癸卯十六日 將唐帝所賜經像袈裟幣帛而還國 以建塔之事聞於上 善德王議於群臣 群臣曰 請工匠於百濟 然後方可 乃以寶帛 請於百濟 匠名阿非知 受命而來 經營木石 伊干龍春[一作龍樹]幹蠱 率小匠二百人 初立刹柱之日 匠夢本國百濟滅亡之狀 匠內心疑停手 忽大地震動 晦冥之中 有一老僧一壯士 自金殿門出 乃立其柱 僧與壯士 皆隱不現匠於是改悔 畢成其塔

_『삼국유사』 권3, 탑상4, 황룡사구층탑(皇龍寺九層塔)

자료 10

7월에 백제왕 의자義慈가 병사를 크게 일으켜 서쪽 지방의 40여 성을 공격하여 빼앗았다. 8월에 백제가 다시 고구려와 모의하여 당항성党項城[주28]을 빼앗아 당나라와 통하는 길을 끊으려 하였으므로, 임금이 사신을 보내 당 태종에게 위급함을 고하였다. 이 달에 백제의 장군 윤충允忠이 병사를 이끌고 대야성大耶城[주29]을 공격하여 함락시켰는데, 도독都督인 이찬伊飡 품석品釋[주30]과 사지舍知[주31] 죽죽竹竹 · 용석龍石 등이 그곳에서 죽었다.

주28 당항성 : 경기도 화성에 있던 성. 당으로 통하는 항구인 당은포(唐恩浦)를 지키는 관방시설이다.

주29 대야성 : 경남 합천에 있던 성. 최고의 정예 군단이 주둔하는 대야주가 설치된 성으로 신라의 중심 군사기지였다.

주30 품석 : 김춘추의 사위 김품석.

주31 사지 : 신라 17관등 중의 제13위.

原文 秋七月 百濟王義慈大擧兵 攻取國西四十餘城 八月又與高句麗謀欲取党項城 以絶歸唐之路 王遣使告急於太宗 是月 百濟將軍允忠 領兵攻拔大耶城 都督伊飡品釋舍知竹竹龍石等死之

_ 『삼국사기』 권5, 선덕왕 11년(642)

자료 11

선덕왕 11년(642) 가을 8월에 백제 장군 윤충允忠이 병사를 거느리고 와서 성을 공격하였다. 이에 앞서 도독 품석이 자기의 막료인 사지舍知 검일黔日의 아내가 아름다운 것을 보고 그녀를 빼앗은 일이 있었다. 검일은 이를 한스럽게 여기고 있다가 이때에 백제군에 내응하여 창고를 불살랐다. 그러므로 성 안의 민심이 흉흉하고 두려워해 성을 고수하기 어려워 보였다. 품석의 보좌관인 아찬 서천西川이 성에 올라 윤충에게 말했다. "만약 장군이 우리를 죽이지 않는다면 성을 바쳐 항복하겠소." 윤충이 대답했다. "만일 그렇게 한다면 공과 나에게 모두 좋은 일이 될 것이요. 저 밝은 해를 두고 맹세하리다."

서천이 품석과 여러 장사들에게 권고하여 성 밖으로 나가려 하자, 죽죽이 이를 말리며 말했다. "백제는 자주 말을 뒤집는 나라이므로 믿을 수 없습니다. 윤충의 말이 달콤한 것은 필시 우리를 꾀려는 수작입니다. 만약 성을 나가면 틀림없이 적의 포로가 될 것입니다. 쥐새끼처럼 엎드려 삶을 구걸하느니 차라리 호랑이처럼 용맹하게 싸우다가 죽는 게 낫습니다." 그러나 품석은 이 말을 듣지 않고 성문을 열었다. 사졸들이 먼저 나가자 백제가 복병을 출동시켜 다 죽여 버렸다. 품석이 나가려다가 장병들이 죽었다는 말을 듣고는, 먼저 자기의 처자식을 죽인 다음 스스로 목을 찔렀다.

죽죽이 남은 군졸을 수습하여 성문을 닫고 적을 막고 있는데, 사지 용석龍石이 죽죽에게 말했다. "지금 전세가 이러하니 틀림없이 성을 보전할 수 없을 것이다. 차라리 항복하고 살아서 뒷날의 공적을 도모하는 편이 낫겠다." 죽죽이 대답했다. "그대의 말이 마땅하다. 그러나 나의 아버지가 나를 죽죽이라고 이름 지은 것은, 차가운 날씨에도 시들지 말며 꺾일지언정 굽히지 말라는 뜻이다. 어찌 죽음이 두려워 살아 항복하겠는가?" 드디어 힘껏 싸우다가 성이 함락되자 용석과 함께 전사하였다.

原文 王十一年壬寅秋八月 百濟將軍允忠領兵 來攻其城 先是 都督品釋 見幕客舍知黔日之妻有色 奪之 黔日恨之 至是爲內應 燒其倉庫 故城中兇懼 恐不能固守 品釋之佐阿飡西川[一云

沙飡祗之那] 登城謂允忠曰 若將軍不殺我 願以城降 允忠曰 若如是 所不與公同好者 有如白日 西川勸品釋及諸將士欲出城 竹竹止之曰 百濟反覆之國 不可信也 而允忠之言甘 必誘我也 若出城 必爲賊之所虜 與其竄伏而求生 不若虎鬪而至死 品釋不聽開門 士卒先出 百濟發伏兵 盡殺之 品釋將出 聞將士死 先殺妻子而自刎 竹竹收殘卒 閉城門自拒 舍知龍石謂竹竹曰 今兵勢如此 必不得全 不若生降以圖後效 答曰 君言當矣 而吾父名我以竹竹者 使我歲寒不凋 可折而不可屈 豈可畏死而生降乎 遂力戰 至城陷 與龍石同死

_『삼국사기』 권47, 열전7, 죽죽

자료 12

당나라에 사신을 보내 다음과 같이 말하였다. "고구려와 백제가 우리나라를 침범하기를 여러 차례 하여 수십 개의 성을 공격하였습니다. 이제 두 나라가 군대를 연합하여 기필코 우리나라를 빼앗고자 이번 9월에 크게 병사를 일으키려고 합니다. 이리 되면 우리나라의 사직社稷은 보전될 수 없을 것입니다. 삼가 저의 신하를 보내어 대국에 우리의 운명을 맡겨보려 하오니, 약간의 병사라도 빌려주어 구원해 주기를 바랍니다."

황제가 사신에게 말하였다. "나는 너희 신라가 두 나라로부터 침략당하는 것을 참으로 애닯게 여겼기에 자주 사신을 보내 너희들 세 나라가 친하게 지내도록 권하였다. 그러나 고구려와 백제는 사신이 돌아서자마자 약속을 어기고, 너희 나라를 집어삼켜 땅을 나누어 가지려고 하는구나. 너희 나라는 어떤 기묘한 꾀로써 나라의 멸망을 면하려고 하는가?" 사신이 대답하였다. "우리 임금은 일의 사정이 궁하고 계책도 다하여, 오로지 대국大國에게 위급함을 알려 나라가 온전하기를 바랄 뿐입니다."

황제가 말하였다. "내가 변방의 군대를 조금 일으켜 거란과 말갈을 거느리고 요동으로 곧장 쳐들어가면 너희 나라의 위급함은 해결이 될 것이니, 1년 정도는 포위가 느슨해질 것이다. 그러나 이후 군을 계속해서 보내지 않을 것을 저들이 알게 되면 도리어 멋대로 침략을 할 것이다. 그러면 네 나라가 모두 소란스러워지고, 너희 나라도 편치 못할 것이다. 이것이 첫 번째 계책이다. 나는 또한 너에게 수천 개의 붉은 옷과 붉은 깃발을 줄 수 있다. 두 나라의 병사가 이르렀을 때 그것을 세우고 벌여 놓으면 그들이 보고서 우리나라의 군사로 여기고 반드시 모두 도망갈 것이다. 이것이 두 번째 계책이다. 백제는 바다의 험난함을 믿고 병기를 수리하지 않고 남녀가 난잡하게 섞여 서로 즐기기만 하고 있으니, 나는 수십 수백 척의 배에 병사를 싣고 소리없이 바다를 건너 곧바로 그 땅을 기습하겠다. 그런데 그대의 나라는 여인을 임금으로 삼았기에 이웃나라에게 업신여김을 당하고, 주인이 없어지면 도둑이 들끓는 것처럼 해마다 편안할 때가 없다. 내가 왕족 중의 한 사람을 보내어 그대 나라의 임금으로 삼되, 그가 혼자서는 왕노릇을 할 수 없을 것이므로 마땅히 병사들을 보내 보호하면서, 너희 나라가 안정되기를 기다려 그대들 스스로 지키도록 할 것이다. 이것이 세 번째 계책이다. 그대는 잘 생각해 보게나. 장차 어느 계책을 따르겠는가?"

사신은 그저 "예"라고만 할 뿐 대답을 하지 못했다. 황제는 그의 됨됨이가 어리석고 못나서, 병사를 청하고 위급한 사정을 고할 만한 인재가 아님을 탄식하였다.

原文 遣使大唐上言 高句麗百濟侵凌臣國 累遭攻襲數十城 兩國連兵 期之必取 將以今玆九月大擧 臣國社稷 必不獲全 謹遣陪臣歸命大國 願乞偏師 以存救援 而帝謂使人曰 我實哀爾爲二國所侵 所以頻遣使人和爾三國 高句麗百濟旋踵翻悔 意在呑滅 而分爾土宇 爾國設何奇謀以免顚越 使人曰 吾王事窮計盡 唯告急大國 冀以全之 帝曰 我少發邊兵 摠契丹靺鞨直入遼東 爾國自解 可緩爾一年之圍 此後知無繼兵 還肆侵侮 四國俱擾 於爾未安 此爲一策 我又能給爾數千朱袍丹幟 二國兵至 建而陳之 彼見者以爲我兵 必皆奔走 此爲二策 百濟國恃海之險 不修機械 男女紛雜 互相燕聚 我以數十百船 載以甲卒 銜枚泛海 直襲其地 爾國以婦人爲主 爲隣國輕侮 失主延寇 靡歲休寧 我遣一宗枝 以爲爾國主 而自不可獨王 當遣兵營護 待爾國安 任爾自守 此爲三策 爾宜思之 將從何事 使人但唯而無對 帝嘆其庸鄙 非乞師告急之才也

_『삼국사기』 권5, 선덕왕 12년(643) 9월

자료 13

정월에 비담毗曇주32과 염종廉宗 등이 "여왕은 나라를 잘 다스릴 수 없다."고 하며 반역을 꾀하여 병사를 일으켰으나 승리하지 못하였다. 8월에 임금이 돌아가셨다.

주32 비담 : 645년에 신라 최고위직인 상대등에 오른 진골귀족.

原文 春正月 毗曇廉宗等 謂女主不能善理 因謀叛擧兵 不克 八月 王薨

_『삼국사기』 권5, 선덕왕 16년(647)

출전

『삼국사기』: 1145년(인종 23)경에 김부식(金富軾) 등이 고려 인종의 명을 받아 편찬한 삼국시대의 정사. 인종의 명에 따라 김부식의 주도하에 최산보(崔山甫), 이온문(李溫文), 허홍재(許洪材), 서안정(徐安貞), 박동계(朴東桂), 이황중(李黃中), 최우보(崔祐甫), 김영온(金永溫) 등 8인의 참고(參考)와 김충효(金忠孝), 정습명(鄭襲明) 2인의 관구(管句) 등 11인의 편사관에 의해서 편찬되었다. 기전체의 사서로서 본기 28권(고구려 10권, 백제 6권, 신라 12권), 지(志) 9권, 표 3권, 열전 10권으로 이루어져 있다.

『삼국유사』: 1281년(충렬왕 7)경에 고려 후기의 승려 일연(一然)이 편찬한 사서(史書). 전체 5권 2책으로 되어 있고, 별도로 왕력(王歷), 기이(紀異), 흥법(興法), 탑상(塔像), 의해(義解), 신주(神呪), 감통(感通), 피은(避隱), 효선(孝善) 등 9편목으로 구성되어 있다. 이 책의 성격은 불교사서, 설화집, 불교신앙을 포함하는 역사서, 야사집 등으로 보는 견해가 있는데, 사서의 기록에서 빠졌거나 상세하지 않은 기록들을 모아 편찬한 역사 자료집으로 보는 것이 타당하다.

찾아읽기

이정숙, 『신라 중고기 정치사회 연구』, 혜안, 2012.

서영교, 『고대 동아시아 세계대전』, 글항아리, 2015.

노중국, 「고구려 · 백제 · 신라 사이의 역관계변화에 대한 일고찰」, 『동방학지』28, 1981.

김봉두, 「대야성 전역에 관한 일고찰」, 『국사연구』4, 1983.

이내옥, 「연개소문의 집권과 도교」, 『역사학보』99 · 100, 1983.

이정숙, 「신라 진평왕대의 정치적 성격」, 『한국사연구』52, 1986.

김주성, 「백제 무왕의 사찰건립과 권력강화」, 『한국고대사연구』6, 1992.

강봉룡, 「6~7세기 신라 정치체제의 재편과정과 그 한계」, 『신라문화』9, 1992.

임기환, 「6 · 7세기 고구려 정치세력의 동향」, 『한국고대사연구』5, 1992.

박한제, 「7세기 수당 양조의 한반도 진출 경위에 대한 일고」, 『동양사학연구』43, 1993.

노중국, 「7세기 백제와 왜와의 관계」, 『한국관논총』52, 1994.

전미희, 「연개소문의 집권과 그 정권의 성격」, 『이기백선생고희기념한국사학논총』상, 1994.

양종국, 「7세기 중엽 의자왕의 정치와 동아시아 국제관계의 변화」, 『백제문화』31, 2002.

문안식, 「의자왕 전반기의 신라 공격과 영토확장」, 『경주사학』23, 2004.

임기환, 「7세기 동북아시아 국제질서의 변동과 전쟁」, 『전쟁과 동북아의 국제질서』, 일조각, 2006.

박승범, 「7세기 전반기 신라 위기의식의 실상과 황룡사 9층목탑」, 『신라사학보』30, 2014.

박주선, 「백제 의자왕 대의 신라 고립책과 대외관계」, 『한국사론』61, 2015.

남정호, 「백제 무왕대와 의자왕 초기 정치세력의 변화: 사씨와 익산세력을 중심으로」, 『역사교육연구』56, 2015.

2 난세의 신라에 두 영웅이 출현하다

김춘추와 김유신

신라를 위기 상황에서 구해낸 이는 김춘추와 김유신이었다. 두 사람은 선덕여왕 때 혼인으로 혈맹의 관계를 맺고 위기에 빠진 신라를 구하였다. 그들은 진덕여왕 때에 친당 개혁정치를 주도하였다. 진덕여왕 사후에는 김유신이 김춘추를 왕으로 추대하여 강력한 공동정권을 세워 개혁을 본격 추진하였다.

김춘추와 김유신의 결맹

진흥왕 사후 신라는 내우외환에 시달리며 위기 상황으로 치달았다. 선덕여왕 대에 이르러 상황은 더욱 급박해졌다. 백제와 고구려의 침략은 더욱 사나워졌고, 당나라는 여왕을 조롱하며 신라의 구원 요청을 외면하였다. 신라의 귀족들은 여왕을 노골적으로 비난하며 작란作亂을 서슴지 않았다. 난세에 영웅이 난다고 했던가! 두 인물이 난세의 해결사를 자임하면서 역사의 전면에 나섰다. 김춘추와 김유신이다.

김춘추는 귀족들에 의해 폐위된 진지왕의 손자로, 그의 부친은 용수(혹은 용춘)이다. 요절한 진흥왕의 태자 동륜(진지왕의 형)의 아들로서 왕위에 오른 진평왕은 그의 사촌인 용수를 챙겼다. 그는 용수를 자신의 딸인 천명과 맺어주어 '진흥왕의 후예'라는 정체성을 부각시키는 한편으로, 용수를 내성사신으로 임명하여 대궁大宮과 양궁梁宮

| 진흥왕의 계보

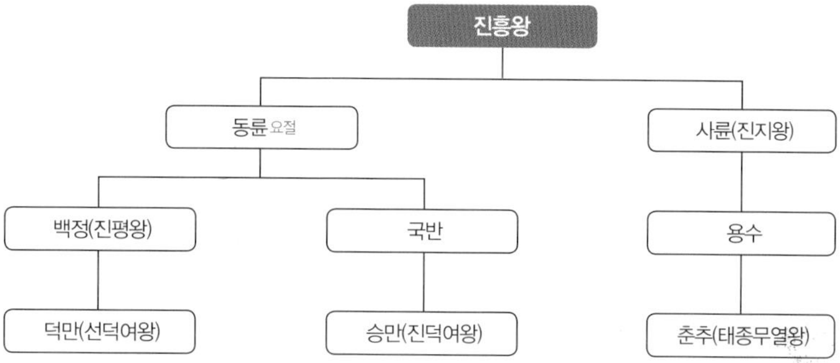

과 사량궁沙梁宮의 업무를 총괄하도록 하였다.[자료1] 진평왕의 딸로서 왕위에 오른 선덕여왕 역시 용수에게 황룡사구층탑 건설의 중책을 맡겨 '진흥왕의 후예'로서의 끈끈한 유대감을 과시하였다. 용수와 천명 사이에서 태어난 김춘추는 진평왕과 선덕여왕의 비호를 받으며 명망을 쌓아갔다.

김유신은 532년(법흥왕 19)에 신라에 복속한 금관국왕 김구해의 증손으로, 조부는 무력, 부친은 서현이다.[자료2] 무력은 진흥왕 대에 백제 성왕을 전사시키고 백제를 제압하여 한강 하류로 진출하는 데 큰 공을 세웠고, 서현은 진평왕 대에 고구려와의 전투 등에 참전하여 전공을 쌓았다. 김유신 역시 진평왕과 선덕여왕 대에 백제와 고구려의 침략을 저지하고 내란을 진압하는 데 큰 공을 세우면서 무장으로서 명성을 떨쳤다.

폐왕廢王의 손자인 김춘추와 망국의 왕손인 김유신의 두 가문은 동병상련의 연대감을 느꼈을 법하다. 또한 진평왕과 선덕여왕은 귀족세력들의 발호를 견제하기 위하여 두 가문의 협조를 절실히 필요로 하였다. 자연히 두 가문은 국왕의 유력한 친위세력으로서 백제와 고구려의 침략에 공동 대처하면서 성장해 갔다. 629년(진평왕 51) 고구려와의 낭비성 전투에서 김춘추의 부친 용춘과 김유신의 부친 서현은 각각 대장군으로, 그리고 유신은 부장군으로 나란히 출전했던 적이 있었으니,[자료3] 이는 두 가문의 긴밀한 관계를 잘 보여주는 사례이다.

두 가문은 김춘추가 김유신의 누이동생 문희와 부부의 연을 맺으면서 마침내 혈맹의 관계로 발전하였다. 김유신이 우연을 가장하여 춘추와 문희 사이의 인연을 만들었고, 선덕여왕이 나서서 두 사람의 혼사를 도왔다는 흥미로운 이야기가 전해지고 있는

김춘추

김유신

데, 이는 두 가문이 결합하는 데 선덕여왕이 적극 도왔다는 것을 시사해 준다.[자료4] 김춘추와 김유신은 이에 부응하여 선덕여왕의 편에 서서 내우외환에 적극 대처하는 '찰떡 공조'의 면모를 유감없이 발휘하였다.

김춘추와 김유신의 공조

642년 신라는 국가의 중요 군사기지인 대야성을 백제에게 빼앗기고 수도 경주마저 적의 위협에 무방비로 노출되는 최대의 국난 사태에 직면하였다. 김춘추는 대야성 함락 과정에서 사위와 딸을 잃은 개인적인 슬픔을 채 추스르기도 전에 원병을 요청하기 위해 자청해서 고구려로 떠났다.

신라에게는 고구려도 백제 못지않은 적성국이었다. 고구려로 떠나기 전 김춘추는 김유신을 만나 자신이 고구려에게 위해를 당할지도 모른다는 것을 넌지시 일렀다. 김유신은 만약 그리된다면 단호한 군사 보복을 감행하리라고 화답하였다. 두 사람의 목숨을 건 공조의 의지를 엿보게 하는 대목이다.[자료5]

고구려에 간 김춘추는 마침 쿠데타를 일으켜 고구려의 실권자가 된 연개소문과 담판을 벌였다. 연개소문은 진흥왕 대에 신라가 빼앗아 간 점령지를 되돌려 달라는 무리한 요구를 해왔고, 이를 거부하는 김춘추를 억류하였다. 김유신이 약속대로 1만 명의 결사대를 조직하여 김춘추 구출작전에 나서려던 참에, 김춘추는 고구려의 총신 선도해에게 뇌물을 주고 전해들은 '거북과 토끼'의 우화를 차용하여 고구려를 겨우 탈출하는 것에 만족해야 하였다.[자료6] 일촉즉발로 치달았던 신라와 고구려 사이에 군사적 충돌은 면했지만, 우려했던 대로 고구려에 대한 김춘추의 청병 외교는 실패로 끝났다.

김유신은 대야성 함락 직후에 압량주(지금의 경북 경산) 군주로 취임하여 백제가 더 이상 신라 경내로 진격하지 못하도록 적절히 차단하였다. 644년에는 대장군으로 임명되어 군사를 거느리고 백제를 쳐서 일곱 성을 회복하기도 하였다. 김춘추의 대고구려 청병 외교는 무위로 그쳤지만 김유신의 군사 작전은 백제의 발목을 붙잡아 놓아 절체절명의 위기에 처한 신라를 구해냈다.

외환外患과 함께 내우內憂도 몰려왔다. 647년(선덕여왕 16)에 상대등 비담은 염종 등의 귀족 무리와 작당하여 반란을 일으켰다. '여왕은 정치를 잘 못한다'는 것이 반란의 명분이었다. 반란세력은 명활성에 주둔하면서 국왕이 머물고 있던 월성을 공격해 왔다. 치열한 공방전이 열흘 넘게 지속되었지만 승부가 나지 않았다. 그러던 중 어느날 야밤에 하늘에서 큰 별이 월성에 떨어졌다. 반란군 측은 사기가 충천했고, 여왕 측은 패배의 공포에 휩싸였다. 김유신이 기지를 발휘하였다. 허수아비를 만들어 불을 붙

태종무열왕릉
경주시 서악동 구릉 동쪽 사면에 한 줄로 배치되어 있는 5기의 원형무덤 가운데 가장 아래쪽에 있다. 무덤 주위에는 큰 자연석으로 둘레돌을 세워 놓았는데, 현재는 일부만 드러나 있다. 능 앞 왼쪽에 태종무열왕릉비가 있어 신라 역대 왕릉 가운데 묻힌 사람이 누구인지를 알려주는 유일한 능이다.

김유신묘
674년(문무왕 13)에 왕릉이나 다름없는 규모로 만들었다. 김유신은 흥덕왕 때 흥무대왕(興武大王)으로 추봉되었다. 12방위 주석에 12지신상을 조각한 호석이 있는데, 규모나 기법이 여느 것보다 우수하다.

경주 명활성
원래는 동해를 거쳐 쳐들어 오는 왜구를 막고자 쌓았는데, 647년 선덕여왕 때 난을 일으킨 비담 세력이 근거지로 활용하였다. 신라 주변에 돌로 쌓은 나성 가운데 가장 먼저 쌓았으며 선도산성 · 남산성 · 북형산성과 함께 왜구로부터 수도를 방어하는 데 큰 몫을 했고, 한때는 왕이 거주하기도 하였다.

여 연에 실어 날려 올리고서 별이 다시 하늘로 올라갔다고 소문냈다. 사기는 역전되었고, 김유신은 군사를 몰아 명활성으로 진격하여 반란세력을 진압하는 데 성공하였다.[자료7]

진덕여왕을 앞세워 정치개혁을 추진하다

난을 일으킨 상대등 비담과 그에 동조했던 귀족들은 9족을 멸하는 중형에 처해졌다. 비담을 추종하던 구세력이 척결되자 김춘추와 김유신이 정국을 주도하였다. 먼저 그들은 선덕여왕이 서거하자 국반(진평왕의 아우)의 딸 승만을 왕으로 추대하였다. 그녀가 신라의 두 번째 여왕인 진덕여왕이다. 여왕의 존재가 안팎으로 비난받고 있었음에도 불구하고 또다시 여성인 승만을 왕으로 추대할 수밖에 없었던 것은, 그녀가 '성골' 혈통의 마지막 생존자였기 때문이다.

김유신은 진덕여왕 즉위년에 백제에 빼앗긴 대야성 탈환을 건의하였다. 그리고 민심을 수습하여 열세의 예상을 깨고 보기 좋게 탈환에 성공하였다.[자료8] 크고 작은 백제의 침략 행위는 계속되었지만, 김유신은 이를 적절이 막아냈다. 외침은 점차 잠잠해졌다.

김춘추는 외교 활동을 재개하였다. 먼저 진덕여왕 즉위 직후(647)에 왜(일본)로 향하였다. 김춘추가 고구려에 이어 왜에 찾아간 것은 백제의 침략 행위를 견제하려는 목적에서였지만 이러한 외교 노력은 별다른 효과를 거두지 못하였다. 고구려는 신라의 적성국이었고 왜는 오랫동안 백제와 맹방의 관계를 유지해 왔기 때문이었다.[자료9]

일본에서 돌아온 김춘추는 648년(진덕여왕 2)에 아들 문왕과 함께 당으로 향하였다. 당 태종은 김춘추를 극진히 환대하였다. 광록경 유형을 시켜 교외에서 춘추의 일행을 맞이하게 했고, 춘추와 정담을 나누며 우호적인 분위기를 조성하였다. 귀국길에 오른 춘추를 위해 3품 이상의 고관들을 모아 송별연을 베푸는 외교적 파격을 연출하기도 하였다. 춘추는 당에 머무는 동안 국자감을 방문하여 석전釋奠(공자 등의 유교 성인들에 올리는 제사)과 강론에 참관하는 등 당의 선진 문물제도를 견학하는 일에 정진하는 한편, 백제의 침략행위를 고발하면서 당의 원군을 요청하기도 하였다. 당 태종은 이에 화답하여 출병을 기꺼이 허락하였으니, 이로써 마침내 '나당 군사동맹'도 결성되었다.[자료10]

김춘추는 동행했던 아들 문왕을 당에 머물러 당 태종 곁에서 숙위宿衛하게 하고 귀국하였다. 그리고 정치개혁에 박차를 가하였다. 당의 의관제衣冠制를 도입했고(649), 작위를 가진 진골귀족들로 하여금 국왕에 조회할 때 아홀牙笏을 소지하게 했으며, 김춘추의 장남 법민을 당에 보내어 당 황제를 찬양하는 '태평송'을 진덕여왕이 직접 수놓은 비단을 바치게 하는 한편, 신라 고유의 연호를 버리고 당의 연호 영휘永徽를 사용하였다(이상 650). 신년을 맞아 백관으로 하여금 국왕을 축수하게 하는 하정賀正의 의식을 처음으로 거행하였고, 국왕을 보좌하여 행정을 총괄하는 집사부라는 관부를 신설하였으며, 김춘추의 둘째 아들 김인문을 당에 보내어 당 황제를 숙위하도록 하였다(이상 651).

이러한 일련의 친당親唐 정치개혁은 김춘추와 김유신이 진덕여왕을 앞세워 단행한 것이었다. 그 내용을 보면 친당정책을 기조로 하면서 국왕의 권위를 높여 진골귀족을 제압하려는 것에 초점이 모아지고 있다는 것을 알 수 있다.

김춘추, 왕위에 오르다

654년에 진덕여왕이 서거하자 왕위 계승을 둘러싼 논란이 일었다. 진덕여왕을 끝으로 성골 신분은 단절되었고 진덕여왕에게 후사도 없었으므로 차기 왕은 진골 신분에서 물색해야 하였다. 진골귀족들은 그들의 대표자였던 상대등 알천을 추대하려 했으나, 알천은 이를 고사하고 춘추를 천거하였다. 춘추는 이를 세 번 사양하다가 마지못해 받아들이는 모양새를 갖추어 왕위에 올랐다. 이가 태종무열왕이다.[자료11]

이렇듯 김춘추의 즉위는 무난히 이루어진 것처럼 보인다. 그렇지만 그 이면에는 상당한 갈등과 대립이 있었다. 진골귀족들이 그들의 대표 격인 알천을 추대하려 했던 것은 김춘추와 김유신의 독주를 막기 위해서였다. 그렇지만 이미 정국의 주도권이 김춘추와 김유신에게 넘어간 상황에서 대세를 거스를 수는 없었다. 알천이 고사한 데에는 김유신의 개입이 있었다.[자료12] 알천과 김유신의 힘겨루기는『삼국유사』에 설화적 이야기로 전해지고 있다. 회의장에 갑자기 호랑이 한 마리가 뛰어 들어왔는데, 알천이 호랑이의 꼬리를 붙잡아 땅에 메어쳐 죽일 정도로 대단했으나 유신의 위세를 당하지는 못하였다는 내용이다.[자료13]

결국 김춘추의 즉위는 김유신과의 합작품이었다. 태종무열왕은 공주 지조智照를 김유신에게 시집보내고 김유신을 귀족들의 대표 격인 상대등上大等으로 삼았다. 두 가문의 결맹 관계를 더욱 강화하기 위한 포석이었다. 무열왕은 이와 병행하여 장자인 법민法敏을 태자로 삼고, 여타의 아들들에게는 고위 관등을 제수하였다. 왕자 문왕을 중시中侍로 임명하기도 하였다. 국가의 최고위직이 '태자 법민-상대등 유신-중시 문왕'으로 정리되면서 무열왕의 정국 장악은 완성되었다.

친정 체제 구축과 함께 무열왕에게 주어진 또 하나의 과제는 나당 군사동맹을 실질적으로 가동시켜 백제와 고구려의 침략에 대응하는 일이었다. 그러나 이 일은 여의치 않았다.

자료샘

자료 1

이찬 용수龍樹를 내성內省의 사신私臣으로 삼았다. 일찍이 즉위 7년에 대궁大宮·양궁梁宮·사량궁沙梁宮[주1] 세 곳에 각각 사신을 두었는데, 이때에 이르러 내성에 사신 한 사람을 두어 세 궁宮의 업무를 겸하여 관장하도록 한 것이다.

주1 대궁·양궁·사량궁 : 대궁은 왕궁, 양궁은 양부의 궁, 사량궁은 사량부의 궁을 지칭.

原文 以伊飡龍樹爲內省私臣 初 王七年 大宮梁宮沙梁宮三所 各置私臣 至是置內省私臣一人 兼掌三宮

_『삼국사기』 권4, 진평왕 44년(622) 2월

자료 2

금관국金官國의 왕 김구해金仇亥가 왕비와 세 아들인 맏아들 노종奴宗, 둘째 아들 무덕武德, 막내 아들 무력武力과 더불어 자기 나라의 보물을 가지고 항복하였다. 임금이 예를 갖추어 대접하고 상등上等의 직위를 주었으며, 금관국을 식읍食邑으로 삼게 하였다. 아들 무력은 벼슬이 각간角干에 이르렀다.

原文 金官國主金仇亥 與妃及三子 長曰奴宗仲曰武德季曰武力 以國帑寶物來降 王禮待之 授位上等 以本國爲食邑 子武力仕至角干

_『삼국사기』 권4, 법흥왕 19년(532)

자료 3

왕이 대장군 용춘龍春과 서현舒玄, 부장군 유신庾信을 보내 고구려 낭비성娘臂城을 침공하였다. 고구려인이 성에서 나와 진을 쳤는데, 군세가 매우 강성하여 우리 병사가 그것을 바라보고 두려워하며 싸울 생각을 못했다. 유신이 말하였다. "나는 '옷깃을 잡고 흔들면 가죽옷이 바로 펴지고 벼리를 당기면 그물이 펼쳐진다.'고 들었다. 내가 벼리와 옷깃이 되겠노라!" 그리고는 즉시 말에 올라 칼을 빼들고 적진으로 향하여 곧바로 나아갔다. 적진에 세 번 들어갔다 나왔는데, 매번 들어갈 때마다 장수의 목을 베거나 군기를 뽑았다. 여러 군사들이 승세를 타고 북을 치고 소리를 지르며 돌격하여 5,000여 명을 목 베어 죽이니, 낭비성이 마침내 항복하였다.

原文 王遣大將軍龍春舒玄 副將軍庾信 侵高句麗娘臂城 麗人出城列陣 軍勢甚盛 我軍望之懼 殊無鬪心 庾信曰 吾聞 振領而裘正 提綱而網張 吾其爲綱領乎 乃跨馬拔劒 向敵陣直前 三入三出 每入或斬將 或搴旗 諸軍乘勝 鼓噪進擊 斬殺五千餘級 其城乃降 九月 遣使大唐朝貢

_『삼국사기』 권4, 진평왕 51년(629) 8월

자료 4

제29대 태종대왕太宗大王의 이름은 춘추春秋이며 성은 김씨이다. … 왕비는 문명황후文明皇后 문희文姬로, 곧 김유신金庾信 공의 막내 동생이다.

처음 문희의 언니인 보희寶姬가 꿈에 서악西岳[주2]에 올라 오줌을 누었는데, 그 오줌이 수도인 경주에 가득 찼다. 다음날 동생에게 꿈 얘기를 했더니 문희가 말하였다. "내가 그 꿈을 사겠어요." 언니가 말하였다. "무엇을 주겠니?" "비단치마를 주면 어때요?" 언니가 허락하여 동생 문희가 옷섶을 벌리고 꿈을 받으려고 하자, 언니가 말하였다. "어젯밤 꿈을 너에게 주노라!" 동생은 그 값으로 비단치마를 주었다.

10일이 지나 유신이 춘추 공과 함께 정월 오기일午忌日에 자기 집 앞에서 공을 찼다. 김유신은 일부러 춘추 공의 옷을 밟아 고름을 떨어뜨리게 하고 말하였다. "우리집에 들어가서 꿰맵시다." 춘추 공은 그 말을 따랐다. 유신이 아해阿海[주3]에게 바느질을 하라고 하자 아해가 말하였다. "어떻게 이런 사소한 일로 함부로 귀공자를 가까이 하겠어요?" 그러면서 아해는 한사코 못하겠다고 하였다[고본(古本)에는 병 때문에 나오지 못했다고 하였다]. 그래서 곧 아지阿之[주4]에게 시켰다. 춘추 공은 유신의 뜻을 알고 드디어 문희를 사랑하게 되었다. 이때부터 자주 유신의 집을 왕래하였다.

유신 공은 누이동생이 임신을 한 것을 알고 꾸짖었다. "네가 부모님께 아뢰지도 않고 임신을 하였으니 어찌된 일이냐?" 그리고는 곧 서울 안에 소문을 내기를 동생 문희를 불태워 죽이겠다고 하였다. 어느 날 선덕왕善德王이 남산에 행차할 때를 기다려서 마당에 장작을 쌓아 놓고 불을 붙여 연기가 일어나게 하였다. 왕이 그것을 바라보고 무슨 연기냐고 묻자, 주변에 있던 신하들이 아뢰었다. "아마도 유신이 그 누이동생을 불태우려나 봅니다." 왕이 그 까닭을 물었다. "그 누이동생이 남편도 없이 임신하였기 때문입니다." 왕이 다시 물었다. "이것은 누구의 소행이냐?" 때마침 춘추 공이 왕을 모시고 있다가 얼굴색이 크게 변하였다. 그러자 왕이 말하였다. "이것은 너의 소행이구나. 속히 가서 구하도록 하여라." 춘추 공은 명을 받고 말을 달려가 왕명을 전하고 화형을 중지시켰다. 그 후에 세상에 드러내 놓고 혼례를 올렸다.

주2 서악 : 경주 서쪽에 있는 선도산.

주3 아해 : 김유신의 큰 누이 보희를 지칭.

주4 아지 : 김유신의 작은 누이 문희를 지칭.

原文 第二十九 太宗大王 名春秋 姓金氏 … 妃文明皇后文姬 卽庾信公之季妹也 初 文姬之姊寶姬 夢登西岳捨溺瀰 滿京城 旦與妹說夢 文姬聞之謂曰 我買此夢 姊曰 與何物乎 曰 鬻錦裙可乎 姊曰 諾 妹開襟受之 姊曰 疇昔之夢 傳付於汝 妹以錦裙酬之 後旬日 庾信與春秋公 正月午

忌日[見上射琴匣事 乃崔致遠之說] 蹴鞠于庾信宅前[羅人謂蹴鞠爲弄珠之戱] 故踏春秋之裙 裂其襟紐 日 請入吾家縫之 公從之 庾信命阿海奉針 海曰 豈以細事輕近貴公子乎 固辭[古本云 因病不進] 乃命阿之 公知庾信之意 遂幸之 自後數數來往 庾信知其有娠 乃嘖之曰 爾不告父母 而有娠何也 乃宣言於國中 欲焚其妹 一日俟善德王遊幸南山 積薪於庭中 焚火烟起 王望之問何烟 左右奏曰 殆庾信之焚妹也 王問其故 曰 爲其妹無夫有娠 王曰 是誰所爲 時公昵侍左在前 顔色大變 王曰 是汝所爲也 速往救之 公受命馳馬 傳宣沮之 自後現行婚禮

_『삼국유사』 권1 기이1, 태종춘추공

자료 5

주5 대량주 : 지금의 경남 합천에 설치한 주(州). 이곳에 대야성이 있었다.

주6 고굉 : 다리와 팔이라는 뜻으로, 임금이 가장 믿고 중요하게 여기는 신하를 지칭.

선덕대왕善德大王 11년(642) 백제가 대량주大梁州[주5]를 함락시켰다. 그때 춘추 공의 딸 고타소랑古陀炤娘이 남편 품석品釋을 따라 죽었다. 춘추는 이를 한스럽게 여겨 고구려에 군대를 청해서 백제에 대한 원수를 갚고자 하니, 왕이 이를 허락하였다. 춘추가 (고구려를 향해) 길을 떠나려 할 때 유신에게 말하였다. "나와 공은 일심동체로 나라의 고굉股肱[주6]이 되었소. 이번에 내가 만약 고구려에 들어가 해를 당한다면 공은 무심히 있겠소?" 유신이 답했다. "공께서 만일 가서 돌아오지 못하신다면 저의 말발굽이 반드시 고구려 백제 두 왕의 궁정을 짓밟을 것입니다. 참으로 그렇게 하지 못한다면 무슨 면목으로 이 나라 사람을 볼 수 있겠습니까?" 춘추가 감격해 기뻐하며, 공과 함께 서로 손가락을 깨물어 피를 내어 마시고 맹세하여 말하였다. "내가 60일이면 돌아올 것이오. 만약 이 기한이 지나도록 돌아오지 않는다면 다시 만날 기약이 없을 것이오." 이렇게 말하고는 드디어 작별하였다.

原文 善德大王十一年壬寅 百濟敗大梁州 春秋公女子古陀炤娘 從夫品釋死焉 春秋恨之 欲請高句麗兵 以報百濟之怨 王許之 將行 謂庾信曰 吾與公同體 爲國股肱 今我若入彼見害 則公其無心乎 庾信曰 公若往而不還 則僕之馬跡 必踐於麗濟兩王之庭 苟不如此 將何面目以見國人乎 春秋感悅 與公互噬手指 歃血以盟曰 吾計日六旬乃還 若過此不來 則無再見之期矣 遂相別

_『삼국사기』 권41, 열전1, 김유신 상

자료 6

춘추가 선물로 받았던 푸른 베 300보를 왕의 총애를 받는 신하 선도해先道解에게 몰래 주었다. 그러자 도해가 주안상을 차려 왔다. 함께 술을 마시며 술자리가 한창 무르익자 도해가 우스갯소리로 말하였다. "그대는 예전에 거북이와 토끼의 이야기를 들어

본 적이 있으시오? 옛날 동해 용왕의 딸이 심장에 병이 났는데, 의사가 토끼의 간을 얻어 약을 지으면 치료할 수 있다고 하였소. 그러나 바다에는 토끼가 없으니 어찌할 수 없었지요. 그때 마침 거북이 한 마리가 용왕에게 '제가 그것을 구할 수 있습니다.' 라고 하였다오. 드디어 거북이는 육지로 올라와서 토끼를 보고 말하기를, '바닷속에 섬이 하나 있는데, 거기에는 맑은 샘과 흰 돌이 있고 무성한 숲과 맛있는 과실이 있으며, 추위와 더위도 없고 사나운 날짐승도 침범할 수 없다. 네가 그곳에 갈 수만 있다면 아무 근심걱정 없이 편안히 지낼 수 있을 것이다.' 하였지요. 그리하여 거북이는 토끼를 등에 업고 이삼 리쯤 헤엄쳐 갔다오. 거북이는 토끼를 돌아보며 '지금 용왕님의 따님이 병이 들었는데, 반드시 토끼 간으로 약을 지어야 하기 때문에 이렇게 수고를 마다않고 너를 업고 가는 것이다.' 하였습니다. 토끼가 이를 듣고는, '아차! 나는 천지신명의 후예인지라 오장五藏을 꺼내어 씻어서 다시 넣을 수 있다. 일전에 속이 좀 불편해서 간과 심장을 꺼내 씻어서 잠시 바위 밑에 두었다. 그런데 너의 달콤한 말을 듣고 곧바로 오는 바람에 간이 아직도 거기에 그대로 있다. 어찌 돌아가 간을 가져 오지 않을 것인가? 그렇게 하면 너는 구하려는 것을 얻게 되고 나는 간이 없더라도 살 수 있으니, 어찌 둘 다 좋은 일이 아니겠는가?' 하였지요. 거북이는 그 말을 믿고 다시 돌아갔는데, 언덕에 오르자마자 토끼는 풀 속으로 도망치며 거북에게 말하기를, '너는 참으로 어리석구나! 어찌 간이 없이 살 수 있는 자가 있다더냐?' 하였습니다. 거북이는 민망하여 아무 말도 못하고 물러갔다고 합니다." 춘추는 이 말을 듣고 그 속뜻을 알아차렸다.

原文 春秋以青布三百步 密贈王之寵臣先道解 道解以饌具來 相飮酒酣 戲語曰 子亦嘗聞龜兎之說乎 昔 東海龍女病心 醫言 得兎肝合藥 則可療也 然海中無兎 不奈之何 有一龜白龍王言 吾能得之 遂登陸見兎言 海中有一島 淸泉白石 茂林佳菓 寒暑不能到 鷹隼不能侵 爾若得至 可以安居無患 因負兎背上 游行二三里許 龜顧謂兎曰 今龍女被病 須兎肝爲藥 故不憚勞 負爾來耳 兎曰 噫 吾神明之後 能出五藏 洗而納之 日者小覺心煩 遂出肝心洗之 暫置巖石之底 聞爾甘言徑來 肝尙在彼 何不廻歸取肝 則汝得所求 吾雖無肝尙活 豈不兩相宜哉 龜信之而還 纔上岸 兎脫入草中 謂龜曰 愚哉 汝也 豈有無肝而生者乎 龜憫默而退 春秋聞其言 喩其意

_『삼국사기』 권41, 열전1, 김유신 상

자료 7

(선덕왕) 16년(647)은 선덕왕 말년이요, 진덕왕眞德王 원년이다. 대신大臣 비담毗曇과 염종嗟宗이 '여왕은 정치를 잘하지 못한다.' 하여 병사를 일으켜 폐위하려 하였다. 선덕왕은 안에서 이를 막아내었다. 비담 등은 명활성明活城에 주둔하고 왕의 군대는 월성月城에 군영을 두어 공방을 열흘간 하였으나 싸움이 끝나지 않았다. 한밤중에 월성에 별이 떨어지자 비담 등은 사졸들에게 말하였다. "별이 떨어진 곳에는 꼭 피를 흘리는 일이 있다고 들었다. 이것은 반드시 여왕이 패전할 징조이다." 병졸들의 함성이 땅을 뒤흔들었다.

대왕이 이 말을 듣고 두려워 어쩔 줄을 몰랐다. 유신이 왕을 뵙고 말했다. 길하고 흉한 것은 정해져 있는 것이 아니라 오직 사람이 하기에 달렸습니다. … 덕은 요사한 것을 이긴다는 것을 알 수 있으니 별의 변괴는 두려워할 것이 없습니다. 왕께서는 근심하지 마소서." 그리고는 허수아비를 만들어 불씨를 넣어 연에 실어 날렸다. 이는 마치 별이 하늘로 올라가는 것 같았다. 다음날 사람을 시켜 '어젯밤에 떨어진 별이 다시 하늘로 올라갔다.'고 길거리에 말을 퍼뜨려 적군들이 의심하게 하였다.

또 백마를 잡아 별이 떨어진 곳에 제사를 지내며 다음과 같이 기원하였다. "천도天道에는 양陽이 굳세고 음陰이 부드러우며, 인도人道에는 임금이 높고 신하가 낮습니다. 만약에 이것이 바뀌는 경우에는 큰 난리가 일어나는 것입니다. 지금 비담 등이 신하로서 임금을 도모하고, 아래에서 위를 범하려 합니다. 이는 이른바 난신적자亂臣賊子로서 사람과 신령이 모두 미워하는 바요, 하늘과 땅이 용납하지 못할 일입니다. 지금 하늘이 이 일에 무심하시어 도리어 왕성에 별의 변괴를 보인 것이라면, 신은 의혹됨이 있어 깨우치지 못하겠습니다. 오직 하늘의 위엄으로 백성들의 바람을 좇아 선善을 선하게 여기고 악惡을 미워하시어 신령의 부끄러움이 없게 하소서." 그리고 모든 장졸들을 독려하여 그들을 들이쳤다. 비담 등이 패하여 달아나므로, 쫓아가 목을 베고 구족九族을 멸하였다.

原文 十六年丁未 是善德王末年 眞德王元年也 大臣毗曇廉宗 謂女主不能善理 擧兵欲廢之 王自內禦之 毗曇等屯於明活城 王師營於月城 攻守十日不解 丙夜大星落於月城 毗曇等謂士卒曰 吾聞落星之下 必有流血 此殆女主敗績之兆也 士卒呼吼聲振地 大王聞之 恐懼失次 庾信見王曰 吉凶無常 惟人所召 … 故知德勝於妖 則星辰變異 不足畏也 請王勿憂 乃造偶人抱火 載於風鳶而颺之 若上天然 翌日 使人傳言於路曰 昨夜 落星還上 使賊軍疑焉 又刑白馬 祭於落星之

地 祝曰 天道則陽剛而陰柔 人道則君尊而臣卑 苟或易之 卽爲大亂 今毗曇等以臣而謀君 自下而犯上 此所謂亂臣賊子 人神所同疾 天地所不容 今天若無意於此 而反見星怪於王城 此臣之所疑惑而不喩者也 惟天之威 從人之欲 善善惡惡 無作神羞 於是 督諸將卒奮擊之 毗曇等敗走 追斬之 夷九族

_『삼국사기』 권41, 열전1, 김유신 상

자료 8

이때[주7] 유신은 압량주 군주[주8]로 있었는데 군사에는 뜻이 없는 것처럼 음주와 풍악으로 수개월을 보냈다. 주민들이 유신을 용렬한 장수로 여기고 비방하기를 "백성들이 편안하게 있은 지 오래되어 힘의 여유가 있으니 한번 싸워 볼 만한데 장군이 게으르니 어찌하겠는가?"라고 하였다. 유신이 이 말을 듣고 백성들을 부릴 때가 되었다 여기고 대왕께 고하였다. "지금 민심을 살펴보니 일을 할 만합니다. 청컨대 백제를 쳐서 대량주 싸움을 보복하게 하여 주시옵소서." 왕이 말하였다. "작은 힘으로 큰 세력을 건드리면 그 위태로움을 어찌 할 것인가?" 유신이 대답하였다. "전쟁의 승부는 세력의 대소에 있는 것이 아니라 오직 민심에 달려 있는 것입니다. … 지금 우리는 한 뜻이 되어 생사를 같이할 수 있으니 저 백제쯤은 두려워할 것이 없습니다." 왕이 허락하였다. 유신은 드디어 고을의 병사를 뽑아 조련하여 적진으로 갔다. 대량성 밖에 이르니 백제가 반격하여 대항하였다. 거짓으로 패하여 일부러 이기지 못하는 척하고 달아나 옥문곡玉門谷에 이르렀다. 백제는 이를 얕잡아보고 많은 군사를 거느리고 쫓아왔다. 그때 복병이 일어나 백제군의 앞뒤를 공격하여 대파하고, 백제 장수 8명을 사로잡았으며 1,000명의 목을 베었다. … 그리고 마침내 승세를 타고 백제 경내에 들어가 악성嶽城 등 12성을 빼앗고, 2만여 명의 머리를 베었으며 9,000명을 사로잡았다.

原文 時庾信爲押梁州軍主 若無意於軍事 飮酒作樂 屢經旬月 州人以庾信爲庸將 譏謗之曰 衆人安居日久 力有餘 可以一戰 而將軍慵惰如之何 庾信聞之 知民可用 告大王曰 今觀民心 可以有事 請伐百濟 以報大梁州之役 王曰 以小觸大 危將奈何 對曰 兵之勝否 不在大小 顧其人心何如耳 … 今吾人一意 可與同死生 彼百濟者不足畏也 王乃許之 遂簡練州兵赴敵 至大梁城外 百濟逆拒之 佯北不勝 至玉門谷 百濟輕之 大率衆來 伏發擊其前後 大敗之 獲百濟將軍八人 斬獲一千級 … 遂乘勝入百濟之境 攻拔嶽城等十二城 斬首二萬餘級 生獲九千人

_『삼국사기』 권41, 열전1, 김유신 상

주7 이때 : 진덕여왕 원년(648)

주8 압량주 군주 : 김유신이 압량주 군주가 된 것은 대야주가 백제에게 함락된 직후인 642년. 압량주는 대야주를 대신하여 지금의 경북 경산에 설치한 주(州).

주9 대아찬 : 신라 17관등 중의 제5위. 그런데 『삼국사기』에 의하면 642년 김춘추가 고구려에 사신으로 파견될 때 관등은 이미 제2위인 이찬(伊湌)으로 되어 있어 맞지 않는다.

주10 고향흑마려, 중신련압웅 : 신라에 와 있던 왜의 관원. 고향흑마려의 경우 646년 9월에 신라에 파견되었다는 기록이 『일본서기』에 나온다.

주11 국학 : 당의 국립학교인 국자감을 이름.

주12 석전 : 공자를 비롯한 유가(儒家)의 현인들에게 지내는 제사의식.

자료 9

신라가 상신上臣 대아찬大阿湌[주9] 김춘추 등을 사신으로 파견하여 박사 소덕小德 고향흑마려高向黑麻呂, 소산중小山中 중신련압웅中臣連押熊[주10]을 보내오고, 공작 한 쌍, 앵무 한 쌍을 바쳐와서, 춘추를 인질로 삼았다. 춘추는 용모가 아름답고 담소를 잘하였다.

原文 新羅遣上臣大阿湌金春秋等 送博士小德高向黑麻呂 小山中中臣連押熊 來獻孔雀一隻 鸚鵡一隻 仍以春秋爲質 春秋美姿顔善談咲

_『일본서기』 권25, 효덕천황 개화 3년(647)

자료 10

이찬伊湌 김춘추金春秋와 그의 아들 문왕文王을 보내 당나라에 조공하였다. 태종이 광록경光祿卿 유형柳亨을 교외까지 보내어 그들을 맞이하여 위로하였다. 이윽고 궁궐에 당도하자 춘추의 용모가 영준하고 늠름함을 보고 후하게 대우하였다. 춘추가 국학國學[주11]에 가서 석전釋奠[주12]과 강론講論을 참관하기를 청하니 태종이 이를 허락하고, 아울러 자기가 직접 지은「온탕비溫湯碑」와「진사비晋祠碑」, 그리고 새로 편찬한『진서晋書』를 내려주었다.

어느 날 춘추를 연회에 불러 황금과 비단을 후하게 주며 물었다. "경卿이 가슴에 품고 있는 말을 해보겠는가?" 춘추가 꿇어앉아 아뢰었다. "신臣의 나라는 멀리 바다 모퉁이에 치우쳐 있으면서도 천자의 조정을 섬긴 지 이미 여러 해 되었습니다. 그런데 백제는 강하고 교활하여 여러 차례 침략을 마음대로 하고 있으며, 더욱이 지난 해에는 병사를 크게 일으켜 깊숙이 쳐들어와 수십 개의 성을 함락시켜 대국에 조회할 길을 막았습니다. 만약 폐하께서 대국의 병사를 빌려주어 흉악한 적들을 없애지 않는다면, 우리나라 백성은 모두 포로가 될 것이며 산과 바다를 거쳐서 조공을 드리는 일도 다시는 바랄 수 없을 것입니다." 태종이 매우 옳다고 여겨 병사의 파견을 허락하였다.
춘추는 또 관리들의 복식을 고쳐 중국의 제도에 따를 것을 청하니, 이에 태종은 내전으로 하여금 진귀한 옷을 꺼내게 하여 춘추와 그를 따라 온 사람에게 내려 주었으며, 조칙으로 춘추에게 관작을 주어 특진特進으로 삼고, 문왕은 좌무위장군左武衛將軍으로 삼았다. 춘추 등이 본국으로 돌아올 때에는 (태종은) 3품 이상의 관리들에게 명하여 송별연을 열었으니, 춘추를 우대하는 예절의 극진함이 이와 같았다.

原文 遣伊湌金春秋及其子文王朝唐 太宗遣光祿卿柳亨郊勞之 旣至 見春秋儀表英偉 厚待之 春秋請詣國學 觀釋奠及講論 太宗許之 仍賜御製溫湯及晉祠碑幷新撰晉書 嘗召燕見 賜以金帛尤厚 問曰 卿有所懷乎 春秋跪奏曰 臣之本國 僻在海隅 伏事天朝 積有歲年 而百濟强猾 屢肆侵凌 況往年大擧深入 攻陷數十城 以塞朝宗之路 若陛下不借天兵 翦除凶惡 則敝邑人民 盡爲所虜 則梯航述職 無復望矣 太宗深然之 許以出師 春秋又請改其章服 以從中華制 於是 內出珍服 賜春秋及其從者 詔授春秋爲特進 文王爲左武衛將軍 還國詔合三品已上燕餞之 優禮甚備

_『삼국사기』 권5, 진덕왕 2년(648)

자료 11

진덕이 돌아가자 여러 신하들이 이찬 알천閼川에게 섭정을 청하였으나, 알천이 굳이 사양하며 말하였다. "저는 늙고 이렇다 할 덕행이 없습니다. 지금 덕망이 높고 묵직하기는 춘추 공만 한 이가 없으니, 실로 세상을 다스릴만한 뛰어난 인물이라 할 만합니다." 마침내 그를 받들어 왕으로 삼으려 하니, 춘추는 세 번 사양하다가 마지못해 왕위에 올랐다.

原文 及眞德薨 群臣請閼川伊湌攝政 閼川固讓曰 臣老矣 無德行可稱 今之德望崇重 莫若春秋公 實可謂濟世英傑矣 遂奉爲王 春秋三讓 不得已而就位

_『삼국사기』 권5, 태종무열왕 서두

자료 12

영휘永徽[주13] 5년에 진덕대왕眞德大王이 돌아가셨으나 대를 이를 자식이 없었다. 유신은 재상인 이찬 알천閼川과 상의하여 이찬 춘추春秋를 맞아들여 왕위에 오르게 하였다. 이 사람이 바로 태종대왕太宗大王이다.

原文 永徽五年 眞德大王薨 無嗣 庾信與宰相閼川伊湌謀 迎春秋伊湌 卽位 是爲太宗大王

_『삼국유사』 권1, 기이1, 태종춘추공

자료 13

(진덕)왕의 시대에 알천 공閼川公 · 임종 공林宗公 · 술종 공述宗公 · 호림 공虎林公 · 염장 공嗟長公 · 유신 공庾信公 등이 남산의 울지암亏知巖[주14]에 모여 나라 일을 의논하였다. 이때 큰 호랑이 한 마리가 이 자리로 뛰어들었다. 여러 공들이 놀라 일어섰지만 알천 공은 조금도 움직이지 않고 태연히 이야기하면서 호랑이 꼬리를 잡고 땅에 매쳐서 죽

주13 영휘 : 당 고종의 연호. 영휘 5년은 서기 654년.

주14 울지암 : 신라에서 화백회의를 하는 신령스런 땅 네 곳[四靈地] 중의 하나. 사령지는 동쪽의 청송산(青松山), 남쪽의 울지산(亐知山), 서쪽의 피전(皮田), 북쪽의 금강산(金剛山)이다.

였다. 알천 공의 힘이 이처럼 세어서 맨 윗자리에 앉았지만, 그래도 모두들 유신 공의 위엄에 마음으로 복종하고 있었다.

原文 王之代有閼川公林宗公述宗公虎林公廉長公庾信公 會于南山亐知巖 議國事 時有大虎走入座間 諸公驚起 而閼川公 畧不移動 談笑自若 捉虎尾撲於地而殺之 閼川公膂力如此 處於席首 然諸公皆服庾信之威

_『삼국유사』 권1, 기이1, 진덕왕

출전

『삼국사기』

『삼국유사』

『일본서기』 : 일본 나라(奈良)시대에 만들어진 일본 최초의 정사(正史). 덴무천황(天武天皇)의 명으로 680년경 착수하여 720년에 완성한 것으로 추정된다. 모두 30권으로 이루어져 있고, 신대(神代)부터 지토천황(持統天皇, 재위 645~702)까지 편년체(編年體)로 기록하였다. 일본 6국사(六國史) 중의 첫째로 꼽히는 정사로서 『고사기(古事記)』와 더불어 7세기 이전 일본 고대사 연구를 위한 핵심적인 사료이다. 이 책에 서술된 한국과의 관계 기록은 왜곡된 부분이 많고, 연대도 백제의 기년과 상당한 차이가 있다.

찾아읽기

안영훈, 『김유신전 연구』, 민속원, 2004.

노태돈, 『삼국통일전쟁사』, 서울대출판부, 2009.

신라사학회(편), 『흥무대왕 김유신 연구』, 경인문화사, 2011.

서영교, 『고대 동아시아 세계대전』, 글항아리, 2015.

정영호, 「김유신의 백제공격로 연구」, 『사학지』6, 1972.

천관우, 『인물로 본 한국고대사』, 정음문화사, 1982.

황선영, 「신라 무열왕가와 김유신가의 적서문제」, 『역사와경계』9, 1985.

노태돈, 「연개소문과 김춘추」, 『한국사시민강좌』5, 1989.

주보돈, 「김춘추의 외교활동과 신라내정」, 『한국학논집』20, 1993.

강경구, 「신라 김유신 가문의 평양 진출」, 『한국고대사연구』33, 2004.

이기동, 「신라의 대당 군사동맹과 삼국통일」, 『한국사시민강좌』36, 2005.

이현태, 「신라 중대 신김씨의 등장과 그 배경」, 『한국고대사연구』42, 2006.

김덕원, 「신라 진평왕대 김유신의 활동」, 『신라사학보』10, 2007.

김영수, 「김유신의 첩자활용과 첩보술에 관한 일연구」, 『군사』62, 2007.

김태식, 「방사로서의 김유신: 도교교단으로서의 화랑 탐구를 겸하여」, 『신라사학보』11, 2007.

조범환, 「김유신의 가계와 후손들의 활동」, 『신라사학보』11, 2007.

주보돈, 「김유신의 정치지향」, 『신라사학보』11, 2007.

송완범, 「김춘추의 외교와 동아시아: 640년대 쿠데타의 도미노와 관련하여」, 『동아시아고대학』19, 2009.

김호동, 「김유신의 추숭에 관한 연구」, 『신라사학보』22, 2011.

김병곤, 「왜 개신 정권의 출현과 김춘추의 사행」, 『신라사학보』25, 2012.

김태식, 「김유신의 입산수도와 그의 용화향도」, 『한국고대사탐구』13, 2013.

3 나당 연합군, 백제와 고구려를 쓰러뜨리다

백제와 고구려의 멸망

나당 연합군은 660년 백제를 멸망시키고, 668년에는 고구려를 멸망시켰다. 당시 백제는 의자왕의 실정으로 심각한 국론 분열의 상황에 빠져 있었고, 고구려는 절대 독재자 연개소문이 죽은 후에 내분이 일어나고 있었다. 당은 신라와의 약속을 저버리고 백제와 고구려의 땅을 직접 지배하려 하였다.

나당 군사동맹과 우여곡절

648년(진덕여왕 2) 김춘추의 대당외교는 기대 이상의 큰 성공을 거두었다. 당 태종으로부터 의외의 큰 환대를 받았고 나당 군사동맹도 성사되어 출병을 약속받았다. 불과 5년 전인 643년(선덕여왕 12)에 신라 사신이 당을 찾아 원군을 요청했을 때 당 태종은 여성(선덕여왕)이 왕위에 있다는 것을 조롱하면서 거부한 적이 있었다.[자료1] 신라의 왕은 바뀌었으나 여전히 여성(진덕여왕)이 왕위에 있는 동일한 조건에서, 김춘추가 당 태종을 상대로 거둔 외교적 성과는 단연 돋보였다. 그래서 많은 이들은 김춘추의 탁월한 외교술을 거론하곤 한다. 그러나 앞서 642년과 647년에 고구려와 왜를 찾았다가 번번이 외교적 낭패와 수모를 당한 그였기에 당에서 거둔 그의 외교적 성과는 탁월한 외교술만으로 설명하기는 곤란하다. 오히려 당시 당이 처한 난처한 상황에 편승

당 태종

한 면이 크다고 보는 것이 타당하다.

김춘추가 당도하기 전 당 태종은 645년과 647년 두 차례에 걸쳐 고구려에 대한 대규모 원정을 단행했으나 모두 패퇴하여 절치부심하고 있던 차였다. 마침 김춘추 일행이 당도하자 그는 배후의 신라를 활용하여 고구려를 공략하면 효과가 있으리라 판단하였다. 당 태종이 김춘추를 환대하고 군사동맹을 기꺼이 체결했던 것은 이런 맥락에서 이해할 일이다.

이렇듯 당은 신라를 고구려 정벌을 위한 수단으로 간주하였다. 더구나 동맹의 당사자인 당 태종이 649년에 갑자기 세상을 떠나면서 나당 군사동맹은 오랫동안 실행에 옮겨지지 못하고 세월만 허송하였다. 당 태종의 뒤를 이은 고종은 백제를 먼저 공격하자는 신라의 요청을 외면하고 고구려 원정에만 몰두하였다. 655, 658, 659년에 대규모 고구려 원정을 단행했지만 번번이 실패하였다. 당이 이처럼 나당 군사동맹 체결 이후에도 10년 넘는 세월을 고구려 원정에만 몰두했던 것은, 고구려를 먼저 정복하겠다는 미련을 버리지 못한 탓도 있었지만, 백제를 먼저 공격할 경우 당군의 진군로인 연안해로가 고구려에게 차단당하여 신라와의 군사 합동작전이 어려우리라는 현실적인 문제도 있었기 때문이다.

진덕여왕의 뒤를 이어 654년에 즉위한 태종무열왕 김춘추는 고구려와 백제의 집요한 침략에 직면해야 하였다. 655년에는 고구려와 백제가 신라를 협공해 왔고, 659년에는 백제가 침략해 왔다. 무열왕은 거듭 당에 사신을 파견하여 원군을 요청했으나 감감무소식이었다. 무열왕의 근심은 깊어갔다.[자료2]

당 고종은 고구려 원정이 끝내 실패로 돌아가자 660년에 이르러 갑자기 마음을 바꾸어 백제를 먼저 치기로 하고 신라에 통보해 왔다. 그렇지만 당이 백제를 먼저 공격하기 위해서는 고구려를 우회할 새로운 진군로의 개척이 필요하였다. 한반도 서북의 연안해로는 고구려에 의해 차단당할 것이 분명했던 만큼 새로운 해로를 찾아야 하였다. 당 고종은 황해 횡단해로를 그 대안 해로로 선택하고, 소정방蘇定方으로 하여금 대군을 이끌고 황해를 횡단할 것을 명하였다.

그간 황해 횡단해로는 위험한 길로 인식되어 기피되어 오던 길이었으니, 당이 이 해로를 대규모 군단의 진군로로 선택하였다는 것은 일종의 모험이었다. 당 고종이 이와 같은 모험을 단행하기로 마음먹은 이면에는, 고구려 원정 실패를 만회해야 한다는 절박한 심정도 작용했겠고, 그간의 조선술과 항해술의 발전에 따른 나름의 믿음과 자신감도 작용했을 것이다. 아무튼 648년에 체결된 나당 군사동맹은 12년의 우여곡절을 겪은 끝에 660년 소정방의 황해 횡단작전과 함께 본격 가동될 수 있었다.

백제, 최후를 맞다

660년 3월 당의 장수 소정방은 13만 대군을 이끌고 산동 반도의 성산成山을 출발하여 황해를 횡단하였다. 그리고 6월 21일 덕물도(지금의 인천시 덕적도)에 이르렀다. 신라 태자 김법민金法敏과 대장군 김유신金庾信 등은 덕물도로 가서 소정방의 군대를 영접하고, 양국의 군대가 백제 사비성 인근에서 7월 10일에 합류하기로 군기軍期를 약정하였다.[자료3]

절박한 위기 상황을 감지한 백제 조정은 황급히 그 타개책을 논의하였지만 결론이 나지 않았다. 결국 의자왕은 죄를 얻어 장흥지역으로 유배 가 있던 흥수興首에게 사람을 보내 조언을 요청하였다. 흥수는 당 수군이 상륙하는 것을 저지하고 신라 육군이 탄현炭峴(대전의 동쪽)을 넘지 못하도록 차단할 것을 건의하였다.[자료4] 이미 4년 전(656) 의자왕의 실정을 간언하다 옥에 갇혀 있던 충신 성충成忠도 죽음에 임박하여 그와 같은 내용의 상서를 올린 적이 있었다.[자료5] 그러나 사치와 향락에 빠져 분별을 잃은 백제의 군신들에게 충신들의 충언이 귀에 들어올 리가 없었다.

일찍이 의자왕은 즉위 초 10년 동안 백제 중흥을 위해 노력하여 많은 업적을 남겼다. 외교에 힘써 고구려 · 일본과 손을 잡고 신라를 공격하여 영토를 크게 확장하기도 하였다. 그러나 즉위 11년(651)부터 안일에 빠져 성충과 흥수와 같은 충신들을 저버리

군산 오성산에서 내려다본 금강

고 아부를 일삼는 간신배들을 중용하는 등 실정을 거듭하였다. 급박한 위기 상황에서도 정신을 차리지 못하고 갑론을박을 일삼고 있는 사이에 당 수군은 금강 하구에 상륙했고, 김유신이 이끈 신라군은 탄현을 넘어섰다.

당군의 일부는 이미 금강 하구의 미자진尾資津(지금의 군산)에 상륙하여 금강의 남안南岸을 따라서 사비성을 향해 진군하기 시작했고, 당의 함대는 조수를 타고 금강을 거슬러 거침없이 올라갔다.[자료6 · 7] 신라군도 탄현을 넘어 사비성으로 향하였다. 백제는 황급히 계백階伯으로 하여금 신라군을 저지하게 하였다. 계백은 이미 패색이 짙었음을 예감하고, 출전하기 전 집에 들러 살아서 노예가 되느니 차라리 죽는 편이 낫다면서 부인과 자식을 모두 죽였다고 한다.[자료8]

7월 9일, 탄현을 넘은 신라군이 황산벌에 도착했을 때, 계백이 이끄는 결사대가 이들을 기다리고 있었다. 황산 전투는 치열하였다. 계백의 5,000 결사대는 5만의 신라군과 네 번 싸워 밀리지 않을 정도로 완강하게 맞섰다. 그러나 신라 김흠순金欽純 장군의 아들 반굴盤屈과 김품일金品日 장군의 아들 관창官昌이 목숨을 버리는 투혼을 발휘하자, 사기를 되찾은 신라군이 분격하여 백제군을 물리쳤다.[자료9]

신라군과 당군이 합류한 나당 연합군의 위력은 대단하였다. 나당 연합군은 사비성을 공격하기 시작한 지 불과 하루 만인 7월 13일에 왕자 태泰와 융隆이 지키던 사비성을 함락시켰다. 5일 후인 7월 18일에는 웅진성으로 달아났던 의자왕과 태자 효孝가 함께

삼충사 계백 영정
삼충사는 백제의 충신인 성충 · 흥수 · 계백 세 사람의 충절을 기리고자 세운 사당이다.

나와 항복하였다. 이로써 백제는 개국 678년 만에 패망하고 말았다.

멸망 당시 백제 가구家口는 78만 호戶였고, 영토는 5부部 37군郡 200성城으로 편성되어 있었다. 당은 백제의 옛 땅에 5도독부를 두어 백제 지역에 대한 통치권을 장악하였다. 소정방은 9월 3일 낭장郎將 유인원劉仁願으로 사비성을 지키게 하고 신라 왕자 김인태로 하여금 보좌하게 하고, 의자왕과 왕족 및 신료 등 93명과 백성 1만 2,000여 명을 포로로 거느리고 사비에서 배를 타고 당으로 돌아갔다. 이어 당 고종은 좌위중랑장左衛中郎將 왕문도王文度를 웅진도독으로 삼아 파견하였다. 왕문도가 급사하자 유인궤劉仁軌를 파견하여 왕문도의 직을 대신하게 하였다. 당시 백제 땅에 대한 지배의 주도권은 당이 장악했고, 신라는 이를 보조하는 위치에 머물러 있었던 것이다.

고구려, 내분으로 망하다

백제를 멸망시킨 직후 당은 고구려를 몰아치기 시작하였다. 당군은 660년(보장왕 19) 11월에 계필하력契苾何力, 소정방蘇定方, 유백영劉伯英, 정명진程名振 등이 길을 나누어 공격해 왔고, 661년에는 소사업蕭嗣業, 임아상任雅相, 계필하력, 소정방 등이 수륙으로 병진하여 공격해 왔다. 백제 정벌의 영웅 소정방은 661년과 662년에 잇따라 고구려 군대를 격파하고 평양성을 포위 공격하여 고구려를 위기에 빠뜨리기도 하였다. 여기에 신라가 당의 요청으로 군량 수송 등에 참여하여 나당 연합작전이 구체화되면서, 고구려는 더욱 수세에 몰렸다.[자료10]

고구려는 연개소문을 중심으로 당의 침략을 근근이 막아내고 있었지만, 전력은 점점 약화되어 갔다. 이런 와중에 공포정치를 펴오던 실권자 연개소문이 665년에 죽자 고구려는 구심력을 상실하고 내분이 일어나 급속히 무너져 갔다.

장자 남생男生이 연개소문의 막리지 직을 이어 실권을 장악하였지만 연개소문의 독재적 위압에 못 이겨 부득이 연씨 정권에 협조하던 지방세력 다수가 등을 돌렸다. 이들의 협조 없이는 국정의 운영이 불가능하다고 여긴 남생은 아우인 남건男建과 남산男產에게 중앙 정무를 부탁하고 직접 지방을 순회하며 협조를 구하기로 작정하였다. 이들 형제는 본디 우애가 매우 깊었다고 한다. 그런데 지방 순회에 나선 남생에게, 중앙에서 국정을 담당한 아우들이 배반할지 모른다는 우려의 소리를 전달하는 사람이 있었다. 또 남건과 남산에게는 형이 지방세력을 규합하여 그들을 제거할 거라고 이간하는 자가 있었다.

남생은 처음에는 이런 우려의 소리를 묵살하였지만, 평양에 사람을 보내 집안 소식이나 알아보자는 진언을 듣고 이에 동의하였다. 그러나 이는 실수였다. 이 사실은 평양에서 이간하는 사람에게 먼저 전해졌고, 그는 남건 · 남산에게 형이 평양으로 사람을 보낸다면 그것은 아우들을 제거하기로 마음먹은 징표라고 충동하였다. 결국 남건 등은 평양성의 검문을 강화하도록 지시하고 보낸 사자使者를 체포하였다. 그가 보낸 사자가 붙잡혔다는 소식을 전해들은 남생은 아우들의 배신을 확신하게 되었고, 형제간에 싸움이 벌어졌다. 싸움은 지방에 나가 있는 남생보다 중앙에서 국정을 담당하고 있는 남건 · 남산에게 유리하였다. 남건이 왕명으로 남생을 불렀으나, 남생은 이에 응하지 않았다. 남건은 스스로 막리지가 되어 남생 토벌에 나섰다. 사세가 불리해지자 남생은 국내성國內城에 머무르며 아들 헌성獻誠을 당에 보내 도움을 요청하였고, 마침내 휘하의 세력을 이끌고 당으로 투항하였다.[자료11] 연개소문의 동생 연정토는 자신의 세력을 거느리고 신라에 투항하였다.[자료12] 고구려는 내분을 넘어서서 심각한 분열로 치닫고 있었다.

당 고종은 고구려 총공세에 박차를 가하였다. 666년 12월에 이적李勣을 총사령관으로 삼아 대규모 고구려 원정대를 통솔하게 하였고, 하북의 조세를 요동으로 집결시켜 군용으로 충당하게 하였다. 이적은 667년에 고구려 서쪽 경계의 요새지인 신성新城(지금의 무순)을 함락시키고, 설인귀薛仁貴는 668년에 부여성을 함락시키며 고구려를 압

천남생묘지(泉男生墓誌)의 지석과 덮개의 탁본
천남생의 묘지는 679년(당 고종 의봉 4)에 제작된 것으로, 허난성 낙양 북교(北郊)에서 발견되었다.

박해 갔다. 신라도 김인문 등이 대군을 이끌고 당군과 합류하였다.

나당 연합군은 평양성으로 진격해 갔다. 고구려는 한 달여 혈투를 벌였으나 보장왕은 남산을 보내 항복 의사를 전해왔다. 남건은 끝까지 사수하고자 하였으나 승려 신성信誠 등이 당과 내통하여 평양성은 결국 668년 9월에 함락당하였다. 이적은 보장왕과 왕자, 대신 등 20여만 명을 거느리고 당으로 돌아갔다. 이로써 고구려는 건국 705년 만에 멸망에 이르렀다.

당시 고구려의 민호民戶는 69만 7,000호였고, 영토는 5부部 76성城으로 편제되어 있었다. 당은 평양에 안동도호부安東都護府를 설치하고 설인귀를 도독으로 임명하여, 고구려의 옛 땅을 9도독부都督府 42주州 100현縣으로 나누어 관할하게 하였다.

자료샘

자료 1

9월에 당나라에 사신을 보내 다음과 같이 말하였다. "고구려와 백제가 우리나라를 침범하기를 여러 차례 하여 수십 개의 성을 공격하였습니다. 이제 두 나라가 군대를 연합하여 기필코 우리나라를 빼앗고자 이번 9월에 크게 병사를 일으키려고 합니다. 이리 되면 우리나라의 사직社稷은 보전될 수 없을 것입니다. 삼가 저의 신하를 보내어 대국에 우리의 운명을 맡겨보려 하오니, 약간의 병사라도 빌려주어 구원해 주기를 바랍니다." … 황제가 말하였다. " … 그대의 나라는 여인을 임금으로 삼았기에 이웃나라에게 업신여김을 당하고, 주인이 없어지면 도둑이 들끓는 것처럼 해마다 편안할 때가 없다. 내가 왕족 중의 한 사람을 보내어 그대 나라의 임금으로 삼되, 그가 혼자서는 왕노릇을 할 수 없을 것이므로 마땅히 병사들을 보내 보호하면서, 너희 나라가 안정되기를 기다려 그대들 스스로 지키도록 할 것이다. 이것이 세 번째 계책이다. 그대는 잘 생각해 보라. 장차 어느 계책을 따르겠는가?" 사신은 그저 "예"라고만 할 뿐 대답을 하지 못했다. 황제는 그의 됨됨이가 어리석고 못나서, 병사를 청하고 위급한 사정을 고할 만한 인재가 아님을 탄식하였다.

原文 秋九月 遣使大唐上言 高句麗百濟侵凌臣國 累遭攻襲數十城 兩國連兵 期之必取 將以今玆九月大擧 臣國社稷 必不獲全 謹遣陪臣歸命大國 願乞偏師 以存救援 … 帝曰 … 爾國以婦人爲主 爲隣國輕侮 失主延寇 靡歲休寧 我遣一宗枝 以爲爾國主 而自不可獨王 當遣兵營護 待爾國安 任爾自守 此爲三策 爾宜思之 將從何事 使人但唯而無對 帝嘆其庸鄙 非乞師告急之才也

_『삼국사기』 권5, 선덕왕 12년(643)

자료 2

10월에 (무열)왕이 당나라에 병사를 요청하였으나 보고가 오지 않기에 근심하는 모습으로 조정에 앉아 있었는데, 홀연히 어떤 사람이 임금 앞에 나타났다. 그 모습이 마치 이미 죽은 신하인 장춘長春과 파랑罷郎 같았다. 그들이 말하였다. "저희는 비록 죽어 백골이 되었으나 여전히 나라에 보은할 마음을 가지고 있었습니다. 어제 당나라에 가서 황제가 대장군 소정방 등에게 명하여 병사를 거느리고 내년 5월에 백제를 정벌하도록 한 것을 알았습니다. 대왕께서 너무나도 심히 애태우며 기다리시는 까닭에 이렇게 알려드리러 왔습니다." 말을 끝내고는 사라져 버렸다. 임금이 매우 놀랍고도 신기하게 여기어 두 집안의 자손에게 후하게 상을 주고, 담당관에게 명하여 한산주漢山州

에 장의사莊義寺를 세워 명복을 빌게 하였다.

原文 秋八月 以阿飡眞珠爲兵部令 九月 何瑟羅州進白鳥 公州基郡江中大魚出死 長百尺 食者死 冬十月 王坐朝 以請兵於唐 不報 憂形於色 忽有人於王前 若先臣長春罷郎者 言曰 臣雖枯骨 猶有報國之心 昨到大唐 認得皇帝命大將軍蘇定方等 領兵以來年五月 來伐百濟 以大王勤佇如此 故玆控告 言畢而滅 王大驚異之 厚賞兩家子孫 仍命所司 創漢山州莊義寺 以資冥福

_『삼국사기』 권5, 태종무열왕 6년(659)

자료 3

태종대왕 7년(660) 경신 여름 6월, 대왕은 태자 법민法敏을 데리고 백제를 정벌하려고 군사를 크게 동원하여 남천南川[주1]에 이르러 진을 쳤다. 이때 당나라에 원군을 청하러 갔던 파진찬波珍湌[주2] 김인문金仁問이 당의 대장군 소정방蘇定方 · 유백영劉伯英과 함께 군사 13만을 거느리고 바다를 건너 덕물도德物島[주3]에 도착하여 먼저 종자 문천文泉을 보내 왕에게 보고하게 하였다. 왕이 태자와 장군 유신 · 진주眞珠 · 천존天存 등에게 명하여 큰 배 100척에 병사들을 태우고 가서 회합하게 하였다. 태자가 장군 소정방을 만나자, 정방이 태자에게 말했다. "나는 해로로 가고 태자는 육로로 가서 7월 10일에 백제의 왕도 사비성泗沘城에서 만나기로 합시다." 태자가 돌아와서 왕께 고하니, 왕은 장병들을 거느리고 사라정沙羅停에 이르렀다.

주1 남천 : 경기도 이천.

주2 파진찬 : 신라 17관등 중 제4위.

주3 덕물도 : 지금의 인천시 옹진군 덕적도.

原文 太宗大王七年庚申夏六月 大王與太子法敏 將伐百濟 大發兵 至南川而營 時入唐請師波珍湌金仁問 與唐大將軍蘇定方劉伯英 領兵十三萬 過海到德物島 先遣從者文泉來告 王命太子與將軍庾信眞珠天存等 以大船一百艘 載兵士會之 太子見將軍蘇定方 定方謂太子曰 吾由海路 太子登陸行 以七月十日 會于百濟王都泗沘之城 太子來告 大王率將士 行至沙羅之停

_『삼국사기』 권42, 열전2, 김유신 중

자료 4

이때 좌평 흥수興首는 죄를 지어 고마미지현古馬彌知縣에서 귀양살이를 하고 있었다. 임금이 그에게 사람을 보내 물었다. "사태가 위급하게 되었으니 어떻게 하면 좋겠느냐?" 흥수가 말하였다. "당나라 병사는 숫자가 많고 군율이 엄하고 분명합니다. 더구나 신라와 더불어 우리의 앞뒤에서 작전을 함께 하고 있으니, 만약 평탄한 벌판과 넓은 들에서 싸운다면 승패를 장담할 수 없습니다. 백강白江[주4]과 탄현炭峴[주5]은 우리나라의 요충지로서 한 명이 한 자루의 창을 가지고도 만 명을 당해낼 수 있는 곳이니, 마

주4 백강 : 금강.

주5 탄현 : 대전시 동구와 충북 옥천군 군서면의 경계에 위치한 식장산에 있는 고개.

땅히 용감한 병사를 뽑아서 그곳에 가서 지키게 하여, 당나라 병사가 백강으로 들어오지 못하게 하고, 신라 병사가 탄현을 통과하지 못하게 해야 합니다. 대왕께서는 성문을 굳게 닫고 지키면서 그들의 물자와 군량이 떨어지고 장수와 병졸들이 지칠 때를 기다린 후에 힘을 떨쳐 공격한다면 반드시 저들을 쳐부술 수 있을 것입니다."

原文 時 佐平興首得罪 流竄古馬彌知之縣 遣人問之曰 事急矣 如之何而可乎 興首曰 唐兵旣衆 師律嚴明 況與新羅共謀掎角 若對陣於平原廣野 勝敗未可知也 白江[或云伎伐浦]炭峴[或云沈峴] 我國之要路也 一夫單槍 萬人莫當 宜簡勇士 往守之 使唐兵不得入白江 羅人未得過炭峴 大王重閉固守 待其資粮盡 士卒疲 然後奮擊之 破之必矣

_『삼국사기』 권28, 의자왕 20년(660)

자료 5

임금이 궁녀들을 데리고 음란과 향락에 빠져서 술 마시기를 그치지 않았다. 좌평 성충成忠이 적극적으로 말리자, 임금이 노하여 그를 옥에 가두었다. 이로 말미암아 감히 간언하는 자가 없어졌다. 성충은 옥에서 야위어 죽게 되었는데, 죽을 때 임금에게 글을 올려 말하였다. "충신은 죽어도 임금을 잊지 않는 것이니 한 말씀 아뢰고 죽겠습니다. 신이 항상 형세의 변화를 관찰하였는데, 반드시 전쟁은 일어날 것입니다. 무릇 전쟁에서는 반드시 지형을 잘 살펴 선택해야 하는데, 상류에서 적을 맞아야만 나라를 보전할 수 있을 것입니다. 만일 다른 나라 병사가 오거든 육로로는 침현沈峴[주6]을 지나지 못하게 하고, 수군은 기벌포伎伐浦[주7]의 언덕에 들어오지 못하게 하여, 험준한 곳에 의거하여야만 막을 수 있을 것입니다." 그러나 임금은 이 말을 살피지 않았다.

原文 十六年 春三月 王與宮人 淫荒耽樂 飮酒不止 佐平成忠[或云淨忠] 極諫 王怒 囚之獄中 由是 無敢言者 成忠瘐死 臨終上書曰 忠臣死不忘君 願一言而死 臣常觀時察變 必有兵革之事 凡用兵 必審擇其地 處上流以延敵 然後可以保全 若異國兵來 陸路不使過沈峴 水軍不使入伎伐浦之岸 擧其險隘以禦之 然後可也 王不省焉

_『삼국사기』 권28, 의자왕 16년(656) 3월

주6 침현 : 주5의 탄현과 같음.

주7 기벌포 : 금강 하구 북안의 충남 서천군 장항읍.

자료 6

다른 책에서 이르기를 금년 7월 10일 대당大唐의 소정방이 수군을 거느리고 미자진彌資津[주8]에 상륙하였다. …

주8 미자진 : 금강 하구 남안의 군산 지역.

原文 或本云 今年七月十日 大唐蘇定方 率船師 軍于彌資之津 …

_『일본서기』 권26, 제명천황 6년(660) 9월, 세주(細註)

자료 7

주9 웅진강 : 금강

주10 적 : 백제

주11 동안 : 금강의 동쪽 연안으로 오늘날 군산에 해당. 『신당서』에서는 '좌안(左岸)'으로 나온다.

주12 진도 : 백제의 수도인 사비성(부여).

소정방이 성산에서 바다를 건너 웅진강[주9] 입구에 이르자 적[주10]의 둔병이 강에 의거하고 있었다. 정방이 강 동안東岸[주11]에 상륙하여 산에 올라 진을 치고 크게 싸웠다. 배가 바다를 덮으며 계속해서 이르니, 적군은 크게 패하여 죽은 자가 수천 명이었고 나머지는 흩어져 달아났다. 조류를 따라 배의 꼬리를 이어서 강으로 진입하였다. 정방은 강안江岸에서 진을 호위하면서 수륙병진水陸竝進을 행하고 노를 날리고 소란을 피우며 진도眞都[주12]를 향해 곧바로 나아갔다. 도성에서 20여 리 떨어진 지점에 이르자 적은 총력을 다해 저항하였다. 크게 싸워 깨뜨리니 죽고 사로잡힌 이가 만여 명이었다. 급히 좇아 입성하였다.

原文 定方自城山濟海 至熊津江口 賊屯兵據江 定方升東岸 乘山而陣 與之大戰 揚帆蓋海 相續而至 賊師敗績 死者數千人 自余奔散 遇潮且上 連舳入江 定方於岸上擁陣 水陸齊進 飛楫鼓噪 直趣真都 去城二十許裡 賊傾國來拒 大戰破之 殺虜萬余人 追奔入郭

_『구당서』 권83, 열전33 소정방

자료 8

주13 달솔 : 백제 16관등 중 제2위.

주14 현경 : 당 고종의 연호. 현경 5년은 서기 660년.

계백階伯은 백제 사람으로 벼슬이 달솔達率[주13]이었다. 당 현경顯慶[주14] 5년에 당 고종이 소정방을 신구도대총관神丘道大摠管으로 삼아 군대를 거느리고 바다를 건너 신라와 함께 백제를 치게 하였다. 계백은 장군이 되어 결사대 5,000을 뽑아 이를 막고자 하며 말하였다. "한 나라의 사람으로 당과 신라의 많은 병사를 당해내자니, 나라의 존망을 알기 어렵다. 내 처자식이 붙잡혀 노비가 될까 두렵다. 살아서 치욕을 당하는 것보다 흔쾌히 죽는 것이 낫겠다." 그리고 마침내 처자식을 다 죽였다.

原文 階伯 百濟人 仕爲達率 唐顯慶五年庚申 高宗以蘇定方爲神丘道大摠管 率師濟海 與新羅伐百濟 階伯爲將軍 簡死士五千人 拒之曰 以一國之人 當唐羅之大兵 國之存亡 未可知也 恐吾妻孥 沒爲奴婢 與其生辱 不如死快 遂盡殺之

_『삼국사기』 권47, 열전7, 계백

자료 9

7월 9일 유신 등이 황산黃山[주15] 들판으로 진군하였다. 백제의 장군 계백階伯이 병사를 거느리고 와서 먼저 험한 곳을 차지하여 세 군데에 진을 치고 기다리고 있었다. 유신 등은 병사를 세 길로 나누어 네 번을 싸웠으나 이기지 못하였다. 장수와 병졸들의 힘이 다하였을 무렵, 장군 흠순欽純이 아들 반굴盤屈에게 말하였다. "신하에게는 충성만 한 것이 없고 자식에게는 효도만 한 것이 없다. 이렇게 위급할 때에 목숨을 바친다면 충과 효 두 가지를 다하게 되는 것이다." 반굴이 말하였다. "삼가 명을 받들겠습니다." 그리고 곧장 적진에 뛰어들어 힘을 다하여 싸우다가 죽었다.

좌장군 품일品日이 아들 관장官狀[혹은 관창(官昌)이라고도 한다]을 불러 말 앞에 세우고 여러 장수들에게 보이며 말하였다. "내 아들의 나이가 겨우 열여섯이지만 의지와 기개가 자못 용감하니, 오늘의 싸움에서 삼군의 모범이 될 수 있을 것이다." 관장이 대답하고 갑옷을 입고 말을 타고서 창 한 자루를 가지고 적진에 달려 들어갔다. 관장은 적에게 사로잡혀 산 채로 계백에게 끌려갔다. 계백이 투구를 벗겨보고는, 나이가 어린데도 용감한 것을 아끼어 차마 해하지 못하고 탄식하며 말하였다. "신라에게 대적할 수 없겠구나. 소년까지 이와 같거늘 하물며 장정들이야 어떠하겠는가!" 그리고 관장을 살려 보내도록 하였다. 관장이 본진에 돌아와 아버지에게 말하였다. "제가 적진에 들어가 장수의 목을 베지도 못하고 깃발을 뽑지도 못한 것은 죽음이 두려워서가 아닙니다." 말을 마치고 손으로 우물물을 떠서 마신 다음 다시 적진으로 가서 맹렬히 싸웠다. 계백이 다시 붙잡아 머리를 베어 말안장에 매달아 보냈다. 품일이 그 머리를 잡고 흐르는 피에 옷소매를 적시며 말하였다. "내 아이의 얼굴이 마치 살아 있는 것 같구나. 임금을 위하여 죽을 수 있었으니 다행스런 일이구나." 삼군이 이를 보고 분기가 북받쳐 올라 모두 죽을 마음을 먹고 북을 치고 함성을 지르며 진격하여, 백제의 무리를 크게 쳐부수었다. 계백은 그곳에서 죽었고, 좌평 충상忠常과 상영常永 등 20여 명은 사로잡혔다.

原文 秋七月九日 庾信等 進軍於黃山之原 百濟將軍階伯 擁兵而至 先據嶮 設三營以待 庾信等 分軍爲三道 四戰不利 士卒力竭 將軍欽純謂子盤屈曰 爲臣莫若忠 爲子莫若孝 見危致命 忠孝兩全 盤屈曰 謹聞命矣 乃入陣 力戰死 左將軍品日 喚子官狀[一云官昌] 立於馬前 指諸將曰 吾兒年纔十六 志氣頗勇 今日之役 能爲三軍標的乎 官狀曰 唯 以甲馬單槍 徑赴敵陣 爲賊所擒 生致階伯 階伯俾脫冑 愛其少且勇 不忍加害 乃嘆曰 新羅不可敵也 少年尙如此 況壯士乎 乃許

주15 황산 : 충남 논산시 연산면 일대.

生還 官狀告父曰 吾入敵中 不能斬將搴旗者 非畏死也 言訖 以手掬井水飲之 更向敵陣疾鬪 階伯擒斬首 繫馬鞍以送之 品日執其首 流血濕袂 曰 吾兒面目如生 能死於王事 幸矣 三軍見之 慷慨有死志 鼓噪進擊 百濟衆大敗 階伯死之 虜佐平忠常常永等二十餘人

_『삼국사기』 권5, 태종무열왕 7년(660)

자료 10

(문무)왕이 유신에게 명하여 인문仁問과 양도良圖 등 아홉 장군과 더불어 수레 2,000여 대에 쌀 4,000섬과 조 2만 2,000여 섬을 싣고 평양으로 가도록 명하였다. 그들은 18일에 풍수촌風樹村에 머물렀다. 얼음이 얼어 미끄럽고 길이 험하여 수레가 나아갈 수 없으므로 군량을 모두 소와 말의 등에 싣고 갔다. 23일, 칠중하七重河[주16]를 건너 산양蒜壤에 이르렀다. 귀당제감貴幢弟監[주17] 성천星川과 군사軍師[주18] 술천述川 등이 이현梨峴에서 적군과 마주쳐, 공격하여 죽였다. 2월 1일, 유신 등이 장새獐塞에 이르렀다. 그곳은 평양으로부터 3만 6,000보 떨어진 곳이었다. 먼저 보기감步騎監[주19] 열기裂起 등 15인을 당나라의 군영으로 보냈다. 이날은 눈보라가 치고 몹시 추워서 사람과 말이 많이 얼어 죽었다. 6일, 양오楊隩에 당도하여 유신이 아찬 양도와 대감大監[주20] 인선仁仙 등을 보내 당나라 군영에 군량을 가져다 주었고, 정방에게 은 5,700푼, 가는 실로 곱게 짠 베 30필, 머리털 30량과 우황 19량을 선물로 주었다. 정방은 군량을 얻자 곧장 돌아가 버렸다.

주16 칠중하 : 임진강.

주17 귀당제감 : 신라 지방 군단의 하나인 귀당 소속의 군관.

주18 군사 : 신라에서 지방 유력자에게 준 군직.

주19 보기감 : 신라의 군관.

주20 대감 : 신라의 상급 군관.

原文 王命庾信與仁問良圖等九將軍 以車二千餘兩 載米四千石租二萬二千餘石 赴平壤 十八日 宿風樹村 氷滑道險 車不得行 竝載以牛馬 二十三日 渡七重河 至蒜壤 貴幢弟監星川軍師述川等 遇賊兵於梨峴 擊殺之 二月一日 庾信等至獐塞 距平壤三萬六千步 先遣步騎監裂起等十五人 赴唐營 是日 風雪寒冱 人馬多凍死 六日 至楊隩 庾信遣阿湌良圖大監仁仙等致軍粮 贈定方以銀五千七百分細布三十匹頭髮三十兩牛黃十九兩 定方得軍粮 便罷還

_『삼국사기』 권6, 문무왕 2년(662)

자료 11

개소문蓋蘇文이 죽고[주21] 그의 맏아들 남생男生이 부친을 대신하여 막리지莫離支[주22]가 되었다. 처음 정사를 맡아 여러 성을 순행할 때, 그의 두 아우 남건男建과 남산男產에게 조정에 남아 뒷일을 처리하게 하였다. 어떤 자가 두 아우에게 말했다. "남생은 두 아우가 자신의 자리를 빼앗을까 두려워하여 당신들을 죽이려고 합니다. 먼저 계책을 세

주21 개소문이 죽고 : 연개소문이 죽은 해에 대하여 『삼국사기』와 『구당서』에는 666년으로 되어 있고, 『일본서기』에는 664년으로 되어 있는데, '천남생묘지'에 보장왕 24년(665) 말로 되어 있다. 665년이 타당하다.

주22 막리지 : 고구려의 최고 관직.

워 도모하는 것이 좋겠습니다." 두 아우가 처음에는 이를 믿지 않았다. 어떤 자가 남생에게 또 말했다. "두 아우가, 형이 돌아오면 자신들의 권세를 빼앗을까 두려워하여 형에게 대항하여 조정으로 들어오지 못하게 하려고 합니다." 남생은 남몰래 자신의 심복을 평양으로 보내어 두 아우의 동정을 살피게 하였다. 두 아우가 이를 알고 남생의 심복을 체포하고, 곧 왕명으로 남생을 소환하였다. 남생은 감히 돌아오지 못하였다. 남건은 스스로 막리지가 되어 군사를 출동시켜 남생을 토벌하였다. 남생이 국내성으로 도주하여 그곳에 머무르면서, 그의 아들 헌성獻誠을 당나라에 보내어 구해줄 것을 애원하였다. 6월에 당 고종이 좌효위대장군左驍衛大將軍 계필하력契苾何力에게 병사를 거느리고 나아가 맞이하게 하니, 남생은 탈출하여 당나라로 도주하였다.

原文 蓋蘇文死 長子男生代爲莫離支 初 知國政 出巡諸城 使其弟男建男産 留知後事 或謂二弟曰 男生惡二弟之逼 意欲除之 不如先爲計 二弟初未之信 又有告男生者 曰 二弟恐兄還奪其權 欲拒兄不納 男生潛遣所親 往平壤伺之 二弟收掩得之 乃以王命召男生 男生不敢歸 男建自爲莫離支 發兵討之 男生走據國內城 使其子獻誠 詣唐求哀 六月 高宗命左驍衛大將軍契苾何力 帥兵應接之 男生脫身奔唐

_『삼국사기』 권22, 보장왕 25년(666)

자료 12

고구려의 대신인 연정토淵淨土[주23]가 12성 763호 3,543명을 이끌고 투항하였다. 연정토 및 따라온 관리 24명에게 의복과 식량과 집을 주고 서울과 주州·부府에 안주시켰고, 열두 성 중 여덟은 온전하였으므로 군사를 보내 지키도록 하였다.

주23 연정토 : 『신당서』 고려전에는 연개소문의 아우로 되어 있음.

原文 高句麗貴臣淵淨土 以城十二 戶七百六十三 口三千五百四十三來投 淨土及從官二十四人 給衣物糧料家舍 安置王都及州府 其八城完 並遣士卒鎭守

_『삼국사기』 권6, 문무왕 6년(666)

출전

『삼국사기』

『일본서기』

『구당서』: 중국 당 왕조의 정사(正史)로서 25사 중의 하나. 중국 후진(後晉) 때에 유구(劉昫)의 총괄하에 장소원(張昭遠), 가위(賈緯), 조희(趙熙) 등이 940년에 편찬을 시작하여 945년에 완성하였다. 본기(本紀) 20권, 지(志) 30권, 열전(列傳) 150권 등 모두 200으로 구성되어 있고, 당 고조에서 마지막 애제까지 290년 동안의 당나라 역사의 기록

하고 있다. 원래 명칭은 『당서』였는데, 송나라 때 당 왕조의 역사를 새로 편찬하여 『신당서』라 칭하면서 『구당서』라 불리게 되었다.

찾아읽기

문안식, 『백제의 흥망과 전쟁』, 혜안, 2006.

노태돈, 『삼국통일전쟁사』, 서울대출판부, 2009.

서영교, 『고대 동아시아 세계대전』, 글항아리, 2015.

신형식, 「삼국통일 전후 신라의 대외관계」, 『신라문화』2, 1985.

김주성, 「의자왕 대 정치세력의 동향과 백제 멸망」, 『백제연구』19, 1988.

김수태, 「백제의 멸망과 당」, 『백제연구』22, 1991.

김기흥, 「고구려 연개소문정권의 한계성」, 『서암 조항래교수 화갑기념 한국사학논총』, 1992.

노중국, 「7세기 백제와 왜와의 관계」, 『국사관논총』52, 1994.

이호영, 『신라삼국통합과 여·제패망원인연구』, 서경문화사, 1997.

이문기, 「사비시대 백제의 군사조직과 그 운용」, 『백제연구』28, 1998.

김영하, 「신라의 백제통합전쟁과 체제변화」, 『한국고대사연구』16, 1999.

조인성, 「고구려의 멸망과 부흥운동의 전개」, 『고구려의 정치와 사상』, 동북아역사재단, 2007.

김영관, 「의자왕의 압송 과정과 당에서의 행적」, 『백산학보』85, 2009.

남정호, 「의자왕 후기 지배층의 분열과 백제의 멸망」, 『백제학보』4, 2010.

이희진, 「백제-신라 전쟁 양상에 대한 고찰을 통한 백제멸망 원인 재검토」, 『한국고대사탐구』12, 2012.

장미애, 「백제 말 정치세력과 백제의 멸망」, 『백제연구』58, 2013.

권덕영, 「백제 멸망 최후의 광경」, 『역사와경계』93, 2014.

4 백제와 고구려, 부흥운동을 일으키다

백제와 고구려의 부흥운동

백제와 고구려가 공식적으로 패망한 이후에 부흥세력이 각처에서 일어났다. 백제 부흥세력은 왜와 연합하여 나당 연합군에 대항하였고, 고구려 부흥세력은 신라와 연합하여 당군에 대항하였다. 결국 백제 부흥세력은 663년 백촌강 해전에서 패배하여 끝내 좌절되었고, 고구려 부흥세력은 저항을 지속하여 발해의 건국으로 이어졌다.

백제 부흥세력, 왜와 연대하여 신라와 당에 항거하다

660년 7월 18일 의자왕이 항복을 선언함으로써 백제는 공식적으로 멸망했지만, 백제의 부흥을 표방하는 세력들이 전국 각처에서 일어나 광범위하고도 치열한 항쟁을 전개하면서 당분간 백제의 명맥을 유지해 갔다. 백제 부흥세력은 660년 8월 2일에 나당 연합군을 공격하는 것으로 첫 포문을 열었다.[자료1] 9월 23일에는 사비의 남령南嶺에 거점을 마련하고 사비성을 공격하자, 20여 성이 이에 동조하여 일어나 상당한 세력을 이루었다.[자료2] 그들은 한때 신라군의 공격을 받아 거점이 큰 타격을 입고 위축되기도 했지만, 곧 전열을 가다듬어 세력 재결집에 나섰다.

백제 부흥세력의 중심에는 왕족 복신福信이 있었다.[자료3] 그는 처음 권신인 사타상여沙吒相如와 장군 흑치상지黑齒常之 등과 함께 임존성(충남 예산군 대흥면 상중리에 위

대흥 임존성
충청남도 예산군 대흥면 상중리에 있는 2,450m짜리 백제 산성이다. 이 산성은 주류성과 함께 백제 부흥 운동군의 주요 거점이었다. 봉수산과 주위 봉우리들을 둘러싸고 있기 때문에 봉수산성이라고도 한다. 성문 · 수구문(水口門) · 건물터 · 우물터 등이 남아 있다.

주류성으로 비정되는 부안 우금산성

치)을 중심 거점으로 삼고 부흥세력을 결집하였다. 그리고 왜에 사람을 보내 왜에 가 있던 왕자 부여풍의 귀국과 원군의 파견을 요청하기도 하였다.[자료4] 부여풍을 추대하여 백제 부흥세력의 구심점으로 삼고 왜와 연합하여 나당 연합군에 대항하기 위함이었다.

이후 복신은 승려 도침道琛 등과 함께 중심 거점을 임존성에서 보다 험고한 주류성(전북 부안군 상서면 감교리 개암사 뒷산의 우금산성)으로 옮겨 장기전에 대비하였다. 백제 부흥세력은 나당 연합군에 대한 공세를 강화하였다. 661년 2월에는 사비성을 포위 공격하여 그곳에 주둔해 있던 당군을 위기에 빠뜨리기도 하였다. 나당 연합군은 사비성 구원에 나섰다. 유인궤는 웅진에 주둔해 있던 당군을 거느리고 사비성으로 향했고, 신라군은 김품일金品日을 우두머리로 삼아 대규모 군단을 편성하여 사비성으로 진군하였다. 나당 연합군이 겨우 사비성을 구해내긴 했지만, 백제 부흥세력은 점점 감당하기 어려울 정도로 강성해져 갔다.[자료5 · 6]

661년 4월에 복신은 왜에 사람을 보내 부여풍의 귀국을 거듭 요청했고, 왜가 9월 호위 병사 5,000여 명을 딸려 부여풍을 귀국시키자, 그를 왕으로 추대하고 모든 정사를 맡겼다.[자료7 · 8] 이후 왜는 백제 부흥세력에 대한 원조를 이어갔다. 662년 1월에 무기와 군수물자를 지원한 데 이어, 5월에는 170척의 수군 함대를 파견하였다.[자료9 · 10] 이로써 백제 · 왜 연합군이 결성되었고, 백제 부흥세력의 전력은 더욱 증강되었다. 주류성은 국왕을 모시고 각처의 부흥세력을 총지휘하는 '피난수도'의 위상을 갖추게 되었다.[자료11]

유인궤는 이에 위기감을 느끼고 당 조정에 증원군 파견을 요청하였다. 당 고종은 좌위위장군左威衛將軍 손인사孫仁師에게 출병을 명했고, 손인사는 7,000명의 군사를 이끌고 황해를 횡단하여 덕물도(지금의 인천시 덕적도)를 거쳐 웅진성에 이르렀다. 신라군도 웅진성에 합류하였다. 이로써 나당 연합군이 다시 결성되었다.[자료12 · 13]

백제 · 왜 연합군과 나당 연합군 사이에 긴장감이 점점 고조되어 갔다. 그런 와중에 백제 부흥세력의 중심부인 주류성에서 심각한 내분 사태가 일어났다. 복신이 도침을 죽이고 실권을 장악한 데 이어 부여풍마저 제거하려 하였다. 부여풍은 오히려 묘책을 써서 복신을 제거하고서 고구려와 왜에 사자를 보내 원군을 요청하였다.[자료14] 왜는 663년 3월에 2만 7,000여 명의 원군을 보내왔다.[자료15] 이로써 백제 · 왜 연합군은 다시 활기를 띠게 되었다.

나당 연합군은 육군과 수군으로 나누어 수륙병진水陸並進하여 백제 부흥세력의 중심 거점인 주류성을 집중 공격하였다. 손인사와 문무왕 김법민은 육군을 이끌고 주류성을 향해 진격했고, 유인궤 등은 금강에서 수군과 군량선을 이끌고 주류성의 앞바다를 향해 출항하였다.[자료16] 백제 · 왜 연합군은 백촌강(지금의 동진강) 하구에서 당 수군의 상륙을 저지하려 해전을 펼쳤으나, 663년 8월 28에 백촌강 해전에서 결정적인 참패를 당했고, 이어 9월 7일에는 주류성도 결국 함락당하고 말았다.[자료17]

흑치상지묘비
1929년 10월 중국 허난성 낙양 망산(邙山)에서 아들인 흑치준(黑齒俊)의 묘와 함께 출토된 흑치상지의 묘비

주류성의 함락은 백제 부흥세력의 구심체가 상실됨을 의미하였다. 부여풍은 주류성을 탈출하여 고구려로 달아났고, 왕자 부여충승扶餘忠勝과 충지忠志 등은

무리를 거느리고 나와 항복하였다. 여타의 성들도 앞다투어 투항하면서 백제 부흥세력은 무너져갔다. 흑치상지黑齒常之와 사타상여沙吒相如는 주류성의 함락과 함께 나당 연합군에 투항했고, 임존성을 근거로 마지막까지 항거하던 지수신遲受信마저 나당 연합군의 공세를 감당하지 못하고 성을 버리고 달아나 고구려로 망명하였다.[자료18] 이로써 660년에 사비성이 함락된 이후 3년을 끌어온 백제 부흥군의 항쟁은 종지부를 찍게 되었다.

고구려 부흥세력, 신라와 연대하여 당에 항거하다

고구려는 나당 연합군의 총공세를 받아 668년 9월 21일에 평양성이 함락함으로써 공식적으로 패망하였다. 당은 고구려를 멸망시킨 후에 평양에 안동도호부를 설치하고 고구려 옛 땅에 9도독부 42주 100현을 설치하여 이를 직접 지배하려 하였다. 당은 고구려 부흥세력을 미연에 방지하기 위해서 대대적인 사민정책을 펴기도 하였다. 669년에 3만여 명의 고구려인을 변경으로 옮긴 것이 그것이다.[자료19]

이러한 당의 지배정책에도 불구하고 고구려 부흥을 표방하는 세력들이 각처에서 일어나 당에 항거하였다. 『삼국사기』 지리지에 의하면 669년 당시에 압록강 이북에서 당에 항복하지 않은 성城 11개와 항복하였다가 다시 반기를 든 성 7개를 소개하고 있는데, 이는 고구려 부흥세력이 얼마나 광범위하게 일어났는가를 잘 보여준다.[자료20]

고구려 부흥세력은 주로 신라와 연대하여 당에 항거하였다. 먼저 670년 4월에 태대형 고연무高延武가 이끄는 고구려 부흥세력이 신라 설오유薛烏儒의 군대와 연대하여 압록강 이북에서 당병과 싸워 대승을 거두었다. 또한 같은해 6월에는 수림성 사람 검모잠劍牟岑이 궁모성에서 봉기하여 고구려 부흥운동에 불을 지폈다. 그 무리들은 대동강의 남쪽 지역에서 당의 승려와 관리를 살해하고 바다로 도망하여 사야도史冶島에 머무르다가, 670년 무렵에 황해도 재령에 이르러 왕족 안승安勝을 맞이하여 왕으로 삼고 고구려 부흥운동을 본격화하였다. 이에 신라는 금마저(지금의 익산)를 반당 부흥운동의 기지로 활용할 것을 허용하여 그들을 도왔다.[자료21]

당은 고간高侃과 이근행李謹行을 각각 동주도행군총관東州道行軍總管과 연산도행군총관燕山道行軍總管으로 삼아 고구려 부흥세력에 대한 대대적인 토벌에 나섰다. 고간은 671년에 안시성을 근거로 저항하던 부흥세력을 격파하고, 천산에서 신라 원군 2,000명을 사로잡았다.[자료22] 672년에는 고간과 이근행이 평양에 진영을 구축하고 한시성韓始城과 마읍성馬邑城에서 봉기한 고구려 부흥세력을 격파하고 황해도의 재령지역에까지 진군해 왔다. 이에 고구려 부흥세력은 신라군과 연대하여 그들을 맞아 싸워 한때 큰 승리를 거두기도 했지만, 석문성石門城 전투에서 큰 패배를 당하기도 하는 등 일진일퇴를 거듭하였다.[자료23] 이후 신라는 676년까지 고구려의 부흥세력 및 백제의 유민들과 연계하여 당과의 전쟁을 이어갔고, 마침내 당군을 대동강 이북으로 축출하고 삼국을 통일하는 위업을 달성하였다.

그러나 이것으로 고구려 부흥운동이 종료된 것은 아니었다. 고구려 부흥세력은 만주와 요동지역에서 당에 대한 저항을 지속했고, 당은 고구려 왕족을 통해서 이들을 무마하려 하였다. 당이 677년에 고구려의 마지막 왕인 보장왕을 '요동도독조선왕'으로 봉했던 것은 그 무마책의 일환이었다. 그러나 보장왕은 오히려 고구려인, 말갈인과 함

금마저 토성

안승이 고구려 부흥의 거점으로 삼았다는 금마저(지금의 익산). 현재 토성 내에는 남문지와 수구지, 건물지 등의 시설이 남아 있다.

께 고구려 부흥운동을 전개했고, 당은 682년에 그를 공주邛州로 소환하였다. 이후에도 고구려 부흥세력의 저항이 계속되자, 당은 686년에 보장왕의 손자인 보원寶元을 조선왕으로 봉하였다가 698년에는 충성국왕忠誠國王으로 봉했으며, 699년에는 보장왕의 아들 덕무德武를 대신 파견하는 등의 과정을 반복하였다.[자료24]

이렇듯 고구려 왕족을 통해 고구려 부흥세력을 무마하려 했던 당의 정책은 번번이 빗나갔다. 그리고 그 부흥운동의 기세는 결국 고구려 계승을 표방하는 발해의 건국으로 이어졌다.

자료샘

자료 1

8월 2일 (신라와 당이) 크게 주연을 베풀고 장사들을 위로하였다. 왕(무열왕)과 소정방蘇定方 및 여러 장수들은 당상堂上에 앉고 의자義慈와 그 아들 융隆[주1]은 당하堂下에 앉아 의자로 하여금 술잔을 치게 하니 백제의 좌평佐平[주2] 등 여러 신하들이 목이 메어 울지 아니하는 자가 없었다. … 백제의 남은 무리들은 남잠南岑, 정현貞峴, □□□ 등의 성城을 거점으로 삼았고, 좌평 정무正武가 무리를 모아 두시원악豆尸原嶽[주3]에 주둔하여 당과 신라인들을 공략하였다.

原文 八月二日 大置酒勞將士 王與定方及諸將 坐於堂上 坐義慈及子隆於堂下 或使義慈行酒 百濟佐平等群臣莫不嗚咽流涕 … 百濟餘賊據南岑貞峴□□□城 又佐平正武聚衆庄豆尸原嶽 抄掠唐羅人 二十六日 攻任存大柵 兵多地嶮 不能克 但攻破小柵

_「삼국사기」 권5, 태종무열왕 7년(660)

주1 융 : 의자왕의 제3자 부여융(扶餘隆).

주2 좌평 : 백제의 제1품 관등 혹은 최고 관직을 지칭.

주3 두시원악 : 오늘날 충남 청양군 정산명에 비정되는 곳.

자료 2

(9월) 23일에 백제의 남은 무리들이 사비에 들어와 항복한 사람들을 노략하려 하니 유수留守 유인원劉仁願[주4]이 당과 신라인을 출동하여 적賊[주5]을 쳐 쫓았다. 적은 물러가 사비 남령南嶺[주6]에 올라가 4~5개의 책柵[주7]을 세우고 거기에 주둔하면서 기회를 엿보아 성읍을 공략하자 백제의 20여 성이 반叛하여 호응하였다.

原文 二十三日 百濟餘賊入泗沘 謀掠生降人 留守仁願出唐羅人 擊走之 賊退上泗沘南嶺 竪四五柵 屯聚伺隙 抄掠城邑 百濟人叛而應者二十餘城

_「삼국사기」 권5, 태종무열왕 7년(660)

주4 유인원 : 사비성 수비를 책임진 당의 장수.

주5 적 : 백제 부흥세력.

주6 남령 : 충남 부여군 규암면과 장암면의 경계에 '남령'이라는 지명이 있다.

주7 책 : 방어를 위해 나무로 둘러친 목책.

자료 3

(660년) 9월 5일에 백제가 달솔達率[주8]과 사미각종沙彌覺從을 보내 아뢰었다. "금년 7월 신라는 세력을 믿고 이웃 국가와 친하지 않고 당나라 사람들을 끌어들여 백제를 전복하였습니다. 군신을 모두 포로로 잡아갔고 살아남은 자도 거의 없습니다. 이때 서부西部의 은솔銀率[주9] 귀실복신鬼室福信[주10]은 분연히 일어나 임사기산任射岐山[주11]에 웅거하였고, 달솔 여자진餘自進은 중부中部의 구마노리성久麻怒利城[주12]에 웅거하여, 각각을 경영하여 흩어진 병졸들을 모았습니다. 무기는 이전의 싸움에 다 없어져서 막대기로써 싸워 신라군을 격파하고 무기를 빼앗았습니다. 이제 백제의 무기가 날카롭게 되어 당

주8 달솔 : 백제 16관등 중 제2위의 품계. 달솔의 주인공 이름이 빠져 있다.

주9 은솔 : 백제 16관등 중 제3위의 품계.

주10 귀실복신 : 「삼국사기」에는 이름 '복신'만 나온다. '귀실'은 그의 성인 듯. 백제본기에는 무왕의 종자로, 신라본기에는 백제의 구장(舊將)으로 나온다.

주11 임사기산 : 충남 예산군 대흥면에 소재하는 임존성을 지칭하는 듯함.

주12 구마노리성 : 공주의 웅진성.

이 감히 들어오지 못합니다. 복신 등이 마침내 백제인을 모아서 왕성을 지켰습니다. 국인들이 존경하여 말하기를 '좌평복신, 좌평자진'이라 부릅니다. 오직 복신만이 신묘한 무력을 써서 망한 나라를 다시 일으킬 수 있습니다."

原文 九月己亥朔癸卯 百濟遣達率 沙彌覺從等來奏曰 今年七月 新羅恃力作勢不親於隣 引搆唐人 傾覆百濟 君臣總俘 略無噍類 於是西部恩率鬼室福信 赫然發憤據任射岐山 達率餘自進據中部久麻怒利城 各營一所誘聚散卒 兵盡前役 故以棓戰 新羅軍破 百濟奪其兵 既而百濟兵翻銳 唐不敢入 福信等遂鳩集同國 共保王城 國人尊曰佐平福信 佐平自進 唯福信起神武之權興既亡之國

_『일본서기』 권26, 제명천황 6년(660) 9월

자료 4

(660년) 10월에 백제의 좌평 귀실복신이 좌평 귀지貴智 등을 보내 당의 포로 100여 명을 바쳤다. … 또 군사를 빌고 구원을 요청하면서 아울러 왕자 여풍장余豐璋[注13]을 되돌려 줄 것을 청하였다.

原文 冬十月 百濟佐平鬼室福信 遣佐平貴智等 來獻唐俘一百餘人 … 又乞師請救 幷乞王子余豐璋

_『일본서기』 권26, 제명천황 6년(660) 10월

注13 여풍장 : 일본에 가 있던 백제 의자왕의 왕자. 661년에 귀국하여 백제 부흥세력의 구심체가 되었다. 『삼국사기』와 『구당서』 등에는 부여풍(扶餘豊)으로 나온다.

자료 5

(무열왕) 8년(661) 2월에 백제의 잔적殘賊이 사비성을 공격해 오니 왕이 이찬伊湌[注14] 품일品日을 대당장군大幢將軍에 임명하여 잡찬迊湌[注15] 문왕文王, 대아찬大阿湌[注16] 양도良圖, 아찬阿湌[注17] 충상忠常 등으로 그를 보좌하게 하고, 잡찬 문충文忠을 상주장군上州將軍에 임명하여 아찬 진왕眞王으로 그를 보좌하게 하고, 아찬 의복義服을 하주장군下州將軍에, 무훌武欻과 욱천旭川 등을 남천대감南川大監에, 문품文品을 서당장군誓幢將軍에, 의광義光을 낭당장군郎幢將軍에 임명하여 사비성을 구원하게 하였다.

原文 八年春二月 百濟殘賊來攻泗沘城 王命伊湌品日爲大幢將軍 迊湌文王大阿湌良圖阿湌忠常等副之 迊湌文忠爲上州將軍 阿湌眞王副之 阿湌義服爲下州將軍 武欻旭川等爲南川大監 文品爲誓幢將軍 義光爲郎幢將軍 往救之

_『삼국사기』 권5, 태종무열왕 8년(661)

注14 이찬 : 신라 17관등 중 제2위의 품계.

注15 잡찬 : 신라 17관등 중 제3위의 품계.

注16 대아찬 : 신라 17관등 중 제5위의 품계.

注17 아찬 : 신라 17관등 중 제6위의 품계.

자료 6

백제의 승려 도침道琛과 옛 장수 복신福信이 무리를 거느리고 주류성周留城[주18]을 거점으로 하여 반란을 일으켰다. 그리고 왜국倭國에 사신을 보내어 옛 왕자 부여풍扶餘豊을 맞이하여 왕으로 세우니, 서부와 북부가 모두 성을 들어 이에 호응하였다. 이때 낭장郎將 유인원劉仁願은 백제의 부성府城[주19]에 머물러 있었는데, 도침 등이 군사를 이끌고 포위하였다. 대방주자사帶方州刺史 유인궤劉仁軌가 왕문도王文道를 대신하여 무리를 거느리고 지름길로 신라병을 출동시켜 합세하여 유인원을 구원하고 계속하여 싸워나가니, 이르는 곳마다 모두 항복하였다. 도침 등이 웅진강熊津江[주20] 어귀에 두 개의 책柵을 세워 관군에게 저항하자, 유인궤는 신라병과 함께 사방에서 협공하였다. 적들은 후퇴하여 책柵 안으로 달아났지만, 물에 막히고 다리는 좁아 물에 빠지거나 전사한 사람이 1만 명이나 되었다. 도침 등은 이에 인원의 포위를 풀고 임존성任存城으로 물러나 보전하였다. 신라병은 군량이 다하여 군사를 이끌고 돌아갔다. 이때는 용삭龍朔[주21] 원년(661) 3월이었다.

原文 百濟僧道琛 舊將福信率眾據周留城以叛 遣使往倭國 迎故王子扶余豐 立為王 其西部北部並翻城應之 時郎將劉仁願留鎮於百濟府城 道琛等引兵圍之 帶方州刺史劉仁軌代文度統衆 便道發新羅兵合契以救仁願 轉斗而前 所向皆下 道琛等於熊津江口立兩柵以拒官軍 仁軌與新羅兵四面夾擊之 賊衆退走入柵 阻水橋狹 墮水及戰死萬余人 道琛等乃釋仁願之圍 退保任存城 新羅兵士以糧盡引還 時龍朔元年三月也

_『구당서』 권199 상, 열전149 상, 동이 백제

자료 7

7년(661년) 4월에 백제의 복신이 사자를 보내 표를 올려 왕자 규해糺解[주22]를 보내줄 것을 청하였다.

原文 夏四月 百濟福信遣上表乞迎其王子糺解

_『일본서기』 권26, 제명천황 7년(661)

자료 8

(제명) 7년(661) 9월 황태자[주23]는 장진궁長津宮[주24]에 거주하면서 백제의 왕자 풍장豊章에게 직관織冠을 내리고, 또 다신장부多臣蔣敷의 누이를 처로 삼게 하였다. 그리고 대산

주18 주류성 : 충남 서천군 한산설, 충남 부여군 충화면설, 전북 고부 부근설 등이 있으나, 전북 부안군 상서면 감교리 개암사 뒷산의 우금 산성으로 보는 설이 유력함.

주19 부성 : 오늘날 부여의 사비성.

주20 웅진강 : 공주를 관통하는 금강을 지칭.

주21 용삭 : 당 고종의 연호(661~663).

주22 규해 : 일본에 머물고 있던 의자왕의 왕자 부여풍을 지칭.

주23 황태자 : 서명천황(舒明天皇)의 황태자로서 어머니 제명천황(齊明天皇)의 위를 계승한 천지천황(天智天皇)을 지칭. 제명천황은 재위 7년(661) 7월에 죽었으나, 당해 연도는 제명천황의 재위년이므로 천황의 칭호 대신 황태자의 칭호를 쓴 것임.

주24 장진궁 : 규슈 하카다(博多)에 있던 궁전.

주25 대산하 : 고대 일본의 26관위 중 제15위에 해당.

주26 소산하 : 고대 일본의 26관위 중 제18위에 해당.

하大山下주25 협정연빈랑狹井連檳榔, 소산하小山下주26 진조전래진秦造田來津을 보내 군사 5,000을 거느리고 본국에 돌아가는 길을 호위하게 하였다. 풍장이 나라에 돌아가자 복신이 맞이하여 머리를 숙이고 국정을 모두 위임하였다.

原文 九月 皇太子御長津宮 以織冠授於百濟王子豐璋 復以多臣蔣敷之妹妻之焉 乃遣大山下狹井連檳榔 小山下秦造田來津 率軍五千餘衛送於本鄉 於是 豐璋入國之時 福信迎來 稽首奉國朝政 皆悉委焉

_『일본서기』 권27, 천지천황 즉위기

자료 9

원년(662) 1월 27일 백제의 좌평 귀신복실鬼室福信에게 화살 10만 척隻, 실 500근, 솜 1,000근, 베 1,000단, 가죽 1,000장, 벼종자 3,000석을 내렸다.

原文 元年春正月辛卯朔丁巳 賜百濟佐平鬼室福信失十萬隻 絲五百斤 綿一千斤 布一千端 韋一千張 稻種三千斛

_『일본서기』 권27, 천지천황 원년(662)

자료 10

주27 대금중 : 고대 일본의 26관위 중 제8위에 해당.

주28 풍장 등을 백제국으로 호송하고 : 풍장은 661년 9월에 이미 귀국했으므로 이 구절은 착오인 듯(자료8 참조).

(662년) 5월 대장군 대금중大錦中주27 아담비라부련阿曇比邏夫連 등은 수군 170척을 거느리고 풍장 등을 백제국으로 호송하고주28 조칙을 내려 풍장 등에게 지위를 잇게 하였다.

原文 夏五月 大將軍大錦中阿曇比邏夫連等 率船師一百七十艘 送豐璋等於百濟國 宣勅 以豐璋等使繼其位

_『일본서기』 권27, 천지천황 원년(662)

자료 11

백제의 승려 도침道琛과 옛 장수 복신福信이 무리를 거느리고 주류성周留城을 거점으로 하여 반란을 일으키고 왜국에 사신을 보내 왕자 부여풍을 맞아서 왕으로 세우니, 서부와 북부가 모두 성을 들어 여기에 호응하였다.

原文 百濟僧道琛 舊將福信率衆據周留城以叛 遣使往倭國 迎故王子扶余豐 立為王 其西部北部並翻城應之

_『구당서』 권199 상, 열전149 상, 동이 백제

자료 12

유인원劉仁願이 군사를 더해 줄 것을 청하니 (당 고종이) 조를 내려 치주淄州,[주29] 청주靑州,[주30] 내주萊州,[주31] 해주海州[주32]의 군사 7,000인[주33]을 징발하여 좌위위장군左威衛將軍[주34] 손인사孫仁師로 하여금 거느리고 바다를 건너 유인원의 군사를 구원하게 하였다.

原文 仁願奏請益兵 詔發淄青萊海之兵七千人 遣左威衛將軍孫仁師 統衆浮海 以益仁願之衆

_『삼국사기』 권28, 의자왕 20년 말미, 용삭[주35] 2년(662)

자료 13

당주唐主는 우위위장군右威衛將軍 손인사로 하여금 군사 40만[주36]을 이끌고 덕물도[주37]를 거쳐 웅진부성熊津府城으로 향하게 하였다. 문무왕은 김유신 등 28장군을 거느리고 당군과 연합하여 두릉윤성豆陵尹城, 주류성 등의 여러 성을 쳐서 다 항복받았다.

原文 詔遣右威衛將軍孫仁師率兵四十萬 至德物島 就熊津府城 王領金庾信等二十八將軍與之合攻豆陵尹城周留城等諸城 皆下之

_『삼국사기』 권6, 문무왕 3년(663)[주38]

자료 14

이때 복신福信은 병권을 모두 장악하고 부여풍扶餘豊과 점점 서로 시기하여 사이가 나빠졌다. 복신은 병을 핑계로 굴방에 누워서 부여풍이 문병 오기를 기다려 덮쳐 죽이려 하였다. 부여풍은 이를 알아차리고 그의 심복들을 거느리고 가서 복신을 덮쳐 죽이고 고구려와 왜국에 사자를 보내 구원병을 청하여 관군[주39]을 막았다.

原文 時福信既專其兵權 與撫余豐漸相猜貳 福信稱疾 臥於窟室 將候扶余豐問疾 謀襲殺之 扶余豐覺而率其親信掩殺福信 又遣使往高麗及倭國請兵以拒官軍

_『구당서』 권199 상, 열전149 상, 동이 백제

자료 15

3월에 전장군前將軍 상모야군치자上毛野君稚子와 간인련대개間人連大蓋, 중장군中將軍 거세신전신역어巨勢神前臣譯語와 삼륜군근마려三輪君根麻呂, 후장군 아배인전신비라부阿倍引田臣比邏夫와 대택신겸병大宅臣鎌柄으로 하여금 2만 7,000인을 거느리고 가서 신라를 치게 하였다.

주29 치주 : 중국 산둥성 제남부(濟南府).

주30 청주 : 중국 산둥성 교동(膠東).

주31 내주 : 중국 산둥성 내주.

주32 해주 : 중국 장쑤성 회안(淮安).

주33 7,000인 : 『구당서』에도 7,000인으로 나오지만, 『삼국사기』 문무왕조에는 40만으로 나온다(자료13 참고).

주34 좌위위장군 : 『구당서』 백제조에도 '좌위위장군'으로 나오지만 『삼국사기』 문무왕조에서는 '우위위장군'으로 나온다(자료13 참조).

주35 용삭(龍朔) : 당 고종의 연호. 용삭 2년은 서기 662년.

주36 40만 : 7,000이 타당(자료12 참고).

주37 덕물도 : 지금의 경기도 옹진군 덕적도.

주38 문무왕 3년 : 『삼국사기』 의자왕조(자료12 참조)와 『구당서』 백제조에서는 손인사의 구원군이 당도한 것이 662년의 일로 나온다. 다만 나당 연합군이 주류성을 함락시킨 것은 663년의 일.

주39 관군 : 손인사가 이끄는 당나라 군사를 지칭함.

原文 三月 遣前將軍上毛野君稚子 間人連大蓋 中將軍巨勢神前臣譯語 三輪君根麻呂 後將軍阿倍引田臣比邏夫 大宅臣鎌柄 率二萬七千人打新羅

_『일본서기』 권27, 천지천황 2년(663)

자료 16

주40 가림성 : 충남 부여군 임천면에 소재하던 성.

주41 신라왕 김법민 : 문무왕.

손인사는 이미 유인궤 등과 합류하여 병사가 크게 떨쳤다. 여러 장수들이 회합할 때 혹자가 말하기를, "가림성加林城주40은 수륙의 요충지이니 이곳을 먼저 치기를 청합니다."라 하였다. 이에 인궤가 말하기를, "가림성은 험고하여 급히 공격하면 전사들의 손상이 클 것이고, 견고히 지키면 기일이 너무 지체될 것이다. 주류성을 먼저 공격하는 것이 좋겠다. 주류는 적의 소혈巢穴이고 여러 흉악한 무리가 모여 있는 곳이다. 악을 제거하고 근본에 힘쓰기 위해서는 모름지기 그 근원을 뽑아버려야 한다. 주류를 돌파하면 여러 성들이 저절로 투항할 것이다."라 하였다. 이에 손인사와 유인원, 그리고 신라왕 김법민주41은 육군을 이끌고 진군하였고, 유인궤와 별솔別率 두상杜爽, 부여융은 수군과 군량선을 이끌고 웅진강에서 백강으로 가서 육군과 합류하여 함께 주류성으로 나아가려 하였다.

原文 仁師既與仁軌等相合 兵士大振 於是諸將會議 或曰 加林城水陸之沖 請先擊之 仁軌曰 加林險固 急攻則傷損戰士 固守則用日持久 不如先攻周留城 周留 賊之巢穴 群兇所聚 除惡務本 須拔其源 若克周留 則諸城自下 於是仁師 仁願及新羅王金法敏帥陸軍以進 仁軌乃別率杜爽 扶余隆率水軍及糧船 自熊津江往白江 會陸軍同趣周留城

_『구당서』 권84, 열전34, 유인궤(劉仁軌)

주42 적장 : 나당 연합군의 장수.

주43 주유 : 부안 상서면의 우금산성으로 비정되는 주류성(周留城)을 지칭.

주44 백촌강 : 주류성으로 통하는 동진강으로 비정됨.

주45 일본 : 일본이라는 국호는 670년에 처음 칭함. 이때는 아직 일본이 아니고 왜(倭)임.

주46 관군 : 백제 · 왜 연합수군.

자료 17

(8월) 17일에 적장주42이 주유州柔주43 부근에 와서 왕성을 에워쌌다. 대당大唐의 장군이 전선 170척을 이끌고 백촌강白村江주44에 진을 쳤다. 27일에 일본주45의 수군 중 처음 당도한 자와 대당의 수군이 전투를 벌여 일본이 지고 물러났다. 대당은 진을 굳게 지켰다. 28일에 일본의 여러 장수와 백제의 왕이 기상을 관찰하지 않고 "우리가 선수를 쳐서 싸우면 저들은 응당 물러날 것이다."라 하면서 대오가 흐트러진 일본 중군中軍의 군졸을 이끌고 대당의 견고한 군대를 향해 진격하였다. 대당이 좌우에서 수군을 내어 협공하니 눈 깜짝할 사이에 관군주46이 크게 패하고 수중에 떨어져 익사한 자가 많았

다. 뱃머리와 고물을 돌릴 수가 없었다. 박시전래진朴市田來津은 하늘을 우러러 맹세하고, 이를 갈며 수십인을 죽였다. 이때 백제왕 풍장豐章은 몇 사람과 배를 타고 고구려로 달아났다.

9월 7일[주47]에 백제의 주유성州柔城이 마침내 항복하자 국인이 서로 말하였다. "주유가 항복하였으니 일을 어찌할 수 없다. 백제의 이름은 오늘로 끊어졌다. 조상의 분묘가 있는 곳을 어찌 또 갈 수 있겠는가. 다만 저례성氐禮城에 가서 일본의 장군들과 만나 사건의 긴요한 사안을 모의하자." 하고 마침내 전부터 침복기성枕服岐城에 가 있던 처자들에게 나라를 떠날 것을 알렸다.

原文 戊戌 賊將至於州柔繞其王城 大唐軍將率戰船一百七十艘 陣烈於白村江 戊申 日本船師初至者 與大唐船師合戰 日本不利而退 大唐堅陣而守 己酉 日本諸將與百濟王 不觀氣象 而相謂之曰 我等爭先彼應自退 更率日本亂伍中軍之卒 進打大唐堅陣之軍 大唐便自左右夾船繞戰 須臾之際 官軍敗績 赴水溺死者衆 艫舳不得廻旋 朴市田來津仰天而誓 切齒而嗔殺數十人 於焉戰死 是時百濟王豐璋與數人 乘船逃去高麗 九月辛亥朔丁巳 百濟州柔城始降於唐 是時國人相謂之曰 州柔降矣 事無奈何 百濟之名絶于今日 丘墓之所豈能復往 但可往於弖禮城 會日本軍將等 相謀事機所要 遂敎本在枕服岐城之妻子等 令知去國之心

_『일본서기』 권27, 천지천황 2년(663)

주47 9월 7일 : 『자치통감』 당기 고종 용삭 3년조에는 9월 8일로 되어 있음.

자료 18

왕자 부여충승扶餘忠勝과 충지忠志 등은 그의 무리를 거느리고 왜인과 함께 모두 항복했으나, 홀로 지수신遲受信만은 임존성任存城에 웅거하여 항복하지 않았다. 이전에 흑치상지黑齒常之가 흩어졌던 자들을 불러 모으니 10일 사이에 귀부하는 자가 3만인이었다. 소정방이 군사를 보내어 쳤으나 상지常之가 이를 맞아 깨뜨리고 다시 200여 성을 취하니 정방이 이기지 못하였다. 상지가 별부장別部長 사택상여沙吒相如와 함께 험한 곳에 의거하여 복신과 호응하였으나 이에 이르러[주48] 모두 항복하였다. … 두 사람[주49]이 임존성을 함락시키자 지수신은 처자를 버리고 고구려로 달아났고, 나머지 무리도 모두 평정되었다.

原文 王子扶餘忠勝忠志等 帥其衆 與倭人並降 獨遲受信據任存城 未下 初 嘯聚亡散 旬日間歸附者三萬餘人 定方遣兵攻之 常之拒戰敗之 復取二百餘城 定方不能克 常之與別部將沙吒相如據嶮 以應福信 至是皆降 … 二人訖取其城 遲受信委妻子 奔高句麗 餘黨悉平 仁師等振旅還

_『삼국사기』 권28, 의자왕 20년, 말미

주48 이에 이르러 : 주류성이 함락함에 이르러

주49 두 사람 : 흑지상지와 사택상여를 지칭함. 두 사람은 당에 투항한 이후에 유인궤의 명을 받아 임존성을 쳤다.

자료 19

4월에 고종이 (고구려인) 3만 8,300호를 강남江南, 강회江淮, 산남山南, 경서京西의 여러 고을의 빈 땅으로 옮겼다.

原文 夏四月 高宗移三萬八千三百戶於江淮之南 及山南京西諸州空曠之地

_『삼국사기』 권22, 보장왕 27년 말미, 총장[주50] 2년(669)

주50 총장 : 당 고종의 연호. 총장 2년은 서기 669년.

자료 20

압록수鴨淥水 이북의 아직 항복하지 않은 11성 : ① 북부여성주北扶餘城州는 본시 조리비서助利非西, ② 절성節城은 본시 무자홀無子忽, ③ 풍부성豊夫城은 본시 초파홀肖巴忽, ④ 신성주新城州는 본시 구차홀仇次忽, ⑤ 도성桃城은 본시 파시홀波尸忽, ⑥ 대두산성大豆山城은 본시 비달홀非達忽, ⑦ 요동성주遼東城州는 본시 오열홀烏列忽, ⑧ 옥성주屋城州, ⑨ 백석성白石城, ⑩ 다벌악주多伐嶽州, ⑪ 안시성安市城은 예전의 안촌홀安寸忽

압록 이북의 도망한 7성 : ① 연성鉛城은 본시 내물홀乃勿忽, ② 면악성面岳城, ③ 아악성牙岳城은 본시 개시압홀皆尸押忽, ④ 취악성鷲岳城은 본시 감미홀甘彌忽, ⑤ 적리성積利城은 본시 적리홀赤里忽, ⑥ 목은성木銀城은 본시 소시홀召尸忽, ⑦ 여산성梨山城은 본시 가시달홀加尸達忽

原文 鴨淥水以北 未降十一城 北扶餘城州 本助利非西 節城 本蕪子忽 豊夫城 本肖巴忽 新城州 本仇次忽[或云敦城] 桃城 本波尸忽 大豆山城 本非達忽 遼東城州 本烏列忽 屋城州 白石城 多伐嶽州 安市城 舊安寸忽

鴨淥以北 逃城七 鈆城 本乃勿忽 面岳城 牙岳城 本皆尸押忽 鷲岳城 本甘彌忽 積利城 本赤里忽 木銀城 本召尸忽 梨山城 本加尸達忽

_『삼국사기』37, 잡지6 지리4

자료 21

3월에 (신라의) 사찬沙湌 설오유薛烏儒와 고구려 태대형太大兄[주51] 고연무高延武가 각각 정예병 1만을 거느리고 압록강을 건너 옥골屋骨에 이르렀는데, 말갈이 먼저 와서 개돈양皆敦壤에서 기다리고 있었다. 4월 4일에 말갈과 싸워 우리 군대가 크게 이겨 목 벤 자가 이루 셀 수 없었다. 당의 군사가 계속 당도하자 우리 군대는 백성白城으로 물러나 지켰다.

주51 태대형 : 고구려 14관등 중 제2위.

6월에 고구려 수림성水臨城의 사람 연잠牟岑[주52] 대형大兄[주53]이 유민을 모아 궁모성窮牟城에서 일어나 패강[주54] 남쪽에 이르러 당의 관리와 승려 법안法安 등을 죽이고 신라로 향하였다. 서해의 사야도史冶島[주55]에 이르러 고구려 대신 연정토淵淨土의 아들 안승安勝[주56]을 만나 한성漢城[주57]으로 모셔 임금으로 삼고 소형小兄[주58] 다식多式 등을 (신라에) 보내어 호소하기를, "망한 나라를 일으키고 끊어진 세대를 잇게 하는 것은 천하의 공의公義이니, 오직 대국의 처분을 바랄 뿐입니다. 우리나라의 선왕은 도를 잃어 멸망을 당하였지만 지금 신 등이 본국의 귀족 안승을 받들어 임금을 삼고 (신라의) 번병藩屛[주59]이 되어 영원히 충성을 다하겠습니다."라 하니, 왕[주60]은 그를 나라 서쪽의 금마저金馬渚[주61]에 있게 하였다.

原文 三月 沙飡薛烏儒與高句麗太大兄高延武 各率精兵一萬 度鴨淥江 至屋骨 靺鞨兵先至皆敦壤待之 夏四月四日 對戰 我兵大克之 斬獲不可勝計 唐兵繼至 我兵退保白城 六月 高句麗水臨城人牟岑大兄 收合殘民 自窮牟城 至浿江南 殺唐官人及僧法安等 向新羅行 至西海史冶島見高句麗大臣淵淨土之子安勝 迎致漢城中 奉以爲君 遣小兄多式等 哀告曰 興滅國 繼絶世 天下之公義也 惟大國是望 我國先王以失道見滅 今臣等得國貴族安勝 奉以爲君 願作藩屛 永世盡忠 王處之國西金馬渚

_『삼국사기』 권6, 문무왕 10년(670)

자료 22

고간高侃을 동주도행군총관東州道行軍總管으로 삼고, 이근행李謹行을 연산도행군총관燕山道行軍總管으로 삼아 토벌하게 하였다. 사평태상백司平太常伯 양방楊昉을 보내어 도망치고 남은 무리들을 불러들이게 하였다. … 고간은 도호부都護府의 치소를 요동주로 옮기고[주62] 반란군을 안시성安市城에서 격파하고, 또 천산泉山에서 신라의 원병 2,000명을 사로잡았다.

原文 詔高侃東州道李謹行燕山道並為行軍總管討之遣司平太常伯楊昉綏納亡餘… 侃徙都護府治遼東州破叛兵於安市又敗之泉山俘新羅援兵二千

_『신당서』 권220, 열전145, 동이 고려

자료 23

7월에 당의 장수 고간은 1만의 병사를, 이근행은 3만의 병사를 거느리고 일시에 평양에 이르러 8개소에 진영을 구축하고 주둔하더니, 8월에 한시성韓始城과 마읍성馬邑城

주52 연잠 : 연잠은 모잠(牟岑)의 잘못임. 『삼국사기』 고구려본기 보장왕 27년조에는 검모잠(劍牟岑)으로, 『구당서』 고려전에는 겸모잠(鉗牟岑)으로 나온다. 여기서는 '검모잠'이라 통일해서 부른다.

주53 대형 : 고구려 14관등 중 제7위.

주54 패강 : 대동강.

주55 사야도 : 인천시 옹진군 덕적면의 소야도(蘇爺島).

주56 연정토의 아들 안승 : 안승은 혹은 안순(安舜)이라 칭하기도 하고, 그의 신분이 보장왕의 서자 혹은 외손 등으로 나오기도 한다. 연정토의 아들이라 함은 잘못인 듯. 여기서는 '왕족 안승'으로 통일하여 부른다.

주57 한성 : 오늘날 황해도 재령지역을 지칭.

주58 소형 : 고구려 14관등 중 제11위.

주59 번병 : 울타리와 병풍이란 말로, 변방을 지키는 종속국을 의미.

주60 왕 : 신라의 문무왕.

주61 금마저 : 오늘날 전라북도 익산을 지칭.

주62 도호부의 치소를 요동주로 옮기고 : 고구려 옛 땅의 지배를 위해 평양에 설치한 안동도호부를 요동으로 옮겼음을 지칭함.

[주63]을 쳐서 이기고 군사를 이끌어 백수성白水城[주64]과 500보 거리쯤 되는 곳에 진영을 두었다. 우리 군사는 고구려 군사와 함께 이를 맞아 쳐서 적의 머리 수천 급을 베었다. 고간 등이 퇴각하자 이를 쫓아 석문石門[주65]에 이르러 싸우다가 우리 병사가 패하여 대아찬 효천曉川, 사찬 의문義文과 산세山世, 아찬 능신能申과 두선豆善, 일길찬 안나함安那含과 양신良臣 등이 전사하였다.

原文 秋七月 唐將高侃率兵一萬 李謹行率兵三萬 一時至平壤 作八營留屯 八月 攻韓始城馬邑城 克之 進兵 距白水城五百許步作營 我兵與高句麗兵逆戰 斬首數千級 高侃等退 追至石門戰之 我兵敗績 大阿飡曉川沙飡義文山世阿飡能申豆善一吉飡安那含良臣等死之

_『삼국사기』 권7, 문무왕 12년(672)

자료 24

의봉儀鳳[주66] 2년 2월에 항왕降王[주67]을 요동주도독조선왕遼東州都督朝鮮王에 임명하여 요동에 돌려보내 남은 무리들을 달래게 하였다. 아울러 여러 주에 있던 동인東人[주68]들을 모두 왕과 함께 돌아가게 하고 안동도호부를 신성新城으로 옮겨서[주69] 그들을 통할하게 하였다. 그러나 왕이 요동에 이르러 반란을 꾀하고 말갈과도 몰래 통하자 개요開耀[주70] 원년에 공주邛州[주71]로 소환하였다. 영순永淳[주72] 초에 왕이 돌아가니 위위경衛尉卿의 작호를 내리고 경사京師로 보내 힐리頡利[주73]의 묘 좌측에 장사지내고 그 묘도墓道에 비를 세웠다. 백성들은 하남河南, 농우隴右[주74] 등의 여러 주에 나누어 옮기고, 가난한 자는 안동성安東城[주75] 근처의 옛 성에 머물게 하였는데, 신라로 도망하는 자가 왕왕 있었고, 나머지 무리는 말갈과 돌궐로 흩어져 갔다. 이로써 고씨高氏[주76]의 군장君長은 마침내 끊어졌다. 수공垂拱[주77] 2년에 항왕의 손자인 보원寶元을 조선군왕朝鮮郡王으로 삼았는데, 성력聖曆 초에 이르러 좌응양위대장군左鷹揚衛大將軍을 내리고, 다시 충성국왕忠誠國王에 봉하여 안동의 옛 부를 주어 통치하게 하였으나 가지 않았다. 이듬해에 항왕의 아들 덕무德武를 안동도독으로 삼았는데, 뒤에 스스로 나라를 세우고 원화元和[주78] 13년에는 사신을 당에 보내어 악공樂工을 바치었다.

原文 儀鳳二年丁丑歲 春二月 以降王爲遼東州都督 封朝鮮王 遣歸遼東 安輯餘衆 東人先在諸州者 皆遣與王俱歸 仍移安東都護府於新城 以統之 王至遼東 謀叛 潛與靺鞨通 開耀元年 召還卬州 以永淳初死 贈衛尉卿 詔送至京師 葬頡利墓左 樹碑其阡 散徙其人於河南隴右諸州 貧者留安東城傍舊城 往往沒於新羅 餘衆散入靺鞨及突厥 高氏君長遂絶 垂拱二年 以降王孫寶元

주63 한시성과 마읍성 : 대동강 하류 방면으로 추정.

주64 백수성 : 황해도 재령지역으로 추정.

주65 석문 : 황해도 사리원으로 추정.

주66 의봉 : 당 고종의 연호. 의봉 2년은 서기 677년.

주67 항왕 : 항복한 왕, 곧 보장왕을 지칭.

주68 동인 : 고구려인을 지칭

주69 안동도호부를 신성으로 옮겨서 : 안동도호부는 676년에 평양에서 요동(현 요양)으로 옮겼던 것인데, 이때(677) 다시 신성(현 무순)으로 옮긴 것임.

주70 개요 : 당 고종의 연호. 개요 원년은 681년.

주71 공주 : 오늘날 쓰촨성(四川省) 공협(邛峽).

주72 영순 : 당 고종의 연호. 영순 원년은 서기 682년.

주73 힐리 : 당에 복속한 돌궐의 칸[可汗](?~634).

주74 농우 : 오늘날 간쑤성(甘肅省) 서쪽 황하 동쪽의 지역.

주75 안동성 : 안동도호부가 있는 신성(新城).

주76 고씨 : 고구려의 왕성(王姓).

주77 수공 : 당 중종의 연호. 수공 2년은 서기 686년.

주78 원화 : 당 헌종의 연호. 원화 13년은 서기 818년.

爲朝鮮郡王 至聖曆初 進左鷹揚衛大將軍 更封忠誠國王 使統安東舊部 不行 明年 以降王子德武 爲安東都督 後稍自國 至元和十三年 遣使入唐 獻樂工

_『삼국사기』 권22, 보장왕 27년, 말미

출전

『삼국사기』

『일본서기』

『구당서』

『신당서』: 송나라 때 편찬한 당의 정사. 송의 인종이 이전 『당서』가 내용이 충실하지 못하다 하여 구양수(歐陽修)와 송기(宋祁) 등에게 새로 고쳐 편찬하도록 하명하여 17년 걸려 1060년에 완성하였다. 이로써 이전의 『당서』는 『구당서』라 칭하게 되었다. 본기 10권, 지 50권, 표 15권, 열전 150권으로 모두 225권으로 구성되었다.

찾아읽기

변인석, 『백강구전쟁과 백제 · 왜 관계』, 한울, 1994.

노중국, 『백제 부흥운동사』, 일조각, 2003.

공주대 백제문화연구소(편), 『백제부흥운동사연구』, 서경, 2004.

노중국, 『백제 부흥운동 이야기』, 주류성, 2005.

김영관, 『백제부흥운동연구』, 서경, 2005.

양종국, 『의자왕과 백제 부흥운동 엿보기』, 서경문화사, 2008.

서영교, 『고대 동아시아 세계대전』, 글항아리, 2015.

심정보, 「백제부흥군의 주요거점에 관한 연구」, 『백제연구』14, 1983.

이문기, 「백제 흑치상지 부자 묘지명의 검토」, 『한국학보』64, 1991.

양병룡, 「나당전쟁 진행과정에 보이는 고구려유민의 대당항쟁」, 『사총』46, 1997.

김영관, 「멸망 직후 백제 유민의 동향」, 『전농사론』7, 2001.

강종원, 「백제 흑치가의 성립과 흑치상지」, 『백제연구』38, 2003.

김수태, 「웅진도독부의 백제 부흥운동」, 『백제부흥운동사연구』, 서경, 2004.

강경구, 「고구려 부흥운동의 신고찰」, 『한국상고사학보』47, 2005.

이도학, 「백제 부흥운동과 지수신, 그리고 흑치상지」, 『전통문화논총』4, 2006.

문동석, 「백제 흑치상지의 성씨에 대한 신고찰」, 『백제연구』47, 2008.

이정빈, 「고연무의 고구려 부흥세력과 부흥운동의 전개」, 『역사와 현실』72, 2009.

이상훈, 「나당전쟁의 개전과 설오유 부대」, 『역사교육논집』45, 2010.

5 신라, 당군을 몰아내다

나당 전쟁

나당 군사동맹은 신라와 당의 동상이몽이었다. 당은 백제와 고구려는 물론 신라마저 병탄하려 하였고, 신라는 일찍부터 이를 눈치 채고 당과의 일전을 준비하고 있었다. 결국 신라와 당은 고구려 멸망 직후인 670년부터 전쟁을 치러야 했고, 그 나당 전쟁은 676년 기벌포 해전에서 신라가 승리를 거두어 종식될 때까지 치열하게 전개되었다.

신라, 당과의 일전을 준비하다

고구려를 먼저 칠 것을 고집하던 당이 신라의 제안대로 백제를 먼저 치기로 결심을 바꾼 것은 거듭된 고구려 원정의 실패 때문이었다. 결국 당은 660년 3월 소정방蘇定方을 신구도행군총관神丘道行軍總管으로 삼아 13만 대군을 이끌고 산동 반도 성산에서 황해를 횡단하여 백제를 치게 하고, 신라 문무왕을 우이도행군총관嵎夷道行軍總管으로 삼아 이에 응원하게 하였다.[자료1] 형식상 신라 국왕이 당의 일개 장수인 소정방과 동렬에 세워져서 당군의 일원으로 편성된 모양새였다. 이는 이후 나당 연합군의 지휘권을 둘러싼 양국 간 갈등이 일어날 것을 알려주는 전조前兆였다.

그 갈등은 예상보다 일찍 현실로 나타났다. 소정방의 당군은 6월에 덕물도(지금의 인천 덕적도)에 도착했고, 태자 법민 등이 덕적도에서 그들을 영접하면서 7월 10일 백제 사비성에서 나당군이 합류하기로 군기軍期를 정하였다. 그런데 김유신이 이끈 신라군은 황산에서 계백이 이끈 백제의 결사대와 혈전을 벌이느라 약속한 군기보다 이틀 늦은 7월 12일에 도착하는 불상사가 생겼다. 이에 소정방은 군기 지체의 책임을 물어 신라의 선봉장 김문영金文穎을 참수하겠다고 으름장을 놓았고, 김유신은 백제를 치기 전에 당군과 먼저 일전을 불사하겠다는 강경입장으로 맞서서, 양군 간에는 한때 일촉즉발의 심각한 상황이 연출되기도 하였다.[자료2] 소정방이 한발 빼는 것으로 무마되긴 하였지만, 이후의 전쟁 과정에서 당군은 신라군에 대한 지휘권 침해를 예사로 하였다. 그럴수록 당에 대한 신라의 경계의식은 더욱 민감해질 수밖에 없었다.

한편 당은 사비성 함락 직후에 5도독부를 설치하고 왕문도王文度를 웅진도독으로 삼아 백제의 땅을 직접 지배하고자 하였다. 이는 나당 군사동맹 체결 당시에 백제의 땅을 신라에게 주겠다고 했던 약속을 일방적으로 파기한 것과 다름없었다.[자료3] 여기에 그치지 않고 당은 신라마저 병탄하겠다는 의도를 드러내기 시작했고, 신라 측도 이를 간파하고 있었다.[자료4]

신라는 서서히 당과의 대결을 준비하였다. 먼저 백제 멸망 이후 부흥세력을 진압하는 과정에서 백제인들을 포섭하는 전략을 구사하였다. 투항해 온 백제의 고위층과 장수들에 대하여, 백제에서 누린 그들의 지위에 따라 신라의 관직과 관등을 적절히 인정해 주고 일정한 경제적 기반까지 마련해 주기도 하였다.[자료5] 그리고 끝까지 저항한 백제의 장수들은 과감히 처단하면서도 백성들에 대해서는 방면하여 고향으로 돌아가게 하는 은혜를 베풂으로써 백제의 민심을 품에 안으려 하였다.[자료6] 이렇듯 신라는 백제 부흥세력에 대하여 무력 진압과 포섭 정책을 병행해 갔다.

당은 신라까지 지배하려는 야욕을 점점 분명히 드러냈다. 663년 4월에 신라를 계림주대도독부鷄林大都督府로 삼고 신라 문무왕을 계림주대도독으로 임명하였는데, 이는 신라를 당의 일개 지방으로, 신라왕을 일개 지방관으로 간주한 것이었다. 더 나아가 664년에 의자왕의 3남 부여융扶餘隆을 당에서 귀국시켜 웅진도독熊津都督으로 임명하여 백제 땅에 대한 신라의 영향력을 배제시키려 하더니, 665년에는 문무왕과 부여융으로 하여금 취리산就利山에서 만나 상호 화친을 맹세하는 특별한 의식을 거행하게 하고, 그 맹세의 문건을 신라의 종묘에 간수하도록 하였다.[자료7] 이러한 일련의 조치는 신라를

문무왕과 부여융이 삽혈 맹세했다는 취리산의 표석

망국 백제와 동렬에 세워서 함께 당에 신속臣屬시키려는 심산을 노골적으로 드러낸 것이다.

당은 신라의 예상되는 저항을 무력화시키기 위해 신라의 주요 귀족들을 회유 · 포섭하기도 하였다. 가장 먼저 회유의 대상으로 삼은 이는 김유신이었다. 660년 백제 멸망 직후에, 당 고종은 김유신에게 군공을 치하하면서 백제의 땅을 식읍食邑으로 하사할 뜻을 전했고, 김유신은 이를 거절하였다.[자료8] 김유신에 대한 회유는 계속되었다. 665년에 유신과 그의 장자 삼광三光에게 작호와 식읍을 하사했고,[자료9] 668년에는 당 고종이 유신에게 조서를 내려 포상하는 한편 당에 들어와 조회할 것을 하명하기도 하였는데, 유신은 이를 따르지 않았다.[자료10]

당이 이처럼 김유신을 집요하게 회유하려 했던 것은, 신라의 상징적 인물인 그를 포섭하게 되면 신라의 조야朝野에 일대 타격이 될 것으로 판단했기 때문이었다. 김유신은 이에 넘어가지 않았다. 그렇지만 왕권에 불만을 품고 있던 유력한 귀족들 중에는 당의 무차별적인 회유 공작에 넘어가 포섭된 자도 없지 않았다. 문무왕은 당에 포섭된 귀족들에 대해서 유례없이 단호한 피의 숙청으로 척결하여 내부 단속에 나섰다. 673년 당에 붙으려 하였다 하여 아찬 대토大吐를 주살한 것이 그 대표적인 예이다.[자료11] 이밖에 662년에 병을 사칭하여 국사를 게을리하였다는 죄목으로 진주眞珠와 진흠眞欽을, 668년에 웅진 측과 결탁하려 하였다는 죄목으로 박도유朴都儒를, 그리고 670년에 백제를 근거로 하여 신라에 반기를 들려 하였다는 죄목으로 수세藪世를 잇따라 주살했던 것도 결국 당에 포섭된 귀족들을 숙청한 사례이다.

신라 내부에서 당과 전쟁을 불사하자는 분위기가 충만하였다. 660년 백제 멸망 직후에 신라 진영에서는 신라 군사들을 백제 복장으로 변장시켜 당군과 싸우자는 강경한 제안이 있었고, 김유신 등이 이에 적극 찬동했던 것을 보면, 신라가 당의 신라 병탄 야욕에 대해 적극 대처해야 한다는 분위기는 일찍부터 조성되어 있었음을 알 수 있다.[자료4] 그렇지만 표면적으로 고구려가 공동의 적으로 남아 있는 한, 신라와 당 사이의 물리적 충돌은 아직은 보류될 수밖에 없었다. 그럼에도 그 와중에서 신라가 당과의 최후 결전을 준비했던 정황은 확인된다.

먼저 668년 나당 연합군이 고구려를 공격함에 즈음하여 문무왕이 김유신의 출전을 만류했는데, 이는 고구려 멸망 후 당과의 일전을 벌여야 할 것을 염두에 둔 포석이었다.[자료12] 또한 고구려 평양성이 나당 연합군에 의해 함락된 9월에 신라는 급찬 김동암金東巖을 일본에 파견하였는데, 이 역시 고구려 멸망 후에 당과 일전을 치르는 것이 불가피하다는 것을 인식하고, 이의 대비책으로 배후에 있는 일본과 연대하거나 최소한 관계 개선을 협의할 필요가 있었기 때문인 것으로 보인다. 일본은 신라에 우호적으로 반응하였다.[자료13]

신라, 당과 전쟁을 벌이다

나당 전쟁은 고구려가 망한 후 669년 한 해를 건너뛴 670년에 본격화된다. 이 해 4월 신라는 사찬 설오유薛烏儒로 하여금 고구려 부흥세력의 장수인 고연무高延武와 연합하여 압록강 이북의 당군을 선공하는 것으로 나당 전쟁의 포문을 열었다. 두 장수는 오골성烏骨城 전투에서 당과 말갈 연합군을 격파하였다. 이어 6월에는 또 다른 고구려의 부흥군인 검모잠劍牟岑과 안승安勝 일행을 맞아 금마저(지금의 익산)에 안착하게 하였다. 또한 7월에는 당군이 주둔해 있던 백제 지역을 공격하여 총 82개 성을 전격 점령하고, 안승을 고구려왕으로 삼았다.[자료14] 이처럼 신라는 670년부터 고구려 부흥세력과 연대하는 한편 당군이

오골성
오골성은 랴오둥 반도 동남부의 교통 중심지에 자리하고 있다. 서쪽으로는 낭낭산성를 비롯한 수암의 여러 성을 거쳐 안시성에 이르고, 서북쪽으로는 백암성을 지나 요동성과 접하고 있다. 동쪽은 압록강 물길을 따라 '박작성'을 지나 중상류에 있는 고구려의 내지로 식통할 수 있는 요충지이다.

주둔하고 있던 백제 고지를 공격하면서 당과의 전면전을 피하지 않았다.

신라의 백제 고지 점령 작전은 671년부터 본격화한다. 그해 정월 신라는 당군 주둔의 핵심 지역인 웅진을 향해 진격해 갔으며, 그 과정에서 혹시 있을지도 모를 당 구원군의 상륙을 차단하기 위해서 옹포甕浦에 군대를 보내 지키게 하였다. 그리고 6월에는 가림성加林城의 벼를 짓밟고, 석성石城 전투에서 대승을 거두었다. 5,300여 급의 당군을 목 베고 백제 장수 2인과 당의 장교 6인을 생포하는 전과를 올렸다.[자료15] 신라가 옹포를 지키게 한 것은 군수물자를 실은 당 함대의 상륙을 저지하기 위한 것이었고, 가림성의 벼를 짓밟은 것은 당으로 하여금 군량의 현지 조달을 불가능하게 하기 위한 청야淸野 작전의 일환이었다고 할 수 있으니, 이는 곧 군수물자의 조달을 원천 봉쇄하여 웅진에 주둔하고 있던 당군을 고립시키기 위한 전략이었다. 석성 전투의 대승은 이러한 전략의 결과물이었다.

당군은 점점 수세에 몰렸다. 7월 26일에 대당총관 설인귀가 문무왕을 꾸짖는 이른바 '설인귀서'를 보냈던 것은 이러한 당군의 초조함을 잘 보여준다. 그러나 문무왕은 즉각 이른바 '답설인귀서'를 보내 당당히 논박하는 한편으로, 백제의 옛 수도인 사비(지금의 부여)에 소부리주所夫里州를 설치하여 백제 고지에 대한 지배체제를 구축해 갔다.[자료16]

이에 당은 군사를 추가로 파견하였다. 9월에 장수 고간高侃으로 하여금 4만을 거느리고 평양을 거쳐 남하하도록 하고, 10월에는 군수물자를 실은 운송선을 포구에 상륙시키려 하였다. 육군이 남하하고 수군이 군수물자의 수송을 맡는 전형적인 수륙병진 작전이었다. 신라는 먼저 해전을 적극 구사하여 당 수군의 상륙을 저지하였다. 당천當千 등이 상륙하려던 당의 수송선 70여 척을 습격하여 당의 낭장郎將 등 100여 명을 사로잡았고, 수많은 사졸을 몰살시켰다.[자료17] 자연히 고간이 이끈 당 육군은 군수물자의 조달에 차질이 생겨 제대로 싸워보지도 못한 채 철수할 수밖에 없었다.

이렇듯 상륙 작전이 잇따라 저지당하자 당은 672년부터 주로 육로를 통해 백제 고지를 공격해 왔고, 신라는 고구려 유민과 연대하여 황해도 지역에서 맞서 싸워 승리를 이어갔다. 그러던 중 672년 8월에 패퇴하는 고간의 군대를 추격하던 중에 반격을 받아 석문石門 전투에서 대패당하는 불상사가 일어나기도 하였다.[자료18]

석문 전투의 패배 이후 신라는 숨 고르기에 나섰다. 먼저 문무왕은 당에 사죄사謝罪使를 파견하여 사죄하고 당에 맞서 전쟁을 치를 수밖에 없는 사정을 해명하면서 당의 전의를 누그러뜨렸다. 그리고 673년부터 육상전에 대비하고 서해를 방비하는 일에 적극 나섰다. 대대적인 축성築城 사업을 시행하는 한편, 철천徹川 등으로 하여금 100여 척의 병선을 거느리고 서해를 지키게 하였다. 그리고 쌍방 간에 일진일퇴가 이어졌다.[자료19]

신라가 고구려의 부흥세력을 적극 받아들이고 백제의 고지를 점령하여 굳건히 지켜가자, 이에 대노한 당 고종은 674년에 이르러 문무왕의 관작을 박탈하고 당에 머물러 있던 왕의 아우 김인문을 신라왕으로 삼아 귀국하게 하고, 유인궤劉仁軌를 계림도행군대총관으로 삼아 신라를 치게 하였다.[자료20] 이후 전황은 잠시 당에게 유리한 방향으로 흘러갔다. 675년 2월에 유인궤가 이끈 당군이 칠중성七重城 전투에서 신라군을 대파했고, 안동진무대사安東鎭撫大使 이근행李謹行이 이끈 당군은 신라군을 강타하였다. 이에 문무왕은 다시금 사죄사를 보내어 사태를 진정시키는 한편으로, 백제의 고지는 물론 고구려의 남쪽 경계에까지 지배력을 확대해 갔다.[자료21] 그러면서 전황은 잠시 소강상태에 접어들었다.

신라, 최후의 승리를 거두다

잠잠하던 당의 공격은 다시 휘몰아쳤다. 당군은 여지없이 수륙병진작전을 구사하였다. 675년 9월 당군은 설인귀가 수군을 이끌고, 이근행이 육군을 이끌어 회심의 대공세를 가해왔다. 그러나 설인귀의 수군은 천성泉城 전투에서 대패당하였다. 신라 장수 문훈 등은 이 전투에서 설인귀가 이끈 당군 1,400명을 목 베고 병선 40척을 빼앗았으며 전미戰馬 1,000필을 획득하였다. 적장 설인귀는 도주하였다.

천성은 파주시 탄현면의 임진강과 한강이 합류하는 지점에 위치한 오두산성(지금의 파주시 통일전망대)으로 비정되는 곳으로, 이곳에서 치러진 전투는 설인귀가 당 수군을 천성에 상륙시켜 군량과 군대, 그리고 전마 등을 수송 · 보급하려는 것을 신라가

천성으로 비정되는 파주의 오두산성(현 통일전망대)

오두산성에서 내려다본 한강과 임진강의 합류점

저지시킨 일종의 해전이었다. 천성 해전 직후인 9월 29일에 신라는 매초성買肖城에 주둔해 있던 이근행의 당군을 공격하여 대승을 거두고 매초성을 접수하였다. 설인귀의 수군이 천성 해전에서 참패하는 바람에, 이근행의 육군에게 군량과 무기 등의 군수물자가 보급되지 못하였고, 이로 인해 결국 이근행의 20만 대군 역시 전의를 상실하고 매초성 전투에서 대패를 당하고 말았던 것이다.[자료22] 이후 육상에서 크고 작은 전투들이 이어졌고, 말갈병과 거란병을 앞세운 당군의 거센 반격에 직면하여 몇 차례 패하기도 했지만, 신라는 군사의 우세를 이어갔다.

이후 나당 전쟁은 소규모의 육상 국지전 양상으로 전개되다가, 676년 11월에 기벌포 앞바다에서 마지막 대규모 해전으로 폭발하였다. 천성 해전에서 참패한 설인귀가 1년 3개월 만에 다시 수군을 이끌고 이번에는 기벌포 공략에 나섰다. 기벌포는 오늘날 금강 입구 북안의 장항에 비정되는 곳으로, 신라가 소부리주로 편제하고 도독을 파견하여 지배하고 있던 사비성을 공략하기에 적격인 지점이었다. 설인귀가 금강 하구의 기벌포 공격에 나선 것은, 이제까지 주로 황해도와 경기북부 지역에서 변죽을 울려오던 당군의 행보와는 대조되는 과감한 작전이었다. 앞서 그가 천성 해전에서 참패한 것을 만회하고 재기하기 위해 초강수를 둔 것이었다. 그런 만큼 설인귀는 신라 수군에 맞서 필사적으로 싸웠고, 초반에는 몇 차례 승리를 이끌어 내기도 하였다. 그러나 그는 시득施得이 이끈 신라 수군의 집요한 공세를 견디지 못하고 결국 대패당하고 말았다.[자료23] 기벌포 해전에서조차 참패한 설인귀는 더 이상 재기하지 못하고 불명예 퇴진하여 역사의 뒷무대로 사라졌다.

기벌포 해전의 결과는 나당 전쟁에 종지부를 찍게 했고, 백제 고지에 주둔해 있던 모든 당군을 철수하게 하였다. 해전이 나당 전쟁에 결정적인 승기勝機로 작용했던 셈이다. 이와 비슷한 해전의 사례는 삼국통일전쟁의 과정에서 드물지 않게 찾아진다. 660년 소정방이 금강 하구의 미자진에 무혈 상륙하여 사비성을 허망하게 무너뜨렸던 일, 663년 나당 연합군이 백촌강 해전에서 승리를 거두고 상륙하여 주류성을 함락시킴으로써 백제 소생의 희망을 끊어버렸던 일 등이 그것이다.

흥미로운 점이 있다. 『삼국사기』에서 기벌포 해전에 대하여 대서특필하고 있는 것과는 달리, 중국 측 사서에는 침묵을 지키고 있다는 점이다. 이는 당이 소국으로 간주해 오던 신라와의 해전에서 결정적 패배를 당한 것을 '숨기고 싶은 과거'로 돌리고자 한 것이 아닐까? 기벌포 해전의 패배가 당에게 얼마나 뼈아픈 충격이었던가를 침묵으로 웅변해 주는 바이다.

자료샘

자료 1

3월에 당 고종이 좌무위대장군左武衛大將軍 소정방을 신구도행군대총관神丘道行軍大摠管으로 삼고 김인문을 부대총관副大摠管으로 삼아, 좌효위장군左驍衛將軍 유백영劉伯英 등 수군과 육군 13만 명을 거느리고 백제를 정벌하도록 하였다. 또 칙명으로 (무열)왕을 우이도행군총관嵎夷道行軍摠管으로 삼아 병사를 거느리고 그들을 지원하게 하였다.

原文 春正月 上大等金剛卒 拜伊飡金庾信爲上大等 三月 唐高宗命左武衛大將軍蘇定方 爲神丘道行軍大摠管 金仁問爲副大摠管 帥左驍衛將軍劉伯英等水陸十三萬軍 以伐百濟 勅王爲嵎夷道行軍摠管

_『삼국사기』 권5, 태종무열왕 7년(660)

자료 2

유신 등이 당나라 군대의 진영에 이르자, 소정방은 유신 등이 약속한 날보다 늦었다는 이유로 신라의 독군督軍 김문영金文穎을 군문에서 목 베려 하였다. 유신이 무리들에게 말하였다. "대장군[주1]이 황산의 싸움을 보지도 않고 약속 날짜에 늦은 것만 가지고 죄를 삼으려 한다. 나는 죄없이 치욕을 당할 수 없으니, 반드시 먼저 당나라 병사와 결전을 치른 후에 백제를 깨뜨리겠다." 하며 곧 커다란 도끼를 집어 들고 군문에 서자 그의 성난 머리카락이 곤두서고 허리에 찬 보검이 저절로 칼집에서 튀어나왔다. 정방의 우장右將 동보량董寶亮이 발을 구르며 "신라 병사들의 마음이 변하려고 합니다."라 하니, 정방이 문영의 죄를 풀어주었다.

주1 대장군 : 소정방을 지칭.

原文 庾信等至唐營 定方以庾信等後期 將斬新羅督軍金文穎於軍門 庾信言於衆曰 大將軍不見黃山之役 將以後期爲罪 吾不能無罪而受辱 必先與唐軍決戰 然後破百濟 乃杖鉞軍門 怒髮如植 其腰間寶劒 自躍出鞘 定方右將董寶亮躡足曰 新羅兵將有變也 定方乃釋文穎之罪

_『삼국사기』 권5, 태종무열왕 7년(660)

자료 3

대왕이 답서[주2]에서 말하였다. "선왕[주3]께서 정관貞觀 22년(648)에 입조入朝하여, 태종 문황제의 은혜로운 조칙을 직접 받았다. 그 조칙에서 '내가 지금 고구려를 치려는 것은 다른 이유가 아니라, 신라가 두 나라 사이에 끼어 늘 침범을 당하여 평안한 날이 없는 것을 딱하게 여겼기 때문이다. 산천과 토지는 내가 탐하는 바가 아니며, 재물과 사람

주2 답서 : 설인귀가 보낸 글에 대한 문무왕의 답서. 일명 '답설인귀서'

주3 선왕 : 태종무열왕.

은 내가 이미 가지고 있는 것들이니, 내가 두 나라를 평정하면, 평양平壤 이남의 백제 토지는 모두 너희 신라에게 주어 영원토록 평안하게 하리라.'고 하시고는 계획을 지시하고, 군사를 낼 기일을 정하여 주셨다. …"

原文 大王報書云 先王貞觀二十二年 入朝 面奉太宗文皇帝恩勅 朕今伐高句麗 非有他故 憐你新羅 攝乎兩國 每被侵陵 靡有寧歲 山川土地 非我所貪 玉帛子女 是我所有 我平定兩國 平壤已南百濟土地 竝乞你新羅 永爲安逸 垂以計會 賜以軍期

_『삼국사기』 권7, 문무왕 11년(671)

자료 4

당나라가 백제를 멸망시킨 다음, 사비泗沘 땅에 진영을 두고 신라를 침공할 것을 은밀히 꾀하였다. 우리 왕이 이를 알고 여러 신하들을 불러 대책을 물었다. 다미공多美公이 나와 말했다. "우리나라 사람을 의복을 입혀 백제인으로 가장하여 적대 행위를 하게 하면 당군이 반드시 이를 공격할 것입니다. 그 틈을 타 싸움을 벌이면 뜻을 이룰 수 있을 것입니다." 유신이 말하였다. "이 의견이 취할 만하니 따르시길 바랍니다." 왕이 말했다. "당군이 우리를 위하여 적을 없애주었는데, 도리어 그들과 싸운다면 하늘이 우리를 도와주겠는가?" "개가 주인을 두려워하지만, 주인이 자기의 다리를 밟으면 무는 법입니다. 어찌 어려움을 당하여 자구책을 마련하지 않겠습니까? 대왕께서 이를 허락하소서."

당나라가 우리가 대비하고 있음을 염탐하여 알고, 백제왕과 신하 93명, 군사 2만 명을 사로잡아 9월 3일에 사비에서 배를 타고 돌아가며 낭장郎將 유인원劉仁願 등을 남겨두어 지키게 하였다.

原文 唐人旣滅百濟 營於泗沘之丘 陰謀侵新羅 我王知之 召群臣問策 多美公進曰 令我民詐爲百濟之人 服其服 若欲爲賊者 唐人必擊之 因與之戰 可以得志矣 庾信曰 斯言可取 請從之 王曰 唐軍爲我滅敵 而反與之戰 天其祐我耶 庾信曰 犬畏其主 而主踏其脚 則咬之 豈可遇難 而不自救乎 請大王許之 唐人諜知我有備 虜百濟王及臣寮九十三人卒二萬人 以九月三日 自泗沘泛船而歸 留郎將劉仁願等 鎭守之

_『삼국사기』 권42, 열전2, 김유신 중

자료 5

상주총관上州摠管 품일品日이 일모산군一牟山郡 태수 대당大幢과 사시산군沙尸山郡 태수

주4 우술성 : 지금의 대전시 대덕구 읍내동에 있는 성.

주5 달솔 : 백제 16관등 중 제2위.

주6 은솔 : 백제 16관등 중 제3위.

주7 고타야군 : 지금의 경북 안동.

철천哲川 등과 함께 병사를 이끌고 우술성雨述城주4을 쳐서 1,000명의 목을 베었다. 백제의 달솔達率주5 조복助服과 은솔恩率주6 파가波伽가 무리들과 의논하여 항복하였기에, 조복에게 급찬의 관등을 주고 고타야군古陁耶郡주7 태수로 삼았으며, 파가에게는 급찬의 관등을 주었다. 아울러 밭과 집, 옷 등을 내려주었다.

原文 上州摠管品日 與一牟山郡太守大幢沙尸山郡太守哲川等 率兵攻雨述城 斬首一千級 百濟達率助服恩率波伽與衆謀降 賜位助服級飡 仍授古陁耶郡太守 波伽級飡 兼賜田宅衣物

_『삼국사기』 권6, 문무왕 원년(661)

자료 6

주8 옹산성(瓮山城) : 지금 대전시의 계족산성.

(661년) 9월 27일에 (옹산)성주8이 함락되자 적장을 잡아 죽이고 백성들은 놓아 주었다.

原文 九月二十七日 城陷 捉賊將戮之 放其民

_『삼국사기』 권42, 열전2, 김유신 중

자료 7

주9 취리산 : 공주시 쌍신동에 있는 산.

주10 부여장 : 백제의 30대 무왕.

8월에 (문무)왕이 칙사 유인원劉仁願, 웅진도독 부여융扶餘隆과 함께 웅진 취리산就利山주9에서 맹약을 맺었다. 일찍이 백제는 부여장扶餘璋주10 때부터 고구려와 화친을 맺고 우리의 영토를 자주 침범하였으므로, 우리가 당나라에 사신을 보내 조공하고 구원을 청하는 길이 연달아 이어졌다. 소정방이 백제를 평정하고 군대를 돌이키자 백제의 남은 무리들이 또다시 반란을 일으켰다. 왕은 진수사鎭守使 유인원, 유인궤 등과 함께 여러 해 동안 다스려서 점차 안정이 되어가니, 당 고종이 부여융에게 조칙을 내려 신라로 오도록 하여 잔당들을 무마하고 우리와 화친하라고 한 것이다. 이때 흰 말을 잡아 맹세하였는데, 먼저 하늘과 땅의 신 그리고 내와 골짜기의 신에게 제사를 지내고, 말의 피를 입술에 발랐다.

原文 秋八月 王與勅使劉仁願熊津都督扶餘隆盟于熊津就利山 初 百濟自扶餘璋與高句麗連和 屢侵伐封埸 我遣使入朝求救 相望于路 及蘇定方旣平百濟軍廻 餘衆又叛 王與鎭守使劉仁願劉仁軌等 經略數年 漸平之 高宗詔 扶餘隆歸 撫餘衆及令與我和好 至是 刑白馬而盟 先祀神祇及川谷之神 而後歃血

_『삼국사기』 권6, 문무왕 5년(665)

자료 8

당과 신라는 연합 공격하여 백제를 멸망시켰다. 이 싸움에서 유신의 공적이 많았다. 당 황제가 이를 듣고 사신을 보내 그를 치하하였다. 장군 정방이 유신 · 인문 · 양도良圖 등 세 사람에게 말했다. "내가 재량껏 일을 처리하라는 황제의 명을 받았소. 지금 싸워 얻은 백제 땅을 공들에게 식읍으로 나누어 주어 여러분의 공에 보답코자 하는데 어떻겠소?" 유신이 대답하였다. "대장군이 귀국의 군사를 거느리고 와서 우리 임금의 소망에 부응하고 우리나라의 원수를 갚아주니, 우리 임금과 온 나라의 신하와 백성들이 기뻐서 어쩔 줄을 모르고 있습니다. 그런데 유독 우리만이 땅을 받아 자신을 이롭게 한다면 이것이 어찌 의로운 일이겠습니까?" 그리고는 끝내 받지 않았다.

原文 唐羅合擊百濟滅之 此役也 庾信之功爲多 於是 唐皇帝聞之 遣使褒嘉之 將軍定方謂庾信仁問良圖三人曰 吾受命以便宜從事 今以所得百濟之地 分錫公等爲食邑 以酬厥功 如何 庾信對曰 大將軍以天兵來 副寡君之望 雪小國之讐 寡君及一國臣民 喜抃之不暇 而吾等獨受賜以自利 其如義何 遂不受

_『삼국사기』 권42, 열전, 김유신 중

자료 9

인덕麟德 2년(665)에 당 고종高宗이 사신 양동벽梁冬碧과 임지고任智高 등을 보내 예방하고, 동시에 유신을 봉상정경평양군개국공奉常正卿平壤郡開國公에 책봉하고 식읍 2,000호를 주었다.

原文 麟德二年 高宗遣使梁冬碧任智高等來聘 兼冊庾信奉常正卿平壤郡開國公 食邑二千戶

_『삼국사기』 권42, 열전3, 김유신 하

자료 10

총장摠章 원년(668)에 당나라 황제가 영공의 전공을 포상하였다. 그리고 (신라에) 사신을 보내 군대를 내어 싸움을 도와준 데 대하여 위로를 베풀고 금과 비단을 하사했다. 또한 유신에게도 조서를 내려 포상하고 당에 들어와 조회하라고 유시하였는데, 유신이 가지 않았다. 그 조서는 그의 집안에 전하여 오다가 5세손 때 잃어버렸다.

原文 摠章元年 唐皇帝 旣策英公之功 遂遣使宣慰 濟師助戰 兼賜金帛 亦授詔書於庾信 以褒奬之 且諭入朝 而不果行 其詔書傳於家 至五世孫失焉

_『삼국사기』 권42, 열전3, 김유신 하

자료 11

아찬 대토大吐가 모반하여 당에 붙으려 하였으나, 일이 탄로나 사형을 당하였다. 그의 처와 자식들은 천민으로 만들었다.

原文 阿飡大吐謀叛付唐 事泄伏誅 妻孥充賤

_『삼국사기』 권7, 문무왕 13년(673)

자료 12

총장摠章 원년(668) 무진에 당 고종 황제가 영국공英國公 이적李勣을 시켜 군대를 거느리고 고구려를 정벌하면서 우리에게도 병사를 징발케 하였다. 문무대왕文武大王이 군사를 내어 호응하고자 흠순欽純과 인문仁問을 장군으로 임명했다. 흠순이 왕에게 아뢰었다. "만일 유신과 함께 가지 않는다면 후회할 일이 생길까 염려되옵니다." 왕이 말했다. "공들 세 신하는 나라의 보배이니, 만약 한꺼번에 적의 땅으로 갔다가 갑자기 생각지도 못한 일이 생겨 돌아오지 못한다면 나라가 어찌 되겠는가? 그러하니 유신을 이곳에 남겨 나라를 지키게 하면 은연중 나라의 장성長城과 같아 아무 근심이 없으리라."

原文 摠章元年戊辰 唐高宗皇帝 遣英國公李勣 興師伐高句麗 遂徵兵於我 文武大王 欲出兵應之 遂命欽純仁問爲將軍 欽純告王曰 若不與庾信同行 恐有後悔 王曰 公等三臣 國之寶也 若摠向敵場 儻有不虞之事 而不得歸 則其如國何 故欲留庾信守國 則隱然若長城 終無憂矣

_『삼국사기』 권42, 열전3, 김유신 하

자료 13

9월 12일 신라가 사량부의 급찬汲飡[주11] 김동암金東嚴 등을 보내 조調를 바쳤다. 26일 중신내신中臣內臣이 사문沙門 법변法辨과 진필秦筆을 사신으로 삼아 신라의 상신上臣 대각간大角干 유신庾信에게 배 1척을 주고, 동암 등에게 딸려 보냈다.

原文 秋九月壬午朔癸巳 新羅遣沙喙級飡金東嚴等進調 丁未 中臣內臣 使沙門法弁秦筆 賜新羅上臣大角干庾信船一隻 付東嚴等

_『일본서기』 권27, 천지천황 7년(688)

주11 급찬 : 신라 17관등 중의 제 9위.

자료 14

병사를 일으켜 백제를 토벌하였다. 품일品日 · 문충文忠 · 중신衆臣 · 의관義官 · 천관天官 등이 성 63곳을 쳐서 빼앗고, 그곳의 사람들을 내지內地로 옮기도록 하였다. 천존天存과 죽지竹旨 등은 7곳의 성을 빼앗고 2,000명의 목을 베었으며, 군관軍官과 문영文穎 등은 12곳의 성을 빼앗고 적병을 쳐서 7,000명의 목을 베고 말과 병장기를 매우 많이 획득하였다. … 사찬 수미산須彌山을 보내 안승安勝을 고구려왕으로 봉하였다. 그 책문은 다음과 같다. …

原文 擧兵討百濟 品日文忠衆臣義官天官等 攻取城六十三 徙其人於內地 天存竹旨等取城七 斬首二千 軍官文穎取城十二 擊狄兵 斬首七千級 獲戰馬兵械甚多 … 遣沙飡須彌山 封安勝爲高句麗王 其冊曰

_『삼국사기』 권6, 문무왕 10년(670)

자료 15

말갈의 병사가 쳐들어와 설구성舌口城을 포위하고 있다가 이기지 못하고 퇴각하려 하자, 병사를 내어 쳐부수고 300여 명의 목을 베었다. 당나라 병사가 백제를 구원하러 온다는 말을 듣고 대아찬 진공眞功과 아찬 □□□□ 등을 보내 병사를 이끌고 옹포甕浦를 지키도록 하였다. … 6월에 장군 죽지竹旨 등을 보내어 병사를 이끌고 백제 가림성加林城[주12]의 벼를 짓밟게 하였다. 마침내 당나라 병사와 석성石城[주13]에서 싸워 5,300명의 목을 베고, 백제의 장군 두 명과 당나라의 과의果毅[주14] 여섯 명을 사로잡았다.

原文 靺鞨兵來圍舌口城 不克將退 出兵擊之 斬殺三百餘人 聞唐兵欲來 救百濟 遣大阿飡眞功阿飡 □□□□兵守甕浦 … 六月 遣將軍竹旨等 領兵踐百濟加林城禾 遂與唐兵戰於石城 斬首五千三百級 獲百濟將軍二人唐果毅六人

_『삼국사기』 권7, 문무왕 11년(671)

자료 16

소부리주所夫里州[주15]를 설치하고 아찬阿飡[주16] 진왕眞王을 도독으로 삼았다.

原文 置所夫里州 以阿飡眞王爲都督

_『삼국사기』 권7, 문무왕 11년(671)

주12 가림성 : 충남 부여군 임천면 군사리에 있는 백제 산성.

주13 석성 : 부여 인근의 지명. 백제 때 진악산현(珍惡山縣)을 신라 신문왕 대에 석산(石山)으로 고치고 고려 태조 때 석성(石城)으로 다시 고쳤다.

주14 과의 : 당의 하위 군관직.

주15 소부리주 : 백제의 수도였던 사비에 설치한 주(州). 소부리는 사비의 별칭으로 신라 경덕왕 대 부여로 개칭하였다.

주16 아찬 : 신라 17관등 중의 제 6위.

자료 17

9월, 당나라 장군 고간高侃 등이 번방의 병사 4만을 거느리고 평양平壤에 도착하여 도랑을 깊이 파고 보루를 높이 쌓고서, 대방帶方에 침입하였다. 겨울 10월 6일, 당나라 운반선 70여 척을 공격하여 낭장郞將[주17] 겸이대후鉗耳大侯와 병사 100여 명을 사로잡았는데, 물에 빠져 죽은 자는 이루 다 헤아릴 수 없을 지경이었다. 이 싸움에서 급찬級飡 당천當千의 공이 제일이었기에 사찬의 관등을 주었다.

주17 낭장 : 당의 중견 군관직.

原文 置所夫里州 以阿飡眞王爲都督 九月 唐將軍高侃等 率蕃兵四萬到平壤 深溝高壘侵帶方 冬十月六日 擊唐漕船七十餘艘 捉郞將鉗耳大侯士卒百餘人 其淪沒死者 不可勝數 級飡當千功第一 授位沙飡

_『삼국사기』 권7, 문무왕 11년(671)

자료 18

7월, 당나라 장수 고간이 병사 1만을 거느리고, 이근행은 병사 3만을 이끌고 일시에 평양에 당도하여 여덟 개의 진영을 설치하고 주둔하였다. 8월, 당나라 병사가 한시성韓始城과 마읍성馬邑城을 공격하여 이겼다. 병사를 백수성白水城으로부터 500보쯤 떨어진 곳까지 전진시켜 진영을 설치하였다. 우리 병사와 고구려 병사가 맞아 싸워 수천 명의 목을 베었다. 고간 등이 후퇴하자 석문石門까지 뒤쫓아가 싸웠으나, 우리 병사가 패배하여 대아찬大阿飡 효천曉川, 사찬沙飡 의문義文 · 산세山世, 아찬阿飡 능신能申 · 두선豆善, 일길찬一吉飡 안나함安那含 · 양신良臣 등이 그곳에서 죽었다.

原文 二月 攻百濟加林城 不克 秋七月 唐將高侃率兵一萬 李謹行率兵三萬 一時至平壤 作八營留屯 八月 攻韓始城馬邑城 克之 進兵 距白水城五百許步作營 我兵與高句麗兵逆戰 斬首數千級 高侃等退 追至石門戰之 我兵敗績 大阿飡曉川沙飡義文山世阿飡能申豆善一吉飡安那含良臣等死之

_『삼국사기』 권7, 문무왕 12년(672)

자료 19

2월에 서형산성西兄山城을 증축하였다. … 8월에 … 사열산성沙熱山城[주18]을 증축하였다. 9월에 국원성國原城,[주19] 북형산성北兄山城,[주20] 소문성召文城,[주21] 이산성耳山城,[주22] 수약주首若州[주23]의 주양성走壤城,[주24] 달함군達含郡[주25]의 주잠성主岑城, 거열주居烈州[주26]의 만

주18 사열산성 : 지금의 충북 제천시 청풍면 물태리에 있는 망월산성(望月山城)으로 추정됨.

주19 국원성 : 지금의 충북 충주시에 쌓은 성.

주20 북형산성 : 지금의 경북 경주시 강동이에 쌓은 성.

주21 소문성 : 지금의 경북 의성군 금성면 금성산 정상부에 쌓은 성.

주22 이산성 : 지금의 경북 고령읍 주산에 쌓은 성. 일명 주산성이라고도 한다.

주23 수약주 : 지금의 강원도 춘천 지역에 설치한 주(州). 우수주(牛首州) 혹은 우두주(牛頭州)라고도 하고 경덕왕 때 삭주(朔州)로 개명했다.

주24 주양성 : 지금의 강원도 춘천시 소양동에 있는 봉의산성(鳳儀山城)으로 추정됨.

주25 달함군 : 지금의 강원도 고성군.

주26 거열주 : 지금의 경남 거창군에 설치한 주(州).

흥사산성萬興寺山城, 삽량주歃良州[주27]의 골쟁현성骨爭峴城[주28]을 쌓았다. 왕이 대아찬大阿湌 철천徹川 등을 보내 병선 100척을 거느리고 서해를 지키게 하였다. 당의 병사가 말갈과 거란의 병사와 함께 북쪽 변경을 침범하였는데, 아홉 번 싸워 우리의 병사가 승리하였다. 2,000여 명의 목을 베었고, 당의 병사 중 호로瓠瀘[주29]와 왕봉王逢[주30] 두 강에 빠져 죽은 자가 이루 셀 수 없을 정도였다. 겨울에 당의 병사가 고구려의 우잠성牛岑城[주31]을 공격하여 항복시켰고, 거란과 말갈의 병사는 대양성大楊城과 동자성童子城[주32]을 공격하여 함락시켰다.

原文 二月 增築西兄山城 … 八月 … 以波珍湌天光爲中侍 增築沙熱山城 九月 築國原城北兄山城召文城耳山城首若州走壤城達含郡主岑城居烈州萬興寺山城歃良州骨爭峴城 王遣大阿湌徹川等 領兵船一百艘 鎭西海 唐兵與靺鞨契丹兵來侵北邊 凡九戰 我兵克之 斬首二千餘級 唐兵溺瓠瀘王逢二河 死者不可勝計 冬 唐兵攻高句麗牛岑城 降之 契丹靺鞨兵攻大楊城童子城 滅之

_『삼국사기』 권7, 문무왕 13년(673)

주27 삽량주 : 지금의 경남 양산시에 설치한 주.

주28 골쟁현성 : 지금의 경남 양산시 교동에 있는 마고산성으로 비정됨.

주29 호로 : 지금의 경기도 연천군 지역으로, 그 인근을 흐르는 임진강을 지칭.

주30 왕봉 : 지금의 경기도 고양시로 그 인근을 흐르는 한강을 지칭.

주31 우잠성 : 지금의 황해도 금천군 우봉리에 있는 성.

주32 동자성 : 경기도 김포시 통진에 있는 성.

자료 20

(문무)왕이 당에 반란을 일으킨 고구려의 무리를 받아들이고, 또한 백제의 옛 땅을 차지하고서 사람을 시켜 지키게 하니, 당 고종이 크게 화를 내고 조서를 내려 왕의 관작을 박탈했다. 그리고 당의 서울에 있던 임금의 동생 우효위원외대장군右驍衛員外大將軍 임해군공臨海郡公 인문仁問[주33]을 신라왕으로 삼아 귀국하게 하고, 좌서자동중서문하삼품左庶子同中書門下三品 유인궤劉仁軌를 계림도대총관雞林道大摠管으로 삼고, 위위경衛尉卿 이필李弼과 우령군대장군右領軍大將軍 이근행李謹行에게 보좌하도록 하여 병사를 일으켜 토벌해 왔다.

原文 王納高句麗叛衆 又據百濟故地 使人守之 唐高宗大怒 詔削王官爵 王弟右驍衛員外大將軍臨海郡公仁問在京師 立以爲新羅王 使歸國 以左庶子同中書門下三品劉仁軌爲雞林道大摠管 衛尉卿李弼右領軍大將軍李謹行副之 發兵來討

_『삼국사기』 권7, 문무왕 14년(674)

주33 인문 : 태종무열왕 김춘추의 둘째 아들이며 문무왕 김법민의 아우 김인문.

자료 21

2월에 유인궤가 칠중성七重城[주34]에서 우리 병사를 쳐부수었다. 인궤는 병사를 이끌고 돌아가고, 당 황제가 조서를 내려 이근행을 안동진무대사安東鎭撫大使로 삼아 그곳을

주34 칠중성 : 경기도 파주시 적성면 지역에 있는 성.

다스리게 하였다. 임금이 사신을 보내 조공하고 사죄하니 황제가 용서하고 임금의 관작을 회복시켜 주었다. 김인문이 도중에 당으로 되돌아가니, 그를 임해군공으로 고쳐 책봉하였다. 그러나 신라는 백제 땅을 많이 빼앗아 드디어 고구려 남쪽 경계 지역까지를 주와 군으로 삼았다.

原文 二月 劉仁軌破我兵於七重城 仁軌引兵還 詔以李謹行爲安東鎭撫大使 以經略之 王乃遣使 入貢且謝罪 帝赦之 復王官爵 金仁問中路而還 改封臨海郡公 然多取百濟地 遂抵高句麗南境爲州郡

_『삼국사기』 권7, 문무왕 15년(675)

자료 22

9월에 설인귀薛仁貴가 숙위학생인 풍훈風訓의 아버지 김진주金眞珠가 본국에서 처형당한 것[주35]을 핑계로 풍훈을 길잡이로 삼아 천성泉城[주36]에 쳐들어왔다. 우리 장군 문훈文訓 등이 맞서 싸워 이겨서 1,400명의 목을 베고 병선 40척을 빼앗았다. 설인귀가 포위를 헤치고 도망하자, 전마戰馬 1,000필을 얻었다. 29일에 이근행이 군사 20만 명을 거느리고 매초성買肖城에 주둔하였는데, 우리 병사가 공격하여 쫓아버리고 말 3만 380필을 얻었으며 그 밖에 얻은 병장기도 그만큼 되었다.

주35 김진주가 본국에서 처형당한 것 : 김진주는 병을 사칭하여 국사를 게을리했다는 죄목으로 진흠과 함께 662년에 주살당했다.

주36 천성 : 경기도 파주의 임진강과 한강이 교차하는 교하에 있는 오조산성(烏鳥山城)에 비정함.

原文 秋九月 薛仁貴以宿衛學生風訓之父金眞珠 伏誅於本國 引風訓爲鄕導 來攻泉城 我將軍文訓等 逆戰勝之 斬首一千四百級 取兵船四十艘 仁貴解圍退走 得戰馬一千匹 二十九日 李謹行率兵二十萬 屯買肖城 我軍擊走之 得戰馬三萬三百八十匹 其餘兵仗 稱是

_『삼국사기』 권7, 문무왕 15년(675)

자료 23

11월에 사찬沙飡 시득施得이 수군을 거느리고 설인귀와 소부리주所夫里州 기벌포伎伐浦[주37]에서 싸웠으나 크게 패하였다. 다시 진군하여 크고 작은 22회의 싸움에서 승리하고 4,000여 명의 목을 베었다.

주37 기벌포 : 지금의 충남 서천군 장항읍의 포구.

原文 冬十一月 沙湌施得領船兵 與薛仁貴戰於所夫里州伎伐浦 敗績 又進大小二十二戰 克之 斬首四千餘級 宰相陳純乞致仕 不允 賜几杖

_『삼국사기』 권7, 문무왕 16년(676)

출전

『삼국사기』

『일본서기』

찾아읽기

국방군사연구소(편), 『나당전쟁사』, 1999.

서영교, 『나당전쟁사연구』, 아세아문화사, 2006.

노태돈, 『삼국통일전쟁사』, 서울대출판부, 2009.

이상훈, 『나당전쟁연구』, 주류성, 2013.

서영교, 『고대 동아시아 세계대전』, 글항아리, 2015.

민덕식, 「나당전쟁에 관한 고찰」, 『사학연구』40, 1989.

유진보, 「'나당전쟁'시론」, 『한국학보』13, 1995.

안국승, 「매소성연구」, 『경기향토사학』2, 1997.

민덕식, 「매소성지고」, 『손보기박사정년기념고고인류학논총』, 지식산업사, 1998.

장학근, 「신라의 정복지 지배방어전략: 대당전쟁을 중심으로」, 『군사』41, 2001.

배근흥, 「'나당전쟁' 연구 중의 몇 가지 문제」, 『중국학보』16, 2002.

서영교, 「나당전쟁과 토번」, 『동양사연구』79, 2002.

서영교, 「나당전쟁의 개시와 그 배경」, 『역사학보』173, 2002.

김종복, 「고구려 멸망 이후 당의 지배정책: 안동도호부를 중심으로」, 『사림』19, 2003.

강종훈, 「7세기 삼국통일전쟁과 신라의 군사활동」, 『신라문화』24, 2004.

서영교, 「나당전쟁기 당변방군의 내습과 이근행」, 『동국사학』42, 2006.

이상훈, 「나당전쟁기 당의 군사전략 변화」, 『역사교육논집』37, 2006.

최현화, 「7세기 중엽 당의 한반도 지배전략」, 『역사와 현실』61, 2006.

이상훈, 「당의 군사전략을 통해 본 나당전쟁기의 매소성 전투」, 『신라문화』29, 2007.

이상훈, 「나당전쟁기 기벌포전투와 설인귀」, 『대구사학』90, 2008.

이상훈, 「나당전쟁기 당의 병력 운용과 전후 수급책」, 『중국사연구』55, 2008.

김영관, 「취리산 회맹과 당의 백제 고토 지배 정책」, 『선사와 고대』31, 2009.

양종국, 「웅진도독 부여융과 신라 문무왕의 취리산 회맹지 검토」, 『선사와 고대』31, 2009.

김종복, 「백제와 고구려고지에 대한 당의 지배 양상」, 『역사와 현실』78, 2010.

이상훈, 「나당전쟁의 종전 배경과 신라의 역할」, 『동북아역사논총』32, 2011.

이상훈, 「나당전쟁의 군사적 원인과 신라의 전쟁준비」, 『역사와경계』79, 2011.

이상훈, 「중등학교 역사교과서의 나당전쟁 서술과 개선 방향」, 『역사교육』120, 2011.

6 신라가 삼국을 '통일'한 의미는?

삼국통일의 의의

신라의 '통일'은 분립되어 왔던 수많은 정치세력들을 처음으로 합일시켰다는 점에서 민족사의 일대 사건이다. 백제와 고구려는 기회를 살리지 못하고 위기에 무너지고 말았지만 신라는 위기를 극복하고 기회를 살려냄으로써 최초의 통일을 달성하였다. 통일신라와 함께 발해를 민족사의 일원으로 편입하려는 노력도 함께 기울일 필요가 있다.

민족사의 첫 통일

신라는 당과 연합하여 660년에 백제를, 668년에 고구려를 차례로 멸망시키고, 676년에는 당과의 전쟁에서 승리를 거두어 마침내 통일을 완수하였다. 이는 민족사에서 '처음'으로 통일을 끌어냈다는 점에서 일대 사건이 아닐 수 없다.

한국 고대사는 수많은 '통합'을 거쳐 '통일'에 이르는 과정이라 할 수 있다. 만주와 한반도를 배경으로 하여 무수한 씨족사회들이 발생하여 통합의 과정을 거쳐 수많은 부족사회로 발전하였다. 이들은 다시 수백, 수십 개의 소국小國으로 통합되는 과정을 거쳐서 마침내 고구려, 백제, 신라의 삼국으로 정립하는 단계에 이르렀다. 그리고 삼국은 거친 상쟁相爭의 과정을 거쳐 신라의 한 나라로 합쳐져서 민족을 결성하는 '통일'의 신세계에 이르렀던 것이다.

통일의 경험은 그 이전과 이후를 완전히 다른 차원의 개념으로 구획한다. 통일 이전에 씨족사회, 부족사회, 소국, 그리고 삼국으로 나뉘어 있을 때, 우리는 그 나뉜 상태를 '분립分立'이라는 개념으로 규정한다. 예를 들어 한반도 남부의 삼한 지역은 78개의 소국으로 '분립'되어 있었다고 기술해야 옳다. 반면 통일이라는 변곡점을 돌아선 이후에는, 하나였던 국가가 다시 몇 개의 국가로 나뉘는 상황이 발생한다면, 그 상황은 '분립'이 아니라 '분열分裂'이라는 개념으로 설명하는 것이 타당하다. 한 번 하나로 합쳐지는 통일을 경험하게 되면, 그 경험은 이후에 찾아오는 '분열'의 상황을 재통일하려는 에너지로 작동하기 마련이다. 예를 들어 신라 말에 신라라는 한 나라에서 3개의 나라로 '분열'된 후삼국은 마땅히 재통일을 향해 사활을 건 치열한 경쟁을 펼칠 수밖에 없었고, 마침내 고려로 재통일되었다.

오늘날 남북 분단의 상황은 삼국의 '통일' 이후, 후삼국의 첫 분열에 이어 우리 역사상 두 번째 맞는 분열의 상황이다. 지금 우리가 남북통일의 당위성을 논하는 것은, '분열'의 상황이 내포하는, 마땅히 하나로 돌아가야 한다는 통일 지향의 에너지가 작동한다고 할 수 있다. 따라서 특히나 남북 분단의 시대에 살고 있는 현 상황에서는, 신라가 '처음'으로 달성한 통일은 민족사의 일대 위업偉業으로 평가받아 마땅하다.

'통일'에 대한 부정적 평가와 '남북국시대'론

그럼에도 신라의 삼국통일에 대하여 부정적인 평가도 만만치 않게 제기된다. 부정적인 평가는 주로 신라의 삼국통일이 민족사의 공간 무대를 현저히 축소시켰다고 보는 시각에서 나온다. 신라는 외세인 당과 연합하여 고구려 통합은 안중에 없었고 단순히 백제 통합에만 매달린 나머지 고구려가 지배해 온 광대한 영토와 수많은 인민을 상실하고 말았다는 것이다.

'통일'에 대한 부정적인 평가가 보다 정연한 논리로 발전한 것이 '남북국시대'론이다. 신라가 676년에 당 세력을 축출하고 '통일'을 달성한 지 20여 년 후인 698년에 발해가 출현하여 고구려 계승을 선언했으므로 '삼국통일'이라기보다는 '신라의 백제 통합과 고구려를 계승한 발해의 건국'으로 보아야 하며, 따라서 신라와 발해가 남북에서 양립하는 '남북국시대'의 개념을 설정해야 한다는 취지의 논리이다.

일면 타당성이 있지만 이것이 신라의 '통일'을 부정할 명분은 되지 못한다. 발해는 고구려의 계승을 표방했으나 고구려와는 사뭇 다른 다차원적인 종족구성을 하고 있었다. 신라는 발해를 '북국北國'이라 칭하기도 했지만 단순히 '북쪽에 위치한 나라' 정도의 의미였지, 이전 백제와 고구려처럼 치열한 상쟁相爭을 불사하면서 하나로 통합해야 할 공동체의 일원으로 간주하지는 않았다.[자료1·2·3] 심지어 발해를 '적국狄國', '북적北狄' 등으로 부르면서 북쪽의 일개 오랑캐 국가, 즉 번국蕃國으로 인식하기조차 했다.[자료4·5]

고려 역시 발해를 배제한 것은 마찬가지였다. 고려가 처음 발해를 '친척의 나라'라 한 것은 대치 상황에 있던 거란을 견제하기 위한 외교적 표방이었고, 신라나 후백제처럼 통합하여 하나로 합쳐야 하는 대상으로까지 생각하지는 않았다. 고려가 발해의 유민을 적극 받아들였지만 귀순해 오는 여진인이나 거란인과 마찬가지로 수용한 것이었지 특별대우를 했던 것은 아니었다. 심지어 고려에 거주하던 발해 유민들은 거란과의 평화관계가 회복된 이후로는 부곡민部曲民으로 전락하여 천인賤人이 되기까지 했다. 이후 고려와 조선시대의 역사인식에서 발해는 서서히 잊혀져 갔다.

그럼에도 발해가 고구려 계승의식을 강력 표방했고 고구려와의 문화 동질성을 적극 추구했던 만큼, 발해를 우리 역사의 일부로 인식해야 함은 의문의 여지가 없다(이에 대해서는 VI장 '발해'에서 상술한다). 그렇다고 신라의 '통일'이라는 소중한 경험까지 부정할 필요는 없다. 신라는 '일통삼한一統三韓'을 내세워 삼국의 통일을 자부했고, 이러한 인식은 고려와 조선으로 연면히 계승되었으니, 이를 부정할 수는 없는 노릇이다. 다만 고구려를 계승한 발해를 우리 역사의 일부로 껴안아 통합의 대상으로 삼지 못하고 배제해 간 역사의 전개 과정에 자못 진한 '아쉬움'을 느낀다. 이런 면에서 신라에 의한 삼국 '통일'의 의의와 고구려를 계승한 발해의 역사성을 함께 받아들이는 '어정쩡한' 역사인식의 타협은 불가피해 보인다.

위기를 극복하고 기회를 살린 신라

역사는 '아쉬움'이라는 가정적 상황을 용납할 정도로 너그럽지 못하다. 고구려의 멸망과 영토의 상실, 그리고 그를 계승한 발해 역사의 망실은 퍽이나 아쉽지만 받아들일 수밖에 없다. 반면 신라가 삼국을 통일한 것은, 신라의 선전善戰과 백제 및 고구려의 실책失策이 교차되어 초래된 결과일 뿐이라는 '냉정함'이, 유감스럽지만 오히려 역사인식의 본질에 가깝다. 결국 신라의 삼국통일에 대한 평가는, 위기와 기회에 대처한 각국의 실정과 국가 간 상호작용의 과정을 '아쉬움'보다는 '냉정함'으로 접근할 필요가 있다.

먼저 신라를 보자. 신라는 흔히 삼국 중 가장 후진적인 국가로 인식되어 왔다. 그러나 신라는 일찍부터 나름 국가 발전을 위한 돌파구를 찾았다. 그 첫 돌파구는 동해안이다. 동해안을 통해 끊임없이 선진문물을 유입했고, 그렇게 축적한 문물을 외부에 전하였다. 6세기에 들어 지증왕은 이사부異斯夫를 통해 실직주悉直州와 하슬라주何瑟羅州를 운용하고 울릉도의 우산국于山國을 정복하여 동해안을 장악하였다.[자료6 · 7] 그리고 남해안을 통해 가야사회로 진출하여 진흥왕 대에 가야제국加耶諸國을 완전 병탄하였다. 그 여세를 몰아 백제 성왕을 전사시키고 서해안의 핵심 거점인 한강 하류도 장악하였다.[자료8]

그러나 진흥왕 사후에 곧 내우외환內憂外患의 시련이 닥쳐왔다. 백제와 고구려의 반격이 본격 가해지고, 귀족들의 반발과 반란이 끊이지 않았다. 선덕여왕 대에 찾아온 대야성의 함락과 비담의 난의 폭발은 극한적인 위기 상황을 불러왔다. 그런데 신라에는 이러한 위기 상황을 극복할 새로운 정치적 대안세력이 성장하고 있었다. 김춘추와 김유신을 중심으로 한 세력이었다. 이들은 비담의 난을 진압하고 백제와 고구려의 반격을 막아낼 군사적 대비를 하는 한편 적극적인 대당 외교를 통해 국제관계의 분위기를 자국에게 유리하게 조성해 갔다. 더 나아가 마침내 대안세력의 일원인 김춘추가 왕위에 올라 불안정한 정치체제를 개혁하고 정국의 안정을 성공적으로 조성해 갔다. 그리고 태종무열왕 김춘추와 문무왕 김법민이 김유신의 도움을 받아 삼국통일의 위업을 달성했다.

그러면 백제와 고구려는 어땠는가? 역사에서 패자에 대한 평가는 격하되기 마련이고, 따라서 남은 기록이 모두 진실을 전하는 것은 아니라는 한계는 있지만, 기록에 전하는 바에 의존할 때 백제와 고구려는 실책을 거듭했던 것으로 나타난다.

먼저 백제의 결정적 실책은 554년 성왕이 관산성 전투에서 신라군에게 생포되어 참수당하는 것에서 비롯한다. 이는 무령왕과 성왕으로 이어지면서 성공적으로 추진해 온 백제의 중흥정책을 좌절시킨 중대 사건이었다. 더 큰 문제는 백제가 이후 이 위기 상황을 제대로 수습하지 못했다는 것이다. 위덕왕이 신라에 대한 반격을 개시했지만 의미 있는 승리를 거두지 못하였고, 뒤를 이은 혜왕과 법왕은 단명에 그쳤다. 무왕 대에는 신라에 대한 대대적인 반격을 가하여 수차 의미 있는 승리를 거두긴 했지만 내우외환의 시련에 허덕이던 신라에 결정적인 타격을 가하진 못하였다.

한편 의자왕은 초반에 해동증자海東曾子의 칭호를 받을 정도로 선정을 베풀어 국가 중흥에 희망의 불씨를 피웠다.[자료10] 재위 2년(642)에 신라 서변의 40여 성을 빼앗고 중추 군사 기지였던 대야성마저 함락시키는 등 잇따라 신라에 결정적인 타격을 가하는 성과를 거두기도 하였다.[자료10] 하지만 재위 16년(656)부터 불현듯 총기를 잃고 충신을 멀리하고 간신배들에게 놀아나는 형국에 빠져들면서 결정적인 기회를 살리지 못하였다.[자료11] 그리고 결국 멸국滅國에 이르고 말았다.

5세기에 삼국의 절대 강자로 군림하던 고구려는 6세기에 접어들어 내분에 휩싸이면서 무력화되어 갔다. 안장왕安臧王이 불의에 피살당하고 동생 안원왕安原王이 즉위했으나, 545년에 두 유력세력인 추군麤群과 세군細群 사이에 무력 충돌로 비화되는 심각한 내분 사태가 일어나 그 와중에서 안원왕이 희생당하는 등 내분이 거듭 일어났다.[자료12] 이어 양원왕陽原王 대에는 553년 백제와 신라의 양면 공격을 받아 한강 하류와 철령 이남의 땅을 빼앗기는 등 위기 상황에 내몰리기도 하였다.[자료13]

고구려도 이러한 내우외환의 위기 상황을 수습하는 데 실패하였다. 평원왕平原王 대에 수隋가 중원을 통일하는 대격변기를 맞아 효과적인 대책을 내놓지 못하였고, 영양왕嬰陽王 대엔 수와의 갈등이 불거져 급기야 수의 대규모 무력 침공을 불러오고 말았다. 을지문덕의 살수대첩으로 수의 침공을 막아내긴 하였으나 고구려의 정정은 심히 불안정할 수밖에 없었다. 수 · 당이 교체되는 시기에 즉위한 영류왕榮留王은 당의 눈치를 보면서 침공 가능성에 대비하느라 여념이 없었다. 그 사이 연개소문淵蓋蘇文은 642년에 쿠데타를 일으켜 왕을 시해하고 보장왕寶藏王을 내세워 전권을 장악하여 극단적인 공포정치를 펼쳤다.[자료14] 그는 또한 당에 대한 초강경정책을 내세워 당과의 무모한 전쟁을 주도해 갔다. 665년에 연개소문이 죽자 그의 세 아들 남생, 남건, 남산 사이에 정권을 둘러싼 내분이 일어났고, 구심력을 상실한 고구려는 멸국의 길로 직행하였다.

결국 삼국에게는 위기와 기회가 공평하게 주어졌지만, 백제와 고구려는 위기의 상황에서 주저앉고 말았던 반면, 신라만이 위기를 극복하고 기회를 살려 삼국을 통일하는 주인공이 될 수 있었다.

자료샘

자료 1

주1 일길찬 : 신라 17관등 중 제 7위.

3월에 일길찬一吉飡[주1] 백어伯魚를 북국北國에 사신으로 보냈다.

原文 三月 以一吉飡伯魚使北國

_『삼국사기』 권10, 원성왕 6년(790)

자료 2

주2 급찬 : 신라 17등 관등 중 제 9위.

9월에 급찬級飡[주2] 숭정崇正을 북국北國에 사신으로 보냈다.

原文 秋九月 遣級飡崇正使北國

_『삼국사기』 권10, 헌덕왕 4년(812)

자료 3

주3 표문 : 효공왕 원년(897) 왕의 명을 받아 최치원이 당 황제에게 쓴 국서.

주4 숙위원 : 당에 파견된 외국의 유학생이나 사신이 머무는 숙소.

주5 하정왕자 : 신년을 맞아 황제에게 예를 올리기 위해 파견한 발해의 왕자.

북국北國이 상석上石에 앉는 것을 허락하지 않은 것에 감사드리는 표문[주3]

신臣 모某는 아룁니다. 신이 당번 숙위원宿衛院[주4]의 장보狀報를 보니 지난 건녕乾寧 4년(897) 7월 중에 발해의 하정왕자賀正王子[주5] 대봉예大封裔가 장狀을 올려 발해가 신라의 상석에 앉기를 청하하였습니다. 그에 대한 칙지勅旨를 받들어 보니 "국명國名의 선후는 원래 강약으로 일컫는 것이 아니니, 조제朝制의 등위等威를 어찌 성쇠盛衰에 의해서 고치겠는가. 마땅히 이전의 예에 따라 할 것이니 이에 선시宣示하노라" 하였나이다.

原文 謝不許北國居上表

臣某言臣得當蕃宿衛院狀報去乾寧四年七月內渤海賀正王子大封裔進狀請許渤海居新羅之上伏奉敕旨國名先後比不因強弱而稱朝制等威今豈以盛衰而改宜仍舊貫准此宣示者

_『동문선』 권33, 표전(表箋)

자료 4

주6 북적 : 북쪽의 오랑캐라는 뜻으로, 발해를 지칭.

개원開元 21년(733)에 당나라 사람들이 북적北狄[주6]을 치기 위해 신라에 군사를 요청했는데, 이 일로 사신 일행 604명이 왔다가 돌아갔다.

原文 開元二十一年癸酉 唐人欲征北狄 請兵新羅 客使六百四人來還國

_『삼국유사』 권2, 기이2, 효성왕

자료 5

봄에 북진北鎭[주7]에서 "적국狄國[주8] 사람이 진에 들어와 나무 조각을 나무에 걸어 놓고 돌아갔다."고 말하면서 그 나무 조각을 가져다 바쳤다. 거기에는 "보로국寶露國과 흑수국黑水國[주9] 사람들이 모두 신라국과 화친하고자 한다."는 열다섯 글자가 쓰여 있었다.

原文 春 北鎭奏 狄國人入鎭 以片木掛樹而歸 遂取以獻 其木書十五字云 寶露國與黑水國人共向新羅國和通

_『삼국사기』 권11, 헌강왕 12년(886)

주7 북진 : 지금의 삼척인 실직(悉直)에 설치한 군사기지. 태종무열왕 5년(658)에 실직을 북진으로 삼았다.

주8 적국 : 오랑캐 나라라는 뜻으로 발해를 지칭하는 듯.

주9 보로국과 흑수국 : 발해를 구성한 말갈의 국가들로 추정됨.

자료 6

실직주悉直州[주10]를 설치하고 이사부異斯夫를 군주軍主[주11]로 삼았다. 군주軍主의 명칭이 이로부터 시작되었다.

原文 置悉直州 以異斯夫爲軍主 軍主之名 始於此

_『삼국사기』 권4, 지증마립간 6년(505)

주10 실직주 : 오늘날 삼척에 설치한 주(州).

주11 군주 : 주(州)에 주둔한 군단의 사령관.

자료 7

6월에 우산국于山國이 복종하여 해마다 토산물을 공물로 바치기로 하였다. 우산국은 명주溟州의 정동쪽 바다에 있는 섬으로 울릉도鬱陵島라고도 한다. 땅은 사방 백 리인데, 지세가 험한 것을 믿고 항복하지 않았다. 이찬 이사부가 하슬라주何瑟羅州[주12] 군주가 되어 말하기를 "우산국 사람은 어리석고도 사나워서 힘으로 다루기는 어려우니 계책으로 복종시켜야 한다."라고 하고, 바로 나무로 사자를 가득 만들어 전함에 나누어 싣고 그 나라 해안에 이르렀다. 이사부는 거짓으로 말하였다. "너희가 만약 항복하지 않으면 이 사나운 짐승을 풀어 밟아 죽이겠다." 그 나라 사람들이 두려워하며 즉시 항복하였다.

原文 夏六月 于山國歸服 歲以土宜爲貢 于山國在溟州正東海島 或名鬱陵島 地方一百里 恃嶮不服 伊湌異斯夫爲何瑟羅州軍主 謂于山人愚悍 難以威來 可以計服 乃多造木偶師子 分載戰船 抵其國海岸 誑告曰 汝若不服 則放此猛獸踏殺之 國人恐懼則降

_『삼국사기』 권4, 지증마립간 13년(512)

주12 하슬라주 : 오늘날 강릉에 설치한 주(州).

자료 8

10월에 왕이 북한산北漢山에 순행하여 영토의 국경을 정하였다. 11월에 왕이 북한산에서 돌아왔다. 왕이 거쳐 지나온 주군州郡의 일 년간 세금을 면제해 주고, 그 지방의 죄수 가운데 두 가지의 중죄를 제외하고는 모두 풀어주었다.

原文 冬十月 王巡幸北漢山 拓定封疆 十一月 至自北漢山 教所經州郡 復一年租調 曲赦 除二罪 皆原之

_『삼국사기』 권4, 진흥왕 16년(555)

자료 9

의자왕義慈王은 무왕武王의 맏아들이다. 용감하고 대담하며 결단력이 있었다. 무왕 재위 33년(632)에 태자가 되었다. 부모에게 효도하고 형제간에 우애가 있었으므로 당시에 '해동증자海東曾子'[주13]라고 불렸다.

주13 해동증자 : 공자의 수제자인 증자에 견줄 수 있는 동방의 인물이라는 의미.

原文 義慈王 武王之元子 雄勇有膽決 武王在位三十三年 立爲太子 事親以孝 與兄弟以友 時號海東曾子

_『삼국사기』 권28, 의자왕 즉위년, 서두

자료 10

7월에 임금이 직접 병사를 거느리고 신라를 침공하여 미후獼猴 등 40여 성을 함락하였다. 8월에 장군 윤충允忠을 보내 병사 1만 명을 거느리고 신라의 대야성大耶城을 공격하게 하였다. 성주인 품석品釋이 처자를 데리고 나와 항복하였는데, 윤충이 그들을 모두 죽이고 품석의 목을 베어 왕도에 보냈다. 남녀 1,000여 명을 사로잡아 서쪽 지방의 주와 현에 나누어 살게 하고 병사를 남겨 그 성을 지키게 하였다. 임금이 윤충의 공로를 표창하여 말 20필과 곡식 1,000섬을 주었다.

原文 秋七月 王親帥兵 侵新羅 下獼猴等四十餘城 八月 遣將軍允忠 領兵一萬 攻新羅大耶城 城主品釋與妻子出降 允忠盡殺之 斬其首 傳之王都 生獲男女一千餘人 分居國西州縣 留兵守其城 王賞允忠功 馬二十匹穀一千石

_『삼국사기』 권28, 의자왕 2년(642)

자료 11

3월에 임금이 궁녀들을 데리고 음란과 향락에 빠져서 술 마시기를 그치지 않았다. 좌평 성충成忠이 적극적으로 말리자, 임금이 노하여 그를 옥에 가두었다. 이로 말미암아 감히 간언하는 자가 없어졌다. 성충은 옥에서 야위어 죽게 되었는데, 죽을 때 임금에게 글을 올려 말하였다. "충신은 죽어도 임금을 잊지 않는 것이니 한 말씀 아뢰고 죽겠습니다. 신이 항상 형세의 변화를 관찰하였는데, 반드시 전쟁은 일어날 것입니다. 무릇 전쟁에서는 반드시 지형을 잘 살펴 선택해야 하는데, 상류에서 적을 맞아야만 나라를 보전할 수 있을 것입니다. 만일 다른 나라 병사가 오거든 육로로는 침현沈峴[주14]을 지나지 못하게 하고, 수군은 기벌포伎伐浦[주15]의 언덕에 들어오지 못하게 하여, 험준한 곳에 의거하여야만 막을 수 있을 것입니다." 그러나 임금은 이 말을 살피지 않았다.

原文 春三月 王與宮人 淫荒耽樂 飮酒不止 佐平成忠 極諫 王怒 囚之獄中 由是 無敢言者 成忠瘐死 臨終上書曰 忠臣死不忘君 願一言而死 臣常觀時察變 必有兵革之事 凡用兵 必審擇其地 處上流以延敵 然後可以保全 若異國兵來 陸路不使過沈峴 水軍不使入伎伐浦之岸 擧其險隘以禦之 然後可也 王不省焉

_『삼국사기』 권28, 의자왕 16년(656)

주14 침현 : 대전시 동구와 충북 옥천군 군서면의 경계에 위치한 식장산에 있는 고개. 탄현(炭峴)이라고도 함.

주15 기벌포 : 금강 하구 북안의 충남 서천군 장항읍.

자료 12

이 해에 고구려에 대란이 일어나서 주살당한 자가 많았다. [『백제본기(百濟本記)』[주16]에서 말하였다. 12월 20일에 고구려국의 세군(細群)과 추군(麤群)이 궁문에서 싸웠다. 북을 치며 싸웠다. 세군이 지자 (추군이) 3일간 포위를 풀지 않고 세군의 자손을 모두 잡아죽였다. 24일에 박국(狛國)[주17]의 향강상왕(香岡上王)[주18]이 죽었다.]

原文 是歲 高麗大亂被誅殺者衆 [百濟本記云 十二月甲午 高麗國細群與麤群戰于宮門 伐鼓戰鬪 細群敗 不解兵三日 盡捕誅細群子孫 戊戌 狛國香岡上王薨也]

_『일본서기』 권19, 흠명천황(欽明天皇) 6년(545)

주16 『백제본기』 : 『백제기』, 『백제신찬』과 함께 『일본서기』에 인용되는 백제3서의 하나. 현전하지 않는다.

주17 박국 : 고구려에 대한 비칭.

주18 향강상왕 : 고구려 23대 안원왕(安原王).

자료 13

(진흥왕) 12년(551)에 왕이 거칠부居柒夫와 대각찬 구진仇珍, 각찬 비태比台, 잡찬 탐지耽知·비서非西, 파진찬 노부奴夫·서력부西力夫, 대아찬 비차부比次夫, 아찬 미진부未珍夫

주19 평양 : 오늘날 서울 지역을 지칭하는 남평양(南平壤)을 이름.

주20 죽령 : 경북 영풍군 풍기읍과 충북 단양군 대강면의 경계에 있는 고개.

주21 고현 : 함경남도 안변군 신고산면과 강원도 회양군 하북면 사이에 있는 고개인 철령(鐵嶺)으로 추정됨.

주22 서부 : 고구려 왕경의 부족적 성격의 행정구역인 5부의 하나. 『구당서』와 『삼국사기』 고구려본기에는 '서부'로 되어 있으나 『신당서』와 『삼국사기』 개소문열전에는 '동부'로 되어 있음.

주23 대인 : 족장적 권위를 가진 부(部)의 우두머리.

주24 건무 : 고구려 27대 영류왕의 이름.

주25 장 : 영류왕의 뒤를 이어 즉위한 고구려 28대 보장왕.

주26 천씨 : 『삼국사기』에는 연씨(淵氏)로 나온다.

등 여덟 장군을 시켜서 백제와 함께 고구려를 공격하도록 명령하였다. 백제인들이 먼저 평양[주19]을 격파하고, 거칠부 등은 승세를 몰아 죽령竹嶺[주20] 이북 고현高峴[주21] 이내의 10개 군을 빼앗았다.

原文 十二年辛未 王命居柒夫及仇珍大角湌比台角湌耽知迊湌非西迊湌奴夫波珍湌西力夫波珍湌比次夫大阿湌未珍夫阿湌等八將軍 與百濟侵高句麗 百濟人先攻破平壤 居柒夫等 乘勝取竹嶺以外 高峴以內十郡

_『삼국사기』 권44, 열전4, 거칠부

자료 14

(정관貞觀) 16년(642)에 서부西部[주22] 대인大人[주23] 개소문蓋蘇文이 섭정하여 (왕을) 범하려 하자, 여러 대신들이 건무建武[주24]와 의논하여 그를 죽이고자 하였으나, 일이 사전에 누설되었다. 이에 소문蘇文은 부병部兵을 모두 불러 모아 열병을 거행한다 하고 성城의 남쪽에 주찬酒饌을 성대히 베풀었다. 여러 대신들이 모두 와서 보자, 소문이 군사를 정비하여 대신들을 모조리 죽이니, 죽은 자가 100여 명이나 되었다. 이어서 창고를 불사르고 왕궁으로 달려들어 건무를 죽인 다음 건무의 아우인 대양大陽의 아들 장藏[주25]을 세워 왕으로 삼았다. 스스로 막리지莫離支가 되니, 이는 중국의 병부상서겸중서령兵部尚書兼中書令에 해당하는 직이다. 이로부터 국정을 마음대로 하였다.

소문의 성은 천씨泉氏[주26]이다. 수염과 얼굴이 매우 준수하고 형태가 아주 걸출하였다. 몸에는 다섯 자루의 칼을 차고 다녔는데, 주위 사람들이 감히 쳐다보지 못했다. 언제나 그의 관속官屬을 땅에 엎드리게 하고 이를 밟고 말에 탔고, 말에서 내릴 때도 마찬가지로 했다. 외출할 적에는 반드시 의장대儀仗隊를 앞세웠고 선도자가 큰 소리로 행인들 물리쳤다. 백성들은 모두 두려워 피해 스스로 구덩이나 계곡으로 뛰어들었다.

原文 十六年 西部大人蓋蘇文攝職有犯 諸大臣與建武議欲誅之 事洩 蘇文乃悉召部兵 云將校閱 並盛陳酒饌於城南 諸大臣皆來臨視 蘇文勒兵盡殺之 死者百餘人 焚倉庫 因馳入王宮 殺建武 立建武弟大陽子藏為王 自立為莫離支 猶中國兵部尚書兼中書令職也 自是專國政 蘇文姓泉氏 須貌甚偉 形體魁傑 身佩五刀 左右莫敢仰視 恆令其屬官俯伏於地 踐之上馬 及下馬 亦如之 出必先布隊仗 導者長呼以辟行人 百姓畏避 皆自投坑谷

_『구당서』, 동이열전, 고구려

출전

『삼국사기』

『삼국유사』

『구당서』

『고려사』 : 조선 문종 원년(1451)에 편찬한 고려시대의 정사. 조선 건국 3개월 뒤에 정도전, 정총 등이 왕명으로 『고려국사』 편찬에 착수하여 태조 4년(1395)에 편년체 사서로 완성했지만, 이 책은 오늘날 전하지 않는다. 이후 『고려국사』 개찬 작업이 태종 때 착수하였다가 완성하지 못하고, 세종 때 개찬이 이루어져 『수교고려사』, 『고려사대전』 31년(1449)에 개찬 작업에 착수하여 김종서, 정인지 등이 문종 원년(1451)에 완성하였다. 기전체 사서로, 세가 46권, 열전 50권, 지 39권, 연표 2권, 목록 2권 등 모두 139권으로 이루어졌다.

『동문선』: 성종 9년(1478)에 왕명으로 서거정 등이 중심이 되어 편찬한 우리나라 역대 시문선집. 당시 대제학이던 서거정이 중심이 되어 노사신, 강희맹, 양성지 등을 포함한 찬집관 23인이 작업에 참여하였다. 신라의 김인문, 설총, 최치원을 비롯, 편찬 당시의 인물까지 약 500인에 달하는 작가의 작품 4,302편을 수록하였다. 삼국시대 이래 조선 초까지의 우리 나라의 문학자료를 나름대로 집대성하였다는 의의와 함께 우리의 문학전통을 중국의 그것과 병행하는 독자적인 것으로 인식하였다는 점에서 그 의의가 크다. 1478년에 을해자로 펴낸 초간본이 있고, 1482년 갑인자로 찍은 재인본이 있다.

찾아읽기

신형식, 『한국고대사의 새로운 이해』, 주류성, 2009.

임병태, 「신라의 삼국통일」, 『한국사』2, 국사편찬위원회, 1978.

김우녕, 「신라 삼국통일의 정치이념적 기반」, 경북대 석사학위논문, 1982.

이종학, 「신라 삼국통일의 군사사적 고찰」, 『군사』8, 1982.

김영하, 「신라의 삼국통일을 보는 시각」, 『한국고대사론』, 한길사, 1988.

신형식, 「삼국통일의 역사적 성격」, 『한국사연구』61 · 62, 1988.

이우태, 「신라 삼국통일의 일요인」, 『한국고대사연구』5, 1992.

변태섭, 「삼국통일의 민족사적 의미」, 『신라문화』2, 1995.

허중권, 「신라 통일전쟁사의 군사사적 연구」, 한국교원대박사학위논문, 1995.

문경현, 「신라 삼국통일의 연구」, 『경북사학』9, 1996.

이호영, 「삼국통일」, 『한국사』9, 국사편찬위원회, 1998.

조이옥, 「신라 수군제의 확립과 삼국통일」, 『STRATEGY 21』2-2, 1999.

김영하, 「7세기 후반 한국사의 인식문제: 신라의 백제통합론과 삼국통일론을 중심으로」, 『한국사연구』146, 2009.

김영하, 「신라통일론의 궤적과 함의」, 『한국사연구』153, 2011.

김수태, 「신라의 천하관과 삼국통일론」, 『신라사학보』32, 2014.

7 삼국의 이질감 해소를 위해 노력하다

민족융합정책

신라는 삼국통일의 과정에서, 그리고 그 이후에 '삼한일통' 의식을 표방하고 실천함으로써 삼국의 이질감을 해소하고자 하였다. 백제와 고구려의 유민들을 적극 포섭하고 9주의 지방제와 9서당의 중앙 군사제도를 정비하는 과정에서 삼국을 하나의 국가 체제로 융합시키려는 노력을 적극적으로 기울였다.

'삼한일통' 의식

신라가 삼국을 통일하는 과정에서, 그리고 통일한 이후에 무엇보다 가장 중시했던 것은 '삼한일통三韓一統' 의식의 표방과 실천이었다. 여기에서 '삼한三韓'이란 마한, 진한, 변한을 의미하는 것이 아니라 고구려, 백제, 신라의 삼국을 지칭하는 것이다. 그리고 '삼한일통' 의식을 표방했다는 것은, 서로 반목하고 대립하면서도 동족으로서 유대감을 공유하고

청주시운천동사적비
이 비는 통일신라시대 청주의 어떤 사찰에 관한 내용을 담은 사적비로, 비문은 불법을 찬양하고 임금의 덕을 칭송하며 삼국통일의 위업을 기리는 내용으로, 관직명과 승려 이름이 있어 당시 사회상을 이해하는 데 귀중한 자료가 된다.

있던 삼국이 하나로 통일하려는 의식을 갖고 있었다는 것을 의미한다.

몇몇 사례를 들어보자. 먼저 당 고종은 백제 의자왕에게 보낸 국서에서 고구려, 백제, 신라의 삼국을 '삼한'이라 부르기도 했는데, 이는 은연중에 '삼한=삼국'의 동질성에 대한 생각을 드러낸 것이었다.[자료1] 이러한 '삼한' 인식은 신라에서 더 구체적으로 나타난다. 당과의 전쟁이 한창 진행 중이던 문무왕 13년(673)에 김유신은 임종에 앞서 문무왕에게 남긴 유언에서 '삼한일가三韓一家', 즉 '삼한=삼국이 한 국가'임을 언급하였다.[자료2] 그리고 신문왕은 재위 12년(692)에 당의 사신이 와서 선왕인 김춘추가 당 태종과 동일한 태종의 묘호廟號를 쓰는 것에 대하여 항의를 하자, 이에 대해 '일통삼한一統三韓'을 달성한 김춘추의 공업功業을 과시하면서 묘호 사용의 정당성을 개진하였다.[자료3] 이러한 삼한 인식은 금석문에도 나타난다. 신문왕 6년(686)에 세워진 「청주시 운천동사적비淸州市雲泉洞寺蹟碑」에 '삼한을 통합하니 나라의 땅이 넓어졌다'는 표현이 나오고, 경명왕 8년(924)에 최치원이 지은 「봉암사지증대사적조탑비鳳巖寺智證大師寂照塔碑」에서도 '삼국이 이제야 장하게도 한 집안(국가)이 되었구나'라는 구절이 보인다.

이러한 '삼한일통' 의식은 삼국의 동질적 성격을 전제로 한 것이었다. 삼국이 혈통과 언어, 그리고 관습에서 상통했다는 것은 학계의 통설이다. 이 중 특히 언어의 동질성은 삼국 동류의식同類意識의 가장 중요한 근거가 되었다. '삼한'이라는 통칭도 실은 삼국이 같은 언어권言語圈인 것에서 나왔다고 할 수 있다. 공통의 언어권 위에 같은 관습과 문화의 근사성, 그리고 거기서 나오는 동류同類의 족속이라는 관념이 '삼한일통' 의식의 근거가 되었다. 신라의 민족융합정책은 이러한 '삼한일통' 의식에 의거하여 다각도로 추진되어 갔다.

봉암사지증대사적조탑비

민족융합정책의 추진

신라는 백제와 고구려의 옛 땅은 물론 신라까지 지배하려는 당에 대하여 극력 저항하였다. 고구려 부흥세력과 연대하고 백제의 옛 땅을 확보해 갔다. 670년 4월에 설오유薛烏儒를 보내 고구려의 고연무高延武와 연대하여 압록강 이북에서 당군과 전투를 벌여 승리를 거두었고, 7월에는 백제지역으로 진군하여 82개 성을 점령하였다. 이러한 신라의 전략은 671년에도 계속되어 사비(부여) 인근의 석성石城에서 당군 5,300여 명을 목 베는 대승을 거두고 마침내 사비를 점령하여 이곳에 소부리주所夫里州를 설치하기에 이르렀다. 이후 신라는 매초성과 기벌포 등지에서 잇단 대승을 거두어 결국 676년에 당군을 한반도에서 완전 축출하는 데 성공하였다(자세한 내용은 I장 챕터 5 나당 전쟁 참조).

신라는 백제와 고구려 유민들에 대한 적극적인 포섭과 회유에 나섰다. 무열왕 7년(660)에 투항한 백제 지배층 인사들에게 백제에서의 지위에 따라 신라의 관등을 배정하여 신라 지배층집단으로 편입하였다.[자료4] 문무왕 10년(670) 6월에는 고구려 부흥세력의 중심인물인 안승安勝 일행을 금마저(지금의 익산)에 안착하게 하더니, 고구려와의 연대를 더욱 강화하기 위해 안승을 고구려왕으로 봉하였다.[자료5]

이러한 백제 및 고구려인에 대한 포섭과 지원은 기본적으로 당과의 전쟁을 치르기 위한 전략적 조치였겠지만 한편으로는 동일 종족이라는 관념도 작용했을 것이다. 그리하여 신라는 통일을 완료한 이후에 이를 하나의 국민으로 융합하려는 적극적인 정책으로 발전시켜 갔다. 예컨대 문무왕 13년(673)에는 백제에서 온 사람들에게 본국의 관직에 따라서 신라의 관직과 관등을 일률적으로 주었고, 신문왕 6년(686)에는 고구려인에게도 본국에서의 관품에 준하여 역시 일률적으로 관등을 주었다.[자료6 · 7] 고구려왕으로 봉했던 안승에 대해서도 몇 단계의 절차를 밟아 신라의 귀족으로 편입시킴으로써 고구려 통합의 명분으로 삼으며, 이에 불복한 자에 대하여는 무력 진압을 감행하였다.[자료8 · 9 · 10 · 11] 이는 신라가 백제와 고구려 지배층을 신라의 관리 내지 귀족으로 받아들이고 안착시킴으로써, 민족융합과 '삼한일통'의 실현을 강행해 갔다는 것을 보여준다.

| 삼국의 관등 비교표

관등순 \ 나라	고구려	백제	신라		
			경위	외위	관등
1	대대로(토졸)	좌평	이벌찬(각간 · 서발한)	·	·
2	태대형	달솔	이척찬(이찬)	·	·
3	울절(주부)	은솔	잡찬(소판)	·	·
4	태대사자(대상)	덕솔	파진찬(해간)	·	·
5	조의두대형	한솔	대아찬	·	·
6	대사자(종대상)	나솔	아찬(아척간)	·	·
7	대형	장덕	일길찬(을길간)	악간	1
8	수위사자(적상)	시덕	사찬(살찬)	술간	2
9	소사자(소상)	고덕	급벌찬(급찬)	고간	3
10	소형	계덕	대나마(대나말)	귀간	4
11	제형	대덕	나마(나말)	선간(찬간)	5
12	선인	문독	대사(한사)	상간	6
13	자위	무독	사지(소사)	간	7
14	·	좌군	길사(계지)	일벌	8
15	·	진무	대오(대오지)	일척	9
16	·	극우	소오(소오지)	피일	10
17	·	·	조위(선저지)	아척	11

지배층은 물론이고 일반 백성까지 한 국가의 국민으로 융합시키는 것은 무엇보다 중차대한 일이었다. 이를 위해 확대된 전 국토를 일원적인 행정조직으로 개편하는 것을 서둘렀다. 신문왕은 재위 5년(685)과 7년에 일정한 조율 과정을 거쳐 전국을 9주州로 나누고 그 밑에 군郡과 현縣을 두었으며, 지방 요지에 5소경小京을 설치하였다.[자료 12 · 13 · 14] 이때 9주는 옛 신라 땅에 3주, 옛 백제 땅에 3주, 옛 고구려 땅에 3주를 각각 균분한다는 원칙이 표방되었으나, 옛 고구려 땅이란 것은 실제로는 이미 신라에 편입되어 있던 것이었다. 따라서 3주씩 균분한다는 원칙을 정한 것은, 실제적인 것이라기보다는 통일 후 옛 삼국에 동등한 지분을 부여함으로써 삼국을 망라하는 민족적 융합을 이끌어 내겠다는 정치적 표방의 성격이 강하다. 실제 신문왕 대에 중앙군단인 9서당誓幢을 편성함에 신라인뿐 아니라 고구려인과 백제인, 더 나아가 말갈인까지 포괄하였

다는 것은 피정복민에 대한 포섭과 회유의 단계를 넘어서 보다 높은 차원의 민족융합을 지향한 것이었다고 할 수 있다.[자료15]

이처럼 신라는 '일통삼한' 의식을 바탕으로 하여 백제와 고구려를 하나의 국가조직 안에 편입시켜 동일 국민으로 동화 · 융합시키는 정책을 추진하였다. 이것은 물론 신라인의 우위가 전제된 것이었겠지만, '하나의 국가조직 안에 하나의 국민'이라는 관념이 점차 자리를 잡아갔을 것은 의심할 여지가 없다. 이런 면에서 신라의 삼국통일에 대해, 한국민족 형성의 내실을 다지고 기반을 확충하는 결정적 계기가 되었다는 의미 부여는 타당하다.

자료샘

자료 1

당나라에 사신을 보내 조공하였다. 사신이 돌아올 때 고종高宗이 조서를 내려 (의자)왕을 타일렀다. "해동의 삼국三國은 나라를 연 지 오래되고 국토가 나란히 붙어, 국경이 복잡하게 얽혀 있는 상태이다. 근래에 이르러 마침내 사이가 벌어져 전쟁을 번갈아 일으켜 편안한 해가 거의 없다. 이리하여 마침내 삼한三韓의 백성들은 목숨을 칼도마 위에 올려놓은 상황이 되었으며, 무기를 쌓아놓고 분풀이 하는 일이 아침저녁으로 이어지고 있다. 짐은 하늘을 대신하여 만물을 다스리는 입장에서 이를 매우 안타깝게 생각한다. 지난해에 고구려와 신라의 사신들이 함께 와서 조회하였을 때, 나는 이와 같은 원한을 풀고 다시 화목하고 돈독하게 지내라고 명령하였다. …"

原文 遣使入唐朝貢 使還 高宗降璽書 諭王曰 海東三國 開基日久 並列疆界 地實犬牙 近代已來 遂構嫌隙 戰爭交起 略無寧歲 遂令三韓之氓 命懸刀俎 築戈肆憤 朝夕相仍 朕代天理物 載深矜憫 去歲 高句麗新羅等使 並來入朝 朕命釋玆讎怨 更敦款睦

_『삼국사기』 권28, 의자왕 11년(651)

자료 2

그후 십여 일 지나서 김유신이 병으로 눕게 되자 대왕이 몸소 행차하여 위문하였다. … 유신이 대답하였다. "신은 어리석고 못났으니 어찌 국가에 보탬이 되었겠습니까? 다행스럽게도 현명하신 임금께서 의심 없이 등용하고, 변치 않고 임무를 맡겨 주셨기에, 대왕의 밝으심에 의지하여 하찮은 공을 이루게 된 것입니다. 지금 삼한三韓이 일가一家가 되고 백성들이 두 마음을 가지지 아니하니 비록 태평太平에 이르지는 못하였으나, 조금 안정되었다고는 할 수 있습니다. …"

原文 後旬有餘日 寢疾 大王親臨慰問 … 庾信曰 臣願竭股肱之力 以奉元首 而犬馬之疾至此 今日之後 不復再見龍顔矣 大王泣曰 寡人之有卿 如魚有水 若有不可諱 其如人民何 其如社稷何 庾信對曰 臣愚不肖 豈能有益於國家 所幸者 明上 用之不疑 任之勿貳 故得攀附王明 成尺寸功 三韓爲一家 百姓無二心 雖未至太平 亦可謂小康

_『삼국사기』 권43, 열전3, 김유신 하

자료 3

당나라 중종中宗이 사신을 보내 조칙을 구두로 전하였다. "우리 태종 문황제太宗文皇帝

는 신묘한 공과 성스런 덕이 천고千古에 뛰어났으므로, 황제께서 돌아가신 날 묘호廟號[주1]를 태종이라 하였다. 너희 나라의 선왕 김춘추金春秋도 그것과 같은 묘호를 쓰니 이는 매우 분수에 넘치는 일이다. 빨리 칭호를 고치도록 하라."

왕이 여러 신하들과 의논하고, 대답하였다. "우리나라의 선왕 춘추의 시호가 우연히 성조聖祖[주2]의 묘호와 서로 저촉되어 이를 고치라는 칙명을 내리니, 어찌 감히 명을 따르지 않으리오. 그러나 생각해 보니 선왕 춘추는 자못 어진 덕이 있었고, 더욱이 생전에 훌륭한 신하 김유신을 얻어 한마음으로 다스려 삼한三韓을 일통一統하였으니, 그 이룩한 공적이 적다고 할 수 없소. 그가 돌아가셨을 때에 온 나라의 신하와 백성들이 슬퍼하고 사모하는 마음을 이기지 못하여 추존한 묘호가 성조와 서로 저촉되는 것을 깨닫지 못하였을 것인데, 지금 교칙敎勅을 들으니 두려움을 이길 수 없소. 삼가 바라건대, 사신은 대궐의 뜰에서 복명할 때 이대로 아뢰어 주시오." 그 후에 다시 별다른 칙명이 없었다.

주1 묘호 : 왕의 시호(諡號). 왕이 죽은 뒤 종묘에 그 신위를 모실 때 드리는 존호(尊號)이다.

주2 성조 : 중국(당)의 황제를 이름.

原文 唐中宗遣使口勅曰 我太宗文皇帝 神功聖德 超出千古 故上僊之日 廟號太宗 汝國先王金春秋 與之同號 尤爲僭越 須急改稱 王與群臣同議 對曰 小國先王春秋諡號 偶與聖祖廟號相犯 勅令改之 臣敢不惟命是從 然念先王春秋 頗有賢德 况生前得良臣金庾信 同心爲政 一統三韓 其爲功業 不爲不多 捐館之際 一國臣民不勝哀慕 追尊之號 不覺與聖祖相犯 今聞敎勅 不勝恐懼 伏望 使臣復命闕庭 以此上聞 後更無別勅

_『삼국사기』 권8, 신문왕 12년(692)

자료 4

(11월) 22일에 왕이 백제에서 돌아와 전공을 논하였다. 계금졸罽衿卒[주3] 선복宣服을 급찬級湌[주4]으로 삼고 군사軍師 두질豆迭을 고간高干[주5]으로 삼았으며, 전사한 유사지儒史知·미지활未知活·보홍이寶弘伊·설유屑儒 등 네 사람에게 관작을 공적에 따라 차등 있게 주었다. 백제 사람들도 그 재능을 헤아려 임용하였는데, 좌평佐平[주6] 충상忠常과 상영常永, 달솔達率[주7] 자간自簡에게는 일길찬一吉湌[주8]의 관등을 주어 총관摠管의 직을 맡겼고, 은솔恩率[주9] 무수武守에게는 대나마大奈麻[주10]의 관등을 주어 대감大監의 직을 맡게 하였으며, 은솔恩率 인수仁守에게는 대나마大奈麻의 관등을 주어 제감弟監의 직을 맡게 하였다.

주3 계금졸 : 신라 중앙 군단의 하나인 계금당(罽衿幢)의 병졸.

주4 급찬 : 신라 17관등 중의 제9위.

주5 고간 : 신라 지방인에게 준 외위(外位) 11관등 중 제3위.

주6 좌평 : 백제 16관등 중 제1위. 점차 백제의 최고 관직을 지칭하는 것으로 성격이 바뀐다.

주7 달솔 : 백제 16관등 중 제2위.

주8 일길찬 : 신라 17관등 중의 제7위.

주9 은솔 : 백제 16관등 중 제3위.

주10 대나마 : 신라 17관등 중의 제10위.

原文 二十二日 王來自百濟 論功 以罽衿卒宣服爲級湌 軍師豆迭爲高高干 戰死儒史知未知

活寶弘伊屑儒等四人 許職有差 百濟人員並量才任用 佐平忠常常永 達率自簡授位一吉湌 充職摠管 恩率武守授位大奈麻 充職大監 恩率仁守授位大奈麻 充職弟監

_『삼국사기』 권5, 태종무열왕 7년(660)

자료 5

사찬沙湌주11 수미산須彌山을 보내 안승安勝을 고구려왕高句麗王으로 봉하였다. 그 책문冊文은 다음과 같다. "함형咸亨주12 원년 경오(670) 가을 8월 1일 신축에 신라왕은 고구려의 후계자 안승에게 책봉의 명을 내린다. 그대의 태조 중모왕中牟王주13은 북쪽 산에 덕을 쌓고 남쪽 바다에 공을 세워, 위풍이 청구青丘주14에 떨쳤고 어진 가르침이 현토玄菟주15를 덮었다. 자손이 대대로 이어지고, 본류와 지류가 끊어지지 않았으며, 개척한 땅이 천리요, 역사가 800년이나 되었다. … 무릇 백성에게는 주인이 없으면 안 되며, 하늘은 반드시 운명을 돌보아 준다. 선왕의 정당한 후계자로는 오직 그대가 있을 뿐이니, 제사를 주재할 사람이 공이 아니면 누구겠는가? 삼가 사신 일길찬 김수미산 등을 보내 책명을 전하여 그대를 고구려왕으로 삼으니, 그대는 마땅히 유민들을 어루만져 모아들이고 옛 왕업을 이어 일으켜, 영원토록 이웃나라로써 형제처럼 친하게 지내며 공경하고 공경할지어다. 아울러 멥쌀 2,000섬과 갑옷을 갖춘 말 한 필, 비단 다섯 필과 명주와 가는 실로 짠 베 각 10필, 목화 15칭稱을 보내니 왕은 그것을 받으라."

原文 遣沙湌須彌山 封安勝爲高句麗王 其冊曰 維咸亨元年歲次庚午秋八月一日辛丑 新羅王致命高句麗嗣子安勝 公太祖中牟王 積德北山 立功南海 威風振於青丘 仁敎被於玄菟 子孫相繼 本支不絶 開地千里 年將八百 … 夫百姓不可以無主 皇天必有以眷命 先王正嗣 唯公而已 主於祭祀 非公而誰 謹遣使一吉湌金須彌山等 就披策命公爲高句麗王 公宜撫集遺民 紹興舊緖 永爲隣國 事同昆弟 敬哉敬哉 兼送粳米二千石 甲具馬一匹 綾五匹 絹細布各十匹 綿十五稱 王其領之

_『삼국사기』 권6, 문무왕 10년(670)

자료 6

문무왕 13년(673)에 백제에서 온 사람들에게 내외의 관직을 주었는데, 관등은 백제의 관직에 준하였다. 중앙 관직으로서 대나마大奈麻는 백제의 달솔達率, 나마奈麻주16는 백제의 은솔恩率, 대사大舍주17는 백제의 덕솔德率,주18 사지舍知주19는 백제의 한솔扞率,주20 당幢주21은 백제의 나솔奈率,주22 대오大烏주23는 백제의 장덕將德주24에 준하였다. 외관外官으

주11 사찬 : 신라 17관등 중의 제8위.

주12 함형 : 당 고종의 연호.

주13 중모왕 : 고구려의 시조 주몽왕을 지칭.

주14 청구 : 중국에서 우리나라를 이르는 말.

주15 현토 : 고구려를 지칭. 고구려가 현토군 고구려현에서 일어난 것을 고려한 것임.

주16 나마 : 신라 17관등 중의 제11위.

주17 대사 : 신라 17관등 중의 제12위.

주18 덕솔 : 백제 16관등 중 제4위.

주19 사지 : 신라 17관등 중의 제13위.

주20 한솔 : 백제 16관등 중 제5위.

주21 당 : 신라 17관등 중의 제14위인 길사(吉士)의 이칭. 길차(吉次), 계지(稽知)라고도 한다.

주22 나솔 : 백제 16관등 중의 제6위.

주23 대오 : 신라 17관등 중의 제15위.

주24 장덕 : 백제 16관등 중 제7위.

로서 귀간貴干[주25]은 백제의 달솔, 선간選干[주26]은 백제의 은솔, 상간上干[주27]은 백제의 덕솔, 간干[주28]은 백제의 한솔, 일벌一伐[주29]은 백제의 나솔, 일척一尺[주30]은 백제의 장덕에 준하였다.

原文 文武王十三年 以百濟來人授內外官 其位次視在本國官銜 京官 大奈麻本達率 奈麻本恩率 大舍本德率 舍知本扞率 幢本奈率 大烏本將德 外官 貴干本達率 選干本恩率 上干本德率 干本扞率 一伐本奈率 一尺本將德

_『삼국사기』 권40, 잡지9, 직관(職官) 하 백제인위(百濟人位)

주25 귀간 : 신라 지방인에게 준 외위 11관등 중 제4위.

주26 선간 : 신라 지방인에게 준 외위 11관등 중 제5위. 찬간(撰干)이라 표기하기도 한다.

주27 상간 : 신라 지방인에게 준 외위 11관등 중 제6위.

주28 간 : 신라 지방인에게 준 외위 11관등 중 제7위.

주29 일벌 : 신라 지방인에게 준 외위 11관등 중 제8위.

주30 일척 : 신라 지방인에게 준 외위 11관등 중 제9위.

자료 7

신문왕 6년(686)에 고구려 사람들에게 중앙의 관위를 주었는데, 고구려의 관품에 준하였다. 일길찬一吉湌은 고구려의 주부主簿,[주31] 사찬沙湌은 고구려의 대상大相,[주32] 급찬級湌은 고구려의 위두대형位頭大兄[주33]과 종대상從大相,[주34] 나마는 고구려의 소상小相[주35]과 적상狄相,[주36] 대사는 고구려의 소형小兄,[주37] 사지는 고구려의 제형諸兄,[주38] 길차吉次[주39]는 고구려의 선인先人,[주40] 오지烏知[주41]는 고구려의 자위自位[주42]에 준하도록 하였다.

原文 高句麗人位 神文王六年 以高句麗人授京官 量本國官品授之 一吉湌本主簿 沙湌本大相 級湌本位頭大兄從大相 奈麻本小相狄相 大舍本小兄 舍知本諸兄 吉次本先人 烏知本自位

_『삼국사기』 권40, 잡지9, 직관(職官) 하 고구려인위(高句麗人位)

주31 주부 : 고구려 14관등 중의 제3위. 울절(鬱折)이라고도 한다.

주32 대상 : 고구려 14관등 중의 제4위. 태대사자(太大使者)라고도 한다.

주33 위두대형 : 고구려 14관등 중의 제5위. 조의두대형(皂衣頭大兄)이라고도 한다.

주34 종대상 : 고구려 14관등 중의 제6위. 대사자(大使者)라고도 한다.

주35 소상 : 고구려 14관등 중의 제10위. 소사자(小使者)라고도 한다.

주36 적상 : 고구려 14관등 중의 제9위. 상위사자(上位使者)라고도 한다.

주37 소형 : 고구려 14관등 중의 제11위.

주38 제형 : 고구려 14관등 중의 제12위.

주39 길차 : 신라 17관등 중의 제14위인 길사(吉士).

자료 8

9월에 안승安勝을 보덕왕報德王에 책봉하였다.[문무왕 10년(서기 670)에 안승을 고구려왕으로 책봉하였는데, 지금 재차 책봉한 것이다. 보덕(報德)이란 말이 귀순(歸命)한다는 말과 같은 뜻인지 혹은 땅 이름인지 알 수 없다.]

原文 九月 封安勝爲報德王[十年 封安勝高句麗王 今再封 不知報德之言 若歸命等耶 或地名耶]

_『삼국사기』 권7, 문무왕 14년(674)

자료 9

3월에 금은으로 만든 그릇과 여러 가지 채색 비단 100단을 보덕왕 안승에게 내려주고 왕의 여동생[주43]을 아내로 삼게 하였다. 다음과 같은 교서를 내렸다.

“인륜의 근본은 부부가 무엇보다 우선이고, 왕의 교화의 기초는 자손을 잇는 것이 가장 중요하다. 왕의 까치둥지에 자리가 비어 있어 닭이 울었음[주44]을 일러줄 아내를 얻을 마음이 있을 것이다. 내조할 자리를 오래 비워두어 집안을 일으킬 사업을 영원히 잃어서는 안될 것이다. 지금 좋은 때 길한 날을 맞아 옛 법도에 따라 내 누이의 딸로서 배필을 삼게 하니, 왕은 함께 마음과 뜻을 돈독히 하여 조상의 제사를 받들고 자손을 무성하게 함이 마땅하리라. 길이 반석같이 번창한다면 어찌 성대한 일이 아니며 어찌 아름다운 일이 아니겠는가?"

原文 三月 以金銀器及雜綵百段 賜報德王安勝 遂以王妹妻之 下敎書曰 人倫之本 夫婦攸先 王化之基 繼嗣爲主 王鵲巢位曠 雞鳴在心 不可久空內輔之儀 永闕起家之業 今良辰吉日 率順舊章 以寡人妹女爲伉儷 王宜共敦心義 式奉宗祧 克茂子孫 永豊盤石 豈不盛歟 豈不美歟

_『삼국사기』 권7, 문무왕 14년(674)

주40 선인 : 고구려 14관등 중의 제13위.

주41 오지 : 신라 17관등 중의 제16위인 소오(小烏).

주42 자위 : 고구려 14관등 중의 제14위.

주43 왕의 여동생 : 교서에 의하면 왕의 여동생의 딸, 즉 왕의 외조카.

주44 까치둥지에 자리가 비어 있어 닭이 울었음 : 까치둥지와 닭의 울음은 모두 『시경(詩經)』에 나오는 말로 '아내'를 의미.

자료 10

10월에 보덕왕 안승安勝을 불러 소판蘇判[주45]으로 삼고, 김씨 성을 주어 서울에 머물게 하고 훌륭한 집과 좋은 밭을 주었다.

原文 冬十月 徵報德王安勝爲蘇判 賜姓金氏 留京都 賜甲第良田

_『삼국사기』 권8, 신문왕 3년(683)

주45 소판 : 신라 17관등 중의 제3위인 잡찬(迊湌)의 이칭.

자료 11

11월에 안승의 조카뻘인 장군 대문大文이 금마저金馬渚[주46]에서 반역을 꾀하다가 일이 발각되어 사형을 당하였다. 남은 무리들은 대문이 목이 베여 죽은 것을 보고는 관리들을 죽이고 읍을 차지하여 반란을 일으켰다. 임금이 병사들에게 명하여 토벌하였는데, 그들과 맞서 싸우던 당주幢主[주47] 핍실逼實이 그곳에서 죽었다. 성을 함락하고 그 지방 사람들을 남쪽의 주와 군으로 옮기고, 그 땅을 금마군金馬郡으로 삼았다.

原文 十一月 安勝族子將軍大文 在金馬渚謀叛 事發伏誅 餘人見大文誅死 殺害官吏 據邑叛 王命將士討之 逆鬪幢主逼實死之 陷其城 徙其人於國南州郡 以其地爲金馬郡

_『삼국사기』 권8, 신문왕 4년(684)

주46 금마저 : 지금의 익산.

주47 당주 : 신라의 소부대인 당(幢)을 지휘하는 무관.

자료 12

봄에 완산주完山州[주48]를 다시 설치하고 용원龍元을 총관으로 삼았다. 거열주居列州[주49]

주48 완산주 : 지금의 전주에 설치한 주(州). 지금의 전북 지역을 관할했다.

주49 거열주 : 지금의 거창에 설치한 주. 일명 거타주(居陀州)라 함. 지금의 경남 지역을 관할했다.

주50 청주 : 지금의 진주에 설치한 주. 지금의 경남 서부 지역을 관할했다.

를 나누어 청주菁州[주50]를 설치하니 비로소 구주九州가 갖추어졌는데, 대아찬 복세福世를 총관으로 삼았다. 3월에 서원소경西原小京을 설치하고 아찬 원태元泰를 사신으로 삼았으며, 남원소경南原小京을 설치하고 여러 주와 군의 백성들을 옮겨 그곳에 나누어 살도록 하였다.

原文 春 復置完山州 以龍元爲摠管 挺居列州 以置菁州 始備九州 以大阿湌福世爲摠管 三月 置西原小京 以阿湌元泰爲仕臣 置南原小京 徙諸州郡民戶分居之

_『삼국사기』 권8, 신문왕 5년(685)

자료 13

주51 사벌주 : 지금의 경북 선산 지역에 설치한 주.

주52 사벌주 : 지금의 경북 상주 지역에 설치한 주.

주53 파진찬 : 신라 17관등 중의 제4위.

3월에 일선주一善州[주51]를 없애고 다시 사벌주沙伐州[주52]를 두어 파진찬波珍湌[주53] 관장官長을 총관으로 삼았다.

原文 三月 罷一善州 復置沙伐州 以波珍湌官長爲摠管

_『삼국사기』 권8, 신문왕 7년(687)

자료 14

(신라는) 처음에는 고구려 백제와는 국경이 들쑥날쑥 엇갈려 때로는 서로 화친하기도 하였고, 때로는 서로 침략을 하다가, 후일 당나라와 함께 두 나라를 침공하여 멸망시키고, 그 영토를 평정한 다음 마침내 9주를 설치하였다. 본래의 신라 땅에 3주를 설치하였다. 왕성 동북쪽의 당은포唐恩浦 방면을 상주尙州라 하고, 왕성 남쪽을 양주良州라 하고, 서쪽을 강주康州라 하였다. 옛 백제의 땅에 3주를 설치하였다. 백제의 옛 성 북쪽 웅진 어구를 웅주熊州라 하고, 그다음 서남쪽을 전주全州, 그다음 남쪽을 무주武州라고 하였다. 옛 고구려 남쪽 지역에 3주를 설치하였다. 서쪽으로부터 첫째를 한주漢州, 그다음 동쪽을 삭주朔州, 그다음 동쪽을 명주溟州라고 하였다. 9주에서 관할하던 군郡과 현縣은 무려 450개 소였다.

原文 始與高句麗百濟 地錯犬牙 或相和親 或相寇鈔 後與大唐侵滅二邦 平其土地 遂置九州 本國界內 置三州 王城東北 當唐恩浦路曰尙州 王城南曰良州 西曰康州 於故百濟國界 置三州 百濟故城北熊津口曰熊州 次西南曰全州 次南曰武州 於故高句麗南界 置三州 從西第一曰漢州 次東曰朔州 又次東曰溟州 九州所管郡縣 無慮四百五十

_『삼국사기』 권34, 잡지3, 지리1

자료 15

구서당九誓幢의 1은 녹금서당綠衿誓幢으로 진평왕 5년(583)에 처음으로 두어 서당誓幢으로만 부르다가 35년에 녹금서당으로 고쳤는데, 금의 색깔은 녹자색이다. 2는 자금서당紫衿誓幢으로 진평왕 47년(625)에 처음으로 낭당郎幢을 두었다가 문무왕 17년(677)에 자금서당으로 고쳤는데, 금의 색깔은 자녹색이다. 3은 백금서당白衿誓幢으로 문무왕 12년에 백제 사람으로 당을 만들었는데, 금의 색깔은 백청색이다. 4는 비금서당緋衿誓幢으로 문무왕 12년(672)에 처음으로 장창당長槍幢을 두었다가 효소왕 2년(693)에 비금서당으로 개칭한 것이다. 5는 황금서당黃衿誓幢으로 신문왕 3년(683)에 고구려 사람으로 당을 만들었는데, 금의 색깔은 황적색이다. 6은 흑금서당黑衿誓幢으로 신문왕 3년에 말갈국 사람으로 당을 만들었는데, 금의 색깔은 흑적색이다. 7은 벽금서당碧衿誓幢으로 신문왕 6년(686)에 보덕성報德城[주54] 사람으로 당을 만들었는데, 금의 색깔은 벽황색이다. 8은 적금서당赤衿誓幢으로 신문왕 6년에 역시 보덕성 사람으로 당을 만들었는데, 금의 색깔은 적흑색이다. 9는 청금서당靑衿誓幢으로 신문왕 7년(687)에 백제의 남은 백성으로 당을 만들었는데, 금의 색깔은 청백색이다.

주54 보덕성 : 신라가 고구려왕으로 봉했다가 보덕왕으로 개칭한 안승(安勝)이 머물렀던 금마저(지금의 익산)에 있던 성.

原文 九誓幢 一曰綠衿誓幢 眞平王五年始置 但名誓幢 三十五年 改爲綠衿誓幢 衿色綠紫 二曰紫衿誓幢 眞平王四十七年 始置郎幢 文武王十七年 改爲紫衿誓幢 衿色紫綠 三曰白衿誓幢 文武王十二年 以百濟民爲幢 衿色白靑 四曰緋衿誓幢 文武王十二年 始置長槍幢 孝昭王二年 改爲緋衿誓幢 五曰黃衿誓幢 神文王三年 以高句麗民爲幢 衿色黃赤 六曰黑衿誓幢 神文王三年 以靺鞨國民爲幢 衿色黑赤 七曰碧衿誓幢 神文王六年 以報德城民爲幢 衿色碧黃 八曰赤衿誓幢 神文王六年 又以報德城民爲幢 衿色赤黑 九曰靑衿誓幢 神文王七年 以百濟殘民爲幢 衿色靑白

_『삼국사기』 권40, 잡지9, 무관(武官) 구서당(九誓幢)

출전

『삼국사기』

찾아읽기

신형식, 『한국고대사의 신연구』, 일조각, 1984.

노태돈, 『삼국통일전쟁사』, 서울대출판부, 2009.

김수태, 「통일기 신라의 고구려유민지배」, 『이기백선생고희기념 한국사학논총』, 1994.

김수태, 「신라 문무왕대의 대복속민 정책」, 『신라문화』16, 1999.

이강래, 「『삼국사기』의 말갈 인식: 통일기 신라인의 인식을 매개로」, 『백산학보』52, 1999.

노중국, 「신라 통일기 구서당의 성립과 그 성격」, 『한국사론』41 · 42, 1999.

강봉룡, 「삼국 및 통일신라 군사참여층의 확대와 군역제」, 『백제연구』32, 2000.

김영하, 「일통삼한의 실상과 의식」, 『한국고대사연구』59, 2010.

II.

통일신라의 정치와 사회

1. 중대와 하대
2. 상대등과 중시
3. 존왕과 위민의 정치를 추구하다
4. 강력한 전제왕권을 세웠지만 …
5. 전제정치의 기틀을 마련하다
6. 국학과 독서삼품과
7. 지방통치의 새로운 기틀을 마련하다
8. 촌락사회의 형세

1 중대와 하대
통일신라의 시기구분

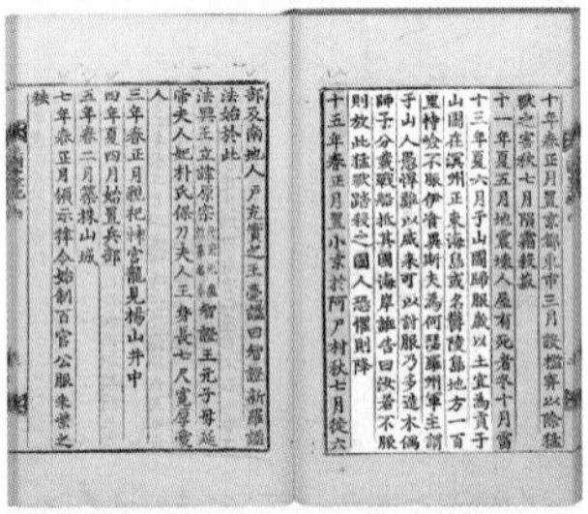

신라사 시기구분엔 두 가지 방식이 있다. 상대(上代), 중대, 하대로 나눈 『삼국사기』의 방식과 상고(上古), 중고, 하고로 나눈 『삼국유사』의 방식이다. 상대는 상고와 중고를 포괄하고, 하고는 중대와 하대를 포괄한다. 통일신라시대는 『삼국사기』의 중대와 하대, 『삼국유사』의 하고에 해당한다.

신라사의 시기구분

신라(B.C.57~A.D.935)는 1,000년 가까운 역사를 지속한 세계사상 보기 드문 장수 왕조이다. 이렇듯 장구한 신라의 역사를 제대로 이해하기 위해서는 적절한 시기구분이 불가피하다. 이미 『삼국사기』와 『삼국유사』에서는 나름의 시기구분을 통해서 신라사의 변화를 이해하려는 시도를 하였다. 『삼국사기』는 신라사를 상대上代, 중대中代, 하대下代의 '삼대三代'로 나누었고, 『삼국유사』는 상고上古, 중고中古, 하고下古의 '삼고三古'로 나누었다.

『삼국사기』와 『삼국유사』의 신라사 시기구분의 차이는 저자 김부식과 일연의 사관의 차이를 반영한다. 잘 알려져 있듯이 김부식은 유교사관에 따라, 일연은 불교사관에 따라 신라사의 시기를 구분하였다. 이때 두 저자가 각각 중심 시기로 설정한 것은 '중

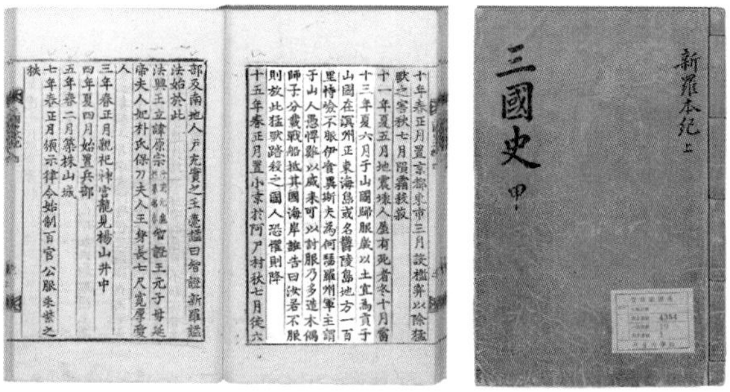

삼국사기

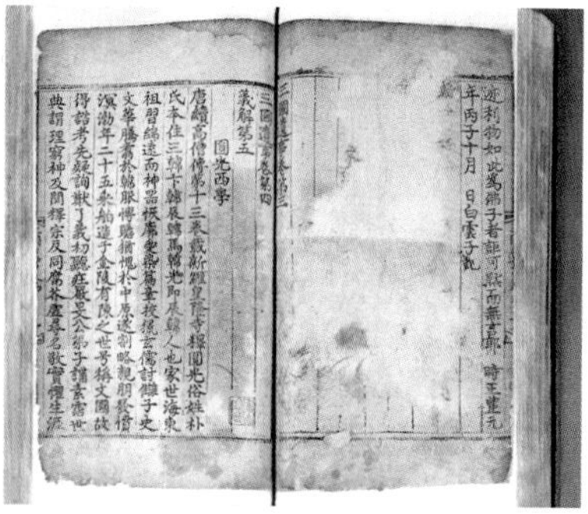

삼국유사

대'와 '중고'였다. 먼저 김부식은 유교이념이 본격 도입되어 정치에 모범적으로 적용된 시기를 중대(29대 무열왕~36대 혜공왕)로 설정하고, 그 이전을 상대(1대 혁거세~28대 진덕여왕)로, 유교정치이념이 퇴락해 간 시기를 하대(37대 선덕왕~56대 경순왕)로 설정하였다.[자료1] 일연은 불교가 공인되어 국가불교가 성행하고 불교식 왕명이 사용되던 시기를 중고(23대 법흥왕~28대 진덕여왕)로 설정하고, 그 이전을 상고(1대 혁거세~22대 지증왕), 그리고 국가불교가 쇠퇴하고 불교가 대중화되어 간 시기를 하고(29대 무열왕~56대 경순왕)로 설정했다.[자료2]

두 사서의 신라사 시기구분을 비교해 보면, 먼저 상대는 상고와 중고를 포괄하고, 하고는 중대와 하대를 포괄하여 서로 차이가 크다. 다만 상대/중대의 분기점과 중고/하고의 분기점을 진덕여왕/무열왕 대에 설정한 것만큼은 일치하고 있다. 이는 곧 국가불교가 쇠퇴하고 유교가 새로운 정치이념으로 대두하는 시기가 진덕여왕/무열왕 어간이었음을 보여주는 것이다. 결국 진덕여왕/무열왕 대는, 유학자 김부식과 불승 일연이 공통으로 시기구분의 분기점으로 간주했다는 점에서, 이 시기가 신라사의 가장 중요한 변동기였음을 인정할 수 있다.

통일신라는 흔히 신라와 당이 연합하여 백제와 고구려를 멸망시키고, 이어 신라가 당을 축출한 이후의 시대를 말한다. 따라서 통일신라의 시점始點은 백제 멸망(660, 무열왕 7년)과 고구려 멸망(668)에 이어 나당 전쟁까지 종료되는 676년(문무왕 16년)부터 세는 것이 온당하다. 다만 신라와 당이 군사연합작전을 개시하여 백제를 멸망시키는 때로부터 통일의 단초가 마련되었다 할 수 있으니, 통일신라의 출발점을 무열왕 대부터 넉넉하게 잡는 것도 가능하다. 그렇다면 무열왕 대는 통일신라의 출발점이자 중대 및 하고의 시작점과 일치하는 시기로서, 신라사뿐만 아니라 한국 고대사의 일대 변동기로 간주할 수 있게 된다.

통일신라의 시기구분 – 중대와 하대

통일신라의 큰 역사 흐름을 변화 속에서 역동적으로 이해하고자 할 때, 『삼국사기』에서 소개한 중대와 하대의 시기구분은 중요한 대안이 될 수 있다. 그런데 실은 『삼국사기』의 시기구분 '삼대'는 저자 김부식의 독창적 발상은 아니었다. 신라 당대의 '국인國人'들이 신라사를 상대, 중대, 하대의 삼대로 나누어 파악했던 것을 소개한 것이었다.[자료1] 진성왕 2년(888)에 각간 위홍魏弘과 대구화상大矩和尙이 왕명을 받아 향가집을 편찬하고 그 이름을 『삼대목三代目』이라 명명했던 것으로 보아,[자료3] '삼대'라는 시기구분은 늦어도 9세기 후반에는 유포되어 있었다고 할 수 있다. 당시 삼대 시기구분법은 무열왕 왕계를 이어간 '중대'의 시기를 중심에 놓고, 그 이전에 상대를, 그 이후에 하대를 앞뒤에 배치했을 가능성이 크다. 그런데 김부식이 이를 『삼국사기』에 소개했던 것은, 삼대의 시기구분이 자신의 유교사관과 합치되었기 때문일 것이다.

결국 '중대'의 시기는 무열왕 왕계를 이어간 시기, 유교이념을 새로운 정치이념으로 본격 적용하여 안정적인 정치운영을 이끌어 간 시기, 그리고 국왕 주도의 정치사회 체제를 정비해 간 시기라는 특징을 가진다. 그렇다면 '하대'의 시기는 무열왕 왕계가 단절되고 새로운 왕계가 출현한 시기, 유교정치이념이 퇴색하고 정치사회적 불안정이 증폭해 간 시기, 그리고 귀족과 지방세력이 발호하고 정치적 혼란이 가중되어 결국 후삼국으로 분열되어 간 시기라는 대조적인 특징을 가진다. 한마디로 말해 중대는 안정기, 하대는 대변동기로 특징지을 수 있다.

실제 중대와 하대의 이러한 특징은 그간 통일신라사를 이해하는 기본 골격이 되어왔다. 일찍이 정치사의 관점에서 중대를 '전제정치專制政治'의 시대로, 하대를 '귀족연립정치貴族聯立政治'의 시대로 설정한 이기백의 견해는 중대와 하대의 이러한 특징을 기반으로 하여 제기된 것이다. 전제정치란 '국왕 한 사람에게 권력이 집중되는 전제왕권에 의한 정치형태'를 말하고, 귀족연립정치란 '전제왕권이 무력해지고 실권을 장악한 귀족들이 주도하는 정치형태'를 말한다.

크게 보아 중대와 하대의 정치가 각각 전제정치와 귀족연립정치의 경향성을 보이는 것은 사실이지만, 세부적으로는 이에 부합하지 않는 면도 적지 않다. 예컨대 중대에 어린 국왕이 즉위하여 정국 운영을 제대로 주도하지 못한 경우가 있었다거나 귀족들의 반란 사건이 자주 일어났던 것 등은 전제정치와는 거리가 있는 현상이고, 반대로 하대 초기에 강력한 개혁정치를 통해 전제왕권을 추구했던 것은 귀족연립정치와 부합하는 현상이라 보기 힘들다. 따라서 통일신라사를 제대로 이해하기 위해서는 '중대=전제정치, 하대=귀족연립정치'라는 큰 틀의 변화는 염두에 두되, 세부적으로 중대 전제정치의 한계와 하대 전제정치적 요소를 함께 아울러 보려는 노력을 기울이지 않으면 안된다.

자료샘

자료 1

나라 사람들이 시조로부터 이때에 이르기까지 3대로 나누니, 처음부터 진덕왕까지 28왕을 상대上代라 하고, 무열왕으로부터 혜공왕까지 8왕을 중대中代라 하고, 선덕왕으로부터 경순왕까지 20왕을 하대下代라고 하였다.

原文 國人自始祖至此 分爲三代 自初至眞德二十八王 謂之上代 自武烈至惠恭八王 謂之中代 自宣德至敬順二十王 謂之下代云

_『삼국사기』권12, 경순왕 말미

자료 2

이상은 상고上古이고 이하는 중고中古이다. / 이상은 중고이니 성골聖骨이고, 이하는 하고下古이니 진골眞骨이다.

原文 已上爲上古 已下爲中古 / 已上中古聖骨 已下古眞骨

_『삼국유사』 권1, 왕력1, 제22 지정마립간(智訂麻立干) / 제28 진덕여왕

자료 3

왕이 평소에 각간角干[주1] 위홍魏弘과 정을 통하였는데, 이때에 이르러 늘 궁중에 들어와서 일을 보게 하였다. 그리고 그에게 명령하여 대구화상大矩和尙과 함께 향가를 수집하고 정리하게 하였으니, 이를『삼대목三代目』이라 한다.

原文 王素與角干魏弘通 至是 常入內用事 仍命與大矩和尙 修集鄕歌 謂之三代目云

_『삼국사기』권11, 진성왕(眞聖王) 2년(888) 2월

주1 각간 : 신라의 최고 관위로서, 이벌찬(伊伐飡) 또는 이벌간(伊罰干)·각찬(角粲)·서발한(舒發翰)·서불한(舒弗邯)이라 부르기도 하였다.

출전

『삼국사기』

『삼국유사』

찾아읽기

국사편찬위원회, 『한국사』9(통일신라), 탐구당, 2003.

신형식, 『통일신라사연구』, 한국학술정보, 2004.

김영하, 『신라 중대사회 연구』, 일지사, 2007.

김영하, 「신라 중고기의 정치과정시론」, 『민족문화연구』17, 1988.
이영호, 「신라 중대의 성립과 전개」, 『경북사학』23, 2000.
김영하, 「신라 중대왕권의 기반과 지향」, 『한국사학보』16, 2004.
윤경진, 「신라 중대 태종(무열왕) 시호의 추상과 재해석」, 『한국사학보』53, 2013.

2 상대등과 중시

통일신라 정치사의 큰 흐름

상대등은 귀족을 대표하여 왕권을 견제하는 직임에, 중시(시중)는 국왕을 보좌하여 행정을 총괄하는 직임에 해당한다. 이들은 왕권의 변동에 따라 그 위상이 바뀌었다. 강력한 전제왕권이 작동하던 중대엔 중시는 물론이고 상대등까지 전제왕권을 뒷받침하는 역할을 수행했던 반면, 왕권이 무너지는 하대에는 상대등은 물론 시중까지 왕권의 경쟁자로 부상하였다.

상대등과 중시(시중)의 관계

『삼국사기』에 의하면 상대등上大等은, 법흥왕 18년(531)에 철부哲夫가 처음으로 임명된 이래 경명왕景明王 1년(917)에 위응魏膺이 마지막으로 임명되기까지 4세기 동안에 43명의 임명 사례가 전하고 있다.[자료1] 또한 시중侍中은 처음엔 중시中侍라 칭하다가 경덕왕 대에 시중이라 개칭되었는데, 진덕여왕 5년(651)에 죽지竹旨가 처음 임명된 이래 경명왕 3년(919)에 언옹彥邕이 마지막으로 임명되기까지 3세기 동안 79명의 임명 사례가 전하고 있다.[자료2]

상대등은 진골신분인 대등大等들의 대표자로서 국왕의 권한을 견제하면서 국사를 총괄하는 위치에 있었고, 시중은 국왕을 보좌하여 기밀사무를 관장하면서 국가 행정을 총괄하는 위치에 있었다. 이처럼 상대등과 시중의 성격은 서로 다르지만, 그 직임은 서로 겹치는 부분이 있었다. 따라서 양자의 정치적 위상은 왕권의 향방과 신라 정치체제의 변화에 따라 번갈아 가면서 부침을 거듭하였다. 여기에서는 신라사를 크게 중고中古(법흥왕~진덕여왕)와 중대中代(무열왕~혜공왕)와 하대下代(선덕왕~경순왕)의 세 시기로 나누어서 각 시기 별로 상대등과 시중의 위상 변화를 살펴보기로 한다.

중고기의 상대등

먼저 중고기의 신라 정치체제는 귀족연합정권의 성격을 강하게 띠고 있었다. 국왕도 귀족의 일원으로서 정치과정에서 귀족들의 회의체인 화백회의의 의결 사항을 준수하지 않으면 안되었다. 귀족들은 국왕의 초월적 권위를 인정하면서도 여전히 국왕과 동류라는 인식을 가지고 있었다. 법흥왕 18년에 상대등을 설치한 것은 국왕과 귀족의 관계를 타협적으로 조정해 가는 과정에서 이루어진 것이었다고 할 수 있다.

이후 중고기의 상대등은 귀족회의의 의장으로서 국왕의 국정 운영을 견제하는 위치에 있었다. 국왕의 권한이 강력한 경우에는 상대등의 견제 기능이 수면 아래로 잠복하기도 하였지만, 왕권에 취약한 틈새가 생기면 상대등은 상대적으로 강력한 견제력을 발휘하고 심하게는 국왕을 축출하려는 경우도 있었다. 강력한 왕권이 구사되던 진흥왕 때에는 상대등의 활동상이 별로 포착되지 않더니, 내우외환이 겹쳐 국왕의 권위가 크게 실추되었던 선덕여왕善德女王 때에는 상대등 비담毗曇이 여왕의 무능을 외치며 귀족을 결집해서 반란을 일으키기도 하였다.[자료3]

경주 월성
경상북도 경주시 인왕동에 흙과 돌로 쌓은 신라시대 도성. 『삼국사기』를 보면 파사왕 22년(101)에 쌓았다고 한 것으로 보아 그후 신라의 왕성으로 활용된 듯하다.

선덕여왕 때의 국왕과 상대등의 충돌은 국왕과 상대등의 권위를 동반 하락시키고, 비담의 난을 진압하는 데 공을 세운 김춘추와 김유신 세력을 부상시키는 계기가 되었다. 난의 와중에 선덕여왕이 죽자 김춘추 · 김유신 세력은 마지막 성골인 진덕여왕眞德女王을 추대하고 정치개혁을 주도하였다.

진덕여왕 대의 정치개혁과 집사부 설치

진덕여왕 대 정치개혁의 중심은 중국 정치제도의 수용을 통해 국왕 중심의 관료제를 강화하는 데 모아졌다. 몇 가지 예를 들면, 의관제衣冠制를 중국식으로 개편하고, 독자적 연호를 포기하고 중국의 연호를 채택하는 한편 백관으로 하여금 국왕에게 새해 인사를 올리게 하는 하정지례賀正之禮를 행하였는가 하면, 집사부執事部 및 이방부理方府와 같은 새로운 관서를 설치했던 것 등이 관료제 강화를 위해서 취한 주요 조치들이었다.

이 중 특히 행정 실무를 총괄하는 집사부와 법률 관련 업무를 관장하는 이방부를 설치했던 것은 신라의 관료제 발전에 있어서 획기적인 의미를 지닌다고 할 수 있다. 행정과 법률은 관료제의 양대 축을 이루는 것이기 때문이다.

관료제의 정비와 함께 집사부의 장관인 중시中侍는 국왕을 보좌하는 행정 수반으로서 크게 중시되었다. 반면 상대등의 정치적 위상은 상대적으로 약화되었다. 진덕왕 대에 상대등에 추대된 알천閼川이 귀족회의 의장으로서 여전히 국정 운영에 일정한 영향력을 행사하긴 하였지만, 관료제 개혁세력인 김춘추 · 김유신 세력의 위세에 눌려 위축된 모습을 보여주고 있었던 것은 그 당연한 결과였다.

진덕여왕의 사후에 성골 신분이 단절되자 귀족들은 상대등인 알천을 차기 왕위계승권자로 추대할 것을 결의하였다. 그러나 귀족회의의 권위가 이미 크게 실추되어 있었고 김춘추와 김유신의 주도로 관료제가 제자리를 잡아가고 있던 당시의 세력관계 속에서 상대등을 추대하기로 결의한 것은 실현되기 어려운 것이었다. 그리하여 알천은 스스로 고사固辭하고 당시의 실세인 김춘추를 추대할 수밖에 없었다. 이에 김춘추는 세 번 사양하는 삼양지례三讓之禮의 모양새를 갖추어 왕위에 올랐으니 태종무열왕太宗武烈王이 그였다. 이때부터 중대中代의 시기가 시작된다.

중대의 상대등과 중시(시중)

중대의 상대등은 국왕을 견제하고 귀족들의 이해를 대변하던 지위를 상실하고 다분히 형식적인 위치로 전락하였다. 오히려 국왕의 입장을 대변하여 귀족세력을 통제하는 역할을 수행하기까지 하였다. 무열왕 2년에 이찬 금강金剛을 상대등으로, 그리고 파진찬 문충文忠을 중시로 동시에 임명하였는데, 이는 귀족회의의 의장으로서의 상대등의 형식적 지위는 인정하되, 행정수반으로서의 중시中侍를 국정 운영의 실질적인 책임자로 삼겠다는 의지를 표출한 것이었다. 또한 금강이 죽자 중대 왕권의 버팀목 역할을 하던 김유신을 상대등에 임명하였으니, 이는 중대 왕권이 귀족회의까지 장악함으로써 국정을 전제적專制的으로 운영해 가려는 포석이라 할 수 있다.[자료4] 말하자면 중대의 상대등과 중시는 전제왕권專制王權을 이끄는 쌍두마차로 변신해 있었던 것이다.

물론 이에 대한 귀족세력의 반발이 전혀 없지는 않았을 것이다. 그래서 때로는 타협책으로 귀족세력을 실질적으로 대표할 수 있는 실세 귀족을 상대등에 임명하기도 하였다. 무열왕 20년에 상대등에 임명된 김군관金軍官이라는 자가 그러한 부류의 인물에 해당한다고 볼 수 있다. 그러나 그렇다고 하여 상대등이 국왕을 노골적으로 비판하거나 견제하는 것은 용납되지 않았다. 또한 상대등이 전제왕권에 장애물이 될 가능성이 있을 경우에는 단호히 제거되었다. 심하게는 피의 숙청의 대상이 되기도 하였다. 신문왕 즉위년에 김흠돌金欽突이 난을 일으키자, 신문왕은 이를 빌미로 하여 직접 난에 연루되지도 않은 전직 상대등 김군관을 그의 장남과 함께 자진自盡케 하는 혹형에 처했던 것은 그 대표적 예가 되겠다.

중대의 중시(경덕왕 대 이후엔 시중)는 국왕을 보좌하면서 국가 행정의 실무를 총괄하는 위치에 있었다. 바로 그런 위치에 있었기 때문에 국정에 중대한 실책이 있거나 중대한 국가적 재난이 발생할 경우에는 국왕을 대신해서 책임을 지고 물러나는 희생을 무릅써야 했다. 말하자면 중시는 왕권의 방파제 역할을 충실히 다했던 것이다.

상대등은 중시와 더불어 중대 전제왕권을 이끄는 쌍두마차의 일익을 담당했던 것은 사실이지만, 왕권을 견제하고 귀족세력의 이해를 대변하는 본연의 기능을 완전히 포기한 것은 아니었다. 오히려 강력한 전제왕권하에서 그 기능을 잠시 유보하고 있었다고 이해하는 것이 옳겠다. 따라서 전제왕권이 약화되는 중대 말에 상대등의 비판적 기능이 다시 고개를 들기 시작했던 것은 당연한 일이었다. 경덕왕景德王 15년(751)에 상대등 김사인金思仁이 시정時政의 득실得失을 극론極論한 것이나, 혜공왕 13년(777)에 상대등 김양상金良相이 시정을 극론한 것 등이 그런 예에 해당한다.[자료5 · 6]

하대의 상대등과 시중

중대 말 혜공왕 대에 국정의 문란이 극에 달하고 귀족세력의 반란이 끊이지 않는 가운데 혜공왕이 반란세력에게 피살되자, 당시 상대등인 김양상과 새로운 실세 귀족으로 떠오른 김경신金敬信이 사태 수습에 나섰다. 먼저 김경신은 상대등 김양상을 국왕으로 추대하였으니, 선덕왕宣德王이 그였다. 이로써 무열왕 직계가 왕위를 계승해 오던 중대 전제왕권의 시대는 막을 내리고 하대下代의 시대로 접어들게 되었다.

하대의 상대등은 다시금 막강한 영향력을 행사하였다. 하대의 첫 왕인 선덕왕이 상대등이라는 지위를 바탕으로 왕위에 올랐으며, 혜공왕 대에 시중이었던 당대의 실세 김경신 역시 선덕왕의 즉위와 함께 상대등이 되더니, 선덕왕 사후에는 강력한 경쟁자였던 김주원을 물리치고 왕위에까지 올랐다.[자료7] 자연히 상대등은 유력한 왕위계승권자로서 인식되게 되었다. 실제로 상대등의 지위를 이용해 왕위 찬탈을 기도하는 경우가 빈발하였으며, 하대에 상대등을 거쳐서 왕위에 오른 왕만도 4명이나 되었다.

이제 하대의 상대등은 왕권을 위협하는 존재로 급부상하였다. 그리하여 하대의 왕들은 가능하면 가까운 친인척을 상대등으로 임명하여 상대등의 정치적 도전을 감소시키려는 노력을 기울이기도 했다. 그러나 이는 왕족을 왕과 상대등을 중심으로 분열시키고, 급기야는 여러 개의 소가계小家系로 분지화分枝化시키는 결과를 가져왔다. 그리고 더 나아가 소가계 간에 극단적인 왕위쟁탈전을 야기시키는 원인이 되기도 하였다. 하대의 상대등은 더 이상 귀족의 대표자라기보다는 왕족 소가계의 대표자에 가까운 존재로 변신해 있었던 것이다.

하대의 시중 역시 왕권의 옹호자적 위치에서 귀족적 성격이 강한 것으로 변하였다.

김경신이 시중에서 상대등을 거쳐 왕위에 올랐던 것에서 알 수 있듯이, 하대의 귀족세력은 시중을 그들의 정치적 야망을 실현하기 위한 하나의 발판 정도쯤으로 간주하였던 것이다.

자료샘

자료 1

여름 4월, 이찬 철부哲夫를 상대등上大等으로 삼아 나라의 일을 총괄하게 하였다. 상대등이라는 관직은 이때 처음 생겼으니, 지금의 재상宰相과 같다.

原文 夏四月 拜伊飡哲夫爲上大等 摠知國事 上大等官 始於此 如今之宰相

_『삼국사기』 권4, 법흥왕 18년(531)

자료 2

2월에 품주稟主[주1]를 집사부執事部로 고치고 파진찬 죽지竹旨를 집사중시執事中侍로 삼아 기밀업무를 관장케 하였다.

原文 二月 改稟主爲執事部 仍拜波珍飡竹旨爲執事中侍 以掌機密事務

_『삼국사기』 권5, 진덕왕 5년(651)

자료 3

16년 정미(647)는 선덕왕 말년이요, 진덕왕眞德王 원년이다. 대신大臣 비담毗曇과 염종廉宗이 '여왕이 정치를 잘하지 못한다'라 하여 병사를 일으켜 폐위하려 하였다. 선덕왕은 안에서 이를 막아내었다. 비담 등은 명활성明活城[주2]에 주둔하고 왕의 군대는 월성月城[주3]에 군영을 두어 공방을 열흘간 하였으나 싸움이 끝나지 않았다. … (김유신은) 모든 장졸들을 독려하여 그들을 들이쳤다. 비담 등이 패하여 달아나므로, 쫓아가 목을 베고 구족九族을 멸하였다.

原文 十六年丁未 是善德王末年 眞德王元年也 大臣毗曇廉宗 謂女主不能善理 擧兵欲廢之 王自內禦之 毗曇等屯於明活城 王師營於月城 攻守十日不解 … 於是 督諸將卒奮擊之 毗曇等敗走 追斬之 夷九族

_『삼국사기』 권41, 열전1, 김유신 상

자료 4

봄 정월에 상대등 금강이 죽었으므로 이찬 김유신을 상대등으로 삼았다.

原文 春正月 上大等金剛卒 拜伊飡金庾信爲上大等

_『삼국사기』 권5, 태종무열왕 7년(660)

주1 품주 : 진흥왕 연간에 설치되어 국가의 재정과 왕정의 기밀을 관장하던 부서. 진평왕 6년(584)에 조부(調府)가 설치되어 품주의 공부(貢賦) 관련 업무가 조부로 이관되었으며, 진덕왕 5년(651)에는 품주가 창부와 집사부로 분치됨으로써 소멸하였다.

주2 명활성 : 경주시 동쪽의 천군동과 보문동에 걸쳐 있는 명활산의 정상부에 쌓은 신라의 석축산성. 원래 동해를 통해 쳐들어오는 왜구를 방비할 목적으로 쌓은 것인데, 선덕왕 때 난을 일으킨 비담 세력의 근거지로 활용되기도 하였다. 1988년에 진흥왕 12년(551) 전후한 시기에 명활산성을 축조한 사실을 전하는 석비가 발견된 바 있다.

주3 월성 : 경북 경주시 인왕동에 흙과 돌로 쌓은 신라시대의 도성. 『삼국사기』에 의하면 파사왕 22년(101)에 쌓았다고 되어 있어 그 이후 신라의 왕성으로 이용된 듯하다.

자료 5

봄 2월에 상대등 김사인金思仁이 해마다 천재지변이 자주 일어난 사실을 들어 임금에게 상소를 올렸다. 그 상소는 시국 정치의 옳고 그름을 극렬하게 비평한 것이었다. 임금이 이를 가상히 여겨 받아 들였다.

原文 春二月 上大等金思仁 以比年災異屢見 上疏極論時政得失 王嘉納之

_『삼국사기』 권9, 경덕왕 15(756)

자료 6

여름 4월에 지진이 다시 발생하였다. 상대등 양상良相이 상소하여 시정時政을 극렬하게 비판하였다.

原文 夏四月 又震 上大等良相上疏 極論時政

_『삼국사기』 권9, 혜공왕 13년(777)

자료 7

원성왕元聖王이 왕위에 올랐다. 이름은 경신敬信이며, 내물왕奈勿王의 12대손이다. … 처음 혜공왕惠恭王 말년에 신하들이 반역하여 날뛰었는데, 선덕宣德이 당시에 상대등이 되어 임금의 측근 중 나쁜 무리들을 제거할 것을 앞장서서 주장하였다. 경신이 그를 도와 반란을 평정하는 데 공을 세우자, 선덕이 왕위에 오르자마자 바로 상대등으로 삼았다. 선덕왕宣德王이 돌아가셨는데, 아들이 없었다. 여러 신하들이 논의한 후에 왕의 족자族子인 주원周元을 임금으로 세우려고 하였다. 그때 주원은 서울 북쪽 20리 되는 곳에 살았는데, 마침 큰 비가 내려 알천閼川의 물이 불어나 주원이 건너올 수 없었다. 어떤 이가 말하기를, "임금이라는 큰 지위는 진실로 사람이 마음대로 할 수 없는 것인데, 오늘 폭우가 내리니 하늘이 혹시 주원을 임금으로 세우려 하지 않는 것이 아닌가? 지금의 상대등 경신은 전 임금의 동생으로서 덕망이 높고 임금의 체통을 가졌다."라 하였다. 이에 여러 사람들의 의견이 일치하여, 경신에게 왕위를 계승하도록 하였다. 얼마 후 비가 그치니 백성들이 모두 만세를 불렀다.

原文 元聖王立 諱敬信 奈勿王十二世孫 … 初 惠恭王末年 叛臣跋扈 宣德時爲上大等 首唱除君側之惡 敬信預之 平亂有功 洎宣德卽位 邦卽爲上大等 及宣德薨 無子 群臣議後 欲立王之族子周元 周元宅於京北二十里 會 大雨 閼川水漲 周元不得渡 或曰 卽人君大位 固非人謀 今日

暴雨 天其或者不欲立周元乎 今上大等敬信 前王之弟 德望素高 有人君之體 於是 衆議翕然 立之繼位 旣而雨止 國人皆呼萬歲

_『삼국사기』 권10, 원성왕 즉위조

출전

『삼국사기』

찾아읽기

이기백, 『신라정치사회사연구』, 일조각, 1974.

이기동, 『신라골품제사회와 화랑도』, 일조각, 1984.

이인철, 『신라정치제도사연구』, 일지사, 1993.

이기백, 『한국고대정치사회사연구』, 일조각, 1996.

하일식, 『신라 집권 관료제 연구』, 혜안, 2006.

신형식, 『한국고대사의 새로운 이해』, 주류성, 2009.

서의식, 『신라의 정치구조와 신분편제』, 혜안, 2010.

한준수, 『신라중대 율령 정치사 연구』, 서경문화사, 2012.

이영호, 『신라 중대의 정치와 권력구조』, 지식산업사, 2014.

전봉덕, 「신라 최고관직 상대등론」, 『법조협회잡지』5-1, 1956.

이기백, 「상대등고」, 『역사학보』19, 1962.

이기백, 「신라 집사부의 성립」, 『진단학보』25 · 26 · 27, 1964.

신형식, 「신라 병부령고」, 『역사학보』61, 1974.

김철준, 「신라 고대국가의 발전과 그 지배체제」, 『한국고대국가발달사』, 한국일보사, 1975.

이문기, 「신라 시위부의 성립과 성격」, 『역사교육논집』9, 1986.

이인철, 「신라의 군신회의와 재상제도」, 『한국학보』65, 1991.

이영호, 「신라 귀족사회와 상대등」, 『한국고대사연구』6, 1992.

이인철, 「신라 중대의 정치형태」, 『한국학보』77, 1994.

김영하, 「한국고대사회의 정치구조」, 『한국고대사연구』8, 1998.

이영호, 「신라의 왕권과 귀족사회: 중대 국왕의 혼인 문제를 중심으로」, 『신라문화』22, 2003.

구효선, 「6~8세기 신라 재상의 성격」, 『한국사학보』16, 2004.

3 존왕과 위민의 정치를 추구하다

유교정치이념의 대두와 정착

신라는 중대로 넘어가면서 신화나 불교를 정치이념으로 차용하던 신성왕 이데올로기의 단계를 극복하고 위민(爲民)과 존왕(尊王)의 이데올로기를 표방하는 유교정치이념을 수용하였다. 신라 중대의 정권은 유교정치이념에 입각하여 국학, 관료전, 백성 정전 등의 제반 제도정비에 나섰고, 이를 바탕으로 강력한 전제왕권을 구현하였다.

유교 이전의 정치이념 — 신화와 불교

일찍이 신화는 부족시대 부족장들의 신성한 권위를 수식하는 정치이데올로기로 기능하였다. 부족장들은 조상이 하늘에서 탄강했다는 천강족天降族의 신화를 만들어서 자신들이 신성하고 존엄한 존재임을 과시하였다. 이러한 신성 이데올로기는 고조선의 단군, 고구려의 주몽, 신라의 혁거세, 그리고 가야의 수로왕 설화 등에 잘 나타난다.

그러나 이후 통합의 과정을 거쳐 보다 넓은 영역을 갖게 되는 고대국가의 단계에 이르게 되면 사정은 달라진다. 고대국가에서 국왕은 귀족 위에 군림하는 국가의 최고 통치권자로 등장한다. 원래 국왕과 귀족은 천강족 이데올로기를 공유하는 동질의 대등한 존재였지만, 국왕이 귀족과 이데올로기의 차별성을 주장하게 되면서 이를 둘러싼 갈등이 일어났다.

신라의 경우 소지왕과 지증왕 어간에 신궁神宮 설치를 둘러싸고 첫 번째 갈등이 일어났다. 신궁이란 하늘에서 탄강한 국왕의 직계 조상을 국가적 차원에서 모시고 봉제奉祭하는 성소聖所로서, 국왕과 왕실이 타 귀족집단과 차별화하기 위한 상징 공간으로 설치한 것이다. 이 때문에 국왕과 대등한 동질성을 유지하고자 하는 귀족들의 반발이 일어날 수밖에 없었을 것이다. 그러나 국왕과 귀족 간에 신궁 설치를 둘러싼 갈등이 있었다는 직접적인 증거는 없다. 다만 신궁 설치 시점이『삼국사기』의 신라본기와 제사지에서 각각 소지왕 9년(487)과 지증왕 대(500~513)로 달리 기록되어 있어서, 국왕과 귀족 사이에 모종의 갈등이 있었음을 짐작하게 한다.[자료1 · 2] 이는 소지왕 대에 처음 신궁 설치를 시도했다가 귀족들의 반발로 무산되었고 지증왕 대에 이르러 재차 시도하여 마침내 설치하게 된 것으로 해석할 수 있다. 이후 국왕이 즉위 2년에 신궁에 제를 지내는 의식은 중대를 넘어 하대 전반기까지 관례처럼 거행되었다.

다음의 갈등은 불교 공인을 둘러싸고 일어났다. 법흥왕은 불교 공인을 추진하였다. 불교의 고차원적인 권위를 빌려 국왕의 초월적인 신성 권위를 과시하기 위해서였다. 당연히 귀족들의 격렬한 반대가 이어졌다. 결국 법흥왕은 이차돈의 순교라는 극적 사건을 기획하여 귀족들의 반발을 잠재우고 527년에 불교를 공인하기에 이르렀다.[자료3] 그리고 스스로 '불법을 일으킨 성스러운 대왕'이라는 의미의 '성법흥태왕聖法興太王'을 칭하고 '왕이 곧 부처'라는 왕즉불王卽佛의 이념을 내세워, 여전히 천강족 이데올로기에 안주해 있던 귀족들을 신성성에서 압도하였다.

이후 불교는 대를 이어 국왕의 초월적 신성 권위를 뒷받침하는 정치이념으로 정착되어 갔다. 먼저 진흥왕은 인도의 전륜성왕轉輪聖王으로 일컬어지는 아육왕阿育王(아소카 왕)의 권위와 연결하여 자신은 물론 자식들까지 '불법을 수호하는 성스런 왕', 곧 전륜성왕임을 자임하였다.[자료4] 진평왕은 자신과 형제의 후손들이 모두 석종釋種(석가 종족) 혈통임을 표방하였다. 이를 위해 스스로를 백정伯淨이라 칭하여 석가의 부친인 정반왕淨飯王과 동일시하였고, 그의 형제들은 석가의 삼촌인 백반伯飯과 국반國飯의 이름을, 그리고 왕비는 석가의 모친인 마야摩耶의 이름을 칭하게 하였다. 진평왕은 더 나아가 '석종' 혈통에 한정하여 성골聖骨이라는 신성한 신분층을 새로이 설정 · 부여하고, 성골만이 왕이 될 수 있다는 새로운 왕위계승의 원칙을 천명하기도 했다. 이는 이제까지 국왕과 귀족을 망라하는 최고신분층이었던 골족骨族을 성골과 진골로 나누는 계기가 되었다.

성골 신분층은 아주 제한적인 석종 혈통(진평왕과 그 형제의 직계)에 한정되었기 때문에 조만간 단절될 수밖에 없었다. 진평왕 사후에 남자 성골이 없어 그의 딸 덕만이 성골로서 왕위를 이어 선덕여왕이 되었고, 선덕여왕 사후에는 국반의 딸 승만이 마지막 성골로서 왕위에 올라 진덕여왕이 되었으며, 진덕여왕 사후에는 성골이 아예 단절되었다.

선덕여왕은 신성왕 이데올로기를 총동원하여 여성으로서의 약점을 보완하고자 하였다. 자장율사가 그녀의 이데올로거였다. 그는 당 유학 중에 만난 문수보살과 신인神人으로부터 선덕여왕은 신성한 석가 종족인 찰리종刹利種이며, 그런데도 여인이어서 위엄이 없으니 황룡사에 9층탑을 세우면 9개의 이웃 나라가 조공을 바쳐오게 될 것이라는 이야기를 전해 들었다고 주장하면서 황룡사 9층탑의 건립을 주청하여 관철시켰다.[자료5] 『삼국유사』에 전하는 선덕여왕의 세 가지 예지력豫知力에 대한 이야기(지기삼사知幾三事)도 선덕왕이 신성한 권능의 소유자였음을 과시하는 사례가 되겠는데, 이 역시 자장의 소작일 가능성이 있다.

불교는 확실히 기왕의 천강족 신화를 압도하는 고차원적인 신성 권위를 내포하고 있었다. 법흥왕 이후의 여러 왕들은 이러한 불교의 권위에 의존해 왕즉불, 전륜성왕, 석종, 찰리종 등을 표방하면서 귀족을 초월하는 신성 권위를 과시할 수 있었던 것이다. 그렇지만 한편으로 불교 역시 신비로운 신성성에 의존한다는 점에서 신화와 본질적인 차이가 있다고 볼 수 없다. 따라서 이후 이러한 신성왕神聖王 이데올로기가 진부하게 인식되는 단계에 이르게 되면, 신성성에 의존하지 않고 인간관계 속에서 국왕의 권위를 논리적으로 뒷받침할 수 있는 새로운 차원의 정치

선덕여왕릉

이념이 요구될 수밖에 없었다. 이러한 시대적 요구에 부응하여 대두한 것이 존왕尊王과 위민爲民을 근간으로 하는 유교정치이념이었다.

유교정치이념의 골격

존엄한 존재로서의 국왕의 권위(존왕尊王)는 백성을 위하는 정치(위민爲民)를 하는 것으로부터 나온다는 것이 존왕과 위민을 근간으로 하는 유교정치이념의 골격이다. 이 경우 위민은 존왕의 전제이자 명분이 되며, 따라서 위민하지 않는 국왕은 존왕의 정통성을 잃게 된다. 이는 유교의 명분론과 정통론이라는 상대적 논리에 입각한 정치이념으로서, '천강족'이나 '왕즉불'과 같은 절대적 신성 이데올로기와는 차원을 달리한다.

유교정치이념은 삼국이 영토와 백성을 둘러싸고 치열한 상쟁을 벌이는 과정에서 백성들에게 보다 현실적이고 논리적인 국왕의 통치이념을 제시할 필요성을 느끼게 되면서 대두한다. 그 과정은 대개 다음과 같다. 백성[民]에 대한 설득 논리로서 '위민'의 이념을 제시하고, 국왕[君]의 존엄한 권위를 강조하는 '존왕'의 이념을 주입한다. 귀족은 국왕과 백성을 매개하는 신하[臣] 혹은 관료官僚로서 역할이 강조된다. 결국 유교정치이념은 군君－신臣－민民 각자의 분수分數에 입각한 '쌍무적인 관계의 덕목'에 기초하여 성립한다고 할 수 있겠는데, 이를 정리하면 다음과 같다.

- 군과 신의 관계 : 군은 신에 대하여 경제적 보수를 지급할 의무를, 신은 군에 대하여 충성을 다할 의무를 가진다.
- 군과 민의 관계 : 군은 민을 보호할 의무를, 민은 군에게 조세 등을 바칠 의무를 가진다.
- 신과 민의 관계 : 신은 민을 보살필 목민牧民의 의무를, 민은 신에게 복종할 의무를 가진다.

이러한 삼자 간의 쌍무적인 관계는 국가를 공公의 개념으로 파악하는 것에 기초한다. 국왕은 국가의 모든 영토와 인민을 소유하고 신을 부려 이를 통치하는, 공의 정점에 위치한 존재로 간주된다. 국왕이 곧 공公 자체인 셈이다. 국왕이 국가의 모든 영토와 인민을 소유한다는 왕토왕민王土王民의 이념이 곧 공지공민公地公民의 이념과 같은 의미로 쓰이는 이유이다.

이러한 유교정치이념은 절대적 인간관계를 전제로 하는 신성 이데올로기와는 차원이 다른 정치이념이다. 따라서 유교정치이념이 정착해 감에 따라 정치체제와 세력관계의 대변동이 동반할 수밖에 없다. 그 이전 신성성의 차별화를 둘러싸고 갈등해 오던 국왕과 귀족의 관계는 충성서약을 전제로 하는 군과 신의 상하관계로 재정립되고, 귀족이 분점해 오던 토지와 민은 국왕이 공적으로 소유한다는 공지공민의 관념으로 포섭된다. 자연히 국가의 모든 권력이 국왕 한 사람에게 집중되는 전형적인 전제정치專制政治의 모양새로 발현된다. 여기에서 신라 중대中代를 전제정치의 시기로 파악한 이기백의 견해를 다시 상기해 본다면, 유교정치이념은 중대의 시기에 정착되어 갔다고 볼 수 있다.

유교정치이념이 이렇듯 대변동을 동반하는 것이라면, 그 도입과 정착 과정에 상당한 진통이 있을 수밖에 없었겠다. 짧지 않은 세월이 소요되었을 것이고, 특별한 동기와 계기가 개재했을 것이며, 국왕과 귀족 사이에 심각한 갈등과 분쟁이 있을 수밖에 없었을 것이다. 먼저 신성왕 이데올로기가 지배하던 삼국시대부터 이미 유교정치이념의 편린들이 나타나기 시작하였다. 그리고 '삼국통일전쟁'이라는 극적 사태가 이어지면서 유교정치이념을 본격 도입할 수 있는 중대 계기가 마련되었다. 그럼에도 통일 이후 신라 중대中代의 시기에도 국왕과 귀족은 실질적인 군과 신의 상하관계로 정착하지 못하고 갈등과 분쟁을 단속적으로 이어갔다. 그러니 중대에도 유교정치이념은 아직 견고하게 뿌리내리지 못했고, 전제정치 역시 취약할 수밖에 없었던 사정을 알겠다. 그리하여 결국 하대에 들어 군신관계는 파기되고 '전제정치'는 '귀족연립정치'로 경도될 수밖에 없었던 것이다. 따라서 신라 중대의 유교정치이념과 전제정치의 문제를 살필 때는 이러한 한계를 염두에 두는 것이 무엇보다 필요하다.

유교정치이념의 대두

유교정치이념의 근간을 이루는 존왕尊王과 위민爲民은 별개가 아니라 하나의 논리 체계 속에 포괄되는 일체양면의 관계에 있다. 존왕은 위민의 실천을 통해 그 명분과 정통성을 확보할 수 있기 때문이다. 이러한 유교정치이념의 편린은 이미 삼국시대부터 나타난다. 몇 가지 예를 들어보기로 하자.

먼저 지증왕은 국호 '신라新羅'에 대해 의미를 부여하면서, '덕업일신德業日新'에서 '신新'을, '망라사방網羅四方'에서 '라羅'를 따온 것이라 공표하였다.[자료6] '덕업을 날로 새롭게 한다'는 뜻의 덕업일신은 내치內治의 방향을, '사방을 망라한다'는 의미의 '망라사방'은 외치外治의 방향을 천명한 것이겠는데, 여기에서 덕업德業은 유교이념에서 지향하는 국왕의 덕목인 '왕화王化' 혹은 '덕화德化'와 맥락이 닿는다. 다음에 진흥왕은 동해안의 원산만과 한강 하류의 북한산 지역을 순수巡狩하여 "자신을 닦아 백성을 편안하게 하겠다"고 표명하였다. 이는 위민爲民, 즉 안민安民의 유교정치의 일면을 표명한 것이다.[자료7] 그리고 진평왕 대에 고승 원광圓光은 수나라에 군사를 요청하는 「걸사표乞師表」의 작성을 하명 받고서 "빈도貧道가 대왕의 나라에 있어 대왕의 수초를 먹으면서 어찌 감히 명령을 좇지 않겠습니까"라고 답변하였으니, 이 대목에서 왕토왕민의 유교정치이념의 단초를 엿볼 수 있다.[자료8]

북한산진흥왕순수비
진흥왕이 북한산 일대를 두루 돌아다니며 살피고, 이를 기념하여 세운 비다. 비신 뒷면에 총탄 자국이 박혀 있는 등 여러 군데가 심하게 손상되었으며, 더 망가질까봐 국립중앙박물관으로 옮겨 보관하고 있다. 진흥왕의 다른 순수비는 자연석을 그대로 썼지만 이 비석은 직사각형으로 다듬은 석재로 자연암반 위에 2단으로 층을 만들어 세웠다.

유교정치이념에 대한 본격적인 관심은 김유신과 김춘추를 중심으로 일어났다. 먼저 가야계 출신인 김유신은 개방적인 가야 문화의 영향으로 일찍부터 유교정치이념에 대한 관심을 가졌던 것으로 짐작된다. 역시 가야계 출신인 강수가 소싯적에 부친의 질문을 받고 '불교보다는 유교를 배우겠다'고 답변했던 것으로 미루어 보아 가야사회에 유교에 대한 이해가 널리 유포되어 있었음을 알 수 있다. [자료9]

유교정치이념에 대한 김유신의 신념은 선덕여왕 말년에 비담毗曇의 난을 진압하기 위해 출전하기에 앞서 군사들에게 '군존신비君尊臣卑'('왕은 높고 신하는 낮다')를 강조하고 국왕에 반하는 비담을 '난신적자亂臣賊子'로 규정하여 강력 비난했던 것에서 확인된다. [자료10] 이는 곧 존왕尊王의 유교정치이념을 표명한 것이다. 앞에서 살폈듯이 선덕여왕은 신성왕 이데올로기를 총동원하여 여성으로서의 약점을 보완하고자 노력하였으나, 상대등 비담이 일으킨 난의 와중에서 죽음을 맞게 된다. 비담의 난은 곧 신성 이데올로기 경쟁을 벌이던 국왕과 귀족 대표의 충돌을 의미하는데, 이때 김유신은 국왕의 편에 서면서도 신성왕 이데올로기와는 차원이 다른 유교적 '존왕'의 이념을 내세웠던 것이다.

비담의 난은 김유신에 의해 진압되었지만 그 와중에 선덕여왕까지 죽게 되면서, 신성 이데올로기로써 극한 대립을 벌이던 국왕과 귀족의 세력이 함께 몰락하는 결과를 가져왔다. 이에 당시 실세였던 김유신과 김춘추는 마지막 성골인 승만을 두 번째 여성왕(진덕여왕)으로 추대하였다. 성골만이 왕이 될 수 있다는 진평왕 이래의 원칙에 따름으로써 국왕의 정통성을 확보하고, 그런 진덕여왕을 앞세워 유교정치이념을 지향하는 정치개혁에 박차를 가하려는 의도에서였다.

김춘추는 642년 고구려에, 647년(선덕여왕 16) 일본에, 그리고 648년(진덕여왕 2) 당에 각각 사신으로 파견되어 활동하면서 국제 정세에 대한 견문을 쌓았다. 그런 김춘추가 선진적인 유교정치이념에 대한 신념을 가지고 있던 김유신과 동지적 관계를 맺었던 것은 자연스런 일이었다. 김춘추는 김유신의 누이인 문희와 혼인함으로써 양자는 혈맹의 관계로 발전했다.

김춘추의 유교정치이념에 대한 관심은 당에 사신으로 파견되었을 때 본격 표출되었다. 김춘추는 당 태종에게 국학國學을 방문하여 석전釋奠과 강론講論의 의식에 참관할 것을 요청했고, 당 태종은 이를 기꺼이 허락했다. [자료11] 당 태종의 치세는 중국 역사상 가장 모범적인 유교정치가 구현되었던 때로 평가받을 정도로 유교문화가 활짝 꽃핀 시기였다. 국학은 유학을 가르치는 국립교육기관이었고 석전은 유교의 성현들을 기리고 제사를 올리는 의식이었으며 강론은 국학에서 이루어지는 수업이었다. 따라서 김춘추가 국학 방문과 석전 및 강론 의식 참관을 당 태종에게 요청한 것은 모범적인 당의 유교정치이념을 배워서 신라 정치에 적용해 보려는 적극적 관심의 표명이었음이 분명하다.

과연 김춘추는 귀국하자마자 진덕여왕을 앞세워 유교정치이념을 바탕으로 한 정치개혁을 주도했다. 유교정치이념이 두르러지게 나타난 개혁의 조치로는 650년(진덕여왕 3)에 진골로서 작위를 가진 자에게 아홀牙笏을 소지하게 한 것과 651년에 백관百官으로 하여금 국왕에게 신정하례新正賀禮를 하도록 한 것 등을 들 수 있다. 아홀이란 고위 관리가 조회 때 국왕에게 신하의 예를 갖추기 위해 소지하는 상징적인 물건이고, 하정지례란 새해를 맞아 국왕의 평안과 축수祝壽를 기원하는 의식이다. 결국 이러한 조치는 귀족들로 하여금 국왕의 충실한 신하임을 서약하게 하는 절차와 의식을 새롭게 정한 것으로, 존왕의 유교정치이념을 제도화한 것을 의미한다. 이로써 선덕여왕 대에 최고조에 달했던 신성왕 이데올로기가 진덕여왕 대에는 문득 자취를 감추고 유교정치이념이 이를 대체하였다.

김유신은 민심을 중시하는 행보를 이어갔다. 그 일화가 648년 대야성 공격에 즈음하여 진덕여왕과 나눈 문답에 전한다. 진덕여왕은 백제의 세력이 만만치 않음을 우려했고, 김유신은 전쟁의 승부는 세력의 대소보다 민심의 향배에 있음을 강조하며 자신감을 보였다.[자료12] 과연 김유신은 민심의 도움으로 불가능할 것처럼 보이던 대야성 탈환에 성공했다. 김유신은 위민의 중요성을 선견先見하고 이를 멋지게 증명해 보였던 것이다.

중대 유교정치이념의 정착 노력

진덕여왕 사후에 김춘추가 태종무열왕으로 왕위에 오르면서 유교정치이념은 정착단계에 이른다. 이런 면에서 『삼국사기』에서 중대의 시작을 무열왕의 즉위로부터 설정한 것은 저자 김부식의 유교사관과 합치한다고 할 수 있다. 과연 중대의 왕들은 유교정치이념을 정착시키려는 노력을 기울였다.

먼저 무열왕은 즉위 과정에서 정통성의 모양새를 갖추기 위한 노력을 기울였다. 존왕의 이념은 곧 국왕의 정통성에서 나오기 때문이다. 654년에 진덕여왕이 후사後嗣 없이 죽자 귀족들은 그들의 대표 격인 상대등 알천閼川을 왕으로 추대하려 하였다. 그러나 알천은 이를 고사하고 대신 김춘추를 후계왕으로 천거하였고, 김춘추는 세 번 사양하다가 마지못해 왕위에 올랐다 한다.[자료13]

진덕여왕 사후에 성골의 신분이 단절되어 확실한 왕위 계승권자가 없는 상황에서는 귀족의 대표 격인 상대등이 왕위에 오르는 것이 순리였다. 그런데 상대등 알천이 고사하고 김춘추가 왕위에 올랐던 것이다. 이는 당시 실권을 장악하고 있던 김춘추와 김유신의 압력에 알천이 굴복한 것으로 보는 것이 타당하다.[자료14 · 15] 그럼에도 김춘추는 세 번 사양하는 '삼양지례三讓之禮'의 모양새를 갖추는 것을 잊지 않았다. 세 번 사양하는 유교적 선위禪位 의식의 절차를 밟음으로써 상대등을 건너 뛰어 왕위에 오른 자신의 행보에 대한 유교적 명분과 정통성을 부여하려는 의도가 깔려 있다. 후에 왕건과 이성계도 삼양지례의 절차를 밟아 왕위에 올랐으니, 김춘추의 삼양지례가 그 전범典範이 된 셈이다.

무열 · 문무왕 대는 삼국통일전쟁이 막바지에 달했다. 660년(무열왕 7년)에 백제가 망하고, 668년(문무왕 8년)에 고구려가 망하였다. 그리고 676년(문무왕 16년)에 나당전쟁에서 신라가 승리를 거두면서 삼국통일전쟁이 마무리되었다. 그런데 고구려가 망하고 나당 전쟁이 본격화되기 직전인 669년에 문무왕은 교서를 내려 도적죄인盜賊罪人 방면과 부채 탕감의 방침을 발표하였다.[자료16] 이는 백성들이 도둑질이나 부채로 인해 귀족의 사적 노비로 전락하는 것을 막고 국왕의 통치를 받는 공민公民의 지위를 유지할 수 있게 하려는 의도에서 취한 파격적인 조치였다. 생계형 도둑 범죄와 채무 관계의 질곡에서 백성들을 벗어나게 함으로써 위민 정치를 구현하고자 했던 구체적인 실천 사례의 하나라 할 수 있다.

673년 김유신은 임종을 맞아 문무왕에게 유언을 남겼다. '소인을 멀리하고 군자를 가까이 하여 조정을 화목하게 하고 백성과 만물을 편안하게 하라'는 취지였다.[자료17] 유교정치이념에 충실한 정치를 당부한 것이고, 문무왕은 이를 받아들였다. 문무왕 말년인 681년에는 고승 의상義湘이 백성을 수고롭게 하는 경성京城 수축공사의 계획을 만류하면서 '정도正道'의 실천을 건의했다. 문무왕이 이를 받아들여 역사役事를 그쳤다고 하니, 이 역시 위민의 유교정치이념을 실천한 사례에 해당한다.[자료18] 문무왕이 유언에서 '병기를 녹여 농구로 만들었다'고 밝힌 것 역시 같은 예이다.[자료19]

신문왕은 무열·문무왕의 유훈을 받들어 유교정치이념을 정착시키는 데 진력했다. 설총薛聰이 화왕花王의 우화를 빌어서 '국왕은 아첨하는 자를 멀리하고 정직한 자를 가까이 해야 한다'는 것을 건의하자 신문왕이 기꺼이 받아들였다는 화왕계花王戒의 이야기는 저명하다.[자료20] 이는 앞서 소개한 김유신의 유언을 문무왕이 받아들인 것과 흡사하다. 신문왕은 유교정치이념을 실천하기 위한 제도 정비에도 정성을 기울였다. 먼저 그의 조부인 김춘추가 당에서 국학을 방문한 지 34년 만인 즉위 2년(682)에 마침내 국학을 설치하였다. 무열왕 김춘추가 그리도 염원하던 국학 설치의 꿈이 손자 대에 실현된 것이다. 이후 국학은 유교정치이념에 충실한 관료군을 양성하는 국립교육기관으로 자리잡아 갔다. 또한 687년에는 문무관료들에게 토지를 나누어 주는 제도를 처음으로 시행하여 새로운 군신관계를 유지해 갈 경제적 기반을 마련하였다.

이후 역대 왕들은 관료의 유교적 덕목을 강조하여 이를 위반한 관료를 징벌하고 재교육을 실시하는 일련의 조치를 단행하곤 하였다. 예컨대 효소왕 재위 10년(701)에 영암군수 제일諸一에 대하여 공公을 배반하고 사리를 탐했다는 죄목으로 장형 100대에 처하고 섬으로 유배보낸 일이 있었고, 성덕왕 재위 10년(711)에는 신하들이 지켜야 할 유교이념의 덕목을 담은 백관잠百官箴이라는 글을 신하들에게 나누어 주어 그들을 재교육시키는 조치를 취하기도 하였다.[자료21·22]

더 나아가 성덕왕은 717년(재위 16)에 견당대감遣唐大監 수충守忠이 당에서 가져온 문선왕文宣王(공자)과 10철哲 및 72제자의 도상을 국학에 두게 하여 유학교육기관으로서 국학의 위상을 제고시켰다.[자료23] 그리고 722년에는 백성들에게 정전丁田을 나누어 주는 제도를 처음 실시하여 왕토왕민王土王民 혹은 공전공민公田公民의 이념에 기초한 토지제도의 정비를 실현하였다. 백성정전百姓丁田은 신문왕 대에 실시한 문무관료전文武官僚田과 함께 유교정치이념을 구현할 경제적 토대로서의 토지제도를 완비한 것을 의미한다.

경덕왕 역시 유교정치이념 실현을 위해 고심하였다. 고승 충담사忠談師에게 위민 정치의 방향을 자문했고, 충담사는 안민가安民歌를 지어 이에 화답하였다. 안민가는 군君–신臣–민民 3자의 관계를 부父–모母–자子의 의제擬制 혈연관계로 설정하고, 각자가 분수分數를 지키노라면 마침내 태평太平의 시대에 이를 것이라고 노래하였다.[자료24] 이는 앞에서 제시했던 군–신–민 3자 간에 쌍무적 관계를 연상케 하는 바로서, 유교에서 이상향으로 삼는 태평의 세계를 구현하기 위해서는 유교정치이념의 본질에 충실해야 할 것을 건의한 것이라 할 수 있다. 혜공왕 역시 이러한 선대 왕들의 행보를 따라 유교정치이념에 충실하려는 노력을 기울였다. 원년(765)과 11년(775)에 국학에 행차하여 청강聽講했던 것이 이를 뒷받침한다.

신라 중대에 유교정치이념을 정착시키려는 이러한 노력들은 국왕을 중심으로 이루어졌다. 그러나 귀족들은 자신들을 일개 신하의 신분으로 하향 조정하려는 국왕 측의 시도에 불만을 품을 수밖에 없었다. 그들은 왕권이 강력하게 작동하는 시기에는 협조하는 자세를 보이다가도, 왕권에 빈틈이 보이면 여지없이 저항의 칼날을 세웠다. 이 점에서 중대의 시기에 귀족들의 반란이 단속적으로 일어났고, 특히 혜공왕 대에 집중적으로 일어나 마침내 그 와중에 국왕이 시해당하는 지경에 이를 수밖에 없었다는 것을 눈여겨 볼 필요가 있다.

자료샘

자료 1

나을奈乙[주1]에 신궁神宮을 설치하였다. 나을은 시조[주2]가 처음 태어난 곳이다.

原文 置神宮於奈乙 奈乙 始祖初生之處也

_『삼국사기』권3, 조지마립간(照知麻立干)[주3] 9년(480) 2월

자료 2

제22대 지증왕智證王 때에 시조의 탄생지인 나을奈乙에 신궁神宮을 창립하여 제사를 지냈다.

原文 第二十二代智證王 於始祖誕降之地奈乙 創立神宮 以享之

_『삼국사기』권32, 잡지1, 제사

자료 3

15년[주4] 불교를 처음으로 시행하였다. … 이때에 이르러 임금 또한 불교를 일으키고자 하였으나 뭇 신하들이 믿지 않고 이런 저런 말들을 많이 하였으므로 임금이 난감해하였다. 가까운 신하인 이차돈異次頓[주5][혹은 처도(處道)라고도 한다]이 아뢰었다. "바라건대 저의 목을 베어 뭇 사람들의 분분한 논의를 진정시키십시오." 임금이 말하였다. "본래 불도를 일으키고자 함인데, 죄없는 사람을 죽이는 것은 옳지 않다." 이차돈이 대답하였다. "만약 도가 행해질 수 있다면 저는 비록 죽어도 여한이 없을 것입니다."

이에 임금이 여러 신하들을 불러 의견을 물으니, 모두 말하였다. "지금 중들을 보니 머리를 깎고 이상한 옷을 입었으며, 말하는 논리가 괴상하여 정상적인 도道가 아닙니다. 만약 이를 그대로 놓아두면 후회가 있을까 걱정스럽습니다. 저희들은 비록 무거운 벌을 받더라도 감히 명을 받들지 못하겠습니다." 그러자 이차돈이 홀로 말하였다. "지금 뭇 신하들의 말은 잘못된 것입니다. 비상非常한 사람이 있은 후에야 비상한 일이 있을 수 있습니다. 지금 불교의 심오함을 들어보니, 믿지 않을 수 없습니다." 임금이 말하였다. "여러 사람들의 말이 단단하여 이를 깨뜨릴 수가 없구나. 너만 홀로 다른 말을 하니, 양 쪽 모두를 따를 수는 없다."

마침내 형리에게 이차돈의 목을 베게 하였다. 이차돈이 죽음에 임하여 말하였다. "나는 불법을 위하여 형벌을 당하는 것이니, 부처의 신령스러움이 있다면 내가 죽고서

주1 나을 : 신라 시조 박혁거세의 탄강지인 나정(蘿井)을 지칭하는 것으로 보는 것이 일반적이나, 김씨왕계의 시조인 알지(閼智)의 탄강지인 계림(鷄林)일 가능성도 있다.

주2 시조 : 흔히 신라 시조 박혁거세를 칭하는 것으로 보지만, 김씨왕계의 시조인 알지일 가능성도 있다.

주3 조지마립간 : 신라 21대 왕. 『삼국유사』에서는 비처왕(毗處王) 혹은 소지왕(炤智王)이라 칭하기도 한다(권1, 기이1, '사금갑' 참조).

주4 15년 : 『삼국유사』에는 법흥왕 14년(527)으로 나온다. 『삼국유사』는 남간사(南澗寺) 스님 일념(一念)이 지은 『촉향분예불결사문』에 나오는 더 자세하고 생생한 이야기를 소개하고 있다(권3, 흥법3, '염촉멸신' 참조).

주5 이차돈 : 『삼국유사』에서는 성은 박씨이고 이름은 '염촉(厭髑)'이라 하며, 조(祖)는 습보갈문왕(習寶葛文王)의 아들인 아진종랑(阿珍宗郎)이라 한다.

반드시 이상한 일이 있을 것이다." 목을 베자, 잘린 곳에서 피가 솟았는데, 그 빛깔이 우유처럼 희었다. 사람들이 이를 괴이하게 여겨 다시는 불사를 헐뜯지 않았다.

原文 十五年 肇行佛法 … 至是 王亦欲興佛教 群臣不信 喋喋騰騰口舌 王難之 近臣異次頓[或云處道]奏曰 請斬小臣 以定衆議 王曰 本欲興道 而殺不辜 非也 答曰 若道之得行 臣雖死 無憾 王於是召群臣問之 僉曰 今見僧徒 童頭異服 議論奇詭 而非常道 今若縱之 恐有後悔 臣等雖卽重罪 不敢奉詔 異次頓獨曰 今群臣之言 非也 夫有非常之人 然後有非常之事 今聞佛教淵奧 恐不可不信 王曰 衆人之言 牢不可破 汝獨異言 不能兩從 遂下吏將誅之 異次頓臨死曰 我爲法就刑 佛若有神 吾死必有異事 及斬之 血從斷處湧 色白如乳 衆怪之 不復非毁佛事

_『삼국사기』권4, 법흥왕 15년(528)

자료 4

신라 제24대 진흥왕眞興王이 왕위에 오른 지 14년인 계유(553) 2월에 용궁龍宮 남쪽에 대궐을 지으려고 하였는데, 황룡이 그 땅에서 나타났기 때문에 절로 바꾸어 짓고 황룡사皇龍寺라 하였다. 기축년(569)에 담장을 쌓아 17년 만에 완성하였다.

얼마 되지 않아 바다 남쪽에서 커다란 배 한 척이 나타났는데, 하곡현河曲縣 사포絲浦[지금의 울주(蔚州) 곡포(谷浦)이다]에 정박하였다. 이 배를 조사해 보니 이러한 내용의 공문이 있었다. "서축西竺[주6] 아육왕阿育王[주7]이 황철 5만 7,000근과 황금 3만 푼을 모아 석가삼존상釋迦三尊像[주8]을 만들려고 했지만 이루지 못하였다. 그래서 배에 실어 바다에 띄우면서 축원하기를, '부디 인연 있는 나라에 가서 장륙존丈六尊[주9]의 모습을 이루기를 바랍니다'라고 하였다." 그리고 부처상 하나와 보살상 둘의 모형도 함께 실려 있었다.

하곡현의 관리가 이러한 사실을 갖추어 문서로 아뢰었다. 왕은 그 현의 성 동쪽에 높고 밝은 땅을 골라 동축사東竺寺[주10]를 창건하여 그 세 불상을 모시게 하였다. 그리고 그 금과 쇠는 서울로 운반해 와, 대건大建[주11] 6년 갑오(574) 3월에 장륙존상을 주조했는데, 단 한 번에 성공하였다. 그 무게는 3만 5,007근으로 황금 1만 198푼이 들어갔고, 두 보살에는 철 1만 2,000근과 황금 1만 136푼이 들어갔다. 이 장륙존상을 황룡사에 모셨다.

原文 新羅第二十四眞興王卽位十四年癸酉二月 將築紫宮於龍宮南 有黃龍現其地 乃改置爲佛寺 號皇龍寺 至己丑年 周圍墻宇 至十七年方畢 未幾 海南有一巨舫 來泊於河曲縣之絲浦[今蔚州谷浦也] 撿看有牒文云 西竺阿育王 聚黃鐵五萬七千斤 黃金三萬分 將鑄釋迦三尊像 未

주6 서축 : 인도

주7 아육왕 : 인도 마가다국 제3왕조인 마우리아 왕조의 제3대 왕으로 인도사상 최초의 통일국가를 이룬 아소카(Asoka) 왕을 지칭함. 인도 전 대륙에 불교를 널리 포교하여 '철륜성왕'의 칭호를 받았다 함. 재위설은 B.C. 265경~238 혹은 B.C. 273경~232가 있음.

주8 석가삼존상 : 석가모니불과 두 협시보살인 문수, 보현보살을 지칭한다.

주9 장륙존 : 6장(丈) 크기의 거대한 불상. '장'은 10척(尺)의 길이를 지칭하는 단위로서, 1척을 30cm라 할 때 1장은 3m, 6장은 18m에 달한다.

주10 동축사 : 울산 동구 옥류로 93에 위치한 사찰. 인도를 뜻하는 서축(西竺)에 대응하는 동축(東竺)을 이름으로 쓴 유서깊은 절이다.

주11 대건 : 진(陳) 선제(宣帝)의 연호 태건(太建)을 지칭한다.

就 載舡泛海而祝曰 願到有緣國土 成丈六尊容 幷載模樣一佛二菩薩像 縣吏具狀上聞 勅使卜其縣之城東爽塏之地 創東竺寺 邀安其三尊 輸其金鐵於京師 以大建六年甲午三月 鑄成丈六尊像 一鼓而就 重三萬五千七斤 入黃金一萬一百九十八分 二菩薩 入鐵一萬二千斤 黃金一萬一百三十六分 安於皇龍寺

_『삼국유사』 권3, 탑상4, 황룡사장륙(皇龍寺丈六)

자료 5

자장법사가 중국의 태화지太和池 옆을 지나가는데, 갑자기 신인神人이 나타나 물었다. "어찌하여 여기까지 이르렀는가?" 자장이 대답하였다. "깨달음을 구하려고 왔습니다." 신인이 예를 갖추어 절을 하고 다시 물었다. "그대의 나라에 무슨 어려운 일이라도 있는가?" 자장이 말하였다. "우리나라는 북쪽으로 말갈과 이어져 있고 남쪽으로는 왜국과 인접해 있습니다. 고구려와 백제 두 나라가 번갈아 국경을 침범하여 이웃나라의 도적들이 맘대로 돌아다닙니다. 이것이 백성들의 걱정입니다." "지금 그대 나라는 여자가 왕위에 있으니 덕은 있지만 위엄이 없구려. 그래서 이웃나라가 침략을 꾀하고 있는 것이오. 그대는 빨리 돌아가야만 하오."

그래서 자장이 다시 물어보았다. "고국에 돌아가서 어떤 이로운 일을 해야 합니까?" "황룡사의 호법용護法龍은 바로 나의 맏아들이오. 범왕梵王[주12]의 명을 받고 가서 그 절을 보호하고 있소. 고국에 돌아가거든 절 안에 9층탑을 세우시오. 그러면 이웃나라들이 항복할 것이고 구한九韓이 와서 조공할 것이며 왕업이 길이 편안할 것이오. 탑을 세운 후에는 팔관회[주13]를 열고 죄인을 용서하여 풀어주면, 외적이 해를 끼치지 못할 것이오. 그리고 나를 위해 서울 인근 남쪽 언덕에 절 하나를 지어 내 복을 빌어준다면, 나 또한 그 은덕을 보답할 것이오." 말을 마치자 드디어 옥을 받들어 바친 후에 홀연히 사라져 보이지 않았다.

정관 17년 계묘(643) 16일에 자장법사는 당나라 황제가 준 불경과 불상, 승복과 폐백 등을 가지고 귀국해서 탑을 세울 일을 왕에게 아뢰었다. 선덕왕이 여러 신하들과 의논하였는데, 신하들이 말하였다. "백제에게 장인들을 청한 이후에야 일을 이룰 수 있을 것입니다." 그래서 보물과 비단을 가지고 백제에 가서 장인을 부탁하였다. 아비지阿非知라는 공장이 명을 받고 와서는 나무와 돌을 다듬었고, 이간伊干 용춘龍春[용수(龍樹)라고도 한다][주14]이 이 공사를 주관하여 200여 명의 장인들을 통솔하였다.

주12 범왕 : 인도인이 최고신으로 불교화한 신. 부처님이 세상에 나오실 때면 항상 제일 먼저 설법을 청한다고 한다. 범어의 번역으로 범천왕(梵天王)이라고도 한다.

주13 팔관회 : 고유 민속신앙과 불교의 팔관재계(八關齋戒)가 습합된 신라와 고려시대의 국가적 종교 행사.

주14 용춘[용수(龍樹)라고도 한다] : 필사본 『화랑세기』에 의하면 용춘과 용수는 형제 관계라 한다.

처음에 절의 기둥을 세우는 날에 아비지가 꿈에 자기 나라 백제가 멸망하는 모습을 보고는, 마음 속으로 의구심이 생겨서 공사를 멈추었다. 그러자 갑자기 대지가 진동하면서 깜깜해졌는데, 그 어둠 속에서 어떤 노승 한 명과 장사 한 명이 금전문金殿門에서 나와 기둥을 세우더니, 승려와 장사가 모두 사라져 보이지 않았다. 그래서 아비지는 뉘우치고 그 탑을 완성하였다.

原文 經由中國太和池邊 忽有神人出問 胡爲至此 藏答曰 求菩提故 神人禮拜 又問 汝國有何留難 藏曰 我國北連靺鞨 南接倭人 麗濟二國 迭犯封陲 隣寇縱橫 是爲民梗 神人云 今汝國 以女爲王 有德而無威 故隣國謀之 宜速歸本國 藏問 歸鄕將何爲利益乎 神曰 皇龍寺護法龍 是吾長子 受梵王之命 來護是寺 歸本國 成九層塔於寺中 隣國降伏 九韓來貢 王祚永安矣 建塔之後 設八關會 赦罪人 則外賊不能爲害 更爲我 於京畿南岸 置一精廬 共資予福 予亦報之德矣 言已 遂奉玉獻之 忽隱不現 貞觀十七年癸卯十六日 將唐帝所賜經像袈裟幣帛而還國 以建塔之事聞於上 善德王議於群臣 群臣曰 請工匠於百濟 然後方可 乃以寶帛 請於百濟 匠名阿非知 受命而來 經營木石 伊干龍春[一作龍樹]幹蠱 率小匠二百人

_『삼국유사』 권3, 탑상4, 황룡사구층탑

자료 6

여러 신하들이 아뢰기를, "시조께서 나라를 세우신 이래 나라 이름을 정하지 않아 사라斯羅라고도 하고 혹은 사로斯盧 또는 신라新羅라고도 칭하였습니다. 저희들은 '신新'은 '덕업이 날로 새로워진다'는 뜻이고 '라羅'는 '사방을 망라한다'는 뜻이므로 '신라'를 나라 이름으로 삼는 것이 마땅하다고 생각합니다. 또 옛부터 나라를 가진 이는 모두 '제帝'나 '왕王'을 칭하였는데, 우리 시조께서 나라를 세운 지 지금 22대에 이르기까지 단지 방언으로 칭하였고 존엄한 호칭을 정하지 못하였으니, 지금 여러 신하가 한 마음으로 삼가 '신라국왕新羅國王'이라는 칭호를 올리옵니다."라 하니, 왕이 이에 따랐다.

原文 四年 冬十月 群臣上言 始祖創業已來 國名未定 或稱斯羅 或稱斯盧 或言新羅 臣等以爲新者德業日新 羅者網羅四方之義 則其爲國號 宜矣 又觀自古有國家者 皆稱帝稱王 自我始祖立國 至今二十二世 但稱方言 未正尊號 今群臣一意 謹上號新羅國王 王從之

_『삼국사기』 권4, 지증마립간 4년(503) 10월

자료 7

그러므로 제왕이 연호年號를 세움[주15]에 몸을 닦아 백성을 편안하게[주16] 하지 않으면 안된다.

原文 是以帝王建号莫不修己以安百姓

_「마운령 진흥왕순수비」

주15 연호를 세움 : 천자가 나라를 세워 다스림을 의미.

주16 몸을 닦아 백성을 편안하게 하지(修己以安百姓) : 『논어』권14 헌문편(憲問篇)에서 나오는 말.

자료 8

왕이 고구려가 자주 영토를 침범하는 것을 염려하여 수나라에 병사를 청하여 고구려를 치려 하였다. 원광에게 명하여 군사를 청하는 글을 짓게 하니, 원광이 말하기를, "자기가 살기 위하여 다른 이를 멸하는 것은 승려에 걸맞는 행동이 아닙니다만, 빈도貧道는 대왕의 땅에서 살고 대왕의 물과 곡식을 먹고 있으니 어찌 감히 명을 따르지 않겠습니까?"라 하고 곧 글을 지어서 올렸다.

原文 三十年 王患高句麗屢侵封埸 欲請隋兵以征高句麗 命圓光修乞師表 光曰 求自存而滅他 非沙門之行也 貧道在大王之土地 食大王之水草 敢不惟命是從 乃述以聞

_『삼국사기』 권4, 진평왕 30년(608)

자료 9

강수는 자라면서 스스로 글을 읽을 줄 알고 문장의 뜻에 통달하였다. 부친이 그의 뜻을 알아보고자 하여 물었다. "너는 불도를 배우겠느냐, 유학을 공부하겠느냐?" 대답하기를 "제가 듣기로는 불도는 세속을 떠난 가르침이라 합니다. 저는 인간세계에 사는 사람인데 어찌 불도를 공부하겠습니까? 유가의 도를 배우고 싶습니다."라 하니, 부친은 "너 좋을 대로 하여라."고 하였다.

原文 及壯 自知讀書 通曉義理 父欲觀其志 問曰 爾學佛乎 學儒乎 對曰 愚聞之 佛世外教也 愚人間人 安用學佛爲 願學儒者之道 父曰 從爾所好

_『삼국사기』 권46, 열전6, 강수(强首)

자료 10

축원하여 말하기를 "천도天道에는 양陽이 굳세고 음陰이 부드러우며, 인도人道에는 임금이 높고 신하가 낮습니다. 만약에 이것이 바뀌는 경우에는 큰 난리가 일어나는 것입니다. 지금 비담 등이 신하로서 임금을 도모하고, 아래에서 위를 범하려 합니다. 이는 이른바 난신적자亂臣賊子로서 사람과 신령이 모두 미워하는 바요, 하늘과 땅이 용납하지 못할 일입니다. 지금 하늘이 이 일에 무심하시어 도리어 왕성에 별의 변괴를 보인 것이라면, 신은 의혹됨이 있어 깨우치지 못하겠습니다. 오직 하늘의 위엄으로 백성들의 바람을 좇아 선善을 선하게 여기고 악惡을 미워하시어 신령의 부끄러움이 없게 하소서." 하고, 모든 장졸들을 독려하여 그들을 들이쳤다. 비담 등이 패하여 달아나므로, 좇아가 목을 베고 구족九族을 멸하였다.

原文 祝曰 天道則陽剛而陰柔 人道則君尊而臣卑 苟或易之 卽爲大亂 今毗曇等以臣而謀君自下而犯上 此所謂亂臣賊子 人神所同疾 天地所不容 今天若無意於此 而反見星怪於王城 此臣之所疑惑而不喩者也 惟天之威 從人之欲 善善惡惡 無作神羞 於是 督諸將卒奮擊之 毗曇等敗走 追斬之 夷九族

_『삼국사기』 권41, 열전1, 김유신 상

자료 11

춘추春秋가 국학國學에 나아가 석전釋奠 및 강론講論하는 의식에 참관하기를 청하니 태종은 이로 말미암아 친히 지은 『온탕溫湯』과 『진사비晋祠碑』, 그리고 새로 편찬한 『진서陳書』를 내렸다. 귀국할 때는 3품 이상의 관원들에게 명하여 전송하게 하는 등 예우가 극진하였다.

原文 春秋請詣國學觀釋奠及講論 太宗因賜以所制溫湯及晉祠碑並新撰晉書 將歸國 令三品以上宴餞之 優禮甚稱

_『구당서』 권199상, 열전149상, 동이 신라

자료 12

유신이 이 말을 듣고 백성들을 부릴 때가 되었다 여기고 대왕께 고하기를, "지금 민심을 살펴보니 일을 할 만합니다. 청컨대 백제를 쳐서 대량주大梁州[주17] 싸움을 보복하게 하여 주시옵소서."라 하니, 왕이 말하기를 "작은 힘으로 큰 세력을 건드리면 그 위태로움을 어찌 할 것인가?" 하였다. 유신이 대답하기를, "전쟁의 승부는 세력의 대소에 있는 것이 아니라 오직 민심民心에 달려 있는 것입니다. 그러므로 주紂에게는 억조의 백성이 있었으나, 인심이 떠나고 덕이 떠나버려 주周의 열 명의 신하가 한 마음 한 생

주17 대량주 : 경북 합천군에 있던 신라의 큰 고을. 대야주(大耶州) 혹은 대량주(大良州)라고도 칭한다. 합천군 합천읍 합천리의 매봉산 정상을 둘러쌓은 대야성의 흔적이 있다. 642년에 백제에게 뺏겼다가 648년에 김유신의 다시 되찾았다.

각을 가진 것만 못하였습니다. 지금 우리는 한 뜻이 되어 생사를 같이할 수 있으니 저 백제쯤은 두려워할 것이 없습니다."라 하니 왕이 허락하였다. 유신은 드디어 고을의 병사를 뽑아 조련하여 적진으로 갔다. 대량성 밖에 이르니 백제가 반격하여 대항하였다. 거짓으로 패하여 일부러 이기지 못하는 척하고 달아나 옥문곡玉門谷[주18]에 이르렀다. 백제는 이를 얕잡아보고 많은 군사를 거느리고 쫓아왔다. 그때 복병이 일어나 백제군의 앞뒤를 공격하여 대파하고, 백제 장수 8명을 사로잡았으며 1,000명의 목을 베었다.

주18 옥문곡 : 경주시 건천읍 신평리 오봉산 중턱의 골짜기로 마치 여자의 성기와 흡사하다 하여 붙여진 이름. 여근곡(女根谷)이라고도 한다.

原文 庾信聞之 知民可用 告大王曰 今觀民心 可以有事 請伐百濟 以報大梁州之役 王曰 以小觸大 危將奈何 對曰 兵之勝否 不在大小 顧其人心何如耳 故紂有億兆人 離心離德 不如周家十亂同心同德 今吾人一意 可與同死生 彼百濟者不足畏也 王乃許之 遂簡練州兵赴敵 至大梁城外 百濟逆拒之 佯北不勝 至玉門谷 百濟輕之 大率衆來 伏發擊其前後 大敗之 獲百濟將軍八人 斬獲一千級

_『삼국사기』 권41, 열전1, 김유신 상

자료 13

진덕이 돌아가시자 여러 신하들이 이찬 알천閼川에게 섭정을 청하였으나, 알천이 굳이 사양하며 말하였다. "저는 늙고 이렇다 할 덕행이 없습니다. 지금 덕망이 높고 묵직하기는 춘추 공만 한 이가 없으니, 실로 세상을 다스릴 만한 뛰어난 인물이라 할 만합니다." 마침내 그를 받들어 왕으로 삼으려 하니, 춘추는 세 번 사양하다가 마지못해 왕위에 올랐다.

原文 及眞德薨 群臣請閼川伊飡攝政 閼川固讓曰 臣老矣 無德行可稱 今之德望崇重 莫若春秋公 實可謂濟世英傑矣 遂奉爲王 春秋三讓 不得已而就位

_『삼국사기』 권5, 태종무열왕 즉위조

자료 14

영휘永徽[주19] 5년(654)에 진덕대왕眞德大王이 돌아가셨으나 대를 이를 자식이 없었다. 유신은 재상인 이찬 알천閼川과 상의하여 이찬 춘추春秋를 맞아들여 왕위에 오르게 하였으니, 이 사람이 태종대왕太宗大王이다.

주19 영휘 : 당 고종의 연호.

原文 永徽五年 眞德大王薨 無嗣 庾信與宰相閼川伊飡謀 迎春秋伊飡 卽位 是爲太宗大王

_『삼국사기』 권42, 열전2, 김유신 중

자료 15

왕의 시대에 알천 공閼川公 · 임종 공林宗公 · 술종 공述宗公 · 호림 공虎林公 · 염장 공嗟長公 · 유신 공庾信公 등이 남산의 우지암亐知巖에 모여 나라 일을 의논하였다. 이때 큰 호랑이 한 마리가 이 자리로 뛰어들었다. 여러 공들이 놀라 일어섰지만 알천 공은 조금도 움직이지 않고 태연히 이야기하면서 호랑이 꼬리를 잡고 땅에 매쳐서 죽였다. 알천 공의 힘이 이처럼 세어서 맨 윗자리에 앉았지만, 그래도 모두들 유신 공의 위엄에 마음으로 복종하고 있었다.

原文 王之代有閼川公林宗公述宗公虎林公廉長公庾信公 會于南山亐知巖 議國事 時有大虎走入座間 諸公驚起 而閼川公 畧不移動 談笑自若 捉虎尾撲於地而殺之 閼川公膂力如此 處於席首 然諸公皆服庾信之威

_『삼국유사』 권1, 기이1, 진덕왕

자료 16

주20 총장 : 당 고종의 연호.

2월 21일, 대왕이 여러 신하들을 모아놓고 교서를 내렸다. "… 총장總章[주20] 2년(669) 2월 21일 새벽 이전에 5역五逆의 죄를 범하여 사형에 해당하는 죄목의 이하로써 지금 감옥에 갇혀 있는 사람은 죄의 크고 작음을 따지지 않고 모두 석방하고, 이전에 사면을 받은 이후에 또 죄를 범하여 벼슬을 빼앗긴 사람도 모두 그 전과 같게 하라. 도적질한 자는 다만 그 몸을 풀어주되, 훔친 물건을 돌려줄 재물이 없는 자에게는 징수의 기한을 두지 말라. 백성들 중 가난하여 다른 사람에게 곡식을 빌려 쓴 사람으로서 흉년이 든 지방에 사는 이들은 이자와 원금을 반드시 갚지 않아도 되게 하고, 풍년이 든 지방에 사는 이들은 곡식이 익을 때에 단지 빌린 만큼만 갚고 그 이자는 갚지 않아도 되도록 하리라. 이달 30일을 기한으로 하여 담당 관청에서는 받들어 행하라."

原文 二月二十一日 大王會群臣 下敎 … 自總章二年二月二十一日昧爽已前 犯五逆罪死已下 今見囚禁者 罪無小大 悉皆放出 其前赦已後犯罪奪爵者 竝令依舊 盜賊人 但放其身 更無財物可還者 不在徵限 其百姓貧寒 取他穀米者 在不熟之地者 子母俱不須還 若在熟處者 至今年收熟 只還其本 其子不須還 今月三十日爲限 所司奉行

_『삼국사기』 권6, 문무왕 9년(669)

자료 17

유신이 대답하였다. "… 바라옵건대 전하께서는 공을 이루는 것이 쉽지 않음을 아시며 수성守成하는 것 또한 어렵다는 것을 생각하시고, 소인을 멀리하고 군자를 가까이 하시어, 위로는 조정이 화합하고 아래로는 백성과 만물을 편안하게 하여 화란이 일어나지 않고 대대로 왕업이 무궁하게 된다면 신은 죽어도 유감이 없겠습니다."

原文 庾信對曰 … 伏願 殿下 知成功之不易 念守成之亦難 疏遠小人 親近君子 使朝廷和於上 民物安於下 禍亂不作 基業無窮 則臣死且無憾

_『삼국사기』 권43, 열전3, 김유신 하

자료 18

또 수도의 성곽을 쌓으려고 이미 진리眞吏[주21]에게 명을 내렸는데, 의상대사가 이 소식을 듣고 다음과 같은 내용의 글을 올렸다. "왕의 정치와 교화가 밝으면 비록 풀로 덮인 언덕에 금을 긋고 성으로 삼아도 백성들이 감히 넘지 않을 것이니, 재앙을 물리치고 복을 부를 것입니다. 하지만 정치와 교화가 밝지 못하다면 비록 장성長城이 있더라도 재앙이 그치지 않을 것입니다." 왕은 이에 성 쌓는 일을 그만두었다.

주21 진리 : 관리(官吏)의 오자인 듯.

原文 又始築富山城 三年乃畢 安北河邊築鐵城 又欲築京師城郭 旣令眞吏 時義相法師聞之 致書報云 王之政教明 則雖草丘畵畫地而爲城 民不敢踰 可以潔災進福 政教苟不明 則雖有長城 災害未消 王於是乃罷其役

_『삼국유사』 권2, 기이2, 문호왕법민(文虎王法敏)[주22]

주22 문호왕법민 : 문무왕 김법민을 지칭. 고려 혜종의 휘(諱)인 '무(武)'를 피하기 위해 '호(虎)'를 대신 씀.

자료 19

왕의 유언은 다음과 같다. "… 무기를 녹여 농기구를 만들었으며 백성을 어질고 천수를 다 할 수 있도록 하였다. 세금을 가벼이 하고 요역을 줄여 집집마다 넉넉하고 백성들은 만족하며 민간은 안정되고 나라에 근심이 없게 되었다. 곳간에는 곡식이 산처럼 쌓이고 감옥은 죄수가 없어 풀이 우거졌으니, 신령에 부끄럽지 않고 관리와 백성을 저버리지 않았다고 말할 만하다. …"

原文 遺詔曰 … 鑄兵戈爲農器 驅黎元於仁壽 薄賦省傜 家給人足 民間安堵 域內無虞 倉廩積於丘山 囹圄成於茂草 可謂無愧於幽顯

_『삼국사기』 권7, 문무왕 21년(681)

자료 20

설총이 이렇게 말했다. "제가 들은 것은 옛날 화왕花王[주23]이 처음 왔을 때의 이야기입니다. 이를 향기로운 동산에 심고 푸른 장막으로 보호하였는데, 봄철이 되자 곱게 피어나 온갖 꽃들을 능가하여 홀로 빼어났습니다. 이에 가까운 곳으로부터 먼 곳에 이르기까지 곱디고운 아름다운 꽃의 정령들이 바삐 달려와 화왕을 알현하고자 하며 오로지 뒤처지지나 않을까 염려하였습니다. 홀연히 한 미인이 붉은 얼굴과 옥 같은 이에 곱게 화장하고 맵시 있게 차려입고는 간들간들 오더니 얌전하게 앞으로 나와서 말하기를 '저는 눈처럼 흰 물가의 모래를 밟고, 거울처럼 맑은 바다를 마주보며, 봄비로 목욕하여 때를 씻고, 맑은 바람을 상쾌하게 쐬면서 유유자적하는데, 이름은 장미薔薇라고 합니다. 왕의 아름다운 덕을 들은지라 향기로운 휘장 속에서 잠자리를 모시고자 하온대 왕께서는 저를 받아주시겠습니까?'라고 하였습니다. 또한 한 장부가 베옷에 가죽 띠를 매고 허연 머리에 지팡이를 짚은 채 비틀거리는 걸음으로 구부정하게 와서 말하기를 '저는 서울 밖의 큰길가에 거처하여, 아래로는 푸르고 넓은 들판의 경치를 내려다보고 위로는 우뚝 솟은 산빛에 의지하고 있사온대, 이름은 백두옹白頭翁[주24]이라 합니다. 가만히 생각해보니, 비록 주위에서 받들어 올리는 것들이 넉넉하여 기름진 음식으로 배를 채우고 차와 술로 정신을 맑게 하고 의복이 장롱 속에 쌓여 있더라도, 반드시 좋은 약으로 기운을 돋우고 독한 침으로 병독을 없애야 하는 것입니다. 그러므로 옛말에 명주실과 삼실 같은 귀한 것이 있다 해도 왕골과 띠풀 같은 천한 물건을 버리지 않아, 무릇 모든 군자들은 모자람에 대비하지 않는 일이 없다 하였습니다. 왕께서도 또한 이런 생각을 갖고 계시는지 모르겠습니다.'라고 했습니다. 어떤 이가 '두 사람이 왔는데, 어느 쪽을 취하고 어느 쪽을 버리시겠습니까?' 하니, 화왕이 '장부의 말도 일리가 있지만 아름다운 여인은 얻기가 어려운 것이니 이 일을 어찌 할꼬?' 라고 말했습니다. 장부가 나와서 말하기를 '저는 대왕이 총명하여 이치를 잘 알 것이라 생각하여 왔던 것인데, 지금 보니 그렇지가 않습니다. 무릇 임금된 사람치고 간사하고 아첨하는 자를 가까이하고 정직한 자를 멀리하지 않는 이가 드뭅니다. 이 때문에 맹가孟軻[주25]는 불우하게 일생을 마쳤고, 풍당馮唐[주26]은 낭서郎署[주27]에 머물러 백발이 되었던 것입니다. 예로부터 이러하였으니 전들 어찌 하겠습니까?'라고 하니, 화왕이 '내가 잘못했다, 내가 잘못했다.'라고 했답니다." 이 이야기를 듣고 (신문)왕이 안

주23 화왕 : 모란꽃.

주24 백두옹 : 할미꽃.

주25 맹가 : 맹자.

주26 풍당 : 한 문제 때의 관리. 국방대책 등에 대한 좋은 안을 진언하였으나 낮은 관직에 머물렀다.

주27 낭서 : 낮은 직책의 숙위관.

색을 바로 하며 말했다. "그대의 우화[주28]는 진실로 깊은 뜻이 담겨 있다. 글로 써서 왕된 이들의 경계로 삼기 바란다." 그리고는 설총을 높은 관직에 발탁하였다.

原文 聽曰 唯 臣聞昔花王之始來也 植之以香園 護之以翠幕 當三春而發艶 凌百花而獨出 於是 自邇及遐 艶艶之靈 夭夭之英 無不奔走上謁 唯恐不及 忽有一佳人 朱顔玉齒 鮮粧靚服 伶俜而來 綽約而前曰 妾履雪白之沙汀 對鏡淸之海而沐春雨以去垢 快淸風而自適 其名曰薔薇 聞王之令德 期薦枕於香帷 王其容我乎 又有一丈夫 布衣韋帶 戴白持杖 龍鍾而步 傴僂而來曰 僕在京城之外 居大道之旁 下臨蒼茫之野景 上倚嵯峨之山色 其名曰白頭翁 竊謂左右供給雖足 膏粱以充腸 茶酒以淸神 巾衍儲藏 須有良藥以補氣 惡石以蠲毒 故曰 雖有絲麻 無棄菅蒯 凡百君子 無不代匱 不識王亦有意乎 或曰 二者之來 何取何捨 花王曰 丈夫之言 亦有道理 而佳人難得 將如之何 丈夫進而言曰 吾謂王聰明識理義 故來焉耳 今則非也 凡爲君者 鮮不親近邪佞 疎遠正直 是以 孟軻不遇以終身 馮唐郎潛而皓首 自古如此 吾其奈何 花王曰 吾過矣 吾過矣 於是 王愀然作色曰 子之寓言 誠有深志 請書之 以謂王者之戒 遂擢聰以高秩

_『삼국사기』 권46, 열전6, 설총

주28 우화 : 설총이 들려준 우화는 흔히 '화왕계(花王戒)'라 부른다. 『동문서』 52권 주의(奏議)에는 '풍왕서(諷王書)'라는 제목으로 전한다.

자료 21

여름 5월에 영암군靈巖郡 태수 일길찬一吉飡 제일諸逸이 공사를 저버리고 사사로운 이익을 꾀하였으므로, 곤장 100대를 때리고 섬으로 들여보냈다.

原文 五月 靈巖郡太守一吉飡諸逸 背公營私 刑一百杖 入島

_『삼국사기』 권8, 효소왕 10년(701)

자료 22

11월에 왕이 「백관잠百官箴」을 지어 여러 신하들에게 보였다.

原文 十一月 王製百官箴 示群臣

_『삼국사기』 권8, 성덕왕 10년(711)

자료 23

가을 9월, 당나라에 들어갔던 대감 수충守忠이 돌아와 문선왕文宣王[주29]과 10철十哲[주30] 및 72제자七十二弟子[주31]의 초상화를 바쳤으므로 대학大學에 안치하였다.

原文 秋九月 入唐大監守忠廻 獻文宣王十哲七十二弟子圖 卽置於大學

_『삼국사기』 권8, 성덕왕 16년(717)

주29 문성왕 : 공자.

주30 10철 : 공자의 제자 중 현행(賢行)이 있는 10인의 제자.

주31 72제자 : 공자의 제자 중 6예(藝)에 능한 72인의 제자.

자료 24

(경덕)왕이 말하기를, "그렇다면 짐을 위해서 백성을 다스려 편안히 살 수 있게 하는 노래를 지어 주시오." 하니 스님은 곧바로 왕명을 받들어 노래를 지어 바쳤다. 왕이 이를 아름답게 여겨 왕사에 봉하였지만, 스님은 두 번 절을 하고 굳이 사양하면서 직책을 받지 않았다. 충담사忠談師가 지은「안민가安民歌」의 가사는 이러하다.

임금은 아버지요
신하는 사랑하시는 어머니요,
백성은 어리석은 아이라고
하신다면 백성들이 그 사랑을 알리라.
구물구물 살아가는 백성
이들을 먹여 다스린다네.
이 땅을 버리고 어디로 가겠는가
하신다면 이 나라를 보전해야 함을 알리라.
아아, 임금답게 신하답게 백성답게
하신다면 나라가 태평하리라.

原文 王曰 然則爲朕作理安民歌 僧應時奉勅歌呈之 王佳之 封王師焉 僧再拜固辭不受 安民歌曰 君隱父也 臣隱愛賜尸母史也 民焉狂尸恨阿孩古爲賜尸知 民是愛尸知古如 窟理叱大肹生以支所音物生 此肹喰惡支治良羅 此地肹捨遣只於冬是去於丁爲尸知 國惡支持以支知古如 後句 君如臣多支民隱如爲內尸等焉 國惡太平恨音叱如

_『삼국유사』 권2, 기이2, 경덕왕 · 충담사 · 표훈대사

출전

『삼국사기』

『삼국유사』

『구당서』

「마운령 진흥왕순수비」: 신라 진흥왕이 마운령에 세운 순수비. 본래 함경남도 이원군 동면 운시산 봉우리 아래에 있었는데, 지금은 북한 함경남도 함흥시 사포구역 소나무동에 위치한 함흥 본궁(本宮)의 본관(本館)에 보관되어 있다. 진흥왕 29년(568)에 세워진 순수비로, 진흥왕 때 신라의 동북 국경선이 함흥 일대까지 진출했었음을 보여준다. 비문의 구성은 제기(題記), 기사(紀事), 수가인명(隨駕人名)으로 되어 있다. 진흥왕의 영토확장과 선정(善政)을 칭송한 부분, 변경지역을 두루 순수하고 백성들에게 훈시한 부분, 그리고 진흥왕을 따라 왔던 신료의 관직과 이

름을 기술한 부분으로 구성되었다.

찾아읽기

김철준, 『한국고대사회연구』, 지식출판사, 1975.

이기동, 『신라골품제사회와 화랑도』, 일조각, 1984.

김수태, 『신라중대 정치사연구』, 일조각, 1996.

이기백, 『한국사상사연구』, 일조각, 1997.

곽승훈, 『통일신라시대의 정치변동과 불교』, 국학자료원, 2002.

박해현, 『신라중대정치사연구』, 국학자료원, 2003.

하일식, 『신라 집권 관료제 연구』, 혜안, 2006.

김영하, 『신라중대사회연구』, 일지사, 2007.

이우성, 「신라시대의 왕토사상과 공전」, 『효성 조명기박사 화갑기념 불교사학논총』, 1965.

하일식, 「신라 정치체제의 운영원리」, 『역사와 현실』10, 1993.

김창석, 「7세기 신라에 의한 경제통합과 토지제도 개편」, 『역사와 현실』23, 1997.

이기동, 「신라 성덕왕대의 정치와 사회: '군자국'의 내부사정」, 『역사학보』160, 1998.

배근흥, 「신라 문무왕대의 대당외교」, 『신라문화』16, 1999.

조법종, 「신라 문무왕대 사회정책의 성격검토」, 『신라문화』16, 1999.

이기동, 「신라 왕권 연구의 몇 가지 전제」, 『신라문화』22, 2003.

한준수, 「신라중대의 당제수용과 통치체제의 정비」, 국민대 박사학위논문, 2010.

박소현, 「신라 중대 종묘와 오묘제의 성립과정」, 고려대 석사학위논문, 2013.

4 강력한 전제왕권을 세웠지만 …

전제정치의 성립과 한계

무열왕과 문무왕, 그리고 신문왕을 거치면서 신라 중대의 전제왕권은 확고한 뿌리를 내리는 듯하였다. 그러나 상당한 한계도 내포하였다. 먼저 전제왕권의 출범 자체가 무열왕가와 김유신가의 공동정권적 성격이 강하였다. 어린 왕이 즉위하거나 왕비의 출궁과 납비가 자주 반복되었던 것은 전제왕권을 제약하는 요인이었다.

무열왕, 전제왕권을 세우다

신라는 6세기 후반 선덕여왕 대에 내우외환의 위기 상황에 봉착하였다. 642년에 백제의 공격으로 나라 서쪽의 40여 성과 함께 국가의 중추 군사기지였던 대야성大耶城마저 함락당하였고, 647년에는 상대등 비담毗曇의 난으로 왕실은 내우외환의 위기에 처하였다. 이렇듯 최대의 위기 상황에 처한 신라를 김춘추와 김유신이 구하였다. 김유신은 백제의 공격을 적절히 차단하고 비담의 난을 성공적으로 진압했으며, 김춘추는 당을 방문하고 당 태종과 담판하여 나당 군사동맹을 성사시켰다.

그 과정에서 국가의 실권을 장악한 김춘추와 김유신은 선덕여왕 사후에 진덕여왕을 옹립하여 정치개혁을 주도하였다. 당의 선진제도를 수용하여 기왕에 대등한 관계로 인식해 오던 국왕과 귀족의 관계를 군신君臣의 상하 관계로 정립하기 위한 일련의 조치를 단행하였다. 진골귀족에게 신하의 상징물인 아홀牙笏을 소지하게 하였고, 새해에 국왕에게 충성 서약을 하는 신정하례新正賀禮를 거행하게 하였다.[자료1 · 2] 이를 제도로 뒷받침하기 위해 정치기구를 새롭게 정비하기도 하였다. 그리고 마침내 진덕여왕의 뒤를 이어 김춘추가 왕위에 올랐다. 이가 신라 29대 태종무열왕이다.

귀족들은 무열왕의 즉위를 반대했다. 그들은 귀족의 대표 격인 상대등 알천閼川을 추대하여 국왕과 귀족의 관계를 다시 이전의 대등한 관계로 되돌리고 싶어 하였다. 그러나 김춘추가 그들의 계획을 좌절시켰다. 알천을 압박하여 고사固辭를 이끌어냈고, 그의 추대를 받아 세 번 사양하는 삼양지례三讓之禮의 모양새를 갖추어 왕위에 올랐다. 그의 위력이 귀족들의 반발을 압도한 결과였다. 그 배후에 김유신의 강력한 군사력이 버티고 있었음은 물론이다.

즉위 직후에 무열왕은 법률사무를 총괄하는 이방부理方府의 장관에게 하명하여 60여 조의 격格을 새로 만들도록 하였다.[자료3] 격이란 일반적으로 율령을 보완하는 하위법의 위치에 있지만, 때론 율령의 규정을 넘어서는 특별법의 성격을 띠기도 한다. 따라서 당시 제정된 격에는 기왕의 율령에서 규정해 온 국왕과 귀족의 애매한 관계를 확실한 군신의 상하 관계로 바꾸는 조항이 포함되었을 가능성이 크다.

무열왕은 직계 자식이나 김유신 등에게 국가의 핵심 직책을 몰아주어 친정체제를 구축하였다. 먼저 재위 2년(655)에 장남 법민法敏을 태자로 삼고 여러 서자庶子들에게 고위 관등을 제수하였다. 3년에 당에서 귀국한 차남 인문仁問을 압량주 군주로 삼고, 5년에 삼남 문왕文王을 중시中侍에 임명하였다. 그리고 7년에는 김유신을 상대등에 임명하였다. 압량주 군주는 국가 방위의 근간을 이루는 압량주의 군사력을 운용하는 자리이고, 중시는 행정의 최고집행부인 집사부의 장관으로 실질적인 행정수반에 해당하며, 상대등은 국가의 주요 정책을 의결하고 국왕을 견제하는 귀족회의의 의장에 해당한다. 결국 무열왕은 군사력과 함께 행정과 정치의 양면을 모두 장악하여 귀족세력을 압도하는 강력한 왕권을 행사할 수 있게 되었다. 이렇듯 강력한 왕권을 흔히 '전제왕권專制王權'이라 칭하고, 이러한 전제왕권에 의해 운영되는 정치 형태를 '전제정치'라 부른다.

문무왕, 반발하는 귀족들을 숙청하다

무열왕 대 전제정치의 성립은 국왕 개인의 출중한 정치적 능력만으로 설명하기는 곤란하다. 당시 강력한 군사력의 운용을 주도했던 김유신의 보필과 군사동맹을 체결한 당의 적극적 지원이 없었고 삼국통일을 다투는 극한적 전쟁 상황이 전개되지 않았다면 가능하지 않았을 것이다. 결국 전제왕권의 출현은 삼국통일전쟁이 본격화되어 가고 있던 그 시대의 소산이었다고 할 것이다.

무열왕은 당과 연합하여 660년에 백제를 멸망시켰다. 그리고 문무왕은 그 뒤를 이어 668년에 고구려를 멸망시키고 당과 전쟁을 치러 676년에 당군을 몰아냄으로써 마침내 삼국통일의 위업을 달성했다. 이러한 전쟁의 결과는 강력한 전제왕권의 리더십이 있었기에 가능했던 것이고, 반대로 그 전쟁의 과정에서 전제왕권은 더욱 막강한 위력을 쌓아 갔다.

문무왕은 전쟁 과정에서 김유신과 자신의 아우 김인문을 전제왕권의 양축으로 삼아 세력 재편을 추진하였다. 재위 2년(662)에 귀족 세력의 본산 중의 하나였던 본피궁本彼宮을 해체하여 그 소속 재화를 유신과 인문에게 나누어 준 것이나, 668년과 669년의 논공행상 과정에서도 관위官位나 마장馬場의 사여賜與 등을 두 사람 중심으로 처리한 것 등이 그러한 세력 재편의 일환이었다.[자료4 · 5 · 6]

문무왕 치하에서 전제왕권은 더욱 절대화되어 갔다. 이에 따라 귀족들은 국왕과 대등한 존재로서의 위상을 상실하고 신하 혹은 관료의 지위로 전락해 가는 것을 피부로 느끼지 않을 수 없었다. 자연히 귀족들은 반발했고, 이에 대해 문무왕은 전례 없는 과감한 피의 숙청으로 대응하였다.

귀족에 대한 첫 숙청은 재위 2년(662)에 단행되었다. 대당총관大幢摠管 진주眞珠와 남천주총관南川州摠管 진흠眞欽에 대하여 국사를 태만히 한다는 죄목으로 본인뿐 아니라 일족을 멸하는 극형에 처하였다.[자료7] 총관이란 진골귀족만이 취임할 수 있는 최고위의 군관직軍官職인데, 그런 총관에 대하여 겨우 국사를 태만히 했다는 죄목만으로 일족을 멸하는 극형에 처한다는 것은 상상할 수 없는 일이다. 따라서 평소 왕권에 불만을 드러냈던 것에 대한 단죄의 성격이 강하다 할 것이다. 왕권에 불만을 드러내는 것만으로도 극형에 처해지는 공포분위기가 조성되고 있었던 것이다.

이에 귀족들 중에는 신라에 반하여 적과 결탁하려는 자가 나타나기도 하였으며, 문무왕은 이들을 붙잡아 역시 극형으로 다스렸다. 668년에 백제부흥군과 공모하려 했다 하여 참수형에 처해진 한성도독漢城都督 박도유朴都儒, 670년에 백제의 고지로 달아나려다 붙잡혀 주살당한 한성주총관漢城州摠管 수세藪世, 그리고 673년에는 모반하여 당에 붙으려 했다는 죄목으로 역시 주살당한 아찬 대토大吐 등이 그러한 사례들이다. [자료8 · 9 · 10]

이렇듯 문무왕은 귀족들의 반발에 대하여 극형으로 다스렸던 것에 반해, 중앙의 하급 관료나 지방세력가들에 대해서는 우대정책을 폈고, 백성들에 대해서도 도적죄인盜賊罪人을 방면하거나 부채를 탕감해 주는 등의 보호정책을 폈다. 진골귀족에 대해서는 전제정치에 대한 잠재적 도전세력으로 간주하여 견제와 탄압을 강행하였던 반면, 하급 관료나 지방세력가 등은 전제정치의 협조자로, 백성은 전제정치의 기반으로 간주하여 육성, 보호하였다. 이것이 문무왕이 추구했던 유교정치이념과 그에 기초한 전제정치의 주요 내용이었다.

문무대왕의 해중릉(대왕암)

신문왕, 전제정치의 큰 틀을 구축하다

신문왕神文王이 문무왕의 뒤를 이어 왕위에 오른 681년에 진골귀족의 대반격이 시작되었다. 8월에 김흠돌金欽突, 흥원興元, 진공眞功 등이 반란을 일으켰던 것이다.[자료11] 김흠돌은 문무왕 원년(661)에 대당장군大幢將軍으로 임명된 이후 668년에 계속해서 대당총관大幢摠管으로 활동했을 뿐 아니라, 그의 딸을 태자비로 들이기도 하였으니 신문왕의 장인이었던 셈이다. 흥원은 668년에 계금당총관罽衿幢摠管으로 발탁된 이후에 꾸준히 군사 활동을 하다가 670년에 전쟁에서 퇴각한 죄로 면직 처분을 받은 적이 있었다. 그리고 진공은 역시 문무왕 대에 군사 활동에 참여한 적이 있던 이었다. 이러한 활동상으로 미루어 볼 때 이들은 모두 신라의 최고 귀족인 진골 신분이었다고 할 수 있다.

왕의 장인인 김흠돌이 반란을 주동했다는 것은 무언가 석연치 않다. 기록상으로 볼 때는 그의 딸인 왕비가 아들이 없어 출궁出宮당하게 된 것에 대한 정치적 궐기의 성격이 짙은 것처럼 보이기도 하지만, 왕비의 출궁이 단순히 아들이 없어서라기보다는 그 아비 김흠돌이 평소에 전제왕권에 대한 불순한 태도를 보여온 것이 문제시되었기 때문일 가능성이 크다.[자료12] 신문왕은 즉시 난을 진압하고 일당을 모두 잡아 주살하였다. 그리고 8월 16일에 교서를 반포하여 그들의 죄상을 일일이 열거하며 준엄하게 꾸짖는 한편으로 난에 연루된 자들을 철저히 색출하여 처단하겠다는 의지를 천명하였다.[자료13]

과연 신문왕은 교서를 반포한 지 12일 만인 28일에 전격적으로 병부령兵部令인 김군관金軍官과 그의 장남을 잡아 자진自盡시키고, 또 다시 교서를 반포하여 '역모를 알고도 알리지 않은 죄'로 그들을 처단했음을 공시하였다.[자료14] 김군관은 667년에 남천주총관南川州摠管이 된 이후 문무왕 대에 활발한 군사 활동에 참여하다가 680년에는 신라 최고의 관직인 상대등上大等에까지 오른 인물이었다. '역모를 알고도 알리지 않은 죄'는 그런 인물을 참형에 처할 정도로 중대한 죄목으로 보기는 어렵다. 교서에서 국왕을 섬기는 덕목으로 '충忠'과 '불이不二'의 의리를 강조한 것으로 보아, 명시적인 죄목보다는 평소 전제왕권에 불만을 품어온 그의 태도에 대한 징벌이었다 함이 타당하다. 이는 문무왕 대에 국사에 태만했다 하여 2명의 진골귀족을 참형에 처했던 것을 연상케 한다.

신문왕은 두 차례 반포한 교서에서 연루된 자들의 높은 벼슬이 '재才'로써 올라간 것이 아니라 '은恩'이나 '반서班序'로써 올라갔다는 것을 강조하였다. 여기에서 '재'란 능력을, '은'과 '반서'란 능력과는 무관한 신분 서열을 의미하는 것으로 이해되는데, 이는 앞으로는 신분보다는 능력을 우선시하겠다는 인사의 방향을 천명한 것이다. 이 경우 능력은 곧 유교정치이념에 충실한 관료를 염두에 둔 것이다. 과연 신문왕은 그 이듬해(682)에 이러한 관료군을 양성하기 위한 국립교육기관으로 국학國學을 설치하였다.[자료15]

683년에 신문왕은 엄중한 절차를 밟아 김흠운金欽運의 딸을 새 왕비로 맞았다.[자료16] 장인 김흠운은 무열왕의 사위로서 655년 백제와의 전투에서 용맹하게 싸우다 장렬하게 전사한 맹장이었다.[자료17] 왕비로 맞이하는 절차에는 개원愷元, 삼광三光, 문영文穎 등이 중요한 역할을 담당하였다. 개원과 삼광은 각각 무열왕 김춘추와 김유신의 아들이고, 문영은 김유신이 계백 장군과 황산벌 전투를 치를 때 선봉장을 맡을 정도로 김유신가와 인연이 남달랐던 자였다. 이처럼 장인은 물론이고 납비納妃의 절차에 참여한 이들이 하나같이 왕권과 밀착한 인물들이었으니, 새 왕비를 맞이하는 절차 자체가 전제왕권을 강화하려는 의식의 일환이었음을 알 것이다.

이후 신문왕은 687년에 문무관료들에게 토지[文武官僚田]를 나누어 줄 것을 하교하였고, 689년에는 기왕의 녹읍祿邑을 혁파하고 대신 매년 조[歲租]를 나누어 주는 것으로 대체할 것을 지시하였다.[자료18 · 19] 문무관료전이란 국왕의 지휘를 받아 국가의 공무에 종사하는 관료들에 대한 경제적 보상을 의미하고, 녹읍이란 전통적으로 진골귀족들이 지배권

신문왕릉
경주시 배반동에 있는 신라 제31대 신문왕의 능이다. 신문왕은 삼국통일을 이룩한 무열 · 문무왕의 뒤를 이어 통일 국가의 기틀을 새로 정비하는 데 온 힘을 기울였다. 즉위년에 김흠돌이 중심이 되어 일으킨 반란을 진압하면서 전제왕권을 구축하였고, 이를 바탕으로 국학 설치, 토지제도 개혁, 9주5소경제 완비, 중앙 정치조직과 군사제도 재정비 같은 굵직굵직한 사안을 과감하게 처리하였다. 신문왕릉 주위에는 망덕사 · 사천왕사 · 황복사 등의 절터가 있다.

을 행사하던 일정지역의 토지를 말한다. 따라서 문무관료전을 지급한 것은 국왕의 충복인 관료들에 대한 경제적 기반을 마련해 준 것을, 녹읍을 세조로 대체케 한 것은 진골귀족의 경제적 기반을 국가가 관리하고 제약하겠다는 것을 의미하는 것이다. 이는 전제정치의 경제적 기반을 마련하기 위한 토지제도의 일대 정비 과정이었다.

성덕왕은 재위 21년(722)에 백성들에게 정전[百姓丁田]을 나누어 주도록 하였다.[자료20] 백성정전의 지급은 그간 백성들이 경작해 오던 토지에 대하여 국가가 체계적인 관리를 하기 시작한 것을 의미하는 것으로, 신문왕 대 문무관료전의 신설과 녹읍의 혁파 및 세조의 지급 등과 함께 중대 전제정치를 뒷받침하는 토지제도의 완비를 의미한다.

전제정치의 한계 — 무열왕가와 김유신가의 합작품

전제정치는 무열왕, 문무왕, 신문왕으로 이어진 강력한 왕권을 바탕으로 성립되긴 하였지만 상당한 한계를 가지고 있었다. 먼저 중대의 전제정치는 김유신 가문의 협조에 의해 이루어진 무열왕가와 김유신가의 공동정권적인 성격이 농후했다. 무열왕의 즉위는 물론 문무왕의 진골에 대한 숙청의 과정에서 김유신의 군사력이 크게 작용했음은 물론이다. 이런 이유로 인해 무열왕계 정권에서 김유신 일가가 차지하는 영향력은 적지 않았다. 심지어는 인사에 개입하기도 하였다. 예를 들어 문무왕 원년(661)에 김유신은 자기 휘하의 병사 열기裂起와 구근仇近 등이 큰 공을 세운 것을 치하하고 그들에게 임의로 급찬級飡의 직위를 내렸는가 하면, 다시 이들을 사찬沙飡으로 승진시켜 줄 것을 건의하여 국왕이 난색을 표명했음에도 불구하고 이를 관철시킨 적이 있었다. 그리고 후에 유신의 아들 삼광三光은 열기의 청탁을 받고 직권으로 그를 삼년산군 태수로 임명하기도 하였다.[자료21]

이러한 김유신가의 영향력은 중대 전제정치의 부담으로 작용했을 가능성이 크다. 전제정치란 국가의 모든 권력이 국왕에게 집중되는 것을 전제로 하는 정치형태를 의미하기 때문이다. 따라서 무열왕계 정권은 점차 김유신가의 영향력을 배제하려 하였을 것이고, 그 과정에서 갈등과 분쟁이 생길 수 있었다. 그 조짐은 성덕왕聖德王 대에 나타났다. 성덕왕이 유신의 적손 윤중允中을 신임하고 중용하는 것에 대하여 무열왕계 종친들이 '친친親親'의 논리를 내세워 그를 멀리할 것을 건의했던 대목에 잘 나타난다. 성덕왕이 김유신의 공적을 상기시키면서 종친들의 건의를 물리치긴 하였지만, 김유신 일가가 무열왕계의 견제를 받아 정권에서 점점 소외되어 갔던 추세를 엿보기에는 충분하다.[자료22]

미추왕릉

김유신가의 소외감은 점차 무열왕계 정권과의 갈등 요인이 되었다. 혜공왕惠恭王대에 김유신의 혼령이 신라 김씨왕가의 시조 격인 미추왕味鄒王의 능에 이르러 자신의 자손이 죄 없이 죽임을 당한 것에 대하여 통곡으로 호소했다는 설화가 전하는데, 이 이야기는 김유신의 후손이 소외당하고 심지어는 탄압당했던 정황을 보여준다.[자료23] 이 단계에 이르면 김유신의 후손이 무열왕계 정권에 반대하는 진골귀족의 진영에 가담했을 가능성도 배제할 수 없다.

전제왕권, 진골귀족에 의해 휘둘리다

어린 왕이 즉위한 것도 전제정치의 안정성을 해친 요인 중의 하나였다. 신문왕의 뒤를 이어 692년에 즉위한 효소왕孝昭王이 6세의 어린 나이로 즉위하자, 모후가 섭정을 하는 상황이 되었다. 모후는 무열왕의 아들 개원愷元을 상대등으로 삼고, 왕권에 우호적이던 김순원金順元을 중시로 임명하여 국왕친위체제를 강화하려 하였으나 역부족이었다. 결국 700년(효소왕 9)에 경영慶永의 난이 일어났고, 난의 와중에서 김순원이 파직당하면서, 국왕친위체제도 힘이 빠지고 말았다.[자료24] 마찬가지로 후에 혜공왕이 8세의 어린 나이로 왕위에 올랐던 것도 결국 전제왕권의 파탄을 가져오는 원인이 되었다.

국왕이 정략결혼을 했던 것과 왕비가 자주 출궁出宮을 당했던 것 역시 중대 전제왕권의 한계를 보여준다. 먼저 신문왕이 태자 시절 김흠돌의 딸과 결혼한 것은 진골귀족과의 타협을 위한 일종의 정략결혼이었을 가능성이 크다. 그런데 신문왕 즉위 직후에 김흠돌이 반란을 일으켰고, 그의 딸인 왕비가 출궁을 당하였다. 신문왕 대만 하여도 무열왕과 문무왕으로부터 이어온 강력한 전제왕권이 여전히 작동하고 있었고, 김유신 가문의 협조도 정상 가동되고 있었으므로, 결과적으로 난을 무난히 진압하고 전제정치를 더욱 확고하게 정착시킬 수 있었다. 그렇지만 이는 정략결혼으로 인해 전제왕권이 추락할 수도 있다는 우려를 환기시키는 계기가 되기도 하였다.

이후 중대 왕실에서 정략결혼과 왕비 출궁이 빈번히 일어났다. 성덕왕은 즉위 2년(703)에 김원태金元泰를 중시에 임명하고 이듬해에 그의 딸을 왕비(엄정왕후嚴貞王后 혹은 성정왕후成貞王后)로 맞았다. 이는 김원태로 대표되는 진골귀족과 타협하기 위한 정략결혼의 가능성이 농후하다. 이러한 타협은 엄정왕후 소생의 중경重慶이 태자에 책봉되는 715년까지는 유지되는 듯하였다. 그러나 그 이듬해에 엄정왕후가 갑작스레 출궁당하면서 상황은 급변하였다.[자료25] 태자 중경까지 717년에 죽음을 맞았다. 김원태를 중심으로 한 진골귀족의 위세가 급등하는 것에 위협을 느낀 국왕이 강력하게 견제한 결과가 아니었을까 한다.

그런데 성덕왕은 720년에 김순원의 딸을 왕비(소덕왕후炤德王后)로 들였다. 성덕왕이 김순원 세력을 끌어들여 새로운 국정의 동반자로 삼고자 했던 것을 알 수 있다. 김순원은 전왕 효소왕 때 중시로 임명되었다가 경영의 난에 연루되어 파직당한 적이 있는 유력한 진골귀족이었다. 결국 성덕왕은 정략결혼과 왕비의 출궁 및 새 왕비의 들임을 반복하여 국정의 파트너를 선택하고 교체하면서 진골귀족을 관리했던 것이니, 이는 곧 왕권의 실체와 한계를 동시에 보여준 것이었다.

성덕왕의 뒤를 이어 즉위한 효성왕孝成王은 박씨의 왕비를 들임으로써 새로운 세력과의 연대를 시도하였다. 그러나 재위 3년(739) 김순원의 딸을 새로운 왕비(혜명왕후惠明王后)로 맞고 왕의 아우 헌영憲英을 태자로 책봉하였다.[자료26] 효성왕 자신이 김순원의 외손자였으니 새로운 왕비는 왕의 이모였던 셈이다. 헌영 역시 김순원의 외손자였음은 물론이다. 부왕 성덕왕 대 이래 실세로 대두한 김순원이 효성왕 대에 이르러서는 국왕을 넘어서는 막강 권력자가 되어 있었다. 740년에 박씨 왕비의 부친으로 추정되는 영종永宗이 난을 일으켜 김순원 세력에 대항하려 했으나 역부족이었다.[자료27]

경덕왕 대에도 왕비의 출궁과 후비의 들임은 반복적으로 일어났다. 즉위년(742)에 김순정金順貞의 딸을 왕비(삼모부인三毛夫人)로 맞았는데, 그 이듬해에 후사後嗣가 없다 하여 출궁시키고 김의충金義忠의 딸을 새 왕비(만월부인滿月夫人)로 맞았다.[자료 28 · 29 · 30] 선비先妃 삼모부인의 부친인 김순정은 성덕왕 4년(705)에 중시로 임명된 신정信貞과 동일인으로 추정되는 자로, 한때 신라 최고 관직인 상재上宰의 자리에까지 올랐던 유력 진골귀족이었다.[자료31] 또한 후비後妃 만월부인의 부친인 김의충은 효성왕 때 중시가 된 적이 있고 성덕왕 때에는 당으로부터 패강 이남의 땅을 사여받는 과정에서 중심 역할을 수행했던 적이 있던, 역시 출중한 진골귀족이었다.[자료32] 그렇다면 경덕왕이 선비先妃를 출궁하고 후비를 새로 들인 것은 국정 파트너를 교체하여 정국을 개편하기 위한 방편이었다고 할 수 있다.

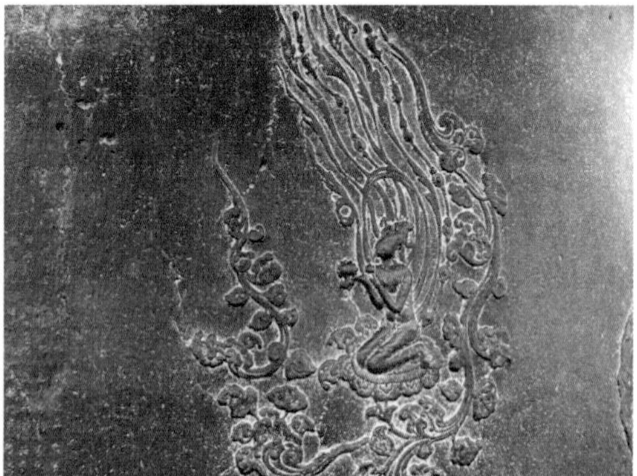

▼ **성덕대왕신종 비천상**
돋을새김한 종명을 사이에 두고 2구씩 마주보며, 4구가 연화좌(蓮花座) 위에 무릎을 꿇고 손에는 향로를 들고 공양을 드리고 있다. 주위에는 보상화가 구름처럼 생동감 있게 피어오르고 있다.

▲ **성덕대왕신종**
신라 경덕왕이 아버지 성덕왕의 명복을 빌려고 만들어 봉덕사에 봉안한 동종이다. 봉덕사종이나 에밀레종이라고 부른다. 지금은 경주국립박물관 야외에 전시되어 있다. 이 종은 우리나라에서 가장 클 뿐만 아니라 극치에 이른 조각상을 구비하고 있다. 특히 종신에 새겨진 비천상과 주위를 둘러싼 보상화는 천상 세계를 극적으로 표현하였다고 평가된다. 그뿐만 아니라 종신에 돋을새김으로 새긴 830자에 달하는 긴 글은 성덕왕의 공덕을 찬양하고, 종소리를 통해서 성덕왕의 공덕이 널리, 그리고 영원히 민중들 속에 퍼지기를 바라는 마음을 담고 있다.

그러나 이러한 정국 개편은 이후 왕권의 부담으로 작용하였다. 삼모부인은 출궁당했음에도 세력이 건재하였다. 그녀는 경덕왕 13년(754)에 황룡사종을 주조하는 데 막대한 재화를 희사하였다.[자료33] 그리고 그녀와 남매관계였을 것으로 추정되는 김옹金邕도 세력을 키워갔다. 김옹은 760년에 시중侍中이 되었고, 경덕왕 대에 국가적 차원에서 추진하여 혜공왕 7년(771) 완성한 성덕대왕신종聖德大王神鐘 조성사업에 최고 책임자로 활약하였다. 김순정의 후손들은 다시 정권을 장악해 갔고, 전제왕권은 점차 설 자리를 잃어갔다.

중대 전제정치, 마침내 무너지다

전제정치는 국왕이 강력한 왕권을 바탕으로 일률적으로 지배하는 정치 형태이다. 무열왕과 문무왕, 그리고 신문왕을 거치면서 이러한 전제정치가 확고하게 성립된 것처럼 보였다. 그러나 그것은 애초부터 김유신가와의 공동정권적 성격이 강한 것이어서 상당한 한계를 내포할 수밖에 없었다. 그리고 이러한 한계는 이후 진골귀족이 득세하면서 더욱 증폭되어 갔다. 어린 왕이 즉위하여 국정에 대한 관리와 통제가 여의치 않은 경우가 생겼고, 국왕은 득세한 진골귀족과 정략결혼을 하거나 폐비廢妃와 납비納妃를 반복하여 국정의 파트너를 바꾸는 미봉책에 의존하는 상황이 자주 발생하였다. 그리고 그 과정에서 진골귀족의 반란 사건도 자주 일어났다. 왕권은 약화되었고 전제정치는 와해되어 갔다.

전제정치의 와해 조짐은 이미 경덕왕 하반기부터 분명해졌다. 재위 16년(757)에 녹읍을 부활할 수밖에 없었던 것이 그 상징적 사건이었다.[자료34] 앞에서 살폈듯이 녹읍은 기본적으로 진골귀족의 경제적 기반이었다. 신문왕이 689년에 녹읍을 폐지하고 세조歲租의 지급으로 대체한 것은 국왕이 진골귀족의 경제적 기반을 관리·통제하는 체제를 구축한 것을 의미한다. 그런데 경덕왕은 68년 만에 그런 녹읍을 부활했던 것이니, 이는 곧 진골귀족의 요구에 국왕이 무력하게 굴복한 것을 의미한다. 그리고 2년 후인 759년에 경덕왕은 자신이 이전에 출궁시켜 버렸던 삼모부인三毛夫人의 오빠(혹은 남동생) 김옹金邕을 중시에 임명하였다. 국왕의 자의에 의한 것이라기보다는 세력의 추세에 떠밀려 어쩔 수 없이 선택한 것이었다. 이 해에『삼국사기』에서는 '도성에서 귀신의 북소리가 났다' 하고,『삼국유사』에서는 '해 두 개가 나타났다' 하여 이러한 분위기를 은유적으로 표현하고 있다.

이런 상황에서 8세의 어린 나이에 즉위한 혜공왕이 진골귀족을 통제한다는 것은 불가능한 일이었다. 국왕과 진골귀족이 양립하는, '해 두 개가 나타나는' 현상은 지속되었다. 즉위 4년(767)에 대공大恭과 아우 대렴大廉 등이 왕궁을 33일간이나 포위하는 대규모 반란 사건이 터졌고, 96명의 각간이 작란하여 혼란이 전국으로 퍼져갔다.[자료35] 모반 사건은 769년, 775년, 780년에 잇따라 일어났다. 이로써 국왕은 통제력을 완전 상실하였고, 진골귀족들은 저마다 거병하여 서로 세력을 다투는 무정부 상태가 되었다. 780년에 김지정金志貞이 난을 일으켜 궁궐을 포위 공격하자, 상대등 김양상金良相과 이찬 김경신金敬信 등이 거병하여 난을 저지하고 김지정을 주살했으나, 그 와중에 혜공왕도 결국 시해당하고 말았다.[자료36] 이것이 무열왕 이후 중대 왕권이 추구해 온 전제정치의 최후였다.

자료샘

자료 1

여름 4월에 임금이 명을 내려 진골로써 관직에 있는 사람은 아홀牙笏[주1]을 갖게 하였다.

原文 四年 夏四月 下敎 以眞骨在位者 執牙笏

_『삼국사기』 권5, 진덕왕 4년(650)

주1 아홀 : 신하가 왕을 알현할 때 손에 쥐던 상아로 만든 물건.

자료 2

봄 정월 초하루, 임금이 조원전朝元殿에 나아가 백관으로부터 새해인사를 받았다. 새해에 하례하는 예식은 이때부터 시작되었다.

原文 春正月朔 王御朝元殿 受百官正賀 賀正之禮 始於此

_『삼국사기』 권5, 진덕왕 5년(651)

자료 3

5월에 이방부령[주2] 양수良首 등에게 명하여 율령[주3]을 자세히 살펴 이방부理方府[주4]의 격格 60여 조를 가다듬어 정하게 하였다.

原文 五月 命理方府令良首等 詳酌律令 修定理方府格六十餘條

_『삼국사기』 권5, 태종무열왕 원년(654)

주2 이방부령 : 이방부의 장관.

주3 율령 : 당의 율령을 지칭함.

주4 이방부 : 법률사무를 담당하던 신라의 관서. 진덕여왕 대에 처음 설치함.

자료 4

전공을 논하여 본피궁本彼宮의 재화와 재물과 밭과 건물과 노비를 반으로 나누어 유신과 인문에게 주었다.

原文 論功 中分本彼宮財貨田莊奴僕 以賜庾信仁問

_『삼국사기』 권6, 문무왕 2년(662)

자료 5

겨울 10월 22일, 유신에게 태대각간太大角干,[주5] 인문에게 대각간大角干[주6]의 관등을 주었다. 그 밖에 이찬伊飡[주7]과 장수들을 모두 각간[주8]으로 삼았고, 소판蘇判[주9] 이하에게는 모두 한 등급씩을 올려주었다.

原文 冬十月二十二日 賜庾信位太大角干 仁問大角干 已外伊飡將軍等竝爲角干 蘇判已下竝增位一級

_『삼국사기』 권6, 문무왕 8년(668)

주5 태대각간 : 신라 최고의 관등 각간에 2단계 특진을 부여한 특별 관등.

주6 대각간 : 신라 최고의 관등 각간에 1단계 특진을 부여한 특별 관등.

주7 이찬 : 신라 17위 관등 중 제 2위.

주8 각간 : 신라 최고위 관등으로 이벌찬, 이벌간, 서불한 등이라고도 칭함.

주9 소판 : 신라 17위 관등 중 제 3위.

자료 6

말 우리 174곳을 나누어 주었다. 관리하는 관청에 22곳, 궁궐에 10곳을 속하게 하고 태대각간 유신에게 6곳, 대각간 인문에게 5곳, 각간 일곱 명에게 각각 3곳, 이찬 다섯 명에게 각각 2곳, 소판 네 명에게 각각 2곳, 파진찬[주10] 여섯 명과 대아찬[주11] 열두 명에게 각각 1곳씩 나누어 주고, 나머지 74곳은 적당하게 나누어 주었다.

原文 頒馬陆凡一百七十四所 屬所內二十二 宮十 賜庾信太大角干六 仁問太角干五 角干七人各三 伊湌五人各二 蘇判四人各二 波珍湌六人大阿湌十二人各一 以下七十四所 隨宜賜之

_『삼국사기』 권6, 문무왕 9년(669)

주10 파진찬 : 신라 17위 관등 중 제4위.

주11 대아찬 : 신라 17위 관등 중 제5위.

자료 7

대당[주12] 총관[주13] 진주와 남천주[주14] 총관 진흠이 거짓으로 병을 핑계 삼아 방탕히 지내며 나랏일을 돌보지 않았으므로, 마침내 그들을 목 베고 아울러 그 일족을 멸하였다.

原文 大幢摠管眞珠南川州摠管眞欽 詐稱病 閑放不恤國事 遂誅之 并夷其族

_『삼국사기』 권6, 문무왕 2년(662)

주12 대당 : 신라 중앙 군단.

주13 총관 : 군단의 장군을 지칭함.

주14 남천주 : 오늘날 경기도 이천에 설치한 주(州).

자료 8

총장總章 원년(668)에 … 또 백제의 여자를 데려다가 우리의 한성 도독 박도유朴都儒에게 시집보내고, 그와 함께 모의하여 몰래 신라의 병장기를 훔쳐 일개 주州를 습격하려 하였으나, 마침 일이 발각되어 즉시 도유의 목을 베어 음모를 성공하지 못하게 하였던 일도 있었다.

原文 至總章元年 … 又將百濟婦女 嫁與新羅漢城都督朴都儒 同謀合計 偸取新羅兵器 襲打一州之地 賴得事覺 卽斬都儒 所謀不成

_『삼국사기』 권7, 문무왕 11년(671) 답설인귀서(答薛仁貴書)[주15]

주15 답설인귀서 : 설인귀가 보내온 글에 대하여 문무왕이 답한 글.

자료 9

한성주 총관 수세藪世가 백제의 □□□□□□를 취하고 저쪽으로 가려다가 일이 발각되어 대아찬 진주眞珠를 보내 목을 베었다.

原文 漢城州摠管藪世取百濟□□□□□□國 適彼 事覺 遣大阿湌眞珠 誅之

_『삼국사기』 권6, 문무왕 10년(670)

자료 10

주16 아찬 : 신라 17위 관등 중 제 6위.

아찬[주16] 대토大吐가 모반하여 당에 붙으려 하였으나, 일이 탄로나 사형에 처하였다. 그의 처와 자식들은 천민으로 만들었다.

原文 阿湌大吐謀叛付唐 事泄伏誅 妻孥充賤

_『삼국사기』 권7, 문무왕 13년(673)

자료 11

8일에 소판 김흠돌金欽突, 파진찬 흥원興元, 대아찬 진공眞功 등이 반란을 꾀하다가 사형을 당하였다.

原文 八日 蘇判金欽突波珍湌興元大阿湌眞功等 謀叛伏誅

_『삼국사기』 권8, 신문왕 원년(681) 8월

자료 12

왕비 김씨는 소판 흠돌欽突의 딸이다. 임금이 태자로 있을 때 아내로 맞아들였는데, 오래도록 아들을 낳지 못하다가 훗날 자신의 아버지의 반란에 연루되어 궁에서 쫓겨났다.

原文 王后 妃金氏 蘇判欽突之女 王爲太子時 納之 久而無子 後坐父作亂 出宮

_『삼국사기』 권8, 신문왕 즉위조

자료 13

16일에 다음과 같은 교서敎書를 내렸다. "공이 있는 자에게 상을 내리는 것은 옛 성인의 좋은 규범이요, 죄가 있는 자를 처벌하는 것은 선왕의 훌륭한 법도이다. 과인은 보잘 것 없는 몸과 두텁지 못한 덕으로써 숭고한 왕업을 이었기에, 먹는 것도 잊고 새벽 일찍 일어나고 밤늦게 자리에 들면서 충신들과 함께 나라를 편안케 하려고 하였더니, 상중喪中에 서울에서 반란이 일어날 것을 어찌 생각이나 하였으랴! 역적의 우두머리인 흠돌·흥원·진공 등은 재주가 있어 벼슬에 오른 것이 아니요, 관직도 실은 은전恩典에 의하여 오른 것이다. 처음부터 끝까지 행실을 삼가 부귀를 보전하지 못하고, 인의仁義롭지 못한 행동으로 복과 위세를 마음대로 부리고 관료들을 업신여겼으며, 아래 위를 가리지 않고 모두 속였으며, 날마다 탐욕스러운 생각을 멋대로 드러내고 난

폭한 마음을 휘둘렀으며, 흉악하고 간사한 자들을 불러들이고 궁중의 내시들과 서로 결탁하여 화근이 안팎으로 통하게 하였으며, 못된 무리들을 모아 날을 정하여 반란을 일으키려고 하였다. 내가 위로는 하늘과 땅의 도움을 받고 아래로는 조상의 신령스러운 보살핌을 받아, 흠돌 등의 악행이 쌓이고 가득 차자 그 음모가 탄로나게 되었다. 이는 곧 사람과 귀신이 모두 배척하는 바요 천지간에 용납될 수 없는 바이니, 의義를 범하고 풍속을 해치는 일에 있어 이보다 더 심한 짓은 없을 것이다. 이리하여 병사들을 모아 못된 무리를 없애고자 하였더니, 어떤 자는 산골짜기로 도망쳐 숨고 어떤 자는 대궐 뜰에 와서 항복하였다. 가지나 잎사귀와 같은 잔당들까지 이미 모두 죽여 없앴으며, 앞으로 사나흘 안에 죄인의 우두머리들도 모두 소탕될 것이다. 어쩔 수 없는 조치였으나 사람들을 놀라게 하였으니, 근심하고 부끄러운 마음을 어찌 한시라도 잊을 수 있겠는가! 지금은 이미 요망한 무리들을 숙청하여 멀고 가까운 곳에 염려할 것이 없으니, 소집하였던 병마를 속히 돌려보내고 사방에 포고하여 이 뜻을 알게 하라."

原文 十六日 下教日 賞有功者 往聖之良規 誅有罪者 先王之令典 寡人以眇躬涼德 嗣守崇基 廢食忘餐 晨興晏寢 庶與股肱 共寧邦家 豈圖縗絰之內 亂起京城 賊首欽突興元眞功等 位非才進 職實恩升 不能克愼始終 保全富貴 而乃不仁不義 作福作威 侮慢官寮 欺凌上下 比日逞其無厭之志 肆其暴虐之心 招納凶邪 交結近竪 禍通內外 同惡相資 剋日定期 欲行亂逆 寡人上賴天地之祐 下蒙宗廟之靈 欽突等惡積罪盈 所謀發露 此乃人神之所共棄 覆載之所不容 犯義傷風 莫斯爲甚 是以追集兵衆 欲除梟鏡 或逃竄山谷 或歸降闕庭 然尋枝究葉 並已誅夷 三四日間 囚首蕩盡 事不獲已 驚動士人 憂愧之懷 豈忘旦夕 今旣妖徒廓清 遐邇無虞 所集兵馬 宜速放歸 布告四方 令知此意

_『삼국사기』 권8, 신문왕 원년(681) 8월

자료 14

28일에 이찬 군관軍官의 목을 베고 교서敎書를 내려 말하였다. "임금을 섬기는 법은 충성을 다하는 것이 근본이며, 벼슬살이 하는 의리는 두 마음을 품지 않는 것이 으뜸이다. 병부령 이찬 군관은 반열의 순서에 따라 마침내 높은 지위에 올랐으나, 임금의 실수와 결점을 보좌하여 결백한 절개를 조정에 바치지 못했고, 명령을 받으면 제 몸을 잊어가며 사직社稷에 충성을 표하지도 않았다. 그리하여 역적인 흠돌 등과 사귀면서 그들이 반역을 꾀한다는 사실을 알고서도 미리 고하지 않았으니, 이는 이미 나라를 걱정하는 생각이 없을 뿐 아니라 공적인 일을 위하여 몸 바칠 뜻도 없는 것이니, 어찌 재상 자리에 두어 나라의 헌장憲章을 함부로 흐리게 할 것인가? 무리들과 함께 처형함으로써 뒷사람들을 경계로 삼는 것이 마땅하리라. 군관과 그의 친아들 한 명은 스스로 목숨을 끊도록 하고, 멀고 가까운 곳에 포고하여 모두가 이것을 알게 하라."

原文 二十八日 誅伊飡軍官 教書曰 事上之規 盡忠爲本 居官之義 不二爲宗 兵部令伊飡軍官 因緣班序 遂升上位 不能拾遺補闕 效素節於朝廷 授命忘軀 表丹誠於社稷 乃與賊臣欽突等交涉 知其逆事 曾不告言 旣無憂國之心 更絶徇公之志 何以重居宰輔 濫濁憲章 宜與衆棄 以懲後進 軍官及嫡子一人 可令自盡 布告遠近 使共知之

_『삼국사기』 권8, 신문왕 원년(681) 8월

자료 15

주17 경 : 차관 격 관직

6월, 국학國學을 세우고 경卿[주17] 1인을 두었다.

原文 六月 立國學 置卿一人

_『삼국사기』 권8, 신문왕 2년(682)

자료 16

주18 납채 : 남자 집에서 혼인을 하고자 예를 갖추어 청하면 여자 집에서 이를 받아들이는 것.

봄 2월에 … 일길찬一吉飡 김흠운金欽運의 작은 딸을 맞아들여 아내로 삼기로 하고, 우선 이찬 문영文穎과 파진찬 삼광三光을 보내 기일을 정하고, 대아찬 지상智常을 보내 납채納采[주18]하게 하였는데, 예물로 보내는 비단이 15수레이고 쌀, 술, 기름, 꿀, 간장, 된장, 포, 젓갈이 135수레였으며, 벼가 150수레였다. … 5월 7일에 이찬 문영과 개원愷元을 김흠운의 집에 보내 책봉하여 부인夫人으로 삼았다. 그날 묘시에 파진찬 대상大常·손문孫文, 아찬 좌야坐耶·길숙吉叔 등을 보내 각각 그들의 아내와 양梁·사량沙梁 두 부部의 여자 각 30명과 함께 부인을 맞아오도록 하였다. 부인이 탄 수레의 곁에서 시종하는 관원들과 부녀자들이 매우 많았는데, 왕궁의 북문에 이르러 부인이 수레에서 내려 대궐로 들어왔다.

原文 春二月 … 納一吉飡金欽運少女 爲夫人 先差伊飡文穎波珍飡三光定期 以大阿飡智常納采 幣帛十五轝 米酒油蜜醬豉脯 醢一百三十五轝 租一百五十車 … 五月七日 遣伊飡文穎愷元抵其宅 冊爲夫人 其日卯時 遣波珍飡大常孫文阿飡坐耶吉叔等 各與妻娘及梁沙梁二部嫗各三十人迎來 夫人乘車 左右侍從官人及娘嫗甚盛 至王宮北門 下車入內

_『삼국사기』 권8, 신문왕 3년(683)

자료 17

흠운이 말을 비껴 탄 채 창을 쥐고 적을 기다리는데, 대사大舍 전지詮知가 달래며 말했다. "지금 적이 어둠 속에서 움직이니 지척에서도 분간할 수 없고, 공이 비록 죽더라도 아무도 알지 못할 것입니다. 더구나 공은 신라의 귀한 신분이며 대왕의 사위입니다. 만약 적의 손에 죽는다면 백제의 자랑거리요, 우리에게는 크나큰 수치가 될 것입니다." 흠운이 말하기를, "대장부가 이미 몸을 나라에 바친 이상 남이 알든 모르든 한가지다. 어찌 감히 명예를 구하겠느냐?"라 하였다. 그가 꼿꼿이 서서 움직이지 않자, 종자가 말고삐를 쥐고 돌아가기를 권하였다. 흠운은 칼을 뽑아 휘두르며 적과 싸워 몇 명을 죽이고 자신도 죽었다.

原文 歆運橫馬握槊待敵 大舍詮知說曰 今賊起暗中 咫尺不相辨 公雖死 人無識者 況公新羅之貴骨 大王之半子 若死賊人手 則百濟所誇詫 而吾人之所深羞者矣 歆運曰 大丈夫旣以身許國 人知之與不知一也 豈敢求名乎 强立不動 從者 握轡勸還 歆運拔劒揮之 與賊鬪殺數人而死

_『삼국사기』 권47, 열전7, 김흠운

자료 18

5월에 교서를 내려, 문호관료전文虎官僚田주19을 차등 있게 내려주었다.

原文 五月 教賜文虎官僚田有差

_『삼국사기』 권8, 신문왕 7년(687)

주19 문호관료전 : 문무관료전(文武官僚田)을 지칭. 고려 혜종의 휘(諱)인 무(武)를 피하여 호(虎)를 대신 쓴 것임.

자료 19

봄 정월에 중앙과 지방 관리들의 녹읍祿邑을 폐지하고 해마다 직위에 따라 조租를 차등 있게 주는 것을 항식恒式으로 삼았다.

原文 春正月 下敎 罷內外官祿邑 逐年賜租有差 以爲恒式

_『삼국사기』 권8, 신문왕 9년(689)

자료 20

가을 8월에 처음으로 백성들에게 정전丁田을 주었다.

原文 秋八月 始給百姓丁田

_『삼국사기』 권8, 성덕왕 21년(722)

주20 순경 : 당에 유학하여 현장 법사(玄奘法師) 문하에서 수학하고 귀국하여 활동한 7세기 신라의 고승.

주21 삼년산군 : 오늘날의 충북 보은군.

자료 21

뒤에 유신의 아들 삼광三光이 정권을 잡았을 때, 열기裂起가 찾아와 군수 자리를 구했으나 허락하지 않았다. 열기가 지원사祗園寺의 승려 순경順憬[주20]에게 말했다. "나의 공로가 큰데도 군수의 자리를 청했으나 얻지 못하였다. 삼광은 아버지가 죽었다 하여 아마도 나를 잊어버렸나 보다." 순경이 삼광에게 이를 말하였더니, 삼광이 삼년산군三年山郡[주21] 태수직을 주었다.

原文 後庾信之子三光執政 裂起就求郡守 不許 裂起與祗園寺僧順憬曰 我之功大 請郡不得 三光殆以父死而忘我乎 順憬說三光 三光授以三年山郡太守

_『삼국사기』 권47, 열전7, 열기

주22 친친 : 자기와 가까운 이로부터 시작하여 멀리 있는 사람에까지 베풀어 가야 한다는 유가의 사상.

자료 22

유신의 적손嫡孫 윤중允中은 성덕대왕聖德大王 때 벼슬이 대아찬에 이르고 여러 차례 왕의 은총을 입자, 왕의 친족들이 그를 몹시 시기하였다. 때는 8월 보름날이었는데, 왕이 월성月城 꼭대기에 올라 경치를 바라보며 시종관侍從官들과 함께 주연을 베풀어 즐기다가 윤중을 불러오라 하였다. 어떤 자가 간언하기를, "지금 종친과 인척들 중에 좋은 사람이 없는 것도 아닌데 어찌하여 유독 소원한 신하를 부르십니까? 이것이 어찌 이른바 친친親親[주22]의 도리에 맞는 일이겠습니까?"라 하였다. 왕이 말하기를, "지금 과인이 경들과 함께 평안하고 무사하게 지내는 것은 윤중의 조부의 덕이다. 만약 공의 말대로 그를 잊어버린다면 선한 이를 선하게 대우하여 그의 자손에까지 미쳐야 한다는 도리에 어긋나는 일이다."라 하였다. 드디어 윤중에게 가까운 자리를 주어 앉게 하고 그 조부의 일생에 대하여 이야기하였다. 날이 저물어 윤중이 물러가기를 고하니 절영산마絶影山馬 한 필을 하사하였다. 이때 여러 신하들은 서운해하며 바라볼 뿐이었다.

原文 嫡孫允中 仕聖德大王 爲大阿飡 屢承恩顧 王之親屬 頗嫉妬之 時 屬仲秋之望 王登月城岑頭眺望 乃與侍從官 置酒以娛 命喚允中 有諫者曰 今 宗室戚里 豈無好人 而獨召疎遠之臣 豈所謂親親者乎 王曰 今 寡人與卿等 安平無事者 允中祖之德也 若如公言 忘棄之 則非善善及子孫之義也 遂賜允中密坐 言及其祖平生 日晩告退 賜絶影山馬一匹 群臣觖望而已

_『삼국사기』 권43, 열전3, 김유신 하

자료 23

제37대[주23] 혜공왕惠恭王 때인 대력大曆[주24] 14년 기미(779) 4월 어느 날, 갑자기 회오리바람이 김유신 공의 무덤에서 일어났다. 그 속에 어떤 사람이 좋은 말을 타고 있었는데, 장군과 모습이 비슷하였다. 그리고 갑옷을 입고 무기를 든 40여 명의 군사가 그 뒤를 따라서 죽현릉竹現陵[주25]으로 들어갔다. 잠시 뒤에 왕릉 속에서 우는 듯한 소리가 진동을 했고 혹 호소하는 소리 같기도 했으니, 그 말은 이러하였다. "신은 평생토록 난국을 구제하고 삼국을 통일한 공이 있었습니다. 지금 혼백이 되었어도 나라를 수호하여 재앙을 없애고 어려움을 구제하려는 마음은 잠시도 변한 적이 없습니다. 그런데 지난 경술년(770)에 신의 자손이 아무런 죄도 없이 죽었습니다. 이것은 왕과 신하가 제 공적을 생각하지 않은 것입니다. 신은 다른 곳으로 멀리 가서 다시는 나라를 위하여 힘쓰지 않을 것입니다. 원하옵건대 왕께서는 이를 허락해 주십시오." 그러자 왕이 대답하였다. "오직 나와 공이 이 나라를 지키지 않는다면 저 백성들을 어떻게 해야 된다는 말이오. 공은 다시 이전처럼 힘써 주시오." 김유신이 세 번을 청하였으나 왕은 세 번 다 허락하지 않았다. 그러자 회오리바람은 이내 돌아갔다.

原文 越三十七世 惠恭王代 大曆十四年己未四月 忽有旋風 從庾信公塚起 中有一人乘駿馬如將軍儀狀 亦有衣甲器仗者 四十許人 隨從而來 入於竹現陵 俄而陵中似有振動哭泣聲 或如告訴之音 其言曰 臣平生 有輔時救難匡合之功 今爲魂魄 鎭護邦國 攘災救患之心 暫無渝改 往者庚戌年 臣之子孫 無罪被誅 君臣不念我之功烈 臣欲遠移他所 不復勞勤 願王允之 王答曰 惟我與公 不護此邦 其如民庶何 公復努力如前 三請三不許 旋風乃還

_『삼국유사』 권1, 기이1, 미추왕 죽엽군

주23 제37대 : 36대의 잘못. 혜공왕은 36대 왕임.

주24 대력 : 당 대종(代宗)의 연호(766~779).

주25 죽현릉 : 미추왕릉의 별칭. 유리왕 대에 대나무 잎을 귀에 꽂은 군사가 미추왕릉에서 나와 침략한 이서국(伊西國)의 군사를 물리쳤다는 설화에서 나온 이름이다.

자료 24

여름 5월, 이찬 경영慶永이 반역을 꾀하다가 사형을 당하였으며, 중시 순원順元이 연좌되어 파면되었다.

原文 夏五月 伊飡慶永[永一作玄]謀叛 伏誅 中侍順元緣坐罷免 六月 歲星入月

_『삼국사기』 권8, 효소왕 9년(700)

자료 25

성정왕후成貞王后[혹은 엄정(嚴貞)이라고 한다]를 궁에서 내보내고, 채색 비단 500필과 밭

200결, 조租 1만 섬과 집 한 채를 주었다.

原文 出成貞[一云嚴貞]王后 賜彩五百匹田二百結租一萬石宅一區

_『삼국사기』 권8, 성덕왕 15년(716)

자료 26

3월에 이찬 순원順元의 딸 혜명惠明을 왕비로 삼았다. 여름 5월에 파진찬 헌영憲英을 태자로 봉하였다.

原文 三月 納伊湌順元女惠明爲妃 夏五月 封波珍湌憲英爲太子

_『삼국사기』 권9, 효성왕 3년(739)

자료 27

8월에 파진찬 영종永宗이 반역을 도모하다가 처형되었다. 이보다 앞서 영종의 딸이 임금의 후궁으로 들어오자 임금이 그녀를 몹시 사랑하여 은총이 날마다 깊어졌다. 왕비가 이를 질투하여 자신의 친척과 함께 모의하여 그녀를 죽이려 하였다. 이에 영종이 왕비와 그의 친척 무리들에게 원한을 갖게 되었고, 이로 인하여 반역을 일으킨 것이다.

原文 八月 波珍湌永宗謀叛 伏誅 先是 永宗女入後宮 王絶愛之 恩渥日甚 王妃嫉妬 與族人謀殺之 永宗怨王妃宗黨 因此叛

_『삼국사기』 권9, 효성왕 4년(740)

자료 28

경덕왕이 왕위에 올랐다. … 왕비는 이찬 순정順貞의 딸이다.

原文 景德王立 … 妃伊湌順貞之女也

_『삼국사기』 권9, 경덕왕 즉위조

자료 29

여름 4월에 서불한 김의충金義忠의 딸을 맞아 왕비로 삼았다.

原文 夏四月 納舒弗邯金義忠女 爲王妃

_『삼국사기』 권9, 경덕왕 2년(743)

자료 30

왕의 음경의 길이가 8치나 되었지만 자식이 없었다. 그래서 왕비를 폐위시키고 사량부인沙梁夫人에 봉하였다. 후비는 만월부인滿月夫人인데 시호가 경수태후景垂太后로, 의충依忠 각간角干의 딸이었다.

原文 王玉莖長八寸 無子 廢之 封沙梁夫人 後妃滿月夫人 諡景垂太后 依忠角干之女也

_『삼국유사』 권2, 기이2, 경덕왕 · 충담사 · 표훈대사

자료 31

(신라사신이) 대답하였다. "우리나라의 상재上宰[주26] 김순정金順貞의 때에는 배와 노가 서로 이어졌으며 항상 직공을 닦았다. …"

주26 상재 : 신라의 최고위 관직.

原文 對曰 本國上宰金順貞之時 舟楫相尋 常脩職貢

_『속일본기(續日本紀)』 권33, 보귀(寶龜) 5년(774) 3월

자료 32

김의충金義忠을 당나라에 보내 새해인사를 올렸다. … 의충이 돌아올 때 황제는 조칙을 내려 신라에 패강浿江(대동강) 이남의 땅을 주었다.

原文 遣金義忠入唐賀正 … 義忠廻 勑賜浿江以南地

_『삼국사기』 권8, 성덕왕 34년(735)

자료 33

신라 제35대 경덕대왕景德大王이 천보天寶 13년 갑오(754)에 황룡사皇龍寺의 종을 주조하였다. 길이가 1장 3치였으며, 두께가 9치였고 무게가 49만 7,581근이었다. 시주한 사람은 효정이왕孝貞伊王과 삼모부인三毛夫人이었다.

原文 新羅第三十五景德大王 以天寶十三年甲午 鑄皇龍寺鍾 長一丈三寸 厚九寸 入重四十九萬七千五百八十一斤 施主孝貞伊王三毛夫人

_『삼국유사』 권3, 탑상4, 황룡사종 · 분황사종 · 봉덕사종

자료 34

3월에 중앙과 지방 관리들의 월봉을 폐지하고 다시 녹읍을 주었다.

原文 三月 除內外群官月俸 復賜祿邑

_『삼국사기』 권9, 경덕왕 16년(757)

자료 35

주27 대공 각간이 반란을 일으키자 : 『삼국사기』에서는 경덕왕 4년(768)의 일로 나옴.

7월 3일 대공大恭 각간이 반란을 일으키자,주27 수도와 5도의 주와 군 등 96각간이 서로 싸워 크게 어지러워졌다. 대공 각간의 집이 망하자 그 집의 보물과 비단 등을 왕궁으로 옮겼다. 신성新城 장창長倉이 불에 탔다. 사량리沙梁里와 모량리牟梁里에 있던 역적들의 보물과 곡식도 왕궁으로 날랐다. 난리가 석 달이나 지속되었다. 상을 받은 사람도 제법 많았지만 죽임을 당한 사람도 셀 수 없이 많았다.

原文 七月三日 大恭角干賊起 王都及五道州郡幷九十六角干相戰大亂 大恭角干家亡 輸其家資寶帛于王宮 新城長倉火燒 逆黨之寶穀在沙梁牟梁等里中者 亦輸入王宮 亂彌三朔乃息 被賞者頗多 誅死者無算也

_『삼국유사』 권2, 기이2, 혜공왕

자료 36

이찬 김지정金志貞이 반란을 일으키고 무리들을 모아 궁궐을 포위하여 침범하였다. 여름 4월에 상대등 김양상金良相이 이찬 경신敬信과 함께 병사를 일으켜 지정 등을 죽였다. 임금과 왕비는 난리 중에 살해되었다. 양상 등이 임금의 시호를 혜공왕惠恭王이라 하였다.

原文 伊飡金志貞叛 聚衆 圍犯宮闕 夏四月 上大等金良相與伊飡敬信 擧兵誅志貞等 王與后妃爲亂兵所害 良相等諡王爲惠恭王

_『삼국사기』 권9, 혜공왕 16년(780)

출전

『삼국사기』

『삼국유사』

『속일본기(續日本紀)』 : 헤이안시대(平安時代, 794~1185)에 국가가 편찬한 편년체 정사. 육국사의 하나로 『일본서기』에 이어 두 번째로 편찬되었다. 헤이안시대 초기인 797년에 칸무천황(桓武天皇)의 명으로 스가노 마미치(菅野眞道), 후지와라 쓰구타다(藤原繼縄) 등이 편찬하였다. 몬무천황(文武天皇) 원년(697)부터 칸무천황 재위기인 791년까지의 역사를 기록하고 있어, 일본 나라시대(奈良時代) 연구에 중요한 사료가 되고 있다.

찾아읽기

이기동,『신라골품제사회와 화랑도』, 일조각, 1984.

김수태,『신라중대 정치사연구』, 일조각, 1996.

이기백,『한국고대정치사회사연구』, 일조각, 1996.

박해현,『신라중대정치사연구』, 국학자료원, 2003.

채미하,『신라 국가제사와 왕권』, 혜안, 2008.

신형식,『한국고대사의 새로운 이해』, 주류성, 2009.

신정훈,『8세기 신라의 정치와 왕권』, 한국학술정보, 2010.

김철준,「신라 귀족세력의 기반」,『인문과학』7, 연세대학교 문과대학, 1962.

신형식,「무열왕권의 성립과 활동」,『한국사논총』2, 1984.

신종원,「신라 오대산사적과 성덕왕의 즉위배경」,『최영희선생화갑기념 한국사학논총』, 1987.

김영미,「성덕왕대 전제왕권에 대한 일고찰」,『이대사원』22 · 23, 1988.

이명식,「신라 중대왕권의 전제화과정」,『대구사학』38, 1989.

신형식,「신라 중대 전제왕권의 전개과정」,『산운사학』4, 1990.

신형식,「신라 중대 전제왕권의 특질」,『국사관논총』20, 1990.

김희만,「신라 신문왕대의 정치상황과 병제」,『신라문화』9, 1992.

전덕재,「신라 녹읍제의 성격과 그 변동에 관한 연구」,『역사연구』1, 1992.

박해현,「신라 효성왕대 정치세력의 추이: 효성왕의 즉위과정을 중심으로」,『역사학연구』12, 1993.

이기백,「신라 전제정치의 성립」,『한국사 전환기의 문제들』, 한국사연구회, 1993.

이기백,「신라 전제정치의 붕괴과정」,『학술원논문집』34, 1995.

강봉룡,「통일기 신라의 토지분급제도의 정비」,『국사관논총』69, 1996.

박해현,「신라 경덕왕대의 외척세력」,『한국고대사연구』11, 1997.

이문기,「경덕왕기 군제개혁의 실태와 신군제의 운용」,『신라병제사연구』, 일조각, 1997.

박찬흥,「신라 녹읍의 수취에 대하여」,『한국사학보』6, 1999.

이경식,「신라시대 녹읍제의 시행과 그 추이」,『역사교육』72, 1999.

최홍조,「신문왕대 김흠돌 난의 재검토」,『대구사학』58, 1999.

전덕재,「신라시대 녹읍의 성격」,『한국고대사논총』10, 2000.

김영하,「삼국시대의 왕과 권력구조」,『한국사학보』12, 2002.

박해현,「신라 성덕왕대 정치세력의 추이」,『한국고대사연구』31, 2003.

김영하,「신라 중대왕권의 기반과 지향」,『한국사학보』16, 2004.

이순근,「녹읍수취의 내용에 대하여」,『역사와 현실』52, 2004.

박용국,「통일전쟁기 신라 정치세력의 구성과 변화」, 경북대학교박사학위논문, 2005.

5 전제정치의 기틀을 마련하다

정치기구의 정비와 골품제

신라의 정치기구는 신문왕 대에 완비되었다. 당의 6전(典) 조직에 준하는 행정기관과 당의 5단계에 상응하는 관직체계도 정비되었다. 행정기관과 관원체계를 독려 · 감시하는 감찰기관도 마련되어 전제정치를 뒷받침하였다. 그러나 한편으로 이러한 정치기구에는 골품제가 작용하여 전제정치를 제약하는 요인이 되기도 하였다.

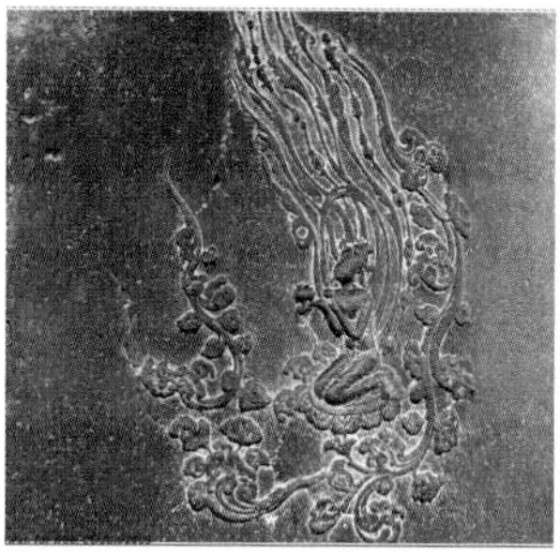

행정기관과 관원조직

신라의 행정기관은 몇 단계를 거쳐 확충 · 정비되어 갔다. 제1단계는 법흥 · 진흥왕 대이다. 먼저 법흥왕은 재위 3년(516)에 신라 최초의 행정기관인 병부兵部를 설치하였다. 당시 병부는 유일의 최고 기관으로서 본연의 군사 업무뿐 아니라 행정 전반에 걸쳐 두루 강력한 영향력을 행사하였다. 법흥왕은 병부를 중심으로 국가의 전권을 장악하고 진골귀족을 통제하면서 율령 반포(520), 불교 공인(527년 이차돈 순교, 528년 불교 공인), 상대등 설치(531), 금관가야 병탄(532) 등의 획기적인 대내외 업적을 쌓을 수 있었다. 이후 병부는 조직을 거듭 확대 · 강화해 가면서 진흥왕 대의 정복전쟁은 물론, 무열 · 문무왕 대에 삼국통일전쟁을 전개하는 데 핵심 역할을 담당하였다.[자료1]

진흥왕은 즉위 26년(565)에 품주稟主를 설치하여 병부와 함께 국가의 양대 행정기관으로 삼았다. 품주는 진평왕 대에 조세 업무를 관장하는 조부調府로 분화하였고, 진덕여왕 대에는 행정을 총괄하는 집사부執事部와 재정 지출 업무를 관장하는 창부倉部로 분화함으로써 그 소임을 다하고 해체되었다.

제2단계는 진평왕 대이다. 진평왕은 재위 3년(581)에 인사업무를 관장하는 위화부位和府를 설치한 이후, 6년(584)에 품주에서 조부調府를 나누어 설치하고, 아울러 교통수단을 관장하는 승부乘府를 설치하였다. 또한 8년(586)에는 교육과 의례를 관장하는 예부禮部를, 43년(621)에는 외국 사신의 접대를 관장하는 영객부領客府를 각각 설치하였다. 이로써 병부와 품주 중심의 초보적인 행정기관 체제를 한 단계 높게 정비하는 단초를 마련하였다.

제3단계는 진덕여왕 대였다. 진덕여왕은 재위 5년(651)에 잔존한 품주를 집사부와 창부로 나누어 설치하고 해체시켰으며, 아울러 법률 업무를 관장하는 이방부理方府를 새로 설치하였다.[자료2] 집사부는 신라의 최고 행정기관으로서 그 장관인 중시中侍는 국왕을 보좌하여 행정을 총괄 집행하여 진골귀족을 견제하고 왕권을 강화하는 역할을 담당하였다.[자료3] 진덕여왕 대의 이러한 기관 정비는 당시의 실권자였던 김춘추에 의해 주도되어, 중대 전제정치가 출범할 수 있는 기틀을 마련하였다.

제4단계는 삼국통일전쟁을 수행한 무열 · 문무왕 대와 통일신라의 체제를 완비한 신문왕 대였다. 먼저 무열왕은 즉위 직후에 이방부를 통해 진골귀족을 통제하고 왕권을 강화하기 위한 새로운 율령체계의 정비에 나섰다.[자료4] 이를 이어 문무왕은 재위 7년(667)에 좌 · 우의 이방부로 확대 개편하여 율령체제의 보완에 박차를 가했다.[자료5] 그리고 선부船府를 설치하여 병부에서 선박을 관장하는 업무를 분장시켰는가 하면, 재위 17년(677)과 21년에는 각각 좌 · 우의 사록관司祿館을 설치하여 진골귀족의 경제적 기반인 녹읍祿邑을 관리 · 통제하는 업무를 관장하게 하였다.[자료6] 신문왕은 재위 2년(682)에 국립교육기관인 국학國學을 설치하여 유교이념에 충실한 관료군의 양성에 본격 나섰으며, 6년(686)에는 건축 · 토목의 업무를 관장하는 예작부例作府를 신설하였다. 재위 9년(689)에 녹읍을 폐지하여 매년 조租를 차등 지급하는 것(세조歲租)으로 대체한 것은 문무왕 대에 설치한 좌우사록관의 기능을 더욱 강화시킨 것을 의미한다.

이로써 신라의 중앙 행정기관은 완비되었으니, 이는 당의 6전典 조직(이 · 호 · 예 ·

병 · 형 · 공부)에 준하는 행정체계의 완성을 의미한다. 즉 위화부는 이부吏部에, 조부와 창부와 좌우사록관은 호부戶部에, 예부는 예부禮部에, 병부는 병부兵部에, 좌우이방부는 형부刑部에, 예작부는 공부工部에 해당한다. 이와 함께 각 기관의 관원조직官員組織도 4단계 조직에서 5단계 조직으로 정비되었다. 원래는 '영令-경卿-대사大舍-사史'의 4단계였는데, 신문왕 5년(585)에 사지舍知를 4등관으로 첨설하여 '영-경-대사-사지-사'의 5단계 조직으로 완성한 것이다. 이는 당 6전 조직의 5단계 관원 체계인 '상서尙書-시랑侍郞-낭중郎中-원외랑員外郞-주사主事'에 상응하여 정비한 것이었다.

감찰기관

행정기관과 관원조직의 정비는 곧 국왕이 공적으로 임명한 관원들에게 힘을 실어주고 진골귀족의 사적인 권력기반을 제한하는 효과적인 관료체계의 정비를 의미한다. 행정기관이 증설되고 관원조직이 확장되어 감에 따라 이들의 정상 가동을 독려하고 감시할 감찰기관이 필요하게 되고, 그 비중도 높아질 수밖에 없었다.

중앙 행정기관과 그 관원조직을 감시 · 독려한 감찰기관으로 사정부司正府가 있었다. 『삼국사기』 직관지에 의하면 사정부가 창설된 것은 무열왕 6년(659)이라 되어 있지만, 그 차관직인 경卿이 설치된 것은 진흥왕 5년(544)으로 되어 있다.[자료7] 사정부는 진흥왕 대에 처음 설치되었고, 이후 확충되어 무열왕 대에 완비되었던 것이다.

감찰기관은 중앙 행정기관뿐 아니라 지방의 주군州郡과 왕실행정을 전담하는 내성內省의 기구에까지 확대 설치되었다. 먼저 문무왕은 재위 13년(673)에 처음으로 주州에 2인, 군郡에 2인씩, 총 133인(9주×2명+115군)의 외사정外司正을 파견하였다.[자료8] 외사정이란 주와 군에 파견된 지방관을 감시 · 규찰하기 위해 파견한 감찰관이었다. 문무왕이 이런 외사정을 주군에 파견한 것은 당시 당과 전쟁을 치르고 있던 긴박한 상황에서 지방관의 이반을 막고 민심을 수습할 필요가 있었기 때문이었다.

경덕왕은 재위 5년(746)에 내사정전內司正殿을 설치하였다. 내사정전은 왕실행정을 전담하는 내성內省의 기구가 확대됨에 따라 이에 대한 감시와 통제의 필요성이 있어

전담 감찰기관으로 설치된 것이다.[자료9]

골품제의 제약

여러 행정기관들은 국왕의 공적 통치를 뒷받침하는 관료체제의 근간을 이루고, 감찰기관은 이에 대한 감시와 규찰을 통해서 그들이 정상적으로 가동할 수 있게 하기 위해 설치한 관리 · 감독 기관이었다. 이들은 국정의 전권을 국왕 한 사람이 행사하는 중대中代 전제정치專制政治를 구현하기 위해 반드시 갖춰야 할 제도적 장치였다. 그렇지만 이러한 제도적 장치에는 국왕의 공적 권력만 작용했던 것이 아니라, 진골귀족의 사적 권력이 작용하기도 하였다. 신라 특유의 신분제인 골품제 때문이었다.

골품제란 최고 신분인 진골귀족과 제2의 신분층인 두품頭品귀족(6두품, 5두품, 4두품)을 엄밀히 구분하여 각각의 특권과 한계를 명확히 규정한 신라 특유의 신분제였다. 이러한 골품제의 신분적 차별성은 오를 수 있는 관등의 범위와 특정 관직에 취임할 수 있는 자격 요건을 결정하였다.

신라의 관등官等은 17등 관등체계로 이루어졌다. 이벌찬(1), 이찬(2), 잡찬(3), 파진찬(4), 대아찬(5), 아찬(6), 일길찬(7), 사찬(8), 급벌찬(9), 대나마(10), 나마(11), 대사(12), 사지(13), 길사(14), 대오(15), 소오(16), 조위(17)가 그것이다. 골품제에 의하면 진골귀족은 모든 관등에 오를 수 있었던 반면, 6두품은 아찬(6) 관등까지, 5두품은 대나마(10)까지, 4두품은 대사(12)까지만 오를 수 있었다. 따라서 아찬까지 올라간 6두품은 더 이상 올라갈 수 없게 되어 현상 유지에 만족해야 했다. 이러한 엄중한 신분적 제약을 완화하기 위해 중위제重位制라는 일종의 특진의 길을 마련하기도 하였다. 예를 들어 사중아찬四重阿飡까지 설정하여 아찬에까지 오른 6두품에게 아찬의 관등 안에서 중아찬, 2중아찬, 3중아찬, 4중아찬으로 승진할 수 있는 길을 터준 것이다. 그렇지만 이는 6두품이 대아찬 이상으로 승진할 수 없다는 골품제의 엄중한 차별성을 재확인시켜 줄 뿐이었다.

골품제는 특정 관직에 취임할 수 있는 관등의 범위를 제한하여 최고의 관직은 진골

| 골품제와 관등의 상관관계표

등급	관등명	중위제	골품제
1	이벌찬伊伐飡		진골
2	이찬伊飡		
3	잡찬迊飡		
4	파진찬波珍飡		
5	대아찬大阿飡		
6	아찬阿飡	중아찬~4중아찬	6두품
7	일길찬一吉飡		
8	사찬沙飡		
9	급벌찬級伐飡		
10	대나마大奈麻	중나마~9중나마	5두품
11	나마奈麻	중나마~7중나마	
12	대사大舍		4두품
13	사지舍知		
14	길사吉士		3두품
15	대오大烏		2두품
16	소오小烏		
17	조위造位		1두품

귀족만이 취임할 수 있도록 하였다. 예를 들어 중앙 제1급 행정기관의 장관직인 영令이나 제1급 지방관인 주의 도독都督과 소경의 사신仕臣 등은 진골귀족이 독점하도록 되어 있었다. 6두품이 오를 수 있는 최고 관직은 중앙 행정기관의 차관직인 경卿이나 주의 차관인 주조州助나 군 태수 정도에 한정되었고, 5두품과 4두품이 오를 수 있는 최고 관직은 각각 대사大舍와 사史에 한정되었다.

이렇듯 골품제는 각 신분층이 오를 수 있는 관등의 범위와 특정 관직에 취임할 수 있는 자격 요건을 엄격하게 규정하였다. 이러한 골품제의 제약 때문에 국왕은 능력에 따라 인재를 마음대로 골라 쓸 수 없고 승진도 규정 이상으로 시킬 수 없어, 공식적 임용권을 제약당하였다. 골품제는 중대 전제정치의 구현을 제약하였던 것이다.

자료샘

자료 1

병부兵部는 1명의 영令[주1]을 법흥왕 3년(516)에 처음으로 두었다. 진흥왕 5년(544)에 1명을 증원하였으며 태종왕太宗王 6년(659)에 다시 1명을 증원하였다. 관등은 대아찬으로부터 태대각간까지이다. 영令은 또한 재상과 사신私臣[주2]을 겸할 수 있었다. 2명의 대감大監[주3]을 진평왕 45년(623)에 처음으로 두었는데, 문무왕 15년(서기 675)에 1명을 증원하였고 경덕왕 때 시랑侍郎으로 고쳤다가 혜공왕 때 다시 대감으로 개칭하였다. 관등은 급찬으로부터 아찬까지이다.

原文 兵部 令一人 法興王三年始置 眞興王五年 加一人 太宗王六年 又加一人 位自大阿飡至太大角干爲之 又得兼宰相私臣 大監二人 眞平王四十五年初置 文武王十五年 加一人 景德王改爲侍郎 惠恭王復稱大監 位自級飡至阿飡爲之

_『삼국사기』 권38, 잡지7, 직관 상

주1 영 : 중앙 기관의 장관직. 병부의 장관은 병부령.

주2 사신 : 궁중 행정을 총괄하는 내성(內省)의 장관.

주3 대감 : 병부의 차관직.

자료 2

좌이방부左理方府는 진덕왕 5년(651)에 설치하였는데, 효소왕 원년(692)에 대왕의 휘[주4]와 같다고 하여 의방부議方府로 개칭하였다.

原文 左理方府 眞德王五年置 孝昭王元年 避大王諱 改爲議方府

_『삼국사기』 권38, 잡지7, 직관 상

주4 대왕의 휘 : 효소왕의 휘는 이홍(理洪)이다.

자료 3

집사성執事省은 본래는 품주稟主라고 했는데, 진덕왕眞德王 5년(651)에 집사부執事部로 고쳤고, 흥덕왕興德王 4년(829)에 다시 집사성으로 개칭하였다. 여기에는 1명의 중시中侍가 있었는데, 이 제도는 진덕왕 5년에 시작되었고, 경덕왕景德王 6년(747)에 시중侍中이라 개칭하였다. 관등은 대아찬으로부터 이찬까지이다.

原文 執事省 本名稟主[或云祖主] 眞德王五年 改爲執事部 興德王四年 又改爲省 中侍一人眞德王五年置 景德王六年 改爲侍中 位自大阿飡至伊飡爲之

_『삼국사기』 권38, 잡지7, 직관 상

자료 4

5월에 이방부령 양수良首 등에게 명하여 율령을 자세히 살펴 이방부理方府의 격格 60여

조를 가다듬어 정하게 하였다.

原文 五月 命理方府令良首等 詳酌律令 修定理方府格六十餘條

_『삼국사기』 권5, 태종무열왕 원년(654)

자료 5

우이방부右理方府는 문무왕 7년(667)에 설치하였다. 여기에는 영令 2명, 경卿 2명, 좌佐 2명, 대사大舍 2명, 사史 10명을 두었다.

原文 右理方府 文武王七年置 令二人 卿二人 佐二人 大舍二人 史十人

_『삼국사기』 권38, 잡지7, 직관 상

자료 6

좌사록관左司祿館은 문무왕 17년(677)에 설치하였다. 감監은 1명인데 관등은 나마로부터 대나마까지이다. 주서主書가 2명인데 관등은 사지로부터 나마까지이다. 사史는 4명을 두었다. 우사록관右司祿館은 문무왕 21년(681)에 설치하였는데, 감監 1명, 주서主書 2명, 사史 4명을 두었다.

原文 左司祿館 文武王十七年置 監一人 位自奈麻至大奈麻爲之 主書二人[或云主事] 位自舍知至奈麻爲之 史四人 右司祿館 文武王二十一年置 監一人 主書二人 史四人

_『삼국사기』 권38, 잡지7, 직관 상

자료 7

사정부司正府는 태종왕 6년(659)에 설치하였는데, 경덕왕 때 그 명칭을 숙정대肅正臺로 고쳤다가 혜공왕 때 이전 명칭으로 회복시켰다. 여기에는 영令 1명을 두었는데, 관등은 대아찬으로부터 각간까지이다. 진흥왕 5년(544)에 경卿 2명을 두었는데, 문무왕 15년(675)에 1명을 증원하였다.

原文 司正府 太宗王六年置 景德王改爲肅正臺 惠恭王復故 令一人 位自大阿飡至角干爲之 卿二人 眞興王五年置 文武王十五年 加一人

_『삼국사기』 권38, 잡지7, 직관 상

자료 8

외사정外司正은 133명인데 문무왕 13년(673)에 두었고 관등은 분명치 않다.

原文 外司正百三十三人 文武王十三年置 位未詳

_『삼국사기』권 40, 잡지9, 직관 하

자료 9

내사정전內司正典은 경덕왕 5년(746)에 설치하였다. 18년에 이 명칭을 건평성建平省으로 고쳤다가 뒤에 이전 명칭으로 회복시켰다. 의결議決 1명, 정찰貞察 2명, 사史 4명을 두었다.

原文 內司正典 景德王五年置 十八年 改爲建平省 後復故 議決一人 貞察二人 史四人

_『삼국사기』 권39, 잡지8, 직관 중

출전

『삼국사기』

찾아읽기

이기백, 『신라정치사회사연구』, 일조각, 1974.

이기동, 『신라골품제사회와 화랑도』, 일조각, 1984.

이기동, 『신라골품제사회와 화랑도』, 일조각, 1984.

이인철, 『신라정치제도사연구』, 일지사, 1993.

이문기, 『신라병제사연구』, 일조각, 1997.

이종욱, 『신라골품제연구』, 일조각, 1999.

이경식, 『한국 고대 · 중세초기 토지제도사』, 서울대학교 출판부, 2005.

전덕재, 『한국고대사회경제사』, 태학사, 2006.

하일식, 『신라 집권 관료제 연구』, 혜안, 2006.

한준수, 『신라중대 율령 정치사 연구』, 서경문화사, 2012.

이영호, 『신라 중대의 정치와 권력구조』, 지식산업사, 2014.

김철준, 「통일신라 지배체제의 재정비」, 『한국사』3, 국사편찬위원회, 1978.

이기동, 「신라 중대의 관료제와 골품제」, 『진단사학』50, 1980.

이명식, 「신라 통일기의 군시조직」, 『한국고대사연구』1, 1988.

조법종, 「한국고대신분제연구」, 『국사관논총』52, 1994.

강봉룡, 「신라통일기의 지배체제」, 『역사와 현실』14, 1994.

이영호, 「신라 정치구조 분석에 나타난 중대의 권력구조」, 『안동사학』9 · 10, 2005.

한준수, 「신라 신문왕대 10정의 설치와 체제정비」, 『한국고대사연구』38, 2005.

6 국학과 독서삼품과

교육제도와 인사제도

신문왕 재위 2년(682)에 설치된 국학은 유교적 교양에 충실한 관료군을 양성하는 국립교육기관이었다. 원성왕 4년(788)에 실시된 독서삼품과는 국학의 교과과정과 연계하여 운영된 관료임용제도였다. 두 제도는 신라의 골품제와 충돌할 수밖에 없는 소지를 가지고 있었으므로 만족스런 효과를 내지는 못했을 것으로 판단된다.

국학 설치의 의미

국학은 당나라 제도의 영향을 받아 신문왕 2년(682)에 설치된 예부禮部 소속의 국립교육기관이었다. 국학 설치의 연원은 이미 30여 년 전으로 거슬러 올라간다. 진덕여왕 2년(648)에 당나라를 방문한 김춘추는 당 태종에게 특별히 부탁하여 당나라 국학의 석전의식釋奠意識과 강론講論을 참관한 적이 있었는데, 당시 개혁의 주도세력이었던 김춘추의 머리에 국학 설치의 필요성이 입력되었을 것이다.[자료1] 이때부터 국학 설치를 위한 준비가 시작되었다고 할 수 있다. 그 과정을 간략히 살펴보자.

김춘추는 당으로부터 귀국한 649년부터 관료제의 강화를 위한 정치개혁을 본격 추진하여 큰 성과를 거두었다. 그 과정에서 골품제의 틀 속에서 특권을 향유해 오던 진골귀족의 불만과 반발도 물론 뒤따랐다. 그러나 김춘추가 진덕여왕의 뒤를 이어 왕위에 올라(태종무열왕) 불만세력을 압도하고 강력한 왕권을 구축하였다. 무열왕의 뒤를 이은 문무왕은 정치개혁을 더욱 강도 높게 추진하고 이에 반발하는 진골귀족들에 대한 피의 숙청을 감행하면서, 삼국통일의 위업을 달성하였다.

문무왕의 뒤를 이은 신문왕에게 주어진 최고의 과제는 정치개혁을 더욱 진전시켜 통일신라의 새로운 체제를 완비하는 일이었다. 그러나 즉위하자마자 그에게 커다란 시련이 닥쳐왔다. 그의 장인인 김흠돌金欽突이 중심이 되어 진골귀족들이 대규모의 반란을 일으킨 것이다. 신문왕은 김흠돌의 난을 성공적으로 진압하고 당시 병부령이던 김군관金軍官 등을 제거한 연후에 정치개혁의 방향을 밝히는 교서敎書를 반포하였다. 그 교서의 내용은 골품제에 의거한 기왕의 인사 관행을 강한 어조로 비판하고 능력 위주의 관료 등용 의지를 천명한 것이었다. 그리고 그 이듬해인 682년에 국학을 신문왕대의 첫 신설 기구로 설치하였다. 이는 교서에서 밝힌 바대로 능력 있는 관료군의 양성 의지를 실천에 옮긴 것으로, 그의 증조부인 무열왕 김춘추가 당의 국학을 참관한 후 실로 34년 만에 성취한 일이었다.

국학의 운영

국학에서는 유학경전을 위주로 하되 잡학도 일부 가르쳤다. 먼저 유교경전의 교육은 교과목을 달리하는 3개의 과科로 나누어서 진행되었다. 『예기禮記』, 『주역周易』, 『논어論語』, 『효경孝經』을 가르치는 과, 『춘추좌씨전春秋左氏傳』, 『모시毛詩』, 『논어』, 『효경』을 가르치는 과, 『상서尙書』, 『논어』, 『효경』, 『문선文選』을 가르치는 과가 그것이다. 『논어』와 『효경』은 모든 과에 공통되는 교과목이었다. 이 밖에도 산학算學과 같이 행정 실무에 소용되는 잡학을 가르치기도 하였다. 국학의 교수요원은 박사와 조교가 있었고, 학생은 대사大舍 이하의 관등 소지자나 아예 관등이 없는 15~30세의 젊은이를 대상으로 하였으며, 학업기간은 9년을 원칙으로 하였다.[자료2]

이러한 국학의 교과과정을 보면, 국학 설치의 목적이 유교적 교양에 충실한 고급 관료와 행정 실무에 밝은 하급 관료를 양성하려는 데 있었다는 것을 알 수 있다. 여기

공자

에는 골품제에 의거한 기왕의 인사 관행을 지양하고 새로운 시대가 요구하는 유교적 교양과 능력을 중시하는 인사 정책을 추진해 나가겠다는 의지가 반영되어 있다.

국학에 대한 신라 국가의 관심과 지원은 이후에도 지속되었다. 성덕왕 16년(717)에 의박사醫博士와 산박사算博士를 1명씩 두어 국학의 교수요원을 보강하는 한편, 중국으로부터 공자와 그 제자들의 초상을 가져와 국학에 비치하여 유학의 정신을 진작시키려 했던 것이 그 예이다.[자료3]

국학이 설치되면서 유교정치이념에 충실한 새로운 유형의 관료군官僚群들이 상당수 배출되었고, 이들의 활동으로 관료제가 충실하게 운영될 수 있었다. 이는 관료제를 지탱해 주는 중대의 전제왕권이 있었기에 가능한 일이었다. 또한 반대로 국학의 기능이 정상 작동되어 관료제의 충실화로 연결됨으로써 중대의 전제왕권을 더욱 안정적으로 유지할 수 있게 한 측면도 있었다.

그런데 중대의 국학은 그 자체에 결정적인 문제점을 내포하고 있었다. 그것은 국학과 연계시킬 수 있는 관리선발제도가 없었다는 점이다. 관리선발제도의 뒷받침 없이는 관료의 양성이라는 국학의 기능은 취약할 수밖에 없었던 것이다. 중대 말에 이르러 관료제의 버팀목이 되어 왔던 전제왕권이 급속하게 무너지게 되자, 관료 인사를 둘러싼 각 정파의 갈등이 증폭되어 갔고, 이에 따라 관료제와 국학의 기능이 같이 무력화되어 갔다.

독서출신과의 실시와 국학의 진흥

하대에 들어 원성왕元聖王이 즉위하면서 다시금 관료제를 재강화하기 위한 정치개혁이 추진되었다. 그 가운데 가장 주목되는 개혁 조치는 원성왕 4년(788)에 독서출신과讀書出身科라는 관료선발제도의 실시였다. 이는 유학경전과 사서史書 등에 대한 이해 정도를 기준으로 하여 상품上品, 중품中品, 하품下品, 특채特採로 나누어 관료를 등용하는 제도로서, 이미 설치한 국학의 교과과정과 연계하여 운영되었다.[자료2 · 4]

따라서 독서출신과의 활성화를 위해 국학에 대한 국가의 지원도 그만큼 강화되었다. 소성왕昭聖王 원년(799)에 청주菁州의 거로현(지금의 거제도)을 학생녹읍學生祿邑으로 배정하여 국학 학생의 경제적 기반으로 삼게 했던 것은 국가가 국학을 지원해 준 좋은 사례이다.[자료5]

이처럼 국학의 설치와 독서출신과의 시행은 유학적 교양과 능력을 닦은 새로운 지식인을 양성하고 등용하기 위한 것이었다. 이는 오랜 기간 동안 지속되어 온 골품제에 의거한 인사 관행과는 배치되는 것으로서, 그 시행 과정에서 마찰과 갈등이 있을 수밖에 없었다. 따라서 골품제가 여전히 뿌리깊게 남아 있는 신라사회에서 이러한 새로운 교육 및 인사제도가 과연 어느 정도 실질적으로 구현될 수 있었을 것인가는 의문이다.

그럼에도 불구하고 국학과 독서출신과의 실시는 유학의 소양과 실무 능력을 갖춘 인재를 양성하고 발탁하려는 새로운 시대 조류를 지향했다는 점에서 그 역사적 의미를 찾을 수 있다. 이러한 흐름은 고려시대로 이어져 과거제도를 실시할 수 있는 배경이 되었다고 할 수 있다.

자료샘

자료 1

이찬 김춘추金春秋와 그의 아들 문왕文王을 보내 당나라에 조공하였다. 태종이 광록경光祿卿 유형柳亨을 교외까지 보내어 그들을 맞이하여 위로하였다. 이윽고 궁궐에 당도하자 춘추의 용모가 영준하고 늠름함을 보고 후하게 대우하였다. 춘추가 국학國學에 가서 석전釋奠과 강론講論을 참관하기를 청하니, 태종이 이를 허락하고, 아울러 자기가 직접 지은「온탕비溫湯碑」와「진사비晋祠碑」, 그리고 새로 편찬한『진서晋書』를 내려주었다.

原文 遣伊飡金春秋及其子文王朝唐 太宗遣光祿卿柳亨郊勞之 旣至 見春秋儀表英偉 厚待之 春秋請詣國學 觀釋奠及講論 太宗許之 仍賜御製溫湯及晋祠碑幷新撰晋書

_『삼국사기』 권5, 진덕왕 2년(648)

자료 2

국학國學은 예부에 속하였는데, 신문왕 2년(682)에 설치하였고 경덕왕 때 그 명칭을 태학감大學監으로 고쳤다가 혜공왕 때 이전 명칭으로 회복시켰다. 경卿은 1명을 두었는데, 경덕왕 때 그 명칭을 사업司業으로 개칭하였다가 혜공왕 때 다시 경으로 바꾸었다. 관등은 다른 경과 동일하다. 박사博士와 조교助敎와 대사大舍 2명을 진덕왕 5년(651)에 두었는데, 경덕왕 때 그 명칭을 주부主簿로 고쳤다가 혜공왕 때 다시 대사로 바꾸었다. 관등은 사지로부터 나마까지이다. 사史가 2명인데 혜공왕 원년(765)에 2명을 증원하였다. 교수하는 방법은『주역周易』,『상서尙書』,『모시毛詩』,『예기禮記』,『춘추좌씨전春秋左氏傳』,『문선文選』으로 구분하여 과정을 삼았으며 박사와 조교 1명이『예기』,『주역』,『논어論語』,『효경孝經』을 가르치거나 혹은『춘추좌씨전』,『모시』,『논어』,『효경』을 가르치거나 혹은『상서』,『논어』,『효경』,『문선』을 가르쳤다.

모든 학생들이 독서함에 있어서 3품 출신으로서『춘추좌씨전』을 읽고『예기』나『문선』의 뜻을 통달하고, 동시에『논어』,『효경』에 밝은 자는 상급이 되고『곡례曲禮』,『논어』,『효경』을 읽은 자는 중급이 되었으며,『곡례』,『효경』만을 읽은 자는 하급이 되었다. 5경 3사와 제자백가서를 전부 통달한 자는 등급에 관계하지 않고 발탁하였다. 경우에 따라 산학박사算學博士와 조교 1명으로 하여금『철경綴經』,『삼개三開』,『구장九章』,『육장六章』을 가르치게도 하였다. 대사 이하의 관등으로부터 작위가 없는 자에 이르기까지

나이가 15세에서 30세 된 자들이 모두 학생이 되었다. 학업은 9년을 한도로 하되 만일 재질이 노둔하여 인재가 될 가능성이 없는 자는 퇴학시켰다. 재주와 도량은 가능성이 있지만 아직 성숙되지 못한 자는 비록 9년을 초과하더라도 국학에 있게 하였고, 작위가 대나마와 나마에 이른 뒤에는 국학에서 나가게 되었다.

原文 國學 屬禮部 神文王二年置 景德王改爲大學監 惠恭王復故 卿一人 景德王改爲司業 惠恭王復稱卿 位與他卿同 博士[若干人 數不定] 助教[若干人 數不定] 大舍二人 眞德王五年置 景德王改爲主簿 惠恭王復稱大舍 位自舍知至奈麻爲之 史二人 惠恭王元年 加二人 教授之法 以周易尙書毛詩禮記春秋左氏傳文選 分而爲之業 博士若助教一人 或以禮記周易論語孝經 或以春秋左傳毛詩論語孝經 或以尙書論語孝經文選 教授之 諸生讀書 以三品出身 讀春秋左氏傳若禮記 若文選而能通其義 兼明論語孝經者爲上 讀曲禮論語孝經者爲中 讀曲禮孝經者爲下 若能兼通五經三史諸子百家書者 超擢用之 或差算學博士若助教一人 以綴經三開九章六章 教授之 凡學生 位自大舍已下至無位 年自十五至三十 皆充之 限九年 若朴魯不化者罷之 若才器可成 而未熟者 雖踰九年 許在學 位至大奈麻奈麻而後 出學

_『삼국사기』 권38, 잡지7, 직관 상

자료 3

봄 2월에 의박사醫博士와 산박사筭博士 각각 1인씩을 두었다. … 가을 9월에 당나라에 들어갔던 대감 수충守忠이 돌아와 문선왕文宣王(공자)과 10철十哲 및 72제자七十二弟子의 초상화를 바쳤으므로 대학大學에 안치하였다.

原文 春二月 置醫博士筭博士各一員 … 秋九月 入唐大監守忠廻 獻文宣王十哲七十二弟子圖 卽置於大學

_『삼국사기』 권8, 성덕왕 16년(717)

자료 4

봄에 처음으로 독서삼품讀書三品을 제정하여 관직을 주었다. 『춘추좌씨전春秋左氏傳』·『예기禮記』·『문선文選』을 읽어서 그 뜻에 능통하고, 이와 동시에 『논어論語』와 『효경孝經』에 밝은 자를 상품上品으로 하고, 『곡례曲禮』·『논어』·『효경』을 읽은 자를 중품中品으로 하고, 『곡례』와 『효경』을 읽은 자를 하품下品으로 하였다. 5경 3사와 제자백가서에 모두 능통한 자는 절차를 뛰어넘어 발탁하였다. 예전에는 활쏘기만으로 인물을 선발하던 것을 지금에 이르러 개정한 것이다.

原文 春 始定讀書三品以出身 讀春秋左氏傳若禮記若文選 而能通其義 兼明論語孝經者爲上 讀曲禮論語孝經者爲中 讀曲禮孝經者爲下 若博通五經三史諸子百家書者 超擢用之 前祇以弓箭選人 至是改之

_『삼국사기』 권10, 원성왕 4년(788)

자료 5

봄 3월에 청주菁州[주1]의 거로현居老縣[주2]을 학생의 녹읍祿邑으로 삼았다.

原文 春三月 以菁州居老縣爲學生祿邑

_『삼국사기』 권10, 소성왕 원년(799)

주1 청주 : 신라 9주의 하나. 지금의 진주를 주치로 하여 경상남도 서부 지역을 관장하였다.

주2 거로현 : 지금의 거제도.

출전

『삼국사기』

찾아읽기

박병련, 「전통시대 한국 관료제의 역사적 전개과정」, 『정신문화연구』62, 1996.

고경석, 「신라 관인선발제도의 변화」, 『역사와 현실』23, 1997.

박순교, 「진덕왕대 정치개혁과 김춘추의 집권과정: 신라 국학의 설치와 성격을 중심으로」, 『청계사학』13, 1997.

홍기자, 「신라 하대 독서삼품」, 『신라문화제학술발표회논문집』19, 1998.

차미희, 「통일신라의 관인교육과 선발」, 『이화여자대학교 녹우회보』38, 1999.

이명식, 「신라 국학의 운영과 재편」, 『대구사학』59, 2000.

이명식, 「신라 국학의 운영과 재편」, 『대구사학』59, 2000.

이동휘, 「신라관인제도개술」, 『지역과역사』13, 2003.

김응호, 「신라 독서삼품과의 설치배경과 성격」, 한국교원대 석사학위논문, 2004.

정호섭, 「신라의 국학과 학생녹읍」, 『사총』58, 2004.

임미라, 「신라 원성왕의 왕위 계승과 왕권 강화」, 전남대 석사학위논문, 2008.

전덕재, 「통일신라 관인의 성격과 관료제 운영」, 『역사문화연구』34, 2009.

전덕재, 「신라의 독서삼품과: 한국 과거제도의 전사」, 『한국사시민강좌』46, 2010.

김덕원, 「신라 국학의 설립과 그 주도세력」, 『진단학보』112, 2011.

유점봉, 「신라와 당의 교육체제 비교」, 『대구사학』104, 2011.

황의동, 「국학 설립의 의의와 신라 유학의 발전」, 『한국사상과 문화』63, 2012.

한준수, 「신라 중대 국학의 설치와 운용」, 『한국고대사탐구』17, 2014.

7 지방통치의 새로운 기틀을 마련하다

9주5소경제

통일신라의 지방제를 흔히 9주5소경제九州五小京制, 혹은 주군현제州郡縣制라 부른다. 전자는 9개의 광역행정구역(주州)과 5개의 특별행정구역(소경小京)을 설치한 것을 강조한 것이고, 후자는 주와 군과 현이 계서적階序的인 행정체계를 갖추고 있음을 강조하여 지칭한 것이다.

9주제의 정비

삼국을 통일한 신라는 신라의 옛 땅에 상주尙州와 양주良州와 강주康州의 3주를, 백제의 옛 땅에 웅주熊州와 전주全州와 무주武州의 3주를, 그리고 고구려의 옛 땅에 한주漢州와 삭주朔州와 명주溟州의 3주를 설치한다고 선언하였다.[자료1] 그러나 3국의 옛 땅에 3주씩 설치한다는 선언은 엄밀히 말해 당시의 현황을 그대로 반영한 것은 아니었다. 고구려 옛 땅에 설치한다는 한주와 삭주와 명주의 3주는 일찍이 6세기 단계부터 신라의 영토로 편입되어 온 터였으므로, 더 이상 고구려의 땅이라 할 수 없었기 때문이다. 그런데 굳이 3국의 옛 땅에 각각 3주씩 설치한다고 선언한 것은 삼국의 땅을 하나로 통일했다는 '삼한일통의식三韓一統意識'을 내외에 과시하기 위한 것이었다. 다시 말해 신라의 9주제九州制 정비는 신라의 삼국통일의식과 민족융합정책의 산물이었던 셈이다.

통일신라 지방제의 틀을 이루는 9주제는 신문왕 대에 완비되었다. 먼저 신문왕 5년(685)에 완산주完山州와 거열주居列州를 설치함으로써, 이미 그 이전에 설치되었던 일선주一善州, 삽량주歃良州, 한산주漢山州, 우수주牛首州, 하서주河西州, 사비주泗沘州, 발라주發羅州의 7주와 함께 처음으로 9주제의 틀이 갖추어졌다.[자료2]

9주제는 이후에 일부 개편을 보게 된다. 신문왕 6년에 사비주를 군으로 삼는 대신에 웅천군을 웅천주熊川州로 승격하고, 발라주를 군으로 삼는 대신에 무진군을 무진주武珍州로 승격하였으며, 그 이듬해에는 일선주를 파하는 대신에 사벌주沙伐州를 설치하였다.[자료3·4] 이로써 신라 9주제는 사벌주, 삽량주, 청주, 한산주, 우수주, 하서주, 웅천주, 완산주, 무진주로 확정되었다. 그리고 경덕왕 16년(757)에는 9주의 명칭을 중국식으로 고쳐 상주尙州, 양주良州, 강주康州, 한주漢州, 삭주朔州, 명주溟州, 웅주熊州, 전주全州, 무주武州라 칭하기도 했으나, 혜공왕 12년(776)에 다시 이전의 명칭으로 복구하는 과정을 거치기도 하였다.

5소경제의 정비와 기능의 변화

5소경제五小京制를 완비한 것 역시 신문왕 대였다. 소경제의 연원은 지증왕 15년(514)에 설치한 아시촌소경阿尸村小京(지금의 의성)에까지 올라갈 수 있다.[자료5] 이후 진흥왕 18년(557)에 국원소경國原小京(지금의 충주)을, 그리고 선덕여왕 8년(639)에 북소경北小京(지금의 강릉)을 각각 설치하였다.[자료6·7] 그런데 아시촌소경과 북소경은 통일기에 폐지하였고, 그 대신 문무왕 18년과 20년에 북원소경北原小京(지금의 원주)과 금관소경金官小京(지금의 김해)을 각각 설치하였다.[자료8·9] 그리고 신문왕 5년(685)에 이르러 서원소경西原小京(지금의 청주)과 남원소경南原小京(지금의 남원)을 설치하고, 기왕의 국원소경을 중원소경中原小京으로 개칭함으로써, 중원, 북원, 금관, 서원, 남원의 5소경제가 완비되었다.[자료10]

통일 이전의 소경제는 왕경이 동남쪽에 치우쳐 있는 취약점을 보완하고 지방지배의 거점으로 활용하기 위해 마련되었다. 통일기의 소경제 역시 그러한 기능을 유지하되, 신라에 흡수된 고구려 · 백제 · 가야 등의 외래 세력을 소경에 분산 배치하여 견제 · 회유하려는 기능과 목적이 새로 추가되었다. 그런데 이후에 신라의 국가체제가 안정화되면서 외래 세력을 견제 · 회유한다는 소경의 기능은 필요하지 않게 되었고, 이에 따라 소경은 순수한 지방문화의 중심지, 즉 지방의 중심도시로서의 의미만이 남게 되었다. 이러한 소경의 성격 변화는, 경덕왕 대 이후에 '소경小京'이라는 명칭 대신에 '경京'이라고만 칭하게 된 것에도 나타난다.

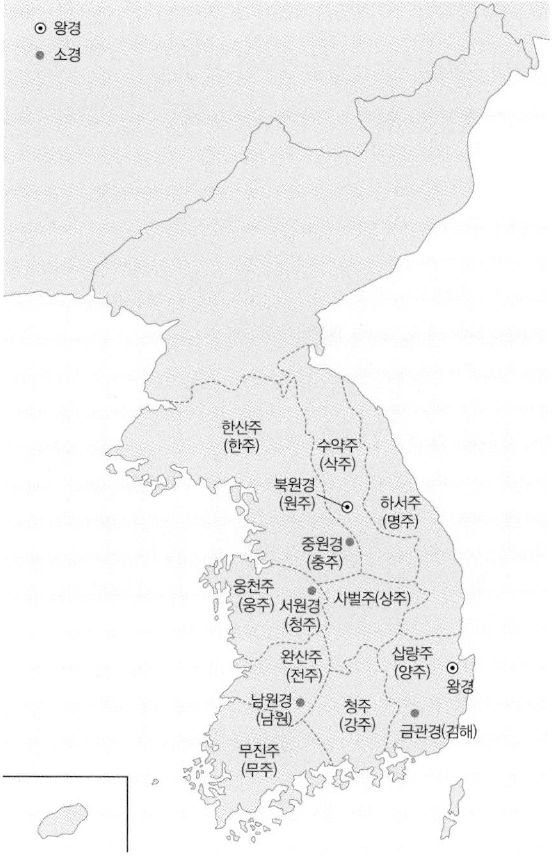

9주5소경

주군현제의 구성과 운영

통일신라 지방제의 골격은 주州와 군郡과 현縣으로 이루어졌으며, 이런 면에서 신라 지방제를 주군현제州郡縣制라 부르기도 한다. 주군현제의 구성과 그 운영의 방식을 살펴보자.

먼저 주는 3중의 영역적 의미를 내포하였다. '광역행정단위'로서의 의미와 몇 개의 영현을 포괄하는 '중간영역'으로서의 의미, 그리고 영현領縣을 제외한 순수한 주치州治에 해당하는 '소영역'으로서의 의미이다. 군은 2중의 영역적 의미를 내포하였다. 몇 개의 영현을 포괄하는 '중간영역'으로서의 의미와 영현을 제외한 순수한 군치郡治에 해당하는 '소영역'으로서의 의미이다. 두 번째 의미의 주와 첫 번째 의미의 군은 같은 '중간영역'을 의미하는 대등한 단위이고, 세 번째 의미의 주와 두 번째 의미의 군은 현縣 단위와 대등한 '소영역'을 의미한다.

주의 장관은 도독都督이었는데, 그는 주조州助와 장사長史 등의 보좌를 받아 주 광역

행정단위의 업무를 총괄하였다.[자료11] 소경에는 사신仕臣 혹은 사대등仕大等이라 부르는 장관이 파견되었는데, 그는 차관인 사대사仕大舍의 보좌를 받아 소경 업무를 관장하였다.[자료12] 또한 군에는 태수太守가, 현에는 소수少守 혹은 현령縣令이 각각 파견되어 군과 현 단위의 업무를 관장하였다.[자료13]

주군현제의 기초를 이루는 행정 단위는 주치州治와 군치郡治와 현縣 등과 같은 '소영역'이었는데, 소경小京도 이와 대등한 '소영역' 단위에 해당한다. 이러한 '소영역'들은 10개 정도의 자연촌自然村으로 구성되어 있었는데, 자연촌은 다시 행정 편의를 위해 2~3개의 '행정촌'으로 묶여 편제되었다. 행정촌의 행정 실무는 재지유력자인 촌주가 관장하였는데, 그들은 '소영역'의 행정단위에 파견된 지방관의 관리·감독을 받았다.

자료샘

자료 1

후일 당나라와 함께 두 나라를 침공하여 멸망시키고, 그 영토를 평정한 다음 마침내 9주를 설치하였다. 본래의 신라 땅에 3주를 설치하였다. 왕성王城 동북쪽의 당은포唐恩浦[주1] 방면을 상주尙州[주2]라 하고, 왕성 남쪽을 양주良州[주3]라 하고, 서쪽을 강주康州[주4]라 하였다. 옛 백제의 땅에 3주를 설치하였다. 백제의 옛 성 북쪽 웅진 어구를 웅주熊州[주5]라 하고, 그다음 서남쪽을 전주全州,[주6] 그다음 남쪽을 무주武州[주7]라고 하였다. 옛 고구려 남쪽 지역에 3주를 설치하였다. 서쪽으로부터 첫째를 한주漢州,[주8] 그다음 동쪽을 삭주朔州,[주9] 그다음 동쪽을 명주溟州[주10]라고 하였다. 9주에서 관할하던 군, 현은 무려 450개 소였다.

原文 後與大唐侵滅二邦 平其土地 遂置九州 本國界內 置三州 王城東北 當唐恩浦路曰尙州 王城南曰良州 西曰康州 於故百濟國界 置三州 百濟故城北熊津口曰熊州 次西南曰全州 次南曰武州 於故高句麗南界 置三州 從西第一曰漢州 次東曰朔州 又次東曰溟州 九州所管郡縣 無慮四百五十

_『삼국사기』 권34, 잡지3, 지리1

자료 2

봄에 완산주完山州를 다시 설치하고 용원龍元을 총관으로 삼았다. 거열주居列州[주11]를 나누어 청주菁州를 설치하니 비로소 9주九州가 갖추어졌는데, 대아찬 복세福世를 총관으로 삼았다.

原文 春 復置完山州 以龍元爲摠管 挺居列州 以置菁州 始備九州 以大阿湌福世爲摠管

_『삼국사기』 권8, 신문왕 5년(685)

자료 3

2월에 … 사비주泗沘州[주12]를 군郡으로 삼고, 웅천군熊川郡을 주州로 삼았다. 발라주發羅州[주13]를 군으로 삼고, 무진군武珍郡을 주로 삼았다.

原文 二月 … 以泗沘州爲郡 熊川郡爲州 發羅州爲郡 武珍郡爲州

_『삼국사기』 권8, 신문왕 6년(686)

주1 당은포 : 지금의 경기도 화성군 남양면에 있던 포구. 당으로 통하는 요충항이었다.

주2 상주 : 지금의 경북 상주를 중심으로 경북 일대를 관장하던 주. 사벌주(沙伐州)라 칭하기도 했다.

주3 양주 : 지금의 경남 양산을 중심으로 경남 동부지역을 관장하던 주. 삽량주(歃良州)라 칭하기도 했다.

주4 강주 : 지금의 경남 진주를 중심으로 경남 서부지역을 관장하던 주. 청주(菁州)라 칭하기도 했다.

주5 웅주 : 지금의 충남 공주를 중심으로 충청도 일대를 관장하던 주. 웅천주(熊川州)라 칭하기도 했다.

주6 전주 : 지금의 전주를 중심으로 전북 일대를 관장하던 주. 완산주(完山州)라 칭하기도 했다.

주7 무주 : 지금의 광주광역시를 중심으로 전남 일대를 관장하던 주. 무진주(武珍州)라 칭하기도 했다.

주8 한주 : 지금의 경기도 광주를 중심으로 경기도 일대를 관장하던 주. 한산주(漢山州)라 칭하기도 했다.

주9 삭주 : 지금의 강원도 춘천을 중심으로 강원도 서부지역을 관장하던 주. 우수주(牛首州)라 칭하기도 했다.

주10 명주 : 지금의 강원도 강릉을 중심으로 강원도 동부지역을 관장하던 주. 하서주(河西州)라 칭하기도 했다.

자료 4

3월에 일선주一善州[주14]를 없애고 다시 사벌주沙伐州를 두어 파진찬 관장官長을 총관으로 삼았다.

原文 三月 罷一善州 復置沙伐州 以波珍湌官長爲摠管

_『삼국사기』 권8, 신문왕 7년(687)

자료 5

봄 정월에 아시촌阿尸村[주15]에 소경小京을 설치하였다.

原文 春正月 置小京於阿尸村

_『삼국사기』 권4, 지증왕 15년(514)

자료 6

국원國原[주16]을 소경小京으로 삼았다.

原文 以國原爲小京

_『삼국사기』 권4, 진흥왕 18년(557)

자료 7

북원소경北原小京[주17]을 설치하고 대아찬 오기吳起에게 지키게 하였다.

原文 置北原小京 以大阿湌吳起守之

_『삼국사기』 권7, 문무왕 18년(678)

자료 8

봄 2월에 하슬라주何瑟羅州[주18]를 북소경北小京으로 삼고 사찬 진주眞珠에게 명하여 그곳을 지키게 하였다.

原文 春二月 以何瑟羅州爲北小京 命沙湌眞珠鎭之

_『삼국사기』 권5, 선덕왕 8년(639)

자료 9

가야군加耶郡에 금관소경金官小京[주19]을 설치하였다.

주11 거열주 : 지금의 경남 거창을 중심으로 경남 서부지역을 관장하던 주. 신문왕 5년에 폐지되고 그 대신에 지금의 진주를 중심으로 하는 청주(菁州)가 설치되었다.

주12 사비주 : 지금의 충남 부여를 중심으로 충청도 일대를 관장하던 주. 소부리주(所夫里州)라 칭하기도 하였는데, 신문왕 6년에 군으로 강등되고 그 대신에 지금의 공주를 중심으로 하는 웅천주(熊川州)가 설치되었다.

주13 발라주 : 지금의 전남 나주를 중심으로 전남 일대를 관장하던 주. 신문왕 6년에 군으로 강등되고 그 대신에 지금의 광주를 중심으로 하는 무진주(武珍州)가 설치되었다.

주14 일선주 : 지금의 경북 선산을 중심으로 경북 일대를 관장하던 주. 신문왕 7년에 폐지되고 그 대신에 상주를 중심으로 하는 사벌주(沙伐州)가 설치되었다.

주15 아시촌 : 지금의 경북 의성으로 비정됨.

주16 국원 : 지금의 충북 충주.

주17 북원소경 : 지금의 강원도 원주 지역에 설치한 소경.

주18 하슬라주 : 지금의 강릉 지역에 설치한 주.

주19 금관소경 : 지금의 경남 김해 지역에 설치한 소경.

原文 加耶郡置金官小京

_『삼국사기』 권7, 문무왕 20년(680)

자료 10

주20 서원소경 : 지금의 충북 청주 지역에 설치한 소경.

주21 남원소경 : 지금의 전북 남원 지역에 설치한 소경.

3월에 서원소경西原小京[주20]을 설치하고 아찬 원태元泰를 사신仕臣으로 삼았으며, 남원소경南原小京[주21]을 설치하고 여러 주와 군의 백성들을 옮겨 그곳에 나누어 살도록 하였다.

原文 三月 置西原小京 以阿飡元泰爲仕臣 置南原小京 徙諸州郡民戶分居之

_『삼국사기』 권8, 신문왕 5년(685)

자료 11

주22 실직주 : 지금의 삼척 지역에 설치된 주.

주23 소수 : 현에 파견된 지방관. 큰 현에는 현령이, 작은 현에는 소수가 파견된 것으로 보인다.

도독都督은 9명이다. 지증왕 6년(505)에 이사부異斯夫를 실직주[주22]군주悉直州軍主로 삼았고 문무왕 원년(661)에 총관摠管으로 개칭하였다가 원성왕 원년(785)에 도독이라고 하였다. 관등은 급찬으로부터 이찬까지이다. 사신仕臣[혹은 사대등(仕大等)이라 한다] 5명을 진흥왕 25년(564)에 처음으로 두었다. 관등은 급찬으로부터 파진찬까지이다. 주조州助는 9명인데 관등은 나마로부터 중아찬까지이다. 군태수郡太守는 115명인데 관등은 사지로부터 중아찬까지이다. 장사長史는 9명인데 관등은 사지로부터 대나마까지이다. 사대사仕大舍는 5명인데 관등은 사지로부터 대나마까지이다. 외사정外司正은 133명인데 문무왕 13년(673)에 두었고 관등은 분명치 않다. 소수少守[주23]는 85명인데 관등은 당으로부터 대나마까지이다. 현령縣令은 201명인데 관등은 선저지로부터 사찬까지이다.

原文 都督九人 智證王六年 以異斯夫爲悉直州軍主 文武王元年 改爲摠管 元聖王元年 稱都督 位自級湌至伊湌爲之 仕臣[或云仕大等]五人 眞興王二十五年始置 位自級湌至波珍湌爲之 州助[或云州輔]九人 位自奈麻至重阿湌爲之 郡太守百十五人 位自舍知至重阿湌爲之 長史九人 位自舍知至大奈麻爲之 仕大舍五人 位自舍知至大奈麻爲之 外司正百三十三人 文武王十三年置 位未詳 少守八十五人 位自幢至大奈麻爲之 縣令二百一人 位自先沮知至沙湌爲之

_『삼국사기』 권40, 잡지9, 직관 하

출전

『삼국사기』

찾아읽기

김기흥, 『삼국 및 통일신라 세제의 연구』, 역사비평사, 1991.

이인철, 『신라촌락사회사연구』, 일지사, 1996.

주보돈, 『신라지방통치체제의 정비과정과 촌락』, 신서원, 1998.

임병태, 「신라소경고」, 『역사학보』35 · 36, 1967.

이종욱, 「남산신성비를 통하여 본 신라의 지방통치체제」, 『역사학보』64, 1974.

방동인, 「패강진의 관할범위에 관하여」, 『청파 노도양박사 고희기념논문집』, 1979.

김갑동, 「신라 군현제의 연구동향 및 그 과제」, 『호서사학』14, 1986.

노중국, 「통일기 신라의 백제고지지배」, 『한국고대사연구』1, 1988.

배종도, 「신라하대의 지방제도 개편에 대한 고찰」, 『학림』11, 1989.

주보돈, 「통일기 신라의 지방통치체제의 정비와 촌락구조의 변화」, 『대구사학』37, 1989.

노중국, 「국사학 연구의 현황과 과제: 통일신라의 지방통치조직의 편제를 중심으로」, 『한국학논총』17, 1990.

이문기, 「통일신라의 지방관제 연구」, 『국사관논총』20, 1990.

강봉룡, 「신라 지방통치체제 연구」, 서울대 박사학위논문, 1994.

강봉룡, 「신라하대 패강진의 설치와 운영: 주군현체제의 확대와 관련하여」, 『한국고대사연구』11, 1997.

주보돈, 『신라 지방통치제제의 정비과정과 촌락』, 신서원, 1998.

한준수, 「신라 경덕왕대 군현제의 개편」, 『북악사론』5, 1998.

강봉룡, 「통일신라 주군현제의 구조」, 『백산학보』52, 1999.

양기석, 「신라 5소경의 설치와 서원소경」, 『신라 서원소경 연구』, 서경문화사, 2001.

여호규, 「한국고대의 지방도시: 신라 5소경을 중심으로」, 『강좌 한국고대사』7, 2002.

김재홍, 「신라 통일기 전제왕권의 강화와 촌락지배」, 『신라문화』22, 2003.

심정보, 「나당전쟁기 신라의 북경의식」, 『신라사학보』4, 2005.

8 촌락사회의 형세

「신라촌락문서」를 통해 본 사회상

1933년 일본 도다이지(東大寺) 쇼소인(正倉院)에서 발견된 「신라촌락문서」는 통일신라시대 촌락의 형세를 구체적으로 보여준다. 이 촌락문서에는 촌락의 범위와 인구, 가호의 구성과 토지의 구성, 그리고 촌락 운영자인 촌주 등에 대한 정보를 담고 있다. 촌락문서는 통일신라시대 국가의 촌락지배가 상당히 철저했음을 보여준다.

촌락문서의 구성

주州·군郡·현縣과 소경小京이 통일신라의 공식적인 지방행정단위였다고 한다면, 촌村 혹은 촌락村落은 주치州治, 군치郡治, 소경, 현과 같은 '소영역' 단위를 구성하는 반자치적半自治的인 말단 행정단위였다고 할 수 있다. 1933년 일본 도다이지東大寺 쇼소인正倉院에서 발견된 통일신라 시대의 고문서「신라촌락문서」(이하 '촌락문서')에는 당시 촌락사회의 형세가 잘 나타나 있다.

촌락문서는 서원경(지금의 청주)을 구성하는 모촌某村과 서원경 인접의 모현某縣을 구성하는 사해점촌沙害漸村, 살하지촌薩下知村, 모촌某村 등 모두 4개 촌락의 명세를 정리하였다. 그 내용은 대체로 ① 촌명村名과 촌역村域, ② 호戶의 구성, ③ 인구人口의 구성, ④ 우마牛馬의 수, ⑤ 토지의 구성, ⑥ 뽕나무·잣나무·호도나무의 수, ⑦ 인구의 변동, ⑧ 우마의 변동 등으로 되어 있다.[자료1] 문서의 작성 시기는, 사해점촌沙害漸村의 기록 중에 나오는 '을미년乙未年'을 기준으로 하여 경덕왕景德王 14년(755)이나 헌덕왕憲德王 7년(815)에 작성되었을 것으로 보아 왔으나, 최근에는 효소왕孝昭王 4년(695)에 작성되었을 것으로 보는 견해도 제시되었다. 여기에서는 촌락문서를 통해서 통일신라 촌락사회의 대체적인 형세를 그려보기로 한다.

「신라촌락문서」

「신라장적(新羅帳籍)」이라고도 하며 755년경에 제작된 것으로 추정한다. 1950년대 일본 쇼소인(正倉院) 중창의 소장 유물을 정리하다가 『화엄경론(華嚴經論)』 경질 속에서 발견되었다. 서원소경(오늘날 청주 지방) 인근의 4개 촌락에 대하여 촌락 면적·호구·논밭·삼밭·과실나무·가축 수 등을 기록하고 3년 동안의 변동 내용을 적었다.

촌락의 범위와 가호 구성

먼저 각 촌에는 일정한 촌역村域이 있었다. 예를 들어 사해점촌의 촌역은 주위 5,725보步, 살하지촌은 1만 2,830보, 그리고 서원경의 모촌은 4,800보로 되어 있다. 이 중 살하지촌의 경우 기존의 촌역 8,770보와 새로 추가된 촌역 4,060보가 각기 나뉘어 표기되어 있다. 이러한 촌역은 단순히 주거지와 경작지뿐만 아니라 산림까지 포함되어 있어, 매우 넓은 편이었다. 실제 촌역의 지형을 보면 사해점촌과 살하지촌의 경우는 산과 평지로 이루어져 있다. 다만 서원경 모촌의 경우는 서원경이라는 도시에 입지立地한 까닭에 평지로만 되어 있는 예외적인 사례에 속한다고 할 수 있다.[자료1·2·3]

촌을 구성하는 가호家戶의 수는 10~15호에 불과하여, 촌역의 넓이에 비해 가호家戶의 수가 지나치게 적다. 이는 자연발생적으로 10여 호가 모여사는 자연촌 주위를 자연지형에 따라 인위적으로 획정하여 촌역으로 삼았기 때문일 것으로 생각된다. 이런 의미에서 당시의 촌은 반자치적인 성격을 띤다고 할 수 있다.

가호는 공연孔烟과 계연計烟으로 구분하여 표시하였다. 공연이란 상상연上上烟에서 하하연下下烟에 이르기까지의 9등급으로 표시된 등급호等級戶를 말한다. 그간 공연의 성격에 대해서는 자연호自然戶라는 설과 편호編戶라는 설이 논란을 빚어 왔는데, 최근에는 하하연下下烟만이 극빈자를 편호로 묶어 설정된 것이고 나머지의 공연은 자연호 단위로 설정되었다는 절충설이 제시되기도 하였다.

계연이란 하하연下下烟에 1/6, 하중연下仲烟에 2/6, 하상연下上烟에 3/6, … 중상연仲上烟에 6/6, … 상상연上上烟에 9/6의 수치를 부여하여 각 등급연(공연)의 수에 곱해서 촌 단위로 합쳐 산출해 낸 '계량화한 호'이다. 이러한 계연의 산출 목적은 국가가 촌 단위의 경제능력을 수치로써 한눈에 파악하여 촌 단위 조세 수취의 효율성과 형평성을 기하려는 데 있었다고 보여진다. 통일신라 지방지배의 합리성과 철저성을 엿볼 수 있는 대목이다.

촌락의 인구와 토지 구성

촌락문서에 나타난 4개 촌의 인구는 모두 442명인데, 이 중 남자가 194명이고 여자가 248명으로 되어 있어 남자에 비해 여자가 54명나 더 많은 것으로 나타나 있다. 촌락 단위의 인구는 먼저 남녀 별로 나누고 다시 연령에 따라 6등급으로 나누어 파악하였다.[자료1] 또한 촌의 주민은 농민과 노비로 구성되어 있는데, 노비의 비율은 약 10% 정도를 차지하고 있다. 여기에 인구 이동의 상황까지도 상세하게 기록하고 있어, 당시 국가의 대민지배가 매우 철저하게 이루어지고 있었다는 것을 보여준다.[자료1 · 3]

국가의 촌에 대한 파악은 가호나 인구에 그치지 않고, 토지 · 나무 · 우마에 대한 파악에까지 미치고 있었다. 토지의 경우 연수유전답烟受有田畓을 위시로 하여 관모답官謨畓, 내시령답內視令畓, 촌주위답村主位畓, 마전麻田 등 각종 지목地目 별로 결부제結負制에 의거해서 넓이를 표기하였다. 가장 넓은 넓이를 차지하는 연수유전답은 '연이 받아 가진 전답'이란 의미인데, 연烟이란 농민의 가호家戶를 지칭하는 용어이므로, 결국 농민들의 소유 토지를 말한다. 이는 성덕왕 21년(722)에 '백성정전百姓丁田을 주었다'는 기록과 결부시켜 백성정전을 지칭하는 것으로 보는 견해가 유력하다. 관모답과 내시령답과 촌주위답은 촌정村政에 관여하는 관리 혹은 촌주 등에게 지급한 직전職田이라 생각된다.

이 밖에 뽕나무, 잣나무, 호도나무 등과 같은 경제적 가치가 있는 나무들은 그루 수와 그 변동 상황을 소상히 기록하였다. 또한 우마의 수 역시 그 변동 상황까지 자세히 기술하였다.

촌주와 촌락문서의 작성

촌정村政을 실질적으로 운영한 자는 촌주村主였다. 그런데 촌락문서를 보면 4개 촌 중에서 사해점촌에만 촌주가 있었던 것으로 되어 있어서, 촌주는 몇 개의 자연촌을 묶어서 통할하는 재지세력가였음을 알 수 있다. 촌주가 통할하는 몇 개의 자연촌 묶음은 국가의 행정력이 미치는 기초단위로서, 이를 자연촌과 구분하여 흔히 '행정촌' 혹은 '지역촌'이라 부르기도 한다.

촌락문서는 3년에 한번씩 작성되었으며, 그 기간 안에 나타난 가호와 인구의 변동 상황은 수시로 파악하여 여백에 추기追記해 두었는데, 이는 다음 작성할 때 참고자료로 활용하였을 것이다. 이처럼 촌락문서를 자세히 기록한 것은 국가의 촌락지배를 위한 것이었을 것인데, 노동력 동원과 부세 징수가 당시 촌락지배의 주요 내용을 이루었을 것으로 보인다.

자료샘

자료 1

당현當縣의 사해점촌沙害漸村은 조사해 보니 지형이 산과 평지로 이루어져 있고, 촌의 범위는 주위 5,725보步[주1]이다.

공연孔烟[주2]의 수는 합하여 11(10)호戶[주3]이고, 계연計烟[주4]은 4 나머지 3인이다. 이 가운데 중하연仲下烟이 4호, 하상연下上烟이 2호, 하하연下下烟이 5호이다.

마을의 모든 사람을 합하면 147(142)명인데, 이 중 옛부터 계속 살아온 사람과 3년 동안에 태어난 사람을 합하면 145명이다. 정丁이 29명 — 노奴 1명 포함 —, 조자助子가 7명 — 노奴 1명 포함 —, 추자追子가 12(11)명, 소자小子가 10(9)명, 3년 동안에 태어난 소자小子가 5명, 제공除公이 1명이다. 여자의 경우 정녀丁女 42(40)명 — 비婢 5명 포함 —, 조녀자助女子 11명 — 비婢 1명 포함 —, 추녀자追女子 9명, 소녀자小女子 8명, 3년 동안에 태어난 소여자小女子 8명 — 비婢 1명 포함 —, 제모除母 2(1)명, 노모老母 1명이다. 3년 동안에 다른 마을에서 이사온 사람은 2명인데, 추자追子가 1명, 소자小子가 1명이다.

말은 모두 25마리 — 전부터 있던 것 22마리와 3년 동안에 보충된 말 3마리 — 이고, 소는 모두 22마리 — 전부터 있던 소 17마리와 3년간 보충된 소 5마리 — 이다.

논을 합하면 102결結 2부負 4속束 — 그 촌의 관모답官謨畓[주5] 4결과 내시령답內視令畓[주6] 4결 포함 — 인데, 연수유답烟受有畓[주7]이 94결 2부 4속 — 촌주위답村主位畓[주8] 19결 70부 포함 — 이다. 밭은 합해서 62결 10부 5속인데, 모두 연수유전烟受有田이다. 마전麻田[주9]은 합하여 1결 9부이다.

뽕나무는 모두 1,004그루 — 3년 동안에 심은 것 90그루와 그 전부터 있던 것 914그루 — 이다. 잣나무는 모두 120그루 — 3년 동안에 심은 것 34그루와 그 전부터 있던 것 86그루 — 이다. 호도나무는 모두 112그루 — 3년 동안에 심은 것 38그루와 그 전부터 있던 것이 74그루 — 이다.

을미년乙未年[주10]에 연을 조사할 때 공등公等[주11]에게 와서 알리고 타군他郡에 있는 처妻를 따라 이거移居한 사람은 모두 5명 — 정 1명, 소자 1명, 정녀 1명, 소녀자 1명, 제모 1명 — 이다. 개별적으로 이거한 사람은 모두 3(7)명 — 정 2명, 정비丁婢 1명 — (추자 1명, 소자 1명, 정녀 1명, 소녀자 1명)이다. 죽은 사람은 모두 9(10)명인데, 정 1명, 소자 3명 — 노 1명 포함 —, 정녀 1명, 소녀자 1명, (제모 1명), 노모 3명이다. … 모두 없어져 버린 백마白馬는 2마리 — 모두 죽음 — 이다. 죽은 백우白牛는 4마리이다.

주1 보 : 촌락의 둘레 길이를 표시한 단위. 촌락의 면적을 표시한 단위로 보는 견해도 있다.

주2 공연 : 9등급으로 나누어 파악한 가호(家戶). 편호로 파악하는 견해와 자연호로 파악하는 견해와 이를 절충하여 파악한 견해가 있다.

주3 11(10)호 : 큰 숫자는 작성시의 수치이고, 괄호안의 작은 숫자는 3년 동안에 변동된 수치를 추기(追記)한 것이다.

주4 계연 : 각 공연에 등급 별로 기본수를 부여하여 계산한 수치.

주5 관모답 : 관청의 경비를 충당하기 위해 촌에 설정한 지목(地目).

주6 내시령답 : 내시령에게 배정된 지목. 내시령에 대해서는 내성(內省)의 관리라는 설이 있다.

주7 연수유답 : '각 가호가 국가(왕)로부터 나누어 받아 가진 논'이라는 뜻. 모든 토지는 국가(왕)가 소유한다는 왕토(王土)의 관념이 나타나 있으나, 실제로는 농민들이 소유한 토지를 지칭한다.

주8 촌주위답 : 촌주에게 배당된 일종의 직전(職田). 연수유답에 포함되어 있는 것으로 보아 촌주가 소유한 토지였을 것으로 보인다.

주9 마전 : 삼을 재배하는 밭.

주10 을미년 : 촌락문서를 작성한 해. 755년이나 815년이는 설이 유력. 최근에는 695이라는 설도 제기되었다.

주11 공등 : 촌락문서 작성의 실무를 맡은 관리.

_「신라촌락문서」, 당현(當縣) 사해점촌(沙害漸村)

자료 2

당현當縣의 살하지촌薩下知村을 조사해 보니 지형이 산지와 평지로 이루어져 있고, 촌의 범위는 주위 1만 2,830보이다. 이 중 이전부터 살하지촌의 땅이었던 것은 주위 8,770보이고, △△△의 땅은 주위 4,060보이다.

_「신라촌락문서」, 당현(當縣) 살하지촌(薩下知村)

자료 3

서원경西原京주12의 △△△촌村을 조사해 보니 지형이 평지로 이루어져 있고, 촌의 범위는 주위 4,800보步이다. … 갑오년甲午年 1월에 내성內省에 가서 신고하고 △△△를 따라간 처와 자녀는 모두 4명 — 정녀 1명과 소자 3명 — 이다.

_「신라촌락문서」, 서원경 △△△촌

주12 서원경 : 지금의 청주에 설치한 소경.

출전

「신라촌락문서」: 일본 도다이지(東大寺) 쇼소인(正倉院) 중창(中倉)에 소장되어 있는 신라시대의 촌락에 대한 기록 문서. 1933년 10월 『화엄경론질(華嚴經論帙)』의 파손부분을 수리하던 중, 경질(經帙) 내부의 포심(布心)에 배첩되어 있던 상태로 발견되었다. 사진 촬영 후에 다시 원상태로 질(帙) 속에 넣었기 때문에 현재는 사진만이 남아 있다. 가로 58cm, 세로 29.6cm 정도의 저지(楮紙: 닥나무로 만든 종이) 2매에 서원경(지금의 충북 청주)에 인접의 4개 촌의 사정이 해서체로 기재되어 있다. 각 촌의 기재 내용은 ① 촌명(村名), ② 촌역(村域), ③ 연(烟), ④ 구(口), ⑤ 우마(牛馬), ⑥ 토지, ⑦ 수목, ⑧ 호구의 감소, ⑨ 우마의 감소 ⑩ 수목의 감소 등이다.

찾아읽기

이홍직, 『한국고대사의 연구』, 신구문화사, 1971.
김철준, 『한국고대사회연구』, 지식산업사, 1975.
김기흥, 『삼국 및 통일신라 세제의 연구』, 역사비평사, 1991.
이인철, 『신라촌락사회사연구』, 일지사, 1996.
김종선, 『한국 고대국가의 노예와 농민』, 한림대 아시아문화연구소, 1997.
이현혜, 『한국 고대의 생산과 교역』, 일조각, 1998.
이희관, 『통일신라토지제도사연구』, 일조각, 1999.

오장환, 「신라장적으로부터 본 9세기 전후의 우리나라 사회경제적 상황에 관한 몇 가지 문제」, 『력사과학』1958-5, 1958.
김철준, 「신라의 촌락과 농민생활」, 『한국사』3, 국사편찬위원회, 1975.
이태진, 「신라 통일기의 촌락지배와 공연: 정창원 소장의 촌락문서 재검토」, 『한국사연구』25, 1979.
이종욱, 「신라장적을 통하여 본 통일신라시대의 촌락지배체제」, 『역사학보』86, 1980.
이우태, 「신라의 촌과 촌주: 삼국시대를 중심으로」, 『한국사론』7, 1981.
김기흥, 「신라 〈촌락문서〉에 대한 신고찰」, 『한국사연구』64, 1989.
이태진, 「신라 촌락문서의 우마」, 『벽사 이우성교수 정년퇴직기념논총』, 1990.
김재홍, 「신라 중고기의 촌제와 지방사회 구조」, 『한국사연구』72, 1991.
윤선태, 「정창원 소장 '신라촌락문서'의 작성연대」, 『진단학보』80, 1995.
이희관, 「통일신라시대의 공연의 구조에 대한 새로운 이해」, 『한국사연구』89, 1995.
이영훈, 「한국사에 있어서 노비제의 추이와 성격」, 『노비 · 농노 · 노예』, 일조각, 1998.
박명호, 「신라촌락문서에 보이는 내시령의 성격」, 『사학연구』58 · 59, 1999.
이영훈, 「한국사에 있어서 토지제도의 발전과정」, 『고문서연구』15, 1999.
주보돈, 「신라 중고기 촌의 성격」, 『경북사학』23, 2000.
박찬흥, 「신라의 연수유전 · 답과 공연」, 『한국사연구』116, 2002.

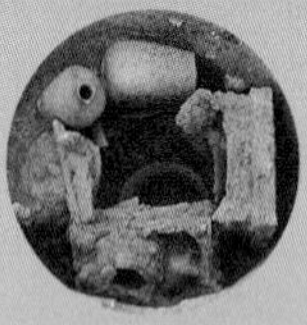

III.

통일신라의 대외관계와 무역

1. 신라와 당, 적대에서 상호 협력으로
2. 대일관계의 우여곡절
3. 공무역에서 사무역으로
4. 장보고가 동아시아 해양무역을 석권하다

1 신라와 당, 적대에서 상호 협력으로

대당외교와 숙위학생

신라와 당의 관계는 몇 단계의 변화와 굴절 과정을 겪으며 전개되었다. 신라가 당에 의해 단순히 책봉 대상국의 하나로 취급되던 단계, 양국이 군사동맹을 체결하여 맹방의 관계로 발전한 단계, 그러다가 양국이 서로 대립하던 단계, 그리고 평화적인 문물 교류를 이어가던 단계가 그것이다. 숙위학생은 신라와 당을 이어주던 외교적 · 문화적 가교의 역할을 담당하였다.

나당 군사동맹까지

618년에 당이 건국되자 삼국은 경쟁적으로 조공사朝貢使를 파견하여 당과 외교관계를 맺으려 하였다. 고구려는 영류왕營留王 2년(619)에 처음 조공사를 보냈고, 백제와 신라는 같은 해인 무왕武王 23년(621)과 진평왕眞平王 43년(621)에 각각 처음으로 조공사를 보냈다. 그런데 당은 삼국의 조공사가 처음 도착했을 때 책봉해 주지 않고 있다가, 634년에 이르러 삼국을 동시에 책봉해 주었다. 이는 삼국을 동등한 책봉 대상국으로 삼아 상호 견제하려는 의미가 있었을 것으로 보인다.

그런데 당이 628년에 중원을 다시 통일하여 세계제국 건설의 기치를 내세우고 변방의 여러 국가들을 복속시켜 가는 과정에서 고구려의 거센 저항에 부딪히게 되자, 삼국에 대한 당의 정책은 달라지게 되었다. 먼저 당 태종은 644년에 고구려에 대한 무력 공격을 감행하기에 이르렀다. 이때 당은 굴욕적인 패배를 당하였으며, 이후에도 수차례 고구려 공격을 감행하였지만 패배를 거듭할 뿐이었다.

당이 고구려에 대한 공격의 묘안을 찾고 있을 무렵인 648년에, 마침 고구려와 백제의 공격을 받아 국가적 위기에 내몰렸던 신라가 김춘추金春秋를 당에 보내어 구원을 요청하였다.[자료1] 당은 고구려를 굴복시키기 위해서는 배후에 있는 신라와 제휴하는 것이 반드시 필요하다고 생각하여, 김춘추를 최고 국빈으로 환대하고, 신라의 요청대로 나당 군사동맹을 체결하였다. 이로써 신라와 당은 군사동맹에 바탕한 맹방의 관계로 발전하였다.[자료2]

나당 전쟁과 대립의 격화

이후 나당 연합군은 660년에 백제를 멸하고, 668년에 고구려를 멸하여 소기의 목적을 달성하였다. 그러나 이와 함께 양국의 군사동맹 관계는 서서히 금이 가기 시작했다. 당은 고구려와 백제의 옛 땅은 물론이고 신라까지도 직접 지배하려는 야욕을 드러내기 시작하였고, 이에 대해서 신라는 격렬히 저항하였던 것이다. 이로써 양국 관계는 적대적 대립관계로 돌변하여 갔으며, 급기야는 나당 전쟁이라는 극한 상황으로 치달았다. 고구려 멸망 직후부터 나타나기 시작한 양국 간의 무력 충돌은 676년까지 계속되었다.

신라는 나당 전쟁의 과정에서도 당에 사죄사謝罪使를 파견하여 당과의 관계를 개선하려는 노력을 게을리하지 않았다. 문무왕 9년(669)에 흠순欽純과 양도良圖와 같은 최고위층 인사를 사죄사로 당에 파견했던 것이 그 예이다.[자료3] 그러는 한편으로 고구려와 백제의 땅과 인민들을 포섭·회유하는 정책을 병행해 갔다. 이런 신라의 정책은 당의 심사를 자극하는 결과를 가져왔으며, 급기야 당은 674년에 문무왕의 봉호封號를 박탈하고, 그 대신 당의 수도에 머물러 있던 문무왕의 동생 김인문金仁問을 신라왕으로 책봉하여 귀국하도록 하고, 대규모 정벌군으로 하여금 그 뒤를 따라 신라를 정벌케 하는 초강경 조치를 취하려 하기도 하였다.[자료4] 이 조치는 문무왕의 사죄사謝罪使 파견으로 무마되긴 하였지만, 그 이후에도 나당 간에는 크고 작은 무력 대결이 끊이지 않았다.

결국 676년에 당군이 한반도에서 총퇴각함으로써 양국 간의 무력 충돌은 종식되었다. 하지만 당과 신라의 대립관계가 완전히 해소된 것은 아니었으므로, 그 이후 양국 간의 단교상태가 당분간 계속되었다. 신문왕 12년(692)에 당이 신라에 사신을 보내와 태종太宗의 묘호廟號를 문제 삼아 문책한 사건이 있었을 뿐이었다.[자료5]

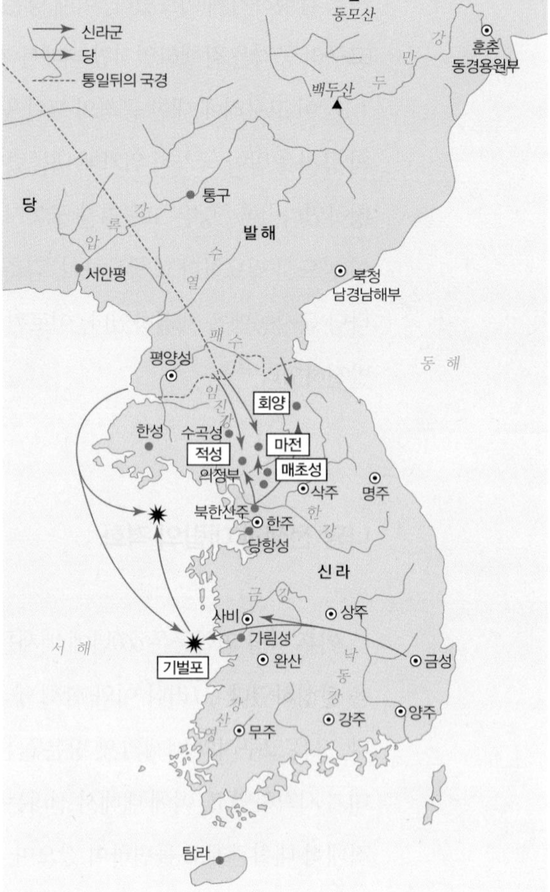

나당 전쟁과 삼국통일

나당 친선관계의 회복

그러던 것이 이후 효소왕孝昭王 8년(699)에 이르러 신라의 입당조공入唐朝貢이 다시 이루어지면서, 나당 간에 관계 개선의 계기가 다시 마련되었다. 이를 바탕으로 하여 성덕왕聖德王(재위 702~737)이 즉위하면서부터 양국은 다시금 친선 관계를 회복하였다. 나당 친선관계의 재확립이 이루어진 것은, 당의 입장에서 볼 때 698년에 건국하여 급성장해가고 있던 발해를 견제한다는 정치적 · 군사적 판단이 크게 작용하였고, 신라의 입장에서는 당과의 적대관계를 해소하고 문물 교류를 활성화하려는 경제적 · 문화적 욕구가 크게 작용하였을 것이다.

732년에 발해가 당의 등주登州를 공격하는 사건이 발생하면서, 나당 간의 관계는 더욱 가까워지는 계기가 마련되었다. 당은 신라에게 발해 공격을 위한 군사 동원을 요청하였고, 이에 대해 신라가 성의를 보이자, 그에 대한 반대급부로 이제까지 인정하지 않던 대동강 이남의 패강지역에 대한 신라의 지배권을 공인해 주었다.[자료6] 성덕왕 대에 당과의 교류가 역대 가장 활발하게 이루어졌던 것은, 이러한 정치군사적 상호 신뢰를 바탕으로 하여 가능했던 것으로 보인다. 『삼국사기』에 의하면 성덕왕 재위 36년간에 나당 외교관계 기사가 46회나 나오고 있고, 당에 파견된 외교사절도 조공朝貢·하정賀正·사은謝恩·숙위宿衛 등 다양한 유형으로 나타나고 있어, 당시 양국 간 교류가 얼마나 활성화되었는가 짐작할 수 있다.

성덕왕 대에 활기를 띠게 된 대당외교는 그 이후에도 지속되어 갔다. 신라는 새로운 항해술과 선박 제조기술을 개발하고 새로운 항로를 개척하여, 대당외교를 통해 문물 교류를 더욱 활성화하려 하였다. 그 결과 양국 간에 교류된 물품도 더욱 다양해져 갔다. 먼저 수출품을 보면, 7세기까지는 금·은·동·우황牛黃·포목布木·인삼 등이 중심이었으나, 8세기에는 과하마果下馬·우황牛黃·미발美髮·해표피海豹皮·조하주朝霞紬·어아주魚牙紬 등이 주류를 이루었고, 9세기에는 금은제金銀製의 불상·불경 등이 주류를 이룬 것으로 나타나고 있다. 당과의 교류가 진전되어 감에 따라 수출품이 1차 물품에서 2차 제품으로 바뀌어 가고 있는 추세를 엿볼 수 있다. 이에 따라 수입품도 역법曆法·최승왕경最勝王經·자포紫袍·금세대錦細帶·도덕경道德經·불경佛經·차종자茶種子 등으로 다양해졌다.

숙위학생

숙위학생宿衛學生이란 당 왕조에 머무르면서 당의 선진 학문과 문물을 익히고 당과 신라 사이에 정치 및 문화 교류의 가교 역할을 담당하던 신라의 지식인을 말한다. 이들은 유학생과 외교관의 기능을 겸하며 때로는 정치적 인질이라는 성격을 띠기도 하였다. 숙위학생의 시원은 당 주변 여러 나라들에서 당의 교육기관에 유학생을 파견하는 것에서 비롯하였고, 때로는 이들 나라들이 경쟁적으로 유학생을 파견하는 바람에 재당 유학생의 수가 8,000여 명에 이른 적도 있었다.[자료7]

신라에서 숙위학생을 파견하기 시작한 것은 통일기에 이르러서였다. 신라의 재당 숙위학생의 첫 사례는, 진덕여왕 2년(648)에 김춘추가 당 태종과 나당 군사동맹의 담판을 짓기 위해 당에 건너갈 때 그의 아들 문왕文王을 데리고 가서 당에 머무르며 당 태종을 숙위宿衛하도록 했던 것에서 찾을 수 있다.[자료1] 이는 유학생이라기보다는 양국의 동맹관계를 담보하는 정치외교적 성격이 강한 것이었다.

문무왕 대에 왕의 아우인 김인문金仁問이 당 고종의 밑에서 숙위했던 것도 비슷한 성격의 숙위에 해당한다.[자료8] 신라는 김인문을 당에 숙위하게 함으로써 당의 군사적 지원을 얻어내려 했고, 당은 김인문을 이용해서 신라의 문무왕을 견제하려 하였다. 실제로 나당 전쟁이 치열하게 전개되고 있을 당시, 당은 문무왕의 작호를 박탈하고 김인문을 대신 신라왕으로 봉하여 문무왕을 견제하려 시도한 적도 있었다.[자료4] 유력한 진골귀족의 일원이었던 김진주金眞珠의 아들인 풍훈風訓이 당에 숙위학생으로 머문 것도 이와 유사하다. 마침 당시 국내에서 김진주가 정치적인 이유로 처형당하자 당은 풍훈을 향도로 삼아 신라를 공격하는 데 이용하기도 하였다.[자료9] 이들은 나당 전쟁 시기에 당이 숙위학생을 정치외교적으로 이용한 사례에 해당한다.

나당 간의 대립이 해소된 8세기 이후에도 숙위학생은 당에 계속 파견되었다. 이때의 숙위학생은 정치적 인질의 성격과 함께 유학생으로서의 성격을 같이 띠었다. 예를 들어 성덕왕의 아우인 김사종金嗣宗이 당의 국학에 입학하고 당으로부터 벼슬을 받아 숙위하여 머무른 적이 있었다.[자료10]

신라 하대下代에 이르면 숙위학생은 점차 정치외교적 성격에서 탈피하여 순수한 유학생의 성격을 강하게 띠게 되었고, 그 숫자도 크게 늘어나게 된다. 이는 당의 선진문물에 대한 신라의 욕구가 그만큼 커지게 되면서 나타난 현상이었다고 할 수 있다. 그리하여 많은 수의 숙위학생단宿衛學生團이 구성되어 집단적으로 파견되고, 일정한 기간이 지나면 또 다른 숙위학생단이 이와 교대하여 파견되는 형식을 밟았다. 숙위학생단이 당에 머무는 기간은 대개 10년 정도로 정해졌다. 이 기한이 지나면 귀국하는 대신에 새로운 숙위학생단의 명단을 당 왕조에 제출하고 교대하는 관행이 정해졌다.[자료11 · 12 · 13 · 14] 한때 숙위학생단의 수가 105인에 이르기도 하였던 것을 보면 그 규모가 상당하였다는 것을 알 수 있다. 이들은 일종의 유학사절단이었다.

물론 하대에도 정치적 사절로서 왕자를 숙위하게 하는 경우도 있긴 하였다.[자료15]

그렇지만 이건 어디까지나 예외적인 사례에 불과하였고 숙위학생의 정치적 의미는 거의 퇴색되었다. 이에 따라 자연히 왕족이나 유력한 진골귀족의 자제와 같이 정치적 비중이 큰 인물은 숙위학생으로 파견하는 일이 줄어들었다. 숙위학생은 주로 능력은 있되 정치적으로 소외받고 있던 6두품 출신의 몫으로 돌아갔다. 이들은 학문적 욕구를 충족하고 자신의 능력을 마음껏 펼칠 기회의 땅을 찾아서 숙위학생의 이름으로 당에 건너갔던 것이다.

최치원

이들 중에는 당에서 외국인에게 허했던 빈공과賓貢科라는 과거시험에 응시하여 당당히 합격하고 능력을 인정받아 당에서 벼슬살이를 한 이들도 있었다. 혹은 유유자적 문장으로 소일하면서 고고한 생활을 영위한 이들도 있었다. 양영楊穎과 최치원崔致遠과 같은 이는 당나라 황제의 측근으로 활동하기도 하였다. 특히 최치원은 황소黃巢의 난이 일어나자 당 황제의 명을 받아 「토황소격문討黃巢格文」을 지은 것으로 유명하다. 이 외에도 숙위학생 출신의 저명한 인물로는 김운경金雲卿, 최승우崔承祐, 최언위崔彦撝, 김가기金可紀 등을 들 수 있다.[자료16]

6두품 출신의 숙위학생들은, 여전히 고루한 골품제의 질곡에서 벗어나지 못한 신라사회에 돌아오기를 꺼렸으며, 혹 돌아오더라도 견디지 못하고 다시 당으로 되돌아가는 이들도 있었다. 고국에서 경륜을 펴보겠다는 청운의 꿈을 안고 귀국하였으나, 골품제의 질곡에 억눌려 좌절하고 방랑생활로 소일한 최치원 같은 이도 있었다.

신라 말에 이르러 신라 왕조가 쇠퇴하고 전국에서 호족세력이 대두해 가자, 숙위학생 출신 인물들 중에는 귀국하여 고려의 왕건이나 후백제의 견훤에 의탁하여 그들의 경륜을 펴려는 이도 나타났다. 견훤 밑에서 자문역을 맡았던 최승우나 왕건 밑에서 정치적 자문에 응했던 최언위 등이 그 대표적 인물이었다.[자료17 · 18]

자료샘

자료 1

이찬 김춘추金春秋와 그의 아들 문왕文王을 보내 당나라에 조공하였다. 태종이 광록경光祿卿 유형柳亨을 교외까지 보내어 그들을 맞이하여 위로하였다. 이윽고 궁궐에 당도하자 춘추의 용모가 영준하고 늠름함을 보고 후하게 대우하였다. 춘추가 국학國學에 가서 석전釋奠(공자를 비롯한 유가儒家의 현인들에게 지내는 제사)과 강론을 참관하기를 청하니, 태종이 이를 허락하고, 아울러 자기가 직접 지은 「온탕비溫湯碑」와 「진사비晉祠碑」, 그리고 새로 편찬한 『진서晉書』를 내려주었다. 어느 날 춘추를 연회에 불러 황금과 비단을 후하게 주며 물었다. "경卿이 가슴에 품고 있는 말을 해보겠는가?" 춘추가 꿇어앉아 아뢰었다. "신臣의 나라는 멀리 바다 모퉁이에 치우쳐 있으면서도 천자의 조정을 섬긴 지 이미 여러 해 되었습니다. 그런데 백제는 강하고 교활하여 여러 차례 침략을 마음대로 하고 있으며, 더욱이 지난 해에는 병사를 크게 일으켜 깊숙이 쳐들어와 수십 개의 성을 함락시켜 대국에 조회할 길을 막았습니다. 만약 폐하께서 대국의 병사를 빌려주어 흉악한 적들을 없애지 않는다면, 우리나라 백성은 모두 포로가 될 것이며 산과 바다를 거쳐서 조공을 드리는 일도 다시는 바랄 수 없을 것입니다." 태종이 매우 옳다고 여겨 병사의 파견을 허락하였다. … 춘추가 아뢰었다. "제게는 일곱 아들이 있습니다. 그중 하나인 문왕에게 고명하신 폐하 옆을 떠나지 않고 숙위宿衛(밤낮으로 곁을 지킴)할 수 있도록 해주십시오." 그의 아들 문왕과 대감 □□에게 숙위할 것을 명하였다.

原文 遣伊飡金春秋及其子文王朝唐 太宗遣光祿卿柳亨郊勞之 旣至 見春秋儀表英偉 厚待之 春秋請詣國學 觀釋奠及講論 太宗許之 仍賜御製溫湯及晉祠碑幷新撰晉書 嘗召燕見 賜以金帛尤厚 問曰 卿有所懷乎 春秋跪奏曰 臣之本國 僻在海隅 伏事天朝 積有歲年 而百濟强猾 屢肆侵凌 況往年大擧深入 攻陷數十城 以塞朝宗之路 若陛下不借天兵 翦除凶惡 則敝邑人民 盡爲所虜 則梯航述職 無復望矣 太宗深然之 許以出師 春秋又請改其章服 以從中華制 於是 內出珍服 賜春秋及其從者 詔授春秋爲特進 文王爲左武衛將軍 還國詔合三品已上燕餞之 優禮甚備 春秋奏曰 臣有七子 願使不離聖明宿衛 乃命其子文注與大監□□

_『삼국사기』 권5, 진덕왕 2년(648)

자료 2

3월에 당 고종高宗이 좌무위대장군左武衛大將軍 소정방蘇定方을 신구도행군대총관神丘道

주1 김인문 : 태종 무열왕의 차남. 당시 당에 머물러 숙위(宿衛)하고 있었다.

주2 법민 : 태종무열왕의 장남. 무열왕의 뒤를 이어 문무왕이 된다.

주3 덕물도 : 지금의 인천광역시 옹진군 덕적도.

行軍大摠管으로 삼고 김인문金仁問[주1]을 부대총관副大摠管으로 삼아, 좌요위장군左饒衛將軍 유백영劉伯英 등 수군과 육군 13만 명을 거느리고 가서 백제를 치게 하고, 왕(무열왕)을 우이도행군총관嵎夷道行軍摠管으로 삼아 군사를 거느리고 이를 응원하게 하였다. 5월에 … 소정방은 내주萊州에서 출발하니 전함이 천리에 뻗쳤는데, 동쪽을 향하여 순류를 타고 내려왔다. 21일에 왕이 태자 법민法敏[주2]으로 병선 100척을 이끌고 덕물도德物島[주3]에서 정방을 맞게 했다.

原文 三月 唐高宗命左武衛大將軍蘇定方 爲神丘道行軍大摠管 金仁問爲副大摠管 帥左驍衛將軍劉伯英等水陸十三萬軍 以伐百濟 勅王爲嵎夷道行軍摠管 使將兵爲之聲援 … 定方發自萊州 舳艫千里隨流東下 二十一日王遣太子法敏領兵船一百艘 迎定方於德物島

_『삼국사기』 권5, 태종무열왕 7년(660)

자료 3

주4 급찬 : 신라 17계 관등 중 제9등의 관위.

주5 각간 : 신라 17계 관등 중 최고 관위. 이벌찬(伊伐湌)이라고도 함.

주6 파진찬 : 신라 17계 관등 중 제4등의 관위.

급찬級湌[주4] 기진산祇珍山 등을 당에 보내어 자석 두 상자를 바치고, 또 각간角干[주5] 흠순欽純과 파진찬[주6] 양도良圖를 당에 보내어 사죄하였다.

原文 遣祇珍山級湌等 入唐獻磁石二箱 又遣欽純角干良圖波珍湌 入唐謝罪

_『삼국사기』 권6, 문무왕 9년(669) 5월

자료 4

문무왕이 고구려의 반란 무리들을 받아들이고, 또 백제의 옛 땅을 점거하여 관인을 보내 지키게 하니, 당 고종이 크게 노하여 왕의 관작을 박탈하고, 당시에 당의 경사京師에 있던 왕의 아우 우요위원외대장군임해군공右饒衛員外大將軍臨海郡公 인문仁問을 세워 신라왕으로 삼아 귀국하게 하고, 좌서자동중서문하삼품左庶子同中書門下三品 유인궤劉仁軌를 계림도대총관鷄林道大摠管으로 삼고, 위위경衛尉卿이필李弼과 우령군대장군右領軍大將軍 이근행李謹行으로 부관을 삼아 군사를 발하여 신라를 토벌하게 하였다.

原文 王納高句麗叛衆 又據百濟故地 使人守之 唐高宗大怒 詔削王官爵 王弟右驍衛員外大將軍臨海郡公仁問在京師 立以爲新羅王 使歸國 以左庶子同中書門下三品劉仁軌 爲雞林道大摠管 衛尉卿李弼 右領軍大將軍李謹行副之 發兵來討

_『삼국사기』 권7, 문무왕 14년(674)

자료 5

당나라 중종中宗이 사신을 보내 조칙을 구두로 전하였다. "우리 태종 문황제太宗文皇帝는 신묘한 공과 성스런 덕이 천고에 뛰어났으므로, 황제께서 돌아가신 날 묘호를 태종이라 하였다. 너희 나라의 선왕 김춘추도 그것과 같은 묘호를 쓰니 이는 매우 분수에 넘치는 일이다. 빨리 칭호를 고치도록 하라." (신문)왕이 여러 신하들과 의논하고, 대답하였다. "우리나라의 선왕 춘추의 시호가 우연히 성조의 묘호와 서로 저촉되어(같게 되어) 이를 고치라는 칙명을 내리니, 어찌 감히 명을 따르지 않으리오. 그러나 생각해보니 선왕 춘추는 자못 어진 덕이 있었고, 더욱이 생전에 훌륭한 신하 김유신을 얻어 한마음으로 다스려 삼한을 통일하였으니, 그 이룩한 공적이 적다고 할 수 없습니다. 그가 돌아가셨을 때에 온 나라의 신하와 백성들이 슬퍼하고 사모하는 마음을 이기지 못하여 추존한 묘호가 성조와 서로 저촉되는 것을 깨닫지 못하였을 것인데, 지금 교칙敎勅을 들으니 두려움을 이길 수 없습니다. 삼가 바라건대, 사신이 대궐의 뜰에서 복명할 때 이대로 아뢰어 주시오." 그 후에 다시는 별다른 칙명이 없었다.

原文 唐中宗遣使口勅曰 我太宗文皇帝 神功聖德 超出千古 故上僊之日 廟號太宗 汝國先王金春秋 與之同號 尤爲僭越 須急改稱 王與群臣同議 對曰 小國先王春秋謚號 偶與聖祖廟號相犯 勅令改之 臣敢不惟命是從 然念先王春秋 頗有賢德 况生前得良臣金庾信 同心爲政 一統三韓 其爲功業 不爲不多 捐館之際 一國臣民不勝哀慕 追尊之號 不覺與聖祖相犯 今聞敎勅 不勝恐懼 伏望 使臣復命闕庭 以此上聞 後更無別勅

_『삼국사기』 권8, 신문왕 12년(692)

자료 6

봄 정월에 김의충金義忠을 당에 보내어 신년하례新年賀禮를 하였다. 2월에 부사副使 김영金榮이 당에서 죽으니 당 황제가 그에게 광록소경光祿少卿의 직을 더하였다. 의충義忠이 돌아올 때 당 황제가 패강浿江[주7] 이남의 땅을 하사하였다.

주7 패강 : 대동강을 이름.

原文 春正月 熒惑犯月 遣金義忠入唐賀正 二月 副使金榮在唐身死 贈光祿少卿 義忠廻 勅賜浿江以南地

_『삼국사기』 권9, 성덕왕(聖德王) 34년(735)

자료 7

천하를 처음 평정한 이래 학사學舍를 증축하여 1,200구역에 이르고 … 박사를 보내어 강의를 하게 했다. 고구려, 백제, 신라, 고창高昌, 토번吐蕃 등의 여러 나라에서 서로 이어 자제를 보내 입학시키니 8,000여 명에 이르렀다.

原文 自天下初定 增築學舍至千二百區 … 遣博士爲授經 四夷若高麗百濟新羅高昌吐蕃 相繼遣子弟入學 遂至八千餘人

_『신당서』 권44, 지34, 선거지(選擧志) 상

자료 8

신라가 여러 번 백제의 침공을 받게 되자, 태종은 당나라 군대의 원조를 얻어 수치를 씻고자 하여, 당에 숙위하러 가는 인문을 통해 군사를 청하려 하였다. 때마침 고종이 소정방蘇定方을 신구도대총관神丘道大摠管으로 삼아 군사를 거느리고 백제를 치도록 하였다. … 대왕[주8]은 인문의 공로를 가상히 여겨 파진찬을 제수하고 또 각간 벼슬을 더 주었다. 그는 얼마 안 있어서 당에 들어가 전과 같이 숙위하였다.

주8 대왕 : 문무왕.

原文 新羅屢爲百濟所侵 願得唐兵爲援助 以雪羞恥 擬諭宿衛仁問乞師 會 高宗 以蘇定方爲神丘道大摠管 率師討百濟 … 大王嘉尙仁問功業 授波珍飡 又加角干 尋 入唐宿衛如前

_『삼국사기』 권44, 열전4, 김인문

자료 9

가을 9월에 설인귀薛仁貴가 숙위학생인 풍훈風訓의 아버지 김진주金眞珠가 본국에서 처형당한 것을 핑계로 풍훈을 길잡이로 삼아 천성泉城에 쳐들어왔다.

原文 秋九月 薛仁貴以宿衛學生風訓之父金眞珠 伏誅於本國 引風訓爲鄕導 來攻泉城

_『삼국사기』 권7, 문무왕 15년(675)

자료 10

가을 7월에 임금의 아우 김사종金嗣宗을 당나라에 보내 토산물을 바치고 아울러 글을 올려 자제들의 국학國學 입학을 청하니, 황제가 조칙으로 이를 허락하였으며, 김사종에게 과의果毅의 관작을 주고 남아서 숙위宿衛하게 하였다.

原文 秋七月 遣王弟金嗣宗 入唐獻方物 兼表請子弟入國學 詔許之 授嗣宗果毅 仍留宿衛

_『삼국사기』 권8, 성덕왕 27년(728)

자료 11

여름 5월에 왕자 김흔金昕을 당나라에 보내 조공하고, 황제에게 "앞에 와 있는 대학생 최이정崔利貞, 김숙정金叔貞, 박계업朴季業 등을 돌려보내 주시고, 새로 들어온 김윤부金允夫, 김입지金立之, 박양지朴亮之 등 12명을 숙위로 머물 수 있도록 해주시고, 또 국자감에 배치하여 공부를 하도록 해주십시오. 홍려시鴻臚寺[주9]에서 물자와 식량을 공급하여 주십시오."라 하였다. 황제가 이를 따랐다.

주9 홍려시 : 외국 내빈의 접대 및 조공 등을 담당한 당나라의 관서.

原文 夏五月 遣王子金昕 入唐朝貢 遂奏言 先在大學生 崔利貞金叔貞朴季業等 請放還蕃 其新赴朝金允夫金立之朴亮之等一十二人 請留宿衛 仍請配國子監習業 鴻臚寺給資粮 從之 秋 歃良州獻白烏 牛頭州大楊管郡黃知奈麻妻 一産二男二女 賜租一百石

_『삼국사기』 권10, 헌덕왕 17년(825)

자료 12

신라 당국은 숙위학생宿衛學生과 수령首領을 뽑아 입조入朝함과 동시에 국자감國子監에 부속하여 공부할 수 있도록 요청합니다. 이에 인명수와 성명을 갖추어 아뢰오니, 학생은 최신지崔愼之 등 8명이고, 대수령大首領은 기작祈綽 등 8명, 그리고 소수령小首領은 소은蘇恩 등 2명입니다.

原文 新羅國當國 差遣宿衛學生首領入朝 請附國子監習業 謹具人數姓名 分析申奏如後 學生入人 崔愼之等 大首領八人 祈綽等 小首領二人 蘇恩等

_『동문선(東文選)』 권47, 견숙위학생수령등입조장(遣宿位學生首領等入朝狀) : 최치원

자료 13

신라 당국은 먼저 갖추어 간 숙위학생으로 공부가 끝난 네 사람이 지금 연한이 만료되었음을 알려주는 동시에 귀환을 청하며, 삼가 김무선金茂先, 양영楊穎, 최환崔渙, 최광유崔匡裕 등의 명단을 제출하는 바입니다. … 지금 이들은 이미 10년의 기한을 채웠으니 … 문덕文德 원년(888)에 만기로 귀국한 김소유金紹游 등의 예에 따라 김무선金茂先 등과 수령受領들을 하정사賀正使 김영金穎의 배편에 수행하여 귀국시켜 주시기 바랍니다.

原文 新羅國當國 先具表奏 宿衛習業學生四人 今錄年限已滿 伏請放還 謹錄姓名奏聞如後 金茂先 楊穎崔渙崔匡裕 … 今已限滿十年 … 令准去文德元年放歸限滿學生大學博士金紹游等

例 勒金茂先等幷首領輩 隨賀正使級餐金穎船次還蕃

_『동문선』 권47, 주청숙위학생환번장(奏淸宿衛學生還藩狀)

자료 14

당나라 문종文宗이 홍려시鴻臚寺에 조칙을 내려, 볼모로 온 사람 및 기한을 다 채워 귀국하려는 학생을 합쳐 105명을 돌려보내도록 하였다.

原文 唐文宗勑鴻臚寺 放還質子及年滿合歸國學生 共一百五人

_『삼국사기』 권11, 문성왕 2년(840)

자료 15

왕자 김의종金義琮을 당나라에 파견하여 은혜에 감사드리고 아울러 숙위宿衛하게 하였다.

原文 遣王子金義琮 如唐謝恩兼宿衛

_『삼국사기』 권10, 흥덕왕 11년(836)

자료 16

장경長慶[주10] 초에 김운경이 처음으로 빈공과賓貢科[주11]에 합격하였다. 빈공과는 매월 별시別試를 치러 합격자를 방榜의 끄트머리에 부쳤는데, 김운경金雲卿이 처음 합격한 이후 당말唐末까지 58인이었고, 5대代에는 32인이나 되었다. 그중 대표적인 인물은 최이정崔利貞, 김숙정金叔貞, 박계업朴季業, 김윤부金允夫, 김입지金立之, 박양지朴亮之, 이동李同, 최영崔靈, 김무선金茂先, 양영楊穎, 최환崔渙, 최광유崔匡裕, 최치원崔致遠, 최신지崔愼之, 김소유金紹游, 박인범朴仁範, 김악金渥, 최승우崔承祐, 김문울金文蔚 등으로, 이들은 모두 재목을 이루었다.

原文 長慶初 金雲卿始登賓貢科 所謂賓貢科者 每月別試 附名榜尾 自雲卿至唐末 登科者五十八人 五代梁唐之際 亦至三十三人 其表表知名者 有崔利貞金叔貞朴季業金允夫金立之朴亮之李同崔靈金茂先楊穎崔渙崔匡裕崔致遠崔愼之金紹游朴仁範金渥崔承祐金文蔚等 皆達于成材

_『동사강목(東史綱目)』 5상, 진성여주(眞聖女主) 3년(889)

주10 장경 : 당 목종의 연호(821~824).

주11 빈공과 : 당에서 외국인을 대상으로 실시했던 과거시험.

자료 17

김가기金可紀는 신라인이다. 빈공진사賓貢進士가 되었으며, 특히 성품이 깊고 조용하고 도교道敎에 깊은 뜻을 가져 번거로운 사치를 싫어했다. … 특히 박학다식하고 문장이 깨끗하며 자태가 너그러워 거동과 언담이 중국의 풍을 하고 있었다. 홀연히 종남산終南山의 자오곡子午谷에서 허술한 집을 짓고 우거하면서 조용한 생을 보냈다. … 그 후 3년에 귀국할 의사가 있어 배편으로 돌아갔다가 다시 돌아와서 도복을 입고 종남산에서 음덕을 쌓고 일생을 보냈다.

原文 金可記 新羅人也 賓貢進士 性沉靜好道 不尙華侈 … 博學强記 屬文淸麗 美姿容 擧動言談 逈有中華之風 俄擢第 於終南山 子午谷葺居 … 後三年 思歸本國 航海而去 復來 衣道服 却入終南 務行陰德

_『태평광기(太平廣記)』 권53, 신선(神仙) 50, 김가기

자료 18

최승우崔承祐는 당 소종昭宗 용기龍紀[주12] 2년(890)에 당에 들어가서 경복景福[주13] 2년(893)에 시랑 양섭楊涉의 아래에서 급제하였다. 사륙체 문집 5권이 있는데, 자신이 쓴 서문에서 『호본집餬本集』이라 하였다. 그 뒤에 견훤甄萱을 위하여 격문을 지어 우리 태조에게 보냈다.

原文 崔承祐 以唐昭宗龍紀二年入唐 至景福二年 侍郎楊涉下及第 有四六五卷 自序爲餬本集 後爲甄萱作檄書 移我太祖

_『삼국사기』 권46, 열전6 최승우

주12 용기 : 당 소종(昭宗)의 연호(889~890).

주13 경복 : 당 소종의 연호(892~894).

자료 19

최언위崔彦撝는 처음 이름이 신지愼之로, 경주 사람이다. 품성이 너그럽고 후덕하였으며, 어려서부터 글을 잘하였다. 신라 말 나이 열여덟 살 때 당나라에 유학하고, 예부시랑禮部侍郎 설정규薛廷珪가 주관한 과거에 급제하였다. 당시 발해渤海 재상宰相 오소도烏炤度[주14]의 아들 오광찬烏光贊도 같이 과거에 급제했다. 오소도가 당나라 조정에 들어갔다가 그의 아들 이름이 최언위의 밑에 있는 것을 보고 표문을 올려, "신이 예전에 입조하여 과거에 급제하였을 때는 이름이 이동李同의 위에 있었으니, 지금 신의 아들 오광찬도 최언위의 위에 올라야 할 것입니다."라고 청하였으나 최언위의 재능이 우

주14 오소도 : 함통(咸通) 13년(872) 경에 당나라 빈공과(賓貢科)에 급제하고 발해의 재상을 역임한 문신관료. 오소도(烏昭度)라고도 함. 그가 빈공과에 응시하여 신라출신 이동(李同)을 제치고 수석으로 급제하자 최치원(崔致遠)이 이를 치욕스럽게 여겼다고 전하는데, 이는 신라와 발해 사이에 남·북국 대립의식을 표출한 것으로 보고 있다.

수하고 학식이 넉넉하므로 허락하지 않았다. 나이 마흔둘에 신라로 돌아오자, 집사성시랑執事省侍郞, 서서원학사瑞書院學士에 임명하였다.

原文 崔彦撝 初名愼之 慶州人 性寬厚 自少能文 新羅末 年十八 游學入唐 禮部侍郎薛廷珪下及第 時渤海宰相烏炤度子光贊 同年及第 炤度朝唐 見其子名在彦撝下 表請曰 臣昔年入朝登第 名在李同之上 今臣子光贊宜升彦撝之上 以彦撝才學優贍 不許 年四十二 始還新羅 拜執事省侍郎瑞書院學士

_『고려사』 권92, 열전5 최언위(崔彦撝)

출전

『삼국사기』

『고려사』

『동문선』

『신당서』

『동사강목(東史綱目)』: 조선 후기의 실학자 안정복이 편찬하였다. 단군조선부터 고려 말기까지 다룬 통사적인 역사책. 저자가 영조 32년(1756) 45세 때부터 편찬을 시작해 3년 만에 초고를 완성하였다. 본문의 내용은 강목 형식으로 서술했는데 중요한 사건을 강(綱)으로 표시하고, 그에 관련된 기사는 줄을 낮추어 목(目)으로 서술하였다. 그리고 자신의 견해를 붙여야 할 곳에는 '살핀다'는 뜻의 '안(按)' 자를 붙여 두 줄로 쓰고 있으며, 주석도 두 줄로 썼다. 본편 17권, 부록 3권으로 되어 있다. 사료를 광범하게 수집하여 비교 · 검토한 고증학적 역사방법을 적용하고 기왕의 한국사에 관한 연구를 모두 수렴했다는 점에서 전통시대의 가장 대표적인 사서로 평가할 수 있다.

『태평광기(太平廣記)』: 송나라 때 이방(李昉) 등이 태종의 명을 받들어 977년에 착수하여 978년에 편찬한 유서(類書, 분류별 백과사전류). 한나라에서 북송 초기까지의 설화, 소설, 전기, 야사 따위를 광범위하게 수록하였다. 전 500권, 목록 10권으로 구성되었고, 7,000여 편의 이야기를 내용에 따라 크게 92개 항목으로 분류되어 수록하고 출전을 밝혔다. 『태평어람(太平御覽)』, 『문원영화(文苑英華)』, 『책부원구(冊府元龜)』와 함께 송대의 4대 서적으로 불린다.

찾아읽기

정효운, 『고대 한일 정치교섭사 연구』, 학연문화사, 1995.

권덕영, 『고대한중외교사: 견당사연구』, 일조각, 1997.

이재운, 『최치원 연구』, 백산자료원, 1999.

백산학회(편), 『통일신라의 대외관계와 사상연구』, 백산자료원, 2000.

조이옥, 『통일신라의 북방진출 연구』, 서경문화사, 2001.

변인석, 「당 숙위제도에서 본 나당관계: 당대 외인숙소의 연구」, 『사총』11, 1966.

신형식, 「신라의 대당교섭상에 나타난 숙위에 대한 일고찰」, 『역사교육』9, 1966.

전해종, 「한중조공관계고」, 『동양사학연구』1, 1966.

신형식, 「나당 간의 조공에 대하여」, 『역사교육』10, 1967.

김문경, 「재당 신라인의 집락과 그 구조」, 『이홍직박사 회갑기념 한국사학논총』, 1969.

신형식, 「숙위학생고」, 『역사교육』11 · 12, 1969.

김상기, 「신라 말에 있어서의 지방군웅의 대중통교」, 『황의돈 박사 고희기념 사학논총』, 1974.

이기동, 「신라 하대의 패강진」, 『한국학보』4, 1976.

김세윤, 「신라 하대의 도당유학생에 대하여」, 『한국학연구』37, 1982.

신형식, 「삼국통일 전후 신라의 대외관계」, 『신라문화』2, 1985.

여성구, 「신라 중대 유학승의 지반과 그 활동」, 『사학연구』41, 1990.

조인옥, 「신라 성덕왕대 대당외교정책연구」, 『이화사학연구』19, 1990.

최근영, 「9세기 신라의 대당진출에 관한 일고」, 『수촌 박영석 교수 화갑기념논총』, 1992.

권덕영, 「비운의 신라 견당사들」, 『신라문화제학술발표논문집』15, 1994.

권덕영, 「신라 견당사 연구」, 한국학중앙연구원 박사학위논문, 1996.

김태희, 「신라 하대의 재당 신라인에 대한 고찰」, 이화여대 석사학위논문, 1997.

이기동, 「나말여초 남중국 여러 나라와의 교섭」, 『역사학보』155, 1997.

정찬식, 「통일기 신라의 대당관계연구」, 대구교육대 석사학위논문, 1998.

김수태, 「대당관계의 변화와 김인문」, 『백산학보』52, 1999.

최재석, 「신라 문무대왕의 대당 · 대일 정책」, 『한국학보』25, 1999.

권덕영, 「재당 신라인 사회의 형성과 그 실태」, 『국사관논총』95, 2001.

장일규, 「최치원의 사회사상 연구」, 국민대 박사학위논문, 2001.

박현숙, 「〈답설인귀서〉, 나당전쟁기 신라 외교의 표상」, 『내일을 여는 역사』10, 2002.

하일식, 「통일신라기 나당 교류와 당 관제의 수용」, 『강좌 한국고대사』4, 가락국사적개발연구원, 2003.

김병곤, 「나당 동맹의 성립과 신라 구법승의 역할」, 『진단학보』99, 2005.

권덕영, 「대당교섭사에서의 조공과 책봉」, 『한국 고대국가와 중국왕조의 조공 · 책봉관계』, 2006.

권덕영, 「신라 관련 당 금석문의 기초적 검토」, 『한국사연구』142, 2008.

배근흥, 「당과 신라관계에 관한 문제 재연구: 나당전쟁을 중심으로」, 『7세기 동아시아신라』, 경주시 · 신라문화유산연구원, 2010.

김복순, 「신라 지식인들의 입당 · 귀국로」, 『경주사학』36, 2012.

2 대일관계의 우여곡절

일본과의 관계

신라와 일본의 관계는 우여곡절을 겪었다. 일본은 신라에 무모한 조건을 요구했고, 신라는 경제적 실리를 고려하여 마지못해 임하는 식으로 양국관계가 근근이 이어졌다. 그러다 이마저도 양국의 공식적인 관계는 8세기 말에 단절되었다. 9세기에는 신라의 사상(私商)들이 일본과의 관계를 주도하였고, 신라 해적이 일본 해역을 위협하기도 하였다.

관계 개선과 갈등의 잠재

신라는 당과 연합하여 660년 백제를 멸망시켰고, 백제 부흥세력과 왜는 나당 연합군에 맞서 663년 백촌강(오늘의 동진강) 하구에서 최후의 결전을 벌였다. 그 결과는 나당 연합군의 승리로 끝났고, 왜군은 퇴각했다. 그런데 상황이 바뀌었다. 668년 고구려까지 멸망하자 신라와 당은 적으로 돌변했다. 당이 백제와 고구려에 이어 신라마저 병탄하려 하자 신라가 이에 맞섰던 것이다.

신라는 버거운 상대인 당과 전쟁을 치르기 위해 백제와 고구려의 유민을 끌어들였을 뿐 아니라, 왜와의 연대도 추진하였다. 문무왕은 고구려가 멸망할 즈음인 668년 9월에 일본에 사신을 파견하여 연대를 타진하였고, 왜도 이에 적극 호응했다.[자료1]

왜는 670년에 국호를 '왜'에서 '태양의 근본'이라는 뜻을 가진 '일본'으로 바꾸었다.[자료2] 자존自尊 의식을 표방하면서 국가 체제를 일신하기 위함이었다. 일본은 이를 알리기 위해 곧바로 신라에 사신을 파견하였다. 그리고 이후 양국 사이에 빈번한 사신 교환이 이루어졌다. 신라의 사신은 대개 6두품 신분층이 파견되었다. 아찬(제6위), 일길찬(제7위), 사찬(제8위), 급찬(제9위), 대나마(제10위)의 관등을 가진 자가 주로 파견되었는데, 그중 사찬과 급찬이 가장 많았다. 때론 파진찬(제4위)과 대아찬(제6위)의 관등을 가진 진골귀족이나 혹은 왕자가 파견되기도 했으나, 이는 어디까지나 예외적이었다.

신라와 일본이 이렇듯 관계 개선을 쉽게 할 수 있었던 것은 우선 당의 침략 위협에 공동 대처할 필요가 있었기 때문이었다. 이 밖에 일본의 입장에서는 신라로부터 선진 문물을 도입할 필요성도 있었을 것이다. 관계 개선이 이루어진 이후에 일본이 신라에 유학승을 파견했던 것은 그 예가 되겠다.[자료3 · 4]

그렇지만 양국은 직전에 치열한 전쟁까지 치렀던 적대적인 사이였던 만큼, 그 이면에는 상당한 갈등 요인도 잠재해 있었다. 먼저 신라는 내면적으로 일본에 대한 경계를 게을리하지 않았다. 문무왕이 '동해를 지키는 호국룡이 되겠다' 하고 자신을 대왕암에 장사지내게 했던 것은 실은 일본의 침략 위협에 대비할 것을 후왕後王에게 경계한 것이었다.[자료5] 문무왕의 뒤를 이은 신문왕은 즉위 직후에 대왕암 인근에 감은사感恩寺를

감은사지

창건하고 역시 그 인근의 이견대利見臺에서 나라의 근심을 막아줄 '만파식적萬波息笛'이라는 신비로운 피리를 얻었다는 설화를 만들어 냈으니, 이 역시 일본에 대한 경계 의식을 강화하기 위한 것이었다.

갈등 잠재 요인은 일본에도 있었다. 일본은 국호를 바꿈으로써 대내외에 자존 의식을 한껏 과시하였고, 이것은 신라에 대한 상국上國 의식으로 표출되었다. 신라 사신이 가져온 선물을 제후국이나 지방에서 바치는 '조調'로 간주하였고, 사신의 격을 6두품에서 진골신분으로 격상시킬 것을 요구하기도 했다.[자료6] 이는 곧 신라의 사신을 제후국의 조공사朝貢使로 간주하려는 것이었다.

당시 신라는 일본의 무모한 요구를 수용하기도 하였다. 당과의 관계가 불안정한 상황에서 일본과의 관계를 안정시킬 필요가 있었고, 또한 이를 통해 경제적 실리를 챙길 수 있다고 판단했던 듯하다. 그렇지만 그 속에 갈등은 잠재되어 있었다. 따라서 대내외의 환경이 바뀌게 되면, 이는 언제든 심각한 갈등 양상으로 표출될 수도 있는 것이었다.

갈등의 심화와 경제 교류의 모색

정치 환경의 변화는 신라 내부에서 먼저 일어났다. 성덕왕은 716년에 선비先妃(김원태金元泰의 딸 엄정왕후嚴貞王后)를 전격 출궁出宮시키고 720년에 후비後妃(김순원金順元의 딸 소덕왕후炤德王后)를 새로 맞아들였다. 717년에 엄정왕후 소생인 태자 중경重慶이 갑자기 죽음을 맞자, 724년에 소덕왕후의 소생인 승경承慶을 태자로 삼았다. 725년에는 유력 정치인인 김순정金順貞이 죽었고, 728년에는 사공思恭을 상대등으로 삼았다.[자료7] 성덕왕의 뒤를 이어 왕위에 오른 승경承慶(효성왕孝成王)은 자신의 이모인 김순원의 딸을 왕비(혜명왕후惠明王后)로 맞았다. 성덕왕과 효성왕 대에 정국의 대전환이 일어났던 것이다.

김순정은 일왕이 그의 죽음에 대하여 '나의 좋은 선비가 모두 죽었구나'라고 탄식할 정도로 신라의 대표적인 지일파知日派 정치가였던 반면, 사공思恭에 대해서는 일왕이 '항례恒禮를 잃었다'고 비난할 정도로 반일파 정치가였다.[자료8 · 9] 지일파 김순정이 죽고, 반일파 사공이 상대등으로 임명된 것은 곧 신라 정계에서 지일파 정치인이 퇴각하고 반일파 정치인이 대두했음을 의미한다. 김순정과 선비先妃의 부친인 김원태 등은 지일파의 중심 세력을 이루고 있었고, 사공과 후비의 부친인 김순원 등은 반일파 정치인의 주축을 이루고 있었던 셈이다. 신라의 정국 전환은 왕비와 태자의 교체까지 몰고 올 정도로 극심한 것이었다. 자연히 이제까지 어정쩡한 관계를 유지해 오던 신라와 일본의 관계는 720년을 전후하여 심각한 갈등 국면으로 치달을 수밖에 없었다.

이런 상황에서 일본은 신라에 대하여 외교의 관례를 집요하게 문제 삼으면서 양국의 관계를 더욱 어렵게 만들었다. 일본은 신라가 왕성국王城國을 칭한다는 것을 문제 삼아 사신을 돌려보냈는가 하면, 신라가 상례常禮를 잃었다고 정벌을 논하기까지 했다.[자료10 · 11] 신라 사신의 격을 높여줄 것을 강력 요구하기도 했다.[자료12] 이에 대하여 신라도 일본 사신의 접견을 거절하고 돌려보내곤 하였다.[자료13 · 14]

당시 동아시아 국제 정세의 변화도 신라와 일본 간의 갈등을 더욱 악화시키는 방향으로 작용했다. 727년에 발해가 일본에 처음 사신을 파견한 이후 양국 간에 교류가 활발하게 전개되면서, 신라는 일본에게 선진 문물을 제공해 주는 존재로서의 의미가 감소하였다.[자료15] 여기에 730년대에 들어 신라와 당 사이에 관계 개선이 급진전되면서, 일본은 당을 견제하기 위한 신라의 협력자로서의 의미가 감소할 수밖에 없었다.

이러한 대내외적 환경의 변화는 신라와 일본 사이의 갈등을 심화시켰고, 관계를 냉각시켰다. 그리하여 신라는 일본의 침략 가능성에 대비하지 않으면 안 되었고, 일본의 침략이 현실로 나타나기도 했다.[자료16 · 17] 당시 일본이 신라를 정벌하기 위해 모종의 준비를 진행했던 구체적인 정황들도 속속 포착되고 있다.[자료18 · 19 · 20] 양국은 대당외교對唐外交에서 우위를 선점하려는 이른바 쟁장사건爭長事件을 벌이기도 하였다.[자료21]

이렇듯 양국 간의 갈등은 심화되어 갔지만, 끝내 최악의 전쟁 상황으로까지는 발전하지 않았다. 양국은 전쟁이 실익도 없고 명분도 없다는 것을 인지하고 있었을 뿐 아니라, 오히려 경제적 교류가 필요하다는 것에 공감하는 분위기도 있었다. 그리하여 신라는 수백 명에 달하는 대규모 사절단을 수차례 일본에 파견하여 경제적 교류를 타진하기도 하였고, 일본은 외교 관례의 문제를 제기하면서도 한편으로는 신라 사절단이

가져온 물품을 구매하기도 하였다.[자료22 · 23 · 24 · 25]

그렇지만 양국 간의 경제 교류가 크게 진전되지는 못하였다. 두 나라가 서로 의도하는 바가 너무 달랐기 때문이었다. 일본은 신라로 하여금 자국을 상국上國으로 섬길 것을 요구하는 형식적 외교 관례에 집착했고, 신라는 이를 실질적 경제 교류의 관계로 전환시키려 하였다. 일본은 신라 사신이 일왕에게 바치는 물건을 상국에게 바치는 진상품을 뜻하는 '공조貢調'라 칭할 것을 요구했고, 신라는 이를 토산물의 의미인 '토모土毛'나 대등한 국가 간에 교환하는 선물을 의미하는 '국신國信'이라 칭하고자 하였다.[자료26 · 27] 따라서 양국 간의 경제적 교류는 뚜렷한 진전을 보지 못하고 외교 관례의 문제로 인해 번번이 제동이 걸리곤 했다.

양국 관계는 점점 소원해졌고, 사신 교환도 뜸해졌다. 신라는 기회 있을 때마다 일본과의 관계 개선을 위한 외교적 노력을 기울였지만, 지나친 자존의식에 빠져 형식적인 외교 관례에 집착하는 일본을 설득하기에는 한계가 있었다. 결국 일본은 799년에 신라에 사신 파견하는 것을 중지하였고, 이로써 양국의 공식적인 관계는 단절되고 말았다.[자료28]

사적 관계로 전환 — 신라의 사상과 해적

일본이 신라에 대한 사신 파견의 중단을 선언한 것은 기본적으로 형식적 외교 관행에 집착했기 때문이었다. 발해라는 별도의 교류 대상 국가가 있었고 당과의 직접 교류가 진행되었던 것도 그 이유 중의 하나였다. 이와 함께 사상私商들이 주도하는 사무역私貿易이 그간 국가 사절단들이 주도해 오던 공무역公貿易을 빠른 속도로 대체해 간 추세도 작용하였다. 8세기 후반 이후에 표류민이 급증하고 신라 상인들의 활동량이 눈에 띄게 많아지며 신라 해적이 출몰하는 등의 새로운 현상들이 나타나는 것은 사무역의 증가 추세와 관련이 있다.

먼저 표류 사건이 주요 현안으로 떠올랐다. 신라와 일본은 표류인들을 보살펴 상대국에 돌려보내주는 것을 원칙으로 삼았고, 국서를 보내 자국 표류인들의 송환에 협조해 줄 것을 요청하기도 하였다.[자료29 · 30 · 31 · 32] 당시에 많은 신라 상인들이 당과 신라와 일본을 무대로 하여 국제무역활동에 종사하고 있었다. 847년에 당 유학승 엔닌原仁이 일본 귀국 길에 편승했다는 신라 상선이 그 대표적인 예이다.[자료33 · 34] 일본은 특히 장보고 선단이 가져온 진귀한 물품들에 대하여 지대한 관심을 보였고, 신라 배의 우수성에 대한 관심도 컸다.[자료35 · 36 · 37]

신라 상인들 중에는 일본에서 침탈행위를 하는 자들도 있었고, 심하게는 해적으로 돌변하여 약탈을 자행하는 자들도 있었다.[자료38 · 39] 일본은 이들에 대하여 위기감을 느끼고 엄중한 경계 태세에 돌입하였다. 일본에서는 바닷길의 길목에 위치한 일기도壹伎島와 대마도 등을 지켜야 한다는 여론이 형성되기도 했다.[자료40 · 41] 신라 해적의 침략행위를 국가의 주요 신사나 사당에 고하여 규탄하기도 하고, 심지어는 자국인이 신라와 손을 잡고 침략해 올지도 모른다는 위기감에 절망하기도 했다.

이렇듯 8세기 후반~9세기에 신라의 왕권이 추락하여 국가 통제가 제대로 이루어지지 못하는 상황에서 신라 상인들의 사무역 활동이 신라와 일본의 주요 관계망을 형성하고 있었다. 이 시기 당 역시 황권이 추락하고 대혼란기에 접어들고 있었다. 일본은 대륙과 반도에서 일어나고 있는 혼란과 분열의 기운이 자국에 미치는 것을 차단하는 데 전전긍긍해야만 했다. 일본이 당과 신라와 공식적인 사신 교환을 중지한 것은 그 고육지책이었다. 일본은 799년에 신라에 사신 파견하는 것을 중지하였고, 838년을 마지막으로 당에도 사신을 파견하지 않았다.

자료샘

자료 1

주1 사록 : 신라 6부의 하나인 사량부(沙梁部)를 지칭. '사훼(沙喙)'라고도 쓴다.

주2 상신 : 신라 귀족회의의 의장인 상대등(上大等)을 지칭. 김유신은 무열왕 7년(660) 1월부터 사망한 문무왕 13년(673) 7월까지 상대등에 있었다고 추정되고 있기 때문이다.

주3 대각간 : 17관등 위에 설정된 특수 관등. 태종무열왕 7년(660) 백제를 멸한 공을 논할 때 김유신에게 대각간을 주었고, 문무왕 8년(868) 고구려를 멸한 공을 논할 때에는 김유신에게 태대각간(太大角干)을, 김인문에게 대각간을 주었다.

가을 9월 12일 신라가 사록沙喙[주1] 급찬 김동엄金東嚴 등을 보내 조調를 바쳤다. … 26일 중신내신中臣內臣이 승려 법변法辨과 진필秦筆을 사신으로 삼아 신라의 상신上臣[주2] 대각간大角干[주3] 유신庾信에게 배 1척을 주어, 동엄 등에게 딸려 보냈다. … 29일 포세신이마려布勢臣耳麻呂를 사신으로 삼아 신라왕에게 조를 운반하는 배 1척을 주고 동엄 등에게 딸려 보냈다.

原文 秋九月壬午朔癸巳 新羅遣沙喙級湌金東嚴等進調 … 丁未 中臣內臣 使沙門法辨·秦筆 賜新羅上臣大角干庾信船一隻 付東嚴等 … 庚戌 使布勢臣耳麻呂 賜新羅王輸御調船一隻 付東嚴等

_『일본서기(日本書紀)』 권27, 천지천황(天智天皇) 7년(668)

자료 2

왜국이 이름을 고쳐 일본日本이라 하였는데, 스스로 '해 뜨는 곳에 가깝기 때문에 그리 이름하였다.'고 말하였다.

原文 倭國更號日本 自言近日所出以爲名

_『삼국사기』 권6, 문무왕 10년(670)

자료 3

주4 무광사 : 일본 천무 14년(686)에 시행된 관위로 후대의 종7위하(從七位下)에 해당함.

겨울 10월 11일 산전사어형山田史御形에게 무광사務廣肆[주4]를 제수했다. (그는) 전에 스님이 되어 신라에서 학문을 배웠다.

原文 冬十月壬戌朔壬申 授山田史御形務廣肆 前爲沙門 學問新羅

_『일본서기』 권30, 지통천황(持統天皇) 6년(692)

자료 4

5월 28일 종5위하從五位下 미노련정마려美努連淨麻呂와 학문승 의법義法, 의기義基, 총집摠集, 자정慈定, 정달淨達 등이 신라에서 돌아왔다.

原文 乙丑 從五位下美努連淨麻呂及學問僧 義法 義基 摠集 慈定 淨達等至自新羅

_『속일본기(續日本紀)』 권3, 문무천황(文武天皇) 경운(慶雲) 4년(707) 5월

자료 5

대왕이 나라를 다스린 지 21년째인 영륭永隆[주5] 2년 신사(681)에 세상을 떠났다. 유언에 따라 동해 바다 가운데의 큰 바위에 장사지냈다. 왕은 평소 지의법사智義法師에게 늘 이렇게 말하였다. "짐은 죽은 후에 나라를 지키는 큰 용이 되어서 불법을 받들고 우리나라를 수호하겠소." 법사가 말하기를, "용은 짐승의 응보인데 어째서 그러하십니까?"라 하자, 왕은 "나는 세간의 영화를 싫어한 지 이미 오래되었소. 만약 추한 응보로 짐승으로 태어난다고 해도 짐이 바라던 바와 합당하오."라 하였다.

주5 영륭 : 당 고종의 연호(680~681)

原文 大王御國二十一年 以永隆二年辛巳崩 遺詔葬於東海中大巖上 王平時常謂智義法師曰 朕身後願爲護國大龍 崇奉佛法 守護邦家 法師曰 龍爲畜報何 王曰 我厭世間榮華久矣 若麤報爲畜 則雅合朕懷矣

_『삼국유사』 권2, 기이2, 문호왕법민(文虎王法敏)

자료 6

5월 22일 토사숙녜근마려土師宿禰根麻呂에게 명해 신라의 조문사 급찬 김도나金道那 등에게 조를 내리기를 "태정관太政官[주6]의 경卿 등이 칙명을 받들어 2년에 전중조신법마려田中朝臣法麻呂 등을 보내 대행천황大行天皇[주7]의 죽음을 알렸다. 당시에 신라인이 말하기를 '신라의 칙명을 받드는 사람은 원래 소판蘇判[주8]의 지위에 있는 사람을 썼다. 이제 다시 그렇게 하려 한다'고 하였다. 이로 말미암아 법마려法麻呂 등이 천황의 죽음을 알리는 조서를 선포하지 못하였다. 만약 그 전의 일을 말하자면, 옛날 난파궁치천하천황難波宮治天下天皇[주9]이 돌아가셨을 때 거세도지巨勢稻持 등을 보내 상을 알리던 날에 예찬翳湌[주10] 김춘추金春秋가 칙명을 받들었다. 그런데 소판蘇判으로 하여금 칙명을 받들게 했다는 것은 이전의 일에 어긋난다. 또 근강궁치천하천황近江宮治天下天皇[주11]이 돌아가셨을 때에는 일길찬一吉湌[주12] 김살유金薩儒를 보내 조문하였다. 그런데 지금은 급찬級湌[주13]을 보내 조문하니, 또한 이전의 일에 어긋난다. 또 신라가 원래 '우리나라는 일본의 먼 조상 때부터 배를 나란히 하고 노를 말리지 않으며 받드는 나라가 되었습니다'라고 아뢰었는데, 지금은 1척의 배뿐이니 또한 옛 법도에 어긋난다. 또 '일본의 먼 조상 때부터 깨끗한 마음으로 받들었습니다'라고 아뢰었는데, 충성을 다하여 본래의 직분을 행하지 않을 뿐 아니라 깨끗한 마음을 해쳐 거짓으로 요행히 잘 보이기를

주6 태정관 : 일본 고대의 최고 국정기관.

주7 대행천황 : 천무천황(天武天皇, 631~686)을 지칭함.

주8 소판 : 신라의 17관등 중 제3위.

주9 난파궁치천하천황 : 효덕천황(孝德天皇, 596~654)을 지칭함.

주10 예찬 : 신라 17관등 중 제2관등인 이찬(伊湌)을 지칭.

주11 근강궁치천하천황 : 천지천황(天智天皇, 626~672)을 지칭함.

주12 일길찬 : 신라의 17관등 중 제7위.

주13 급찬 : 신라의 17관등 중 제9위.

구하였다. 그러므로 조부調賦와 따로 바친 것들은 모두 봉封해 돌려보낸다. 그러나 우리나라의 먼 조상 때부터 너희들에게 널리 자비를 끼친 덕은 끊어서는 안될 것이니, 더욱 부지런하고 삼가하여 두려워하며 그 직임職任을 거행하여 법도를 따른다면 조정에서 다시 널리 자비롭게 대할 것이다. 너 도나道那 등은 이제 칙명을 받들어 너희 왕에게 잘 말하라."고 하였다.

原文 五月癸丑朔甲戌 命土師宿禰根麻呂 詔新羅弔使級湌金道那等曰 太政官卿等 奉勅奉宣 二年 遣田中朝臣法麻呂等 相告大行天皇喪 時新羅言 新羅奉勅人者 元來用蘇判位 今將復爾 由是 法麻呂等 不得奉宣赴告之詔 若言前事者 在昔難波宮治天下天皇崩時 遣巨勢稻持等告喪之日 翳湌 金春秋奉勅 而言用蘇判奉勅 卽違前事也 又於近江宮治天下天皇崩時 遣一吉湌 金薩儒等奉弔 而今以級湌奉弔 亦違前事 又新羅元來奏云 我國 自日本遠皇祖代 竝舳不干檝 奉仕之國 而今一艘 亦乖故典也 又奏云 自日本遠皇祖代 以淸白心仕奉 而不惟竭忠宣揚本職 而傷淸白 詐求幸媚 是故 調賦與別獻 竝封以還之 然自我國家遠皇祖代 廣慈汝等之德 不可絶之 故彌勤彌謹 戰戰兢兢 修其職任 奉遵法度者 天朝復廣慈耳 汝道那等 奉斯所勅 奉宣汝王

_『일본서기』 권30, 지통천황(持統天皇) 3년(689)

자료 7

상대등 배부裵賦가 늙어 물러나기를 청하니 이를 허락하고, 이찬 사공思恭을 상대등으로 삼았다.

原文 上大等裵賦請老 從之 以伊湌思恭爲上大等

_『삼국사기』 권8, 성덕왕 27년(728)

자료 8

가을 7월 13일 김주훈金奏勳[주14] 등이 귀국했다. 칙서를 내려 "이찬 김순정金順貞 등에게 칙을 내린다. 너희 경들은 너의 경역을 안정시키고 우리 조정을 충성스럽게 섬겨 왔다. 조調를 바치는 사신 살찬薩湌[주15] 김주훈 등이 아뢰기를 '순정은 지난 해 6월 30일에 죽었습니다'라 하였다. 슬프도다. 어진 신하로서 나라를 지켜 짐의 팔다리가 되었었는데, 지금은 없구나. 나의 좋은 선비가 모두 죽었구나. 이에 부의물賻儀物로 황시黃絁[주16] 100필과 면綿 100둔屯을 보낸다. 너의 공적을 잊지 않을 것이며 영혼에 삼가 상을 내린다."라 하였다.

原文 秋七月戊子 金奏勳等歸國 賜璽書曰 勅 伊湌 金順貞 汝卿安撫彼境 忠事我朝 貢調使

주14 김주훈 : 5월과 6월 기사에 보이는 신라 사신 김조근(金造近)과 동일인로 추정됨.

주15 살찬 : 신라의 17관등 중 제8위인 사찬(沙湌)을 지칭.

주16 황시 : 황금색 비단.

薩湌 金奏勳等奏稱 順貞以去年六月卅日卒 哀哉 賢臣守國 爲朕股肱 今也則亡 殲我吉士 故贈賻物黃絁一百疋 綿百屯 不遺爾績 式獎遊魂

_『속일본기』 권9, 성무천황(聖武天皇) 신구(神龜) 3년(726)

자료 9

17일 … 이 날 신라 사신에게 조당朝堂에서 잔치를 베풀었다. 조를 내리기를 "신라국이 와서 조정을 받든 것은 기장족원황태후氣長足媛皇太后[注17]가 그 나라를 평정하고부터인데 지금까지 우리나라의 번병이 되어왔다. 전왕 승경承慶과 대부 사공思恭 등은 말과 행동이 게으르며 지켜야 할 항례恒禮를 잃었다. …"라 하였다.

注17 기장족원황태후 : 신공황후(神功皇后)를 지칭.

原文 壬辰 … 是日 饗新羅使於朝堂 詔曰 新羅國來奉朝庭者 始自氣長足媛皇太后平定彼國以至于今 爲我蕃屛 而前王承慶 大夫思恭等 言行怠慢 闕失恒禮

_『속일본기』 권18, 효겸천황(孝謙天皇) 천평승보(天平勝寶) 4년(752) 6월

자료 10

27일 중납원中納言[注18] 정3위正三位 다치비진인현수多治比眞人縣守를 병부조사兵部曹司에 보내어 신라 사신이 입조入朝한 이유를 물었다. 그런데 신라국이 갑자기 본래의 이름을 바꿔 왕성국王城國[注19]이라 하였으므로 이 때문에 그 사신을 되돌려 보냈다.

注18 중납원 : 태정관(太政官)의 차관직.

注19 왕성국 : 이 이름은 우리나라나 중국의 사료에는 보이지 않음.

原文 癸丑 遣中納言正三位多治比眞人縣守於兵部曹司 問新羅使入朝之旨 而新羅國輒改本號曰王城國因玆返却其使

_『속일본기』 권12, 성무천황(聖武天皇) 천평(天平) 7년(735) 2월

자료 11

15일 견신라사遣新羅使가 "신라국이 상례常禮를 잃고 사신의 뜻을 받아들이지 않았습니다."라고 아뢰었다. 이에 5위 이상과 6위 이하의 관인 총 45인을 궁궐로 불러서 의견을 개진하게 했다. 22일 여러 관사에서 의견서를 올렸다. 혹은 사신을 파견하여 그 까닭을 물어야 한다고 하였고 혹은 군대를 보내어 정벌해야 한다고 하였다.

原文 丙寅 諸司奏意見表 或言 遣使問其由或言 發兵加征伐 己未 遣新羅使奏新羅國失常禮不受使旨 於是召五位已上幷六位已下官人摠卌五人于內裏 令陳意見

_『속일본기』 권12, 성무천황(聖武天皇) 천평(天平) 9년(737) 2월

자료 12

9월 16일 신라국이 급찬 김정권金貞卷을 보내어 조공하였다. 육오안찰사陸奧按察使 종4위하從四位下 등원혜미조신조갈藤原惠美朝臣朝猲 등으로 하여금 내조한 이유를 묻게 하였다. 정권이 "직공職貢을 닦지 않은 지가 오래되었으므로 저희 나라의 왕[주20]이 조調를 가져다 바치도록 하였습니다. 또한 성조聖朝의 풍속과 언어를 아는 사람이 없으므로 학어學語 2인을 보냈습니다."라고 말하였다. (이에) "무릇 예물을 가지고 조빙을 행하는 것은 본래 충성과 신의에 부합하고 예의에 통해야 한다. 그런데 신라는 이미 말에 신의가 없고 또한 예의를 잃었다. 근본을 버리고 말단을 행하는 것은 우리나라가 천하게 여기는 바이다. 또한 왕자 태렴泰嗟이 입조하던 날[주21]에, '모든 일에 옛자취를 따라 받들어 행하겠다'고 하였는데, 그 후에 소야전수小野田守가 신라에 갔을 때[주22] 너희 나라가 예를 잃었으므로 사신의 일을 행하지 않고 돌아왔다. 왕자王子도 오히려 믿을 수 없는데, 하물며 더욱이 지위가 낮은 사신이야 어찌 의지할 만하겠는가."라고 꾸짖었다.

주20 저희 나라의 왕 : 신라 경덕왕.

주21 태렴이 입조하던 날 :『속일본기』 권18, 천평승보(天平勝寶) 4년(752) 6월 기축(己丑)조에 보인다.

주22 소전태수가 신라에 갔을 때 : 그는 753년 2월에 신라에 사신으로 갔다가 758 9월에 귀국하였다.

原文 九月癸卯 新羅國遣級湌金貞卷朝貢 使陸奧按察使從四位下藤原惠美朝臣朝獦等問其來朝之由 貞卷言曰 不脩職貢 久積年月 是以 本國王令齎御調貢進 又無知聖朝風俗言語者 仍進學語二人 問曰 凡是執玉帛行朝聘 本以副忠信通禮義也 新羅既無言信 又闕禮義 棄本行末 我國所賤 又王子泰廉入朝之日 申云 每事遵古迹將供奉 其後遣小野田守時 彼國闕禮 故田守不行使事而還歸 王子尙猶無信 況復輕使 豈足爲據

_『속일본기』 권23, 순인천황(淳仁天皇) 천평보자(天平寶字) 4년(760) 9월

자료 13

겨울 10월에 일본국 사신이 왔으나 받아들이지 않았다.

原文 日本國使至 不納

_『삼국사기』 권9, 경덕왕 원년(742)

자료 14

가을 8월에 일본국 사신이 왔는데, 건방지고 무례하기에 왕이 그를 만나주지 않았더니 곧바로 돌아갔다

原文 秋八月 日本國使至 慢而無禮 王不見之 乃廻 武珍州獻白雉

_『삼국사기』 권9, 경덕왕 12년(753)

자료 15

21일 발해군왕渤海郡王[주23]의 사신 수령首領 고제덕高齊德 등 8인이 출우국出羽國에 도착하였다. 사신을 보내어 안부를 묻고 아울러 때에 맞는 옷을 내렸다.

原文 庚寅 渤海郡王使首領 高齊德等八人 來着出羽國 遣使存問 兼賜時服

_『속일본기』 권10, 성무천황(聖武天皇) 신구(神龜) 4년(727) 9월

주23 발해군왕 : 당이 712년에 대조영(大祚榮)을 발해군왕(渤海郡王)으로 봉한 것에서 비롯.

자료 16

모벌군성毛伐郡城[주24]을 쌓아 일본이 노략질하는 길을 막았다.

原文 築毛伐郡城 以遮日本賊路

_『삼국사기』 권9, 성덕왕 21년(722)

주24 모벌군성 : 일본의 침략을 막기 위해 722년에 쌓은 성. 관문성(關門城)이라고도 부른다. 경주시 치술령(鵄述嶺)에서 외동면 모화리 동편에 있는 산 아래에 이르는 약 12km의 장성(長城)과 신대리의 산(해발 590m) 정상에 있는 둘레 약 1.8km의 신대리성(新垈里城)으로 이루어져 있다.

자료 17

일본국 병선 300척이 바다를 건너 우리의 동쪽 변경을 습격하였으므로 임금이 장수를 시켜 병사를 일으켜 그들을 크게 쳐부수었다.

原文 日本國兵船三百艘 越海襲我東邊 王命將出兵 大破之

_『삼국사기』 권9, 성덕왕 30년(731)

자료 18

19일 배 500척을 만들게 하였는데, 북륙도北陸道 여러 나라에서 89척, 산음도山陰道 여러 나라에서 145척, 산양도山陽道 여러 나라에서 161척, 남해도南海道 여러 나라에서 105척을 모두 한가한 달에 만들되 3년 안에 마치도록 하였는데, 신라를 정벌하기 위한 것이었다.

原文 壬午 造船五百艘 北陸道諸國八十九艘 山陰道諸國一百卌五艘 山陽道諸國一百六十一艘 南海道諸國一百五艘 竝逐閑月營造 三年之內成功 爲征新羅也

_『속일본기』 권22, 순인천황(淳仁天皇) 천평보자(天平寶字) 3년(759) 9월

자료 19

9일 미농美濃 · 무장武藏 두 나라의 소년들에게 명하여 나라마다 20명씩 신라어를 배우게 하였다. 신라를 정벌하기 위해서였다.

原文 乙未 令美濃 武藏二國少年 每國廿人習新羅語 爲征新羅也

_『속일본기』 권23, 순인천황(淳仁天皇) 천평보자(天平寶字) 5년(761) 정월

자료 20

주25 한아찬 : 신라의 17등 관등 중 제5위인 대아찬(大阿飡)을 지칭함.

16일 참의參議 종3위從三位 무부경武部卿 등원조신거세마려藤原朝臣巨勢麻呂와 산위散位 외종5위하外從五位下 토사숙네견양土師宿禰犬養을 보내어 향추묘香椎廟에 재물을 바치고, 신라를 정벌하기 위하여 군사를 훈련시켰다.

原文 庚寅 遣參議從三位武部卿藤原朝臣巨勢麻呂 散位外從五位下土師宿禰犬養 奉幣于香椎廟 以爲征新羅調習軍旅也

_『속일본기』 권24, 순인천황(淳仁天皇) 천평보자(天平寶字) 6년(762) 11월

자료 21

30일 부사副使 대반숙네고마려大伴宿禰古麻呂가 당나라로부터 도착하였다. 고마려가 아뢰기를 "대당 천보天寶 12년 계사癸巳 1월 초하루 계묘癸卯에 백관과 여러 번국이 신년을 축하하였는데, 천자는 봉래궁蓬萊宮 함원전含元殿에서 조하朝賀를 받았습니다. 이날 우리는 서반西畔의 제2 토번吐蕃 밑에 있었고 신라 사신은 동반東畔의 제1 대식국大食國 위에 있었습니다. 고마려가 따지기를 '옛부터 지금까지 신라가 대일본국에 조공한 지 오래되었는데, 지금 동반의 위에 있고 우리는 오히려 그 밑에 있으니 이치에 맞지 않는다'고 하였습니다. 이때 장군 오회실吳懷實이 고마려가 좋아하지 않는 것을 보고 신라 사신을 서반 제2 토번 밑에 두고 일본 사신을 동반 제1 대식국 위에 서게 하였습니다."라 하였다

原文 丙寅 副使大伴宿禰古麻呂自唐國至 古麻呂奏曰 大唐天寶十二載 歲在癸巳正月朔癸卯 百官諸蕃朝賀 天子於蓬萊宮含元殿受朝 是日 以我次西畔第二吐蕃下 以新羅使次東畔第一大食國上 古麻呂論曰 自古至今 新羅之朝貢大日本國久矣 而今列東畔上 我反在其下 義不合得 時將軍吳懷實見知古麻呂不肯色 卽引新羅使 次西畔第二吐蕃下 以日本使次東畔第一大食國上

_『속일본기』 권19, 효겸천황 천평승보 6년(754) 정월

자료 22

3일 … 다자이후太宰府에서 신라 사신 사찬 김흠영金欽英 등 187인이 내조했음을 알렸다.

原文 戊寅 … 太宰府言 新羅使 沙湌 金欽英等一百八十七人來朝

_『속일본기』 권14, 성무천황 천평 14년(742) 2월

자료 23

22일 다자이후太宰府에서 신라왕자 한아찬韓阿湌주25 김태렴金泰嗟과 조調를 바치는 사신 대사大使 금훤金暄과 왕자를 보내는 사신 송필언金弼言 등 700여 명이 7척의 배를 타고 와서 머물고 있음을 알렸다.

原文 己巳 太宰府奏 新羅王子韓阿湌 金泰廉 貢調使大使金暄及送王子使金弼言等七百餘人 乘船七艘來泊

_『속일본기』 권18, 효겸천황 천평승보 4년(752) 윤3월

자료 24

10일 신한국新羅國이 급찬級湌 김체신金體信 이하 211인을 보내어 조공하였다.

原文 癸未 新羅國遣級湌金體信已下二百十一人朝貢

_『속일본기』 권24, 순인천황 천평보자 7년(763) 2월

자료 25

24일 … 좌우대신에게 대재大宰의 면綿 각 2만 둔屯, 대납언大納言 휘諱와 궁삭어정조신청인弓削御淨朝臣清人에게 각각 1만 둔, 종2위從二位 문실진인정삼文室眞人淨三에게 6,000둔, 중무경中務卿 종삼위從三位 문실진인대시文室眞人大市과 내부경式部卿 종삼위從三位 석상조신댁사石上朝臣宅嗣에게 4,000둔, 정사위하正四位下 이복부여왕伊福部女王에게 1,000둔을 주어 신라의 교역물을 사게 하였다.

原文 甲子 … 賜左右大臣大宰綿各二萬屯 大納言諱 弓削御淨朝臣清人各一萬屯 從二位文室眞人淨三六千屯 中務卿從三位文室眞人大市 式部卿從三位石上朝臣宅嗣四千屯 正四位下伊福部女王一千屯 爲買新羅交關物也

_『속일본기』 권29, 칭덕천황 신호경운 2년(768) 10월

자료 26

25일 신라 사신들을 조사하는 다치비진인토작多治比眞人土作 등이 "신라 사신이 조調를 토모土毛라고 개칭하고 서書에는 물건의 숫자만 기록했을 뿐입니다. 옛 예를 살펴보

니 상례常禮를 크게 벗어났습니다."라 하였다. 태정관太政官이 처분하기를 "마땅히 수수水手 이상을 불러서 예를 잃은 상황을 알리고 곧 되돌려보내라."고 하였다.

原文 甲午 檢校新羅客使多治比眞人土作等言 新羅使調改稱土毛 書奧注物數 稽之舊禮 大失常禮 太政官處分 宜召水手已上 告以失禮之狀 便卽放却

_『속일본기』 권15, 성무천황 승평 15년(743) 4월

자료 27

4일 이 날 신라국 사신 예부경禮府卿 사찬 김삼현金三玄 이하 235人이 다자이후太宰府에 도착하였다. … 이에 신라의 입조한 까닭을 물어보도록 보낸 사신 등에게 칙을 내려, "신라가 원래 신하를 칭하며 조調를 바친 것은 예나 지금이나 다 아는 바이다. 그런데 옛날의 법규를 따르지 않고 함부로 새로운 뜻을 지어내어 조調를 국신信物이라 칭하였다. 조정에서는 우호를 닦기 위해서 전례로 지금의 잘못을 바로잡는다. 특별히 달리 예우하지 말고 마땅히 바다를 건너는 식량만을 주어 조속히 돌려보내도록 하라." 고 하였다.

原文 癸卯 是日 新羅國使 禮府卿 沙飡 金三玄已下二百卅五人 到泊太宰府 … 勅問新羅入朝由使等曰 新羅元來稱臣貢調 古今所知 而不率舊章 妄作新意 調稱信物 朝爲修好 以昔準今 殊無禮數 宜給渡海料 早速放還

_『속일본기』 권33, 광인천황(光仁天皇) 보구(寶龜) 5년(774) 3월

자료 28

29일 신라에 사신 보내는 것을 중지하였다.

原文 壬申 停遣新羅使

_『일본후기(日本後紀)』 권8, 환무천황(桓武天皇) 연력(延曆) 18년(799) 5월

자료 29

1일 … 신라인 청한파淸漢波 등이 표류해 왔는데, 그들이 바라는대로 돌려 보냈다.

原文 三月己未朔 … 新羅人淸漢波等流來 依願放還

_『일본후기』 권22, 차아천황(嵯峨天皇) 홍인(弘仁) 3년(812) 3월

자료 30

24일 견당사遣唐使[주26]의 배가 바람과 파도의 급변으로 혹시 신라 땅에 표착할까 걱정이 되어, 태정관太政官에서 옛날의 사례에 준하여 저쪽 나라(신라)의 집사성執事省에 첩문牒文을 보내어 먼저 그 사실을 알리기를 "옛날의 우호는 변하지 않았고 이웃과 화목하기는 더욱 새롭습니다. 이에 칙사를 보내어 멀리서부터 조정의 현장憲章을 닦습니다. 지금 당나라에 교빙할 사신을 보냄에 있어서 바다가 평온하여, 비록 쉽고 빨리 건너리라는 것을 알지만 바람과 파도가 혹시 급변하여 비상한 일이 일어날까 두렵습니다. 만약 사신의 배가 그쪽 땅에 표착한다면 도와서 통과시켜 보내주시되 지체시키거나 길을 가로막지 마십시오."라고 하였다. 인하여 무장권대연武藏權大掾 기삼진紀三津을 사신으로 삼아 첩문을 가지고 떠나 보냈다.

주26 견당사 : 일본의 제17차 견당사. 모두 4척의 배로 구성되었으나 3척만이 입당하였다. 구법승 원인(圓仁)이 이 견당선을 타고 입당하였다.

原文 辛巳 恐遣唐使舶風濤或變漂着新羅境 所以太政官准舊例 牒彼國執事省 先告喩之曰 不渝舊好 鄰穆彌新 迺發皇華 朝章自遠 仍今遣使修聘巨唐 海晏當時 雖知利涉 風濤或變 猶慮非常 脫有使船漂着彼境 則扶之送過 不俾滯閼 因以武藏權大掾紀三津爲使 齎牒發遣

_『속일본후기(續日本後紀)』 권5, 인명천황(仁明天皇) 승화(承和) 3년(836) 5월

자료 31

9일 다자이후太宰府에서 "신라인 30명이 우리 해안에 도착하였는데, 식량을 주어 돌려보냈습니다."라고 아뢰었다.

原文 壬子 太宰府奏言 新羅人卅人漂着此岸 稟糧放歸

_『일본문덕천황실록(日本文德天皇實錄)』 권8, 제형(齊衡) 원년(856) 3월

자료 32

17일 이에 앞서 지난 해에 신라국인 30여 명이 석견국石見國 미내군美乃郡 해안에 도착했다. 죽은 자가 10여 명이고 생존자가 24명이었다. 국사國司에게 조詔를 내려 필요한 양식을 지급하여 돌려 보내라고 하였다.

原文 十七日甲戌 先是 去年新羅國人卅餘人漂着石見國美乃郡海岸 死者十餘人 生者廿四人 詔國司給程糧放却

_『일본삼대실록(日本三代實錄)』 권8 청화천황(淸和天皇) 정관(貞觀) 6년(864) 2월

자료 33

26일 천태종 승려로서 당에 들어가 구법하던 원인圓仁이 제자 승려 성해性海와 유정惟正 등을 데리고 지난 해 10월에 신라의 상선을 타고 진鎭의 서쪽 부府에 도착하였는데, 이 날 조정에 들어왔다. 칙사를 보내어 위로하고 각각에게 어피御被를 내려 주었다.

原文 乙酉 天台宗入唐請益僧圓仁 將弟子僧性海惟正等 去年十月駕新羅商船 來着鎭西府 是日歸朝 遣中使慰勞 各施御被

_『속일본후기(續日本後紀)』 권18, 승화 15년(848) 3월

자료 34

(11월) 17일 … 인후국因幡國에서는 "신라국 사람 57명이 황판荒坂의 해안가에 도착하였는데, 아마도 상인 같습니다."라고 아뢰었다. 이 날 칙을 내려 그들이 돌아갈 수 있을 만큼의 양식을 주어 그들 나라로 돌아가게 하였다.

原文 (十一月) 十七日丙午 … 因幡國言 新羅國人五十七人 來着荒坂濱頭 略似商人 是日 勅給程糧 放却本蕃

_『일본삼대실록』 권7, 청화천황 정관 5년(863) 11월

자료 35

17일 다자이후太宰府에 명하여 바람과 파도를 능히 감당할 수 있는 신라新羅 배를 만들도록 하였다.

原文 丙申 令太宰府 造新羅船 以能堪風波也

_『속일본후기』 권8, 인명천황 승화 6년(839) 7월

자료 36

20일 태재대이大宰大貳 종4위상從四位上 남연조신영하南淵朝臣永河 등에게 조를 내리기를 "이번 달 14일에 말을 달려 아뢴 바의 견당사 녹시錄事 대신종웅大神宗雄이 다자이후太宰府에 보낸 첩장牒狀을 받고서 당에 들어갔던 3척의 배는 원래의 배가 온전하지 못한 것을 꺼려 초주楚州의 신라 배 9척[주27]을 빌려 타고 신라의 남쪽을 거쳐 되돌아 왔는데, 제 6선이 바로 종웅宗雄이 탄 배이고 나머지 8척의 배는 서로 보였다 보이지 않았다 하면서 항해하던 중 앞뒤를 서로 잃어버려 아직 도착하지 않았다는 사실을 알았

주27 楚州의 신라 배 9척 : 일본의 17차 견당사가 돌아올 때 楚州에 거주하던 신라인의 배를 임대한 것. 당시 배뿐만 아니라 항해에 익숙한 신라인 60여 명도 함께 고용하여 각 배에 6·7명씩 分乘하였다(圓仁, 『入唐求法巡禮行記』 권 1, 開成 4년 3월 17일조).

다. 고생스럽고 근심되는 변고에 대비하지 않으면 안되니 마땅히 모든 방면에서 지키는 사람들에게 거듭 경계시키고 횃불을 꺼트리지 말며 양식과 물을 저장하였다가 뒤에 도착하는 배들이 모두 무사할 수 있도록 하라. 그 종웅宗雄 등을 객관에 안치하여 다음에 이를 배를 기다릴 수 있도록 하라."고 하였다.

原文 己巳 勅大宰大貳從四位上南淵朝臣永河等 得今月十四日飛驛所奏遣唐錄事大神宗雄送太宰府牒狀 知入唐三箇船嫌本船之不完 倩駕楚州新羅船九隻 傍新羅南以歸朝 其第六船 宗雄所駕是也 餘八箇船 或隱或見 前後相失 未有到着 艱虞之變不可不備 宜每方面重戒防人 不絶炬火贏貯糧水 令後着船共得安穩 其宗雄等安置客館 得待後船

_『속일본후기』 권8, 인명천황 승화 6년(839) 8월

자료 37

15일 다자이후太宰府에서 "대마도의 관리가 말하기를 '먼 바다의 일은 바람과 파도가 위험하고 연중 바치는 조물調物과 네 번 올리는 공문公文은 자주 표류하거나 바다에 빠진다'고 합니다. 전해 듣건대 신라 배는 능히 파도를 헤치고 갈 수 있다고 하니, 바라건대 신라 배 6척 중에서 1척을 나누어 주십시오."라고 말하였다. 이를 허락하였다.

原文 丁亥 太宰府言 對馬嶋司言 遙海之事 風波危險 年中貢調 四度公文 屢逢漂沒 傳聞 新羅船能凌波行 望請新羅船六隻之中 分給一隻 聽之

_『속일본후기』 권9, 승화 7년(840) 9월

자료 38

15일 … 다자이후太宰府에서 "지난 달 22일 밤에 신라 해적이 배 두 척을 타고 박다진博多津에 와서 풍전국豊前國의 연공年貢인 견면絹綿을 약탈하여 곧바로 도망하여 숨었습니다. 군사를 보내어 뒤쫓았으나 적들을 사로잡지 못하였습니다."라고 아뢰었다.

原文 十五日辛丑 … 太宰府言 去月廿二日夜 新羅海賊 乘艦二艘 來博多津 掠奪豊前國年貢絹綿 卽時逃竄 發兵追遂不獲賊

_『일본삼대록』 권16, 청화천황 정관 11년(869) 6월

자료 39

12일 … 이 날에 칙을 내려, "저 부府에서 지난 여름에 '큰 새가 병고兵庫와 문루 위에 모여들었다'라고 하여 점을 쳐보니 그해 여름에 이웃 나라의 침입이 있을 것이라고 한

다. 그것으로 인하여 폐백을 베풀고 거듭 독경讀經하여 미리 재난을 물리쳤다. 듣건대 신라의 상선이 때때로 다자이후太宰府에 이르러 제멋대로 물건을 판매한다 하면서 침략하고 포악한 일을 하였다. 만일 예비하지 않으면 창고의 문단속을 게을리하는 것과 같을까 염려스럽다. 하물며 신라라는 흉폭한 적이 침공하려는 마음을 품어 전갈의 꼬리를 거두지 않으면서 장차 독을 쏠려고 한다. 모름지기 바다에 연한 여러 군郡으로 하여금 특히 삼가하여 경계를 굳게 하도록 하고, 또한 인번因幡, 백기伯耆, 출운出雲, 석현石見, 은기隱岐 등의 나라에 명하여 방어 장비를 갖추도록 하라."고 하였다.

原文 十二日甲午 … 是日 勅 彼府去年夏言 大鳥集于兵庫樓上 決之卜筮 當夏隣兵 因玆 頒幣轉經 豫攘災眚 如聞 新羅商船時時到彼 縱託事買販 來爲侵暴 若無其備 恐同慢藏 況新羅凶賊心懷覬覦 不收蠆尾 將行毒螫 須令緣海諸郡特愼警固 又下知因幡 伯耆 出雲 石見 隱岐等國修守禦之具焉

_『일본삼대록』 권17, 청화천황 정관 12년(870) 2월

자료 40

14일 다자이후太宰府에서 말하기를 "일기도壹伎島는 멀리 바다 가운데 있는데, 지형은 험하며 좁고 사람의 수는 적어 급작스러운 일이 있으면 지키기가 어렵습니다. 근년에 신라 상인이 와서 엿보기를 끊이지 않으니 지키는 사람들을 배치하지 않으면 어찌 비상시의 일에 대비하겠습니까. 바라건대 섬의 부역민 330명으로 하여금 병기를 휴대하고 14곳의 요충지 해안을 지키게 하십시오."라고 하였다. 그것을 허락하였다.

原文 己未 太宰府言 壹伎島遙居海中 地勢隘狹 人數寡少 難支桃急 頃年新羅商人來窺不絶 非置防人 何備非常 請令嶋徭人三百卅人 帶兵仗 戍十四處要害之埼 許之

_『속일본후기』 권4, 인명천황 승화 2년(835) 3월

자료 41

12일 이에 앞서 다자이후太宰府에서 말하기를 "대마도對馬嶋 하현군下縣郡 사람 복부을시마려卜部乙屎麿呂가 노자조鸕鷀鳥주28를 잡기 위하여 신라 경계를 향하여 갔다가, 을시마乙屎麿가 신라국에 잡혀 묶인 채로 토옥에 갇혔다. 을시마가 보니, 저 나라에서 재목을 끌어 운반하여 큰 배를 만들고 북을 치고 대평소를 불며 군사를 뽑아 훈련하고 있었습니다. 을시마가 가만히 지키는 사람에게 물어보니 대마도對馬嶋를 정벌하여 취하

주28 노자조 : 가마우지 새.

기 위한 것이라고 대답하였습니다. 을시마가 탈옥하여 겨우 도망하여 돌아올 수 있었다."고 하였다.

原文 十二日甲午 先是 太宰府言 對馬嶋下縣郡人卜部乙屎麻呂 爲捕鸕鷀鳥 向新羅境 乙屎麻爲新羅國所執 縛囚禁土獄 乙屎麿呂見彼國挽運材木 搆作大船 擊鼓吹角 簡士習兵 乙屎麿竊問防援人 答曰 爲伐取對馬嶋也 乙屎麿脫禁出獄 纔得逃歸

_『일본삼대록』 권17, 청화천황 정관 12년(870) 2월

출전

『삼국사기』

『삼국유사』

『일본서기』

『속일본기』

『일본후기(日本後紀)』: 840년에 편찬한 일본의 편년체 정사. 육국사(六國史)의 하나로 『일본서기』, 『속일본기』에 이어 세 번째로 편찬되었다. 819년에 사가천황(嵯峨天皇)의 명으로 후지와라 오쓰구(藤原緒嗣)와 후지와라 후유쓰구(藤原冬嗣) 등이 편찬을 시작하여 닌묘천황(仁明天皇) 때인 840년에 완성하였다. 칸무천황(桓武天皇)의 재위기인 792년부터 준나천황(淳和天皇) 때인 833년까지의 역사를 기록하고 있다.

『속일본후기(續日本後紀)』: 869년에 편찬된 일본 편년체 정사. 일본의 육국사(六國史)의 하나로 『일본서기』, 『속일본기』, 『일본후기』에 이어 네 번째로 편찬되었다. 몬토쿠천황(文德天皇)의 명으로 후지와라 요시후사(藤原良房)와 하루스미 요시타다(春澄善繩) 등이 855년에 편찬을 시작하여, 869년에 완성하였다. 닌묘천황(仁明天皇)의 재위기인 833년부터 850년까지의 역사를 기록하고 있으며, 모두 20권으로 되어 있다.

『일본문덕천황실록(日本文德天皇實錄)』: 879년에 편찬된 일본의 편년체 정사. '문덕실록(文德實錄)'으로도 불린다. 육국사(六國史)의 하나로 『일본서기』, 『속일본기』, 『일본후기』, 『속일본후기』에 이어 다섯 번째로 편찬되었다. 세이와천황(清和天皇)의 칙명으로 871년에 편찬이 시작되어, 879년 후지와라 모토쓰네(藤原基經), 스가와라 고레요시(菅原是善) 등이 완성하였다. 몬토쿠천황(文德天皇)의 재위기인 850년부터 858년까지의 역사를 기록하고 있다.

『일본삼대실록(日本三代實錄)』: 901년에 편찬된 일본의 편년체 정사. '삼대실록'이라고도 불린다. 육국사(六國史)의 하나로 『일본서기』, 『속일본기』, 『일본후기』, 『속일본후기』, 『일본문덕천황실록』에 이어 여섯 번째로 편찬되었다. 우다천황(宇多天皇)의 칙명으로 후지와라 도키히라(藤原時平), 오오쿠라 요시유키(大藏善行), 스가와라 미치자네(菅原道眞) 등이 편찬을 시작하여, 다이고천황(醍醐天皇) 때인 901년에 완성되었다. 편찬이 시작된 연대는 893년에서 894년 사이로 추정되고 있다. 세이와천황(清和天皇), 요제이천황(陽成天皇), 고코천황(光孝天皇)의 3대의 재위기인 858년부터 887년까지의 역사를 기록하고 있다.

찾아읽기

최재석, 『통일신라 · 발해와 일본의 관계』, 일지사, 1993.

정효운, 『고대 한일정치교섭사 연구』, 학연문화사, 1995.

연민수, 『고대한일교류사』, 혜안, 2003.

연민수, 『고대일본의 대한인식과 교류』, 역사공간, 2004.

김현구, 「일당관계의 성립과 나일동맹」, 『김준화교수화갑기념중국학논총』, 1983.

심정보, 「백강에 대한 연구」, 『대전개방대학논문집』5, 1986.

이도학, 「웅진도독부의 지배조직과 대일본정책」, 『백산학보』34, 1987.

신형식, 「신라의 대일관계사 연구」, 『고대한일문화교류연구』, 한국정신문화연구원, 1990.

김은숙, 「8세기의 신라와 일본의 관계」, 『국사관논총』29, 1991.

이기동, 「설중업과 염해삼선의 교환: 통일기 신라와 일본과의 문화적 교섭의 일단면」, 『역사학보』134, 1992.

홍순창, 「통일신라의 대일본관계 연구」, 『국사관논총』31, 1992.

변인석, 「7세기 중엽 백강구전을 둘러싼 동아시아의 국제정세」, 『인문논총』4, 1993.

김은숙, 「백제부흥운동 이후 천지조의 국제관계」, 『일본학』15, 1996.

이병로, 「8세기 일본의 외교와 교역」, 『일본역사연구』4, 1996.

이병로, 「890년대 일본의 대외관계에 대한 일고찰」, 『일본학지』16, 1996.

윤선태, 「752년 신라의 대일교역과 '바이시라기모쯔게'」, 『역사와 현실』24, 1997.

전덕재, 「신라 중대 대일외교의 추이와 진골귀족의 동향」, 『한국사론』37, 1997.

심경미, 「신라 중대 대일관계에 관한 연구」, 『백산학보』52, 1999.

이병로, 「일본측 사료에서 본 10세기의 한일관계: 견훤과 왕건의 견일본사에 대한 대응을 중심으로」, 『대구사학』57, 1999.

권덕영, 「재당 신라인의 대일본 무역활동」, 『한국고대사연구』31, 2003.

권덕영, 「9세기 일본을 왕래한 이중국적 신라인」, 『한국사연구』120, 2003.

심정보, 「백강에 대한 연구현황과 문제점」, 『백제문화』32, 2003.

연민수, 「통일기 신라와 일본관계: 공적 교류를 중심으로」, 『강좌 한국고대사』4, 가락국사적개발원, 2003.

구효선, 「신라 중대 대일외교와 재상」, 『백산학보』75, 2006.

노태돈, 「나 · 당전쟁과 나 · 일관계」, 『전쟁과 동북아의 국제질서』, 일조각, 2006.

이재석, 「7세기 왜국의 대외 위기감과 출병의 논리」, 『일본역사연구』26, 2007.

노태돈, 「고대 동아시아 국제질서의 재편과 한일관계」, 『고대 동아시아 재편과 한일관계』, 경인문화사, 2010.

정순일, 「9세기 후반 큐슈지역의 신라인집단과 그 행방」, 『선사와 고대』39, 2013.

3 공무역에서 사무역으로

동아시아 무역 형태의 변화

8세기에 동아시아 사회는 강력한 황권(왕권)을 바탕으로 하는 공무역이 중심을 이루었는데, 이를 주도한 이는 신라의 견당사와 견일본사였다. 8세기 말에 황권(왕권)이 무너지면서 공무역이 후퇴하고 사무역이 점차 동아시아 사회를 지배하였다. 이러한 동아시아 사무역을 주도한 이는 역시 주로 신라 상인들이었다.

강력한 황권(왕권)과 공무역

신라와 당과 일본의 동아시아 삼국은 7세기에 한반도에서 전개된 '삼국통일전쟁'의 과정에서 간극이 벌어졌지만, 8세기에 접어들어 이를 봉합하면서 문물 교류(무역)의 장으로 나왔다. 이 시기 무역의 방식은 국가 권력이 적극적으로 개입하는 공무역이 주를 이루었다. 세 나라의 황권(왕권)이 제각기 무역을 통제할 수 있을 정도로 강력했기 때문이었다.

당의 경우 7~8세기는 '정관貞觀의 치治'와 '개원開元의 치治'라 불리는 태종~현종 연간의 강력한 황권통치의 시대였고, 신라 역시 강력한 전제왕권이 작동하는 중대中代의 시대가 전개되었다. 일본의 경우도 646년에 다이와 개신大化改新을 단행한 이후 천황 중심의 정치운영체제가 8세기 대까지 이어졌다.

이처럼 강력한 황권(왕권)이 작동하던 8세기에는, 동아시아 삼국은 공통적으로 국가 간의 사적인 무역 거래를 금지하고 국가가 통제하고 주도하는 공무역체제를 유지해 갔다. 예컨대 당 전기에 편찬된 법률서 『당률소의唐律疏議』는 국경 지역에서 외국인과 사사로이 교역하는 것을 금하고, 외국인이 국경을 넘어와 교역하면 내국인이 국경을 넘어 교역한 죄와 동일하게 처벌하는 것으로 규정하였다.[자료1] 당의 율령을 받아들였던 신라나 일본의 경우도 이와 마찬가지였을 것이다.

이 시기 신라에서 공무역을 수행한 주역은 공식 사절단이었다. 신라가 당에 파견한 견당사遣唐使와 일본에 파견한 견일본사遣日本使는 본연의 외교활동은 물론 경제적 문물 교류를 병행하였다. 신라는 이러한 사절단을 통해서 양국의 물자를 확보하고 이를 다시 양국에 제공하는 공무역 중개자 역할을 수행하기도 하였다.

신라와 당 사이의 공무역

먼저 당과의 공무역은 견당사遣唐使가 주도하였다. 견당사들은 대체로 네 가지의 방식으로 공무역을 수행하였다. 첫째, 공물貢物과 회사품回賜品을 통한 방식이다. 견당사가 가지고 간 공물을 국경 지역에서 검열하여 물품의 종류와 수량을 자세히 적어 외교의 의전을 담당하는 홍려시鴻臚寺에 보고하면 홍려시가 그 가격을 산정하여 회사품의 물량을 정하여 귀국 시에 견당사에게 주었다. 둘째, 관시官市를 이용하는 방식이다. 중국 조정이 견당사들의 편의를 위해 그들이 머무는 객관 안에 개설해 주는 관시를 이용하여 물자를 확보하였다. 셋째, 호시互市를 이용하는 방식이다. 호시란 견당사가 가져온 물품을 당나라 조정이 고가로 다량 구입해 주는 것을 말한다. 넷째, 비공식적인 방식이다. 견당사들이 당물唐物이나 중국에 모여든 아라비아와 페르시아 등의 물자들을 비공식적으로 구입기도 하였다.

공물과 회사품을 교환하는 첫 번째 방식이 신라와 당 사이에서 이루어진 가장 일반적인 공무역 형태였다. 그렇지만 견당사들은 위의 다양한 방식을 구사하여 큰 이문을 내면서 가져간 물건을 팔고 가능한 한 많은 물자를 당으로부터 확보하고자 하였다. 이렇게 하여 견당사가 신라에 가져온 외래품들은 신라 귀족사회에 인기리에 팔려 나갔고, 그 일부는 역시 공무역을 통해 일본에까지 재수출되었다.

신라와 일본 사이의 공무역

신라와 일본은 정치외교의 측면에서는 우여곡절도 있었지만 경제 교류의 측면에서는 서로 필요로 했던 공생관계였다. 일본은 신라를 통해 당과 신라의 선진 문물을 공급받고자 하였고, 신라는 당의 물자를 중계 보급하거나 자국의 물자를 직접 공급하는 일종의 시장으로 일본을 활용하고자 하였다. 이러한 양국의 경제적 공생관계는 양국 간의 정치군사적 대립구도를 완화시키고 경제적 교류의 폭을 넓혀가는 배경이 되었다.

752년 신라 왕자 김태렴金泰廉의 일본 파견 사례는 양국이 정치적 타협을 통해 경제

일본 다자이후 정청(正廳)의 터
고대 일본의 정치적 · 경제적 외교 업무를 맡아보던 관청이다.

적 교류를 확대해 간 공무역의 실상을 생생하게 보여준다. 그들의 일정을 간략히 정리해 보면 다음과 같다. 김태렴은 752년 윤3월 22일에 700여 명의 대규모 사절단을 거느리고 7척의 배에 나눠 타고 쓰쿠시筑紫(오늘날의 하카다博多)에 입항하였다. 일본 조정은 김태렴 일행의 도착 사실을 여러 왕릉에 고하는 등 큰 관심을 보였다. 다자이후太宰府에서 입국 절차를 밟은 김태렴 일행은 내해內海를 항해하여 나니와難波(오늘날 오사카大阪)에 이르렀고, 여기에서 370여 명만을 거느리고 헤이조쿄平城京(오늘의 나라奈良)에 입경하였다. 6월 14일에 고토쿠 천황孝謙天皇을 알현하고 의례적인 대화를 나눈 다음, 22일에 대안사大安寺와 동대사東大寺에 들러 예불을 올렸다. 7월 24일 다시 나니와로 돌아와 귀국길에 올랐다.[자료2]

6월 14일에 김태렴과 고토쿠 천황이 나눈 대화의 형식을 보면, 김태렴이 '상주上奏'하고 천황이 '하조下詔'하는 형식으로 되어 있어 마치 군신관계의 모습을 연상케 한다. 그 내용을 보아도 김태렴은 국왕이 직접 조공을 바쳐야 했으나 불가피하게 자신이 오게 된 사정을 변명하고 있고, 천황은 신라 국왕의 정성을 가상히 여긴다는 식으로 응답하는 등 마치 제후국의 사신을 대하는 듯한 논조로 일관하고 있다. 그러나 이러한 대화의 형식과 내용은 양국 관계의 실제를 표현한 것으로 보기는 어렵다. 당시에 당 왕조에서 공인한 외국 사신의 서열은 '신라–발해–일본'의 순으로 매겨져 있었다. 신라의 국가적 위상이 일본보다 우위에 있었던 것이다. 따라서 김태렴과 천황의 대화에 나타난 관계 설정은, 일본 측의 사전 요구를 신라 측이 수용한 외교적 타협의 결과였다고 보는 것이 타당하다.

이렇듯 신라가 의례적으로나마 일본에 저자세를 취한 이유는 무엇일까? 이에 대해서는 몇가지 견해가 있다. 첫째, 신라가 정치외교적으로 발해의 견제를 위해 불가피하게 선택했다는 것이다. 당시 발해는 일본과 제휴하여 신라를 정벌하려 시도했고 일본도 이에 동조하려는 태도를 보였기 때문에, 확실히 신라는 일본을 자기편으로 끌어들여 발해를 견제할 필요가 있었다. 둘째, 경제적으로 신라 사절단이 일본 당국으로부터 무역 행위를 허용받기 위해 선택했다는 것이다. 김태렴은 700여 명의 사절단을 거느리고 쓰쿠시筑紫에 입항했고, 헤이조쿄平城京에 입경할 때도 370여 명의 사절단을 거느렸다. 이렇듯 대규모 사절단은 단순한 외교적 목적을 위한 것만은 아니었고, 마치 오늘날의 세일즈 외교를 위해 대동하는 대규모 경제 사절단을 방불케 한다.

김태렴이 취한 의례적 저자세의 배경은 외교적 · 경제적 목적 추구 등 다양했겠지만, 이 중 경제적 목적 추구가 중심을 이루었다고 생각된다. 김태렴 일행이 헤이조쿄에 머물던 기간과 정확하게 일치하는 752년 6월 중순에서 7월 상순 사이에 5위 이상의 일본 중앙 귀족들이 신라에서 가져온 물건을 주문했던 「매신라물해買新羅物解」라는 문서가 그 물증이다. 이 문서에는 구입하고자 하는 신라 물품의 목록, 물품의 가치에 맞춰 지불할 견제품의 종류[綿 · 絹 · 糸 · 絁]와 분량, 작성 연월일, 그리고 제출자의 성명 등이 각각 기록되어 있어, 일종의 상품 구매신청서에 해당한다.

매신라물해

현전하는 30여 건의 「매신라물해」에 의하면, 구매 신청은 왕족이나 귀족, 그리고 5위 이상의 고위 관인층에 한정되고 있었다. 이들이 구입 신청한 물품은 크게 향료, 약재, 안료, 염료, 금속제품, 생활용품과 집기류, 그리고 기타로 분류할 수 있고, 총 260여 건이 넘는다. 한 사람이 신청한 구매 물품의 수는 적게는 3종에서 많게는 47종에 달한다. 이미 많은 「매신라물해」의 문서가 소실되었으리라는 것을 가정한다면, 당시 신라 사절단이 가져간 물품의 종류와 양은 훨씬 더 방대했을 것이다.

「매신라물해」의 문서에 기록된 물품들을 보면, 신라와 당의 산물뿐만 아니라 해양 실크로드를 통해 당에 들어온 아라비아, 페르시아, 인도, 동남아시아 등지의 다양한 산물들도 포함되어 있다. 신라가 이렇듯 다양한 종류와 방대한 양의 물품들을 마련한 것은 대일 외교업무를 관장한 왜전倭典이라는 관청이 총괄하였다. 왜전은 사절단 파견에 앞서 일본에 수출할 물품을 제출해 줄 것을 공지하였고, 신라 귀족들은 이에 응해서 상품이 될 만한 물품을 왜전에 위탁하였다. 그리고 견당사가 당으로부터 구매해 온 다양한 박래품도 여기에 추가되었다.

한편 일본에서는 대장성大藏省 관리가 신라 사절단이 가져온 물품에 대한 거래를 주관하였다.[자료3] 구매를 원하는 자들은 구매신청서인 「매신라물해」를 미리 작성하여 대장성 관리에게 제출하였고, 대장성 관리는 이에 의거하여 매매를 중재하였다. 이렇듯 국가 기관이 매매 과정에 개입한 이유는, 구매자가 너무 많이 몰려 물품의 재분배를 조율할 필요가 있었고, 물품의 가격이 폭등하는 것을 방지할 필요가 있었기 때문이었다.

752년 김태렴의 일본 방문 기록과 「매신라물해」의 문서는 당시 신라와 일본 사이에서 이루어진 공무역의 독특한 모습을 구체적으로 보여주는 소중한 사례이다. 이는 동아시아 공무역의 관행을 이해하는 데도 좋은 시사점을 주고 있다.

황권(왕권)의 약화와 공무역의 쇠퇴

8세기 전반에 성행했던 동아시아 공무역은 이를 통제 · 관리할 수 있는 강력한 황권(왕권)의 뒷받침이 있었기에 가능했다. 그러나 8세기 후반을 넘어서면서 동아시아 3국에서 황권(왕권)의 약화 현상이 동시다발적으로 나타났고, 자연히 공무역도 쇠퇴의 국면에 접어들었다.

먼저 중국의 경우를 보면, 755년에 일어난 절도사 안록산安祿山의 난을 기점으로 하여 당 황제의 권위에 도전하는 절도사들의 발호가 전국에서 줄을 이어 일어났다. 여기에 농업생산력의 발달에 따라 기존의 균전제均田制가 붕괴하고 상업 유통경제가 발달하면서, 지방에 대한 당 왕조의 통제력은 급속히 약화되어 갔다.

신라에서도 8세기 후반부터 귀족들의 반란이 빈번하게 일어나기 시작하였다. 그리고 780년에는 반란의 와중에서 혜공왕이 시해되는 충격적인 사건이 터지면서 '중대'의 전제왕권시대는 종언을 고하고 '하대'의 귀족연립시대로 이행하였다. 이후 왕위쟁탈전이 일어나고 농민에 대한 착취와 흉년까지 겹치면서 심각한 민심 이반 현상이 나타났으며, 이에 따라 지방세력의 탈왕권화가 빠른 속도로 진행되었다.

일본 역시 8세기 후반부터 비슷한 변화의 양상이 나타났다. 먼저 황실 외척세력인 후지와라씨藤原氏의 득세로 천황의 친정체제가 약화되었고, 9세기에 이르러서는 후지와라씨가 주도하는 섭관정치攝關政治로 경사되어 갔다. 이와 함께 지방에서도 기왕의 반전제班田制가 붕괴되고 장원제莊園制에 기반을 둔 독자적인 호족세력이 일어나 무사武士 계급으로 발달해 갔다.

이렇듯 8세기 후반에 이르면 동아시아 삼국은 황권(왕권)이 약화되고 율령체제가 붕괴되는 조짐이 거의 동시에 나타났다. 그리고 이에 따라 공무역이 후퇴하고 이를 대신하여 사무역이 대두하는 무역 형태의 교대 현상이 뚜렷해졌다.

재당신라인의 사무역 활동과 이정기

먼저 중국에서 8세기 중반을 넘어서면서 사무역이 빠른 속도로 확산되어 가고 있었다. 당 왕조는 점차 이러한 추세를 직접 통제할 수 없게 되었고, 급기야 지방의 절도사에게 무역에 대한 관리를 위임하기도 하였다. 765년에 당 조정이 이정기李正己에게 신라와 발해에 대한 해운 관리의 책임을 위임했던 것이 그 좋은 예이다. [자료4]

이정기는 고구려 유민 출신으로 평로치청平盧淄靑 절도사 후희일侯希逸을 몰아내고 스스로 번수藩帥에 오른 인물이었다. 당 조정은 그에게 절도사의 지위를 추인해 주었을 뿐 아니라 신라와 발해에 대한 해운 관리의 임무까지 위임하였다. 이정기는 이후 산둥 반도를 중심으로 해운의 요지들을 점령하면서 강력한 지방세력으로 성장하였다. 그리고 반당反唐의 기치를 내세우며 819년까지 3대에 걸치는 55년 동안 산둥 반도 '소왕국'의 절대지배자로 군림하였다. 이러한 이정기 일가의 급성장은 당시 산둥 반도 연안에서 해운과 무역을 통해 성장해 가고 있던 사무역 종사자들의 경제적 지원이 있었기에 가능했다.

마침 그 즈음 육상 실크로드는 절도사의 난으로 경색되었고, 그 대신 해상 실크로드가 활기를 띠어가는 추세였다. 자연히 사상私商들은 해상을 통해 동남아, 인도, 아라비아 등지와 무역을 전개하였고, 사무역은 급성장하였다. 산둥 반도를 중심으로 활동하던 재당신라인들도 이러한 추세에 편승하여 당과 신라와 일본을 연결하는 동아시아 해상무역을 주도해 가면서 사무역 분야에서 영향력을 확대해 갔다. 8세기 후반에 고구려 유민 출신의 이정기 일가가 산동 반도에서 위력을 떨칠 수 있었던 것도 실은 산동 반도를 중심으로 성장한 재당신라인의 경제적 기반과 지원에 힘입은 바가 컸다.

신라 상인들의 사무역 활동과 파급

9세기 들어 동아시아 3국의 공무역체제가 무너져가자, 3국을 넘나들며 사적인 무역활동을 전개하던 신라 상인들의 움직임은 더욱 활기를 띠게 되었다. 이제까지 공무역체제의 제약 속에서 진귀한 박래품舶來品에 대한 욕구에 목말라 있던 일본인들에게 무역품을 가득 싣고 수시로 찾아오는 신라 상선商船은 그야말로 흠모의 대상이었다.

당시 일본인들은 신라 상인들이 가져온 물품을 경쟁적으로 구매하였고, 이로 인해 심각한 사회 문제가 야기되기도 하였다. 지위의 고하를 막론하고 신라 상인이 가져온 물건을 경쟁적으로 구매하여 사치가 극에 달하고 가산을 탕진하는 경우가 허다하게 일어났다. 중앙의 최고 관서인 태정관太政官은 당시 일본의 관문항구인 쓰쿠시筑紫에서 출입국 업무를 총괄하던 다자이후太宰府에 공문을 발송하여 공정가격이 지켜질 수 있도록 관리감독을 철저히 할 것을 지시하기도 하였다.[자료5]

당시의 일본의 관리들 중에는 이러한 폐단에 대해 심각한 위기감을 느끼고 극단적인 조치를 취할 것을 주장한 이도 있었다. 다자이후의 관리였던 등원위藤原衛는 842년 8월 15일에 조정에 상주문上奏文을 올려 신라국 사람들의 입국을 일체 금지시킬 것을 건의하였다.[자료6] 그렇지만 태정관은 이에 대하여 신라 상인들의 민간 교역은 허용하되 교역이 끝나면 곧바로 돌아가도록 하라는 미온적인 조치에 그칠 뿐이었다.[자료7] 신라 상인들의 입국 자체를 금지할 경우 조정에 필요한 진귀한 진상품의 조달이 어려울 뿐 아니라 일본 귀족들의 박래품에 대한 욕구를 원천 봉쇄하는 결과가 초래되는 것을 우려했기 때문이었다.

사무역으로 인한 사회 문제는 일본에서뿐만 아니라 신라에서도 일어났다. 흥덕왕興德王은 834에 내린 교서에서, 백성들이 외래품을 경쟁적으로 구매하여 사치가 극에 달하고 상하上下와 존비尊卑의 신분 질서가 무너지고 있음을 경고하고, 옛 제도에 따라 신분질서를 바로잡겠다는 의지를 밝혔다.[자료8] 『삼국사기』의 잡지雜志에 전하는 바에 의하면 신라는 신분에 따라 의복, 수레, 그릇, 가옥 등의 사용을 차별적으로 규정하고 있었는데, 사무역의 성행으로 진귀한 물품들이 유입되면서 이런 신분적 차별 규정을 혼란에 빠뜨리고 신분제의 문란을 야기시켰던 것이다. 이러한 신분제 문란 현상은 신라와 마찬가지로 신분적 차별을 규정하고 있던 일본의 경우에서도 일어나고 있었다.[자료9] 일본에서 신라 상인의 입국 자체를 금지하자는 과격한 주장이 나왔던 것도 알고 보면 이러한 위기감에서 연유한 바가 컸던 것이다.

이렇듯 9세기에 들어 사무역이 급속히 확산되면서, 신라와 일본에서 외래 사치품이 범람하여 법제에 규정된 엄격한 신분질서의 틀마저 위협하는 지경에까지 이르렀다. 그런데 이렇듯 당시 동아시아 사회에 지대한 사회변동의 파장을 몰고 왔던 사무역의 주요 담당자는 바로 당과 신라와 일본에 흩어져 살고 있던 신라 상인들이었고, 그 한 가운데에 장보고張保皐란 인물이 있었다는 것을 주목할 필요가 있다.

자료샘

자료 1

주1 도형 : 억류하여 강제 노역을 가하는 형벌.

주2 일등 : 도형은 5등급으로 나누어지는데, 1등이 가해질 때마다 반 년의 복역이 더해진다.

주3 역류 : 유배지에서 강제 노역을 가하는 형벌.

무릇 변경 관문을 넘는 자는 도형徒刑[주1] 2년에 처한다. 외국인과 사사로운 교역을 하여 주고받은 것이 비단 1척尺에 해당하면 도형 2년 반에 처하고, 3필匹마다 1등等[주2]씩을 더하여 15필에 해당하면 역류役流[주3]에 처한다.

原文 諸越度緣邊關塞者 徒二年 共化外人私相交易 若取與者一尺 徒二年半 三匹加一等 十五匹加役流

_『당률소의(唐律疏議)』 권8, 위금(衛禁)

자료 2

주4 한아찬 : 신라 17등 관등 중 제5위인 대아찬(大阿飡)의 이칭.

(3월) 22일 다자이후太宰府에서 신라왕자 한아찬韓阿飡[주4] 김태렴金泰廉이 조調를 바치는 사신 대사大使 김훤金暄과 왕자를 수행하는 사신 김필언金弼言 등 700여 명이 7척의 배를 타고 와서 머물고 있음을 알렸다. … 28일 대내大內, 산과山科, 혜아惠我, 직산直山 등의 능陵에 사신을 보내어 신라왕자가 내조했음을 아뢰었다. … 6월 14일 신라왕자 김태렴 등이 조정에 배알하고 아울러 조調를 바쳤다. 그리고 아뢰기를 "신라국왕이 일본을 통치하는 천황의 조정에 말씀드립니다. 신라국은 옛부터 대대로 끊이지 않고 배와 노를 나란히 하여 가서 국가를 받들었습니다. 이번에 국왕이 몸소 가서 조공하고 조를 바치려고 하였으나 생각해 보니 하루라도 임금이 없으면 국정이 해이해지고 문란해질까 염려됩니다. 이 때문에 왕을 대신하여 왕자 한아찬 태렴을 우두머리로 하여 370여 명을 거느리고 가서 입조하게 하고 겸하여 여러 가지 조를 바치고 삼가 아뢰게 합니다."라 하였다. 조를 내리기를 "신라국은 예부터 늘 끊이지 않고 국가를 받들어 왔다. 이제 다시 왕자 태렴을 보내어 입조하고 겸하여 조를 바치니 왕의 정성에 짐은 기쁠 뿐이다. 지금부터 길이 오래도록 마땅히 위로하고 보살피겠다."라 하였다. 태렴이 또 아뢰기를 "하늘이 두루 덮고 있는 밑에 왕토王土 아님이 없고 육지가 연속해 있는 한의 바닷가까지 왕의 신하 아님이 없습니다. 태렴은 다행히 성세聖世를 만나 조정에 와서 받드니 기쁨을 이길 수 없습니다. 제가 몸소 갖추어온 국토의 미미한 물건을 삼가 바칩니다."라 하였다. 조를 내리기를 "태렴이 아뢴 바는 들었다."라 하였다. … 22일 태렴 등이 대안사大安寺와 동대사東大寺에 나아가 예불하였다. … (7월) 24일 태렴 등이 돌아가 난파관難波館에 있었는데, 칙으로 사신을 보내어 명주와 포布, 술과 안주

를 내렸다.

原文 (閏三月) 己巳 太宰府奏 新羅王子韓阿湌 金泰廉 貢調使大使金暄及送王子使金弼言 等七百餘人 乘船七艘來泊 … 乙亥 遣使於大內 山科 惠我 直山等陵 以告新羅王子來朝之狀 … 六月己丑 新羅王子金泰廉等拜朝 幷貢調 因奏曰 新羅國王言日本照臨天皇朝庭 新羅國者 始自遠朝 世世不絶 舟檝竝連 來奉國家 今欲國王親來朝貢進御調 而顧念 一日無主 國政弛亂 是以遣王子韓阿湌泰廉 代王爲首 率使下三百七十餘人入朝 兼令貢種種御調 謹以申聞 詔報曰 新羅國始自遠朝 世世不絶 供奉國家 今復遣王子泰廉入朝 兼貢御調 王之勤誠 朕有嘉焉 自今長遠當加撫存 泰廉又奏言 普天之下無匪王土 率土之濱無匪王臣 泰廉幸逢聖世 來朝供奉 不勝歡慶 私「曰」自所備國土微物 謹以奉進 詔報 泰廉所奏聞之 … 丁酉 泰廉等就大安寺 東大寺禮佛 … (秋七月) 戊辰 泰廉等還在難波館 勅遣使賜絁布幷酒肴

_『속일본후기(續日本後紀)』 권18, 효겸천황(孝謙天皇) 천평승보(天平勝寶) 4년(752)

자료 3

무릇 번객蕃客이 내조來朝하여 교관交關[주5]에 임하려면 승丞, 녹錄, 사생史生이 장부藏部와 가장價長 등을 거느리고 객관客館에 나아가 내장료內藏寮와 함께 교관을 해야 한다.

주5 교관 : 무역.

原文 凡蕃客來朝應交關者 丞錄史生率藏部價長等赴客館 與內藏寮共交關

_『연희식(延喜式)』 권30, 대장성(大藏省) 직부사(織部司)

자료 4

이정기李正己는 고구려 사람이다. … 이종형姨從兄인 절도사 후희일侯希逸은 그를 병마사兵馬使로 삼았다. 정기가 침착하고 강건하여 무리들로부터 인심을 얻자 희일은 사건에 연류시켜 그를 직책에서 해임했다. 군중軍中 사람들은 모두 죄가 없으므로 해임은 부당하다고 하여 군사를 모아 희일을 쫓아냈다. 희일이 도망하자 정기를 세워 우두머리로 삼았다. 이에 조정은 평로치청절도사 · 해운압신라발해양번사 · 검교대부상서 · 겸어사대부 · 청주자사로 삼았다.

原文 李正己 高麗人也 … 節度使侯希逸卽其外兄也 用爲兵馬使 正己沉毅得衆心 希逸因事解其職 軍中皆言其非罪 不當廢 會軍人逐希逸 希逸奔走 遂立正己爲帥 朝廷因授平盧 淄青節度觀察使海運押新羅渤海兩蕃使檢校工部尙書兼御史大夫青州刺史

_『구당서』 권124, 열전74, 이정기

자료 5

주6 교관물 : 무역품.

주7 고가 : 공정가격.

태정관太政官의 공문 : '마땅히 신라인의 교관물交關物주6을 검령檢領할 것' … 어리석은 인민들이 가재家財를 다해서 고가로 다투어 사들이니 물품은 고갈되고 가산을 탕진하는 폐가 생겼다. 외국 산물에 빠져 우리의 귀한 물건을 업신여기니 실로 이를 단속하지 않으면 폐가 그치지 않을 것이다. 마땅히 지대재부知太宰府에 명하여 엄히 금제禁制를 시행하고 거래를 금해야 한다. 상인이 도착하면 배에 적재된 물품 가운데 적당한 것을 골라 역驛에 부쳐 진상하도록 한다. 부적절한 것은 다자이후의 관리가 조사하여 널리 교역하게 한다. 그 가치의 귀천은 모두 고가估價주7에 의거한다. 만약 이를 어기는 자가 있으면 관대한 법전에 따르지 않고 특별히 중과重科에 처한다. 천장天長 8년(831) 9월 7일

原文 太政官符 応検領新羅人交関物事 … 愚闇人民傾覆櫃□ 踊貴競買 物是非可韜□則家資殆罄 耽外土之声聞 蔑境内之貴物 是実不加捉搦所致之弊 宜下知太宰府厳施禁制 勿令輙市商人来着 船上雑物一色已上 簡定適用之物 附駅進上 不適之色 府官検察 遍令交易 其直貴賎一依估価 若有違犯者 殊処重科 莫従寛典 天長八年九月七日

_『유취삼대격(類聚三代格)』 권18, 이부병외번인사(夷俘并外蕃人事)

자료 6

15일 대재대이大宰大貳 종사위상從四位上 등원조신위藤原朝臣衛가 4조목의 건의문을 임금에게 올려 아뢰었다. "첫째, 신라에서 조공한 것은 그 유래가 오래되어 성무천황聖武皇帝 때부터 시작하여 성조聖朝에까지 이릅니다. 그러나 옛날에 하던 대로 하지 않고 항상 간사한 마음을 품으며, 조공물을 바치지 않고 장사하는 일에 기대어 우리나라의 사정을 엿봅니다. 바야흐로 지금은 백성이 곤궁하고 식량이 모자랍니다. 만약 뜻하지 않는 일이 있게 되면 무엇으로써 막을 것입니까. 바라건대 신라 사람들을 일절 금지하여 나라 안에 들어오지 못하게 하십시오."라 하였다. 대답하기를 "덕택이 멀리까지 미쳐 바깥 번방에서 귀화하여 옴에 우리나라에 들어오는 것을 일절 금하는 것은 인자스럽지 못한 듯한 일이다. 마땅히 근자에 표류해 오는 사람에게는 양식을 주어서 돌려보내고 장사하는 무리들이 돛을 날려 와서 도착하면 그들이 가지고 온 물건을 민간에 맡겨 유통하게 하되 끝나면 속히 돌려보내라."고 하였다.

原文 丙子 大宰大貳從四位上藤原朝臣衛上奏四條起請 一曰 新羅朝貢 其來尙矣 而起自聖

武皇帝之代 迄于聖朝 不用舊例 常懷姦心 苞茅不貢 寄事商賈 窺國消息 方今民窮食乏 若有不虞 何用防爰 望請 新羅國人 一切禁斷 不入境內 報曰 德澤洎遠 外蕃歸化 專禁入境 事似不仁 宜比于流來 充糧放還 商賈之輩 飛帆來着 所齎之物 任聽民間 令得廻廻 了速放却

_『속일본후기』 권12, 인명천황(仁明天皇) 승화(承和) 9년(842) 8월

자료 7

태정관太政官의 공문 : '마땅히 입경入境하는 신라인을 방환放還할 사事' … (신라) 상고商賈의 무리가 돛을 휘날리며 도착하면 가져온 물건은 임의로 민간에서 교역하게 하고 끝나면 곧바로 물리치도록 하라. … 승화承和 9년(842) 8월 15일

原文 太政官符 応放還入境新羅人事 … 商賈之輩飛帆来着 所齎之物任聞民間令得廻易 了即放却 … 承和九年八月十五日

_『유취삼대격』 권18, 이부병외번인사(夷俘并外蕃人事)

자료 8

흥덕왕興德王 9년, 태화太和[주8] 8년(834)에 교지를 내려 말하였다. "사람은 나이에 따라 손위와 손아래의 구분이 있고, 지위에도 높고 낮음이 있어서, 법의 규정이 같지 않으며 의복도 다른 법이다. 풍속이 점점 각박해지고, 백성들이 다투어 사치와 호화를 일삼고, 진기한 외래품만을 좋아한 나머지 도리어 순박한 우리의 것을 싫어하니, 예절은 곧잘 분수에 넘치는 폐단에 빠지고 풍속이 파괴되는 지경에 이르렀다. 이에 삼가 옛 법전에 따라 명확하게 법령을 선포하노니, 만일 일부러 이를 어기면 진실로 그에 맞는 형벌을 내릴 것이다."

주8 태화 : 당 문종의 연호(827~836).

原文 興德王卽位九年 太和八年 下敎曰 人有上下 位有尊卑 名例不同 衣服亦異 俗漸澆薄 民競奢華 只尙異物之珍寄 却嫌土産之鄙野 禮數失於逼僭 風俗至於陵夷 敢率舊章 以申明命 苟或故犯 固有常刑

_『삼국사기』 권33, 잡지2 색복(色服)

자료 9

3일에 금식禁式 92조를 제정했다. 이에 따라 조詔를 내려 말하기를 '친왕親王 이하 서민에 이르기까지 여러 의복에 착용하는 금은金銀, 주옥珠玉, 자금紫錦,[주9] 수능繡綾,[주10] 전욕氈褥,[주11] 관대冠帶 그리고 각양각색의 물건을 착용할 때 각각 차이를 두게 하라'고

주9 자금 : 자주색 비단.

주10 수능 : 수놓은 비단.

주11 전욕 : 모전 담요.

하였다.

原文 辛丑 立禁式九十二條 因以詔之曰 親王以下 至于庶民 諸所服用 金銀珠玉 紫錦繡綾 及氈褥冠帶 幷種種雜色之類 服用各有差

_『일본서기』 권29, 천무천황 10년(682) 4월

출전

『삼국사기』

『구당서』

『일본서기』

『속일본후기』

『당률소의(唐律疏議)』: 중국의 『당률』을 주석한 법률서. 652년 5월 재판에서 법률해석의 통일을 기하고 명법과(明法科) 수험생을 위하여 장손무기(長孫無忌)와 이적(李勣) 등 19명이 당 고종의 칙명을 받들어 편찬에 착수, 이듬해 11월에 완성하였다. 30권 8책을 구성되었고, 내용은 명례(名例), 위금(衛禁), 직제, 호혼(戶婚), 구고(廏庫), 천흥(擅興), 도적, 투송(鬪訟), 사위(詐僞), 잡범(雜犯), 포망(捕亡), 단옥(斷獄) 등 총 12편 500조에 대하여 고율(古律)의 원류(源流)를 자세히 고구(考究)하여 주석하였다. 본래 『당률』은 637년 당나라 태종의 조서를 받들어 방원령(房元齡) 등이 편찬하였고 그 뒤 651년과 737년 두차례 개수하였으나, 『당률』 자체가 법전의 형태로서 전해오는 것이 없어 일반적으로 '당률'이라 하면 『당률소의』를 지칭한다.

『유취삼대격(類聚三代格)』: 헤이안(平安) 시대에 편찬된 법령집. 『홍인격(弘仁格)』(10권), 『정관격(貞觀格)』(12권), 『연희격(延喜格)』(12권)의 3대의 격(格)을 신사(神社), 불사(佛事) 등에 따라 분류 편찬하였다.

『연희식(延喜式)』: 헤이안 중기에 편찬된 율령의 시행세칙. 905년 후지와라 도키히라(藤原時平) 등이 다이고천황(醍醐天皇)의 명에 의해 편찬하기 시작하여 도키히라 사후에 후지와라 다다히라(藤原忠平) 등에 의해 927년에 완성되었으며, 그후 개정하여 967년에 시행되었다. 3대 격식 중에 거의 완전한 형태로 남아 있는 것은 연희식뿐이고, 상세한 사항까지 규정되어 있어서 일본고대사 연구에서 중요한 문헌이다.

찾아읽기

최재석, 『정창원 소장품과 통일신라』, 일지사, 1996.

이성시, 『동아시아의 왕권과 교역』(김창석 옮김), 청년사, 1999.

신형식, 『신라인의 실크로드』, 백산자료원, 2002.

김창석, 『삼국과 통일신라의 유통체계 연구』, 일조각, 2004.

권덕영, 『재당 신라인사회 연구』, 일조각, 2005.

윤재운, 『한국 고대무역사 연구』, 경인문화사, 2006.

권덕영, 『신라의 바다 황해』, 일조각, 2012.

김창석, 『한국 고대 대외교역의 형성과 전개』, 서울대학교 출판문화원, 2013.

김상기, 「고대의 무역형태와 나말의 해상발전에 취하야」, 『진단학보』1 · 2, 1933 · 1934.

이용범, 「처용설화의 일고찰: 당대 이슬람 상인과 신라인」, 『진단학보』32, 1969.

이용범, 「삼국사기에 보이는 이슬람상인의 무역품」, 『이홍직 박사 회갑기념 한국사학논총』, 1969.

신형식, 「신라와 서역」, 『신라문화』8, 1991.

무함마드 깐수, 『신라 · 서역외교사』, 단국대출판부, 1992.

서영교, 「9세기 중반 신라조정의 해상세력 통제」, 『경주사학』13, 1994.

윤재운, 「9세기 전반 신라의 사무역에 관한 일고찰」, 『사총』45, 1996.

윤재운, 「한국 고대의 무역형태」, 『선사와 고대』12, 1999.

신형식, 「신라와 서역과의 관계」, 『신라인의 실크로드』, 백산자료원, 2002.

윤재운, 「남북국시대 무역연구」, 고려대 박사학위논문, 2002.

윤재운, 「신라 하대 무역관련 기구와 정책」, 『선사와 고대』20, 2004.

영정미가, 「신라의 대일향약무역」, 『한국사론』51, 2005.

권덕영, 「고대 동아시아의 황해와 황해무역: 9 · 9세기 신라를 중심으로」, 『사학연구』89, 2008.

윤재운, 「8~10세기 동아시아 무역네트워크」, 『한국고대사탐구』12, 2012.

4 장보고가 동아시아 해양무역을 석권하다

장보고와 청해진

장보고는 9세기 동아시아 해양무역을 주도하였다. 그는 완도 청해진을 중심으로 당과 신라를 잇는 해상 중계무역을 통해서 일국을 능가하는 엄청난 부와 권력을 축적하였다. 신라 국왕으로부터 한반도 서남해지역에 대한 관할권을 위임받았고, 당에 매물사를, 일본에 회역사를 파견하였다. 장보고의 해양무역은 신라와 일본의 신분제를 흔들 정도로 큰 위력을 발휘하였다.

장보고, 당에 건너가다

서남해 지역의 어느 섬에서 태어난 한 소년이 9세기 전반기에 동아시아의 해양무역을 주름잡는 일대 무역인으로 성장했다는 이야기는 우리 역사에서 보기 드문 드라마틱한 소재이다. 그런데 정작 그 주인공인 장보고張保皐란 인물에 대한 역사 정보는 그의 명성에 비해 너무나 소략하다. 그의 부모에 대해서는 물론이고 태어난 시점, 유년시절의 면모, 도당渡唐의 시점과 재당在唐 시절의 활동상 등에 대해서 알려진 것이 별로 없어, 상당 부분 추론에 의존할 수밖에 없다.

먼저 장보고의 출신지는 완도였을 것이다. 장보고가 완도에 청해진을 설치했다는 점, 장보고의 고향 후배인 정년鄭年이 바닷물 속 잠수에 매우 능숙했다는 점, 중국에서 기아에 허덕이던 정년이 "고향에서 죽는 게 낫다"고 하면서 청해진의 장보고를 찾았던 사연, 그리고 후에 문성왕이 장보고의 딸을 차비次妃로 맞아들이려 할 때 조신朝臣들이 장보고가 해도인海島人임을 지적하면서 반대했던 일 등으로 미루어 볼 때, 그렇다.[자료1 · 2]

그리고 장보고의 원래 이름은 궁복弓福 혹은 궁파弓巴로 알려져 있다. 아마도 그의 아명兒名이었을 것이다. 혹자는 '궁복'을 '궁보'와 같은 것으로 이해하여 '활쏘기를 좋아한 자' 혹은 '활을 잘 쏜 자'란 뜻으로 풀기도 한다. 이는 '먹보', '심술보' 등류의 '-보'자 접미사의 용법으로 푼 것인데, 흥미롭고 그럴 듯하다.

장보고

장보고는 30세 장년의 나이에 10년 정도 어린 동향同鄕의 후배 정년과 함께 풍운의 꿈을 안고 당으로 건너갔다. 그리고 두 사람은 나란히 서주徐州 무령군武寧軍 군중소장軍中小將에 올랐다.[자료1] 그런데 무령군이라는 군단 이름은 805년에 처음 칭해졌다 하므로, 805년을 기준으로 하여 장보고가 당에 머물렀던 시기를 유추해 볼 수 있다. 즉 장보고가 무령군의 소장직에 오른 시기는 아무리 빨리 잡아도 805년 이전으로 올라갈 수는 없으니, 그가 당에 건너간 시기는 일단 805년 전후였을 것으로 볼 수 있다. 그런데 그가 신라로 돌아온 시점이 828년이므로, 그가 당에 머문 기간은 805년 전후의 시기(8세기 말 혹은 9세기 초)부터 828년까지 약 20~30년간으로 압축할 수 있다.

무령군 군중소장이 되다

장보고가 당에 머물렀던 기간은 그의 인생을 결정지은 가장 중요한 시기였음에도 불구하고, 애석하게도 이 기간 그의 행적에 대해서 알려진 바가 거의 없다. 다만 그가 서주徐州의 무령군 군중소장에 올랐고, 이후 언젠가 군직에서 물러나 다른 일을 시작했다는 것 정도를 알 수 있을 뿐이다.

당시 무령군의 주요 임무는 산둥 반도를 중심으로 당 조정에 반기를 든 평로치청平

盧淄靑의 번수藩帥 이사도李師道 세력을 토벌하는 데 있었다. 이사도 세력은 결국 진압되었고, 무령군의 일원으로 진압작전에 참전했던 장보고는 전공을 인정받아 소장으로 승진했던 것으로 보인다. 그런데 이 참전의 경험은 장보고에게 인생의 행로를 뒤바꾸는 결정적인 전기가 되었고, 그 점에서 진압의 대상이었던 이사도 세력의 성격에 대해 간략히 알아둘 필요가 있다.

이사도는 산둥 반도에서 세력을 일으킨 이정기李正己의 손자였다. 이정기는 고구려 유민 출신으로 765년에 평로치청平盧淄靑 절도사 후희일侯希逸을 무력으로 몰아내고 스스로 번수가 되면서 산둥 반도의 패자覇者가 되었다. 이후 이정기 일가는 '이정기(765~781) – 아들 납納(781~792) – 아들 사고師古(792~806) – 아우 사도師道(806~819)'로 이어지는 3대 55년 동안 산둥 반도 '소왕국'의 절대권력으로 군림하면서, 한때 그 일원의 15개 주를 석권하고 10만의 대군을 거느리는 거대 번진으로 성장하여 당 왕조를 위협하는 세력이 되었다.

이정기 일가가 이처럼 짧은 기간 동안에 산둥 반도에서 강력한 세력으로 성장할 수 있었던 배경을 생각해 보면, 당 왕조로부터 발해와 신라와의 해상교역[海運]을 관장하는 '해운압신라발해양변사海運押新羅渤海兩邊使'의 업무를 위임받아 상당한 재부를 축적할 수 있었다는 점이 우선 떠오른다. 그렇지만 더 중요한 요인으로는, 산둥 반도를 중심으로 해운의 요충지에 집단 거주하면서 막강한 경제력을 발휘한 재당 신라인 사회의 적극적인 후원이 있었다는 점을 들 수 있다. 당시 당에서 유학한 일본인 승려 엔닌圓仁은 『입당구법순례행기入唐求法巡禮行記』에서, 중국 동해안 변에 재당 신라인들의 집단 거주지가 광범위하게 분포하고 있었고, 그들은 선박제조 및 수리업, 해운업, 목탄제조 및 유통업, 칼 제조업, 소금생산업 등 다양한 업종에 종사하면서 강력한 신라인 경제권經濟圈을 형성하고 있었다는 것을 전하고 있다. 결국 산둥 반도의 재당 신라인들은 고구려 유민 출신인 이정기 일가의 세력에 의지하여 자신들의 재부를 보호받고자 하였고, 이정기 일가는 그들의 경제력을 기반으로 하여 당 황실에 맞서는 거대 세력으로 성장해 갈 수 있었다.

그러나 이정기 일가의 세력은 이사도 대에 이르러 당 조정의 대공세에 밀려 819년에 진압당하고 말았다. 그리고 그 진압작전에 참전했던 장보고와 정년은 전공을 인정

받아 무령군 군중소장에 올랐다. 그렇지만 장보고는 이에 만족하지 않고, 곧 군직에서 물러나 '새로운 일'에 도전하였다.

장보고와 정년의 엇갈림

장보고의 '새로운 일'은 장보고와 정년의 엇갈린 인생행로에서 그 단서를 찾아볼 수 있다. 당 대의 저명한 시인이었던 두목杜牧은 그의 문집『번천문집樊川文集』에서「장보고 · 정년전張保皐鄭年傳」을 게재하였는데, 여기에서 장보고와 정년 두 사람이 언제부턴가 원수지간이 되었다고 기술하였다. 호형호제呼兄呼弟하던 두 사람의 관계가 이처럼 심각하게 틀어진 사연은 무엇일까?

동향의 선후배였던 장보고와 정년은 처음 고향을 떠나 당에 건너올 때 서로 의기투합된 공통의 꿈이 있었다. 마침 당시 당나라에는 전국에서 일어난 절도사 반란세력을 토벌하기 위해 모군募軍의 열풍이 일고 있었으니, 그들이 의기투합한 꿈이란 군인으로 성공하는 것이었을 것이다. 두목은 두 사람에 대해서 '모두 전투를 잘하여 그 본국에서나 서주徐州에서 능히 대적할 자가 없었다'고 하였고, 과연 그들은 함께 서주 무령군에 입대하여 나란히 소장의 지위에까지 올랐다. 이때까지만 해도 그들은 꿈을 이룰 탄탄대로에 접어든 듯하였다.

그러나 두 사람의 인생행로는 서서히 엇갈리기 시작하였다. 장보고는 스스로 군직에서 물러나 '새로운 일'에 뛰어들었던 반면에 정년은 계속해서 군인의 길을 고집하였던 것 같다. 이러한 인생행로의 엇갈림으로 인해 그들이 투합했던 의기가 깨지고 우정은 금이 갔으며, 마침내는 서로 질시하는 원수의 관계로까지 변질되었던 것이다. 그런데 결과적으로 장보고는 큰 성공을 거두고 828년에 금의환향하여 동아시아 바다를 주름잡는 '해상왕'으로 등극했던 반면에, 정년은 당 조정의 감군減軍 조치로 실직당하여 끼니조차 잇기 어려운 비참한 처지로 전락하였다. 이러한 두 사람의 상반된 처지에 대해, 두목杜牧은 '장보고는 그 나라에서 이미 귀하게 되었는데, 정년은 어긋나고 초라하게 직職을 떠난 신세가 되었다'라고 적고 있다.

극한적인 굶주림과 추위에 시달리며 실의에 빠져 있던 정년은 그의 절친한 군대 동료였던 연수향漣水鄕의 술장戌將 풍원규馮元規를 찾아가서 자신의 처지를 한탄하면서 장보고에게 의탁해야겠다는 의향을 타진하였다. 이에 대해 풍원규는 장張과 정鄭 두 사람의 관계를 누구보다 잘 알고 있었던지, 먼저 정년의 자존심을 걱정해 주었다. 그러나 정년은 굶어 죽느니 자존심을 굽히고 장보고를 찾아가는 것이 좋겠다고 결심하고 귀국하여 청해진의 장보고를 찾았다.[이상 자료1]

이처럼 장보고가 군직을 떠나 '새로운 일'을 시작하게 되면서 정년과 사이가 틀어졌다고 한다면, 그 시점은 이사도 세력의 진압 직후부터였을 것이다. 그리고 그의 '새로운 일'이란 재당 신라인 사회를 조직하여 그들의 경제권을 확충하는 일과 관계가 있었을 것이다.

국제 무역인으로 성공하다

이사도 세력이 진압되면서 재당 신라인 사회는 위기에 몰렸다. 우선 반역자 이사도를 지원했다는 혐의에서 벗어나기 어려웠을 것이고, 거기에다 당시 기승을 부리기 시작한 해적의 침탈에도 무방비 상태로 노출되어 있었다. 당시 해적의 약탈 행위는 국제적인 외교 문제로까지 비화될 정도로 심각한 것이었다.[자료3 · 4] 장보고가 결행한 '새로운 일'이란 이렇듯 위기에 처한 신라인 사회를 일으켜 세우고 그들의 경제적 기반을 회복하는 일에 다름 아니었다.

장보고는 이 일을 추스리는 데 적임자였다. 먼저 그는 이사도 진압작전의 유공자였으므로 신라인 사회에 지워진 반역의 혐의를 해소하고 당국과의 신뢰 관계를 회복하는 데 앞장설 수 있었다. 군중소장의 경험에서 나온 그의 군사전략가적 소양은 해적 퇴치에 뛰어난 수완을 발휘하였고, 두목이 추켜세운 그의 인의지심仁義之心과 명견明見의 통찰력은 재당 신라인 사회를 하나로 묶어내는 강력한 지도력으로 작용하였다.[자료5]

그렇지 않아도 동족 출신인 이사도의 세력이 몰락하면서 구심력을 상실하고 심리적

허탈감에 빠져 있던 재당 신라인 사회는 장보고라는 새로운 지도자의 출현으로 심기일전 안정을 되찾아 갔다. 장보고는 예의 강력한 리더십을 발휘하여 재당 신라인 사회를 안정시키고 신라인 경제공동체를 더욱 발전시켜 갔다. 그리고 이러한 재당 신라인 경제공동체는 장보고가 저명한 무역인으로 입신하는 데 중요한 배경이 되었을 것이다.

그러나 당에 머무는 동안 장보고의 구체적인 행적에 대해서는 알려진 바가 적다. 다만 엔닌의 『입당구법순례행기』를 통해서 그의 행적의 일단을 짐작해 볼 수 있을 뿐이다. 이에 의하면 장보고는 산둥 반도 등주登州의 적산포赤山浦를 거점으로 삼고, 회하淮河와 대운하가 만나는 수운의 요충지인 초주楚州를 또 하나의 거점으로 삼아 중국 동해안을 잇는 독자적인 해양 운송체계를 건설하여 운영해 갔던 것으로 되어 있다. 이와 함께 그는 자신의 고향이기도 한 신라 서남해지역의 해양세력을 결집하고 일본 규슈 일대의 친분세력을 규합하여, 당과 신라와 일본을 잇는 국제 해양네트워크를 구축하여 동아시아 해양무역을 주도하고 장악해 갈 수 있었던 것으로 보인다.

귀국과 청해진 건설

장보고는 828년에 신라에 갑자기 귀국하였다. 당에서 국제 무역인으로 성공을 거두고 있던 장보고가 갑자기 귀국을 결행한 이유는 무엇일까? 그러나 알고 보면 그의 귀국은 갑자기 이루어진 것이 아니었다. 일찍부터 그는 신라 서남해지역에 위치한 완도에 동아시아 해상무역의 새로운 중심기지를 건설할 것을 구상하고 준비를 진행해 왔던 듯하다. 신라의 서남해지역은 동아시아 3국을 연결하는 해양의 결절점結節點에 해당할 뿐만 아니라 그의 고향이기도 했다는 점에서 장보고가 새로운 구상을 실현할 적격지로 판단했던 것 같다.

그렇지만 해결해야 할 난제도 있었다. 무엇보다 서남해지역 역시 신라의 통치 영역 내에 있었으므로, 자치권을 전제로 하는 국제 해양무역기지의 건설 시도는 자칫 신라의 통치권과 충돌할 소지가 있었다. 이 문제는 당시 신라의 어려운 사정에 편승하여 무난히 돌파했던 것으로 보인다.

장보고가 귀국하기 6년 전인 822년에 신라에서는 온 나라를 일대 혼란에 빠뜨린 사건이 일어났다. 김헌창金憲昌의 난이었다.[자료6] 하대의 시작 단계에 왕위쟁탈전에서 패하여 강릉 지역으로 퇴거해 있던 김주원金周元의 아들 김헌창이 신라의 왕위를 쟁취하기 위해 일으킨 대규모 반란 사건이었다. 한때 김헌창은 신라 영토의 거의 절반을 차지할 정도로 그 위세를 크게 떨쳤으며, 그 여파는 전국에 미쳤다. 825년에는 김헌창의 아들 김범문이 재차 난을 일으켰다.[자료7] 김헌창과 범문의 난은 겨우 진압되긴 하였지만, 국왕의 권위를 크게 떨어뜨리고 지방세력의 분권화를 조장하는 결정적인 계기가 되었다. 자연히 신라국가의 지방 통제력은 크게 약화되었고 세금도 제대로 걷히지 않아 국가 재정은 파탄지경에 이르렀다.

828년 장보고의 귀국은 바로 이러한 신라의 어려운 상황에 편승해서 이루어졌던 것이다. 국제적 거부巨富로 입신한 재당 신라 무역상인 장보고의 귀국은 재정난에 허덕이던 신라 조정에게는 반가운 경제적 후원자의 출현으로 간주되었을 것이다. 장보고는 신라 조정과 모종의 협상을 추진했고, 그 협상이 타결되면서 귀국을 결행했던 것으로 보인다. 당시 신라 조정에게는 궁핍한 국가 재정을 충당할 수 있는 장보고의 재력이 필요했고, 장보고에게는 완도와 그 주위의 서남해지역에 대한 관할권이 필요했다. 따라서 장보고와 신라 조정 사이의 협상은, 장보고가 신라 조정의 재정난을 타개할 수 있는 경제적 지원을 해주고, 그 대신 신라는 완도에 군사 · 무역기지를 건설하는 것을 승인해 주는 것이 핵심을 이루었을 것이다.

장보고는 귀국하자마자 신라의 흥덕왕을 독대하여 해적 소탕을 명분으로 내세워 완도에 청해진을 설치할 것을 건의하였고, 왕은 즉석에서 이를 허락해 주었다. 그뿐만 아니라 왕은 장보고에게 1만여 명의 군대 지휘권을 허여해 주고, '대사大使'라는 특별한 직함까지 내려주었다.[자료8] 신라왕이 출신 성분이 미천한 장보고에게 내린 일련의 조치들은 너무나 파격적이어서, 골품제라는 엄격한 신분제사회를 유지하고 있던 당시의 신라사회에서 일어난 일이라고 믿기 어려울 정도다. 결국 장보고가 제안한 해적 퇴치는 청해진 설치의 표면적인 명분에 불과한 것이었고, 실질적으로는 장보고와 흥덕왕 사이에서 주고받은 특별한 협상의 결과로 청해진 설치안이 타결되었다고 보는 것이 순리이다.

청해진의 관할범위와 특징

청해진의 터는 완도의 부속섬 장도와 그 주변의 장좌리, 죽청리, 대야리 일대로 비정되고 있다. 장도에서는 2001년까지 10여 년간 대규모 발굴이 이루어졌고, 그 결과 청해진 유적과 유물들이 다수 확인되었다. 토석土石 혼축의 성지城址와 우물 등의 유구遺構가 확인되었고, 장도 주위의 바닷가에서는 직경 30㎝ 안팎의 참나무와 소나무 기둥들을 약 10여㎝ 간격으로 박아 세운 목책木柵의 흔적이 확인되었다. 장도에서 그시대의 우물도 찾아졌다. 이로 보아 장도는 장보고를 위시로 청해진의 핵심 구성원들이 머물렀던 본영本營의 자리였을 가능성이 유력시되었다. 이 밖에 장도 밖의 장좌리와 그에 인접한 죽청리 및 대야리 일대에 청해진의 본영과 병사들이 머문 군영이 산재해 있었을 가능성도 제기되었다. 앞으로 장도뿐만 아니라 이 일대에 대한 종합적인 정밀조사가 요망된다.

청해진이 관할했던 범위는 단순히 완도 몸섬에만 한정되었던 것이 아니라, 그 주위 서남해지역의 도서연안 지역을 포괄하고 있었을 것으로 보인다. 후에 장보고가 암살당한 후에 일본에 귀화한 어려계於呂系 등이 '장보고가 다스리던 섬의 백성'이라 진술했던 것에서 서남해지역의 뭇 섬들이 청해진의 관할 범위에 있었음을 알 수 있

청해진 유적지
완도 장좌리 장도에 위치한 청해진 유적지

청해진의 유적
목책과 우물

다.[자료9] 또한 강진군 대구면과 해남군 화원면 일대에 9세기 대에 제작된 것으로 알려진 해무리굽 청자 등을 굽던 요지들이 집단군을 이루며 발견되고 있는데, 이는 장보고에 의해 조성된 대규모 도자기 생산단지였을 가능성이 큰 것으로 지목되고 있다. 또한 이와 함께 최근에 장흥 천관산 지역을 중심으로 성장한 호족세력이 장보고의 관할하에 들어갔을 가능성을 지적한 연구도 있다. 이런 것들을 종합해 볼 때, 당시 청해진의 관할 범위는 완도군과 진도군과 신안군 등의 도서지역, 강진군과 해남군과 장흥군 등의 연안지역을 포괄하는 서남해지역 일대에 미치고 있었다고 할 것이다. 그렇다면 청해진의 설치는 서남해지역 일대에 대한 장보고의 관할권을 신라 조정으로부터 승인받은 것을 의미한다.

청해진은 비슷한 시기에 설치된 다른 군진軍鎭들, 즉 패강진浿江鎭(782년에 설치), 당성진唐城鎭(829년에 설치), 혈구진穴口鎭(844년에 설치)과는 여러 가지 점에서 차이를 보여주고 있다. 먼저 그 명칭에서 다른 군진들은 지명을 앞세워 칭했던 데 반해, 청해진은 '바다를 깨끗하게 한다'는 의미의 추상명사 '청해淸海'를 앞세운 특별한 명명법을

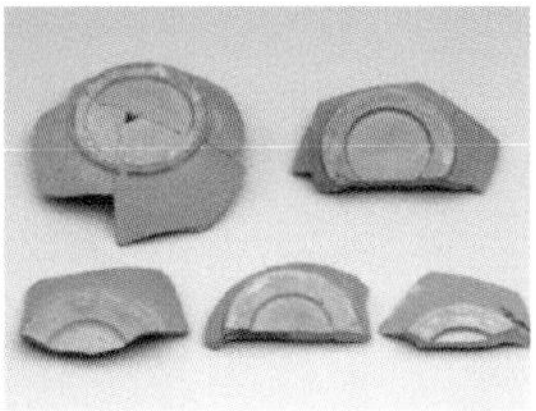

청해진의 유물

쓰고 있다. 완도의 원래 이름은 청해도가 아니라 조음도助音島였으니, 청해란 이름은 장보고가 완도에 진鎭을 설치할 때 해양을 제패하겠다는 그의 포부를 밝히면서 비로소 명명한 것으로 보는 것이 타당하다.

해남군 화원면 신덕리 일대의 초기 청자 가마터의 청자 편들

다음에 장관의 명칭에서도 차이를 보인다. 예컨대 패강진의 경우 그 장관을 처음엔 두상대감頭上大監이라 칭하다가 신라 말기에 도호都護라 고쳐 불렀고, 혈구진의 경우는 진두鎭頭라 칭했던 데 반해, 청해진의 경우는 특별한 '대사大使'의 직명을 쓰고 있다. '대사'는 신라의 공식 직명에서는 찾아볼 수 없는 이례적인 직명으로, 당에서 반독립적인 번진藩鎭의 절도사節度使에 대한 별칭으로 쓰던 대사大使를 염두에 둔 명칭이라 생각된다. 이 점에서 청해진의 대사는 청해진과 그 인근 지역에 대한 자치권을 허용받은 특별한 직함으로 볼 수 있다.

장보고의 청해진 설치는 그가 재당 시절에 성취한 동아시아 국제 해상무역의 사업을 한 단계 도약시키려는 야심찬 기획의 일환이었다. 먼저 그는 청해진과 그 관할 지역의 해양세력을 결집하고 1만여 명에 이르는 군사력을 확보하여 해적들의 준동을 잠재우는 성과를 거두었다. 이를 바탕으로 잠시 경색되었던 동아시아의 해상무역을 다시 가동시키고, 이미 무력화된 8세기의 공무역체제를 대신하여 새로운 사무역체제를 일으켜서 이를 주도적으로 운영해 갔다. 이러한 의미에서 장보고의 활동상을 '군산軍産복합체제의 종합상사'로 규정한 견해는 경청할 만하다. 이처럼 장보고가 청해진을 중심 기지로 삼아 주도해 갔던 동아시아 국제 해양무역체제를 '청해진체제'라 명명할 수 있다.

당에 '매물사'를 파견하다

장보고의 '청해진체제'는 순항해 갔다. 몇 가지 그 성공 비결을 들 수 있다. 첫째, 재당 신라인 사회의 네트워크를 구축하고 이를 원격 조종 · 관리할 수 있는 시스템을 작동했다는 것이다. 둘째, 일본 규슈지역의 우호세력을 체계적으로 관리하고 확대해 갔다는 것이다. 그리고 셋째, 이를 바탕으로 신라와 당과 일본을 잇는 동아시아 해상무역체계를 정비했다는 것이다. 결국 동아시아 해양네트워크의 구축과 가동이 청해진체제의 성공 비결이었던 것이다.

먼저 장보고가 재당 신라인 사회를 장악하고 이를 원격 조종하고 있었다는 것은 엔닌圓仁의 일기 『입당구법순례행기』를 통해서 확인할 수 있다. 엔닌은 장보고의 도움으로 9년 반 동안 당나라에서 구법순례求法巡禮의 활동을 펼쳤던 일본 승려로서, 9년여의 구법 활동을 일기형식으로 기록한 것이 『입당구법순례행기』이다. 이에 의하면 장보고는 그의 대리인 격인 등주登州의 장영張詠과 초주楚州의 유신언劉愼言 등을 통해서 재당 신라인 사회를 원격 조종했던 것으로 나타나고 있다. 장보고가 재당 시절에 적산포(지금의 산둥 반도의 영성시 석도진)에 세웠다는 대규모의 사찰 적산법화원赤山法華院은

적산법화원

적산법화원 내 장보고 전기관

재당 신라인 사회를 결집하는 상징적 구심체가 되고 있었다.[자료10]

청해진의 장보고는 교관선交關船(무역선)을 당에 수시로 파견하였다. 매물사賣物使라 불린 교관선의 우두머리는 재당 신라인 사회의 조직망을 점검하고 이를 활용하면서 당과의 무역 업무를 수행하였다. 엔닌의 일기에 의하면 839년 6월 27일에 장보고가 보낸 두 척의 교관선이 적산포赤山浦에 도착했는데, 청해진병마사淸海鎭兵馬使란 직함을 가진 최훈崔暈이란 인물이 매물사의 임무를 수행한 것으로 되어 있다.[자료11] 당시 청해진에 '병마사'라는 독자적인 관직체계가 있었다는 것이 확인되고 있어, 청해진이 군사 및 정치체제를 반독립적으로 운영하고 있었음을 알 수 있다. 또한 병마사의 직을 가진 이를 매물사로 삼아 파견했다는 점에서, 청해진의 조직이 '군산軍產 복합체제의 종합상사'의 성격을 갖고 있었다는 것을 다시 한번 확인할 수 있다.

매물사 최훈은 적산법화원에 들러 장보고를 대리해서 이를 관리하고 있던 장영 등을 위로하고, 7개월 보름 동안 중국 동해안 변의 주요 항구에 들러서 무역 활동을 벌인 뒤 다시 적산포로 돌아오는 대장정을 전개하였다. 그의 활동 범위는 유산포乳山浦, 해주海州, 초주楚州, 양주揚州 등의 항구들을 포함하는 광대한 해역에 걸치고 있었다. 이들

항구는 물자의 집산이 이루어지는 큰 항구였고, 이런 큰 항구에는 예외 없이 신라인의 집단마을인 신라촌新羅村 혹은 신라방新羅坊이 형성되어 있었다. 이러한 신라인 집단마을은 최훈이 무역활동을 전개하는 데 중요한 네트워크의 기반이 되었을 것이다.

이처럼 매물사 최훈은 산둥 반도 적산포에서 남으로 강남의 양주에 이르는 주요 항구들을 들러 신라인 사회의 네트워크를 직접 점검하고 장기간 무역활동을 전개하였다. 그런데 그의 도착과 출발은 적산포에서 이루어지고 있었으니, 적산포는 장보고 무역선의 전용 발착 항구였고, 장보고가 재당 신라인 사회를 원격 조종하는 중심축이었다고 할 것이다. 장보고는 적산포를 통해 매물사가 이끄는 무역선단을 당에 파견하였다. 그리고 재당 신라인 사회의 해양네트워크를 활용하여 당과 반공식半公式적인 무역활동을 전개하였던 것이다.

일본에 회역사를 파견하다

장보고는 일본에도 무역선단을 파견하였다. 일본에 파견한 무역선단의 우두머리는 회역사廻易使라 불렸다. 장보고가 암살당하기 직전에 일본에 파견한 이충李忠과 양원揚圓은 마지막 회역사였다.[자료12] 회역사는 어디까지나 장보고가 사적私的 차원에서 파견한 무역선단의 대표에 불과했지만, 국가와 국가 사이에 교환되는 공식 사신단의 대표를 방불케 하여 국제 관계의 상례를 벗어나는 측면이 있었다. 이 때문에 일본 당국과 갈등을 빚기도 하였다.

일본의 대외교류의 창구역을 담당하던 다자이후太宰府는 장보고가 신하의 몸으로 공식 사신단의 성격이 농후한 회역사를 파견한 것에 대해 강한 거부 반응을 보였다. 장보고 선

일본 엔랴쿠지에 세운 장보고기념비

단을 추방하자는 주장도 있었다.[자료13] 그렇지만 일본 당국은 장보고와의 무역을 끝내 거부하지는 않았다.[자료14] 이는 장보고 선단이 가져온 물품에 대한 일본인의 욕구가 그만큼 강했다는 것을 의미한다. 외래품에 대한 욕구는 지배층일수록 더욱 강하였다. 치쿠젠 국수筑前國守를 역임했던 미야타마로宮田麻呂라는 인물이 당나라 물건을 확보하기 위해 장보고에게 비단으로 대금을 미리 지불했던 것이 그 단적인 예이다.[자료15]

장보고 선단이 가져온 진귀한 외래품은 대단한 인기가 있었다. 일본 당국은 지나친 구매 경쟁으로 인해 가격이 폭등하는 것을 경계했을 뿐, 교역 자체는 막지 않았다. 무역이 활기를 띠어감에 따라 예기치 않은 사회 문제가 야기되기도 하였다. 외래품을 구매하기 위해서 가산을 탕진하는 사례가 비일비재하였고, 사치와 외래품 선호의 풍조가 만연하기도 하였다. 신분제의 문란이 초래되기도 하였다. 이러한 사회 문제는 일본뿐 아니라 신라에서도 일어나고 있었다.

그럼에도 불구하고 일본 조야에서 장보고의 인기는 꺾일 줄 몰랐다. 일본의 사서들은 장보고에 대하여 '보배 보寶' 자와 '높을 고高' 자를 써서 '장보고張寶高'라 표기하여, 진귀한 물건을 제공하는 장보고에 대한 존숭尊崇의 마음을 표시하였다. 일본인에게 장보고는 '보배롭고 높은 존재'였던 것이니, 이는 중국 사서에서 특별한 의미가 없는 '장보고張保皐'라 표기했던 것과는 확실히 대조를 이룬다.

해양영웅, 암살당하다

이렇듯 한국 해양사에 중요한 족적을 남긴 장보고는 841년 염장閻長이란 자의 손에 암살당함으로써 비극적인 최후를 맞았다.[자료16] 장보고 암살 사건의 경위는 대개 다음과 같다.

흥덕왕이 836년에 후사後嗣 없이 죽은 것이 첫 발단이 되었다. 흥덕왕이 죽자 흥덕왕의 당제堂弟로서 상대등上大等의 지위에 있던 김균정金均貞이 왕위 계승에서 제1 순위자로 떠올랐다. 균정의 아들 우징祐徵과 사위 예징禮徵, 그리고 김주원계의 권신 김양金

陽 등은 균정을 추대하고자 하였다. 그러나 이에 대해 시중侍中의 지위에 있던 김명金明은 이홍利弘 등을 포섭하여 헌정憲貞(균정의 친형)의 아들인 제륭悌隆을 지지하면서 제동을 걸었다. 그리고 급기야 균정과 그의 조카인 제륭 사이에 왕위쟁탈전이 벌어졌다. 양측은 치열한 시가전까지 벌인 끝에, 결국 김명이 지지한 제륭이 왕좌에 올라 희강왕僖康王이 되었다. 그리고 김명은 상대등에, 이홍은 시중에 올랐다. 균정은 쟁탈전의 와중에 피살당했고 우징과 김양 등은 잔병殘兵을 거두어 청해진으로 피신하여 장보고의 보호를 받는 신세가 되었다.

그런데 그 2년 후인 838년에 중앙에서 또 한 차례의 정변이 일어났다. 상대등 김명이 시중 이홍 등과 함께 정변을 일으켜 자신들이 옹립한 희강왕을 핍박하여 죽이고 스스로 왕위에 올라 민애왕憫哀王이 되었다. 김명은 흥덕왕의 아우인 충공忠恭의 아들이었으니 왕위를 탐낼 만한 반열에 있긴 하였지만, 왕을 시해하고 왕위에 올랐으니 반역의 혐의를 벗어날 수는 없었다. 청해진에 피신해 있던 우징은 아비와 임금의 원수 민애왕 김명을 토벌할 것을 장보고에게 요청하였고, 장보고는 그 요청을 받아들여 청해진의 군사를 일으키는 데 동의하였다. 그리하여 청해진 군사는 경주로 진격하여 민애왕을 죽이고 우징을 새 왕으로 추대하였다. 이가 신무왕神武王이다.

그러나 곧이어 신라 조정에 분란이 일었다. 신무왕(혹은 그의 아들 문성왕)은 장보고의 은혜에 보답하고자 딸을 왕비로 삼을 것을 약속하였고, 군신群臣들은 반발하여 이를 좌절시켰다. 장보고의 동태를 두려운 마음으로 지켜보던 신라 조정은 마침내 무주武州 출신 염장을 사주하여 장보고를 암살하기에 이르렀다.

장보고의 암살을 어떻게 볼까?

사서는 장보고의 암살에 대하여 반란을 일으킨 자에 대한 징벌로 파악하는 경향이 우세하지만, 한편에서는 신라 조정의 음모에 의해서 '도살盜殺'당한 것으로 파악하는 견해도 만만치 않다.[자료17] 따라서 장보고 암살의 성격을 새롭게 조명할 필요가 있다. 이를 위해 여기서는 장보고가 왕위쟁탈전에 관여하게 된 동기, 장보고의 딸 납비納妃

를 둘러싼 권력관계의 동향과 장보고의 암살 문제 등을, 장보고의 입장에서 음미해 보기로 한다.

첫째, 장보고가 왕위쟁탈전에 관여하게 된 동기의 문제이다. 이와 관련하여 장보고가 왕위쟁탈전에 개입하게 된 시점을 눈여겨볼 필요가 있다. 처음 우징과 김양 등이 제륭과 김명 일파에 패하여 청해진에 피신해 들어왔을 때 장보고는 우징 등을 보호만 할 뿐 중앙 정치에 개입하지 않았다. 그러다 838년에 신하인 김명이 희강왕을 죽이고 왕위에 오르는 반역 사건이 일어난 연후에야, 그는 신하가 임금을 죽인 무도한 행위를 바로잡아야 한다는 우징과 김양 등의 설득을 받아들여 '의로운 일'에 동참한다는 명분을 내세워 비로소 개입하기에 이르렀다.[자료18] 만약 장보고가 정치에 야망이 있었다면 우징이 청해진에 들어왔을 때 곧바로 그와 결탁해서 행동에 옮겼을 것인데, 그렇지 않은 것으로 보아 그는 정치적 사건에 가능하면 개입하려 하지 않았다는 것을 알 수 있다. 장보고의 재당 시절과 귀국 후의 행적을 더듬어 보면 이러한 그의 정치적 성향을 짐작해 볼 수 있다.

일찍이 장보고는 당에서 당 황실에 대적하던 평노치청의 번수 이사도 세력의 진압 작전에 참여하면서, 황실에 대항하는 정치적 도전이 얼마나 무모하고 무상한 것인가를 절감했을 것이다. 그리하여 그는 이사도 세력을 진압한 직후에 무령군 소장직에서 스스로 물러나서 재당 신라인 사회 속으로 들어가 그들의 경제적 결집과 발전을 위해 전념했던 것이다. 828년 귀국 후에도 그는 청해진을 건설하여 국제 해상무역에 전념하면서 이러한 기조를 이어갔다.

그러다가 우징 등이 청해진으로 피신해 들어오면서, 장보고는 자신도 모르게 정치판에 빠져들게 되었던 것 같다. 838년에 중앙에서 신하가 왕을 죽이는 사건이 일어나자 우징은 장보고의 의분義憤에 불을 붙여 동참을 유도하였고, 장보고는 그에 설복당하여 결국 정치판에 깊숙히 빨려들어가고 말았다. 두목杜牧이 평했던 인의지심仁義之心이 충만한 그의 성품이 그로 하여금 의義를 좇아 정치판으로 쏠리게 했던 반면에, 또 한편의 성품인 '명견明見'으로도 정치판 개입 이후 자신에게 닥칠 운명을 예견하지 못했던 셈이다.[자료5] 바로 여기에 장보고의 비극이 있었다.

둘째, 장보고의 딸을 왕비로 들이는 납비納妃의 문제를 둘러싸고 당시 권력관계의 동향이 어떠했는지를 짚어보기로 하자. 당시 장보고의 딸 납비 문제와 관련하여 조정 내에 상당한 논란이 일었다. 국왕은 장보고의 딸을 왕비로 맞는 것에 대해 적극성을 띠고 있었던 반면, 군신들은 이를 극력 반대하여 마침내 저지하였다. 실제 신무왕은 즉위하자마자 장보고를 '의로움에 감사한다'는 의미의 감의군사感義軍使으로 삼았고, 문성왕도 즉위하자마자 그를 '바다의 수호자'라는 의미의 진해장군鎭海將軍으로 삼고 장복章服을 하사하였다.[자료19 · 20] 신무왕과 문성왕은 장보고의 공적에 대해 깊이 감사하고 높이 신뢰하는 마음이 있었다는 것을 알 수 있다. 그렇다면 다음과 같은 추론이 가능하다.

신무왕과 문성왕은 왕위를 위협하는 권신들의 발호 가능성에 대비하기 위해 장보고의 힘에 의존하려 하였다. 이것이 두 왕이 장보고에게 특별한 작호를 내리고 그의 딸을 왕비로 맞아들이려고 했던 이유이다. 실제로 장보고의 위력은 민애왕 김명을 제거하는 과정에서 충분히 확인된 바 있었다.

당시 국왕이 발호 가능성이 가장 큰 권신으로 떠올렸던 인물은 다름 아닌 김양이었을 것이다. 김양은 일찍이 원성왕에 오른 김경신과 왕위를 다투다 패퇴하여 강릉지역으로 낙향했던 무열왕계 김주원의 증손자였다. 그는 일찍이 흥덕왕 사후에 균정을 추대하려다가 왕위쟁탈전에서 패하여 균정의 아들 우징과 함께 청해진에 피신해 있던 중, 838년 장보고의 거병擧兵에 힘입어 평동장군平東將軍의 직함을 띠고 참전하여 민애왕 김명을 타도하고 우징을 신무왕으로 즉위시키는 데 앞장서서 최고 권신의 반열에 오른 인물이기도 하였다.[자료21] 앞서 김명이 희강왕을 추대하여 최고 권신에 오른 뒤 곧 반역하여 희강왕을 핍살하고 왕위에 올랐던 전례가 있었던 것에 비추어 볼 때, 신무왕을 추대하여 최고 권신의 자리에 오른 김양이야말로 발호 가능성이 가장 우려되는 권신이었던 셈이다. 더욱이 그는 무열왕계의 후손으로서 무열왕통 재건의 명분을 내세워 왕권에 도전할 우려도 함께 가지고 있었다.

이런 이유로 장보고의 딸 납비를 가장 극력 반대했던 인물로 김양을 떠올리는 것은 자연스럽다. 그는 군신群臣들을 동원하여 신분의 미천함을 내세워 장보고 딸의 납비를 좌절시키는 한편, 장보고를 제거하는 음모를 꾸몄을 것이다. 김양은 일찍이 청해진을 관내에 둔 무주武州(지금의 광주 전남)의 도독都督을 지낸 바 있어, 장보고 암살을 결행한 무주인 염장閻長과 인연이 있었을 가능성이 있다. 따라서 장보고의 암살은 김양이 독단으로 염장을 사주하여 결행했던 것으로 보는 것이 타당하다.

결국 장보고는 어쩔 수 없이 왕위쟁탈전에 개입하게 되었고, 또한 자신의 의도와는 달리 딸 납비의 문제가 중앙 정치권의 주요 쟁점으로 떠오르면서, 결국 김양의 사주를 받은 염장에게 암살당하는 비운의 주인공이 되었다. 그는 음모와 술수가 판치던 당시 중앙 정치판의 희생양이었던 것이다.

자료샘

자료 1

신라인 장보고張保皐와 정년鄭年이라는 자는 자기 나라로부터 서주徐州로 와서 군중소장軍中小將이 되었다. 장보고의 나이는 30이고 정년의 나이는 10살이 젊어 장보고를 형이라고 불렀다. 모두 싸움을 잘하였고 말을 타고 창을 휘두르는데, 자기 나라와 서주에서 능히 대적할 사람이 없었다. 정년은 또 바다 밑으로 들어가 50리를 걸어가면서 물을 내뿜지 아니하였다. 그 용맹과 씩씩함을 비교하면 장보고가 정년에게 미치지 못하였으나 장보고는 연령으로 정년은 기예技藝로써 항상 맞서 서로 지지 아니하였다. 후에 장보고는 신라에 귀국하여 그 임금 흥덕왕을 뵙고 아뢰기를 "중국의 어디를 가 보나 신라 사람들을 노비로 삼고 있습니다. 신라 해로海路의 요지에 있는 청해淸海에 진鎭을 설치하고 해적들이 사람을 약탈하여 서쪽으로 가지 못하게 하기 바랍니다."라 하였다. 그 왕은 요청에 따라 장보고에게 1만인을 주었다. 태화太和[주1] 연간 이후로 해상에서 신라 사람을 파는 자가 없었다. 장보고는 이미 귀하게 되었는데, 정년은 당에서 얽히어 직업을 잃고 굶주림을 무릅쓰며 사수泗水[주2] 연수현漣水縣[주3]에 있었다. 하루는 연수에서 수비하는 장수 풍원규馮元規에게 말하기를 "나는 동으로 돌아가서 장보고에게 의지하려 한다." 하니 풍원규가 말하기를 "그대와 장보고의 사이가 어떠한가. 어찌하여 가서 그 손에 죽으려 하는가?"라 하였다. 정년은 "굶주림에 죽는 것이 싸워서 쾌하게 죽느니만 못하다. 하물며 고향에서 죽는 것이랴" 하고 정년은 그곳을 떠나 장보고를 찾았다. 장보고는 함께 술을 마시며 마음껏 즐기는데, 술자리가 끝나기도 전에 서울에서 사자使者가 이르렀는데, 대신이 그 왕을 죽여서[주4] 나라가 어지러우며 왕이 없다 하였다. 장보고는 드디어 군사 5,000을 나누어 정년에게 주며 정년의 손을 잡고 울며 말하기를 "그대가 아니면 환란을 평정할 수 없다." 하였다. 정년은 국도國都에 들어가 배반한 자를 베고 왕[주5]을 세우고 보답하였다. 마침내 왕은 장보고를 재상으로 삼고 정년으로 장보고를 대신하게 하였다.[주6]

原文 新羅人 張保皐·鄭年者 自其國來徐州 爲軍中小將 保皐年三十 年少十歲兄呼保皐 俱善鬪戰騎而用槍 其本國與徐州 無有能敵者 年復能沒海 履其地五十里不噎角 其勇健 保皐差不及年 保皐以齒 年以藝 常齟齬不相下 後保皐歸新羅 謁其王曰 遍中國 以新羅人爲奴婢 願得鎭淸海 新羅海路之要 使賊不得掠人西去 其王與萬人 如其請 自太和後 海上無鬻新羅人者 保皐旣貴於其國 年錯寞去職饑寒 在泗之漣水縣 一日言於漣水戌將馮元規曰 年欲東歸乞食於張保皐 元規曰 爾與保皐所挾何如 奈何去取死其手 年曰 饑寒死不如兵死快 況死故鄕耶年遂去

주1 태화 : 당 문종의 연호(827~835).

주2 사수 : 회수(淮水)의 지류.

주3 연수향 : 지금의 장쑤성(江蘇省) 연수(漣水).

주4 대신이 왕을 죽여서 : 상대등 김명(金明)이 희강왕(僖康王)을 핍살(逼殺)한 것을 말함.

주5 왕 : 장보고가 추대한 신무왕 김우징.

주6 마침내 왕은 ~ 대신하게 하였다 : 장보고는 청해진에서 암살당했으므로 마지막까지 청해진대사(淸海鎭大使)의 직에 있었다고 보는 것이 타당하다.

至謁保皐 保皐飮之極歡 飮未卒 其國使至 大臣殺其王 國亂無主 保皐遂分兵五千人與年 持年泣曰 非子不能平禍難 年至其國 誅反者立王 以報王 遂徵保皐爲相 以年代保皐

_『번천문집(樊川文集)』 장보고 · 정년전

자료 2

임금이 청해진대사 궁복[주7]의 딸을 두 번째 왕비로 삼고자 하니, 조정의 신하들이 간하여 말하였다. "부부의 도는 사람의 큰 윤리입니다. … 지금 궁복은 섬사람인데, 그의 딸을 어찌 왕실의 배필로 정할 수 있겠습니까?" 왕이 그 말을 따랐다.

原文 七年 春三月 欲娶淸海鎭大使弓福女爲次妃 朝臣諫曰 夫婦之道 人之大倫也 … 今弓福 海島人也 其女豈可以配王室乎 王從之

_『삼국사기』 권11, 문성왕(文聖王) 7년(845)[주8] 3월

주7 궁복 : 장보고의 아명.

주8 7년(845) : 장보고는 841년에 암살당했으니 845년에 장보고가 살아있다는 이 기사의 내용은 맞지 않는다. 『삼국유사』에서는 문성왕대가 아니라 신무왕 대(838~839)의 일로 나와 있는데, 신무왕 대로 보는 것이 타당하다.

자료 3

평로군절도사盧軍節度使 설평薛平이 아뢰었다. "생각건대 해적이 신라 양인良人을 꼬여 잡아다가 그 관할하는 등주登州와 내주萊州의 지경과 연해제도沿海諸道에 이르러 노비로 삼아 파는 자가 있습니다. 신라국은 비록 바깥 오랑캐이나 항상 신민臣民임을 알리고 조공을 그치지 않으니 내지內地와 다름이 없는데도 그 백성 양인良人 등이 항상 해적에게 잡혀와서 팔리니 이치에 어려움이 있습니다. 앞서 제서制書로써 금단禁斷하였는데도 그 관할지역이 오래 역적逆賊에게 함락되고 있어 먼저 사람이 한 대로 법도를 지키지 않고 있습니다. 수복한 이래 도로가 막힘이 없이 서로 바꿔 판매하니 그 폐단이 매우 심합니다. 엎드려 바라건대 특별히 명백한 칙령을 내리시어 지금부터는 연해제도에서 마땅히 위와 같이 해적이 신라 양인을 꼬여 잡아 파는 것을 일체 금단하고 청컨대 소재所在 관찰사는 엄하게 포착捕捉을 더하여 만약 범행에 어김이 있으면 법에 따라 금단하여 칙지勅旨에 의거하기 바랍니다."

原文 平盧郡節度使薛苹奏 應有海賊該掠新羅良口 將到當管登萊州界 及緣海諸道 賣爲奴婢者 伏以新羅國雖是外夷常稟正朔 朝貢不絶 與內地無殊 其百姓良口等 常被海賊掠賣 於理實難 先有制勅禁斷 緣當管久陷賊中 承前不守法度 自收復已來 道路無阻 遞相販鬻 其弊尤深 伏乞特降明勅 起今已後 緣海諸道 應有上件賊該賣新羅國良人等 一切禁斷 請所在觀察使 嚴加捉搦 如有違犯 便準法斷 勅旨宜依

_『당회요(唐會要)』 목종穆宗) 장경(長慶) 원년(821) 3월

자료 4

신라사신 김주필金柱弼이 상장上狀을 올렸다. "앞서 은혜로운 칙령으로 양인 매매를 금지하여 가고자 하는 바에 맡겨도 노약자는 돌아갈 집이 없어 이웃 바다마을에 기거하며 돌아가고자 해도 길이 없습니다. 엎드려 바라건대 제도諸道 해변의 주현州縣에 매번 배편이 있으니 마음대로 돌아가게 하고 주현으로 하여금 제약하지 못하게 하소서. 천자의 칙령勅令으로 신라인의 매매 금지는 곧 정식 칙령이 있을 것이니 말한 바와 같이 표류하여 기거寄居하는 자가 있으면 진실로 마음대로 돌아가게 맡기는 것이 합당합니다. 마땅히 소재所在 주현에 맡겨 실물과 장부를 대조하여 그 본국 신라 백성이 돌아가기를 원하는 자를 책임지고 살펴 이제 돌아오게 하여주소서."

原文 新羅國使金柱弼進狀先蒙恩勅 禁賣良口 使任從所適 有老弱者栖栖無家 多寄傍海村鄕 願歸無路 伏乞牒 諸道傍海州縣 每有船次 便賜任歸 不令州縣制約 勅旨 禁賣新羅 尋有正勅 所言如有漂寄 固合任歸 宜委所在州縣 切加勘會 責審是本國百姓情願歸者 方得放回

_『당회요(唐會要)』 목종穆宗) 장경(長慶) 3년(823) 정월

자료 5

인의의 마음은 잡정雜情과 함께 심어져 있어 잡성雜性이 이기면 인의가 멸하고 인의가 이기면 잡성이 사라지는 것이다. 저 두 사람[주9]은 인의의 마음이 이미 이겼고 여기에 다시 명견明見이 바탕하였기 때문에 마침내 성공한 것이다. … 속담에 이르기를 "나라에 한 사람이 있으면 그 나라는 망하지 않는다."고 하였다. 대저 나라를 망치는 것은 사람이 없어서가 아니라 그 망한 때를 당하여 어진 사람을 쓰지 않기 때문이다. 진실로 능히 어진 사람을 쓴 다면 한사람으로도 족足할 것이다.

原文 仁義之心與雜情幷植 雜情勝則仁義滅 仁義勝則雜情銷 彼二人 仁義之心旣勝 復資之以明 故卒成功 … 語曰 國有一人 其國不亡 夫亡國非無人也 丁其亡時 賢人不用 苟能用之一人足矣

_『번천문집(樊川文集)』 장보고 · 정년전

주9 두 사람 : 당 삭방절도사(朔方節度使) 곽분양(郭汾陽)과 신라 청해진대사 장보고를 지칭함.

자료 6

웅천주熊川州 도독 헌창憲昌이 그의 아버지 주원周元이 임금이 되지 못했다는 이유로 반역을 일으켜 국호를 장안長安이라 하고, 연호를 경운慶雲 원년이라 하고, 무진 · 완

산 · 청주 · 사벌 네 주州의 도독都督[주10]과 국원경 · 서원경 · 금관경의 사신仕臣[주11]들과 여러 군과 현의 수령들을 위협하여 자기 부하로 예속시켰다. … 여러 군사가 포위하여 공격한 지 열흘 만에 성이 함락되려 하자, 헌창은 패배를 피할 수 없다는 것을 알고 스스로 죽었다. 그를 따르는 사람이 머리와 몸을 베어 각각 따로 묻었는데, 성이 점령되자 그의 몸을 옛 무덤에서 찾아내어 다시 베고, 그의 친족과 도당 239명을 죽이고 그 백성들은 풀어주었다.

주10 도독 : 주(州)에 파견한 지방관.

주11 사신 : 소경(小京)에 파견한 지방관.

原文 熊川州都督憲昌 以父周元不得爲王 反叛 國號長安 建元慶雲元年 脅武珍完山菁沙伐四州都督 國原西原金官仕臣及諸郡縣守令 以爲己屬 … 諸軍圍攻浹旬 城將陷 憲昌知不免 自死 從者斷首與身 各藏 及城陷 得其身於古塚 誅之 戮宗族黨與凡二百三十九人 縱其民

_『삼국사기』 권10, 헌덕왕(憲德王) 14년(822) 3월

자료 7

헌창의 아들 범문梵文이 고달산高達山의 도적 수신壽神 등 백여 명과 함께 모반하여 평양平壤[주12]에 도읍을 세우고자 북한산주北漢山州를 공격하였다. 도독 총명聰明이 병사를 거느리고 가서 그를 잡아 죽였다.

주12 도평양 : 지금의 양주(楊州) 일대를 지칭.

原文 憲昌子梵文 與高達山賊壽神等百餘人 同謀叛 欲立都於平壤 攻北漢山州 都督聰明率兵 捕殺之

_『삼국사기』 권10, 헌덕왕 17년(서기 825) 정월

자료 8

청해대사淸海大使 궁복弓福은 성이 장씨[주13]인데 당나라 서주徐州에 들어가 군중소장軍中小將이 되었다. 후에 귀국하여 임금을 알현하고, 군사 1만 명으로 청해를 지키게 되었다.

주13 궁복은 성이 장씨인데 : 장보고는 원래 궁복(弓福) 혹은 궁파(弓巴)라 불렸는데, 중국에 건너가 이름의 앞 자인 '궁(弓)' 자를 변으로 하는 장(張)을 성으로 삼고, 이름의 뒷 자인 '복(福)' 자를 두 글자로 나누어 '보고(保皐)'라 개칭한 것으로 추정된다.

原文 淸海大使弓福 姓張氏 入唐徐州 爲軍中小將 後歸國謁王 以卒萬人鎭淸海

_『삼국사기』 권10, 흥덕왕 3년(828) 4월

자료 9

공경公卿이 의논하였다. "… 그후 어려계於呂系 등이 귀화하여 와서 '우리들은 장보고가 다스리던 섬의 백성입니다. 장보고가 작년(841) 11월 중에 죽었으므로 평안하게 살

수 없는 까닭에 당신 나라에 온 것입니다'라고 하였다. … "

原文 公卿議曰 其後於呂系等化來云 己等張寶高所攝嶋民也 寶高去年十一月中死去 不得寧居 仍參着貴邦

_『속일본후기』 권11, 인명천황 승화 9년(842) 1월 10일

자료 10

낮 12시경에 북서풍이 불었으므로 돛을 올리고 나아갔다. 오후 2시경에서 4시경 적산赤山의 동쪽 언저리에 도착해 배를 정박시켰다. 북서풍이 더욱 세차게 불었다. 이 적산은 순전히 암석으로 된 높이 우뚝 솟은 곳으로, 곧 문등현 청녕향淸寧鄕 적산촌赤山村 주14이다. 산에는 절이 있어, 그 이름을 적산법화원赤山法花院이라 하는데, 본래 장보고가 처음으로 세운 것이다. 오랫동안 장전莊田을 갖고 있어, 그것으로 절의 식량을 충당한다. 그 장전은 1년에 500석의 쌀을 거두어들인다. 이 절에서는 겨울과 여름에 불경을 강설하는데, 겨울에는 『법화경法花經』을 강설하고 여름에는 8권짜리 『금광명경金光明經』을 강설한다. 여러 해 동안 그것을 강설해 왔다. 남쪽과 북쪽에는 바위 봉우리가 솟아 있고 물은 법화원의 마당을 관통하여 서쪽에서 동쪽으로 흐른다. 동쪽으로는 멀리 바다를 바라볼 수 있게 터져 있고, 남쪽과 서쪽 그리고 북쪽은 봉우리가 이어져 벽을 이루고 있다. 다만 서남쪽은 비스듬히 경사지게 흘러내리고 있다. 지금 신라 통사압아通事押衙주15 장영張詠과 임대사林大使 그리고 왕훈王訓 등이 전적으로 맡아 관리하고 있다.

原文 七日午時乹風吹举帆進行未申之際到赤山東邊泊船乹風大切其赤山純是巖石高秀處即文登縣 清寧鄉 赤山村山裏有寺名赤山法花院 本張寶高初所建也 長有庄田以宛粥飯 其庄田一年淂五百石米 冬夏講說 冬講法花經 夏講八卷金光明經 長年講之 南北有巖岑 水通院庭従西而東流 東方望海 遠開南西北方連峯作壁 但坤隅斜下耳 當今新羅通事押衙張詠及林大使王訓朩專勾當

_『입당구법순례행기』 권2, 개성(開成) 4년(839) 6월

자료 11

27일 들으니 장대사張大使주16의 교관선交關船주17 2척이 단산포旦山浦주18 에 도착했다고 한다. 28일 … 밤에 장보고가 보낸 대당매물사大唐賣物使 최병마사崔兵馬使주19가 절에 와

주14 적산촌 : 지금의 산둥성 영성시 석도진.

주15 신라 통사압아 : 문등현 관내에 거주하던 신라인들을 총괄하는 직함.

주16 장대사 : 청해진에 있는 장보고를 지칭.

주17 교관선 : 무역선.

주18 단산포 : 적산포(赤山浦)의 오기.

주19 최병마사 : 청해진병마사 최훈(崔暈)

서 위문하였다.

原文 廿七日聞張大使交關舩二隻到旦山浦 廿八日 … 夜頭張寶高遣大唐賣物使崔兵馬使來寺問慰

_『입당구법순례행기』 권2, 개성(開成) 4년(839) 6월

자료 12

10일 신라인 이소정李少貞 등 40명이 축자대진筑紫大津[주20]에 도착하였다. 다자이후太宰府[주21]에서 사자를 보내어 온 까닭을 물으니, 우두머리인 소정이 말하기를, "… 또 지난해 회역사廻易使 이충李忠과 양원揚圓 등이 가지고 온 물건들은 곧 부하 관리와 죽은 장보고張寶高 자손들에게 남겨진 것이니 바라건대 빨리 보내주십시오. 그런 까닭에 염장閻丈이 축전국筑前國[주22]에 올리는 첩장牒狀을 가지고 찾아뵈러 왔습니다."라 하였다.

原文 乙巳 新羅人李少貞等 卌人到着筑紫大津 太宰府遣使問來由 頭首少貞申云 … 又去年廻易使 李忠揚圓等所齎貨物 乃是部下官吏及故張寶高子弟所遺 請速發遣 仍齎閻丈上筑前國牒狀參來者

_『속일본후기』 권11, 인명천황 승화 9년(842) 1월

주20 축자대진 : 일본 북규슈(北九州)의 하카다(博多) 근처에 있던 국제항구.

주21 다자이후 : 일본 북규슈의 하카다에 설치한 관서로서, 출입국 및 무역업무를 총괄함.

주22 축전국 : 오늘날 일본 북규슈의 하타다에 있던 국(國). 국(國)이란 당시 일본의 지방행정구역.

자료 13

27일 … 다자이후에서 말하기를 "번국蕃國 신라의 신하 장보고가 사신을 보내어 토산물을 바쳤는데, 곧 진鎭의 서쪽에서 쫓아 버렸습니다. 신하된 자로서 바깥 나라와 교류할 수 없기 때문입니다."라고 하였다.

原文 己巳 … 太宰府言 藩外新羅臣張寶高 遣使獻方物 卽從鎭西追却焉 爲人臣無境外之交也

_『속일본후기』 권9, 인명천황 승화 7년(840) 12월

자료 14

27일 태정관太政官이 대재부에 명을 내려 "신라인 장보고가 작년 12월에 말안장 등을 바쳤는데, 장보고는 다른 나라의 신하로 감히 문득 공물을 바치니 옛 규범을 상고해 보면 정당한 물건이 아니다. 마땅히 예禮로써 거절하여 조속히 물리쳐 돌려 보내도록 하라. 그들이 가지고 온 물건은 임의로 민간에 맡겨 교역할 수 있게 하라. 다만 백성들로 하여금 물건을 구매하는 값을 어기고 앞다투어 가산을 기울이지 않도록 하라. 또

한 후하게 도와서 노정에 쓸 식량을 지급하되 전례에 따라서 하라."고 말하였다.

原文 戊辰 太政官仰太宰府云 新羅人張寶高 去年十二月進馬鞍等 寶高是爲他臣 敢輒致貢 稽之舊章 不合物宜 宜以禮防閑 早從返却 其隨身物者 任聽民間令得交關 但莫令人民 違失沽價 競傾家資 亦加優恤 給程糧 竝依承前之例

_『속일본후기』 권10, 인명천황 승화 8년(841) 2월

자료 15

공경公卿이 의논하기를 "… 이 날 전직 축전국수筑前國守[주23] 문실조신궁전마려文室朝臣宮田麻呂가 이충李忠 등이 가지고 온 여러 가지 물건들을 빼앗았다. 그가 말하기를 '장보고가 살아있을 때 당나라 물건을 사기 위하여 비단을 주고 그 댓가로 물건을 얻을 수 있었는데, 그 수는 적지 않았다. 그런데 바로 지금 장보고가 죽어 물건을 얻을 수 없게 되었다. 이 때문에 장보고의 사신이 가지고 온 물건을 빼앗은 것이다'라고 하였다. …"

주23 축전국수 : 축전국에 파견된 지방관.

原文 公卿議曰 … 是日 前筑前國守文室朝臣宮田麻呂 取李忠等所賫雜物 其詞云 寶高存日 爲買唐國貨物 以絁付贈 可報獲物 其數不尠 正今寶高死 不由得物實 因取寶高使所賫物者

_『속일본후기』 권11, 인명천황 승화 9년(842) 1월 10일

자료 16

청해淸海의 궁복이 그의 딸을 왕비로 받아주지 않은 것을 원망하여 청해진에 근거지를 두고 반란을 일으켰다. 조정에서는 그를 토벌한다면 생각하지도 못한 후환이 있을 것이 염려스럽고, 그를 그대로 두자니 그 죄를 용서할 수는 없었기 때문에 어떻게 처리해야 할지 몰라 근심하였다. 무주 사람 염장閻長은 용감하고 힘이 세다는 소문이 있었다. 그가 와서 말하였다. "조정에서 다행히 저의 요청을 들어 주신다면, 저는 한 명의 졸개도 없이 그저 빈주먹만 가지고 궁복의 목을 베어 바치겠습니다." 임금이 그의 말을 따랐다. 염장은 거짓으로 나라를 배반한 척하고 청해진에 투항하였다. 궁복은 힘센 장사를 좋아하였기 때문에 아무런 의심도 없이 그를 귀한 손님으로 대접하면서 함께 술을 마시고 매우 기뻐하였다. 마침내 궁복이 술에 취하자 염장은 궁복의 칼을 빼앗아 목을 벤 후에 그의 무리를 불러 달래니, 무리들이 엎드려 감히 움직이지 못하였다.

原文 淸海弓福怨王不納女 據鎭叛 朝廷將討之 則恐有不測之患 將置之 則罪不可赦 憂慮不知所圖 武州人閻長者 以勇壯聞於時 來告曰 朝廷幸聽臣 臣不煩一卒 持空拳 以斬弓福以獻 王從之 閻長佯叛國 投淸海 弓福愛壯士 無所猜疑 引爲上客 與之飮極歡 及其醉 奪弓福劒斬訖 召其衆說之 伏不敢動

_『삼국사기』 권11, 문성왕 8년(846)[주24] 봄

주24 문성왕 8년(846) : 장보고가 암살당한 해는 846년이 아니라 841년이 타당하다.

자료 17

문성왕 8년(846)[주25] 봄 진해장군 장보고를 도살하였다. … 당서에 장보고를 기해 · 곽분양과 함께 칭찬하였으니 그의 뇌락한 기절은 반드시 다른 사람과 크게 다른 바가 있었을 것이다. 그가 청해진을 지키고 있을 때 신무왕이 난을 피하여 그에게 의지하고 일어난 것은 모두 그가 굳세게 호위한 힘이었는데, 그의 높은 공과 거룩한 의열이 이처럼 성대하였음에도 불구하고 도리어 반역의 이름을 뒤집어쓰고 죽음다운 죽음을 하지 못하였으니 어찌된 일인가. 왕이 이미 약속을 지키지 않고 그의 딸을 맞아들이지 아니하였으니 그의 원망은 이유가 있다고 하겠다. … 헤아리건대 장보고의 충용忠勇과 훈업勳業은 기둥과 돌과 같은 신하라 하겠다.

주25 문성왕 8년(846) : 주24와 동일.

原文 文聖王 八年 春 盜殺鎭海將軍張保皐 … 唐書稱保皐 以祁奚汾陽 並稱其磊落奇節 必有大異於人者 其鎭淸海 神武逃難依以興復 皆其捍禦之力 隆功偉烈如是之盛 而坐叛逆之名 不得其死 何耶 王旣不納其女 怨盖其由 … 按 張保皐之忠勇勳業 可謂柱石之臣

_『동사강목』 권5상, 병인(丙寅)

자료 18

민애왕이 즉위하였다. … 2월에 김양金陽이 병사들을 모집하여 청해진淸海鎭으로 들어가 우징祐徵을 알현하였다. 아찬 우징은 청해진에 있으면서 김명金明이 왕위를 빼앗았다는 소문을 듣고 청해진 대사 궁복에게 말하였다. "김명은 임금을 죽이고 스스로 왕이 되었고, 이홍은 임금과 나의 아버지를 죽였으니, 그들과는 같은 하늘 아래에서 살 수 없습니다. 원컨대 장군의 병사들을 빌려 임금과 아버지의 원수를 갚고자 합니다." 궁복이 말하였다. "옛사람의 말에 '정의를 보고도 행동하지 않는 자는 용기 없는 자'라 하였으니, 내 비록 용렬하나 명령에 따르겠습니다." 마침내 병사 5,000을 나누어 그의 친구인 정년鄭年에게 주면서 말하기를, "그대가 아니면 이 환란을 평정하지 못하리

라.”라 하였다.

原文 閔哀王立 … 二月 金陽募集兵士 入淸海鎭 謁祐徵 阿飡祐徵在淸海鎭 聞金明簒位 謂鎭大使弓福曰 金明弑君自立 利弘枉殺君吾父 不可共戴天也 願仗將軍之兵 以報君父之讎 弓福曰 古人有言 見義不爲 無勇 吾雖庸劣 唯命是從 遂分兵五千人 與其友鄭年 曰 非子 不能平禍亂

_『삼국사기』 권10, 민애왕 즉위년(838)

자료 19

신무왕神武王이 즉위하였다. … 청해진대사 궁복을 감의군사感義軍使로 삼고, 식읍 2,000호를 주어 봉하였다.

原文 神武王立 … 封淸海鎭大使弓福爲感義軍使 食實封二千戶

_『삼국사기』 권10, 신무왕 즉위년(839)

자료 20

문성왕文聖王이 즉위하였다. … 교서를 내려서, “청해진대사 궁복이 일찍이 병사를 거느리고 아버지 신무왕을 도와 선왕의 큰 적을 없앴으니, 그의 공로를 어찌 잊을 수 있겠는가?”라 하고, 곧 궁복을 진해장군鎭海將軍으로 삼고 아울러 관복을 하사하였다.

原文 文聖王立 … 八月 大赦 敎曰 淸海鎭大使弓福 嘗以兵助神考 滅先朝之巨賊 其功烈可忘耶 乃拜爲鎭海將軍 兼賜章服

_『삼국사기』 권11, 문성왕 즉위년(839)

자료 21

김양金陽의 자字는 위흔魏昕이니, 태종대왕太宗大王의 9세손이다. 증조할아버지는 이찬 주원周元이오, 할아버지는 소판 종기宗基요, 아버지는 파진찬 정여貞茹이니 모두 대대로 장군과 재상이었다. 양은 태어나면서부터 영특하였다. 태화太和[주26] 2년 흥덕왕 3년(828)에 고성군固城郡 태수가 되었으며, 얼마 안 있어 중원中原 대윤大尹으로 임명되었다가 곧 무주武州 도독으로 전임되었는데, 가는 곳마다 정치를 잘한다는 칭송을 들었다. … 개성開成[주27] 2년(837) 8월에 전 시중 우징祐徵이 남은 병사를 수습하여 청해진淸海鎭(완도)으로 들어가 대사 궁복과 결탁하고 불구대천의 원수를 갚고자 하였다. 김양은 이 소식을 듣고 참모와 병졸들을 모집하여 3년(838) 2월에 청해진으로 가서 우징을 만

주26 태화 : 당 문종의 연호(827~836).

주27 개성 : 당 문종의 연호(836~841).

나 함께 거사할 것을 모의하였다. … 김양은 평동장군平東將軍이라 칭하고 12월에 재차 출동하였다. … 4년(839) 정월 19일에 김양의 군사가 대구大丘에 도착하자 왕민애왕이 병사를 보내 항거하였다. 양의 군대가 이들에 맞서 싸우니 왕의 군대가 패배하여, 생포되거나 죽은 자가 헤아릴 수 없이 많았다. 이때에 왕이 허둥지둥 도망하여 이궁離宮으로 갔으나 병사들이 찾아내어 죽였다. … 4월에 왕궁을 깨끗이 정리하고 시중 우징을 맞아들여 왕위에 오르게 하니, 이가 바로 신무왕神武王이다.

原文 金陽字魏昕 太宗大王九世孫也 曾祖周元伊飡 祖宗基蘇判 考貞茹波珍飡 皆以世家爲將相 陽生而英傑 太和二年 興德王三年 爲固城郡太守 尋拜中原大尹 俄轉武州都督 所臨有政譽 … 至開成二年八月 前侍中祐徵 收殘兵 入淸海鎭 結大使弓福 謀報不同天之讐 陽聞之 募集謀士兵卒 以三年二月 入海 見祐徵 與謀擧事 … 陽號爲平東將軍 十二月再出 … 四年正月十九日 軍至大丘 王以兵迎拒 逆擊之 王軍敗北 生擒斬獲 莫之能計 時 王顚沛逃入離宮 兵士尋害之 … 四月淸宮 奉迎侍中祐徵卽位 是爲神武王

_『삼국사기』 권44, 열전4, 김양

출전

『삼국사기』

『동사강목』

『속일본후기』

『번천문집(樊川文集)』: 만당(晩唐) 전기의 대표 시인 두목(杜牧, 803~853)의 문집. 전 20권으로 되어 있다. 번천은 두목의 호이다. 장보고와 정년에 대한 기록을 남겨 장보고 연구의 1차 자료로 중용되고 있다.

『입당구법순례행기』: 일본 승려 엔닌(圓仁)이 당나라의 불교 성지를 돌아보고 기록한 여행기. 838~847년까지의 기록을 모두 4권으로 엮었다. 1권은 838년 6월 13일부터 839년 4월 18일까지 엔닌이 일행과 함께 장안으로 떠났다가 자신만 따로 떨어져 구법의 길을 걷게 되는 과정을 적었고, 2권은 839년 4월 19일부터 840년 5월 16일까지 적산법화원에 머물면서 천태산(오대산) 여행을 한 내용을 기록하였다. 3권은 840년 5월 17일부터 843년 5월 26일까지 천태산 성지를 순례하며 일본에 전해지지 않은 문서와 그림을 구하고, 장안에 머물며 문헌을 필사한 뒤 841년 8월 귀국을 청하는 서장을 공덕사에 올렸다는 내용을 적었고, 4권은 843년 6월 3일부터 847년 12월 14일까지 중국의 회창(會昌, 당 무종의 연호) 때의 폐불 이야기를 기록하였다. 이 중 특히 2권에는 당시 청해진대사 장보고가 세운 적산법화원에 대한 이야기가 나온다.

찾아읽기

완도군문화원(편), 『장보고신연구』, 1985.

손보기(편),『장보고와 청해진』, 혜안, 1996.
김문경,『장보고 연구』, 연경문화사, 1997.
김문경,『청해진의 장보고와 동아세아』, 향토문화진흥원, 1998.
윤명철,『장보고시대의 해양활동과 동아지중해』, 학연문화사, 2002.
최광식 외,『천년을 여는 미래인 해상왕 장보고』, 청아출판사, 2003.
강봉룡,『장보고: 한국사의 미아 해상왕 장보고의 진실』, 한얼미디어, 2004.
강봉룡,『바다에 새겨진 한국사』, 한얼미디어, 2005.
최근식,『신라 해양사 연구』, 고려대 출판부, 2005.
이병로,「일본 고대열도의 신라상인에 대한 고찰: 장보고 사후를 중심으로」,『일본학』15, 1996.
김주성,「장보고세력의 흥망과 그 배경」,『한국상고사학보』24, 1997.
윤재운,「신라 하대 진의 재검토」,『사학연구』58 · 59, 1999.
오상은,「장보고의 해상세력과 신라왕권과의 관계」, 연세대 석사학위논문, 1999.
권덕영,「재당 신라인사회와 적산법화원」,『사학연구』62, 2001.
민성규 · 최재수,「해상왕 장보고의 해상활동과 무역의 의의」,『해상왕장보고의 국제무역활동과 물류』, 해상왕장보고기념사업회, 2001.
최근식,「장보고 무역선과 항해기술 연구」, 고려대 박사학위논문, 2002.
신성재,「9세기 전반의 신라 정치사회와 장보고세력」,『학림』24, 2003.
김호범,「신라 흥덕왕 대의 청해진 설치 배경」,『역사학연구』29, 2007.
정진술,『한국의 고대 해상교통로』, 한국해양전략연구소, 2009.
최성은,「장보고 선단과 신라하대 불교조각」,『선사와 고대』32, 2010.
정운용,「청해진 장보고 세력의 정치적 한계」,『한국사학보』59, 2015.

IV.

통일신라의 불교문화

1. 불교, 귀족의 종교에서 서민의 종교로
2. 진리가 경전에 있느냐 마음에 있느냐
3. 호국 사찰과 호국 법회
4. 불력을 이용해 해양방어의식을 고취하다
5. 신라를 불국토로 만들다

1 불교, 귀족의 종교에서 서민의 종교로

불교의 대중화

불교는 삼국시대에는 국왕의 정치적 신성성을 뒷받침하는 왕실 불교였던 것이, 통일기에 들어 귀족불교의 단계를 거쳐 점차 서민불교로 대중화되어 갔다. 혜숙, 혜공, 대안, 원효 등이 구사했던 거리불교가 불교대중화의 촉매제가 되었다. 이와 함께 의상은 교단을 통해 불교대중화에 동참하였는데, 그의 제자들은 신분에 구애받지 않고 발탁되었다.

'거리불교'의 등장

삼국시대의 불교는 종교신앙으로서의 성격보다는 정치이념으로서의 성격이 강했다. 특히 국왕은 '왕이 곧 부처'라는 왕즉불王卽佛의 이념을 내세워 왕권의 신성성과 초월성을 강요하였고, 귀족들은 이에 대응하여 '하늘에서 내려왔다'는 토착의 천강족天降族 이념을 내세웠다.

그렇지만 불교는 만민평등과 대자대비大慈大悲라는 보편적 가치를 표방하는 고등종교였으므로, 불교에 대한 이해가 축적되어 감에 따라 이를 신비주의적 정치이념으로 이용하는 것은 점차 지양되고 종교신앙의 성격이 대두될 수밖에 없었다. 예컨대 신라에서 진평왕 대(579~631)를 전후한 시기부터 불교의 종교신앙적 흐름이 크게 대두하여 서민사회 속에 파고들기 시작하였던 것은 불교의 이러한 속성 때문이었다. 이른바

'거리불교'의 대두가 그것이다.

처음엔 승려가 된다는 것은 최고 신분인 진골의 특권이었지만, 여기에 점차 6 · 5두품 출신의 지식인층도 참여하면서, 그만큼 불교계의 폭도 확대되어 갔다. 진골 출신의 승려들은 중국 수隋와 당唐 왕조에 구법求法 유학을 다녀와서 왕권과 유착된 관계를 유지해 갔던 데 반해, 6 · 5두품 출신의 승려들은 그들의 신분적 한계 때문에 중국 유학이 저지되고 귀족사회에서도 소외당하는 설움을 맛보아야 했다. 원광圓光, 안함安含, 자장慈藏, 의상義湘 등이 전자의 계열에 속하는 승려라면, 혜숙惠宿, 혜공惠空, 대안大安, 원효元曉 등은 후자의 계열에 속하는 승려였다. 서민사회에 파고들어 '거리불교' 운동을 전개한 것은 당연히 후자 계열의 승려들이었다. 이들은 신통력과 자재무애自在無碍한 행동을 보여줌으로써 최고 신분층을 힐난하거나 일깨워주는 한편으로, 대중들을 불교 신앙의 세계로 인도해 갔던 것이다. 이들이 전개해 간 '거리불교'의 면모를 살펴보자.

먼저 혜숙을 보자. 그는 생몰년이나 신분은 전혀 알려져 있지 않지만 진평왕 대에 활약한 승려로 알려져 있다. 처음 그는 안함과 더불어 중국 유학을 시도했지만, 선발과정에서 암함만 선발되고 혜숙은 탈락하여 뜻을 이루지 못하였다.[자료1] 아마도 그의 신분이 중국 유학에 걸림돌이 되었던 듯하다.

그는 호세랑好世郞이 이끄는 화랑도花郞徒에 소속하여 활동하다가 화랑 명부에서 제적되고, 이후 20여 년이나 적선촌赤善村에 숨어 살았다. 그 과정에서 그는 몇 가지 이적을 보여 주었다. 먼저 사냥을 즐기는 국선國仙 구참공瞿旵公과 동행하여 이적을 보여줌으로써 살생을 일삼는 그의 잘못을 일깨워 주었는가 하면, 여자의 침상에서 누워 자는 환영幻影을 보여주면서 동시에 시줏댁에 7일재를 지내고 돌아오는 장면을 연출함으로써 국왕을 깨우쳐 주기도 하였다. 또한 혜숙이 죽어 이미 장사를 지낸 후에, 그가 다시 구름을 타고 떠나는 모습을 보여주기도 하였다.[자료2]

다음에 혜공을 보자. 그 역시 생몰년이나 신분은 전혀 알려져 있지 않지만, 선덕여왕 대에 활약했던 것으로 추정된다. 그의 행적 역시 많은 신통력과 자애무애한 모습을 보여준다.

원래 그는 천진공天眞公의 집에 고용살이 하던 노파의 아들 우조憂助란 아이였다. 우조가 어린 나이에 주인의 병을 고쳐주고 마음을 미리 읽어내는 신통력을 보여주자, 천진공은 그가 성인임을 깨달아 출가하게 하고, 이름을 혜공이라 칭했다. 그는 항상 작은 절에 살면서 미친 것처럼 크게 취해서 삼태기를 지고 거리에서 노래하고 춤추었으므로, 사람들은 그를 부궤화상負簣和尙이라 부르고 그가 머문 절을 부개사夫蓋寺라 불렀다. 우물에 들어갔다 나와도 옷이 젖지 않는 신통력, 앞서 혜숙이 깨우쳐 주었던 그 구참공으로 하여금 자신의 죽은 시체를 보게 한 연후에 다시 거리에서 크게 취해서 노래하는 모습으로 나타나는 신통력 등을 보여주기도 했다.[자료3] 그리고 선덕여왕의 행차에 맞추어 이적을 행하였는가 하면, 죽을 때도 공중에 떠다니는 이적을 보여 주었다.

대안의 행적 역시 혜숙, 혜공과 비슷한 바가 많았다. 대안은 모습과 의복을 특이하게 하고서 항상 시장터에서 구리로 된 바리대를 두드리면서 "대안, 대안"하고 소리쳤기 때문에 그의 이름을 얻게 되었다고 한다. 그는 용왕의 소개로 왕비의 병을 낫게 해달라는 국왕의 부탁을 받자, 경의 순서를 배열하여 주고 이의 강연을 원효에게 맡길 것을 권하였다 하니, 원효의 불교 성향과 통하는 바가 있었음을 알겠다.[자료4]

이처럼 혜숙과 혜공과 대안 등은 거리를 무대로 하여 그들의 신통력과 자애무애한 행적을 보여줌으로써, 국왕과 귀족들을 깨우쳐 줌과 함께 대중들을 불교의 가르침으로 이끌었던 것이다. 이러한 '거리불교'의 대두는 국왕 혹은 귀족 중심의 불교 패턴에서 벗어난 대중적 불교의 대두를 의미하는 것이며, 이러한 새로운 불교계의 기운이 왕실에까지 영향을 미치고 있었음을 보여준다. 또한 그들은 신통하고 자재무애한 행적을 통해 국왕과 대중의 단절된 관계를 불교신앙으로 이어주는 새로운 역할을 수행하기도 했다.

원효의 불교 대중화

혜숙, 혜공, 대안 등의 '거리불교'를 계승하여 불교 대중화를 완성한 이는 원효였다. 실제 원효는 앞에서 지적했듯이 대안과 교류했을 뿐 아니라, 혜공과도 서로 교류했던 것으로 나타나 있다.[자료3] 그리하여 원효 역시 그들과 마찬가지로 거리불교의 면모를 유감없이 보여주고 있다.

커다란 박을 무애호無㝵瓠라 하여 허리춤에 차고 천촌만락千村萬落을 노래하고 춤추고 교화하면서 돌아다녔다는 것이니, 이는 곧 출가자 위주의 엄격한 계율에 억매이지 않은 그의 자재무애한 행적을 여실히 보여주는 바이다. 그에게는 출가 승려집단들만이 깨달음, 즉 성불成佛에 이를 수 있다는 믿음은 통하지 않았다. 오히려 그를 지배한 것은 세속의 무식한 민중들도 '나무아미타불 관세음보살'을 끊임없이 염송하면 누구나 깨달음에 이를 수 있다는 대중불교의 믿음이었다. 그렇다면 그가 태종무열왕의 따님인 요석공주와 잠자리를 같이하여 파계破戒를 한 것도 알고 보면 승僧과 속俗을 구분함이 무상하다는 것을 보여준 실천행實踐行이었다 할 수 있다.[자료5 · 6]

원효 영정

원효는 648년(진덕여왕 2) 황룡사에서 승려가 된 뒤 독자적으로 수도에 정진한 끝에 통불교(通佛敎)를 제창하고 정토 신앙을 전파하여 불교 대중화에 힘썼다. 당나라에서 들여온 『금강삼매경(金剛三昧經)』을 왕과 고승들 앞에서 강론하여 존경을 받았으며, 참선과 저술로 만년을 보내다가 70세에 혈사(穴寺)에서 입적했다. 설총의 아버지다.

그는 많은 서민 및 노비들과 접촉하고 그들을 정토淨土의 세계로 인도하였다. 예컨대 농민 출신인 엄장嚴莊을 서방정토로 인도했던 것이나, 사복이라는 미천한 아이의 어미를 장사지내주고 그를 화엄정토인 연화장蓮華藏의 세계로 인도해 주었던 것 등은 정토신앙을 대중 속에서 실천에 옮긴 좋은 예이다.[자료7 · 8]

불교 대중화를 향한 원효의 실천행은 일심사상一心思想을 이념의 근간으로 한 것이었다. 모든 인간은 일심, 즉 한마음을 가지고 있고, 누구나 부처의 가르침에 의해 성불할 수 있다는 점에서 원칙적으로 평등하다는 이념을 내세웠던 것이 바로 그의 일심사상의 요체였다. 또한 그는 현실과 마음 속의 정토를 구분하지 않고, 예토穢土와 정토淨土는 본래 한마음(일심)이라는 화두를 던졌다. 다시 말해 예토와 정토는 별개의 것이 아니라 결국 '마음먹기'에 따라서 예토가 될 수도 있고 정토가 될 수 있다는 것이 그의 일심사상의 진면목이기도 했다.

거리불교운동에서 촉발된 불교 대중화는 원효에 의해 계승되어 더욱 정연한 이념

의상 영정
의상은 644년(선덕여왕 13) 황복사에서 승려가 된 뒤, 661년(문무왕 1) 해로를 이용해 당나라로 건너가 지엄(智儼)의 문하에서 화엄종을 연구하고 671년 귀국, 해동 화엄종의 창시자가 되었다. 676년(문무왕 16) 부석사를 세우는 등 전국에 10여 개 화엄종 사찰을 건립하였다.

적 · 이론적 근거를 확보하게 되었다. 이에 따라 점차 왕실에서도 이를 인정하지 않을 수 없었고, 불교를 정치이데올로기 위주로 이해하던 낡은 관념도 지양되어 갔다. 이제 적어도 불교신앙의 분야에 있어서는 신분적 차별이 해소되어 갔다. 이런 견지에서 볼 때, 진골 신분으로 선덕여왕의 정치적 왕즉불王卽佛 이념을 뒷받침해 오던 자장慈藏이 말년에 산속 깊이 들어가 불교의 순수한 진리를 탐구하는 것으로 방향을 전환할 수밖에 없었던 것도, 결국 불교가 정치적 굴레에서 벗어나서 순수한 종교 신앙의 측면이 주류로 되어간 흐름을 반영하는 것이다.[자료9] 또한 태종무열왕이 자신의 공주와 원효를 맺어주었던 것 역시 원효가 추구한 대중 불교에 대한 적극적 지지의 의미를 담고 있었다고 할 수 있다.

의상의 불교 대중화와 불교신앙의 확산

일찍이 의상과 원효는 서로 의기투합하여 중국 유학을 같이 시도했지만, 결국 의상만이 중국에 건너가 화엄교학을 연구하고 돌아왔고, 원효는 중국 유학을 포기하였다. 이는 앞선 시기에 안함과 혜숙의 관계를 연상케 하는 바로서, 그들의 신분적 차이에서 연유했을 가능성이 크다. 의상은 당시 최고 신분인 진골 출신이었고, 원효는 최근 연구에서 5두품 신분이었을 가능성이 제기되듯이 결코 최고 신분층은 아니었다.

그런데 그런 의상도 그의 신분에 안주하지 않고 불교활동에서 신분의 차이를 인정하지 않았다. 이미 당시에 불교 대중화는 신분을 초월하여 하나의 대세를 이루고 있었고, 의상도 그런 흐름에 편승하지 않으면 안되는 분위기가 조성되어 있었다. 삼국통일의 위업을 달성한 문무왕이 경성京城을 화려하게 재건하려고 하다가 정도正道에 반한다는 의상의 의견을 받아들여 취소했다는 유명한 이야기는, 민심을 살피는 것에 정도가 있음을 강조한 것으로, 의상의 대중 지향적 사상을 엿보게 한다.[자료10]

의상의 불교 대중화는 교단을 통해 이루어졌다. 이는 '거리불교'의 흐름을 계승한 원효의 그것과는 분명히 다른 길이었지만, 그 정신은 서로 통하는 바가 있었다. 의상에게는 10대 제자가 있었는데, 그중에서 지통智通은 가노家奴 출신이었고, 진정眞定은 빈한한 집안에서 태어나 병졸이 되기도 했던 하층민 출신이었다.[자료11 · 12] 의상은 신분이 낮은 이들을 그의 교단을 이끄는 10대 제자의 일원으로 받아들였을 뿐만 아니라 다른 제자들보다 더욱 아껴 주었다. 예를 들어 진정의 어미가 세상을 뜨자 의상은 제자들을 거느리고 소백산 추동에 들어가 화엄대전을 강의해 주었으며, 지통으로 하여금 강의의 요지를 간추려 『추동기錐洞記』라는 책으로 엮게 하였던 것은, 진정과 지통에 대한 의상의 애정이 어느 정도였는지 짐작케 한다.[자료12]

이처럼 신분을 초월한 의상의 교단 운영은 그의 불교 신앙활동에서도 대중적 색채를 강하게 띠게 하였다. 그가 부석사를 중심으로 전개했던 아미타신앙이나 낙산사를 중심으로 전개했던 관음신앙은 모두 대중을 향한 포교의 의미를 담고 있는 것이었다.[자료13]

이후 신라의 불교는 관음신앙과 아미타신앙, 그리고 미륵신앙 등의 불교 신앙활동을 통해서 대중과 호흡을 같이하게 되었다. 그리하여 대중 사이에서 불교신앙에 정진하여 아미타불이나 미륵불로 성불하려는 의욕이 크게 일어났으며, 그 성공적 사례들도 널리 나타났다. 아간阿干 귀진貴珍의 계집종인 욱면郁面이 아마타불로 성불했다는 것이나, 서민인 노힐부득努肹夫得과 달달박박怛怛朴朴이 관음보살의 도움으로 각각 미륵불과 아미타불로 성불했다는 이야기 등은 그 대표적인 사례이다.[자료14 · 15]

양양 낙산사의 의상대와 홍련암

자료샘

자료 1

(안함[주1]은) 진평왕 22년(600)에 고승 혜숙惠宿과 도반道伴[주2]이 되기를 약속하고 뗏목을 타고 이포진泥浦津을 떠나 섭도涉島 아래를 지나던 도중에 갑자기 풍랑을 만나 뗏목을 되돌려서 물가에 대었다. 이듬해에 왕이 교지를 내려 법기를 이룰 만한 자를 선발하여 중국에 파견하여 학문을 닦게 하고자 하여, 마침내 법사에게 명을 받들어 가게 하였다. 이에 신라 사신과 동행하여 배를 타고 바다를 건너 멀리 천정天庭[주3]으로 갔다.

原文 真平二十二年 約與高僧惠宿為伴 擬將乘桴泛泥浦津 過涉島之下 忽值風浪 回泊此濱 明年有旨簡差堪成法器者 入朝學問 遂命法師允當行矣 乃與聘國使同舟涉海 遠赴天庭

_『해동고승전』 권2, 석안함(釋安含)

주1 안함 : 신라의 고승으로 흥륜사 10성(聖) 중의 한 사람. 601년에 국왕의 칙명을 받고 법사가 되어 중국 사신과 함께 수에 건너가 5년 동안 불법을 연구하고 돌아옴.

주2 도반 : 불도를 같이 정진하는 동지.

주3 천정 : 중국 황실.

자료 2

승려 혜숙惠宿이 호세랑好世郎의 무리에서 자취를 감추자 호세랑은 화랑 명단에서 혜숙의 이름을 지워버렸다. 혜숙은 적선촌赤善村[주4]에 숨어 지낸 지가 20여 년이나 되었다. 이때 국선 구참공瞿旵公이 일찍이 적선촌에서 사냥을 하였는데, 어느 날 혜숙이 길가에 나와 말고삐를 잡고 청하였다. "소승도 따라가고 싶은데 괜찮겠습니까?" 공이 허락하였다. 그러자 혜숙은 이리저리 뛰어다니며 옷을 벗어젖히고 서로 앞을 다투니 공이 기뻐하였다. 앉아 쉬면서 고기를 굽고 삶아서 서로 먹기를 권하였는데, 혜숙도 같이 먹으면서 조금도 꺼려하는 기색이 없었다. 이윽고 공에게 나아가 말하였다. "지금 맛있는 고기가 여기 있는데, 좀 더 드시는 것이 어떻겠습니까?" 공이 좋다고 말하자, 혜숙은 사람들을 물리치고 자기 넓적다리를 베어 소반에 담아 올리니, 옷에 붉은 피가 줄줄 흘렀다. 공이 경악하며 물었다. "어째서 이런 짓을 하는가?" 혜숙이 말하였다. "처음에 저는 공은 어지신 분이니 자신의 경우를 미루어서 만물에까지 생각이 미치리라 여기었기 때문에 따라왔습니다. 그런데 이제 공이 좋아하는 것을 살펴보니, 오로지 죽이는 것만 탐내어 남을 해쳐 자신만을 기를 뿐이었습니다. 이것이 어찌 어진 군자가 할 일이겠습니까? 우리와 같은 부류가 아닙니다." 마침내 옷을 떨치고 가버리자, 공은 크게 부끄러워하였다. 혜숙이 먹던 것을 보니 소반에는 신선한 고기 살점이 그대로 있었다. 공은 매우 이상하게 여기고는 돌아와 조정에 이 일을 아뢰었다. 진평왕眞平王이 이 말을 듣고 사람을 보내어 혜숙을 맞이하여 오도록 하였는데, 그 사

주4 적선촌 : 지금의 경북 경주시 안강읍에 있었다는 촌.

람이 가서 보니 혜숙이 여자의 침상에 누워 자고 있었다. 이를 더럽게 여기고 7~8리쯤 되돌아오는데, 도중에 혜숙을 만났다. 그 사람은 혜숙에게 어디서 오느냐고 물었더니 혜숙이 말하였다. "성 안에 있는 시주 집에서 7일재에 갔다가 마치고 오는 길이오." 그 사람이 돌아와서 왕에게 아뢰었고, 그래서 또 사람을 보내 시주 집을 조사해보니 이 또한 사실이었다. 그런데 얼마 후 혜숙이 갑자기 죽었다. 마을 사람들이 이현耳峴 동쪽에 장사 지냈다. 그 마을 사람 중에 이현 서쪽에서 오는 이가 있었는데, 그 사람은 도중에 혜숙을 만나 어디로 가느냐고 물었다. "이곳에 오래 살았으니 다른 지방으로 유람 가려고 하오." 그래서 서로 인사를 하고 헤어져서 반 리쯤 가다가 보니, 혜숙이 구름을 타고 가고 있었다. 그 사람이 고개 동쪽에 이르렀는데, 장사 지내던 사람들이 아직 남아 있었다. 그래서 혜숙을 만난 사연을 말하고 무덤을 파보았더니 다만 짚신 한 짝만 들어 있을 뿐이었다. 지금 안강현 북쪽에 혜숙사惠宿寺라는 절이 있으니, 바로 혜숙이 살던 집이라 한다. 또 부도도 있다.

原文 釋惠宿 沈光於好世郎徒 郎旣讓名黃卷 師亦隱居赤善村二十餘年 時國仙瞿旵公 嘗往其郊縱獵 一日 宿出於道左 攬轡而請曰 庸僧亦願隨從 可乎 公許之 於是縱橫馳突 裸袒相先 公旣悅 及休勞坐 數炮烹相餉 宿亦與啖囓 略無忤色 旣而進於前曰 今有美鮮於此 益薦之何 公曰善 宿屛人割其股 寘盤以薦 衣血淋漓 公愕然曰 何至此耶 宿曰 始吾謂公仁人也 能恕己通物也 故從之爾 今察公所好 唯殺戮之耽篤 害彼自養而已 豈仁人君子之所爲 非吾徒也 遂拂衣而行 公大慚 視其所食 盤中鮮胾不滅 公甚異之 歸奏於朝 眞平王聞之 遣使徵迎 宿示臥婦床而寢 中使陋焉 返行七八里 逢師於途 問其所從來 曰 城中檀越家 赴七日齋 席罷而來矣 中使以其語達於上 又遣人檢檀越家 其事亦實 未幾宿忽死 村人轝葬於耳峴[一作硎峴]東 其村人有自峴西來者 逢宿於途中 問其何往 曰 久居此地 欲遊他方爾 相揖而別 行半許里 躡雲而逝 其人至峴東 見葬者未散 具說其由 開塚視之 唯芒鞋一隻而已 今安康縣之北 有寺名惠宿 乃其所居云 亦有浮圖焉

_『삼국유사』 권4, 의해5, 이혜동진(二惠同塵)

자료 3

승려 혜공은 천진공天眞公의 집에서 품팔이하던 노파의 아들로, 어려서의 이름은 우조憂助였다. … 영험과 이적이 이미 드러나자, 드디어 출가하여 이름을 혜공惠空이라 바꾸었다. 항상 작은 절에 살며 매번 미치광이 행세를 하였으니, 크게 취하여서 삼태기를 지고 거리에서 노래하고 춤을 추곤 하였다. 그래서 사람들을 그를 부궤화상負簣

和尙이라 불렀고 그가 머무는 절을 부개사夫蓋寺라 했으니, 곧 우리말로 삼태기를 말한다. 혜공은 또 절의 우물 속으로 들어가면 몇 달씩 나오지 않았기 때문에, 그의 이름을 따서 우물 이름도 지었다. 우물에서 나올 때마다 푸른 옷을 입은 신동이 먼저 솟아나왔기 때문에, 절의 승려들은 이것으로 그가 나올 것을 미리 알 수 있었다. 혜공은 우물에서 나왔는데도 옷이 젖지 않았다. 만년에는 항사사恒沙寺에 머물렀다. 당시에 원효가 여러 불경의 주석을 달면서 매번 혜공법사에게 가서 물었는데, 혹 서로 장난을 치기도 하였다. 어느 날 두 스님이 시내를 따라가면서 물고기와 새우를 잡아먹고 돌 위에 대변을 보았는데, 혜공이 그것을 가리키며 농담을 하였다. "네 똥은 내가 잡은 물고기다." 그래서 오어사吾魚寺주5라고 하였다. …

구참공瞿昆公이 일찍이 산으로 유람을 갔다가 혜공이 산길에서 죽어 쓰러진 것을 보았다. 이미 시간이 많이 흘러서 그 시체가 썩어 구더기가 났다. 구참공은 한참을 슬퍼하며 탄식하다가 말고삐를 돌려 성으로 돌아왔다. 그런데 혜공이 크게 취하여 시장에서 노래하고 춤추는 것이 아닌가? 또 어느 날은 풀로 새끼를 꼬아서 영묘사靈廟寺에 들어가서는, 금당과 좌우에 있는 경루 및 남문의 회랑을 새끼줄로 묶어 놓은 후, 절을 관리하는 스님에게 말하였다. "이 새끼줄은 반드시 사흘 후에 풀어야 하느니라." 그 스님은 이상하게 여겼지만 그 말대로 하였다. 그런데 과연 사흘만에 선덕왕善德王이 행차하여 절로 들어왔다. 그때 지귀志鬼의 심화心火가 나와 그 탑을 불태웠는데, 단지 새끼줄로 묶은 곳만 화재를 면하였다. … 이처럼 영험이 자못 많았다. 죽을 때는 공중에 떠서 세상을 떠났는데, 사리는 그 수를 셀 수 없을 정도로 많았다.

原文 釋惠空 天眞公之家傭嫗之子 小名憂助 … 靈異旣著 遂出家爲僧 易名惠空 常住一小寺 每猖狂大醉 負簣歌舞於街巷 號負簣和尙 所居寺因名夫蓋寺 乃簣之鄕言也 每入寺之井中數月不出 因以師名 名其井 每出有碧衣神童先湧 故寺僧以此爲候 旣出 衣裳不濕 晩年移止恒沙寺 時元曉撰諸經疏 每就師質疑 或相調戲 一日二公 沿溪掇魚蝦而啖之 放便於石上 公指之戲曰 汝屎吾魚 故因名吾魚寺 … 瞿昆公嘗遊山 見公死僵於山路中 其屍膖脹 爛生虫蛆 悲嘆久之 及廻轡入城 見公大醉歌舞於市中 又一日將草索綯 入靈廟寺 圍結於金堂與左右經樓及南門廊廡 告剛司 此索須三日後取之 剛司異焉而從之 果三日善德王駕幸入寺 志鬼心火出燒其塔 唯結索處獲免 … 靈迹頗多 及終 浮空告寂 舍利莫知其數

_『삼국유사』 권4, 의해5, 이혜동진(二惠同塵)

주5 오어사 : 경북 포항시 오천읍 항사리 운제산에 있는 절. 신라 진평왕 때 창건하여 항사사(恒沙寺)라 하였는데, 후에 오어사로 개칭하였다.

주6 가타약 : 화엄경 등에 나오는 약 이름. 보살이 중생을 제도하는 것이 마치 아가타약으로 질병을 치료하는 것과 같다는 비유가 종종 나옴. 『금강삼매경(金剛三昧經)』의 서분(序分)에서는 아가타가 경 최초의 등장인물인 비구로 나오는데, 이는 약 이름을 의인화한 것으로 보임.

주7 경을 받아 배열하여 8품을 이루니 : 『금강삼매경』을 8품의 배열을 갖춘 경으로 완성시켰음을 의미.

주8 지공 : 중국 양나라 때의 승려. 계행을 닦지 않고 술과 고기를 먹었으며 신통력이 탁월했고 생사에 자재한 스님이었다.

주9 잡화 : 화엄경.

자료 4

용왕이 말하였다. "대안성자大安聖者가 순서를 매겨서 꿰매고 원효법사를 청하여 소를 지어 강석講釋한다면 부인의 병은 틀림없이 나을 것이며, 설산雪山의 아가타약阿伽陀藥[주6]의 효력이라 할지라도 약효가 이것만은 못하리라." 용왕이 바다 위에까지 배웅하여 마침내 배에 올라 귀국하였다. 그때 왕이 얘기를 듣고 기뻐하여 먼저 대안성자를 불러 편집하게 하였다. 대안은 헤아리기 어려운 사람이었다. 모습과 의복이 특이한데다 항상 시장터에서 구리로 된 바리대를 두드리며 "대안! 대안!" 하고 소리쳤기 때문에 대안이라 이름한 것이다. 왕이 대안에게 명하자, 대안이 말하였다. "그냥 경만 가져오십시오. 왕궁에는 들어가고 싶지 않습니다." 대안이 경을 받아 배열하여 8품을 이루니[주7] 모두 부처님의 뜻에 합치되었다. 대안이 말했다. "속히 원효에게 맡겨서 강연토록 하십시오. 다른 사람은 안됩니다."

原文 龍王言 可令大安聖者 銓次綴縫 請元曉法師 造疏講釋之 夫人疾愈無疑 假使雪山 阿伽陀藥力 亦不過是 龍王送出海面 遂登舟歸國 時王聞而歡喜 乃先召大安聖者黏次焉 大安者不測之人也 形服特異 恒在市廛 擊銅鉢唱 言大安大安之聲 故號之也 王命安 安云 但將經來不願入王宮閾 安得經排來成八品 皆合佛意 安日 速將付元曉講 餘人則否

_『송고승전』 권4, 의해2-1, 당 신라국 황룡사 원효전

자료 5

하는 말은 상식과 도리에 어긋나고 드러난 행동은 거슬리고 거칠었다. 거사와 함께 술집과 기생집을 드나들었고, 지공誌公[주8]처럼 금으로 만든 칼과 쇠로 만든 석장을 지녔다. 소疏를 지어 잡화雜華[주9]를 강하기도 하고, 사당에서 가야금을 타며 노래하기도 하고, 속인의 집에서 잠을 자기도 하고, 산수간山水間에서 좌선도 하는 등 마음 가는 대로 하여 도무지 정해진 틀이 없었다.

_『송고승전』 권4, 의해2-1, 당 신라국 황룡사 원효전

자료 6

원효는 처음에 압량군押梁郡의 남쪽 불지촌佛地村 북쪽 밤나무골 사라수裟羅樹 아래에서 태어났다. … 법사가 어느 날 평시와 다른 이상한 행동을 하며 거리에서 이렇게 노래하였다. "그 누가 자루 없는 도끼를 내게 빌려 주려는가. 나는 하늘을 떠받칠 기둥

을 찍으리라." 사람들은 그 노래의 뜻을 알지 못하였다. 그런데 태종이 이 노래를 듣고 말하였다. "이 법사는 아마도 귀부인을 얻어 어진 아들을 낳으려는 것 같구나. 나라에 위대한 현인이 있다면 이보다 더 좋은 일이 있겠는가?" 이때 요석궁瑤石宮에 과부가 된 공주가 있었다. 그래서 궁의 관리에게 칙명을 내려 원효를 찾아서 데려오게 하였다. 관리가 칙명을 받들어 원효를 찾으려고 하였는데, 원효는 벌써 남산南山에서 내려와 문천교蚊川橋[주10]를 지나오고 있어서 곧 만나게 되었다. 원효는 일부러 물에 빠져서 옷을 적셨다. 관리는 원효를 요석궁으로 인도하여서 옷을 벗어 말리게 하자 그곳에 머물렀다. 공주는 과연 임신을 해서 설총薛聰을 낳았다. … 원효는 이미 계를 어겨 설총을 낳은 후에는 세속의 옷으로 바꿔 입고 스스로를 소성거사小姓居士라고 하였다. 우연히 광대들이 춤출 때 사용하는 큰 박을 얻었는데, 그 모양이 괴상하였다. 그래서 그 모양에 따라 도구를 만들어 『화엄경華嚴經』의 한 구절인 "일체 무애인無碍人[주11]은 한 번에 생사에서 벗어난다."라는 구절에서 따서 무애無碍라 이름 짓고, 노래를 지어 세상에 퍼뜨렸다. 일찍이 이 무애를 가지고 수많은 마을에서 노래하고 춤추며 교화시키고 읊조리며 다녀, 가난한 사람들과 산골에 사는 무지몽매한 자들까지도 모두 다 부처의 이름을 알게 되었고 모두들 '나무아미타불'을 부르게 되었으니, 원효의 교화는 위대하다 할 것이다.

주10 문천교 : 경북 경주시의 황남동과 탑동을 연결하는 남천의 다리. 월정교(月淨橋)라고도 한다.

주11 일체 무애인 : 거침이 없이 자유로운 사람.

原文 聖師元曉 俗姓薛氏 祖仍皮公 亦云赤大公 今赤大淵側 有仍皮公廟 父談捺乃末 初示生于押梁郡南[今章山郡]佛地村北 栗谷裟羅樹下 … 師嘗一日 風顚唱街云 誰許沒柯斧 我斫支天柱 人皆未喩 時太宗聞之曰 此師殆欲得貴婦産賢子之謂爾 國有大賢 利莫大焉 時瑤石宮[今學院是也] 有寡公主 勅宮吏覓曉引入 宮吏奉勅將求之 已自南山來過蚊川橋 遇之 佯墮水中濕衣袴 吏引師於宮 褫衣曬 因留宿焉 公主果有娠 生薛聰 … 曉旣失戒生聰 已後易俗服 自號小姓居士 偶得優人舞弄大瓠 其狀瑰奇 因其形製爲道具 以華嚴經一切無碍人 一道出生死 命名曰無碍 仍作歌流于世 嘗持此 千村萬落 且歌且舞 化詠而歸 使桑樞瓮牖玃猴之輩 皆識佛陀之號 咸作南無之稱 曉之化大矣哉

_『삼국유사』 권4, 의해5, 원효불기(元曉不羈)

자료 7

문무왕文武王 때 중 광덕廣德과 엄장嚴莊이라는 사람이 있었다. 두 사람은 서로 친하여 밤낮으로 약속했다. "먼저 극락으로 돌아가는 사람은 반드시 서로에게 알려주기로 하자!" 광덕은 분황사 서쪽 마을에 은거하여 신 삼는 것을 업으로 하면서 처자와 함께 살았고, 엄장은 남악南岳에 암자를 짓고 크게 경작에 힘쓰며 살았다. 어느 날 해 그림자가 붉게 노을 지고 솔 그늘이 고요히 저무는데, 창 밖에서 소리가 났다. "나는 이제 서쪽으로 가니 그대는 잘 지내다가 어서 나를 따라오게!" 엄장이 문을 열고 나가보니 구름 밖에서 하늘의 음악 소리가 들려오고 밝은 빛이 땅까지 이어져 있었다. 이튿날 엄장은 광덕의 집을 찾아갔더니 광덕은 과연 죽어 있었다. 그래서 광덕의 부인과 함께 시신을 거두어 무덤을 만들었다. … 부인이 말하였다. … 엄장은 이 말을 듣고 몹시 부끄러워 물러 나왔다. 그 길로 원효법사元曉法師의 처소로 가서 진요津要[주12]를 간절히 구하였다. 원효는 삽관법鍤觀法[주13]을 만들어 그를 지도하였다. 엄장은 자기 몸을 깨끗이 하고 잘못을 뉘우쳐 스스로 꾸짖고, 한결같은 뜻으로 관법을 닦았으므로 역시 서방정토로 갈 수 있었다.

주12 진요 : 서방극락에 이르는 중요한 방법.

주13 삽관법 : 정관법(淨觀法)을 이름. 정관이란 청정관이라고도 하는데, 생각의 더러움을 없애고 깨끗한 몸으로 번뇌의 유혹을 끊은 가관(假觀)을 이른다.

原文 文武王代 有沙門名廣德嚴莊 二人友善 日夕約曰 先歸安養者須告之 德隱居芬皇西里 蒲鞋爲業 挾妻子而居 莊庵栖南岳 火種刀耕 一日 日影拖紅 松陰靜暮 窓外有聲 報云 某已西往矣 惟君好住 速從我來 莊排闥而出顧之 雲外有天樂聲 光明屬地 明日歸訪其居 德果亡矣 於是乃與其婦收骸 同營蒿里 旣事 … 婦曰 … 莊愧赧而退 便詣元曉法師處 懇求津要 曉作鍤觀法誘之 莊於是潔己悔責 一意修觀 亦得西昇

_『삼국유사』 권5, 감통7, 광덕엄장

자료 8

서울 만선북리萬善北里에 한 과부가 있었는데, 남편 없이 임신을 하여 아이를 낳았다. 그 아이는 12세가 되도록 말도 못하고 일어나지도 못하였다. 그래서 사동蛇童 혹은 사복蛇福이라 불렀다. 어느 날 그의 어머니가 죽었다. 당시 원효元曉는 고선사高仙寺[주14]에 있었는데, 사복을 보고 맞이하여 예를 올렸지만 사복은 답례도 없이 말하였다. "그대와 내가 옛날에 불경을 싣고 다니던 암소가 지금 죽었소. 함께 장사 지내는 것이 어떻겠소?" 원효는 좋다 하고 사복과 함께 집에 이르렀다. 사복은 원효에게 포살수계布薩授戒를 주라고 하였다. 원효는 그 시신 앞에서 빌었다. "태어나지 말지니 죽는 것이 괴롭도다. 죽지 말지니 태어나는 것이 괴롭도다." 사복이 말하였다. "말이 번거롭소." 원효가 다시 고쳐 말하였다. "죽고 태어나는 것이 괴롭도다." 두 사람은 상여를 메고 활리산活里山 동쪽 기슭으로 갔다. 원효가 말하였다. "지혜 있는 호랑이는 지혜의 숲속에 장사 지내는 것이 마땅하지 않은가." 이에 사복은 게偈[주15]를 지어 불렀다. "그 옛

주14 고선사 : 경북 경주시 암곡동에 있던 절. 원효의 행적비인 서당화상비(誓幢和尙碑)가 있었다.

주15 게 : 부처를 찬미하는 시가(詩歌).

날 석가모니 부처님께서 사라수裟羅樹 사이에서 열반에 드셨다네. 지금 또 그러한 자가 있어 연화장세계蓮花藏世界[주16]로 들어가려 한다네." 말을 마치고 띠풀의 줄기를 뽑자 그 밑에 밝고 청허한 세계가 있었는데, 칠보난간의 누각이 장엄하였으니 아마도 인간 세계가 아닌 것 같았다. 사복이 시체를 업고 그 속으로 들어가자 그 땅이 갑자기 합쳐졌다. 원효는 곧 돌아왔다.

原文 京師萬善北里 有寡女 不夫而孕 旣産 年至十二歲 不語亦不起 因號蛇童 一日其母死 時元曉 住高仙寺 曉見之迎禮 福不答拜而曰 君我昔日馱經牸牛 今已亡矣 偕葬何如 曉曰 諾 遂與到家 令曉布薩授戒 臨尸祝曰 莫生兮其死也苦 莫死兮其生也苦 福曰 詞煩 更之曰 死生苦兮 二公轝歸活里山東麓 曉曰 葬智惠虎於智惠林中 不亦宜乎 福乃作偈曰 往昔釋迦牟尼佛 裟羅樹間入涅槃 于今亦有如彼者 欲入蓮花藏界寬 言訖拔茅莖 下有世界 晃朗淸虛 七寶欄楯 樓閣莊嚴 殆非人間世 福負尸共入 其地奄然而合 曉乃還

_『삼국유사』 권4, 의해5, 사복불언(蛇福不言)

주16 연화장세계 : 화엄신앙에서 추구하는 최고의 경지. 화엄정토를 이름.

자료 9

(자장은) 말년에 서울을 떠나 강릉군江陵郡에 수다사水多寺를 창건하고 머물렀다. 북대에서 본 신이한 스님이 다시 꿈에 나타나 말하였다. "내일 대송정大松汀에서 그대를 만날 것이다." 자장은 깜짝 놀라 일어나서 일찌감치 송정松汀으로 갔는데, 과연 문수보살이 감응하여 와 계셨다. 그래서 불법의 요지를 물었더니 말하였다. "태백산太白山 갈반지葛蟠地에서 다시 만나자." 마침내 자취를 감추고 나타나지 않았다. 자장이 태백산으로 찾아가다가 큰 구렁이가 나무 밑에 서리어 있는 것을 보고 시종에게 말하였다. "이곳이 이른바 갈반지다." 그리고 곧 석남원石南院을 창건하고 문수보살이 내려오기를 기다렸다. 그런데 어떤 늙은 거사가 남루한 도포를 입고 칡으로 만든 삼태기에 죽은 강아지를 담아 메고 와서는 자장을 수행하는 제자에게 말하였다. "자장을 보려고 왔다." 그러자 시종하는 제자가 말하였다. "내가 스승님을 받들어 모신 이래로 우리 스승님의 이름을 부르는 사람을 보지 못했거늘, 너는 어떤 사람이기에 미친 말을 하느냐?" 거사가 다시 말하였다. "다만 네 스승에게 알리기만 하거라." 그래서 들어가 알렸더니 자장도 깨닫지 못하고 이렇게 말하였다. "아마도 미친 사람이겠지." 그래서 제자가 나가 꾸짖어 내쫓자 거사가 말하였다. "돌아가리라, 돌아가리라. 자기 자신에 집착하는 자가 어찌 나를 볼 수 있겠느냐?" 그리고는 삼태기를 뒤집어 털자,

강아지가 사자보좌師子寶座로 변하였다. 거사는 그 위에 올라앉자 빛을 발하며 사라졌다. 자장은 이 말을 듣고 그제야 몸가짐을 바로 하고 빛을 찾아 남쪽 고개로 올라갔지만, 이미 아득해서 따라가지 못하고 마침내 몸을 던져 죽었다. 시체는 화장하여 유골을 돌구멍 속에 모셨다.

原文 暮年謝辭京輦 於江陵郡 創水多寺居焉 復夢異僧 狀北臺所見 來告曰 明日見汝於大松汀 驚悸而起 早行至松汀 果感文殊來格 諮詢法要 乃曰 重期於太伯葛蟠地 遂隱不現 藏往太伯山尋之 見巨蟒蟠結樹下 謂侍者曰 此所謂葛蟠地 乃創石南院以候聖降 粤有老居士 方袍襤褸 荷葛簣 盛死狗兒來 謂侍者曰 欲見慈藏來爾 門者曰 自奉巾箒 未見忤犯吾師諱者 汝何人 斯爾狂言乎 居士曰 但告汝師 遂入告 藏不之覺曰 殆狂者耶 門人出詬逐之 居士曰 歸歟歸歟 有我相者 焉得見我 乃倒簣拂之 狗變爲師子寶座 陞坐放光而去 藏聞之 方具威儀 尋 光而趨 登南嶺已杳然不及 遂殞身而卒 茶毗安骨於石穴中

_『삼국유사』 권4, 의해5, 자장정율(慈藏定律)

자료 10

(문무)왕이 왕성을 새로 짓고자 하여 승려 의상에게 물어보니, 의상이 대답하였다. "비록 들판의 초가집에 살아도 바른 도를 행하면 곧 복스러운 업이 길어질 것이요, 그렇지 않으면 비록 사람들을 힘들게 하여 성을 만들지라도 역시 이익되는 것이 없을 것입니다." 이에 임금이 공사를 그만두었다.

原文 王欲新京城 問浮屠義相 對曰 雖在草野茅屋 行正道 則福業長 苟爲不然 雖勞人作城 亦無所益 王乃止役

_『삼국사기』 권7, 문무왕 21년9681)

자료 11

용삭龍朔[주17] 초기에 지통智通이라는 어린 스님이 있었는데, 본래 이량공伊亮公 집안의 노비였다. 일곱 살 나이에 스님이 되었다. … 지통은 후에 의상의 처소에 가서 높고 오묘한 이치를 깨달아 불교의 교화에 이바지하고『추동기錐洞記』[주18]를 지었다.

原文 龍朔初 有沙彌智通 伊亮公之家奴也 出家年七歲 … 通後詣義湘之室 升堂覩奧 頗資玄化 寔爲錐洞記主也

_『삼국유사』 권5, 피은8, 낭지승운 보현수(郎智乘雲 普賢樹)

주17 용삭 : 당 고종의 연호(661~663).

주18 추동기 : 의상이 소백산 추동에서 제자들에게 화엄경을 강설한 중요 대목을 지통이 간추려 기록한 책.

자료 12

진정법사眞定法師는 신라 사람이다. 승려가 되기 전에는 군졸이었는데, 집이 가난해서 장가를 들지 못하였다. 부역을 하면서도 품을 팔아 곡식을 얻어 홀어머니를 봉양하였다. 집안에 재산이라고는 단지 다리 부러진 솥 하나가 있을 뿐이었다. … 일찍이 그가 군대에 있을 때 의상법사義湘法師가 태백산太白山에서 설법을 하여 사람들에게 이로움을 준다는 말을 듣고는 곧 사모하는 마음이 일어 어머니께 말하였다. … 진정은 다시 어머니의 뜻을 어길 수 없어서 집을 떠나 밤낮으로 걸어 3일 만에 태백산에 도착하였다. 의상의 문하에 들어가 머리를 깎고 제자가 되었는데, 진정이라는 법명을 받았다. 그곳에 있은 지 3년 후에 어머니의 부고가 이르렀다. 진정은 가부좌로 참선에 들어갔다가 7일 만에 일어났다. … 참선을 마치고 나온 뒤에 그 일을 의상대사에게 말씀드렸다. 의상은 제자들을 거느리고 소백산小伯山 추동錐洞에 가서 초가를 짓고 3,000명의 제자를 모아 화엄대전華嚴大典을 약 90일 동안 강론하였다. 문하생인 지통智通이 그 강론에 따라 요점을 간추려 2권의 책을 만들고, 『추동기錐洞記』라고 이름 지어 세상에 유통시켰다. 강론을 다 마치자, 그 어머니가 꿈에 나타나 말씀하셨다. "나는 벌써 하늘나라에 환생하였다."

原文 法師眞定 羅人也 白衣時 隸名卒伍 而家貧不娶 部役之餘 傭作受粟以養孀母 家中計産唯折脚一鐺而已 … 嘗在行伍間 聞人說義湘法師在太伯山說法利人 卽有嚮慕之志 告於母曰 … 定重違其志 進途宵征 三日達于太伯山 投湘公 剃染爲弟子 名曰眞定 居三年 母之訃音至 定跏趺入定 七日乃起 … 旣出定以後 事告於湘 湘率門徒歸于小伯山之錐洞 結草爲廬 會徒三千約九十日 講華嚴大典 門人智通隨講 撮其樞要 成兩卷 名錐洞記 流通於世 講畢 其母現於夢曰 我已生天矣

_『삼국유사』 권5, 효선9, 진정사효선쌍미(眞定師孝善雙美)

자료 13

옛날 의상법사가 처음으로 당나라에서 돌아와 관음보살의 진신이 이 해변의 굴 안에 산다는 말을 듣고, 그로 인하여 낙산洛山이라 했다. 대개 서역에 보타락가산寶陁洛伽山[주19]이 있는 까닭이다. 이것을 소백화小白華라 했는데, 백의대사白衣大士[주20]의 진신이 머물러 있는 곳이므로 이를 빌어 이름한 것이다. 의상은 재계한 지 7일 만에 좌구座具를 새벽물 위에 띄웠더니 용중龍衆과 천중天衆 등 팔부八部[주21] 시종侍從이 굴속으로 그를

주19 보타락가산 : 관세음보살이 산다는 산. 범어임.

주20 백의대사 : 백의보살(白衣菩薩). 당 · 송 이후에 민간에서 신앙되던 33종류의 관세음보살의 하나.

주21 팔부 : 팔부중(八部衆)의 준말. 불법을 지키는 여러 신장(神將)을 이름. 천중(天衆), 용중(龍衆), 야차(夜叉), 건달파(乾闥婆), 아수라(阿修羅), 가루라(迦樓羅), 긴나라(緊那羅), 마후라가(摩睺羅伽) 등을 말함.

인도했다. 공중을 향하여 참례參禮하니 수정염주 한 꾸러미를 내어주므로 의상법사는 받아가지고 물러 나왔다. 동해의 용이 또한 여의보주 한 알을 바치자 의상법사는 받아가지고 나와 다시 7일 동안 재계하고 이에 관음의 용모를 보았다. 관음보살이 말하였다. "좌상座上의 산곡대기에 한 쌍의 대가 솟아날 것이니, 그 땅에 불전을 짓는 것이 마땅하겠다." 법사는 그 말을 듣고 굴에서 나오니 과연 대가 땅에서 솟아났다. 이에 금당을 짓고 관음상을 만들어 모시니, 그 원만한 얼굴과 고운 자질이 마치 천연적으로 나온 것 같았다. 그리고 그 대는 없어졌으므로 그제야 관음의 진신이 거주함을 알았다. 이로 인하여 그 절 이름을 낙산사洛山寺[주22]라 하고 법사는 그가 받은 두 구슬을 성전에 모셔 두고 떠나갔다.

주22 낙산사 : 강원도 양양군 강현면 전진리 낙산에 있는 절.

原文 昔義湘法師 始自唐來還 聞大悲眞身住此海邊窟內 故因名洛山 盖西域寶陁洛伽山 此云小白華 乃白衣大士眞身住處 故借此名之 齋戒七日 浮座具晨水上 龍天八部侍從 引入崛內 參禮空中 出水精念珠一貫給之 湘領受而退 東海龍亦獻如意寶珠一顆 師捧出 更齋七日 乃見眞容 謂曰 於座上山頂 雙竹湧生 當其地作殿宜矣 師聞之出崛 果有竹從地湧出 乃作金堂 塑像而安之 圓容麗質 儼若天生 其竹還沒 方知正是眞身住也 因名其寺曰洛山 師以所受二珠 鎭安于聖殿而去

_『삼국유사』 권3, 탑상4, 낙산이대성 관음 정취 조신(洛山二大聖觀音正趣調信)

자료 14

경덕왕景德王 때 강주康州[주23]의 신자 수십 명이 서방정토(극락, 천국)를 정성껏 구하여 고을 경내에 미타사彌陀寺를 세우고 1만 일을 기약하여 계契를 만들었다. 그때 아간阿干[주24] 귀진貴珍의 집에 여자 종이 있었는데, 이름이 욱면郁面이었다. 욱면은 주인을 따라 절에 가서 마당에 서서 승려를 따라 염불하였다. 주인은 그녀가 직분에 맞지 않는 행동을 하는 것을 못마땅하게 여겨 매양 곡식 두 섬을 주고 하룻밤 동안 다 찧으라고 하였는데, 욱면은 초저녁에 다 찧어 놓고 절에 가서 염불하기를 밤낮으로 조금도 게을리 하지 않았으며, 뜰 좌우에 긴 말뚝을 세우고 두 손바닥을 뚫어 노끈으로 꿰어 말뚝에 매어 놓고는 합장하고 좌우로 오락가락하며 자신을 스스로 격려하였다. 그때 하늘의 외침이 들려왔다. "욱면랑은 법당에 들어가 염불하라!" 절의 승려들이 이 소리를 듣고 여종에게 권해서 법당에 들어가게 하고 전과 같이 정진하게 하였다. 그러자 얼마 안 되어 하늘의 음악 소리가 서쪽에서 들려오더니, 여종이 솟구쳐 불당의 대들

주23 강주 : 지금의 경남 진주.

주24 아간 : 신라 17관등 중의 제6위인 아찬(阿湌).

보를 뚫고 나갔다. 욱면은 서쪽 교외에 이르러 형체를 버리고 부처의 몸으로 변하여 연화대에 앉아 큰 빛을 발하면서 천천히 갔는데, 음악 소리가 하늘에서 그치지 않았다. 그 법당에는 지금도 뚫어진 구멍이 남아 있다고 한다.

原文 景德王代 康州[今晋州 一作剛州 則今順安] 善士數十人 志求西方 於州境創彌陀寺 約萬日爲契 時有阿干貴珍家一婢 名郁面 隨其主歸寺 立中庭 隨僧念佛 主憎其不職 每給穀二碩一夕舂之 婢一更舂畢 歸寺念佛[俚言己事之忙 大家之舂促 蓋出乎此] 日夕微怠 庭之左右 竪立長橛 以繩穿貫兩掌 繫於橛上合掌 左右遊之激勵焉 時有天唱於空 郁面娘入堂念佛 寺衆聞之勸婢入堂 隨例精進 未幾天樂從西來 婢湧透屋樑而出 西行至郊外 捐骸變現眞身 坐蓮臺 放大光明 緩緩而逝 樂聲不徹空中 其堂至今有透穴處云

_『삼국유사』 권5, 감통7, 욱면비염불서승(郁面婢念佛西昇)

자료 15

(백월)산의 동남쪽 3,000보 쯤에 선천촌仙川村이 있었는데, 그 마을에는 두 사람이 살고 있었다. 한 사람은 노힐부득努肹夫得이니 그의 아버지는 월장月藏이고 어머니는 미승味勝이다. 다른 한 사람은 달달박박怛怛朴朴이니 아버지는 수범修梵이고 어머니는 범마梵摩였다. 두 사람 모두 풍골이 비범하였고 세속을 초월하려는 뜻이 있어서 서로 잘 지냈다. 나이가 20이 되자 마을 동북쪽 고개 밖에 있는 법적방法積房에서 머리를 깎고 승려가 되었다. … (두 사람은) 마침내 인간 세상을 버리고 깊은 산골에 은거하려고 하였다. 그날 밤에 꿈 속에서 백호白毫의 빛이 서쪽에서 오더니 빛 속에서 금빛 팔이 내려와 두 사람의 머리를 쓰다듬어 주었다. 깨어나 서로 꿈 이야기를 하는데, 두 사람이 똑같은 꿈을 꾼 것이었다. 한참 동안 감탄하다가, 드디어 백월산 무등곡無等谷으로 들어갔다. 박박사朴朴師는 북쪽 고개에 있는 사자암에 자리잡고 판자로 여덟 자 방을 만들어 살았으므로 판방板房(판자 방)이라 하였다. 부득사夫得師는 동쪽 고개의 돌무더기 아래 물이 있는 곳에 자리잡고 열 자 되는 방을 만들어 살았으므로 뇌방磊房(돌무더기 방)이라 하였다. 이들은 각각 암자에 살면서 부득은 미륵불을 부지런히 구하였고 박박은 아미타불을 경건히 염불하였다.

3년이 채 못 된 경룡景龍[주25] 3년 기유(709) 4월 8일에 성덕왕聖德王이 왕위에 오른 지 8년째 되는 해였다. 날이 저물려고 하는데, 20세 가량의 한 낭자가 매우 아름다운 얼굴에 난초와 사향의 향기를 풍기면서 북암에 와서 하룻밤 자고 가겠다고 청하고는 글을 써

주25 경룡 : 당 중종의 연호(707~710).

서 바쳤다. … 박박이 말하였다. "절은 깨끗하도록 노력해야 하는 곳이니 그대가 가까이 할 곳이 아니오. 어서 떠나시오. 이곳에 지체하지 마시오." 이렇게 말하고는 문을 닫고 들어가 버렸다. 낭자는 남암으로 가서 또 전과 같이 부탁하였다. 그러자 부득이 말하였다. "그대는 어디서 이 밤중에 왔소?" 낭자가 대답하였다. "고요함이 태허와 한 몸이 되었으니 어찌 오고 감이 있겠습니까? 다만 어지신 분이 바라는 뜻이 깊고 무거우며 덕행이 높고 굳다 하기에, 보리를 이루도록 돕고자 할 뿐입니다." 그리고는 게송 하나를 주었다. … 부득사는 이 말을 듣고 몹시 놀라 말하였다. "이곳은 부녀자가 더럽힐 곳이 아니지만 중생을 따르는 것도 보살행의 하나요. 하물며 깊은 산골에서 날이 어두워졌으니 어찌 소홀히 대할 수 있겠소." 곧 암자로 맞아들여 머물도록 하였다. 밤이 되자 마음을 맑게 하고 지조를 가다듬고 희미한 등불이 비치는 방에서 조용히 염불을 하였다. 날이 새려 하자 낭자가 부득사를 부르며 말하였다. "내 불행하게도 마침 해산할 기미가 있으니, 부탁이니 스님께서는 짚자리를 준비해 주십시오." 부득은 불쌍한 생각이 들어서 거절하지 못하고 촛불을 은은하게 밝혔다. 낭자가 이미 해산을 한 후에, 또 목욕을 시켜달라고 부탁하였다. 부득은 부끄러움과 두려운 마음이 교차했지만, 그러나 가엾게 여기는 마음이 더 커져서, 목욕통을 준비해 낭자를 통 안에 앉히고 물을 데워 목욕을 시켰다. 그런데 잠시 후 목욕물에서 향기가 진하게 풍기더니 물이 금빛으로 변하였다. 노힐부득이 깜짝 놀라자 낭자가 말하였다. "우리 스님도 이 물로 목욕하십시오." 부득이 억지로 그 말대로 하였는데, 갑자기 정신이 상쾌해지고 피부가 금빛으로 변하였다. 그 옆을 보니 홀연히 연화대좌가 있었다. 낭자는 부득에게 앉으라고 권하고는 이렇게 말하였다. "나는 관음보살인데 대사를 도와 큰 깨달음을 이루어주려고 왔소." 그리고 말을 마치더니 사라졌다. 한편 박박은 부득이 지난 밤에 반드시 계를 더럽혔을 것이라 생각하고는 부득에게 가서 비웃어 주려고 하였다. 그런데 가서 보니, 부득은 연화대에 앉아 미륵존상이 되어 밝은 빛을 발하며 몸이 금색으로 채색되어 있었다. 박박은 자신도 모르게 머리를 조아려 예를 올리고는 말하였다. "어떻게 이렇게 되었습니까?" 부득이 그 연유를 자세히 말해주자 박박은 탄식하며 말하였다. "내 장애가 많아서 다행히 부처님을 만나고도 도리어 만나지 못한 셈이 되었습니다. 큰 덕에 지극히 어진 그대가 나보다 먼저 뜻을 이루었습니다. 옛 인연을 잊지 말고 나도 도와주기 바랍니다." "통 속에 금물이 남았으니 목욕할 수 있을 것이오." 박박도 목욕을 하자, 부득처럼 무량수불이 되어 두 부처가 엄연히 서로 마주 대하였다. 산 아래 마을 사람들이 이 말을 듣고 앞 다투어 달려와 우러러보며 감탄하였다. "참으로 희한한 일이로다!" 두 부처는 불법의 요체를 설명한 뒤 구름을 타고 떠나갔다.

原文 (白月)山之東南三千步許 有仙川村 村有二人 其一曰努肹夫得 父名月藏 母味勝 其一曰怛怛朴朴 父名修梵 母名梵摩 皆風骨不凡 有域外遐想 而相與友善 年皆弱冠 往依村之東北嶺外法積房 剃髮爲僧 … 遂唾謝人間世 將隱於深谷 夜夢白毫光 自西而至 光中垂金色臂 摩二人頂 及覺說夢 與之符同 皆感嘆久之 遂入白月山無等谷[今南藪洞也] 朴朴師占北嶺師子嵓 作板屋八尺房而居 故云板房 夫得師占東嶺磊石下有水處 亦成方丈而居焉 故云磊房 各庵而居 夫得勤求彌勒 朴朴禮念彌陁 未盈三載 景龍三年己酉四月八日 聖德王卽位八年也 日將夕 有一娘子年幾二十 姿儀殊妙 氣襲蘭麝 俄然到北庵 請寄宿焉 因投詞曰 … 朴朴曰 蘭若護淨爲務 非爾所取近 行矣 無滯此處 閉門而入 娘歸南庵 又請如前 夫得曰 汝從何處 犯夜而來 娘答曰 湛然與太虛同體 何有往來 但聞賢士志願深重 德行高堅 將欲助成菩提耳 因投一偈曰 … 師聞之驚駭謂曰 此地非婦女相汚 然隨順衆生 亦菩薩行之一也 況窮谷夜暗 其可忽視歟 乃迎揖庵中而置之 至夜淸心礪操 微燈半壁 誦念厭厭 及夜將艾 娘呼曰 予不幸適有産憂 乞和尙排備苫草 夫得悲矜莫逆 燭火殷勤 娘旣産 又請浴 肹慚懼交心 然哀憫之情 有加無已 又備盆槽 坐娘於中 薪湯以浴之 旣而槽中之水 香氣郁烈 變成金液 努肹大駭 娘曰 吾師亦宜浴此 肹勉强從之 忽覺精神爽凉 肌膚金色 視其傍 忽生一蓮臺 娘勸之坐 因謂曰 我是觀音菩薩 來助大師 成大菩提矣 言訖不現 朴朴謂肹今夜必染戒 將歸听之 旣至 見肹坐蓮臺 作彌勒尊像 放光明 身彩檀金 不覺扣頭而禮曰 何得至於此乎 肹具叙其由 朴朴嘆曰 我乃障重 幸逢大聖而反不遇 大德至仁 先吾著鞭 願無忘昔日之契 事須同攝 肹曰 槽有餘液 但可浴之 朴朴又浴 亦如前成無量壽 二尊相對儼然 山下村民聞之 競來瞻仰 嘆曰 希有希有 二聖爲說法要 全身躡雲而逝

_『삼국유사』 권3, 탑상4, 남백월이성 노힐부득 달달박박(南白月二聖努肹夫得怛怛朴朴)

출전

『삼국사기』

『삼국유사』

『해동고승전』: 고려의 고승 각훈(覺訓)이 1215년에 지은 한국 최고(最古)의 승전(僧傳). 고려 후기 영통사(靈通寺)의 주지이던 고승 각훈이 고종의 명을 받아, 삼국시대부터 각훈 당대까지의 고승들의 전기를 정리하여 편찬한 불교 관련 인물역사서이다. 순도(順道)가 고구려에 들어온 후로부터 각훈이 살던 때까지 약 9세기 동안의 큰 승려들에 대한 업적을 담았지만, 현재는 〈유통편(流通篇)〉 가운데, '권1'과 '권2'만이 남아 있다. 〈유통편〉 1의1은 삼국시대 불교의 전래와 그 수용 과정에 관한 기록이고, 1의2는 삼국시대 구법승들에 관한 전기이다. 2권에 수록되어 있는 고승은 정전(正傳)에 18명, 방전(傍傳)에 17명으로 모두 35명이다.

『송고승전』: 중국 송나라의 승려인 찬녕(贊寧, 919~1002)의 저술. 송나라 태종의 칙명으로 980년에 착수한 후, 8년 동안 항주(杭州)에서 집필하여 988년 10월에 완성, 변경(汴京)에서 태종에게 바쳤다. 당(唐), 오대(五代), 송초(宋初)의 고승 전기를 정전(正傳) 533인, 부견(附見) 130인을 수록하였다. 총 30권으로 되어 있다.

찾아읽기

이기백, 『신라사상사연구』, 일조각, 1986.

김영미, 『신라 불교사상사 연구』, 민족사, 1994.

장지훈, 『한국 고대 미륵신앙연구』, 집문당, 1997.

남무희, 『신라 자장 연구』, 서경문화사, 2012.

박광연, 『신라 법화사상사 연구』, 혜안, 2013.

현송, 『한국 고대 정토종 연구』, 운주사, 2013.

안계현, 「원효의 미타정토 왕생사상」상 · 하, 『역사학보』16 · 21, 1961.

안계현, 「원효의 미륵정토 왕생사상」, 『역사학보』17 · 18, 1962.

김상현, 「신라 중대 전제왕권과 화엄종」, 『동방학지』44, 1984.

김재경, 「신라 아미타신앙의 성립과 그 배경」, 『한국학보』28, 1984.

김혜완, 「신라 중대의 미륵신앙」, 『계촌 민병하 교수 정년기념사학논총』, 1988.

김승제, 「부석사 창건에 미친 토속신앙과 불교와의 융합 및 문무왕의 호국신앙의 영향에 관한 연구」, 『대한건축학회 논문집』5-2, 1989.

김영미, 「신라 아미타신앙과 신라인의 현실인식」, 『국사관논총』42, 1993.

강동균, 「신라의 정토사상 연구」, 『석당논총』28, 1999.

곽승훈, 「신라 하대 후기 미륵하생신앙의 성행과 그 의의」, 『한국사상사학』15, 2000.

곽승훈, 「신라 골품제사회의 정치변동과 불교」, 『한국고대사탐구』15, 2013.

김영일, 「원효의 정토사상에 담긴 화쟁의 정신」, 『정토학연구』20, 2013.

2 진리가 경전에 있느냐 마음에 있느냐

불교의 심화와 확산

통일신라 불교계는 9세기 무렵을 경계로 전반기와 후반기로 나뉜다. 전반기는 경전에 대한 다양한 견해를 둘러싸고 쟁론을 벌이는 교종불교가 난립하였고, 후반기에는 참선을 통해 깨달음을 추구하는 불립문자의 선종불교가 유행하였다. 교종의 5대 종파와 선종의 9대 산문을 합칭하여 통일신라 불교를 흔히 '5교9산'이라 부르곤 한다.

왕즉불 사상에서 탈피하다

신라는 처음에 왕권을 강화할 목적에서 불교를 받아들였다. 율령을 반포하는 등 중앙집권적인 지배체제를 정비하려고 했던 법흥왕이 불교를 받아들인 사실에서도 이를 알 수 있다. 이후 선덕여왕까지 신라의 왕들은 모두 불교식으로 왕명을 일컬어 이른바 불교왕명시대佛敎王名時代를 열었다. 법흥法興, 진흥眞興, 진지眞智, 진평眞平, 선덕善德, 진덕왕眞德王 등, '법法'이나 '진眞', 혹은 '선善', '덕德'과 같은 글자를 왕의 이름으로 삼은 것은 불교를 깊게 믿은 데도 원인이 있지만, 왕이 곧 부처라고 생각한 데도 원인이 있다. 이를 왕즉불王卽佛 사상이라고 하는데, 이 사상은 왕권의 강화에 크게 기여하였다.

이처럼 신라에 불교가 수입된 배경에 왕권의 강화라는 정치적인 목적이 깔려 있었지만, 시간이 지나면서 불교 본래의 교학과 신앙에 대한 이해가 점차 깊어졌다. 특히 통일기에 이러한 변화가 크게 일었다.

통일신라 불교계의 대체적인 흐름은 9세기 무렵을 경계로 하여 전반기와 후반기로 나누어 볼 수 있다. 통일신라의 전반기는 교학의 여러 분야가 연구되고 다양한 교파로 분립되는 교종의 융성기였다고 한다면, 후반기는 당唐으로부터 실천적 불교인 선종禪宗이 전래 수용되어 유행한 시기였다. 그리하여 전반기의 교종은 화엄종華嚴宗, 법상종法相宗, 열반종涅槃宗, 계율종戒律宗, 법성종法性宗의 다섯 교파를 꼽아 5교라 하였고, 후반기의 선종은 대표적인 9산문山門을 꼽아, 통일신라시대의 불교를 통칭하여 흔히 '5교 9산'이라고 불러왔다. 이에 따라 통일신라 후반기 이후 고려 말까지의 한국 불교는 줄곧 교종과 선종의 병립竝立이라고 하는 양상이 지속되었으며 아울러 이의 통합이라는 과제를 안게 되었다.

그러나 이에 대한 반론도 없지 않다. 즉 한국 불교사에서 종파가 성립되는 것은 통일신라 말기 또는 고려시대라고 할 수 있고, 통일신라시대에는 아직 종파가 형성되어 있지 않았으며 단지 여러 가지 교학을 겸학兼學하는 통불교通佛敎의 시기로 보아야 한다는 견해가 그것이다.

교종의 발달

교종은 선종이 성립한 이전에 경전과 교학을 중시해 온 교파와 불교 이해 경향을 통칭한 것이다. 삼국에 불교가 전해질 때 경전으로 전해졌기 때문에 당시 사람들은 자연히 이 경전에 대한 연구를 통해 불교를 이해하게 되었다. 그러므로 경전에 대한 연구가 깊어질수록 해석을 둘러싸고 여러 견해가 대립하게 되는 것은 불가피한 일이었다. 견해의 대립은 불교가 삼국에 전해지기 이전에 이미 중국에서 상당히 진행되어 있었지만, 삼국의 승려들도 중국에 유학하거나 중국 승려들과 교류하면서 독자의 견해를 피력하였다.

경전에 대한 이해는 크게 두 흐름으로 전개되었다. 하나는 유식학파唯識學派의 이해였고, 또 하나는 중관학파中觀學派의 이해였다. 이러한 두 흐름은 이미 석가가 입적한 이후에 인도에서부터 시작되었다. 석가 부처님의 말씀이 무엇에 중점이 있는가 하는 문제를 둘러싸고 어떤 이들은 '모든 것은 인식에 달려 있다'는 것이 부처님의 가르침이라고 주장하였고, 어떤 이들은 "모든 것은 빈 것과 같이 허망하다"는 것이 부처님의 가르침이라고 주장하였다. 앞의 것을 '유식사상唯識思想'이라 하고, 뒤의 것을 '중관사상中觀思想'이라고 하는데, 양측 모두 일리가 있어서 논쟁은 쉽게 끝나지 않았고, 끝날 것 같지도 않았다. 논쟁은 중국을 이어 신라에서도 계속되었다.

이러한 논쟁을 중심으로 불교 교학이 발전하고 종파가 성립하였다. 유식사상을 토대로 발달한 종파가 법상종法相宗이고, 중관사상을 토대로 발달한 종파가 화엄종華嚴宗이다. 신라의 법상종은 유식학을 바탕으로 하여 중관사상까지 포섭한 원측의 교학사상이 주류를 이루었고, 화엄종은 모든 만물은 하나의 실체로서 서로 떨어져 있는 것이 아니라며 원융圓融을 강조한 의상의 화엄사상이 큰 흐름을 주도하였다. 그리고 더 나아가 불법의 요체는 불성佛性에 있다는 법성종과, 열반涅槃에 있다는 열반종, 계율에 있다는 계율종 등이 성립하여 교종은 바야흐로 난맥상을 이뤘다.

불교에 대한 이해가 깊어지면서 종파 간에 교리의 대립도 첨예하게 전개되었다. 승려들의 저술이 쏟아지듯 나온 것이 이를 말해준다. 교리의 대립이 곧 종파의 성립을 의미하는 것은 아니라는 견해도 있지만, 교학불교가 심하게 분열되고 대립한 것은 어떻든 사실이다. 이러한 대립은 원효元曉라는 위대한 승려가 나와 화쟁론和諍論을 펼치면서 새로운 국면으로 접어들었다. 원효는 당시의 유명한 승려들이 모두 당唐에 유학하여 불교를 배웠던 데 반해 신라에서 스스로 공부하여 고승이 된 사람이었다. 그는 일찍이 의상義湘과 함께 당에 들어가기 위해 나섰다가 중도에 깨달은 바가 있어 그냥 국내에 머물게 되었다고 한다.

원효는 교종의 큰 줄기인 화엄종과 법상종에서 모두 그를 종조宗祖로 받들었던 사실에서 알 수 있듯이, 어느 한 편에 구애되지 않은 확대되고 근원적인 사상체계를 수립하였다. 그의 철학체계야말로 통일신라의 문화를 좀더 종합적이고 좀더 수준 높은 형태로 성립시킨 원동력이었다고 말하여도 결코 과언이 아니다. 이를 바탕으로 신라 문화가 난숙한 경지에 도달할 수 있었던 것이다.

또 해외에서도 신라 승려들의 활약이 두드러졌다. 혜초慧超는 서역을 두루 순례한

후 727년 당나라의 수도 장안長安에 가서 『왕오천축국전』을 쓰고 돌아왔으며, 김교각金喬覺은 719년 중국 안후이성 구화산九華山에 가서 75년간 수도와 고행을 하며 포교활동을 벌이다가 99세에 입적하여 지장보살地藏菩薩의 화신으로 추앙받았다.

원측과 법상종

원측圓測(613~696)은 유식학唯識學을 공부한 대표적인 신라 승려이다.[자료1] 그는 일찍이 당에 건너가 구유식舊唯識인 섭론종攝論宗을 익혔으며, 인도에 갔던 현장玄奘(602~664)이 645년에 귀국하자 그 문하에서 신유식新唯識을 배워 유식학자로서의 지위를 확고히 하였다. 현장 밑에서 함께 수학한 중국 승려 규기窺基(632~682)와 그 후계자를 가리켜 자은학파慈恩學派라고 부르는 데 대하여 신라의 원측과 그 후계자를 서명학파西明學派라고 일컫는다. 양파가 각각 중국 장안의 자은사慈恩寺와 서명사西明寺를 주무대로 활동했기 때문이다.

원측의 학설은 인도 유식학의 10대 논사論師 가운데 안혜安慧 계통으로 추정되는 진체眞諦(499~569)의 영향이 강하여 호법護法(530~561)의 학설만을 고집한 규기窺基의 학설과는 적지 않은 차이점을 나타냈다. 원측의 불교는 유식학의 입장에 서면서도 한편으로는 중관학파中觀學派의 견해를 많이 참고하여 두 설의 조화를 추구했다. 그러므로 유식학의 정통을 자처하던 규기 계통에게 이단시되어 배척받았다. 그 결과 원측의 서명학파는 중국 불교계에서 세력을 떨치지 못하였으나, 신라 본국이나 돈황敦煌으로 전해져서 크게 발전하였다. 양 파는 대를 이어가면서 활발하게 논쟁을 벌였는데, 그 논쟁은 당의 불교계뿐만 아니라 신라 불교계로 이어졌고, 나아가 일본 법상종法相宗의 선주善珠(724~797)도 이 논쟁에 참여함으로써 국제적인 것으로 발전하였다.

원측의 제자 가운데 도증道證은 효소왕孝昭王 1년(692)에 신라로 돌아와 원측의 유식학을 전하였고, 그것은 다시 태현太賢에게 전해져서 신라의 법상종이 성립되었다. 신라 불교계에는 도증과 태현 이외에도 둔륜遁倫, 경흥憬興, 순경順憬 등의 학자들이 유식학을 활발히 연구하여 그 수준은 중국의 그것에 손색이 없었다. 이 밖에 옛 백제 지역인 김제의 금산사金山寺를 중심으로 활약한 진표眞表는 미래의 부처인 미륵불이 지상에 와서 이상사회를 실현해 주리라는 미륵신앙에 토대를 둔 법상종을 크게 유행시켰다.[자료2]

의상과 화엄종

선종禪宗이 들어오기까지 신라 왕실과 귀족 등 지배층이 가장 선호한 불교 종파는 화엄종華嚴宗이었다. 신라 화엄종을 연 승려가 의상義相(625~702)이었다. 그는 당으로 가서 중국 화엄종의 제2조인 지엄智儼으로부터 화엄학을 배웠으며, 그와 함께 수학하여 스승 지엄의 계승자가 된 중국인 승려 법장法藏(643~712)의 존경을 받았다.

의상은 귀국한 뒤에 태백산太伯山에 부석사浮石寺를 세우고(676), 오진悟眞, 지통智通, 표훈表訓 등의 많은 제자를 길러냈다. 그리고 오악五岳을 위시한 전국 각지의 명산에 화엄 계통의 사찰을 세워 전교傳敎하였는데, 원주의 비마라사毘摩羅寺, 가야산의 해인사海印寺, 비슬산毘瑟山의 옥천사玉泉寺, 금정산의 범어사梵魚寺, 지리산의 화엄사華嚴寺 등 열 곳의 사찰을 화엄십찰華嚴十刹이라 하였다 한다.[자료3]

신라 화엄사상을 대표하는 인물인 의상의 사상을 잘 나타내주고 있는 것이「화엄일승법계도華嚴一乘法界圖」이다.[자료4] 이에 의하면 하나가 곧 일체一切이며, 한 작은 티끌 속에 시방十方이 있는 것이요, 한 찰나가 곧 영원이라고 한다. 양에 있어서 셀 수 없이

지리산 화엄사

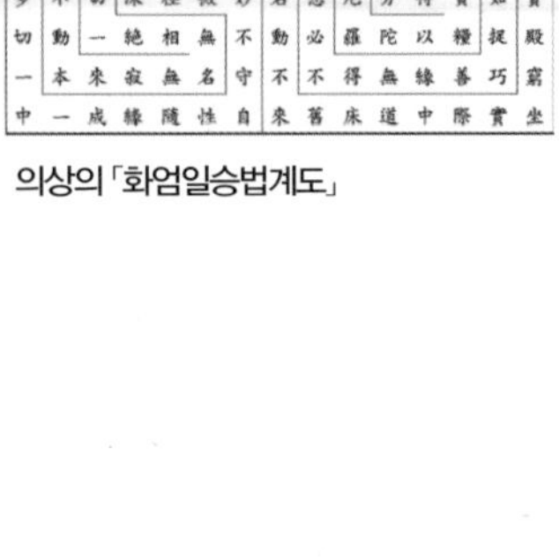

의상의「화엄일승법계도」

많은 것이 있지만 그것은 실은 하나이며, 공간은 시방十方으로 너르게 되어 있지만 그것이 한 작은 티끌 속에 포함되어 있으며, 시간에 있어서 영원한 것도 한 찰나라고 하는 것이다.

의상의 이러한 사상은 결과적으로 신라 중대의 전제왕권專制王權을 중심으로 한 중앙집권적 통치체제를 뒷받침하기에 적합한 것이었다고 간주되고 있다. 그러나 이러한 견해에 대해서, 의상의 화엄사상과 전제왕권을 직결시켜 이해하는 것은 논리의 비약이며 역사적 사실과도 일치하지 않는다는 비판적인 견해도 있다.

원효의 화쟁사상과 정토신앙

한편 원효는 신라 불교계뿐만 아니라 당시 동아시아 불교권 전체의 기본적 과제였던 대승불교의 2대 조류인 중관학파中觀學派와 유식학파唯識學派 사이의 교리적 대립, 즉 공空·유有의 대립을 극복할 수 있는 종합불교로서의 독창적인 교학을 성립시켰다.[자료5] 원효는 두 극단을 버리고 양자를 종합하여야 한다는 화쟁和諍의 논리에 의해서 중관파의 "세계의 모든 것은 다 공空이다."라고 하는 부정론이나, 또는 유식파의 "세계의 모든 현상은 다 식識이다."라고 하는 긍정론을 모두 비판하고, 세계는 오직 한마음[一心]이라고 하는 독자적인 견해를 제시하였다.

그리고 한마음은 두 부문을 가지고 있는데, 그것은 곧 본질적 측면인 진여문眞如門과 현상적 측면인 생멸문生滅門으로, 이 둘의 관계는 하나이면서도 둘이고 둘이면서도 하나라고 하였다. 이것은 곧 한마음[一心]에 의하여 우주의 만상萬象을 통섭統攝하려고 하는 것으로 이해된다. 그리하여 인도에서부터 오랫동안 대립하여 오던 중관과 유식이 원효에 의하여 비로소 한마음으로 종합되는 결과에 이른 것이다. 원효의 불교는 중국에 전해져서 당나라 화엄학의 성립에 커다란 영향을 미쳤으며, 나아가 중국을 중심으로 하는 동아시아 불교를 인도 불교의 아류에서 벗어나 차원이 다른 단계로 발전할 수 있게 하였다.

보다 높은 차원에서 대립을 통일하고 통합하려고 한 원효의 화쟁사상은, 의상의 화엄사상이 지배층 중심의 통화사상統和思想이었던 것에 반해 일반 민중을 중심으로 한 화합사상이었다는 점에서 통일신라의 사상계에서 중요한 의미를 지닌다. 원효의 화쟁사상은 모든 인간이 평등하다고 하는 기본 원칙 위에서 출발하고 있는데, 성인聖人 뿐만 아니라 악인惡人도 성불할 수 있다고 한 그의 주장은 고통받고 있던 당시의 민중들에게 크게 환영받았다.

부석사 전경
부석사는 경상북도 영주시 부석면 봉황산 중턱에 있는 신라 때 절이다. 676년(문무왕 16) 의상조사가 창건한 화엄종 사찰이다. 창건에 얽힌 의상과 선묘(善妙) 아가씨의 애틋한 사랑의 설화가 유명하다. 경내에는 국보로 지정된 무량수전 · 조사당 · 소조여래좌상 · 조사당 벽화 · 무량수전 앞 석등과 보물로 지정된 삼층석탑 · 석조여래좌상 · 당간지주 등 많은 문화재가 남아 있다.

이러한 원효의 불교사상은 신라 전 계층을 아우르는 정토신앙淨土信仰으로 발전하였다. 원효는 '나무아미타불'을 지극한 마음으로 부르는 염불만 해도 극락왕생極樂往生 할 수 있다고 가르쳤다. 이렇게만 하면 여자도 극락에 다시 태어날 수 있다는 것이 원효의 주장이었는데, 이는 새로운 해석이었다. 이와 같이 아미타불의 서방정토, 즉 극락에 왕생하기를 바라는 신앙을 정토신앙이라고 한다. 원효의 정토신앙은 의적義寂, 법위法位, 현일玄一 등 여러 학승들에 의해 계승되어 갔으며, 이것이 신라 정토신앙의 주류를 이루었다.

단지 나무아미타불만 염불하면 극락정토에 다시 태어날 수 있다는 가르침은 신라의 일반 민중에게 크게 감명을 주어 널리 유포되었다. 현세의 이익을 추구하던 종래의 불교가 내세來世 신앙으로 바뀌게 된 것은 정토신앙의 영향이다. 그리하여 통일신라시대의 다른 종파도 이 영향을 받아 정토신앙을 인정하고 선양하였다. 화엄종은 본래 주불主佛로서 비로자나불毘盧遮那佛을 모시는 것이지만, 의상이 창건한 화엄종의 근본 도량인 부석사의 금당은 무량수전無量壽殿이고, 그 안의 주불은 정토신앙의 아미타불阿彌陀佛이다.

신라에서 정토신앙은 사회의 모든 구성원에 의하여 한결같이 받들어졌다. 위로는 국왕부터 아래로는 일반 평민과 노비에 이르기까지 대개가 정토신앙을 믿었다. 그리하여 정토신앙은 신라 사회의 부패를 막는 중요한 사상으로 기능하였다. 그러나 폐단도 없지 않아서, 지배층의 정토신앙은 현세에 대한 애착을 완전히 버리지 못하고 죽기

부석사 무량수전

전에는 열심히 복을 바라다가 죽은 다음에야 정토왕생을 비는 경향이 강하였고, 피지배층의 정토신앙은 되도록 빨리 현세를 벗어나고자 하는 염세적인 희망이 강하여 현실 도피와 은둔을 부추겼다. 이러한 정토신앙은 고려시대까지도 계속 민간에 유행하였다.

선종의 유행

신라 하대(780~935)에 이르자 불교계에는 새로운 경향이 나타났다. 선종禪宗이 유행한 것이다. 선종은 경전에 의하여 종파를 구분하는 교종과는 그 성격이 판이하게 다른 것으로서, 불립문자不立文字라고 하여 문자에 의지하거나 경전의 복잡한 교리에 의거하지 않고 오로지 심성心性을 닦는 데 치중하였다.

선종에서 강조하는 바는, 인간의 타고난 본성 그 자체가 곧 불성佛性임을 알면 그것이 곧 불교의 도리를 깨닫는 것이라고 하는 견성성불見性成佛에 있었다. 견성성불의 방법은 좌선坐禪, 즉 마음을 한 곳에 모아 고요한 경지에 들어가는 것인데 좌선을 통하여 각자의 마음속에 태어날 때부터 갖추고 있는 불성을 깨달을 수 있다는 것이었다. 그러므로 선종은 개인주의적 경향을 띠고 있었다고 할 수 있다.

선종은 본디, 중국의 북위北魏에서 활동한 인도 승려 보리달마菩提達磨가 새롭게 일으킨 불교 수행 방법이라고 전한다. 달마로부터 2조 혜가慧可, 3조 승찬僧璨, 4조 도신道信, 5조 홍인弘忍으로 법이 전해져 6조 혜능慧能에 이르러 크게 교세를 떨쳤다. 선종에서는 교외별전敎外別傳이라 하여 이심전심으로 따로 깊은 깨달음[이를 심인(心印)이라고 한다]을 전해 주는 것을 매우 중시한다. 그리하여 심인을 전한 징표로 의발衣鉢, 즉 옷과 바리때(승려의 밥그릇)를 전수하는데, 보리달마의 의발이 누구에게 전달되었는가를 따져 그를 정통으로 세우고 조사祖師로 받드는 것이다.

혜능이 결국 홍인의 의발을 전수받아 6조가 되었지만, 홍인에게는 신수神秀와 지선智詵 등 뛰어난 제자들이 많았다. 신수는 남종선南宗禪의 혜능과 갈라서 북종선北宗禪을 열었는데, 남종선은 돈오頓悟(일시에 갑자기 깨달음)를 추구한 반면, 북종선은 점수漸修(점진적인 수행)를 주장하여 서로 수행 방법이 달랐다. 또 남종선은 왕실과의 타협을 거절하고 대중 속으로 파고들어 교세를 확장해 나아갔던 데 비해 북종선은 측천무후則天武后의 비호를 받아 귀족화되었다는 점도 서로 다르다. 신라에는 신행神行이 북종선을 소개하였으나 곧 쇠멸하고, 남종선이 세력을 크게 떨쳤다.

신라에 처음 선종을 전한 승려는 7세기의 선덕여왕 때 활동한 법랑法朗이었다. 그는 4조 도신의 제자로 고국으로 돌아와 법을 전하였으나, 당시 신라 불교의 수준에서는 선종을 잘 이해하지 못하였던 모양으로, 결국 은거하고 말았다. 신라에서 선종이 유행하게 되는 것은 하대下代의 일이다. 이 사실은, 신라의 선종이 중국으로부터 전달된 불교 사상을 무턱대고 받아들인 것이 아니라, 교학불교의 한계를 스스로 깨닫고, 그 위에 당시 사회가 당면한 과제의 해결 방안을 적극적으로 모색하는 과정에서 자체적으로 수용하게 된 것이었음을 뜻한다.

신라의 선종은 9세기 초의 헌덕왕憲德王 때에 도의道義가 가지산파迦智山派(전남 장흥 보림사寶林寺)를 개창하면서 점차 널리 퍼지기 시작하여, 홍척洪陟의 실상산파實相山派(남원 실상사實相寺), 혜철慧哲의 동리산파桐裏山派(곡성 태안사泰安寺), 현욱玄昱의 봉림산파鳳林山派(창원 봉림사鳳林寺), 도윤道允의 사자산파師子山派(영월 흥녕사興寧寺), 범일

梵日의 사굴산파闍崛山派(강릉 굴산사崛山寺), 무염無染의 성주산파聖住山派(보령 성주사聖住寺), 도헌道憲의 희양산파曦陽山派(문경 봉암사鳳巖寺), 이엄利嚴의 수미산파須彌山派(해주 광조사廣照寺) 등 이른바 선종 9산이 성립되기에 이르러 크게 번성하였다.[자료6]

선종 9산문 분포

신라 말기에 선종이 크게 유행하게 된 것은 지방의 호족들로부터 환영을 받았기 때문이었다. 선종 9산의 대부분은 호족들과 밀접한 관계를 지니고 있었다. 예컨대 봉림산파는 김해의 호족인 김율희(金律熙, 또는 蘇律熙)의 후원을 받았고, 사굴산파는 강릉의 호족인 왕순식王順式의 후원을 받았으며, 수미산파는 개성 호족인 왕건王建과 관계가 깊었다. 또 9산을 처음 연 승려들도 호족 출신이 많았다. 비록 그 선조가 중앙귀족인 경우라 하더라도 그들 자신은 이미 낙향하여 호족화한 인물들이었다.

그러므로 자연히 9산은 모두 그들을 후원하는 유력한 호족의 근거지와 가까운 지방에 자리잡게 되었다. 선종은 요컨대 호족의 종교로서 성장하였다. '나도 깨달으면 부처'라는 선종의 개인주의적 경향은 중앙집권적인 지배체제에 반항하여 일어나 '나도 한 세력 이루면 왕'이라고 주장하던 호족들에게 그들이 독립할 수 있는 사상적 근거를 제공하였다고 할 수가 있다. 비록 무너져가는 중앙집권적인 지배체제를 회복하기 위하여 신라 왕실이 선종을 포섭하려고 하였다 하더라도 그것은 이 시대의 선종이 지니는 기본적인 특징과는 거리가 있는 것이었다.

자료샘

자료 1

승려 진표眞表는 완산주完山州 만경현萬頃縣 사람이다. 아버지는 진내말眞乃末이고 어머니는 길보랑吉寶娘이며 성은 정씨井氏이다. … 하지만 뜻이 자씨慈氏주1에 있었기 때문에 중지하지 않고 곧 영산사靈山寺로 옮기어 또 처음과 같이 부지런히 용감하게 수행하였다. 그러자 과연 미륵보살이 나타나 『점찰경占察經』 두 권과 아울러 증과證果의 간자簡子주2 189개를 주면서 말하였다. … 진표가 이미 미륵보살을 뵌 뒤에 금산사金山寺에 머물면서 해마다 강단을 열어 불법을 널리 펼치었으니, 그 단석이 장엄하여 말세에는 없었던 일이었다.

주1 자씨 : 미륵보살을 지칭.

주2 간자 : 작은 손가락 크기로 만든 점치는 점대. 점괘의 글이 적혀 있다.

原文 釋眞表 完山州萬頃縣人 父曰眞乃末 母吉寶娘 姓井氏 … 然志存慈氏 故不敢中止 乃移靈山寺 又懃勇如初 果感彌勒現授占察經兩卷 幷證果簡子一百八十九介 謂曰 … 表既受聖莂來住金山 每歲開壇 恢張法施 壇席精嚴 末季未之有也

_『삼국유사』 권4, 의해(義解) 5, 진표전간(眞表傳簡)

자료 2

법사의 이름은 문아文雅, 자字는 원측으로 신라 왕손王孫이다. 3세에 출가했으며 15세에 학문을 시작했다. 처음에는 법상法常과 승변僧辯 2인의 법사에게 강론講論을 들었는데, 천성이 총명하고 뛰어나 수 천만의 말이라도 한 번 들으면 마음에 잊어버리는 일이 없었다. 정관貞觀주3 중에 태종문황제太宗文皇帝가 승려가 됨을 허락하여 장안長安 원법사元法寺에 머물게 하였다. 이에 법사는 비담毗曇, 성실成實, 구사俱舍, 파사婆娑 등의 논을 열람하고 고금의 장소章疏에 이해가 깊게 되어 명성이 떨쳤다. 삼장법사 현장玄奘이 천축으로부터 돌아옴에 법사는 미리 바라문婆羅門이 과일을 주어 품안 가득히 되는 꿈을 꾸었다. 그것은 좋은 인연에 따라 일찍이 만났던 것을 증험하는 것 같았다. 현장이 법사를 한 번 보고는 즉시 뜻이 서로 맞아 『유가론瑜伽論』, 『성유식론成唯識論』 등과 번역한 대·소승 경론을 전해 주었다. 그것을 대하자 확연함이 마치 태어나면서부터 알았던 것 같았다. 후에 법사는 (황제의) 부름을 받아 서명사西明寺의 대덕이 되어 『성유식론소成唯識論疏』 10권, 『해심밀경소解深密經疏』 10권, 『인왕경소仁王經疏』 3권, 『금강반야경소金剛般若經疏』, 『관소연론소觀所緣論疏』, 『반야심경소般若心經疏』, 『무량의경소無量義經疏』 등을 찬술했다.

주3 정관 : 당 태종의 연호(627~649).

原文 法師 諱文雅 字圓測 新羅國王之孫也 三藏出家 十五請業 初於常辯二法師請論 天聰

警越 雖數千萬言 一歷其耳 不忘於心 正觀中 太宗文皇帝 度爲僧 住京元法寺 乃覽毗曇成實俱舍婆裟等論 曁古今章疏 無不閑曉 名聲藹著 三藏法師奘公 自天竺將還 法師預夢 婆羅門授果滿懷 其所證應勝因夙會 及奘公一見契合莫造 卽命付瑜伽成唯識等論 兼所翻大小乘經論 皎若生知 後被召爲西明寺大德 撰成唯識論疏十卷 解深蜜經疏十卷 仁王經疏三卷 金剛般若觀所緣論般若心經無量義經等疏

_『대주서명사고대덕원측법사사리탑명병서(大周西明寺故大德圓測法師舍利塔銘并序)』『금석수편(金石粹編)』146

자료 3

법사 의상義湘의 아버지는 한신韓信이고 성은 김씨다. 나이 29세에 서울 황복사皇福寺에서 머리를 깎고 승려가 되었다. … 영휘永徽[주4] 초년에 마침 본국으로 돌아가는 당 사신의 배가 있어서 그 배를 타고 중국으로 갔다. 처음에는 양주揚州에 머물렀는데, 양주의 장수 유지인劉至仁이 의상을 청하여 관청에 머무르게 하고 성대하게 대접하였다. 얼마 후에 종남산終南山 지상사至相寺에 가서 지엄智儼을 뵈었다. 지엄은 그 전날 밤 꿈에 큰 나무 하나가 해동에서 생겨나 가지와 잎이 널리 퍼져서 중국까지 와서 덮었는데, 그 가지 위에 봉황의 둥지가 있어 올라가 보니 마니보주에서 나온 빛이 먼 곳까지 비치는 것이었다. 꿈에서 깨자 놀랍고 이상해서 청소를 하고 기다리고 있었는데, 의상이 곧 도착하였다. 지엄은 극진한 예로 그를 맞이하고 조용히 말하기를, "내가 어젯밤 꾼 꿈은 그대가 내게 올 징조였구려." 하고, 스승의 방에 들어와 수업하는 것을 특별히 허락하였다. 의상은『화엄경華嚴經』의 미묘한 뜻을 그윽하고 은미한 곳까지 해석하였다. 지엄은 함께 학문을 논할 수 있는 사람을 만난 것을 기뻐하였고 또 새로운 이치도 터득하였다. 의상은 심오하고 은미한 사물의 이치를 찾아내었으니, 마치 남초藍草[주5]와 천초茜草[주6]가 그 본래의 색을 잃은 것과 같이 의상은 이미 스승의 경지를 넘어서고 있었다. … 의봉儀鳳[주7] 원년(676)에 의상은 태백산太白山으로 가서 조정의 뜻을 받들어 부석사浮石寺를 창건하고 대승大乘의 교법을 펼쳤는데, 영험이 많이 나타났다. … 의상은 곧 열 곳의 절에 교리를 전하게 하였으니, 태백산의 부석사, 원주原州의 비마라사毗摩羅寺, 가야산伽倻山의 해인사海印寺, 비슬산毗瑟山의 옥천사玉泉寺, 금정산金井山의 범어사梵魚寺, 남악南嶽의 화엄사華嚴寺 등이 이것이다. 또『법계도서인法界圖書印』과『약소略疏』를 지어 일승一乘의 요점을 모두 실어 천년의 귀감이 되게 하였으므로, 여러 사람이 다투어 보배로 여겼다. … 세상에서 전하기를, 의상은 바로 부처님의 화

주4 영휘 : 당 고종의 연호(650~656).

주5 남초 : 쪽색 풀.

주6 천초 : 진홍색 풀.

주7 의봉 : 당 고종의 연호(676~679).

신이라고 한다. 그의 제자인 오진悟眞 · 지통智通 · 표훈表訓 · 진정眞定 · 진장眞藏 · 도융道融 · 양원良圓 · 상원相源 · 능인能仁 · 의적義寂 등 10명의 고승들은 우두머리가 되었는데, 그들은 모두 성인에 버금갔다. 모두들 전기가 있다.

原文 法師義湘 考曰韓信 金氏 年二十九 依京師皇福寺落髮 … 永徽初 會唐使舡有西還者 寓載入中國 初止揚州 州將劉至仁 請留衙內 供養豊贍 尋往終南山至相寺 謁智儼 儼前夕夢一大樹生海東 枝葉溥布 來蔭神州 上有鳳巢 登視之 有一摩尼寶珠 光明屬遠 覺而驚異 洒掃而待 湘乃至 殊禮迎際 從容謂曰 吾昨者之夢 子來投我之兆 許爲入室 雜花妙旨 剖析幽微 儼喜逢郢質 克發新致 可謂鉤深索隱 藍茜沮本色 … 儀鳳元年 湘歸大伯山 奉朝旨創浮石寺 敷敞大乘 靈感頗著 … 湘乃令十刹傳教 太伯山浮石寺 原州毗摩羅 伽耶之海印 毗瑟之玉泉 金井之梵魚 南嶽華嚴寺等是也 又著法界圖書印 幷略疏 括盡一乘樞要 千載龜鏡 … 世傳湘乃金山寶蓋之幻有也 徒弟悟眞智通表訓眞定眞藏道融良圓相源能仁義寂等十大德爲領首 皆亞聖也 各有傳

_『삼국유사』 권4, 의해(義解) 5, 의상전교(義湘傳敎)

자료 4

법法과 성품은 둥글게 하나로 녹아 두 가지 모양이 없으니/ 모든 법法은 움직임 없이 본래부터 고요하다./ 이름도 형상도 없고 일체가 끊겼으니/ 깨달은 지혜와 근본지혜가 다른 경계가 아니다./ 참된 성품은 지극히 깊고 지극히 미묘하니/ 자기 성품을 지키지 않아도 인연 따라 이루어진다./ 하나 속에 일체가 있고 많은 속에 그 하나 있으니/ 하나가 곧 일체요 많은 것들이 곧 하나이다./ 하나의 작은 티끌 속에 시방十方을 머금으니/ 일체의 티끌 속도 또한 그러하다./ 끝이 없는 무량겁이 곧 한 생각이요/ 한 생각이 곧 무량겁이다./ 구세九世와 십세十世가 서로 섞이니/ 어지럽지 않게 녹아서 따로따로 이룬다./ 처음 마음이 일어났을 때 문득 정각을 이루니/ 생사와 열반이 함께 화합한다./ 진리와 현상이 그윽히 조화하여 분별함이 없으니/ 열 부처님 보현보살은 큰 사람의 경계이다./ 능히 어짊을 행하는 부처님의 해인삼매 가운데에/ 뜻대로 이룸을 번창하게 드러내니 불가사의하다./ 보배의 비로 생명을 이롭게 함이 허공에 가득차니/ 중생들이 그릇 따라 이익을 얻는다./ 이런 까닭에 수행자가 근본으로 돌아감은/ 망상을 쉬지 않고는 절대 얻을 수 없다./ 인연을 짓지 않는 좋은 방편으로 뜻대로 이룸을 잡으면/ 고향으로 돌아가 분수 따라 재물과 양식 얻는다./ 다라니는 끝이 없는 보배이니/ 법계를 장엄하게 하여 진정한 보배궁전 이룬다./ 마침내 진정한 중도中道의 자리에 앉으니/ 예로부터 부동의 이름, 부처라네.

原文 法性圓融無二相/ 諸法不動本來寂/ 無名無相絶一切/ 證智所知非餘境/ 眞性甚深極微妙/ 不守自性隨緣成/ 一中一切多中一/ 一卽一切多卽一/ 一微塵中含十方/ 一切塵中亦如是/ 無量遠劫卽一念/ 一念卽是無量劫/ 九世十世互相卽/ 仍不雜亂隔別成/ 初發心時便正覺/ 生死涅槃相共和/ 理事冥然無分別/ 十佛普賢大人境/ 能仁海印三昧中/ 繁出如意不思議/ 雨寶益生滿虛空/ 衆生隨器得利益/ 是故行者還本際/ 叵息妄想必不得/ 無緣善巧捉如意/ 歸家隨分得資糧/ 以陀羅尼無盡寶/ 莊嚴法界實寶殿/ 窮坐實際中道床/ 舊來不動名爲佛

_「화엄일승법계도(華嚴一乘法界圖)」(의상 찬)

자료 5

(중관파의) 『중관론中觀論』이나 『십이문론十二門論』[주8] 등은 여러 학설들의 그릇된 이론을 모두 비판하고 부정하였으나, 부정의 한 면에만 치우치고 긍정할 줄 모르니, 이것은 파괴할 줄만 알고 건설할 줄을 모르는 편협한 이론이다. (유식파의) 유가론瑜伽論[주9]이나 섭대승攝大乘[주10] 등은 깊고 얕은 여러 가지의 주장을 비판 분석하기는 하였으나, 긍정과 부정을 서로 결합하지 못하였으니, 이것은 긍정의 한 면에만 치우치고 그릇된 것을 부정할 줄 모르는 이론이다.

原文 如中觀論十二門論等 遍破諸執 亦破於破 而不還許能破所破 是謂往而不偏論也 其瑜伽論攝大乘等 通立深淺 判於法門 而不融遣自所立法 是謂與而不奪論也

_「대승기신론별기(大乘起信論別記)」(원효 찬)

주8 『중관론』, 『십이문론』 : 인도 승려 용수(龍樹, 약 150~250)가 중관(中觀)의 관점에서 불교사상을 정리한 책.

주9 유가론 : 인도의 승려 미륵(彌勒)이 5세기경 유식(唯識)의 관점에서 저술한 『유가사지론(瑜伽師地論)』을 지칭.

주10 섭대승 : 인도 승려 무착(無著, 310~390)이 유식(唯識)의 입장에서 불교사상을 정리한 『섭대승론攝大乘論』을 지칭

자료 6

장경長慶[주11] 초에 이르러 승려 도의道義라는 중이 서쪽으로 바다를 건너 중국에 가서 서당西堂의 오지奧旨를 보았는데, 지혜의 빛이 지장智藏선사와 비등해져서 돌아왔으니, 현계玄契를 처음 말한 사람이다. 그러나 원숭이의 마음에 사로잡힌 무리들이 남쪽을 향해 북쪽으로 달리는 잘못을 안았고, 메추라기의 날개를 자랑하는 무리들이 남해를 횡단하려는 대붕의 높은 소망을 꾸짖었다. 이미 외우는 말에만 마음이 쏠려 다투어 비웃으며 '마어魔語'라고 한 까닭에 빛을 지붕 아래 숨기고 종적을 병 속에 감추어 동해의 동쪽에 갈 생각을 그만두고 마침내 북산에 은둔하였다. … 중국에 귀화하여 돌아오지 않은 사람은 정중시靜衆寺의 무상無相과 상산常山의 혜각慧覺이니, 선보禪譜에서 말하는 익주김益州金, 진주김鎭州金이라는 사람이다. 귀국한 사람은 앞에서 말한 북산北山의 의義[주12]와 남악南岳의 척陟,[주13] 그리고 시대가 내려와서 대안大安의 철국사徹國

주11 장경 : 당 목종의 연호(821~824).

주12 북산의 의 : 설악산 진전사의 도의(道義).

주13 남악의 척 : 지리산 실상사의 홍척(洪陟).

師,[주14] 혜목慧目의 육育[주15]과 지력문智力聞, 쌍계雙溪의 조照[주16]와 신흥언新興彦과 용암체涌岩體와 진구휴珍丘休, 쌍봉산雙峯의 운雲,[주17] 고산孤山의 일日,[주18] 양조국사兩朝國師인 성주聖住의 염染[주19]과 보리菩提의 종宗[주20] 등인데, 이들은 덕德이 두터워 중생의 아버지가 되고 도가 높아 왕의 스승이 된 사람들이었다.

原文 洎慶初有僧道義 西泛睹西堂之奧 智光侔智藏而還 智始語玄契者 縛猿心護奔北之短 矜鷃翼誚圖南之高 旣醉於誦言 競嗤爲魔語 是用韜光廡下歛迹壺中 罷思東海東終北山 … 西化則靜衆無相常山慧覺 禪譜益州金鎭州金者是 東歸則前所叙北山義南岳陟 而降大安徹國師 慧目育 智力聞 雙溪照 新興彦 涌岩體 珍丘休 雙峯雲 孤山日 兩朝國師聖住染 菩提宗 德之厚爲父衆生 道之尊爲師王者

_「봉암사지증대사비(鳳巖寺智證大師碑)」(최치원 찬)

주14 대안의 철국사 : 곡성 대안사의 혜철(慧徹, 785~861).

주15 혜목의 육 : 여주 혜목산 고달사의 현욱(玄昱, 787~868).

주16 쌍계의 조 : 하동 쌍계사의 진감선사 혜소(慧昭, 774~850).

주17 쌍봉의 운 : 화순 쌍봉사의 도윤(道允, 798~868).

주18 고산의 일 : 강릉 도굴산의 통효대사 범일(梵日, 810~889).

주19 성주의 염 : 보령 성주사의 무염(無染, 800~888).

주20 보리의 종 : 보리사의 광종(廣宗).

출전

『삼국유사』

「봉암사지증대사적조탑비(鳳巖寺智證大師寂照塔碑)」: 경상북도 문경시 가은읍 원북리 봉암사에 있는 통일신라시대의 탑비. 신라 말기 선종 불교의 아홉 개 대표 종파였던 구산선문(九山禪門) 중 하나인 희양산문(曦陽山門)의 개창자 지증대사(智證大師)의 공적을 기리기 위해 세운 비석이다. 최치원이 지은 다른 비문들인 대숭복사비(大崇福寺碑), 성주사 낭혜화상백월보광탑비(聖住寺朗慧和尙白月葆光塔碑, 국보 제8호), 쌍계사 진감선사대공탑비(雙磎寺 眞鑑禪師大空塔碑, 국보 제47호)와 함께 4산비문의 하나로 일컬어진다. 본래 보물 제138호로 지정되었다가, 2009년 12월 국보 제315호로 승격 지정되었다.

「대승기신론별기(大乘起信論別記)」: 『대승기신론』의 대의(大意)를 논한 원효(元曉)의 저술. 우선 이 책을 저술한 편찬 취지를 밝히고, 그 내용이 대단히 오묘(奧妙)함을 찬탄하였다. 본문은 인연분(因緣分), 입의분(立義分), 해석분(解釋分), 수행신심분(修行信心分), 권수이익분(勸修利益分) 등 5분인데, 이 중 가장 중요한 입의분 · 해석분만을 주해(註解)하였다. 해석분은 다시 진여문(眞如門)과 생멸문(生滅門) 등으로 나누어 교리(敎理)을 논설하였다.

「화엄일승법계도(華嚴一乘法界圖)」: 신라시대의 승려 의상(義湘)이 화엄사상의 요지를 간결한 시(詩)로 축약한 글. 210자를 54각(角)이 있는 도인(圖印)에 합쳐서 만들었다.

「대주서명사고대덕원측법사사리탑명병서(大周西明寺故大德圓測法師舍利塔銘并序)」: 신라의 유식학 승려 원측의 전기를 기록한 탑명(塔銘). 송복(宋復)이 지었으며, 현재 중국 시안(西安)의 흥교사에 모셔져 있는 원측의 탑묘(塔廟) 안에 있다.

찾아읽기

김상현, 『신라화엄사상사연구』, 민족사, 1991.

김영미, 『신라 불교사상사 연구』, 민족사, 1994.

정병삼,『의상 화엄사상 연구』, 서울대학교출판부, 1998.

조범환,『신라선종연구』, 일조각, 2001.

김두진,『신라 화엄사상가연구』, 서울대 출판부, 2002.

김두진,『신라하대 선종사상사 연구』, 일조각, 2007.

김영수,「조계선종에 취하야」,『진단학보』9, 1938.

이기백,「신라 오악의 성립과 그 의의」,『진단학보』33, 1972.

최병헌,「신라 하대 선종구산파의 성립」,『한국사연구』7, 1972.

김두진,「낭혜와 그의 선사상」,『역사학보』57, 1973.

김영태,「희양산선파의 성립과 그 법계에 대하여」,『한국불교학』4, 1979.

허흥식,「한국불교의 종파형성에 대한 시론」,『김철준 박사 화갑기념 사학논총』, 1983.

고익진,「신라 하대 선전래」,『한국사상사연구』, 동국대 불교문화연구원, 1984.

김남윤,「신라 중대 법상종의 성립과 신앙」,『한국사론』11, 1984.

남동신,「원효의 교판론과 그 불교사적 위치」,『한국사론』20, 1988.

전해주,「일승법계도에 나타난 의상의 성기사상」,『한국불교학』13, 1988.

윤여성,「신라 진표의 불교신앙과 금산사」,『전북사학』11 · 12, 1989.

조경시,「신라 하대 화엄종의 구조와 경향」,『부대사학』13, 1989.

정병삼,「의상 전기의 제문제」,『한국학연구』1, 1991.

김두진,「의상의 생애와 정치적 입장」,『한국학논총』14, 1992.

추만호,「나말려초 선사들의 선교양종 인식과 세계관」,『국사관논총』52, 1994.

남동신,「의상 화엄사상의 역사적 이해」,『역사와 현실』20, 1996.

남동신,「신라 중대 불교의 성립에 관한 연구」,『한국문화』21, 1998.

조범환,「낭혜 무염과 성주사 창건」,『한국고대사연구』14, 1998.

남무희,「원측의 씨족연원과 신분」,『북악사론』6, 1999.

최연식,「일본 고대화엄과 신라 불교」,『한국사상사학』21, 2003.

남동신,「원효의 기신론관과 일심사상」,『한국사상사학』22, 2004.

조은수,「'통불교' 담론을 통해 본 한국불교사 인식」,『불교평론』21, 2004.

정병삼,「혜초의 활동과 8세기 신라밀교」,『한국고대사연구』37, 2005.

최연식,「《화엄경문답》과 《일승법계도》를 통해 본 의상의 화엄경 인식」,『한국사상사학』49, 2015.

3 호국 사찰과 호국 법회

황룡사와 백좌강회

황룡사는 신라의 저명한 호국 사찰이다. 신라를 수호하는 세 개의 보물[신라삼보(新羅三寶)] 중 2개가 황룡사에 있었으니, 장륙존상과 구층목탑이 그것이다. 황룡사에서는 진흥왕 대 이래 백좌강회가 열렸다. 백좌강회란 내란과 외환을 막고 나라 안팎의 평안을 기원하기 위해 국가 차원에서 베푼 호국 법회였다.

유서 깊은 호국대찰, 황룡사

황룡사는 진흥왕 14년(553)에 착공하여 17년 만인 진흥왕 30년에 완성하였다. 그 위치는 월성 동쪽, 용궁의 남쪽이라 되어 있는데, 용궁은 분황사와 황룡사지 사이에 있던 연못을 지칭하는 것으로 생각된다. 처음엔 이곳에 궁궐을 지으려 했으나, 황룡이 나타나므로 절로 고쳐짓고 황룡사라 칭했다는 설화가 전해온다.[자료1] 또한 이곳은 과거불過去佛인 가섭불迦葉佛이 좌선을 하던 곳으로서, 신라에 있었다는 전불시대前佛時代 7개 절터 중의 하나로 전해지기도 한다.[자료2] 이는 황룡사가 전불시대 이래로 불교와 인연을 맺고 황룡이 거하는 등 유서 깊고 상서로움이 서린 가람터라는 사실을 강조하려는 전승이라 여겨진다.

그만큼 황룡사는 신라에서 가장 중시되는 사찰이었다. 백좌강회百座講會나 간등看燈

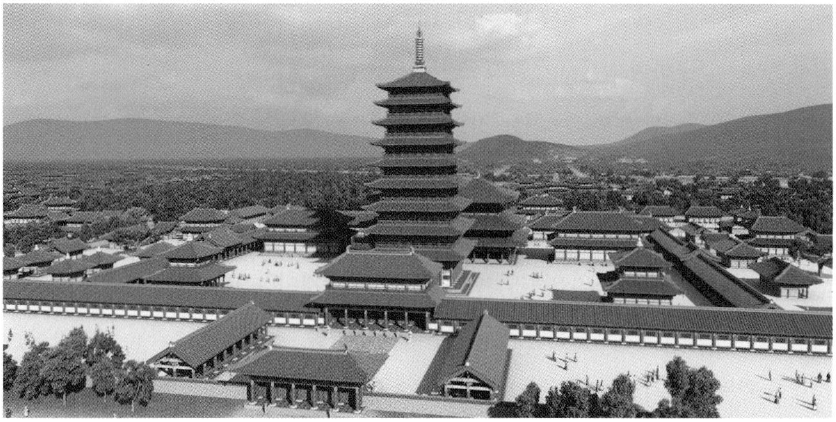

황룡사 복원도
진흥왕은 월성 동쪽에 새로운 궁궐을 짓도록 하였는데, 그 터에서 황룡이 나타났다는 말을 듣고 생각을 바꾸어 절을 짓게 하고 이름을 황룡사라 하였다. 황룡사에는 진흥왕이 조성하여 안치했다는 장육존상과 선덕여왕 대에 쌓아 만들었다는 9층목탑 등이 있는 신라 최대의 절이었는데, 몽골의 침입을 받아 불타버려 절터만 남았다. 장육존상과 9층목탑은 진평왕이 하늘로부터 받았다는 천사옥대(天賜玉帶)와 더불어 신라 삼보(三寶)로 떠받들여졌으니, 황룡사에 3보 가운데 둘이나 있었다는 것은 그 위상을 짐작케 한다. 더욱이 이곳에서 국왕이 주관하는 백좌강회 같은 국가적 불사가 행해진 것은 곧 황룡사가 국가 불교, 왕실 불교의 중심 절이었음을 뜻한다.

같은 국가적 차원의 대규모 불교의식이 모두 황룡사에서 거행되었다는 점이나, 신라의 3대 보물[三寶] 중 2개가 황룡사에 있다는 점에서 당대 최고의 권위를 자랑하는 사찰이었음을 알 수 있다. 잘 알려져 있듯이 신라 삼보란 진평왕 때 하늘로부터 받았다는 옥대玉帶와 황룡사 장륙존상丈六尊像, 그리고 황룡사 구층목탑九層木塔을 말한다.

황룡사 장륙존상

먼저 황룡사의 장륙존상은 그 주조연대가 『삼국사기』, 『해동고승전』, 『삼국유사』 등에는 진흥왕 35년으로 되어 있고, 『사중기寺中記』에는 진흥왕 34년으로 되어 있어 1년의 차이가 있다. 『삼국유사』에는 장륙존상의 조성과정과 관련된 의미있는 연기설화緣起說話가 전해지고 있다. 그 개요는 이렇다.

인도 아소카왕(아육왕阿育王)이 금동 장륙상을 주조하려다가 거듭 실패하자 그 재료인 황금과 철을 배에 실어 인연 있는 곳에 갈 것을 축원하고 바다에 띄워 보냈다. 그 배가 온 세상을 돌고 돌아 마침내 신라에 도착하자, 진흥왕이 그것으로 단번에 금동 장륙존상을 주조하여 황룡사에 안치했다.[자료3]

이러한 장륙존상의 연기설화는 진흥왕이 불교를 통해서 왕권의 신성성과 초월성을 과시하기 위해서 만들어낸 것이라 할 수 있다. 진흥왕은, 불법을 수호하는 신성왕이라는 의미의 전륜성왕轉輪聖王임을 스스로 표방한 인도 아소카왕과 자신을 연결시킴으로써, 자신도 전륜성왕의 일원임을 내세우려 했던 것이다. 더욱이 진흥왕은 아소카왕도 이루지 못한 불사佛事를 단번에 이루어낸 왕임을 내세워, 아소카왕을 능가하는 강력한 권능을 과시하려 했다는 것도 엿볼 수 있다. 실제 진흥왕은 자신뿐 아니라 그의 자녀들에게까지 전륜성왕의 칭호를 붙여줌으로써, 불교를 통해 왕실의 신성한 권위를 세우려 했다. 이런 면에서 볼 때, 황룡사는 국왕의 신성한 권위를 뒷받침하는 기능을 수행한 사찰이었다고 할 수 있다.

황룡사 구층목탑

황룡사 구층목탑은 자장법사의 건의를 받아들여, 선덕여왕 14년에 왕의 5촌 당숙인 용수龍樹의 책임하에 착공하여 다음 해에 완성하였다. 그 높이는 철반鐵盤 이상이 42척, 그 이하가 183척으로 신라 최고의 목조탑이었다. 이 구층목탑에도 역시 의미있는

황룡사 9층목탑 축소모형

황룡사 9층목탑은 신라 삼보(三寶) 가운데 하나로서, 643년(선덕여왕 12) 당나라에서 유학을 마치고 귀국한 자장(慈藏)이 요청해 세웠다. 아홉 개 층은 신라 변방의 아홉 나라를 가리켰고, 탑을 세움으로써 이들의 침해를 박을 수 있었다고 한다. 건립된 뒤 여러 차례 손질하고 고치며 그 웅장한 모습을 유지해 오다가, 1238년(고려 고종 25) 몽골이 쳐들어왔을 때 가람 전체가 불타버려 역사의 기억 속으로 영원히 사라지고 말았다.

연기설화가 전해오는데, 그 개요는 이렇다.

자장법사가 중국에 유학할 때 신인神人을 만나서 외적의 침입을 자주 받고 있는 신라의 어려운 현실을 걱정하였다. 이에 그 신인은 여자를 임금으로 삼아서 그런 것이라 하고, 이를 극복하기 위해서는 황룡사에 구층목탑을 세워야 한다고 권하였다. 이에 자장은 선덕여왕 12년(643)에 귀국하여 탑을 세울 것을 건의하였다.[자료4]

이러한 구층목탑의 연기설화에는 여왕의 권위를 높이고 외적을 퇴치한다는 신성왕의 이념과 호국불교의 이념이 잘 나타나 있다. 목탑의 1층에 일본日本, 2층에 중화中華, 3층에 오월吳越, 4층에 탁라托羅, 5층에 응유鷹游, 6층에 말갈靺鞨, 7층에 단국丹國, 8층에 여적女狄, 9층에 예맥穢貊을 각각 배정했던 것은 이들 이웃 나라의 침략을 억누르기 위한 것이었다.

호국법회, 백좌강회

백좌강회百座講會는 백고좌회百高座會라고도 하는데, 『인왕반야경仁王般若經』을 읽으면서 국가의 안태安泰를 기원하는 호국법회護國法會를 말한다. 이 법회는 부처의 가르침에 따라 국왕이 시주가 되어 개최하도록 되어 있다.

『인왕반야경』의 호국품護國品에 의하면 국왕이 하루에 두 번씩 이 경문經文을 강독해야 온갖 재난과 외적의 침입을 막을 수 있다고 설하고 있다. 또한 이 법회를 개최할 때는 반드시 불상과 보살상과 나한상을 100개씩 모시고, 비구중, 사대중, 칠중 100명과 법사 100명을 청하여 강경하도록 하며, 100개의 사자고좌獅子高座 앞에 등을 켜고 100개의 향을 사르고 100가지 꽃으로 삼보三寶에 공양하도록 하는 등의 의식 절차를 설하고 있다.

이를 통해서 볼 때, 백좌강회는 기본적으로 내란과 외환을 막고 나라 안팎의 평안을 기원하기 위해서 베푸는 법회였다는 것을 알 수 있다. 그런데 이 법회를 베푸는 하나의 의미는 국왕이 부처의 뜻에 따라 나라를 지키고 평안하게 하는 존엄한 존재임을 내외에 과시하려는 의도도 포함되어 있다.

우리나라에서 백좌강회가 처음 개설된 것은 진흥왕 12년(551) 때였다. 진흥왕은 고구려에서 귀화한 혜량법사惠亮法師를 승통僧統으로 삼고 백좌강회와 팔관의 법회를 처음 마련하였다.[자료5] 주지하듯 진흥왕은 신라가 영토를 크게 확대하고 거기에 사는 민인民人을 신라인으로 적극 포섭·편제하였던 정복 군주였다. 또한 그는 스스로 불교에서 이상군주로 일컫는 전륜성왕轉輪聖王임을 스스로 자처하여, 불교를 통해 국왕의 신성한 권위를 강조하려 하기도 하였다. 이런 그가 고구려 혜량법사의 귀화를 받아들이고 호국법회인 백좌강회를 처음 개최하게 했다는 것은, 자신이 부처의 뜻에 따라 나라를 평안하게 하는 존재임을 내외에 과시하기 위한 것이었다고 할 수 있다.

그 이후 백좌강회는 국가에 어려운 일이 있을 때마다 수시로 개최되었다. 먼저 진평왕 35년(613)에는 수나라 사신 왕세의王世儀가 왔을 때 황룡사皇龍寺에서 백좌강회를 베풀어 원광圓光으로 하여금 주관하게 하였다.[자료6] 그런데 당시는 신라가 고구려의 침략을 받아 위기의식이 팽배하던 때였다. 그래서 진평왕은 608년에 원광으로 하여금 걸사표乞師表를 쓰게 하여 수나라에게 고구려를 칠 것을 청하기도 하였던 것이다. 신라가 수에 요청한 군사적 지원 문제와 관련하여 왕세의가 신라를 방문한 것을 계기로 호국법회인 백좌강회를 베풀고 걸사표를 쓴 장본인인 원광으로 하여금 이를 주관케 했다는 것은, 수나라의 군사적 지원을 이끌어내기 위한 신라의 세심한 의도를 엿보게 해준다.

백좌강회를 베푼 곳이 호국대찰인 황룡사였다는 점은, 국란이 발생하였을 때 이를 극복하고 나라의 평안을 기원하기 위해 베푼다는 본 법회의 성격을 잘 나타내 주는 것이다. 이후의 백좌강회 역시 국가에 어려움이 닥칠 때 예외없이 황룡사에서 베풀어지고 있다. 왕이 병이 들었을 때, 또는 지진이 일어나 가옥이 파괴되고 수많은 사상자가 발생했을 때, 황룡사에서 백좌강회를 베풀게 하였다.[자료7·8] 또한 농민 봉기가 본격적으로 일어나는 진성여왕 때나, 후백제의 공격을 받아 국가가 존망지로에 서 있던 경애왕 때에도 황룡사에서 백좌강회를 베풀었다.[자료9·10] 이들은 국란을 극복하고 나라의 평안을 기원하기 위해 백좌강회의 법회를 베푼 사례들이라 할 수 있다. 이러한 백좌강회는 고려시대에도 국가 차원에서 가장 큰 비중을 차지하는 불교행사로서 명맥을 이어갔다.

자료샘

자료 1

신라 제24대 진흥왕眞興王이 왕위에 오른 지 14년인 계유(553) 2월에 용궁龍宮[주1] 남쪽에 대궐을 지으려고 하였는데, 황룡이 그 땅에서 나타났기 때문에 절로 바꾸어 짓고 황룡사皇龍寺[주2]라 하였다. 기축년(569)에 담장을 쌓아 17년 만에 완성하였다.

原文 法興大王 母迎帝夫人 妃已尹夫人 出家爲尼 名法流 行持律令故 或稱華嚴佛國寺 或稱華嚴法流寺

_『삼국유사』 권3, 탑상4, 황룡사장육(皇龍寺丈六)

주1 용궁 : 용왕이 사는 곳이라는 뜻으로, 황룡사지와 분황사 사이에 있던 연못지를 지칭하는 듯.

주2 황룡사 : 황룡이 나타났다 하여 '黃龍寺'라고도 표기하나, 일반적으로는 '皇龍寺'라 표기함.

자료 2

『옥룡집玉龍集』과 『자장전慈藏傳』, 그리고 여러 사람들의 전기에는 모두 이러한 말이 있다. "신라 월성城東 동쪽 용궁龍宮의 남쪽에는 가섭불迦葉佛[주3]의 연좌석宴坐石[주4]이 있는데, 이곳이 바로 전불前佛 시대의 절터이다. 지금 황룡사皇龍寺가 있는 곳은 일곱 개의 절 가운데 하나이다."

原文 玉龍集及慈藏傳與諸家傳紀皆云 新羅月城東龍宮南 有迦葉佛宴坐石 其地卽前佛時伽藍之墟也 今皇龍寺之地 卽七伽藍之一也

_『삼국유사』 권3, 탑상4, 가섭불연좌석(迦葉佛宴坐石)

주3 가섭불 : 과거 7불의 여섯 번째 부처. 사람의 나이로 2만 살 때 세상에 나서 정각을 이루었다고 한다. 과거 7불은 다음과 같다. 비바시불(毘婆尸佛), 시기불(尸棄佛), 비사부불(毘舍浮佛), 구류손불(拘留孫佛), 구나함불(拘那含佛), 가섭불(迦葉佛), 석가모니불(釋迦牟尼佛).

주4 연좌석 : 좌선(坐禪)하던 바위.

자료 3

얼마 되지 않아 바다 남쪽에서 커다란 배 한 척이 나타났는데, 하곡현河曲縣 사포絲浦[주5]에 정박하였다. 이 배를 조사해 보니 이러한 내용의 공문이 있었다. "서축西竺[주6] 아육왕阿育王[주7]이 황철 5만 7,000근과 황금 3만 푼을 모아 석가삼존상釋迦三尊像[주8]을 만들려고 했지만 이루지 못하였다. 그래서 배에 실어 바다에 띄우면서 축원하기를, '부디 인연 있는 나라에 가서 장륙존丈六尊의 모습을 이루기를 바랍니다'라고 하였다." 그리고 부처상 하나와 보살상 둘의 모형도 함께 실려 있었다.

하곡현의 관리가 이러한 사실을 갖추어 문서로 아뢰었다. 왕은 그 현의 성 동쪽에 높고 밝은 땅을 골라 동축사東竺寺[주9]를 창건하고 그 세 불상을 모시게 하였다. 그리고 그 금과 쇠는 서울로 운반해 와, 대건大建[주10] 6년 갑오(574) 3월[사중기(寺中記)에는 계사년(573) 10월 17일이라고 하였다]에 장륙존상을 주조했는데, 단 한 번에 성공하였다. 그 무게는 3만 5,007근으로 황금 1만 198푼이 들어갔고, 두 보살에는 철 1만 2,000근과 황금

주5 사포 : 지금의 울산 염포.

주6 서축 : 인도.

주7 아육왕 : B.C. 3세기에 전 인도를 통일하고 불교를 보호한 아소카왕을 이름.

주8 석가삼존상 : 석가모니불을 중심으로 문수보살과 보현보살을 모신 삼불상.

주9 동축사 : 울산 동구 동부동 마골산에 있는 절.

주10 대건 : 중국 남조 진(陳) 왕조 선제(宣帝)의 연호(569~582). 태건(太建)이라고도 함. 대건 6년은 574년.

1만 136푼이 들어갔다. 이 장륙존상을 황룡사에 모셨다.

原文 未幾 海南有一巨舫 來泊於河曲縣之絲浦[今蔚州谷浦也] 撿看有牒文云 西竺阿育王聚黃鐵五萬七千斤 黃金三萬分 將鑄釋迦三尊像 未就 載舡泛海而祝曰 願到有緣國土 成丈六尊容 幷載模樣一佛二菩薩像 縣吏具狀上聞 勅使卜其縣之城東爽塏之地 創東竺寺 邀安其三尊輸其金鐵於京師 以大建六年甲午三月[寺中記云 癸巳十月十七日] 鑄成丈六尊像 一鼓而就 重三萬五千七斤 入黃金一萬一百九十八分 二菩薩 入鐵一萬二千斤 黃金一萬一百三十六分 安於皇龍寺

_『삼국유사』 권3, 탑상4, 황룡사장육(皇龍寺丈六)

자료 4

(자장)법사가 중국의 태화지太和池 옆을 지나가는데, 갑자기 신인神人이 나타나 물었다. "어찌하여 여기까지 이르렀는가?" 자장이 대답하였다. "깨달음을 구하려고 왔습니다." 신인이 예를 갖추어 절을 하고 다시 물었다. "그대의 나라에 무슨 어려운 일이라도 있는가?" 자장이 말하였다. "우리나라는 북쪽으로 말갈과 이어져 있고 남쪽으로는 왜국과 인접해 있습니다. 고구려와 백제 두 나라가 번갈아 국경을 침범하여 이웃나라의 도적들이 맘대로 돌아다닙니다. 이것이 백성들의 걱정입니다." "지금 그대 나라는 여자가 왕위에 있으니 덕은 있지만 위엄이 없소. 그래서 이웃나라가 침략을 꾀하고 있는 것이오. 그대는 빨리 돌아가야만 하오." 그래서 자장이 다시 물어보았다. "고국에 돌아가서 어떤 이로운 일을 해야 합니까?" "황룡사의 호법용護法龍은 바로 나의 맏아들이오. 범왕梵王[주11]의 명을 받고 가서 그 절을 보호하고 있소이다. 고국에 돌아가거든 절 안에 9층탑을 세우시오. 그러면 이웃나라들이 항복할 것이고 구한九韓이 와서 조공할 것이며 왕업이 길이 편안할 것이오. 탑을 세운 후에는 팔관회를 열고 죄인을 용서하여 풀어주면, 외적이 해를 끼치지 못할 것이오. 그리고 나를 위해 서울 인근 남쪽 언덕에 절 하나를 지어 내 복을 빌어준다면, 나 또한 그 은덕을 보답할 것이오." 말을 마치자 드디어 옥을 받들어 바친 후에 홀연히 사라져 보이지 않았다. 정관 17년 계묘(643) 16일에 자장법사는 당나라 황제가 준 불경과 불상, 승복과 폐백 등을 가지고 귀국해서 탑을 세울 일을 왕에게 아뢰었다.

주11 범왕 : 불교를 보호하는 호법신(護法神).

原文 經由中國太和池邊 忽有神人出問 胡爲至此 藏答曰 求菩提故 神人禮拜 又問 汝國有何留難 藏曰 我國北連靺鞨 南接倭人 麗濟二國 迭犯封陲 隣寇縱橫 是爲民梗 神人云 今汝國 以女爲王 有德而無威 故隣國謀之 宜速歸本國 藏問 歸鄕將何爲利益乎 神曰 皇龍寺護法龍 是吾

長子 受梵王之命 來護是寺 歸本國 成九層塔於寺中 隣國降伏 九韓來貢 王祚永安矣 建塔之後 設八關會 赦罪人 則外賊不能爲害 更爲我 於京畿南岸 置一精廬 共資予福 予亦報之德矣 言已 遂奉玉獻之 忽隱不現 貞觀十七年癸卯十六日 將唐帝所賜經像袈裟幣帛而還國 以建塔之事聞 於上

_『삼국유사』 권3, 탑상4, 황룡사구층탑

자료 5

진흥왕 12년(서기 560) 신미에 왕이 거칠부와 대각찬 구진仇珍, 각찬 비태比台, 잡찬 탐지耽知·비서非西, 파진찬 노부奴夫·서력부西力夫, 대아찬 비차부比次夫, 아찬 미진부未珍夫 등 여덟 장군을 시켜서 백제와 함께 고구려를 공격하도록 명령하였다. 백제인들이 먼저 평양을 격파하고, 거칠부 등은 승세를 몰아 죽령竹嶺 이북 고현高峴 이내의 10개 군을 빼앗았다. 이때 혜량법사가 무리를 이끌고 길가에 나와 있었다. 거칠부가 말에서 내려 군례로써 인사하고 앞으로 나아가 말하였다. "옛날 유학할 때 법사님의 은혜를 입어 목숨을 보전하였는데, 지금 뜻밖에 만나게 되니 어떻게 보답하여야 할지 모르겠습니다."

법사가 대답하였다. "지금 우리나라는 정사가 어지러워 멸망할 날이 머지않았으니, 귀국으로 데려가 주기를 바라오." 이에 거칠부가 같이 수레에 타고 돌아와서 왕에게 배알시켰다. 왕이 그를 승통僧統(승려의 가장 높은 지위)으로 삼고 처음으로 백좌강회百座講會와 팔관법회八關法會를 열었다.

原文 眞興大王 … 十二年辛未 王命居柒夫及仇珍大角飡比台角飡耽知迊飡非西迊飡奴夫波珍飡西力夫波珍飡比次夫大阿飡未珍夫阿飡等八將軍 與百濟侵高句麗 百濟人先攻破平壤 居柒夫等 乘勝取竹嶺以外 高峴以內十郡 至是 惠亮法師 領其徒 出路上 居柒夫下馬 以軍禮揖拜 進曰 昔 遊學之日 蒙法師之恩 得保性命 今 邂逅相遇 不知何以爲報 對曰 今 我國政亂 滅亡無日 願致之貴域 於是 居柒夫同載以歸 見之於王 王以爲僧統 始置百座講會及八關之法

_『삼국사기』 권44, 열전4, 거칠부

자료 6

또 건복建福[주12] 30년 계유(613) 가을에 수나라 사신으로 왕세의王世儀가 왔다. 그래서 황룡사皇龍寺에서 백좌도량百座道場을 열고 여러 고승을 청해 불경을 강의했는데, 원광이 가장 윗자리에 앉았다.

주12 건복 : 신라 진평왕의 연호. 건복 30년은 진평왕 35년(613).

原文 又建福三十年癸酉秋 隋使王世儀至 於皇龍寺設百座道場 請諸高德說經 光最居上首

_「삼국유사」 권4, 의해5, 원광서학

자료 7

3월에 임금이 병이 들었는데, 의약과 기도가 효과가 없었으므로, 황룡사에서 백고좌회百高座會를 열어 승려를 모아 인왕경仁王經을 강론케 하고 100명에게 승려가 되는 것을 허락하였다.

原文 三月 王疾 醫禱無效 於皇龍寺設百高座 集僧講仁王經 許度僧一百人

_「삼국사기」 권5, 선덕왕 5년(636)

자료 8

봄 3월에 서울에 지진이 나서, 민가가 무너지고 사망자가 백여 명이 되었으며 태백성[주13]이 달에 들어가자, 백좌법회百座法會를 열었다.

주13 태백성 : 금성.

原文 春三月 京都地震 壞民屋 死者百餘人 太白入月 設百座法會

_「삼국사기」 권9, 혜공왕 15년(779)

자료 9

황룡사皇龍寺에서 백고좌百高座를 열고 임금이 직접 행차하여 설법을 들었다.

原文 設百高座皇龍寺

_「삼국사기」 권11, 진성왕 원년(887)

자료 10

제55대 경애왕景哀王이 왕위에 오른 동광同光[주14] 2년(924) 2월 19일에 황룡사에서 백좌百座를 열어 불경을 풀이하였다. 그리고 선승 300명에게 음식을 대접하고 대왕이 친히 행차하여 향을 피워 불공을 드렸다. 이것이 백좌로서는 선종과 교종이 함께한 시초가 되었다.

주14 동광 : 후당(後唐) 장종(莊宗)의 연호(923~925).

原文 第五十五 景哀王卽位 同光二年甲申二月十九日 皇龍寺設百座說經 兼飯禪僧三百 大王親行香致供 此百座通說禪敎之始

_「삼국유사」 권2, 기이2, 경애왕

출전

『삼국사기』

『삼국유사』

찾아읽기

김문경, 「삼국 · 신라시대의 불교 신앙결사」, 『사학지』10, 1976.

이영호, 「신라 중대 왕실사원의 관사적 기능」, 『한국사연구』43, 1983.

안예환, 「문무왕과 대왕암 연구: 호국사상을 중심으로」, 고려대 석사학위논문, 1984.

이기백, 「신라시대의 불교와 국가」, 『역사학보』111, 1986.

이수훈, 「신라 승관제의 성립과 기능」, 『부대사학』14, 1990.

박남수, 「신라 승관제에 관한 재검토」, 『가산학보』4, 1995.

이상승, 「신라시대의 황룡사의 정치적 기능」, 한국교원대 석사학위논문, 1995.

김영미, 「삼국 및 통일신라 불교사연구의 현황과 과제」, 『한국사론』28, 1998.

남동신, 「신라 중고기 불교치국책과 황룡사」, 『신라문화연구』22, 2001.

조범환, 「신라시대 황룡사의 위상」, 『경주문화연구』4, 2001.

곽승훈, 『통일신라시대의 정치변동과 불교』, 국학자료원, 2002.

신선혜, 「6~7세기 신라 불교계의 동향과 승정」, 고려대 석사학위논문, 2005.

김복순, 「신라의 백고좌법회」, 『신라문화』36, 2010.

최연식, 「문초의 저술과 원효 화엄사상의 관련성에 대한 검토」, 『한국사상사학』39, 2011.

이한상, 「황룡사 창건 및 목탑 축조의 사회적 배경」, 『인문과학논문집』49, 2012.

최선자, 「신라 황룡사의 창건과 진흥왕의 왕권강화」, 『한국고대사연구』72, 2013.

남미선, 「황룡사 구층목탑 건립의 배경과 목적」, 경북대 석사학위논문, 2015.

4 불력을 이용해 해양방어의식을 고취하다

사천왕사와 감은사

사천왕사와 감은사는 불교를 통해서 해양침략세력을 지지하기 위해 세운 사찰이었다. 문무왕은 당의 해양침략을 막기 위해 명랑법사에게 의뢰하여 낭산 기슭에 사천왕사를 세웠고, 신문왕은 대왕암 및 만파식적의 설화와 결부하여 일본의 해양침략을 미연에 방지하기 위해 감은사를 동해변에 세웠다.

'해양신앙'과 '역해양신앙'

삼국통일전쟁에서 해상작전과 해전의 위력은 대단했다. 예컨대 660년 소정방蘇定方이 대군을 이끌고 황해를 성공적으로 횡단하여 사비성泗沘城 함락을 주도했고, 663년에 손인사孫仁師가 당 원군을 이끌고 역시 황해를 무사히 횡단하여 주류성周留城 함락의 단초를 마련했던 것이 그 대표적인 사례이다. 또한 675년의 천성泉城 해전과 676년의 기벌포伎伐浦 해전은 신라가 당 수군의 상륙을 저지함으로써 나당 전쟁을 승리로 이끈 대표적인 사례이다.

이처럼 해상작전과 해전은 전쟁의 승부를 결정짓는 위력을 발휘했고, 그 위력 때문에 선단의 항해航海는 군사 작전에서 빼놓을 수 없는 유력한 방편이었다. 그렇지만 한편으로 당시 해난 사고가 빈발했던 만큼 항해는 극히 위험하고 불확실한 모험으로 간주되기도 하였다. 따라서 해양침략을 감행하려는 세력에게는 항해의 위험성과 불확실성을 다소나마 완화시켜 줄 수 있는 '심리적 보험'이 필요했던 것이니, 안전 항해를 기원하는 다양한 해양신앙海洋信仰이 발달했던 것은 이 때문이었다. 그런데 이와 반대로 해양침략을 저지해야 했던 상대편의 입장에서는 마땅히 항해의 실패를 간절히 염원했을 것이니, 해양신앙에 대응하는 이른바 '역해양신앙逆海洋信仰'이 성행했던 것도 염두에 둘 일이다.

여기에서 소개하는 사천왕사四天王寺와 감은사感恩寺는 불력佛力으로 신라인의 해양방어의식을 고취하여 당과 일본의 해양침략을 저지하려고 했던 '역해양신앙'의 대표 사례에 해당한다. 사천왕사는 명랑법사明朗法師의 문두루비법文豆婁秘法을 통해서 당의 해양침략을 저지하려는 염원이, 감은사는 문무왕의 호국룡과 만파식적의 신앙과 결부하여 일본의 해양침략을 저지하려는 염원이 담겨 있는 사찰로 전해지고 있다.

명랑법사의 문두루비법과 사천왕사

『삼국유사』에는 불력으로 황해를 횡단해 오는 당의 선단을 침몰시켰다는 자못 황당하면서도 통쾌한 설화가 전한다. 명랑의 문두루비법 이야기다. 그 설화의 내용을 간추려 보면 대략 다음과 같다.[자료1]

백제와 고구려가 망한 후에 신라가 백제 고지에 대해 영향력을 확대해 가자, 당은 669년에 설방薛邦으로 하여금 50만 대군을 이끌고 신라를 치게 한다. 당에 머물러 있던 의상이 귀국하여 이 소식을 전한다. 문무왕은 용궁에 들어가 비법을 전수받아 왔다는 명랑을 불러 당 수군의 퇴치의 방법을 묻고, 명랑은 낭산狼山 남쪽 신유림神遊林에 사천왕사를 짓고 비법을 쓰면 가능하다고 한다. 사태가 급박하여 사찰을 건립할 겨를이 없자 명랑의 건의에 따라 임시로 채색비단으로 절을 만들고 풀로 오방신장五方神將을 꾸려 놓고 문두루비법을 부렸더니, 바다에 풍랑이 일어 당의 함대가 모두 침몰한다. 나중에 절을 완성하여 사천왕사라 부른다.

671년에 당은 다시 조헌趙憲으로 하여금 5만 군사를 이끌고 신라를 치게 하니, 신라는 다시 문두루비법을 써서 당 수군을 침몰시킨다. 당 고종은 대군이 연이어 침몰한 것을 수상히 여겨 신라에 사신을 파견하여 알아보도록 한다. 신라는 문두루비법의 사찰인 사천왕사의 존재를 숨기고 당 사신에게 뇌물을 주면서 급조한 별도의 사찰로 안내하여 위기를 모면한다. 후일 이 절은 망덕사望德寺라 불린다.

요컨대 명랑이 사천왕사에서 문두루비법을 써서 침략해 오는 당 수군을 두 차례 침몰시켰다는 내용이다. 그런데 이 설화 중에 나오는 설방과 조헌의 신라 침략에 대해서는 다른 사서에서는 전혀 찾아볼 수 없으므로, 역사적 사실로서보다는 역시 당의 대규모 해상침략에 대하여 불력을 통해 극복하고자 했던 당시 신라인의 염원과 분위기를 전하는 설화로 이해하는 것이 타당하다.

문두루는 산스크리트어 '문드라Mundra'를 음역한 말로서, '신의 인증'을 의미하는 '신인神印'이라는 한자어로 의역되기도 한다. 이는 신을 향해 무언가를 염원하는, 주술적 요소가 중시되는 불교의 한 유파인 밀교密敎에 속하는 종교의식으로 볼 수 있다. 『불설관정경佛說灌頂經』에 소개된 문두루법에 의하면, 먼저 자신이 부처와 다름없다는 생각을 가지고 불제자와 보살을 생각하면서 오방대신五方大神을 써넣은 둥근 나무를 내세워 '문두루'로 삼으면 어떠한 악귀도 굴복시킬 수 있다고 한다.

문두루비법을 구사한 명랑은 신라 신인종神印宗의 개조로 알려진 법사였다. 『삼국유사』에 의하면 그는 중국에 건너가 도를 배우고 돌아오던 중에 바다용의 요청에 따라 용궁에 들어가서 비법과 용왕의 황금 보시를 받고 돌아와 금광사金光寺를 창건했다는 신비스런 설화의 주인공으로 그려지고 있다.[자료2] 용왕으로부터 보시를 받을 정도로 바다에 대한 영향력이 막강한 인물로 기대를 한몸에 받고 있었던 그였으니, 그가 용왕으로부터 받아온 문두루비법의 영험이야말로 당 수군의 퇴치를 염원하는 신라인에게 강력한 '역해양신앙'의 메시지로 간주되었을 것이다.

명랑은 과연 『불설관정경』에 나오는 바대로 급히 채색비단으로 사천왕사를 꾸미고 여기에 오방신장을 설치하여 12명의 유가명승을 동원하여 문두루비법을 폈으며, 그 결과 대규모 당 수군이 두 차례에 걸쳐 침몰했다고 한다. 사천왕이란 원래 사방을 주

경주 사천왕사지 발굴현장

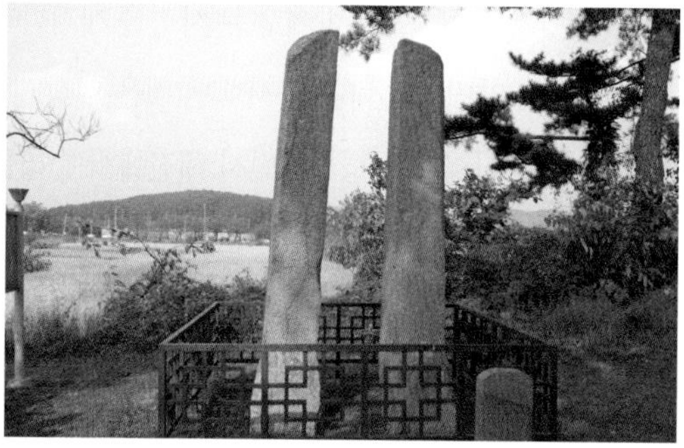

경주 망덕사지 당간지주

관하는 사방신장을 의미하는 인도적 개념인데 여기에 중앙을 더한 중국적 오방신장의 개념이 결합하여, '사천왕사에 오방신장을 설치한다'는 독특한 명랑식 문두루비법의 개념으로 재탄생된 것이다.

여기에 주목되는 것은 명랑이 사천왕사의 건립처로 신유림神遊林이라는 곳을 지목했다는 것이다. 신유림이란 '신들이 노니는 숲'이라는 의미로, 계림鷄林, 천경림天鏡林, 문잉림文仍林 등과 함께 신라의 대표적인 신성림神聖林의 하나로 알려진 곳이다. 이로 인해 신유림에 사천왕사를 세움으로써 신라의 전통적 신성의 힘이 더해져서 문두루비법의 영험이 더욱 고조될 것이라는 기대와 믿음이 더욱 극대화되었을 것임은 물론이다.

이러한 명랑의 문두루비법은, 신라인에게 당의 해양침략의 두려움을 누그러뜨려 주고 해양방어의 자신감을 심어주는 '역해양신앙'의 '심리적 보험'으로 기능했을 것이다. 그리하여 신라인들은 자신감을 가지고 해양방어에 적극 나설 수 있게 되었고, 실제로 당 수군과의 대결에서 연이은 해전의 승리를 성취하면서 그 사기는 더욱 충천했던 것이다. 반면 당은 해전에서 연패를 거듭하자 이것이 모두 신라의 문두루비법의 영험 때문이라는 소문에 직면하게 되었고, 이로 인해 점점 자신감을 상실하고 초조해지면서 그 원인으로 간주되는 문두루비법을 분쇄하려 하였다. 당이 사신을 보내 문두루비법의 사찰인 사천왕사에 대한 감찰에 나섰다는 것이 그것이다.

결국 신라는 당 사신에게 사천왕사를 은폐하고 망덕사를 내세워 '당의 덕을 기린다'는 메시지만을 전달하였으니, 이는 나당 전쟁의 과정에서 문무왕이 네 차례에 걸쳐 사죄사를 보내 전쟁을 할 수밖에 없는 사정을 개진함과 함께 당에 불충을 저지른 것에 대해 사죄하는 양면의 전략을 구사했던 것을 연상케 한다. 신라는 이처럼 '실전'과 함께 신앙을 통한 '심리전'을 병행하면서 해전에서 승리를 이끌어냈고, 마침내 나당 전쟁의 최후 승리자가 되었다. 이런 의미에서 근래에 발굴 중에 있는 경주 낭산 아래의 사천왕사와 그 인근에 있는 망덕사지는, 나당 전쟁 중에 신라가 구사한 '역해양신앙'의 심리전을 상징적으로 보여주는 유적으로 새로운 의미부여를 해봄직하다.

감은사와 대왕암과 만파식적

『삼국사기』에 의하면 문무왕이 돌아가자 그의 유언에 따라 동해 입구의 큰 바위에 장사지내고 이를 대왕암이라 불렀다 한다. 여기에 왕이 용이 되었다는 '속설'에 대한 간단한 언급도 덧붙였다.[자료3] 그런데 『삼국유사』에는 '속설'과 관련한 이야기가 좀 더 자세하게 전한다. 문무왕은 평소 지의법사智義法師에게 죽어서 나라를 지키는 동해 바다의 용이 되겠다는 생각을 개진했고, 지의법사가 짐승의 응보인 용이 되려는 것을 만

감은사지 삼층석탑

감은사 복원도
경주시 양북면 용당리에 있으며, 절터와 삼층석탑 한 쌍만 남아 있다. 삼국을 통일한 문무왕이 호시탐탐 침략을 노리는 일본을 물리치려고 이곳에 절을 짓다 완공하지 못하고 돌아가고, 뒤를 이은 신문왕이 완성하여 아버지 문무왕의 은덕을 기리고자 감은사라 이름 붙였다. 문무왕은 죽은 뒤에 나라를 지키는 동해의 호국용이 되리라던 유언에 따라 화장하여 감은사 앞바다에 있는 조그만 바위섬에 묻혔는데, 이것이 바로 해중릉인 대왕암이다. 감은사 금당은 문무왕의 화신인 동해 용이 출입할 수 있도록 꾸며 놓았다.

류하였지만, 왕이 마음을 바꾸지 않았다는 것이다.[자료4] 이에 덧붙여 문무왕이 왜병을 진압하기 위해서 동해변에 절을 짓기 시작했으나 완성하지 못한 것을 그 아들 신문왕이 682년에 완성하여 부왕의 은혜에 감사한다는 의미로 감은사感恩寺라 칭하게 되었다는 이야기, 용이 된 부왕이 절에 들어와 돌아다니도록 감은사의 금당 계단 아래에 동쪽을 향해 구멍을 하나 뚫어두었다는 이야기도 전한다.[자료5]

경주의 감포 앞바다에 떠 있는 유명한 대왕암은 문무왕의 해중릉으로 알려져 있고, 대왕암을 향해 동해바다로 흐르는 대종천大宗川이라는 하천 하구의 동편에 감은사지가 남아 있어, 『삼국사기』와 『삼국유사』 등에 전하는 역사와 설화를 증빙해 주고 있다.

그렇다면 문무왕은 왜 동해변에 절을 짓고 짐승의 응보를 감수하면서까지 나라를 지키는 동해의 용이 되겠다고 나서야만 했을까? 삼국통일의 위업을 달성한 문무왕에게 남겨진 근심거리가 있었던 모양이니, 당시의 국제정세를 살펴보면 그의 근심거리가 어느 정도는 이해된다.

7세기에 삼국 간에 격렬하게 전개되어 간 통일전쟁은, 급기야 당과 왜까지 참전함으로써 일약 '동아시아대전'의 양상으로 확대되었다. 그리고 그 결과 신라가 삼국을 통일하였다. 그 과정에서 신라는 왜와 당을 적으로 돌려야 했고, 이것이 종전 후에 후유증으로 남았다. 신라는 당과 연합하여 백제를 지원한 왜군을 663년 백촌강 해전에서 격파했고, 이후 당과도 치열한 전쟁을 벌여 676년 기벌포 해전의 승리를 끝으로 당군을 무력으로 축출했기 때문이다. 신라는 비록 통일을 달성했지만, 신라와 당과 일본의 삼국 관계로 압축된 동아시아 국제관계에서 외로운 처지로 전락할 수밖에 없었다.

동맹국인 백제의 멸망에 충격을 받은 왜는 670년에 국호를 일본으로 개명하여 심기일전하여 신라에 대해 적대의식을 노골적으로 드러냈다. 당은 676년부터 자국을 무력으로 축출한 신라와의 외교관계를 단절해버렸고, 남쪽의 일본은 신라에 대한 해상 침략을 호시탐탐 노렸다. 신라의 위태로운 무원고립의 상황은 호전되지 않고 오히려 악화되어 가고 있었다.

당은 678년 9월에 신라를 재침공하려는 계획도 세웠지만 토번과의 전쟁에 발목이 잡혀 실행에 옮길 만한 여유가 없었다. 따라서 신라에게 당장 시급했던 것은 당보다는 일본의 해양침략 가능성에 대비하는 일이었다. 이에 문무왕은 동남방의 해양방어에 총력을 기울였다. 그가 동해변에 절을 세우려 했던 것이나, 임종을 맞아 스스로 동해의 용이 되고자 했던 것 등은, 모두 일본의 해상침략을 막겠다는 의지를 종교적 염원을 실어 강변한 것이었다. 이는 또한 후왕인 신문왕에게 일본에 대한 해양방어의 경각심을 갖도록 경고하기 위함이기도 하였다.

신문왕은 문무왕의 경고를 충실히 따라 대일본 해양방어를 위한 국민적 역량 모으기에 나섰다. 그는 먼저 즉위하자마자 유언에 따라 문무왕을 화장하여 동해 대왕암에 장사지내고, 문무왕이 시작한 동해변의 사찰 건립사업을 마무리 지어 부왕의 은혜를 기린다는 의미로 감은사라 칭하였다. 그리고 그 이듬해(682)에는 동해의 용이 된 문무왕과 천신이 된 김유신이 만파식적萬波息笛이라는 보물을 신문왕에게 내렸다는 설화를 유포함으로써, 문무왕과 김유신의 권위를 빌어 국왕의 정통성을 널리 선양함과 동시에 해양방어에 대한 신라인의 의식을 고취하고자 했다.[자료6]

만파식적이란 '만 개의 파도를 다스리는 피리'란 뜻으로서, 포괄적으로는 '신라의 모든 난관을 극복할 수 있도록 도와주는 피리'로 이해할 수도 있겠고, 좀 한정시키면 '해양침략의 근심거리를 퇴치해 줄 피리'로 해석할 수도 있다. 처음에는 일본의 해양침략 위협을 대비한다는 취지에서 시작했던 것이 점차 포괄적인 의미로 확대되면서 이름도 만파식적에서 '만만파파식적'으로 바뀐 것으로 보인다. 결국 만파식적은 신문왕이 신라인의 해양방어의식을 고취하기 위해, 삼국통일의 두 영웅인 문무왕과 김유신의 권위를 빌어 의도적으로 부각시킨 신물신앙神物信仰의 산물이었다.

이러한 만파식적의 설화는 감은사 금당 계단 아래의 동쪽에 구멍 하나를 뚫어 동해의 용이 된 부왕이 절에 들어와서 돌아다닐 수 있게 배려하였다는 이야기와도 긴밀하게 연관되어 있다. 결국 신문왕은 감은사와 대왕암을 하나로 연결시키고 이를 다시 이

이견대에 복원한 정자

견대利見臺에서 얻었다는 만파식적 설화와 융합시킴으로써 불교신앙과 용신신앙, 그리고 신물신앙의 여러 신앙을 집대성하여 호국 이념을 극대화하고 신라인의 대일본 해양방어의식을 고취시키려 했다고 볼 것이다.

이러한 신문왕의 대일본 해양방어의식의 고취 노력은 이후 석굴암과 골굴암의 건립으로 연결되었던 것으로 보인다. 감은사의 앞을 지나 동해의 대왕암으로 흘러가는 대종천은, 그 한 줄기는 토함산吐含山에서 발원하고 한 줄기는 함월산含月山에서 발원하고 있는데, 두 발원처에 각각 석굴암과 골굴암이라는 두 석굴사원이 축조되었다는 것은 심장한 의미를 지닌다. 이는 대종천을 통해서 석굴암과 골굴암을 감은사와 통하게 하고, 이를 이견대와 대왕암과도 연결시킴으로써, 불력을 통해 해양을 방어한다는 의식과 의지를 한껏 고취하고자 했던 주도면밀한 기획의 산물이었다.

해양방어의 주요 대상은 역시 일본이었다. 이후 성덕왕은 재위 21년(722)에 왕경의 남부에 관문성을 축조함으로써 대일본 해양방어체제를 실질적으로도 더욱 강화하였다.[자료7] 그럼에도 불구하고 일본은 당분간 신라에 대한 침략을 그치지 않았으니, 성덕왕 30년의 침략 사실이 이를 반영한다. 그런데 일본의 신라 침략은 점차 정치적 · 군사적 이유에서보다는 장기간에 걸친 교역의 단절로 인해 추락한 경제적 욕구를 복원 · 충족하려는 이유에서 나오는 경우가 더 많아졌다. 그리하여 해양을 사이에 두고 조성되어 온 양국 간의 군사적 긴장관계는 조만간 동아시아의 국가 간에 정치적 · 경제적 교류관계가 복원되면서 서서히 해소되는 국면으로 접어들었다.

자료샘

자료 1

이때 당나라 유격병과 여러 장병들이 진鎭에 머물러 있으면서 우리 신라를 습격하려고 꾀하는 자가 있었다. (문무)왕이 이를 깨닫고 군사를 일으키자, 다음 해(669)에 고종이 김인문金仁問[주1] 등을 불러 꾸짖어 말하였다. "너희들이 우리 군사를 요청하여 고구려를 멸망시켰는데, 우리를 해치는 것은 어째서인가?" 이렇게 말하고는 인문 등을 가두고, 군사 50만을 훈련시켜서 설방薛邦을 장수로 삼아 신라를 치려고 하였다. 이 당시 의상대사義相大師가 서쪽으로 당나라에 들어가서 인문 등을 만났다. 인문이 이 사실을 알려주자, 의상대사는 곧 동쪽으로 돌아와서 왕에게 아뢰었다. 왕은 크게 걱정하며 여러 신하들을 모아서 방어할 대책을 물었다. 각간 김천존金天尊이 아뢰었다. "근래에 명랑법사明朗法師가 용궁에 들어가 비법을 전수받아 왔으니, 청하옵건대 그를 불러 물어보십시오." 명랑대사가 와서 이렇게 말하였다. "낭산狼山[주2]의 남쪽에 신유림神遊林이 있습니다. 그곳에 사천왕사四天王寺 창건하고 도량을 개설하면 될 것입니다." 그때 정주貞州[주3]에서 사람이 달려와서 보고하였다. "무수히 많은 당나라 병사들이 우리 국경에 들어와서 바다 위를 돌아다니고 있습니다." 왕이 명랑을 불러 말하였다. "사태가 벌써 급박하게 되었으니 어찌해야 하는가?" "채색 비단으로 임시로 절을 지으시면 됩니다." 그래서 채색 비단으로 절을 꾸미고 풀로 동서남북과 중앙의 다섯 방위를 맡은 오방신상五方神像을 만들었다. 그리고 유가瑜珈에 밝은 스님 12명에게 명랑을 우두머리로 삼아 문두루비법文豆婁秘法을 쓰게 하였다. 그러자 당나라와 신라의 군사가 아직 싸움을 하지도 않았는데, 바람과 파도가 사납게 일어 당나라 배들이 모두 침몰하였다. 그 후 절을 고쳐서 다시 짓고 사천왕사四天王寺라고 하였다. 지금도 단석壇席[주4]이 없어지지 않았다. 그 뒤 신미년(671)에 당나라에서 조헌趙憲을 장수로 삼아 또 다시 5만의 군사가 쳐들어왔다. 그래서 또 그 비법을 사용하자 예전처럼 배가 모두 침몰하였다. 그 당시 한림랑翰林郎[주5] 박문준朴文俊이 김인문과 함께 감옥에 있었다. 고종이 문준을 불러 말하였다. "너희 나라에서는 무슨 비법이 있기에, 두 번이나 대군을 보냈는데도 살아 돌아오는 자가 없는가?" 문준이 아뢰었다. "저희 신하들은 당나라에 온 지 10여 년이나 되었기 때문에 본국의 사정을 모릅니다. 다만 멀리서 한 가지 일을 들었을 뿐입니다. 우리나라가 상국의 은혜를 두텁게 입어 삼국을 통일했기 때문에, 그 은덕을 갚으려고 낭산 남쪽에 천왕사를 창건하여 황제의 만수를 빌기 위

주1 김인문 : 당에 머물러 있던 문무왕의 아우.

주2 낭산 : 신라 왕경의 중앙에 위치한 나지막한 산. 선덕여왕릉과 문무왕을 화장했다는 능지탑 등이 있다.

주3 정주 : 임진강 하구의 북안에 위치한 개풍군 풍덕(豊德).

주4 단석 : 단을 만들고 자리를 편다는 뜻으로 불교의 도량(道場)을 말함.

주5 한림랑 : 왕의 측근에서 왕명이나 조칙 작성과 같은 문필을 담당한 통일신라의 관직.

주6 법석 : 불교에서 설법이나 독경 등의 불사를 행하는 자리.

주7 망덕사 : 경주시 배반동 남산에 있던 절. 현재 사천왕사지의 남동쪽 약 300m 지점에 절터만 있다.

해 오래도록 법석法席주6을 열었을 뿐이라고 합니다." 고종은 이 말을 듣고 크게 기뻐하며 즉시 예부시랑 악붕귀樂鵬龜를 신라에 사신으로 보내어 그 절을 살펴보게 하였다. 왕은 당나라 사신이 온다는 것을 먼저 듣고 이 절을 보이는 것은 마땅하지 않다고 여겨서, 별도로 그 남쪽에 새 절을 창건하고 사신을 기다렸다. 사신이 이르러서 말하였다. "반드시 황제의 장수를 비는 천왕사에 가서 향불을 올리고자 합니다." 그래서 곧 인도하여 새 절을 보여주었다. 그 사신은 문 앞에 서서 "이것은 사천왕사가 아니라 곧 망덕요산望德遙山의 절입니다."라 말하고는 끝내 들어가지 않았다. 신라 사람들이 금 일천 냥을 주었더니, 그 사신은 곧 돌아가서 이렇게 아뢰었다. "신라에서 천왕사를 지어서 새 절에서 황제의 장수를 빌 뿐입니다." 그래서 당나라 사신의 말에 따라 이 절을 망덕사望德寺주7라고 불렀다.

原文 時唐之游兵 諸將兵 有留鎭而將謀襲我者 王覺之 發兵之 明年 高宗使召仁問等 讓之曰 爾請我兵以滅麗 害之何耶 乃下圓扉 鍊兵五十萬 以薛邦爲帥 欲伐新羅 時義相師西學入唐來見仁問 仁問以事諭之 相乃東還上聞 王甚憚之 會群臣問防禦策 角干金天尊奏曰 近有明朗法師 入龍宮 傳秘法而來 請詔問之 朗奏曰 狼山之南 有神遊林 創四天王寺於其地 開設道場則可矣 時有貞州使走報曰 唐兵無數至我境 廻槧海上 王召明朗曰 事已逼至 如何 朗曰 以彩帛假搆宜矣 乃以彩帛營寺 草搆五方神像 以瑜珈明僧十二員 明朗爲上首 作文豆婁秘密之法 時唐羅兵未交接 風濤怒起 唐船皆沒於水 後改刱寺 名四天王寺 至今不墜壇席[國史云改刱 在調露元年己卯] 後年辛未 唐更遣趙憲爲帥 亦以五萬兵來征 又作其法 船沒如前 時翰林郎朴文俊 隨仁問在獄中 高宗召文俊曰 汝國有何密法 再發大兵 無生還者 文俊奏曰 陪臣等來於上國一十餘年 不知本國之事 但遙聞一事爾 厚荷上國之恩 一統三國 欲報之德 新刱天王寺於狼山之南 祝皇壽萬年 長開法席而已 高宗聞之大悅 乃遣禮部郎樂鵬龜 使於羅 審其寺 王先聞唐使將至 不宜見玆寺 乃別刱新寺於其南 待之 使至曰 必先行香於皇帝祝壽之所天王寺 乃引見新寺 其使立於門前曰 不是四天王寺 乃望德遙山之寺 終不入 國人以金一千兩贈之 其使乃還奏曰 新羅刱天王寺 祝皇壽於新寺而已 因唐使之言 因名望德寺

_『삼국유사』 권2, 기이2, 문호왕법민(文虎王法敏)

자료 2

「금광사본기金光寺本記」를 살펴보면 이러한 기록이 있다. "법사가 신라에서 태어나서 당나라로 들어와 도를 배우고 돌아오는 길에, 바다 용의 청에 따라 용궁에 들어가 비법을 전하고 황금 1,000냥을 시주 받아 땅 밑으로 몰래 와서 자기 집 우물 밑에서 솟아나왔다. 자기 집을 희사하여 절을 만들었고 용왕이 시주한 황금으로 탑과 불상을 장식하자 광채가 유달리 특이하였다. 그래서 절을 금광사金光寺라 하였다."

原文 按金光寺本記云 師挺生新羅 入唐學道 將還 因海龍之請 入龍宮傳秘法 施黃金千兩 潛行地下 湧出本宅井底 乃捨爲寺 以龍王所施黃金飾塔像 光曜殊特 因名金光焉

_『삼국유사』 권5, 신주(神呪)6, 명랑해인(明朗海印)

자료 3

7월 1일에 임금이 돌아가셨다. 시호를 문무文武라 하고 여러 신하들이 유언에 따라 동해 어귀의 큰 바위에 장사 지냈다. 민간에서 전하기를, '임금이 화化하여 용이 되었다.'라 하고, 또 그 바위를 가리켜 대왕석大王石이라 불렀다.

原文 秋七月一日 王薨 諡曰文武 群臣以遺言葬東海中大石上 俗傳王化爲龍 仍指其石爲大王石

_『삼국사기』 권7, 21년(681)

자료 4

대왕이 나라를 다스린 지 21년째인 영륭永隆[주8] 2년(681)에 세상을 떠났다. 유언에 따라 동해 바다 가운데의 큰 바위에 장사 지냈다. 왕은 평소 지의법사智義法師에게 늘 이렇게 말하였다. "짐은 죽은 후에 나라를 지키는 큰 용이 되어서 불법을 받들고 우리나라를 수호하겠소." 그러자 법사가 말하였다. "용은 짐승의 응보인데 어째서 그러하십니까?" "나는 세간의 영화를 싫어한 지 이미 오래되었소. 만약 추한 응보로 짐승으로 태어난다고 해도 짐이 바라던 바와 맞는다오."

주8 영륭 : 당 고종의 연호(680~681).

原文 大王御國二十一年 以永隆二年辛巳崩 遺詔葬於東海中大巖上 王平時常謂智義法師曰 朕身後願爲護國大龍 崇奉佛法 守護邦家 法師曰 龍爲畜報何 王曰 我厭世間榮華久矣 若麤報爲畜 則雅合朕懷矣

_『삼국유사』 권2, 기이2, 문호왕법민(文虎王法敏)

자료 5

제31대 신문왕神文王의 이름은 정명政明이고 김씨이다. 개요開耀[주9] 원년(681) 7월 7일에 왕위에 오르자, 거룩하신 부왕인 문무대왕文武大王을 위하여 동해 바닷가에 감은사感恩寺를 창건하였다. 절에 있는 기록은 이러하다. "문무왕께서 왜군을 진압하려고 이 절을 짓기 시작하셨지만 다 마치지 못하고 세상을 떠나시어 바다의 용이 되셨다. 그

주9 개요 : 당 고종의 연호. 개요 원년은 681년.

아드님이신 신문왕께서 왕위에 오른 해인 개요 2년(682)에 공사를 마쳤다. 금당 돌계단 아래에 동쪽을 향해 구멍을 하나 뚫어두었으니, 곧 용이 절로 들어와 돌아다니게 하려고 마련한 것이다. 왕의 유언에 따라 뼈를 보관한 곳이므로, 대왕암大王岩이라고 불렀고 절은 감은사感恩寺라고 하였다. 뒤에 용이 모습을 나타낸 곳을 이견대利見臺라고 하였다."

原文 第三十一 神文大王 諱政明 金氏 開耀元年辛巳七月七日卽位 爲聖考文武大王 創感恩寺於東海邊 寺中記云 文武王欲鎭倭兵 故始創此寺 未畢而崩 爲海龍 其子神文立 開耀二年畢排 金堂砌下 東向開一穴 乃龍之入寺 旋繞之備 蓋遺詔之葬骨處 名大王岩 寺名感恩寺 後見龍現形處 名利見臺

_『삼국유사』 권2, 기이2, 만파식적(萬波息笛)

자료 6

다음해 임오년(682) 5월 초하루에 해관海官 파진찬波珍湌 박숙청朴夙淸이 아뢰었다. "동해 가운데 작은 산이 있었는데, 감은사 쪽으로 떠내려 와서 물결에 따라 오가고 있습니다." 왕이 이상하게 여기어 천문을 담당한 관리인 김춘질金春質에게 점을 치게 하였더니 이렇게 말하였다. "거룩하신 선왕께서 이제 바다의 용이 되어 삼한을 지키고 있습니다. 거기에 또 김유신 공도 삼십삼천의 한 분으로 이제 이 신라에 내려와 대신이 되었습니다. 두 성인이 덕을 같이 하여 성을 지킬 보물을 내리려고 하십니다. 만일 폐하께서 바닷가에 행차하시면 반드시 값으로 따질 수 없는 큰 보물을 얻게 되실 것입니다." 왕은 기뻐하며 그 달 7일에 이견대利見臺에 행차하여 그 산을 바라보고는 사람을 보내어 살펴보도록 하였다. 산의 모습은 마치 거북이 머리 같았고 그 위에는 한 줄기의 대나무가 있었는데, 낮에는 둘이 되었다가 밤에는 하나로 합해졌다. 사신이 와서 이러한 사실을 아뢰자, 왕은 감은사로 가서 묵었다. 다음날 오시에 대나무가 합해져서 하나가 되더니 천지가 진동하고 비바람이 몰아쳐 7일 동안이나 깜깜하였다가 그 달 16일이 되어서야 바람이 잦아지고 물결이 잔잔해졌다. 왕이 배를 타고 그 산에 들어갔는데, 용이 검은 옥띠를 받들고 와서 바쳤다. 왕이 용을 맞이하여 함께 앉아서 물었다. "이 산의 대나무가 혹은 갈라지고 혹은 합해지는 것은 어찌해서인가?" 용이 말하였다. "비유하자면 한 손으로 손뼉을 치면 소리가 나지 않지만, 두 손으로 치면 소리가 나는 것과 같습니다. 이 대나무라는 물건도 합해진 연후에야 소리가 납니다.

거룩하신 왕께서 소리로 천하를 다스릴 상서로운 징조입니다. 왕께서 이 대나무를 가져다가 피리를 만들어서 불면 천하가 평화로워질 것입니다. 지금 왕의 아버지께서 바다의 큰 용이 되셨고 김유신은 다시 천신이 되었습니다. 두 성인이 마음을 합치셔서 이처럼 값으로 따질 수 없는 큰 보물을 저에게 바치도록 하셨습니다." 왕이 놀랍기도 하고 기쁘기도 하여서 오색찬란한 비단과 금과 옥으로 용에게 보답하였다. 그리고 명을 내려 대나무를 베도록 하였는데, 바다에서 나올 때 산과 용이 홀연히 사라져서 보이지 않았다. 왕이 감은사에서 묵고는 17일에 기림사祇林寺[주10] 서쪽 시냇가에 이르러서 수레를 멈추고 점심을 먹고 있었는데, 태자 이공理恭[즉 효소대왕(孝昭大王)이다]이 대궐을 지키다가 이 일을 듣고 말을 달려와서 축하하였다. 그리고 천천히 옥대를 살펴보더니 이렇게 말하였다. "이 옥띠의 여러 개의 장식은 모두 다 진짜 용입니다." 왕이 말하였다. "네가 그것을 어떻게 아느냐?" 태자가 아뢰었다. "하나를 따서 물에 넣어 보십시오." 왼쪽 두 번째 것을 따서 계곡물에 넣었더니 곧 용이 되어서 하늘로 올라갔고, 그 땅은 연못이 되었다. 그래서 이 연못을 용연龍淵이라고 부른다. 왕이 대궐로 돌아와서 그 대나무로 피리를 만들어 월성月城 천존고天尊庫에 보관하였다. 피리를 불면 적군이 물러나고 병이 나았으며, 가물면 비가 오고 장마가 지면 날이 개었으며, 바람이 잠잠해지고 파도가 잔잔해졌다. 그래서 만파식적萬波息笛이라고 부르고 국보로 삼았다. 효성왕[주11] 때인 천수 4년 계사(693)에 부례랑夫禮郞이 살아서 돌아오는 이상한 일이 있어나서, 다시 이름을 만만파파식적萬萬波波息笛이라고 하였다. 부례랑의 전기[주12]에 상세히 실려 있다.

주10 기림사 : 경주시 양북면의 함월산에 있는 절.

주11 효성왕 : 신라 34대 왕(재위 737~742).

주12 부례랑의 전기 : 『삼국유사』(권3, 탑상4, 백률사) 참조.

原文 明年壬午五月朔 海官波珍飡朴夙淸奏曰 東海中有小山 浮來向感恩寺 隨波往來 王異之 命日官金春質[一作春日] 占之 曰 聖考今爲海龍 鎭護三韓 抑又金公庾信 乃三十三天之一子 今降爲大臣 二聖同德 欲出守城之寶 若陛下行幸海邊 必得無價大寶 王喜 以其月七日 駕幸利見臺 望其山 遣使審之 山勢如龜頭 上有一竿竹 晝爲二 夜合一[一云 山亦晝夜開合如竹] 使來奏之 王御感恩寺宿 明日午時 竹合爲一 天地震動 風雨晦暗七日 至其月十六日 風霽波平 王泛海入其山 有龍奉黑玉帶來獻 迎接共坐 問曰 此山與竹 或判或合如何 龍曰 比如一手拍之無聲 二手拍則有聲 此竹之爲物 合之然後有聲 聖王以聲理天下之瑞也 王取此竹 作笛吹之 天下和平 今王考爲海中大龍 庾信復爲天神 二聖同心 出此無價大寶 令我獻之 王驚喜 以五色錦彩金玉酬賽之 勅使斫竹 出海時 山與龍忽隱不現 王宿感恩寺 十七日 到祇林寺西溪邊 留駕晝饍 太子理恭[卽孝昭大王] 守闕 聞此事 走馬來賀 徐察奏曰 此玉帶諸窠 皆眞龍也 王曰 汝何以知之 太子曰 摘一窠沈水示之 乃摘左邊第二窠沈溪 卽成龍上天 其地成淵 因號龍淵 駕還 以其竹作笛 藏

於月城天尊庫 吹此笛 則兵退病愈 旱雨雨晴 風定波平 號萬波息笛 稱爲國寶 至孝昭大王代 天授四年癸巳 因夫禮郎生還之異 更封號曰萬萬波波息笛 詳見彼傳

_『삼국유사』 권2, 기이2, 만파식적(萬波息笛)

자료 7

모벌군毛伐郡주13에 성주14을 쌓아 일본이 노략질하는 길을 막았다.

原文 築毛伐郡城 以遮日本賊路

_『삼국사기』 권8, 성덕왕 21년(722)

주13 모벌군 : 경주시 외동읍 모화리와 경주시 북구 농소동 일대. 신라시대 왕경에서 울산으로 통하는 관문에 해당했다.

주14 성 : 경주시 외동읍 모화리 일대에 있는 12㎞에 달하는 통일신라시대의 산성. 원래는 모벌군성이었는데, 조선시대에 관문성(關門城)이라 불렸다.

출전

『삼국사기』

『삼국유사』

찾아읽기

홍윤식, 「산국유사와 밀교」, 『동국사학』14, 1980.

김상현, 「만파식적설화의 형성과 의의」, 『한국사연구』34, 1981.

정태혁, 「한국불교의 밀교적 성격에 대한 고찰」, 『불교학보』188, 1981.

키무라 부오, 「한반도 '한국'의 밀교」, 『밀교의 역사와 문화』, 민족사, 1989.

김상현, 「사천왕사의 창건과 의의」, 『신라와 낭산』17, 1996.

김창호, 「신라 밀교사원 사천왕사의 역사적 위치」, 『밀교학보』3, 2001.

조원영, 「신라 중대 신인종의 성립과 그 미술」, 『부산사학』40 · 41, 2001.

김상태 · 박언곤, 「사천왕사의 밀교적 특성에 관한 연구」, 『대한건축학회논문집』20-4, 2004.

박성희, 「사천왕사의 호국적 성격에 대하여」, 경성대 석사학위논문, 2006.

이근직, 「문무왕의 장례와 만파식적에 관한 단상」, 『경주문화논총』10, 2007.

김남형, 「만파식적 설화의 역사적 의미」, 『한국학논집』38, 2009.

조철제, 「신라옥적 고찰」, 『경주문화논총』12, 2009.

이상훈, 「나당전쟁기 문두루 비법과 해전」, 『신라문화』37, 2011.

5 신라를 불국토로 만들다

불국사와 석불사

불국사는 불교 공인 직후에 신라가 불교와 인연이 있다는 불국토설(佛國土說)을 유포하기 위해 창건하였다. 이후 여러 차례 중창을 이어갔다. 삼국통일 직후에 호국불교사상을 고취하기 위해 토함산에 석불사(석굴암)를 새로 창건하면서 불국사도 대대적으로 중창되었다. 불국사와 석굴암은 1995년 유네스코세계문화유산으로 등재되었다.

불국사와 석불사의 창건 시기

불국사佛國寺와 석불사石佛寺는 경주 토함산의 기슭과 정상에 각각 위치하고 있어, 두 사찰 사이에는 무언가 밀접한 관계가 있을 듯하다. 오늘날에는 석불사를 석굴암石窟庵이라 칭하면서 불국사에 부속된 암자로 소속시키고 있지만, 원래는 석굴암이라는 암자가 아니라 석불사라는 이름의 독립 사찰이었다.

이 두 사찰 이야기는『삼국유사』에 설화로 전한다. 이에 의하면 김대성金大城이 현세現世의 부모를 위해서 불국사를, 전생前生의 부모를 위해서 석불사를 창건하고 신림神琳과 표훈表訓을 각각 청해서 거주하게 했다고 되어 있다.[자료1] 불국사와 석불사를 마치 김대성 개인의 원찰인 것처럼 전하고 있는 것이다. 그러나 불국사와 석불사는 당대 불교 예술의 최고 결정체라는 점에서, 그리고 당대 최고의 승려인 신림神琳과 표훈表訓이

불국사
경북 경주시 진현동 토함산 기슭에 있는 절이다. 신라인들의 이상적 피안 세계인 불국(佛國)의 모습을 이 절에다 표현해 놓았다. 『법화경(法華經)』에 바탕을 둔 석가여래의 사바세계 불국이 대웅전을 중심으로, 『무량수경』, 『아미타경』에 근거한 아미타불의 극락세계 불국이 극락전을 중심으로, 『화엄경』에 근거한 비로자나불의 연화장 세계 불국이 비로전을 중심으로 펼쳐져 있다.

머물러 있던 절이었다는 점에서, 이 두 사찰은 김대성이라는 개인의 원찰로 보기는 어렵고, 왕실 혹은 국가 차원에서 건립된 사찰로 보는 것이 옳을 듯하다.

두 사찰의 초창 시점은 경덕왕 대 창건설이 유력하다. 대성의 현세 부父 김문량金文亮을 성덕왕 5년(706)에 중시中侍가 되었다는 김문량金文良과 동일인으로 보아, 그렇게 본 것이다. 그러나 이견이 있을 수 있다. 『삼국유사』는 불국사와 석불사의 창건설화를 신문왕 대의 일로 보면서도, 한편으로 옛 향전鄕傳을 인용하여 김대성이 751년(경덕왕 10)에 불국사의 건설 공사를 시작하여 774년(혜공왕 10)에 대성이 죽자 국가가 이를 완성하였다는 것을 함께 기록하고 있어, 혜공왕 10년 이후에 국가 차원에서 불국사를 완공했음을 시사하고 있다.[자료2]

그렇다면 김대성이 불국사를 창건한 정확한 시점은 언제였을까? 그러나 정작 김대성이란 인물은 다른 사서에서는 전혀 나오지 않는다. 신라 최고의 사찰 불국사와 석불사를 창건했다는 그의 화려한 경력에 비추어 볼 때, 이는 의외의 일이 아닐 수 없다. 이 점에서 두 사찰의 창건 시기는 물론 김대성의 존재 자체까지도 의심의 여지가 있다.

김대성이 불국사를 창건했다는 『삼국유사』의 이야기는 현생 및 전생과 결부된 설화적 이야기로 점철되어 있다는 점을 감안할 때, 그 신빙성은 더욱 의심받을 수밖에 없다.

한편 『불국사고금창기佛國寺古今創記』에는 『삼국유사』와는 전혀 상이한 전승이 전하고 있다. 이에 의하면 법흥왕 15년(528)에 왕모王母인 영제부인迎帝夫人이 화엄불국사華嚴佛國寺를 창건하였는데, 화엄법류사華嚴法流寺라고도 불렀다고 하여, 법흥왕 대 창건설까지 전한다.[자료3] 또한 진흥왕 35년(574)에는 왕비인 지소부인只召夫人이 불국사를 중창하였다 하며, 문무왕 10년(670)에는 절의 강당인 무설전無說殿을 짓고 신림과 표훈 등 의상의 제자들을 머무르게 했다고 한다. 여기에서는 김대성이 불국사를 창건했다는 전승은 전혀 찾아볼 수 없다. 또한 신림과 표훈 등이 불국사에 머무른 시점이 경덕왕 대가 아니라 문무왕 대로 되어 있다는 점도 유의할 만한 대목이다.

『삼국유사』와 『불국사고금창기』를 종합해 보건대, 불국사는 불교가 공인된 직후에 토함산 기슭에 건립되었다가 여러 차례의 중창 과정을 거친 연후 통일기인 문무·신문왕 어간에 이르러 일대 국가적 사찰로 정비되었을 것으로 정리할 수 있겠다. 그렇다면 석불사 역시 불국사가 최종적으로 정비되는 통일기에 창건되었다고 볼 수 있지 않을까 한다. 『삼국유사』에서 '대성효이세부모 신문대'라는 제호題號를 붙인 것은 불국사와 석불사의 대대적인 정비 시점이 신문왕 대였을 가능성을 시사한다. 이렇게 볼 수 있다면, 김대성이라는 인물이 이세의 부모를 위하여 불국사와 석불사를 창건했다고 하는 이야기는 불교신앙과 효의 관념이 결합되면서 파생되어진 설화적 전승이라 할 수 있다. 그 전승의 성립 시점은 대개 경덕왕 전후가 되지 않을까 하며, 이때 두 사찰의 중창이 또 한 차례 이루어졌을 가능성도 있다.

다보탑
불국사 대웅전 앞뜰에 동서로 세워진 두 탑 가운데 동쪽 탑이다. 석가모니 이전의 과거불인 다보여래의 가르침을 상징하여 만든 탑이다. 한국 석탑의 일반형을 따르지 않은 창의성과 조형미가 탁월하다. 불국사를 다시 지은 8세기 신라 경덕왕 때 세운 듯하다. 앞서 다보여래가 예언한 바에 따라 훗날 석가모니 앞에 칠보로 장엄된 화려한 탑이 땅 위 허공에 우뚝 솟았다는 불교 설화 속의 탑을 형상화하였다. 따라서 칠보탑이라고도 부르며 설화대로 화려함과 정교함이 매우 뛰어나다.

불국사와 석불사의 창건 의의

불국사의 초창 시점을 불교 공인 직후로 보고, 또한 석불사의 창건과 더불어 대대적인 정비가 이루어진 시점을 통일기로 볼 수 있다면, 두 사찰의 창건 의의는 새로운 시각에서 살필 수 있다. 첫째, 법흥왕 대의 불국사 초창이 가지는 의의이다. 귀족세력의 집요한 반대를 무릅쓰고 이차돈의 죽음이라는 우여곡절을 거치면서 어렵게 불교를 공인한 신라 왕실은, 일찍이 신라가 불교와 인연이 있는 곳이라는 이른바 불국토설佛國土說을 유포하려 했을 것이다. 여기에 법흥왕 대 불국사 초창의 의의가 있다고 할 수 있다.

둘째, 통일기의 석불사 중창이 가지는 의미이다. 석불사의 중앙에 정좌한 본존불은 정확히 동해의 대왕암을 향하고 있다. 그런데 대왕암은, 일본의 침략을 막기 위해 동해의 호국용이 되겠다고 한 문무왕의 유조를 받들어 신문왕 대에 조성된 수중릉이다. 또한 신문왕은 대왕암의 원찰로서 감은사라는 절을 세운 바 있다. 이 점에서 석불사와 대왕암과 감은사는 무언가 긴밀한 관련이 있을 듯하다. 먼저 지리적으로 볼 때 이들이 대종천大宗川으로 연결되는 지점에 위치하고 있다는 점에서, 상호 관련 가능성이 높은 것으로 보인다. 대종천은 석불사에서 발원해서 감은사 앞을 지나 동해의 대왕암 쪽으로 흘러가고 있는 것이다. 이런 맥락에서 볼 때, 석불사와 대왕암과 감은사는 무언가 통일된 기획하에 조성되었으리라는 생각을 떨쳐버리기 어렵다. 그렇다면 그 기획의 목적은 어디에 있었을까? 아마도 호국이념을 대대적으로 홍포함으로써 통일기의 불안정한 내외 정세를 바로 잡으려는 데 있었던 것으로 보인다.

석가탑

불국사3층석탑이나 무영탑이라고도 한다. 기단과 탑신이 알맞은 비례로 어우러져 안정된 느낌과 조화의 아름다움이 뛰어나다. 다보탑이 화려한 여성미의 표상이라고 한다면 석가탑은 간결하고 꾸밈없는 남성적 이미지를 강하게 풍긴다. '그림자 없는 탑'이란 뜻인 무영탑은 그 이름에 걸맞게 슬픈 전설이 서려 있다. 탑을 조각하던 석공 아사달의 부인 아사녀가 탑이 완성되면 탑 그림자가 연못에 비치리라는 말을 믿고 남편을 기다리다가 그리움에 지쳐서 결국 그림자를 보지 못하고 연못에 몸을 던져 죽었다고 한다.

오늘날 불국사와 석불사는 세계적 명소로 각광받고 있다. 불국사와 석불사(석굴암)는 최근 짝을 이뤄 유네스코

석굴암 본존불
경주시 토함산에 있는 석굴 사원으로 지금은 흔히 석굴암이라고 부르나 창건 당시 이름은 석불사였다. 경덕왕 대에 김대성이 전생의 부모를 위해서 지었다고 한다. 석굴암은 동해에 있는 대왕암을 향하고 있고, 감은사 앞을 지나 동해로 흘러가는 대종천의 발원처이기도 하다. 그래서 석굴암은 대왕암과 감은사와 함께 신문왕 대에 호국 불교의 이념을 극대화하고자 기획 · 조성했을 가능성도 있다. 석굴암에는 가운데 본존불을 중심으로 들머리와 둘레에 석조상들을 돋을새김했는데, 이들은 신라 석조 예술의 극치를 보여준다. 1995년 유네스코가 세계문화유산으로 지정했다.

세계문화유산으로 등재되어, 그 역사적 예술적 가치를 세계적으로 공인받았다. 그간 석불사의 예술적 · 과학적 가치에 대한 연구가 꾸준히 진척되어 왔는데, 근래에 들어 실험 고고학의 방법을 써서 석불사의 과학적 측면을 집중적으로 연구 · 전시하는 신라역사과학박물관이 현지에 세워지기도 하였다. 이곳에서는 실증적 연구를 통해 석불사의 진실에 성큼 다가서고 있을 뿐만 아니라, 석불사의 모형을 해체 복원하는 다양한 형태로 전시하여 대중들로 하여금 석불사의 진면목을 맛볼 수 있게 하고 있다.

자료샘

자료 1

신문왕 대에 모량리牟梁里의 가난한 여인 경조慶祖에게 아이가 있었는데, 머리가 크고 정수리가 평평한 성곽과 같아 대성大城이라고 이름 지었다. 집안이 가난하여 살아갈 수가 없어서 부자인 복안福安의 집에 가서 품팔이를 했는데, 그 집에서 준 약간의 밭으로 먹고 살았다. 그때 덕망 있는 승려 점개漸開가 흥륜사興輪寺[주1]에서 육륜회六輪會[주2]를 베풀려고 복안의 집에 와 보시할 것을 권하자, 복안은 베 50필을 주었다. 점개는 주문을 읽어 복을 빌어 주었다. "신도께서 즐겁게 보시를 해주시니 천신이 항상 보호하실 것이며, 한 가지를 보시하시면 만 배를 얻게 되오니 안락하고 장수하실 것입니다." 대성이 이 말을 듣고 집으로 뛰어가 그의 어머니께 말씀드렸다. "제가 문 밖에 오신 스님의 외우는 소리를 들으니, '한 가지를 보시하면 만 배를 얻는다'고 합니다. 생각하니 저에겐 전생에 좋은 일을 한 것이 없어 지금에 와서 가난한가 봅니다. 그러니 지금 시주하지 않는다면 후세에는 더욱 가난해질 것입니다. 제가 고용살이로 얻은 밭을 법회에 시주해서 뒷날의 응보를 도모하면 어떻겠습니까?" 어머니가 "좋은 생각이다."라 대답하였다. 그래서 밭을 점개에게 시주하였는데, 얼마 후 대성은 세상을 떠났다. 그리고 이날 밤 국상 김문량金文亮의 집에 하늘의 외침이 들렸다. "모량리에 살던 대성이란 아이가 네 집에 태어날 것이다." 집안 사람들은 매우 놀라서 사람을 시켜 모량리를 조사하게 하였는데, 대성의 죽은 날과 하늘의 외침이 있었던 날이 같았다. 그 후 김문량의 아내는 임신을 해서 아이를 낳았다. 아이는 왼손을 꼭 쥐고 펴지 않더니 7일 만에 폈는데, 손바닥에 대성이라고 새겨진 금간자金簡子가 있었으므로 그것으로 대성이라 이름 짓고, 모량리의 어머니를 모셔다 함께 봉양하였다. 대성이 어른이 된 뒤에는 사냥 다니기를 좋아하였다. 하루는 토함산吐含山에 올라 곰 한 마리를 잡고서, 산 아래의 마을에서 묵었는데, 꿈에 곰이 귀신으로 변해 시비를 걸며 말하였다. "어찌하여 네가 나를 죽였느냐? 내 환생하여 너를 잡아먹으리라!" 대성이 두려움에 떨며 용서해 달라고 청하자 귀신이 물었다. "그럼 네가 나를 위해서 절을 세워 주겠느냐?" 대성은 맹세하며 대답하였다. "그렇게 하겠소!" 이렇게 말하고 꿈에서 깨었는데, 이불이 흥건히 땀에 젖어 있었다. 그 후로 대성은 사냥을 그만두고 곰을 위해서 곰을 잡은 자리에 장수사長壽寺를 세웠다. 이 일로 인하여 마음에 느껴지는 것이 있어서 자비로운 발원이 더욱 독실해졌다. 그래서 이승의 부모님을 위해 불국사佛國寺를 세우고, 전

주1 흥륜사 : 법흥왕 대에 이차돈이 천경림(天鏡林)을 훼손하고 지었다는 신라 최초의 절. 이차돈이 순교하자 법흥왕이 불교를 공인하고 이를 완성하였다. 경주시 자정동에 있었다고 전하나, 현재는 폐사되었다.

주2 육륜회 : 신라시대부터 고려시대까지 널리 행하여졌던 불교의 수행법회 가운데 하나. 6륜은 여러 지위에서 번뇌를 끊는 것을 의미한다.

생의 부모를 위해 석불사石佛寺를 세워 신림神琳과 표훈表訓 두 성사를 청해서 각각 거주하게 하였다.

原文 神文代 牟梁里之貧女慶祖有兒 頭大頂平如城 因名大城 家窘不能生育 因役傭於貨殖福安家 其家俵田數畝 以備衣食之資 時有開士漸開 欲設六輪會於興輪寺 勸化至福安家 安施布五十疋 開呪願曰 檀越好布施 天神常護持 施一得萬倍 安樂壽命長 大城聞之 跳踉而入 謂其母曰 予聽門僧誦倡 云施一得萬倍 念我定無宿善 今兹困匱矣 今又不施 來世益艱 施我傭田於法會 以圖後報何如 母曰 善 乃施田於開 未幾城物故 是日夜 國宰金文亮家有天唱云 牟梁里大城兒 今托汝家 家人震驚 使檢牟梁里 城果亡 其日與唱同時 有娠生兒 左手握不發 七日乃開 有金簡子彫大城二字 又以名之 迎其母於第中兼養之 既壯 好遊獵 一日登吐含山 捕一熊 宿山下村 夢熊變爲鬼 訟曰 汝何殺我 我還啖汝 城怖懅請容赦 鬼曰 能爲我創佛寺乎 城誓之曰 喏 既覺汗流被蓐 自後禁原野 爲熊創長壽寺於其捕地 因而情有所感 悲願增篤 乃爲現生二親創佛國寺爲前世爺孃創石佛寺 請神琳表訓二聖師各住焉

_『삼국유사』 권5, 효선(孝善)9, 대성효이세부모(大城孝二世父母)

자료 2

옛 향전鄕傳에는 위와 같은 내용이 실려 있는데, 절 안의 기록은 다음과 같다. "경덕왕 때 대상大相 대성이 천보天寶[주3] 10년 신묘(751)에 불국사를 짓기 시작하였다. 혜공왕惠恭王 때를 거쳐 대력大曆[주4] 9년 갑인(774) 12월 2일에 대성이 죽자 나라에서 공사를 맡아 완성시켰다. 처음에 유가종의 고승 항마降魔를 청하여 이 절에 거주하게 하였으며, 이를 계승하여 오늘에 이르렀다."

주3 천보 : 당 현종의 연호(742~755).

주4 대력 : 당 대종의 연호(766~779).

原文 古鄕傳所載如上 而寺中有記云 景德王代 大相大城以天寶十年辛卯始創佛國寺 歷惠恭世 以大曆九年甲寅十二月二日大城卒 國家乃畢成之 初請瑜伽大德降魔住此寺 繼之至于今

_『삼국유사』 권5, 효선(孝善)9, 대성효이세부모(大城孝二世父母)

자료 3

법흥대왕의 어머니 영제부인迎帝夫人과 왕비 기윤부인己尹夫人은 머리를 깎고 비구니가 되었는데, 영제부인은 그 법명法名을 법류法流라 했고, 계율을 잘 지켰으므로 그가 창건한 화엄불국사華嚴佛國寺를 화엄법류사華嚴法流寺라고도 불렀다.

原文 法興大王 母迎帝夫人 妃己尹夫人 出家爲尼 名法流 行持律令故 或稱華嚴佛國寺 或稱華嚴法流寺

_「불국사고금창기(佛國寺古今創記)」

출전

『삼국유사』

「불국사고금창기(佛國寺古今創記)」 : 불국사의 사적(史蹟)을 기록한 저서. 1740년(영조 16) 승려 활암 동은이 편찬하였다. 불국사의 창건 연도를 528년(법흥왕 27)으로 보고 있고, 그 뒤의 중창과 중수의 역사를 연대순으로 기록하였다.

찾아읽기

김영태, 「불국사의 화엄법사 원측에 대하여」, 『한국불교학』19, 1994.

신동하, 「신라 불국토사상의 전개양상과 역사적 의의」, 서울대 박사학위논문, 2000.

김복순, 「흥륜사와 칠처가람」, 『신라문화』20, 2002.

최연식, 「〈불국사서석탑중수형상기〉의 재구성을 통한 불국사 석탑 중수 관련 내용의 재검토」, 『진단학보』105, 2008.

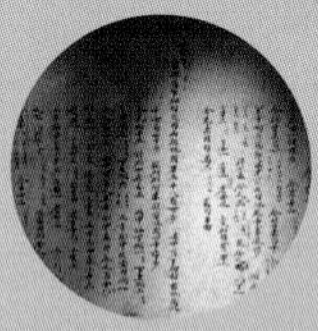

V.

신라 하대의 사회변동

1. 진골, 왕위를 차지하려고 다투다
2. 전국에서 농민봉기가 일어나다
3. 호족들이 힘을 키우다
4. 후삼국이 정립하다

1 진골, 왕위를 차지하려고 다투다

진골귀족의 상쟁

혜공왕 대에 '96각간의 난'을 위시로 진골귀족의 반란사건이 빈발하였고, 그 와중에서 혜공왕이 시해되면서 신라 중대 전제왕권의 시대는 막을 내렸다. 하대에 들어 진골귀족층의 분화가 촉진되면서 국왕 근친의 소가계 사이에 왕위쟁탈전이 극심하게 일어났다. 신라 왕실은 점차 국정 운영능력을 상실해 갔고, 신라 사회는 해체와 붕괴의 길로 접어들었다.

진골세력의 분화

태종무열왕太宗武烈王의 후손이 계속하여 왕위를 이어간 신라 중대中代에 국왕권의 위상은 가히 전제왕권專制王權이라 칭해도 좋을 만큼 드높았다. 진골 왕족은 국왕을 중심으로 한 통일권력의 구축이라는 대원칙 속에서 그 번병藩屛으로서의 역할을 충실히 수행하였다. 여타의 진골귀족도 최고 지배신분층으로서 모든 분야에서 배타적인 특권을 누렸으며 이를 제도로 보장하였다. 대아찬大阿飡 이상의 관등은 진골만이 오를 수 있도록 규정하여 정치조직의 모든 요직을 독점하였을 뿐만 아니라 그에 상응하는 녹읍祿邑이나 녹봉祿俸 외에도 식읍食邑 등을 받아 경제적 부富를 향유하였다. 또한 유력한 진골 왕족은 그들을 추종하는 다른 진골과 6두품 이하 두품頭品 층을 독자적인 세력 기반으로 거느리면서 상대등上大等 혹은 시중侍中, 병부령兵部令 등으로 정계에 진출하여 국정國政을 주도하였다.

그렇지만 시간이 흐를수록 형편은 달라져 갔다. 진골 왕족의 수가 증가하면서 종래 누려온 특권이 현왕現王의 근친近親들에게 집중되는 경향을 보이자 진골로서의 동질성이 현저히 약화되기에 이른 것이다. 진골층은 중대 후반으로 접어들 무렵부터 분화되기 시작하여 경덕왕景德王과 혜공왕惠恭王을 거치면서 제1골과 제2골로 나뉘었고, 현왕의 종친들이 제1골로서 종래의 진골이 가졌던 특권을 그대로 누렸다. 이들이 지친至親들끼리만 혼인관계를 맺는 등 배타성을 띠어 간 결과였다. 나머지 진골, 즉 제2골은 관직을 통해서 정치에 참여하는 일반화된 귀족신분층으로 변해갔다.

이러한 변화는 왕권의 강화와 직접 연관된 일이 아니었지만 현상은 마치 그 결과인 것처럼 보였다. 외형 면에서 왕실의 존엄은 극으로 치달았다. 경덕왕이 부왕父王인 성덕왕聖德王을 위해 주조하기 시작했다는 저 거대한 성덕대왕신종聖德大王神鐘이 그 표상이다. 경덕왕은 왕권의 위상이 전대前代에 비해 크게 고양된 것으로 판단하고, 그에 상응하는 제도를 마련하고자 노력하였다. 그는 즉위 6년(747)에 유학儒學 교육을 강화하여 충·효를 바탕으로 한 정치이념을 다지더니 다음 해에는 정찰偵察 1명을 처음으로 설치하여 관리에 대한 감독을 강화하였고, 예성강 이북지역에 대한 개발을 적극 추진하여 10여 개에 이르는 군현郡縣을 새로 설치함으로써 왕실의 경제적 기반을 확대하였다. 그리고 그 18년(759)에는 대폭적인 관제개혁을 단행하는 한편 군현의 명칭을 바꾸어 진골세력에 대한 일원적인 통제질서를 확립하려 하였다. 그러나 이는 무리였다. 종실이 배타적인 특권을 누리게는 되었지만 여타 진골귀족의 세력기반까지 해체시킬 수 있는 힘을 갖게 된 것은 아니었다.

96각간의 난과 원성왕의 집권

진골귀족은 경덕왕의 개혁에 격심하게 반발하였다. 경덕왕의 아들인 혜공왕 4년에 각간角干 대공大恭이 반란을 일으켰는데, 이를 빌미로 경향京鄕의 96각간角干이 들고일어나 3개월에 걸쳐 서로 싸우는 대란이 발생한 것은 그 한 면이다.[자료1] 이 난은 진압되었으나 귀족들의 반발이 이로써 끝난 것은 아니었다. 혜공왕 6년(770)에는 대아찬 김융金融이, 11년(775) 6월과 8월에는 이찬伊湌 김은거金隱居, 이찬 염상嗟相과 시중侍中 정문正門이 각각 반란을 일으켰다가 복주伏誅되었다.[자료2] 시중까지 반란에 참여한 것을 보면, 이 시점에는 이미 진골귀족의 정치적 위상이 왕권을 능가하였다고 여겨진다. 시중 정문이 반란을 일으킨 것은 그 한 해 전에 김양상金良相이 상대등上大等에 오른 것과 무관하지 않다는 생각에서이다. 그가 진골귀족의 영수領袖 격인 상대등에 오른 후에는 국왕뿐 아니라 국왕을 보좌하여 행정조직을 영솔하던 시중의 정치적 위상이 크게 위축되었을 것이고, 이러한 사정이 시중侍中으로 하여금 친위적 성격을 띤 정변을 일으키도록 한 것으로 짐작된다. 그러나 이는 실패하였고, 경덕왕 대에 단행된 개혁으로 개편되었던 관제와 행정구역은 혜공왕 12년에 모두 원래대로 복구되었다.

혜공왕 16년(780), 상대등 김양상은 이찬 김경신金敬信과 더불어 정변을 일으켜 혜공왕을 시해하고 왕위에 올랐다. 선덕왕宣德王이 그이다.[자료3] 기록에는 김지정金志貞의 난을 김양상 등이 진압하는 와중에 혜공왕이 살해된 것으로 되어 있으나, 김양상이 왕이 되기 위해 혜공왕을 죽인 것이 실상일 것이다.[자료2] 이로써 태종무열왕부터 그 자손으로 계승되어 온 무열계 정권은 종언을 고하였다. 『삼국사기』는 무열계 집권기를 중대中代, 선덕왕 이후를 하대下代로 시대구분하였는데, 지금의 안목으로 보아도 의미 있는 구분이다.

선덕왕이 후사後嗣를 두지 못하고 재위 5년 만에 죽자 무열왕 직계의 대표 주자인 김주원金周元과 쿠데타의 또 다른 주역인 김경신金敬信 사이에 왕위 계승을 둘러싼 쟁투가 벌어졌다. 이 대결에서 결국 김경신이 승리하여 왕위에 올랐다. 원성왕元聖王이 그이다.[자료4] 왕위다툼에서 패한 김주원은 그의 재지적 기반이 있는 명주溟州(강릉) 지역으로 퇴거한 후 명주군왕溟州郡王으로 봉해졌다고 한다.

김헌창의 난과 진골세력 간의 상쟁

김주원이 명주로 퇴거한 후에도 김종기金宗基, 김헌창金憲昌 등 그 아들들은 정계에

공주 공산성(김헌창의 난 발생지)

진출하여 중앙과 지방의 요직을 거치면서 왕위에 다시 도전하고 있었다. 그중 김헌창의 야심은 대단하였다. 그는 무진주武珍州 도독, 청주菁州 도독, 시중 등을 역임하면서 지지기반을 구축한 후에 웅천주熊川州 도독이 되자 마침내 왕위에 도전하였다.[자료5] 헌덕왕憲德王 14년(822)의 일이었다. 본디 김주원은 태종무열왕의 둘째 아들인 김인문金仁問의 직계 후손이었는데, 웅천주는 김인문이 받은 식읍食邑이 있는 등 김헌창이 그 세력의 토대로 삼을 수 있는 곳이었다. 김헌창의 난에는 전국의 여러 주군이 가담하는 등 그 위세가 대단하여 국호國號를 장안長安으로, 연호年號를 경운慶雲으로 따로 정하기까지 하였다. 이 난은 원성왕계에 의해 진압되었지만, 그 세력이 완전히 해체되었던 것은 아니어서 3년 후에 다시 김헌창의 아들인 김범문金梵文이 난을 일으켰다.[자료6]

원성왕계 왕권의 안정을 위협한 것은 김주원계와 같은 다른 계파의 도전만이 아니었다. 그 내부의 분열이 끊이지 않았다. 우선 원성왕의 증손인 애장왕哀莊王을 시해하고 왕위를 빼앗은 헌덕왕은 숙부인 김언승金彦昇이었다.[자료7] 바로 이 헌덕왕 대에 김헌창이 왕위쟁탈을 위한 난을 일으키고 또 이에 전국적인 규모의 지지가 있었던 배경에는 이러한 정치 상황이 크게 작용하였을 것이다. 흉년으로 인한 민심 이반 현상이 헌덕왕 대의 정국을 더욱 어렵게 만들었다.[자료8·9] 헌덕왕의 뒤를 이어 즉위한 흥덕왕

興德王도 그 9년(834)에 일상생활 부문에 이르기까지 각 신분이 지켜야 할 분수를 구체적으로 규정하는 등 골품제를 재정비함으로써 문란해진 질서를 회복하고자 애썼으나 역시 실효를 거두지 못하였다.[자료10]

흥덕왕 대의 개혁이 소기의 성과를 거두지 못하고 흥덕왕 자신도 재위 11년 만에 돌아가자 당제堂弟 균정均貞과 당질堂姪 제륭悌隆 사이에 치열한 왕위계승쟁탈전이 일어났다.[자료11] 이 싸움에서 김명金明과 이홍利弘 등의 지원을 받은 제륭이 승리하여 희강왕僖康王이 되었으나, 희강왕은 다시 김명의 도전을 받고 스스로 자결하였다.[자료12] 민애왕이 된 김명은 청해진淸海鎭의 장보고張保皐 세력에 의지하여 재도전해 온 균정의 아들 김우징에게 왕위를 빼앗겼다.[자료13] 이와 같이 왕위쟁탈전과 모반사건이 끊임없이 일어나는 가운데 신라 왕실은 국정의 운영 능력을 상실하였고, 신라 사회는 완연히 해체와 붕괴의 길로 접어들고 있었다.

자료샘

자료 1

주1 7월 3일 : 『삼국유사』에서는 혜공왕 2년 정미로 되어 있는데, 혜공왕 2년은 766년, 정미년은 767년이어서 1년의 차이가 난다. 『삼국사기』에서는 4년(768)에 일어난 일로 전한다.

7월 3일[주1] 대공 각간이 반란을 일으키자, 수도와 5도의 주와 군 등 96각간이 서로 싸워 크게 어지러워졌다. 대공 각간의 집이 망하자 그 집의 보물과 비단 등을 왕궁으로 옮겼다. 신성新城 장창長倉이 불에 탔다. 사량리沙梁里와 모량리牟梁里에 있던 역적들의 보물과 곡식도 왕궁으로 날랐다. 난리가 석 달이나 지속되었다. 상을 받은 사람도 제법 많았지만 죽임을 당한 사람도 셀 수 없이 많았다. 표훈表訓이 나라가 위태로워진다고 말한 것이 이것이다.

原文 七月三日 大恭角干賊起 王都及五道州郡并九十六角干相戰大亂 大恭角干家亡 輸其家資寶帛于王宮 新城長倉火燒 逆黨之寶穀在沙梁牟梁等里中者 亦輸入王宮 亂彌三朔乃息 被賞者頗多 誅死者無算也 表訓之言國殆 是也

_『삼국유사』 권2, 기이2, 혜공왕

자료 2

주2 김융 : 문헌을 통해서는 확인할 수는 없으나 김유신의 후손으로 알려져 있다.

6년(770) … 가을 8월에 대아찬大阿飡 김융金融[주2]이 반란을 일으켰다가 복주伏誅되었다. … 11년(775) … 여름 6월에 이찬伊飡 김은거金隱居가 반란을 일으켰다가 복주되었으며, 가을 8월에는 이찬 염상嗟相과 시중侍中 정문正門이 모반하였다가 복주되었다. … 16년(780) 2월에 … 왕이 어려서 즉위하여 장성하면서 음악과 여색에 지나치게 빠져 수없이 돌아다니며 놀매 기강이 문란하고 재이災異가 거듭 나타나자 인심이 이반하고 사직社稷이 위태롭게 되자, 이찬 김지정金志貞이 반란을 일으켜서 무리를 모아 궁궐을 에워싸고 공격하였다. 4월에 상대등上大等 김양상金良相과 이찬 김경신金敬信이 병력을 일으켜 김지정 등을 죽였으나, 왕과 후비后妃는 난병에게 해를 입었다.

原文 六年 … 秋八月 大阿飡金融叛 伏誅 … 十一年 … 夏六月 遣使朝唐 伊飡金隱居叛 伏誅 秋八月 伊飡廉相與侍中正門謀叛 伏誅 … 十六年 … 二月 … 王幼少卽位 及壯 淫于聲色 巡遊不度 綱紀紊亂 災異屢見 人心反側 社稷杌隉 伊飡金志貞叛 聚衆 圍犯宮闕 夏四月 上大等金良相與伊飡敬信 擧兵誅志貞等 王與后妃爲亂兵所害 良相等謚王爲惠恭王 元妃新寶王后 伊飡維誠之女 次妃 伊飡金璋之女 史失入宮歲月

_『삼국사기』 권9, 혜공왕

자료 3

선덕왕宣德王이 왕위에 올랐다. 그의 성은 김씨이며 이름은 양상良相이다. 내물왕奈勿

王의 10대손이다. 아버지는 해찬海湌[주3] 효방孝芳이다. 어머니는 김씨 사조부인四炤夫人으로 성덕왕聖德王의 딸이다. 왕비는 구족부인具足夫人으로 각간 양품良品의 딸이다.

주3 해찬 : 17관등 중 제3위인 잡찬(迊湌)의 다른 이름.

原文 宣德王立 姓金氏 諱良相 奈勿王十世孫也 父 海湌孝芳 母 金氏四炤夫人 聖德王之女也 妃 具足夫人 角干良品之女也

_『삼국사기』 권9, 선덕왕 즉위년(780)

자료 4

원성왕元聖王이 왕위에 올랐다. 이름은 경신敬信이며, 내물왕奈勿王의 12대손이다. 어머니는 박씨 계오부인繼烏夫人이다. 왕비는 김씨로 각간 신술神述의 딸이다. 처음 혜공왕惠恭王 말년에 신하들이 반역하여 날뛰었는데, 선덕宣德이 당시에 상대등이 되어 임금의 측근 중 나쁜 무리들을 제거할 것을 앞장서서 주장하였다. 경신이 그를 도와 반란을 평정하는 데 공을 세우자, 선덕이 왕위에 오르자마자 바로 상대등으로 삼았다. 선덕왕이 돌아가셨는데, 아들이 없었다. 여러 신하들이 논의한 후에 왕의 족자族子 주원周元을 임금으로 세우려고 하였다. 그때 주원은 서울 북쪽 20리 되는 곳에 살았는데, 마침 큰 비가 내려 알천閼川의 물이 불어나 주원이 건너올 수 없었다. 어떤 이가 말하였다. "임금이라는 큰 지위는 진실로 사람이 마음대로 할 수 없는 것인데, 오늘 폭우가 내리니 하늘이 혹시 주원을 임금으로 세우려 하지 않는 것이 아닌가? 지금의 상대등 경신은 전 임금의 동생으로서 덕망이 높고 임금의 체통을 가졌다." 이에 여러 사람들의 의견이 일치하여, 경신에게 왕위를 계승하도록 하였다. 얼마 후 비가 그치니 백성들이 모두 만세를 불렀다.

原文 元聖王立 諱敬信 奈勿王十二世孫 母 朴氏繼烏夫人 妃 金氏 神述角干之女 初 惠恭王末年 叛臣跋扈 宣德時爲上大等 首唱除君側之惡 敬信預之 平亂有功 洎宣德卽位 邦卽爲上大等 及宣德薨 無子 群臣議後 欲立王之族子周元 周元宅於京北二十里 會 大雨 閼川水漲 周元不得渡 或曰 卽人君大位 固非人謀 今日暴雨 天其或者不欲立周元乎 今上大等敬信 前王之弟 德望素高 有人君之體 於是 衆議翕然 立之繼位 旣而雨止 國人皆呼萬歲

_『삼국사기』 권10, 원성왕 즉위년(785)

자료 5

웅천주熊川州 도독 헌창憲昌이 그의 아버지 주원周元이 임금이 되지 못했다는 이유로,

반역을 일으켜 국호를 장안長安이라 하고, 연호를 경운慶雲 원년이라 하고, 무진 · 완산 · 청주 · 사벌 네 주의 도독과 국원경 · 서원경 · 금관경의 사신들과 여러 군과 현의 수령들을 위협하여 자기 부하로 삼았다. 청주 도독 향영向榮이 추화군推火郡으로 도망가고, 한산주 · 우두주 · 삽량주 · 패강진 · 북원경 등의 여러 성은 헌창의 역모를 미리 알아 군사를 일으켜 스스로 지켰다.

原文 熊川州都督憲昌 以父周元不得爲王 反叛 國號長安 建元慶雲元年 脅武珍完山菁沙伐四州都督 國原西原金官仕臣及諸郡縣守令 以爲己屬 菁州都督向榮 脫身走推火郡 漢山牛頭歃良浿江北原等 先知憲昌逆謀 擧兵自守

_『삼국사기』 권10, 헌덕왕 14년(822) 3월

자료 6

헌창의 아들 범문梵文이 고달산高達山의 도적 수신壽神 등 백여 명과 함께 모반하여 평양平壤에 도읍을 세우고자, 북한산주北漢山州를 공격하였다. 도독 총명聰明이 병사를 거느리고 가서 그를 잡아 죽였다.

原文 憲昌子梵文 與高達山賊壽神等百餘人 同謀叛 欲立都於平壤 攻北漢山州 都督聰明率兵 捕殺之

_『삼국사기』 권10, 헌덕왕 17년(825) 정월

자료 7

왕의 숙부 언승彦昇이 그의 동생 이찬 제옹悌邕과 함께 병사를 이끌고 궁중에 들어가 반란을 일으켜 임금을 시해하였다. 왕의 동생 체명体明이 임금의 시체를 지키고 있다가 함께 살해당했다. 임금의 시호를 애장哀莊으로 추증하였다.

原文 王叔父彦昇與弟伊飡悌邕 將兵入內 作亂弑王 王弟体明侍衛王幷害之 追諡王爲哀莊

_『삼국사기』 권10, 애장왕 10년(809) 7월

자료 8

흉년이 들어 백성들이 굶주림을 이기지 못하고, 절동浙東 지방으로 가서 먹을 것을 구하는 자가 170명이었다.

原文 年荒民飢 抵浙東求食者一百七十人

_『삼국사기』 권10, 헌덕왕 8년(816)

자료 9

도둑떼들이 여기저기서 봉기하였다. 임금이 모든 주와 군의 도독 및 태수에게 명하여 그들을 붙잡아 오도록 하였다.

原文 草賊遍起 命諸州郡都督太守 捕捉之

_『삼국사기』 권10, 헌덕왕 11년(819) 3월

자료 10

흥덕왕興德王 9년, 즉 태화太和 8년(834)에 교지를 내려 말하였다. "사람은 나이에 따라 손위와 손아래의 구분이 있고, 지위에도 높고 낮음이 있어서, 법의 규정이 같지 않으며 의복도 다른 법이다. 풍속이 점점 각박해지고, 백성들이 다투어 사치와 호화를 일삼고, 진기한 외래품만을 좋아한 나머지 도리어 순박한 우리의 것을 싫어하니, 예절은 곧잘 분수에 넘치는 폐단에 빠지고 풍속이 파괴되는 지경에 이르렀다. 이에 삼가 옛 법전에 따라 명확하게 법령을 선포하노니, 만일 일부러 이를 어기면 진실로 그에 맞는 형벌을 내릴 것이다."

原文 興德王卽位九年 太和八年 下教曰 人有上下 位有尊卑 名例不同 衣服亦異 俗漸澆薄 民競奢華 只尙異物之珍寄 却嫌土産之鄙野 禮數失於逼僭 風俗至於陵夷 敢率舊章 以申明命 苟或故犯 固有常刑

_『삼국사기』 권33, 잡지2, 색복(色服)

자료 11

희강왕僖康王이 왕위에 올랐다. 이름은 제융悌隆이다. 원성대왕의 손자 이찬 헌정憲貞의 아들이다. 어머니는 포도부인包道夫人이다. 왕비는 문목부인文穆夫人으로, 갈문왕 충공忠恭의 딸이다. 처음에 흥덕왕興德王이 돌아가셨을 때, 왕의 사촌 동생인 균정均貞과 다른 사촌 동생의 아들인 제융悌隆이 모두 임금이 되고자 하였다. 이때 시중 김명金明과 아찬 이홍利弘, 아찬 배훤백裵萱伯 등은 제융을 받들었고, 아찬 우징은 조카 예징禮徵 및 김양金陽과 함께 그의 아버지 균정을 받들었는데, 동시에 궁궐 안으로 들어와 서로 싸웠다. 김양은 화살에 맞아 우징 등과 함께 도망갔고, 균정은 살해되었다. 이에 따라 뒤에 제융이 왕위에 오르게 된 것이다.

原文 僖康王立 諱悌隆 元聖大王孫伊飡憲貞之子也 母 包道夫人 妃 文穆夫人 葛文王忠恭

之女 初 興德王之薨也 其堂弟均貞堂弟之子悌隆 皆欲爲君 於是 侍中金明阿飡利弘裵萱伯等 奉悌隆 阿飡祐徵與姪禮徵及金陽 奉其父均貞 一時 入內相戰 金陽中箭 與祐徵等逃走 均貞遇害 而後悌隆乃得卽位

_『삼국사기』 권10, 희강왕 즉위년(836)

자료 12

상대등 김명金明과 시중 이홍利弘 등이 병사를 일으켜 반란을 일으키고, 임금의 측근들을 죽였다. 임금은 자신도 온전하지 못할 것을 알고 궁중에서 목을 매어 자결하였다.

原文 上大等金明侍中利弘等 興兵作亂 害王左右 王知不能自全 乃縊於宮中

_『삼국사기』 권10, 희강왕 3년(838) 정월

자료 13

민애왕閔哀王이 왕위에 올랐다. … 2월에 김양金陽이 병사들을 모집하여 청해진淸海鎭으로 들어가 우징祐徵을 알현하였다. 아찬 우징은 청해진에 있으면서 김명金明이 왕위를 빼앗았다는 소문을 듣고 청해진 대사 궁복에게 말하였다. "김명은 임금을 죽이고 스스로 왕이 되었고, 이홍은 왕과 나의 아버지를 죽였으니, 그들과는 같은 하늘 아래에서 살 수 없습니다. 원컨대 장군의 병사들을 빌려 임금과 아버지의 원수를 갚고자 합니다." 궁복이 말하였다. "옛사람의 말에 '정의를 보고도 행동하지 않는 자는 용기 없는 자'라 하였으니, 내 비록 용렬하나 명령에 따르겠습니다." 마침내 병사 5,000을 나누어 그의 친구인 정년鄭年에게 주면서 말하기를 "그대가 아니면 이 환란을 평정하지 못하리라."고 하였다. 12월에 김양이 평동장군이 되어 염장閻長·장변張弁·정년·낙금駱金·장건영張建榮·이순행李順行 등과 함께 군대를 거느리고, 무주武州 철야현鐵冶縣[주4]에 도착하였다. 임금은 대감 김민주金敏周에게 군사를 내어 맞아 싸우게 하였다. 김양이 낙금과 이순행을 시켜 기마병 3,000으로 돌격하게 하였는데, 적을 거의 모두 살상하였다. 2년(839) 봄 윤 정월, 김양의 군사가 밤낮으로 행군하여 19일에 달벌達伐[주5]의 언덕에 당도하였다. 임금은 김양의 군사가 도달하였다는 소식을 듣고, 이찬 대흔大昕과 대아찬 윤린允璘·의훈嶷勛 등에게 병사를 거느리고 그들을 막도록 하였다. 김양의 군사가 또 한 차례 싸움에 크게 이겨서, 임금의 군사 중에는 죽은 자가 절

주4 철야현 : 나주시 남평면

주5 달벌 : 대구

반이 넘었다. 이때 임금이 서쪽 교외의 큰 나무 밑에 있었는데, 측근들이 모두 흩어지고 혼자 서서 어찌 할 바를 모르다가 월유月遊의 집안으로 도망하였으나, 병사들이 찾아내어 죽였다.

原文 閔哀王立 … 二月 金陽募集兵士 入淸海鎭 謁祐徵 阿飡祐徵在淸海鎭 聞金明簒位 謂鎭大使弓福曰 金明弑君自立 利弘枉殺君吾父 不可共戴天也 願仗將軍之兵 以報君父之讎 弓福曰 古人有言 見義不爲 無勇 吾雖庸劣 唯命是從 遂分兵五千人 與其友鄭年 曰 非子 不能平禍亂 冬十二月 金陽爲平東將軍 與閻長張弁鄭年駱金張建榮李順行統軍 至武州鐵冶縣 王使大監金敏周出軍迎戰 遣駱金李順行 以馬軍三千突擊 殺傷殆盡 二年 春閏正月 晝夜兼行 十九日 至于達伐之丘 王聞兵至 命伊飡大昕大阿飡允璘嶷勛等 將兵拒之 又一戰大克 王軍死者過半 時 王在西郊大樹之下 左右皆散 獨立不知所爲 奔入月遊宅 兵士尋而害之 群臣以禮葬之 諡曰閔哀

_『삼국사기』 권10, 민애왕

출전

『삼국사기』

『삼국유사』

찾아읽기

전기웅, 『나말여초의 정치사회와 문인지식층』, 혜안, 1996.

이문기, 『신라 하대 정치와 사회연구』, 학연문화사, 2015.

김창겸, 『신라 하대 왕위계승 연구』, 경인문화사, 2003.

권영오, 『신라하대 정치사 연구』, 혜안, 2011.

이기백, 「신라 사병고」, 『역사학보』9, 1957.

이기백, 「신라 혜공왕 대의 정치적 변혁」, 『사회과학』2, 1958.

이기동, 「신라 하대의 왕위계승과 정치과정」, 『역사학보』85, 1980.

윤병희, 「신라 하대 균정계의 왕위계승과 김양」, 『역사학보』96, 1982.

김정숙, 「김주원세계의 성립과 그 변천」, 『백산학보』28, 1984.

전기웅, 「신라 하대 말의 정치사회와 경문왕가」, 『부산사학』16, 1989.

이영호, 「신라 혜공왕 대 정변의 새로운 해석」, 『역사교육논집』13 · 14, 1990.

이영호, 「신라 혜공왕 12년 관호복고의 의미」, 『대구사학』39, 1990.

전기웅, 「신라 말기 정치사회의 동요와 육두품지식인」, 『한국고대사연구』7, 1994.

2 전국에서 농민봉기가 일어나다

초적과 적고적의 봉기

하대에 중앙 정치질서가 무너지고 흉년까지 중첩적으로 일어나면서 백성들은 도탄에 빠졌다. 삶의 근거를 상실한 농민들은 집을 버리고 유리걸식하는 '유망민'으로 전락하였다. 그들은 점차 떼를 지어 노략질하는 '초적(草賊)'의 단계를 거쳐 조직체계를 갖춘 '농민군'의 형태로 변신하더니, 급기야 일정 영역을 단위로 독자세력화 하는 '호족'으로 발전하였다.

신라 하대 농민 봉기의 배경

중대中代 무열계 왕권은 진골귀족들의 사적 지배기반을 억압하고 공민公民의 지지기반을 확대하면서 강력한 전제왕권을 구축해 왔는데, 8세기 후반에 이르러 진골귀족들의 불만이 거세지면서 전제정치의 기반이 약화되어 갔다. 중대의 마지막 왕인 혜공왕惠恭王 대에는 '96각간의 난'으로 상징되듯 귀족들의 난이 폭발적으로 일어나 이미 국왕이 통제할 수 있는 범위를 넘어서고 있었다.

난의 와중에서 혜공왕이 피살되고 상대등 김양상金良相이 난을 수습하여 자신이 왕위에 오르면서(선덕왕宣德王), 강력한 전제왕권을 구가하던 중대의 시대는 막을 내렸다. 그리고 그 대신에 귀족들의 사적 기반이 대폭 용인되는 하대下代의 시대로 접어들었다. 이후 귀족들은 국왕의 통제에서 벗어나 공민을 잠식하고 사적 예속민을 늘려갔

으며, 국가와 농민들의 토지를 탈점하여 대규모 토지소유를 실현해 갔다.[자료1]

농민들은 국가 공권력의 보호를 받지 못하고 토지도 빼앗겼다. 거기에다 때마침 불어닥친 흉년의 재앙이 중첩되면서 점점 더 참담한 삶의 구렁텅이로 빠져 들어갔다. 중국으로 탈출하기도 하고 자손을 팔아 삶을 연명하는 자가 생길 정도였다.[자료2·3·4·5] 국왕은 구호 조치를 단행하기도 했지만, 도탄에 빠진 농민들을 구해내기는 역부족이었다.[자료6·7·8·9] 삶의 근거를 상실한 농민들은 집을 버리고 유리걸식流離乞食하는 유망민流亡民으로 전락해 갔다.

'유망'이란 떠돌아다니며 걸식하거나 초근목피草根木皮로 연명하는 생활을 가리키는 말로, 삶의 근거를 빼앗긴 민초들이 선택할 수 있는 가장 소극적인 생존 방식이었다. 그러나 흉년으로 유리걸식조차 불가능해지고 초근목피로써도 더 이상 연명할 수 없는 한계 상황에 이르게 되면, 농민들은 생존을 위한 보다 적극적인 저항의 방책을 택할 수밖에 없게 되어, 떼를 지어 노략질하는 '초적草賊'으로 변신하게 된다.

초적은 국가 기구, 귀족들의 집, 그리고 심지어는 사찰에 이르기까지 약탈할 재물이 있는 곳은 어디든 가리지 않고 침탈하였다. 초적을 진압해야 할 국가의 공권력은 점점 무력해져 갔으며, 귀족과 사찰 등은 대규모의 사병私兵을 양성하여 스스로를 무장함으로써 초적의 공격에 대비해야 했다.[자료1] 초적의 무리는 그에 대응하여 점점 조직화하고 규모도 키워갔다. 그들은 빨간 바지, 빨간 옷, 혹은 노란 옷 등으로 통일된 제복을 갖춰 입고서 국가의 군사조직을 방불케 하는 위력을 과시하기도 하였다. 이미 초적의 단계를 넘어선 이들을 초적과 구분하여 '농민군'이라 칭하기로 하자. 그리고 농민군에서 한 단계 더 나아가면 호족豪族의 단계로 접어들게 되는데, 호족이란 일정 지역을 근거로 하여, 그 영역과 민들을 배타적으로 지배하는 독립세력을 지칭한다.

이상의 논의를 바탕으로 농민의 봉기는 크게 네 단계로 발전해 간 것으로 정리해 볼 수 있겠다. ① 유망의 단계, ② 초적의 단계, ③ 농민군의 단계, ④ 호족의 단계가 그것이다. 여기에서는 제2단계와 제3단계를 중심으로 신라 하대 농민 봉기의 실태를 정리하기로 한다.

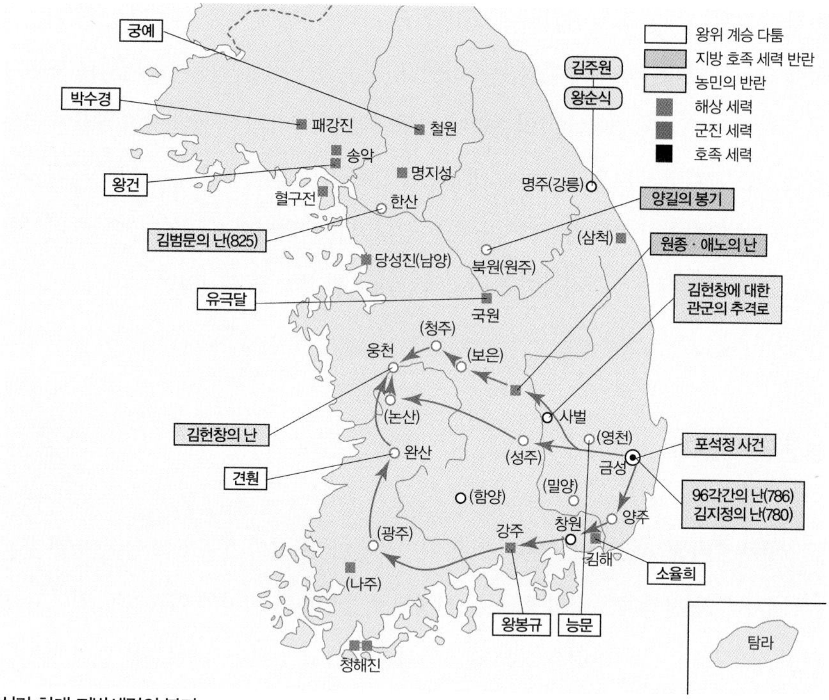

신라 하대 지방세력의 봉기

초적의 단계

초적은 중대 마지막 왕인 혜공왕 대부터 출현하기 시작하였다.[자료10] 그러더니 하대로 접어들면서 초적의 봉기는 전국으로 확산되어 갔고, 이에 대한 국가의 대응도 더욱 강경해졌다. 예를 들어 원성왕 4년(788)에 서부지역에 흉년이 들어 도적이 발생했을 때는 중앙에서 사신을 보내 농민들을 무마하는 조치를 취했던 반면에, 헌덕왕 7년(815)에 기근이 들어 도적이 봉기하자 군대를 보내어 이를 토평하였다.[자료11 · 12] 헌덕왕 11년(819)에도 초적이 전국 곳곳에서 일어났으며, 이에 대해 국왕은 지방관에게 명령하여 그들을 잡아들이도록 하였다. 흥덕왕 7년(832)에도 전국에서 초적이 일어났다.[자료13 · 8] 이들은 닥치는 대로 노략질을 일삼았으며, 선량한 양인들도 약탈의 대상에서 예외로 삼지 않았다.[자료14]

9세기 후반에 이르면 초적의 봉기가 더욱 확산되고 치열하게 전개되어 갔다. 이에 따라 국가의 조세 수취가 급감하여 국고가 고갈되는 지경에 이르렀다. 중앙 정부는 전국에 사신을 보내어 조세 수취를 독촉하였고, 생존권을 위협받게 된 농민들은 도적으로 돌변해 벌떼처럼 일어나는 악순환이 거듭되었다. 국가의 대응이 강경해지면 질수록 초적들도 서로 세력을 결집하여 대규모 군사 조직을 갖추어 갔다. 그리하여 급기야는 국가의 군사력이 이를 감당하지 못하는 상황이 초래되기까지 하였다.[자료15] 바야흐로 초적은 서로 세력을 결집하여 농민군의 단계로 발전해 가고 있었던 것이다.

농민군의 단계

9세기 후반에 초적들의 발호는 더욱 극심해졌다. 신라의 효공왕이 당에 보낸 표문表文에서 신라 전역이 초적의 소굴로, 전장터로 돌변하는 형국에 빠져들고 있다고 한탄할 정도였다.[자료16] 이런 현상은 전국에서 일어나고 있었다. 초적들은 점차 세력을 키우고 조직을 결집하여 농민군의 단계로 발전해갔다. 예를 들면, 국가의 서남 방면에서 일어난 초적들은 붉은 바지를 제복처럼 통일해서 입고서 스스로 '적고적赤袴賊'이라 칭하고 다닐 정도였고, 평양지역의 초적들은 붉은 옷과 누런 옷으로 스스로를 구별하여 '적의적赤衣賊', '황의적黃衣賊'이라 칭하면서 조직력을 과시하였다.[자료17 · 18]

다른 지역에서도 이러한 농민군을 목격하는 것은 흔한 일이 되었다. 예를 들어 상주에서는 원종과 애노가 중심이 되어, 죽주에서는 기훤箕萱이 중심이 되어, 그리고 원주에서는 양길梁吉이 중심이 되어 초적들을 결집해서 농민군으로 발전해 가고 있었다.[자료15 · 19] 그뿐만 아니었다. 섬 지역에서도 해양세력이 세력을 모아 강력한 세력으로 발전해 가기도 하였다. 압해도의 능창이 주변의 무리들을 결집하여 큰 세력을 이루었던 것이 그 좋은 예이다.[자료20]

합천 해인사 전경

농민군들은 재물이 있는 곳이면 예외없이 공격의 대상으로 삼았다. 예를 들어 적고적赤袴賊이라 칭하는 서남 방면의 도적 무리들은 서울 모량리의 민가를 약탈했고, 김해지역의 도적 무리들은 김수로왕의 사당을 습격하기도 하였다.[자료17 · 21] 사찰도 예외가 아니었다. 예를 들어 많은 재부를 보유하고 있던 해인사에서 승병들이 공격해 온 농민군과 치열한 전투를 벌였음이 확인되고 있다.[자료22]

농민군 조직은 점차 지도자를 중심으로 일정 영역을 단위로 한 정치적 결사체로 발전해갔다. 그 지도자는 스스로 장군將軍이나 성주城主라 칭하였다. 이제 농민군을 넘어 호족豪族의 단계로 접어든 것이다. 이후 호족들은 상호 간에 쟁패를 벌이면서 국토를 분할하여 독립 국가를 건설하는 데까지 이르게 된다.

자료샘

자료 1

재상宰相의 집에는 녹祿이 끊어지지 않으며, 노비가 3,000명이나 되고, 갑병甲兵주1과 소 · 말 · 돼지도 이에 맞먹는다. 가축은 해중海中의 산주2에 방목을 하였다가 필요할 때에 활을 쏘아서 잡는다. 곡식을 남에게 빌려 주어서 늘리는데, 기간 안에 다 갚지 못하면 노비로 삼아 일을 시킨다.

原文 宰相家不絶祿 奴僮三千人 甲兵牛馬猪稱之 畜牧海中山 須食乃射 息穀米於人 償不滿 庸爲奴婢

_『신당서』 권199상, 열전149상, 동이 신라

주1 갑병 : 무장한 병사, 즉 사병(私兵)을 지칭.

주2 해중의 산 : 섬을 의미.

자료 2

흉년이 들어 백성들이 굶주림을 이기지 못하고, 절동浙東주3 지방으로 가서 먹을 것을 구하는 자가 170명이었다.

原文 年荒民飢 抵浙東求食者一百七十人

_『삼국사기』 권10, 헌덕왕 8년(816) 정월

주3 절동 : 지금의 중국 저장성의 동부 해안지방.

자료 3

봄과 여름에 가물었으므로, 겨울에 기근이 들었다.

原文 春夏旱 冬飢 十一月

_『삼국사기』 권10, 헌덕왕 12년(820)

자료 4

봄에 백성들이 굶주리자 그 자식을 팔아서까지 생존하기도 하였다..

原文 春 民饑 賣子孫自活

_『삼국사기』 권5, 태종무열왕 7년(660)

자료 5

봄에 나라 안에 큰 기근이 들었다.

原文 春 國內大飢

_『삼국사기』 권10, 흥덕왕 8년(833)

자료 6

여름 5월에 나라의 서쪽 지방에 큰 홍수가 나자, 임금이 사람을 보내 수해를 당한 주와 군의 백성들을 위문하고, 1년 동안 조세와 공물을 면제하였다.

原文 夏五月 國西大水 發使撫問經水州郡人民 復一年租調

_『삼국사기』 권10, 헌덕왕 6년(814)

자료 7

겨울 10월에 굶어 죽는 사람이 많아지자, 임금은 주와 군에 교서를 내려 창고를 열어 그들을 구제하게 하였다.

原文 冬十月 人多飢死 敎州郡發倉穀存恤

_『삼국사기』 권10, 헌덕왕 9년(817)

자료 8

봄과 여름에 가물어 땅이 붉게 탔다. 임금은 정전에 나가지 않고 음식을 줄였으며, 중앙과 지방의 죄수들을 사면하였다. … 8월에 흉년이 들어 도적이 곳곳에서 일어났다. 겨울 10월, 임금이 사람을 파견하여 백성들을 위로하였다.

原文 春夏旱 赤地 王避正殿 減常膳 赦內外獄囚 … 八月 飢荒 盜賊遍起 冬十月 王命使安撫之

_『삼국사기』 권10, 흥덕왕 7년(832)

자료 9

겨울 10월, 임금이 남쪽 지방의 주와 군을 두루 돌아보았다. 노인과 홀아비, 과부, 고아, 자식 없는 노인들을 찾아 위문하고, 곡식과 베를 형편에 따라 차등을 두어 내려주었다.

原文 冬十月 巡幸國南州郡 存問耆老及鰥寡孤獨 賜穀布有差

_『삼국사기』 권10, 흥덕왕 9년(834)

자료 10

태자 나이 8세에 왕(경덕왕)이 돌아가셨으므로, 태자가 왕위에 올랐으니 이가 바로 혜공대왕惠恭大王이다. 나이가 어렸기 때문에 태후가 조정에서 업무를 보았지만 정치가 제대로 되지 않았다. 그러자 도적들이 벌떼처럼 일어나 이루 막아내기도 어려운 실정이었다.

原文 至八歲 王崩 太子卽位 是爲惠恭大王 幼冲故 太后臨朝 政條不理 盜賊蜂起 不遑備禦

_『삼국유사』 권2, 기이2, 경덕왕 충담사 표훈대덕

자료 11

가을에 나라의 서쪽 지방에 가뭄이 들고, 메뚜기떼가 나타나고 도적들이 많이 일어나자 왕이 사람을 보내어 위로하였다.

原文 秋 國西 旱蝗 多盜賊 王發使安撫之

_『삼국사기』 권10, 원성왕 4년(788)

자료 12

서쪽 변방의 주와 군에 큰 기근이 들어 도적들이 봉기하자 군사를 파견하여 토벌하였다.

原文 西邊州郡大飢 盜賊蜂起 出軍討平之

_『삼국사기』 권10, 헌덕왕 7년(815) 8월

자료 13

도둑떼들이 여기저기서 봉기하였다. 임금이 모든 주와 군의 도독 및 태수에게 명하여 그들을 붙잡아 오도록 하였다.

原文 草賊遍起 命諸州郡都督太守 捕捉之

_『삼국사기』 권10, 헌덕왕 11년(819) 3월

자료 14

방등산方等山은 신라 나주의 속현인 장성의 경계에 있다. 신라 말에 도적이 크게 일어나 이 산에 의거하였으니, 양가良家의 자녀들이 자주 약탈을 당하였다. 그중에 있던 장일현長日縣의 여인이 이 노래를 지어서 그 남편이 바로 구하러 오지 않은 것을 풍자하였다.

原文 方等山 在羅州屬縣長城之境 新羅末 盜賊大起 據此山 良家子女多被擄掠 長日縣之女

亦在其中 作此歌 以諷其夫 不卽來救也

_『고려사』 권71, 지25, 악(樂)2, 삼국속악 방등산(方等山)

자료 15

주4 사벌주 : 지금의 경북 상주.

나라 안의 여러 주와 군에서 공물과 세금을 보내지 않아 창고가 비고 국가재정이 궁핍하였다. 임금이 사람을 파견하여 독촉하니, 이로 인하여 도처에서 도적이 봉기하였다. 이때 원종元宗과 애노哀奴 등이 사벌주沙伐州[주4]에 웅거하여 반란을 일으켰다. 임금이 나마 영기令奇에게 명령하여 그들을 사로잡게 하였으나, 영기가 적들의 보루를 보고 두려워하여 진군하지 못하였다. 촌주村主 우연祐連이 힘을 다하여 싸우다가 죽었다. 임금이 칙명을 내려 영기의 목을 베고, 나이가 10여 세에 불과한 우연의 아들에게 아버지의 뒤를 이어 촌주가 되게 하였다.

原文 國內諸州郡 不輸貢賦 府庫虛竭 國用窮乏 王發使督促 由是 所在盜賊蜂起 於是 元宗 哀奴等據沙伐州叛 王命奈麻令奇捕捉 令奇望賊壘 畏不能進 村主祐連 力戰死之 王下勅斬令奇 祐連子年十餘歲 嗣爲村主

_『삼국사기』 권11, 진성왕(眞聖王) 3년(889)

자료 16

지금 군읍郡邑은 모두 도적의 소굴이 되었고, 산천은 모두 전장戰場이 되었으니 어찌 하늘의 재앙이 우리 해동海東에만 흘러드는 것입니까!

原文 今也郡邑遍爲賊窟 山川皆是戰場 豈謂天殃 偏流海曲

_『동문선(東文選)』 권33, 표전(表箋) 사사위표(謝嗣位表)

자료 17

도적들이 나라의 서남쪽에서 봉기하였다. 그들은 바지를 붉게 물들여 스스로 남들과 다르게 하였기 때문에 사람들은 적고적赤袴賊이라고 불렀다. 그들은 주와 현을 도륙하고, 서울의 서부 모량리牟梁里까지 와서 사람들을 위협하고 노략질하고 돌아갔다.

原文 賊起國西南 赤其袴以自異 人謂之赤袴賊 屠害州縣 至京西部牟梁里 劫掠人家而去

_『삼국사기』 권11, 진성왕 10년(896)

자료 18

천우 2년 을축(905)에 … 평양성주平壤城主인 장군 검용黔用이 항복하였고 증성甑城의 적의赤衣·황의黃衣 도적과 명귀明貴 등이 복속하여 왔다.

原文 天祐二年乙丑 … 平壤城主將軍黔用降 甑城赤衣黃衣賊明貴等歸服

_『삼국사기』 권50, 열전10, 궁예

자료 19

신라 말기에 정치가 황폐해지고 백성들이 흩어져 서울 인근 바깥의 주, 현 중에서 배반하고 지지하는 수가 반반씩이었다. 도처에서 뭇 도적들이 벌떼처럼 일어나고 개미떼같이 모여들었다. 선종善宗[주5]은 혼란한 틈을 이용하여 무리를 끌어 모으면 뜻을 이룰 수 있으리라고 생각하였다. 진성왕眞聖王 재위 5년, 대순大順[주6] 2년 신해(891)에 죽주竹州[주7]의 도적 우두머리 기훤箕萱에게 투신하였다. 기훤이 업신여기며 예로써 대우하지 않자, 선종은 마음이 답답하고 불안하여 기훤의 휘하인 원회元會, 신훤申煊 등과 비밀리에 결탁하여 벗을 삼았다. 경복景福[주8] 원년 임자(892)에 북원北原[주9]의 도적 양길梁吉에게 투신하였다. 양길은 그를 우대하고 일을 맡겼다.

原文 見新羅衰季 政荒民散 王畿外州縣 叛附相半 遠近群盜 蜂起蟻聚 善宗謂乘亂聚衆 可以得志 以眞聖王卽位五年 大順二年辛亥 投竹州賊魁箕萱 箕萱侮慢不禮 善宗鬱悒不自安 潛結箕萱麾下元會申煊等爲友 景福元年壬子 投北原賊梁吉 吉善遇之委任以事

_『삼국사기』 권50, 열전10, 궁예

주5 선종 : 궁예의 이명.

주6 대순 : 당 소종(昭宗)의 연호(890~892).

주7 죽주 : 지금의 경기도 안성의 옛 이름. 본래 백제의 개차산(皆次山)이었는데, 신라의 경덕왕이 개산군(介山郡)으로 고쳐 한주(漢州)의 영현으로 하였고, 940년 (태조 23)죽주로 고쳤다.

주8 경복 : 당 소종의 연호(892~894).

주9 북원 : 지금의 강원도 원주의 옛 이름.

자료 20

(909년에) 태조太祖[주10]가 다시 전함戰艦을 수선하고 군량을 비축하여 나주羅州에 군사를 머무르게 하려 하여 … 마침내 광주光州의 서남쪽 경계에 있는 반남포구潘南浦口에 이르러 적진에 첩보를 보내 살피게 하였다. 그때 압해현押海縣[주11]의 적수賊帥 능창能昌이란 자는 해도海島에서 세력을 일으켜 수전水戰을 잘하여 수달水獺이라 불릴 정도였는데, 무리를 모아 망명하여 마침내 갈초도葛草島의 소적小賊들을 결집하여 태조가 이르기를 기다려 해치고자 하였다.

原文 太祖復修戰艦備糧餉 欲留戍羅州 … 遂至光州西南界潘南縣浦口 縱諜賊境 時有壓海縣賊帥能昌起海島 善水戰 號曰水獺 嘯聚亡命 遂與葛草島小賊相結 候太祖至 欲邀害之

_『고려사』 권1, 세가1 태조총서

주10 태조 : 궁예 휘하에 있던 왕건.

주11 압해현 : 신안군 압해도에 설치되었던 현.

자료 21

주12 사당 : 수로왕릉의 사당.

신라 말에 … 또 도적들이 사당주12 안에 금과 옥이 많다고 여기고는 이를 훔쳐가려고 하였다. 도둑들이 처음 왔을 때는, 갑옷을 입고 투구를 쓰고 활에 살을 먹인 한 용사가 사당 안에서 나와서는 사방으로 비 오듯 화살을 쏘아대어 7~8명이 죽자 도적들이 달아났다. 며칠이 지나 다시 왔을 때는 30여 자나 되는 큰 구렁이가 눈에서 번갯불을 번쩍이며 사당 옆에서 나와 8~9명을 물어 죽였다. 겨우 살아난 자들도 죄다 넘어지고 자빠지면서 흩어져 도망쳤다. 그래서 왕릉의 안팎에 반드시 신령스러운 존재가 있어서 왕릉을 지키고 있다는 것을 알게 되었다.

原文 新羅季末 … 又有賊徒 謂廟中多有金玉 將來盜焉 初之來者也 有躬擐甲胄 張弓挾矢 猛士一人從廟中出 四面雨射 中殺七八人 賊徒奔走 數日再來 有大蟒長三十餘尺 眼光如電 自廟旁出 咬殺八九人 粗得完免者 皆僵仆而散 故知陵園表裡 必有神物護之

_『삼국유사』 권2, 기이2, 가락국기(駕洛國記)

자료 22

주13 삼보 : 불교도가 존경하고 공양해야 할 불보(佛寶), 법보(法寶), 승보(僧寶).

주14 건녕 : 당 소종의 연호(894~897).

주15 이름을 좌우에 쓴다 : 아래에 판훤(判萱) 등 56명의 승려와 속인의 이름을 열거함.

해인사海印寺에서 나라와 삼보三寶주13를 지키기 위해 싸우다 돌아간 승려와 속인의 이름. 건녕乾寧주14 연간에 해인사에서 난리가 일어나 나라와 삼보를 지키고자 싸우다 돌아간 승려와 속인들의 아름다운 이름을 좌우에 쓴다.주15

原文 海印寺 護國三寶 戰亡緇素 玉字. 乾寧 濁世於海印寺 護國三寶 戰亡緇素玉字 列之左右

_「해인사 묘길상탑지(海印寺妙吉祥塔誌)」

출전

『삼국사기』

『삼국유사』

『고려사』

『신당서』

「해인사 묘길상탑지(海印寺妙吉祥塔誌)」: 895년(진성여왕 9) 제작되어 가야산 해인사 일주문 앞의 길상탑 안에 봉안했던 탑지. 당시 해인사 부근에서 벌어진 전란에서 사망한 승군들의 넋을 위로하고자 만든 탑의 탑지이다. 따로 승군의 이름을 적은 전판(塼板)이 있고 인근의 오대산사(五臺山寺)와 백성산사(百城山寺)에도 길상탑을 세우려 했던 사실을 기록한 탑지 2매도 함께 나왔다. 전판에 글자를 새긴 이 탑지의 찬자는 최치원이고, 오대산사탑지의 찬자는 승훈(僧訓)이며 백성산사탑지의 찬자는 미상이다. 해인사묘길상탑지는 길상탑을 건립하는 발원문과 자원(資源), 건립 집단을 기록하였고 오대산사탑지는 '곡치군(哭緇軍)'이라는 제목의 탑사(塔詞)와 서(序)이다. 신라 말 지방에서 벌어진 전란에 삼보(三寶)를 지키기 위해 싸우다 죽은 승려의 속인들의 이름을 기록하고 그 명복을 빌기 위해 탑을 세우고 탑지와 함께 무구정광대다라니경, 법화경, 유마경 등 경전과 불상, 소탑, 진언(眞言) 등을 법보(法寶)로 함께 봉안하였다.

찾아읽기

김창석, 「통일신라기 전장에 관한 연구」, 『한국사론』25, 서울대 국사학과, 1991.
전덕재, 「신라 하대의 농민항쟁」, 『한국사』4, 한길사, 1994.
조인성, 「신라 말 농민반란의 배경에 대한 일시론」, 『한국고대사연구』7, 1994.
조인성, 「미륵신앙과 신라사회: 진표의 미륵신앙과 신라말 농민봉기와의 관련성을 중심으로」, 『진단학보』82, 1996.
강옥엽, 「8~9세기 신라사회와 일반민의 동향」, 『이화사학연구』30, 2003.

3 호족들이 힘을 키우다

호족의 성장

하대의 사회변동은 전국 각처에서 호족들이 일어나는 배경이 되었다. 중앙귀족이 낙향하여 호족으로 변신한 경우도 있었고, 군진의 군사력이나 해양활동을 통해 축적한 경제력을 기반으로 호족으로 성장하기도 하였다. 중앙군의 지휘관이 출정길에 올랐다가 호족으로 변신한 경우가 있었는가 하면, 촌주층이 세력을 키워 호족으로 성장하기도 하였다.

신라 말기의 사회 변동

진골귀족의 군사정변으로 혜공왕惠恭王이 시해되면서 중대中代의 시대가 막을 내리고 하대下代가 시작되었다. 태종무열왕부터 시작하여 그의 직계 후손들이 왕위를 계승하면서 절대권력을 휘두르던 중대와 달리, 하대에는 진골귀족들 사이에 극렬한 왕위쟁탈전이 전개되면서 왕권이 흔들리고 중앙집권력이 크게 약화되었다. 하대 155년 동안 20명의 왕이 즉위하여 평균 재위 연수가 8년도 채 되지 않은 사실이 그 극심한 혼란상을 말해 준다.

혜공왕 대에 군사정변의 주역을 담당했던 김양상金良相이 왕위에 올라 선덕왕宣德王이 되었는데, 그가 왕권을 안정시킬 겨를도 없이 5년 만에 후사後嗣를 두지 못하고 죽은 것이 왕위쟁탈전을 촉발하는 계기가 되었다. 다음 왕위를 둘러싼 쟁투에서 김경신

金敬信이 이겨 왕위에 올랐으나, 패배한 김주원金周元을 제거하는 데는 실패하였다. 김주원은 자기 세력의 근거였던 명주溟州(지금의 강릉)로 내려갔고, 원성왕元聖王 김경신은 그를 제압하지 못하고 명주군왕溟州郡王으로 봉해줄 수밖에 없었다.[자료1] 이는 원성왕이 명주 지방에 대한 김주원의 배타적 지배권을 허락해 준 것을 의미하는 것으로, 스스로 왕권의 한계를 자인한 셈이었다. 다시 말하자면, 김주원은 명주 지역을 중심으로 군왕郡王으로 군림하면서 국가의 집권력과 어느 정도의 거리를 두고 존재한 최초의 호족이라 할 만하다. 실제 그 후손들은 군왕의 칭호를 세습했고, 이를 바탕으로 신라 말 김순식金順式 같은 명주의 유력한 호족으로 떠오를 수 있었던 것이다.[자료2]

김주원의 예는 이후에 왕위쟁탈전에서 탈락한 중앙의 진골귀족이 낙향하여 지방의 호족적 존재로 군림하게 하는 선례가 되었으며, 그만큼 하대 왕권의 권위는 시작 단계부터 크게 실추될 수밖에 없었다. 그리하여 이후 왕위를 노리는 진골귀족들의 반란은 무상히 일어났으니, 김주원의 둘째 아들 헌창이 아비의 왕위계승 실패를 만회하기 위해 일으킨 대규모의 반란 사건은 그 대표적인 예였다. 김헌창의 난을 계기로 국왕의 권위는 뿌리부터 흔들리게 되었고, 지방세력의 동향 역시 심상치 않게 돌아가고 있었다. 자연히 신라국가의 지방 통제력이 약화되고 그 결과 조세를 제대로 거두지 못하게 됨으로써 국가 재정도 큰 어려움에 직면하게 되었다.[자료3]

바로 이런 상황에서 828년 장보고의 귀국은 신라의 정국에 또 하나의 변수로 떠올랐다. 당나라로 들어가 막대한 재력을 형성한 장보고의 귀국은 재정난에 허덕이던 신라 조정에게는 일종의 구세주로 비춰졌던 것이며, 자연히 양자 사이에 정치적 협상이 진행되었다. 그 협상의 주요 내용은, 장보고가 신라 조정에 대해 재정난을 타개할 수 있는 경제적 지원을 해주고, 그 대신 완도에 청해진淸海鎭을 건설하여 이를 중심으로 서남해지역을 독점적으로 관할하는 권한을 조정으로부터 승인받는 것이었을 것이다. 섬 출신의 미천한 장보고를 청해진대사淸海鎭大使로 봉하고 그에게 이처럼 파격적인 권한을 위임해 준 것이야말로 김주원을 명주군왕으로 봉했던 전례와 김헌창의 난에 이어, 다시 한번 신라 국왕의 권위를 크게 손상시키는 결과를 가져왔다.

신라 국왕의 권위를 결정적으로 땅에 떨어뜨린 사건은 836년에 일어났다. 흥덕왕興德王이 죽자 왕족 제륭悌隆과 균정均貞 사이에 왕위쟁탈전이 벌어졌고, 결국 권신 김명金

明이 지지한 제륭이 권좌에 올라 희강왕僖康王이 된 것이었다. 균정은 그 쟁투 과정에서 피살되고 그의 아들 우징祐徵과 그를 지지하던 김양金陽 등은 청해진을 찾아가 대사大使 장보고의 보호를 받는 신세가 되었다. 그런데 838년에는 중앙에서 신하 김명이 정변을 일으켜 자신이 옹립한 희강왕을 죽이고 자신이 직접 왕위에 오르는 불상사가 일어났다. 민애왕閔哀王이 그이다.

이에 김우징은 아비와 임금의 원수인 민애왕을 토벌할 것을 장보고에게 요청하였고, 장보고는 그 요청을 받아들여 청해진의 군사를 출동시켜 민애왕을 죽이고 우징을 왕위에 올렸다. 이가 신무왕神武王이다. 장보고가 중앙의 왕위쟁탈전에 직접 개입하게 된 것이다. 출신 신분이 미천한 인물이 왕위를 좌지우지하게 된 이 사건은 그동안 골품제로 포장되어 화려한 품격을 자랑하던 신라 국왕의 권위를 결정적으로 실추시켰다. 지방세력조차 국왕의 권위에 복종하지 않는 분위기가 형성되었던 것이다.

하대의 이러한 정치적 혼란상은 단지 왕위나 관직을 둘러싸고 여러 정치 세력이 서로 충돌했기 때문에 일어난 것만은 아니었다. 그것은 진골 중심의 지배체제가 한계를 드러내고, 생산력의 발전으로 말미암아 지배층이 재편되고 피지배층이 분화되는 등 전반적인 사회변동의 결과 초래된 것이었다.

진골 왕족 중심의 지배체제에서는 왕과의 혈연관계가 멀어지면 정치적 지위도 잃어버리는 폐단이 있었다. 따라서 이들에게는 그 집안에서 왕을 배출한다는 것이 무엇보다 중요하였다. 왕족의 수가 크게 증가하면서 왕위계승을 둘러싼 진골 세력 사이의 대립은 필연적으로 일어날 수밖에 없는 상황이었다. 당에 유학하고 돌아온 6두품 출신은, 이러한 신라의 혼란이 능력보다 신분을 더 중시하는 데서 생기는 것임을 깨닫고 진골 중심 지배체제를 비판하고 개혁을 촉구하기도 하였다.

한편 농법農法이 발전하여 생산력이 증가하자 빈부의 격차가 심해져, 지방에서는 거대한 부를 축적하고 새로운 지배세력으로 등장하는 사람들이 생겨나는가 하면, 몰락하여 토지를 버리고 떠돌아다니는 사람들도 생겨났다. 왕위쟁탈전에서 패배한 진골들은 지방에 있는 자신들의 근거지로 돌아와 대규모의 토지를 경영하여 부를 쌓고, 중앙의 정치와는 무관하게 그 지방 사람들에게 큰 영향력을 행사하기 시작하였다.

농민들의 항쟁과 호족의 성장

진골들의 왕위쟁탈전에 소요되는 비용을 부담하는 계층은 결국 그들이 소유하고 있는 토지와 녹읍 · 식읍 · 관료전 등을 경작하는 농민층이었다. 농민들의 부담은 왕위쟁탈전이 장기화하고 만성화함에 따라 더욱 더 가중되었다. 게다가 9세기 이후 거듭된 흉년과 전염병의 성행은 농촌 사회의 황폐화를 가속시켰다. 농민들의 삶은 자식을 팔아 연명할 정도로 극한 상황을 달리고 있었다.[자료4]

농민들은 토지를 떠나기 시작하였다. 더 이상 조세와 역역力役을 부담할 능력도 없었고, 장래에 대해 아무런 희망도 가질 수 없었던 것이다. 이들은 지방에서 새롭게 대두하던 부유층에 흡수되기도 하고, 유민流民이 되어 생계를 찾아 사방으로 흘러다니거나 혹은 무리를 지어 도적이 되었다. 이러한 현상은 국가 수취기반 속에 편입된 지역의 농민의 경우도 마찬가지였다. 정국의 혼란으로 토지 제도 및 수취 제도가 문란해져서 농민들에 대한 조세 부과는 일정한 기준도 없이 이루어졌다.

그러나 중앙의 진골귀족들은 자중하기는커녕 오히려 농민들에 대한 수탈의 강도를 더욱 높여 호사스런 생활을 영위하였다. 재상집에는 녹祿이 끊이지 않았으며 노비가 3,000명이나 되었다고 한다. 그리고 서울인 경주에는 부유한 큰 저택을 뜻하는 금입택金入宅이 35채에 이르렀고, 계절마다 다른 별장에서 생활하여 이를 사절유택四節遊宅이라 하였다고 한다. 진골귀족들의 사치스런 생활상은 헌강왕憲康王 때에 극에 달하여, 당시 도성都城 안에는 초가집이 하나도 없었고, 처마와 담이 이웃과 서로 맞닿은 거리에는 노랫소리와 피리 소리가 밤낮으로 끊이지 않을 정도였다 한다.[자료5]

이에 농민들은 점차 집권층에 대해 실망하고 조직적인 저항 운동을 펴기 시작했다. 상주의 원종元宗과 애노哀奴, 원주의 양길梁吉, 죽산의 기훤箕萱 등은 그 저항 운동의 주도 세력이었다. 또 지방에 초적草賊들이 횡행하자, 지방의 진골이나 촌주 혹은 부농층 중에는 이들로부터 자신의 경제적 기반을 보호하기 위하여 병력을 양성하는 등 독자적인 세력을 키우는 이들이 생겨났다. 이러한 세력들은 각 지방에서 그 지역의 촌락들을 보호해 준다는 구실로 정치적 · 경제적인 지배권을 확보하고, 지역민들에게 조세와 역역을 부과하는 독립 세력으로 성장하였다. 신라 조정은 다만 이들을 지켜볼 뿐이었다.

지방에 새로 등장하는 세력들 중에는 지방으로 밀려나 자신의 경제적 기반을 바탕으로 성장한 진골귀족과 이들에 복속한 촌주층 외에도 중앙 정부에 반기를 든 군진 세력과 대외 무역을 통해 세력을 키운 해상 세력, 유민을 모아 갑자기 큰 세력으로 성장한 초적의 우두머리 등이 있었다. 이들은 성을 쌓고 그 주인이 되어 성주城主라 칭하기도 하였으며, 사병을 조직하여 지휘하였기 때문에 장군이라 일컫기도 하였다.[자료6·7] 이들 세력은 그 지배 범위를 확대하고 다른 군소 세력을 규합하는 한편, 선종의 승려나 6두품의 지식인을 영입하여 통치력을 강화하고 조직화해 나아갔다. 이들을 호족豪族이라고 한다.

호족들은 중앙관제를 모방한 새로운 직제職制를 도입하여 독자적인 관반체제官班體制를 갖추기도 하였다. 그들은 자신의 혈연 계보를 분명히 밝히기 위해 성씨姓氏를 쓰고 족보를 만들었고, 그것은 그들의 지배 영역 안에서 공인되어 군보郡譜로 정리되었으며 여기에 등재된 군족郡族들은 그 지방을 자신의 관향貫鄕으로 명기하기도 하였다.

호족 세력의 유형

신라의 전국 각처에서 일어난 수많은 호족들은 그 세력의 형성 배경에 따라 몇 가지 부류로 나누어 볼 수 있다.

첫째, 중앙귀족이 지방에 낙향하여 호족으로 변신한 경우이다. 이들은 왕위쟁탈전에서 패하여 낙향하거나 지방관으로 지방에 파견되어 주치州治나 소경小京 설치지역을 근거로 실력을 쌓아가다가 하대에 점차 독립적 재지세력가로 변신해 갔다. 명주에 낙향한 김주원의 세력기반에 힘입어 호족 세력으로 성장한 김순식의 경우가 그 대표적인 예가 되겠다.

둘째, 신라의 군사 기지인 군진軍鎭을 바탕으로 하여 호족으로 대두한 경우이다. 신라 하대에는 해상의 방어를 위해서 해안의 요지에 여러 군진이 설치되었다. 예를 들어, 예성강 유역에 패강진浿江鎭(782)이, 완도에 청해진淸海鎭(828)이, 남양만 일대에 당성진唐城鎭(829)이, 그리고 강화도에 혈구진穴口鎭(844)이 각각 설치되었는데, 이러한 지역에서는 지휘관이나 토호세력들이 군진의 군사력을 바탕으로 하여 신라 말에 유력한 호족들로 성장한 경우가 많았다. 패강진을 바탕으로 일어난 왕건이나 청해진을 바탕으로 성장한 장보고 등이 그 대표적인 예가 되겠다. 그 밖에 정주貞州(지금의 경기도 풍덕)의 유천궁柳天弓도 혈구진을 바탕으로 일어난 호족으로 분류할 수 있다.

셋째, 바닷길을 이용한 상업 활동을 통해 경제력을 갖게 된 해양세력이 호족으로 성장한 경우이다. 왕건이나 장보고, 유천궁 등과 같이 군진을 배경으로 해서 일어난 호족들 중에도 해양세력 출신이 적지 않았다. 이 밖에 강주康州(지금의 진주)의 왕봉규王逢規나 혜성槥城(지금의 아산만 일대)의 박술희朴述熙와 복지겸卜智謙, 그리고 전남 신안군 압해도의 능창能昌 등도 해양세력 출신의 호족들이었다.

넷째, 본디는 군대의 지휘관이었다가 중앙에 반기를 들고 주변 세력을 규합하여 호족으로 성장한 경우이다. 예컨대 견훤은 서남해방수군西南海防戍軍의 군인으로 군공軍功을 세워 비장裨將까지 되었는데, 국가의 기강이 해이해지자 무리를 모아 무진주武珍州(지금의 광주광역시)를 중심으로 주변 주현을 복속하여 대호족으로 성장한 인물이었다.

다섯째, 촌주村主층에서 성장한 호족이 있었다. 촌주란 지방사회에서 행정의 실무를 담당하던 토착 재지세력을 지칭한다. 이들은 전국 각 처에서 정치적 · 군사적 · 경제적 실력을 길러, 신라 하대의 혼란 정국을 틈타 독자적인 호족세력으로 부상하였다. 이들은 스스로 장군將軍이나 성주城主라고 칭하기도 하고, 혹은 독자적인 관반체계를 갖추기도 하였다. 예를 들어 진보성주眞寶城主를 칭한 홍술洪術이나 재암성장군載巖城將軍을 칭한 선필善弼 등을 이러한 촌주 출신의 호족으로 분류할 수 있겠다.[자료6 · 7]

그리고 이 밖에 일정한 거처도 없이 떠도는 유망민들을 모아 초적草賊이나 농민군의 무리를 형성하고 그 우두머리가 되었다가 몇몇 지역을 석권하여 호족으로 대두한 경우도 있었다. 궁예도 처음에는 이런 부류에 가담하여 성장한 인물이었다.

이와 같이 서로 계통을 달리하는 여러 호족들이 전국적으로 대두하였으나 신라 국가는 이들을 통제할 힘을 상실해 가고 있었다. 이런 가운데 호족들 상호 간에 통합과 복속의 과정이 반복되었으니, 그 과정에서 통합의 중심 인물로 떠오른 이들이 바로 견훤과 궁예, 그리고 왕건 등이었다.

자료샘

자료 1

주1 태종왕 : 신라 29대 태종무열왕.

주2 상대장등 : 신라 최고관직 상대등을 지칭함.

주3 경신 : 선덕왕이 후사 없이 죽자 뒤를 이어 38대 즉위함(원성왕).

주4 명주 : 강릉에 설치된 통일신라시대의 주(州). 원래 이름은 하슬라주(何瑟羅州)였는데, 경덕왕대에 명주라 개칭함. 오늘날 영동지방을 관장함.

주5 익령 : 명주 관할의 군(郡). 지금의 양양.

주6 근을어 : 명주 관할의 군(郡). 지금의 평해.

주7 관 : 군(郡)의 오기(誤記)인 듯.

주8 식읍 : 국가의 공신 혹은 최고 신분층에게 일정 영역 단위 혹은 일정 수의 가호를 떼어서 일정한 지배권을 양도한 것을 이름.

주9 명주 : 지금의 강원도 강릉.

김주원金周元은 태종왕[주1]의 손이다. 이전에 선덕왕宣德王이 후사 없이 죽자, 군신들이 정의태후貞懿太后의 교칙을 받들어 주원을 왕으로 삼으려 하였는데, 족자族子 상대장등上大長等[주2] 경신敬信[주3]이 무리들을 협박하여 스스로 왕위에 오르고 먼저 입궁入宮하여 제制를 칭하였다. 이에 주원은 화가 미칠 것을 두려워하여 명주溟州[주4]에 퇴거하여 끝내 조정에 나타나지 않았다. 그 후 2년에 주원을 명주군왕溟州郡王으로 봉하고 명주의 익령翼領,[주5] 삼척三陟, 근을어斤乙於,[주6] 울진蔚珍 등의 관官[주7]을 식읍食邑[주8]으로 떼어 주었다. 이로 인해 자손들은 명주부溟州府를 관향貫鄕으로 삼았다.

原文 金周元太宗王之孫 初宣德王薨無嗣 群臣從貞懿太后之教 立周元爲王 族子上大長等敬信劫衆自立 先入宮稱制 周元懼禍退居溟州遂不朝請 後二年封周元爲溟州郡王 割溟州翼領三陟斤乙於蔚珍等官爲食邑 子孫因以府爲鄉

_『신증동국여지승람』 권44, 강원도 강릉대도호부 인물

자료 2

가을 7월에 명주溟州[주9]의 장군將軍 순식順式이 항복하였다. 예전에 왕이 순식이 항복하지 않음을 근심하니 시랑 권열權說이 말하기를, "아버지가 아들에게 명령하고 형이 아우에게 훈계하는 것은 천리입니다. 순식의 아비인 허월許越이 지금 중이 되어 내원內院에 있으니 마땅히 그를 보내어 타이르게 하소서." 하였다. 왕이 권열의 말을 따르니 순식이 드디어 맏아들 수원守元을 보내어 귀순하였으므로 왕씨王氏의 성을 내려 주고 전택을 주었다.

原文 秋七月 溟州將軍順式降附 初王以順式不服 患之 侍郎權說曰 父而詔子 兄而訓弟 天理也 順式父許越 今爲僧在內院 宜遣往諭之 王從之 順式遂遣長子守元歸款 賜姓王 給田宅

_『고려사절요』 제1권, 태조신성대왕(太祖神聖大王) 5년(922)

자료 3

나라 안의 여러 주와 군에서 공물과 세금을 보내지 않아 창고가 비고 국가재정이 궁핍하였다. 임금이 사람을 파견하여 독촉하니, 이로 인하여 도처에서 도적이 봉기하였다.

原文 國內諸州郡 不輸貢賦 府庫虛竭 國用窮乏 王發使督促 由是 所在盜賊蜂起

_『삼국사기』 권11, 진성왕 3년(889)

자료 4

봄에 백성들이 굶주리자 그 자식을 팔아서까지 생존하기도 하였다.

原文 春 民饑 賣子孫自活

_『삼국사기』 권10, 헌덕왕 13년(821)

자료 5

봄에는 동야택東野宅, 여름에는 곡량택谷良宅, 가을에는 구지택仇知宅, 겨울에는 가이택加伊宅에서 놀았다. 제49대 헌강대왕憲康大王 때에는 성 안에 초가집이 단 한 채도 없었고 이웃집과 처마가 서로 맞붙고 담장이 이어져 있었다. 노래와 피리 소리가 길거리에 가득하였으며 밤낮으로 끊이질 않았다.

原文 春東野宅 夏谷良宅 秋仇知宅 冬加伊宅 第四十九憲康大王代 城中無一草屋 接角連墻 歌吹滿路 晝夜不絶

_『삼국유사』 권1, 기이1, 우사절유택(又思節遊宅)

자료 6

겨울 11월 5일에 진보眞寶의 성주城主 홍술洪術이 사신을 파견하여 투항을 요청하니 원윤元尹 왕유王儒와 경卿 함필含弼 등을 보내어 위로하고 달랬다.

原文 冬十一月 辛巳 眞寶城主洪術遣使請降 遣元尹王儒·卿含弼等 慰諭之

_『고려사』 권1, 세가1, 태조 5년(922)

자료 7

선필善弼은 신라 재암성載巖城[주10]의 장군將軍이었는데, 그때 도적 무리들이 다투어 일어나 이르는 곳마다 약탈하였다. 그리하여 태조가 신라와 통호通好하고자 했으나 길이 막힐까 근심하였다. 선필이 태조의 위덕威德을 보고 마침내 귀의하여 계교로써 신라와 통호하게 하고 도적을 막아내는 데 자주 공이 있었다. 후에 그 성을 들어 내부內附하니 태조가 특별히 대우하고 나이가 많다 하여 상부尙父로 삼았다.

주10 재암성 : 지금의 경북 청송.

原文 善弼 爲新羅載巖城將軍 時群盜競起 所至奪掠 太祖欲通好新羅 以路梗患之 弼觀太祖威德 遂歸款 以計使通好新羅 因捍賊 屢有功 後以其城內附 太祖厚加待遇 以年老稱爲尙父

_『고려사』 권92, 열전5, 왕식렴부선필(王順式附善弼)

출전

『삼국사기』

『삼국유사』

『고려사』

『고려사절요』: 조선 문종 때 김종서 등이 편찬한 고려시대의 편년체 역사서. 35권 35책의 활자본이다. 1452년(문종 2) 김종서 등이 왕명을 받고 『고려사』를 저본으로 찬수(纂修)하여 춘추관(春秋館)의 이름으로 간행하였다. 비록 『고려사』만큼 내용이 풍부하지는 못하나 거기에 없는 사실들이 많이 수록되어 있고, 또 『고려사』에 누락된 연대가 밝혀져 있는 것도 있어 고려시대의 역사서로 상호 보완적인 사료적 가치가 있다.

『신증동국여지승람』: 1530년(중종 25) 『동국여지승람』을 증수, 편찬한 지리서. 1481년(성종 12) 50권으로 편찬된 원래의 『동국여지승람』을 세 차례 수정하는 과정을 거쳤다. 1528년(중종 23)에 3차 수정을 착수하여 1530년에 속편 5권을 합쳐 전 55권으로 완성하였는데, 여기에 '신증(新增)'의 두자를 삽입하여 간행하였다. 이 책은 지리적인 면뿐만 아니라 정치 · 경제 · 역사 · 행정 · 군사 · 사회 · 민속 · 예술 · 인물 등 지방 사회의 모든 방면에 걸친 종합적 성격을 지닌 백과전서식 서적이다.

찾아읽기

김갑동, 『나말여초 호족과 사회변동 연구』, 고려대학교 민족문화연구소, 1990.

최근영, 『통일신라시대의 지방세력 연구』, 1990.

정청주, 『신라말고려초 호족연구』, 일조각, 1996.

김상기, 「나말 지방군웅의 대중통교」, 『해원 황의돈 선생 고희기념사학논총』, 1960.

최병헌, 「신라 하대 선종구산파의 성립」, 『한국사연구』7, 1972.

서윤길, 「도선과 그의 비보사상」, 『한국불교학』1, 1975.

최병헌, 「나말여초 선종의 사회적 성격」, 『사학연구』25, 1975.

최병헌, 「도선의 생애와 나말여초의 풍수지리설」, 『한국사연구』11, 1975.

김광수, 「나말여초의 호족과 관반」, 『한국학연구』23, 1979.

윤희면, 「신라 하대의 성주 · 장군」, 『한국사연구』39, 1982.

이순근, 「나말여초 '호족'용어에 대한 연구사적 검토」, 『논문집』19, 1987.

김두진, 「나말여초 동리산문의 성립과 그 사상」, 『동방학지』57, 1988.

이용범, 「도선의 지리설과 당승 일행선사」, 『선각국사도선의 신연구』, 영암군, 1988.

김복순, 「신라 하대 불교계의 동향」, 『신라문화』10 · 11, 1994.

김두진, 「사상계의 변동」, 『한국사』11, 국사편찬위원회, 1996.

정청주, 『신라말 · 고려초 호족연구』, 일조각, 1996.

권덕영, 「신라 하대 서 · 남해역의 해적과 호족」, 『한국고대사연구』41, 2006.

4 후삼국이 정립하다

후백제와 태봉과 고려

호족들은 상호 통합의 과정을 거쳐 대호족으로 성장하여 나라를 세웠다. 대호족으로 성장한 견훤은 900년 후백제 건국을 선언하였고, 궁예는 901년에 후고구려를 세운 후에 마진, 태봉 등으로 국호를 바꾸면서 세력를 유지해 갔다. 태봉의 장수였던 왕건은 918년에 정변을 일으켜 궁예를 제거하고 고려를 건국하더니, 마침내 후삼국을 통일하는 주인공이 되었다.

후삼국의 성립

진성여왕 대를 거치면서 신라 정국은 더욱 악화되어 지방의 주현州縣 중에서 신라를 배반하는 자가 반수에 이르렀다. 이제 정국은 신라 정부가 수습할 수 있는 상황은 아니었고, 이를 수습할 새로운 인물의 출현을 기대할 뿐이었다. 이 시대에 해결해야 할 과제는 지난한 것이었다. 난립한 호족 세력을 통합하고 신라사회가 안고 있는 여러 모순들을 해결할 수 있는 새로운 기준을 제시하고 실천하는 일이었다.

이와 같은 과제를 해결할 새로운 인물로는 견훤甄萱과 궁예弓裔 등이 우선 유력해 보였다. 이들은 새로운 독립 국가를 건설하였다. 후백제와 후고구려였다. 그들은 그 국호에서 알 수 있듯이, 각 지역 농민들의 신라 정부에 대한 반감에 기대어 백제나 고구려의 원한을 갚는다는 것을 직설적으로 표방하였다. 그러나 이제 와서 백제나 고구려의 복수를 대행해 준다는 것은 신라사회의 모순을 극복하고 민족적 역량을 결집할 새로운 이념이 될 수는 없는 노릇이었다. 그것은 분명히 시대착오적인 것이었다. 궁예는 국호를 마진摩震이라 하였다가 태봉泰封으로 고쳐 좀더 진전된 인식의 모습을 보여 주기도 하였으나 시대를 변혁하기엔 미치지 못하였다.

견훤과 궁예는 지방에 할거하는 호족 세력을 통합하여 큰 세력을 이루어 감에 따라 전제군주로 행세하려 하였다. 특히 궁예는 당시 민간에 널리 퍼져 있던 미륵사상을 이용하면서까지 전제군주로서 지위를 합리화하였고, 신라에 대해서는 '멸도滅都'라 부르면서 항복해 오는 자조차 무차별 살육하였다. 견훤도 신라를 원수로 여겨 금성金城에 기습해 들어가 경애왕景哀王을 죽이고 왕비를 욕보이는 등 약탈을 자행하였다. 이는 시대가 요구하는 문제의 해결 방향과는 거리가 먼 행위였다.

무력시위만으로는 분립한 호족 세력들을 통합할 수는 없었다. 신라왕을 죽이고 왕성王城을 점령하기까지 했던 견훤이 결국 되돌아올 수밖에 없었던 것이 이를 방증한다. 당면의 과제는 신라 왕실의 타도가 아니라 호족과 백성들의 호응을 얻어 민족의 역량을 다시 결집시킬 새로운 기준을 제시하고 실천하는 일에 있음을 여실히 보여준 사례이다.

궁예와 견훤이 비록 이와 같은 한계를 지녔다 하더라도 후백제와 후고구려(태봉)를 건국하는 과정에서 신라사회의 모순을 극복하고자 하는 열의가 있었고 한때 호족과 백성으로부터 만만치 않은 지지를 받았던 것도 사실이었으니, 그들의 과도기적인 성격만은 평가해야 할 것이다.

견훤, 후백제를 세우다

견훤은 상주 가은현(지금의 문경군 가은면)에서 농사를 짓고 살던 아자개阿慈介라는 재지세력가의 아들로 태어나 중앙군에 입대하여 새로운 인생의 전기를 맞이하였다. 그가 출세의 계기를 잡은 것은, 신라국가의 통제권에서 떨어져 나간 서남해 연안의 해양세력을 진무鎭撫할 임무를 띤 서남해방수군西南海防戍軍의 일원으로 편성되어 출전하면서부터였다. 서남해방수군은 서남해지역으로 진군해 가는 과정에서 호족들의 저항을 받아 고전을 면치 못하였는데, 그러는 중에서도 견훤은 저항하는 호족 세력과의 전투에서 큰 공을 세워 일약 비장裨將의 지위에 오르게 되었다. 이때부터 그는 자신이 지휘하는 중앙군(방수군)과 새로 복속해 들어온 호족군을 기반으로 하여 독자적인 대호족으로 부상하였다. 그가 신라국가와의 관계를 끊고 스스로 대호족임을 선언한 때는 대체로 889년의 일이었고, 그 중심 무대가 된 곳은 경남 진주 지역이었을 것으로 추측된다.

'전주성'명 연화문 수막새 와당
후백제 궁성터로 추정되는 곳에서 출토된 수막새이다. 회갈색 경질 막새로서 가운데에 '전주성(全州城)'이라는 명문이 양각되어 있고, 가운데와 가장자리 사이에는 연꽃무늬를, 가장자리에는 구슬무늬를 각각 둘렀다.

견훤의 서진西進은 진주에서 계속되어, 이윽고 순천 호족 박영규朴英規와 김총金摠 등의 복속을 받아들임으로써 순천 땅을 접수하였다. 그리고 892년에는 무진주 호족 지훤池萱 등의 복속을 받아들여 광주 땅도 접수하였다. 여기에서 그는 서남해지역으로 진군을 계속하려 하였으나, 서남해 도서연안지역에서 일어난 해양세력의 저항에 가로막혀, 결국 이를 유보하고 900년에 전주로 옮겨 전북지방의 호족들을 복속시키고 후백제의 건국을 선포하였다.[자료1]

궁예, 건국을 선언하다

궁예는 그 출신을 잘 알 수 없다. 신라의 왕자였다는 설이 있으나, 이는 대호족으로 성장하는 과정에서 신라 왕실의 권위를 빌어 중소 호족들을 효과적으로 통합하기 위해 표방한 것일 가능성이 있다. 아마도 그는 능력과 야망에서 출중한 일개 지방인이었거나 신라의 정권 다툼에서 희생된 귀족의 후예였을 것이다.

신라의 정국이 최악의 상황으로 빠져 들어가던 진성여왕 치세에 궁예는 죽주(지금의 경기도 안성)에서 일어난 호족 기훤箕萱의 휘하에 들어갔으나 인정을 받지 못하자, 892년에는 다시 북원(지금의 원주)에서 일어난 호족 양길梁吉에게 귀부하였다. 여기에서 궁예는 양길의 신임을 크게 받아 대대적인 호족 통합전쟁을 주도하였다. 그의 진군

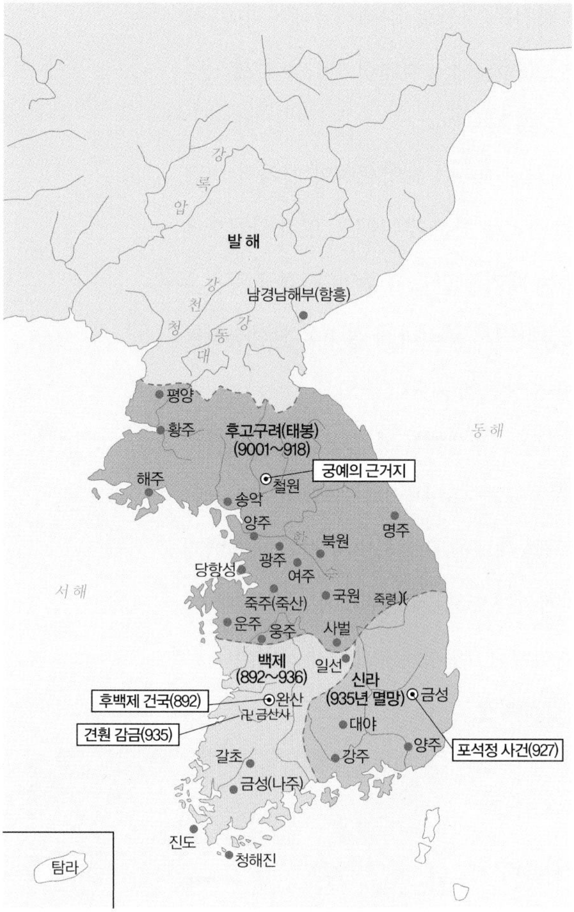

후삼국 형세

로를 보면, 원주에서 시작하여 강원도 남부지방을 거쳐 동진東進하여 동해안으로 진출하였으며, 여기에서 북상하여 강릉을 거쳐 다시 강원도 중북부 지방을 통해 서진西進하여 경기 북부 및 황해 남부의 패서浿西 지역까지 평정하였다. 이러한 군사적 성과를 바탕으로 궁예는 양길의 휘하에서 벗어나 철원을 거점으로 대호족으로 성장하였다. 896년에는 송악(지금의 개성)에서 대호족으로 성장한 왕건 부자의 복속을 받아들이고 898년에는 중심 거점을 송악으로 옮겨 세력을 더욱 키우더니, 그 이듬해에는 양길 세력마저 병탄하였다.

마침내 궁예는 901년에 송악에서 고구려 부흥과 신라의 타도를 표방하며 후고구려의 건국을 선언하기에 이르렀다. 이후 904년에 국호를 마진摩震으로 고치고 연호를 무태武泰로 정하더니, 905년에 도읍을 철원으로 옮기고 연호를 성책聖冊으로 고쳤다. 911년에는 국호를 다시 태봉泰封이라 하고 연호를 수덕만세水德萬歲로 하더니 3년 후인 914년에는 연호를 다시 정개政開로 고쳤다.

왕건의 후삼국통일

왕건은 송악(지금의 개성) 출신의 호족으로서, 896년에 궁예에게 복속하였다.[자료 3] 일찍이 그의 집안은 송악을 중심으로 성장했던 예성강 유역(패서)의 해양세력을 대표하는 위치에 있었으며, 이를 기반으로 하여 왕건은 영산강 유역(서남해지역)의 해양세력을 규합하는 데 성공을 거두게 되는데, 이로써 궁예의 절대적 신임을 얻게 되었다.[자료4]

왕건의 서남해지역 선점先占은, 패서지역과 서남해지역 해양세력의 정치적 연결을 의미하는 것이었다. 이는 견훤에게 결정적인 타격을 가한 것이었고, 또한 왕건으로 하여금 태봉의 차세대 지도자로서 부상하게 하는 계기를 만들어 주었다. 결국 왕건은 918년에 정변을 일으켜, 스스로 미륵불임을 표방하면서 무리하게 절대적 신정정치를 고수하던 궁예를 내몰고, 고려의 건국을 선언하며 왕위에 올랐다.[자료5·6·7]

이제 신라의 국권이 유명무실해진 가운데, 후삼국의 쟁패는 왕건과 견훤의 대결로 압축되었다. 견훤은 성급하게 신라와 서남해지역을 공격하여 전선을 확대시켜 갔던 반면, 왕건은 신라 보호를 표방하고 서남해지역의 세력을 포섭하면서 견훤의 후백제를 포위하는 형세를 조성해 갔다. 마침 후백제에서는 935년에 견훤의 장남 신검이 아비를 축출하고 스스로 왕위에 오르는 내분이 일어났다. 신검에 의해 김제 모악산의 금산사金山寺에 유폐되어 있던 견훤은 탈출하여 왕건에게 귀부하였고, 왕건은 견훤을 상부尙父라고 부르며 우대하고 양주楊州의 식읍과 전장田庄 등을 주었다.[자료8]

대세가 고려로 기울자 신라는 나라를 들어 고려에 투항하였고, 견훤의 사위인 장군 박영규도 귀부해 왔다.[자료9·10] 왕건은 936년 9월에 군사를 일으켜 후백제를 쳤다. 일선군一善郡(지금의 경상북도 선산)에서 시작된 전투는 단연 고려에 유리하게 전개되었고 패퇴하던 신검의 후백제군은 황산(지금의 논산시 연산면) 전투에서 완패당하였다. 신검은 두 아우 및 측근과 더불어 항복하였다.[자료11] 이로써 고려 태조 왕건은 후삼국 통일의 주인공으로 우뚝 섰다.

태조 왕건

자료샘

자료 1

주1 가은현 : 지금의 문경군 가은면.

주2 총장 : 당 고종의 연호(668~670). 그런데 백제가 멸망한 것은 660년의 일이니 총장 연간이라고 말한 것은 오류이다. 현경(顯慶, 656~660)이라고 했어야 옳다.

주3 후백제 : '백제'라고 했어야 옳다. 『고려사』와 『고려사절요』에는 '백제'로 기록되어 있다. '후' 자는 『삼국사기』 찬자(撰者)가 앞 시대의 백제와 구별하기 위해 써넣은 것으로 생각된다.

주4 광화 : 당 소종의 연호(898~901).

견훤甄萱은 상주尙州 가은현加恩縣주1 사람이다. 본래 성은 이씨였는데, 나중에 견甄으로 성씨를 삼았다. 아버지 아자개阿慈介는 농사를 지으며 생활하다가 뒤에 집안을 일으켜 장군이 되었다. 처음에 견훤이 태어나 젖먹이로 강보에 싸여 있을 때 아버지가 들에서 밭을 갈면 어머니가 밥을 나르느라 아이를 숲속에 두었더니, 호랑이가 와서 젖을 먹였다. 고을 사람들이 이 말을 듣고 기이하게 여겼다. 자라면서 체격과 용모가 웅대하고 빼어났으며 뜻과 기개가 활달하여 범상치 않았다. 종군從軍해서 서울에 들어갔다가 서남 해안으로 변방을 지키러 가게 되었는데, 잘 때도 창을 베고 적을 대비하였다. 그의 용기는 항상 다른 사졸들보다 앞섰으므로 이러한 공로로 비장裨將이 되었다. … 견훤이 서쪽으로 순행하여 완산주完山州(전북 전주)에 이르니 주의 백성들이 맞이해 위로하였다. 견훤은 인심을 얻은 것을 기뻐하며 주위의 사람들에게 말하였다. "내가 삼국의 시초를 살펴보니 마한馬韓이 먼저 일어났고 뒤에 혁거세赫居世가 일어났으므로, 진한辰韓과 변한卞韓은 따라 일어난 것이다. 이에 백제는 금마산金馬山에서 나라를 연 지 600여 년이 되었는데, 총장摠章주2 연간에 당 고종이 신라의 요청에 의하여 장군 소정방蘇定方을 보내 수군 13만을 거느리고 바다를 건너왔고, 신라의 김유신도 황산을 지나 사비에 이르기까지 휩쓸어 당나라 군사와 함께 백제를 멸망시켰으니, 이제 내가 어찌 완산에 도읍을 세워 의자왕義慈王의 오랜 분노를 갚지 않겠는가!" 마침내 후백제後百濟주3 왕이라 자칭하고 관부를 설치하여 직책을 분담시켰다. 이때가 당나라 광화光化주4 3년이오, 신라 효공왕孝恭王 4년(900)이다.

原文 甄萱 尙州加恩縣人也 本姓李 後以甄爲氏 父阿慈介 以農自活 後起家爲將軍 初萱生孺褓時 父耕于野 母餉之 以兒置于林下 虎來乳之 鄕黨聞者異焉 及壯 體貌雄奇 志氣倜儻不凡 從軍入王京 赴西南海防戍 枕戈待敵 其勇氣恒爲士卒先 以勞爲裨將 … 萱西巡至完山州 州民迎勞 萱喜得人心 謂左右曰 吾原三國之始 馬韓先起 後赫世勃興 故辰卞從之而興 於是 百濟開國金馬山六百餘年 摠章中 唐高宗以新羅之請 遣將軍蘇定方 以船兵十三萬越海 新羅金庾信卷土 歷黃山至泗沘 與唐兵合攻百濟滅之 今予敢不立都於完山 以雪義慈宿憤乎 遂自稱後百濟王 設官分職 是唐光化三年 新羅孝恭王四年

_『삼국사기』 권50, 열전10, 견훤

자료 2

궁예弓裔는 신라 사람으로 성은 김씨이다. 아버지는 제47대 헌안왕憲安王 의정誼靖이고 어머니는 헌안왕의 후궁이었는데, 그녀의 성명은 전해지지 않는다. 혹은 48대 경문왕景文王 응렴膺嗟의 아들이라고도 한다. 5월 5일 외가에서 태어났는데, 그때 지붕 위에 흰빛이 긴 무지개처럼 위로 하늘에 닿아 있었다. … 왕이 궁중의 사자使者를 시켜 그 집에 가서 그를 죽이도록 하였다. 사자는 아이를 포대기 속에서 꺼내어 누마루 아래로 던졌는데, 젖먹이는 종이 몰래 받다가 잘못해서 손가락으로 눈을 찔러 한쪽 눈이 멀게 되었다. 그 길로 안고 도망하여 숨어서 고생스럽게 길렀다. 나이 10여 세가 되어 … 머리를 깎고 중이 되어 스스로 선종善宗이라 이름하였다. … 신라 말기에 정치가 황폐해지고 백성들이 흩어져 서울 인근 바깥의 주, 현 중에서 배반하고 지지하는 수가 반반씩이었다. 도처에서 뭇 도적들이 벌떼처럼 일어나고 개미떼같이 모여들었다. 선종은 혼란한 틈을 이용하여 무리를 끌어 모으면 뜻을 이룰 수 있으리라고 생각하였다. 진성왕眞聖王 재위 5년, 대순大順[주5] 2년 신해(891)에 죽주竹州[주6]의 도적 우두머리 기훤箕萱에게 투신하였다. 기훤이 업신여기며 예로써 대우하지 않자 … 경복景福[주7] 원년(892)에 북원北原[주8]의 도적 양길梁吉에게 투신하였다. 양길은 그를 우대하고 일을 맡겼으며, 드디어 병사를 나누어 주어 동쪽의 땅을 공략하게 하였다. 이에 치악산雉岳山 석남사石南寺에 머물면서 주천酒泉, 나성奈城,[주9] 울오鬱烏, 어진御珍 등의 고을을 습격하여 모두 항복시켰다. 건녕乾寧[주10] 원년(894)에 명주溟州[주11]로 들어가니 무리가 3,500명이 되어 14개 대오로 나누었다. … 이에 저족猪足,[주12] 생천狌川,[주13] 부약夫若, 금성金城,[주14] 철원鐵圓 등의 성을 쳐부수어 군세가 매우 불어났다. 패서浿西[주15]에 있는 도적들이 와서 항복하는 자들이 많았다. 선종은 내심 무리들이 많으니 나라를 세워 임금을 칭할 수 있다고 생각하고 내외의 관직을 설치하였다. … 3년(896)에 승령僧嶺,[주16] 임강臨江[주17]의 두 고을을 쳐서 빼앗았으며, 4년(897)에는 인물현仁物縣[주18]이 항복하였다. 선종은 송악군이 한강 북쪽의 이름난 고을이며 산수가 빼어나다고 생각하여 그곳을 도읍으로 정하고, 공암孔巖,[주19] 검포黔浦,[주20] 혈구穴口[주21] 등의 성을 쳐부수었다. 당시에 양길은 그때까지 북원에 있으면서 국원國原[주22] 등 30여 성을 빼앗아 차지하고 있었는데, 선종의 지역이 넓고 백성들이 많다는 말을 듣고 크게 노하여 30여 성의 강병으로 선종을 습격하려 하였다. 선종이 이를 알아차리고 먼저 양길을 쳐서 크게 깨뜨렸다. … 천복天復

주5 대순 : 당 소종의 연호(890~892).

주6 죽주 : 지금의 경기도 안성.

주7 경복 : 당 소종의 연호(892~894).

주8 원주 : 지금의 강원도 원주.

주9 주천, 나성 : 지금의 강원도 영월.

주10 건녕 : 당 소종의 연호(894~898).

주11 명주 : 지금의 강원도 강릉.

주12 저족 : 지금의 강원도 인제.

주13 생천 : 지금의 강원도 화천.

주14 부약, 금성 : 지금의 강원도 금화.

주15 패서 : 예성강 이서의 지역.

주16 승령 : 지금의 경기도 연천군 삭녕면.

주17 임강 : 지금의 경기도 장단.

주18 인물현 : 지금의 경기도 개풍군 풍덕.

주19 공암 : 지금의 김포시 양천.

주20 검포 : 지금의 김포시 검단면.

주21 혈구 : 지금의 인천광역시 강화군.

주22 국원 : 지금의 충북 충주.

[주23] 원년(901)에 선종이 스스로 왕이라 일컫고 사람들에게 말했다. "지난날 신라가 당나라에 군사를 요청해 고구려를 깨뜨렸다. 그래서 평양平壤의 옛 도읍이 황폐하여 풀만 무성하게 되었으니, 내가 반드시 그 원수를 갚겠다." 아마도 태어났을 때 버림받은 것을 원망했던 까닭에 이런 말을 한 것이다. … 천우天祐 원년 갑자(904)에 나라를 세워 국호를 마진摩震이라 하고 연호를 무태武泰라고 하였다. … 선종은 강성한 세력에 자만해져 병탄할 생각을 갖고 나라 사람들에게 신라를 멸도滅都라고 부르게 하였으며, 신라에서 오는 사람은 모조리 죽여버렸다. 주량朱梁[주24] 건화乾化[주25] 원년(911)에 연호 성책을 고쳐 수덕만세水德萬歲 원년이라 하고, 국호를 태봉泰封이라 하였다.

주23 천복 : 당 소종의 연호(901~904).

주24 주량 : 주씨가 세운 후량(後梁).

주25 건화 : 후량 태조와 말제의 연호(911~914).

原文 弓裔 新羅人 姓金氏 考第四十七憲安王誼靖 母憲安王嬪御 失其姓名 或云 四十八景文王膺廉之子 以五月五日 生於外家 其時 屋上有素光 若長虹 上屬天 … 王勅中使 抵其家殺之 使者取於襁褓中 投之樓下 乳婢竊捧之 誤以手觸 眇其一目 抱而逃竄 劬勞養育 年十餘歲 … 祝髮爲僧 自號善宗 … 見新羅衰季 政荒民散 王畿外州縣 叛附相半 遠近群盜 蜂起蟻聚 善宗謂乘亂聚衆 可以得志 以眞聖王卽位五年 大順二年辛亥 投竹州賊魁箕萱 … 景福元年壬子 投北原賊梁吉 吉善遇之委任以事 遂分兵使東略地 於是出宿雉岳山石南寺 行襲酒泉奈城鬱烏御珍等縣皆降之 乾寧元年 入溟州 有衆三千五百人 分爲十四隊 … 於是 擊破猪足狌川夫若金城鐵圓等城 軍聲甚盛 浿西賊寇 來降者衆多 善宗自以爲衆大 可以開國稱君 始設內外官職 … 三年丙辰 攻取僧嶺臨江兩縣 四年丁巳 仁物縣降 善宗謂松岳郡漢北名郡 山水奇秀 遂定以爲都 擊破孔巖黔浦穴口等城 時梁吉猶在北原 取國原等三十餘城有之 聞善宗地廣民衆 大怒 欲以三十餘城勁兵襲之 善宗潛認 先擊大敗之 … 天復元年辛酉 善宗自稱王 謂人曰 往者新羅 請兵於唐 以破高句麗 故平壤舊都 鞠爲茂草 吾必報其讐 蓋怨生時見棄 故有此言 … 天祐元年甲子 立國號爲摩震 年號爲武泰 … 善宗以强盛自矜 意慾倂呑 令國人呼新羅爲滅都 凡自新羅來者 盡誅殺之 朱梁乾化元年辛未 改聖冊爲水德萬歲元年 改國號爲泰封

_『삼국사기』 권50, 열전10, 궁예

자료 3

건녕乾寧[주26] 3년(896)에 당시 송악군의 사찬沙粲[주27]으로 있던 세조[주28]가 송악군을 바치고 귀부하니 궁예가 크게 기뻐하며 금성태수金城太守로 삼았다. 세조가 궁예에게 "대왕께서 조선朝鮮·숙신肅愼·변한卞韓 땅의 왕이 되고자 하신다면 먼저 송악군에 성을 쌓고 저의 장남을 성주로 삼는 것이 가장 좋을 것입니다."라고 설득하자 궁예가 그 말을 따라 태조에게 발어참성勃禦塹城[주29]을 쌓게 한 후 성주로 임명했다. 이때 태조의 나이 20세였다.

주26 건녕 : 당 소종의 연호(894~898).

주27 사찬 : 신라 17등 관등 중 제8위의 사찬(沙飡)과 같은 것이나, 여기에서는 지방 유력자가 자칭한 것임.

주28 세조 : 태조 왕건의 부 용건(왕륭)에게 추존한 시호.

주29 발어참성 : 896년에 태조 왕건이 궁예의 명령을 받아 개경의 송악산(松嶽山) 기슭에 쌓은 성. 보제참성(菩提塹城)이라고도 한다. 개경이 후고구려의 수도가 된 후에는 도성으로 기능하다가 고려 왕조에서는 그 위에 토성을 쌓아 황성(皇城)으로 삼았다. 만월대(滿月臺)의 뒤쪽 언덕에 흔적이 약간 남아 있다.

原文 乾寧三年丙辰 以郡歸于裔 裔大喜 以爲金城太守 世祖說之曰 大王若欲王朝鮮肅愼卞韓之地 莫如先城松嶽 以吾長子爲其主 裔從之 使太祖築勃禦塹城 仍爲城主 時太祖年二十

_『고려사』 권1, 세가1, 태조 총서

자료 4

천복天復[주30] 3년(903) 3월에 태조가 수군을 거느리고 서해로부터 광주光州 접경에 이르러 금성군錦城郡[주31]을 공격하여 함락시키고 10여 군현을 쳐서 빼앗았다. 그리고는 금성군의 이름을 고쳐서 나주羅州라 한 후 군사를 나누어서 이를 지키게 한 후 돌아왔다.

주30 천복 : 당 소종의 연호(901~904).

주31 금성군 : 지금의 전남 나주시.

原文 天復三年癸亥 三月 率舟師 自西海抵光州界 攻錦城郡拔之 擊取十餘郡縣 仍改錦城爲羅州 分軍戍之而還

_『고려사』 권1, 세가1, 태조 총서

자료 5

건화乾化[주32] 4년(914)에 … 궁예는 항상 스스로, "나는 미륵관심법彌勒觀心法[주33]을 체득하여 부인婦人이 음란한 짓을 저지른 것도 알아 낼 수가 있다. 내가 그 마음을 들여다보아 그런 짓을 한 자가 있으면 곧 엄벌에 처하리라."라고 말하곤 했다. … 하루는 태조가 급한 부름을 받고 궁궐 안에 들어가 보니 궁예가 처형당한 사람에게서 몰수한 금은보화와 가재도구들을 점검하고 있다가 성난 눈으로 태조를 노려보며, "경이 어젯밤 여러 사람을 모아놓고 왜 반역을 모의했느냐?"고 힐문했다. 태조가 얼굴빛을 변치 않고서 몸을 돌리고 웃으면서 "어찌 그럴 리가 있겠습니까?"라고 하자, 궁예는, "경은 나를 속이지 말라. 나는 사람의 마음을 훤히 들여다 볼 수 있으니 내가 이제 입정入定[주34]하여 경의 마음을 살핀 후 밝혀 주리라." 하고는 곧 눈을 감고 뒷짐을 지더니 한참 동안 하늘을 우러러보았다. 그때 궁예의 곁에 있던 장주掌奏 최응崔凝이 일부러 붓을 떨어뜨리고 뜰에 내려와 줍는 척하면서 태조의 곁을 빠르게 지나며 귓속말로, "복종하지 않으면 위태롭습니다."라고 일러주었다. 태조가 그제서야 깨닫고, "신이 모반한 것이 사실이오니 죽을 죄를 지었나이다."고 말했다. 궁예가 크게 웃으며, "경은 정직하다고 할 만하다."고 하면서 금은으로 장식한 안장과 고삐를 내려주며 "경은 다시는 나를 속이지 말라."고 하였다.

주32 건화 : 후량 태조와 말제의 연호(911~915).

주33 미륵관심법 : 미륵보살(彌勒菩薩)의 신통력을 체득하여 남의 마음을 알아내는 독심술(讀心術)의 한 종류.

주34 입정 : 선정(禪定)에 드는 일.

原文 (乾化)四年甲戌 … 常自云 我得彌勒觀心法 能知婦人陰私 若有干我觀心者 便行峻法 … 一日急召太祖入內 裔方檢點誅殺人 籍沒金銀寶器床帳之具 怒目熟視太祖曰 卿昨夜 聚衆謀叛 何耶 太祖顔色自若 輾然而笑曰 烏有是哉 裔曰 卿莫紿我 我能觀心 所以知也 我將入定以觀了說其事 乃合眼負手 仰天良久 時掌奏崔凝在側 佯墜筆 下庭取之 因趨過太祖 微語曰 不服則危 太祖乃悟曰 臣實謀叛 罪當死 裔大笑曰 卿可謂直也 卽以金銀粧鞍轡賜之曰 卿勿復誑我

_『고려사』 권1, 세가1, 태조 총서

자료 6

주35 정명 : 후량 말제(末帝)의 연호(915~921).

주36 부인 유씨 : 정주유씨(貞州柳氏) 유천궁(柳天弓)의 딸로, 태조의 제1비 된 신혜왕후(神惠王后)이다.

주37 부양 : 지금의 강원도 평강군.

정명貞明[주35] 4년(918) … 6월 을묘일에 기병장수騎兵將帥 홍유洪儒·배현경裵玄慶·신숭겸申崇謙·복지겸卜智謙 등이 몰래 모의한 후 밤중에 함께 태조의 집으로 찾아와 그를 왕으로 추대하겠노라고 말했다. 태조가 단호히 거절하며 허락하지 않았으나 부인 유씨柳氏[주36]가 손수 갑옷을 가지고 와 태조에게 입히고 여러 장수들이 옹위해 집 밖으로 모시고 나왔다. 그리고 사람을 시켜 말을 달리면서, "왕공王公께서 이제 정의의 깃발을 드셨다!"고 외치게 했다. 이렇게 되자 뒤질세라 달려오는 자가 헤아릴 수 없었으며 먼저 궁문에 이르러 북을 치고 환호하면서 기다리는 자도 1만 명을 넘었다. 궁예가 그 소식을 듣자 깜짝 놀라며, "왕 공이 나라를 얻었다면 나의 일은 끝났다!" 하며 어찌 할 바를 몰라 하다가 미복차림으로 북문을 빠져나와 달아나니 나인들이 궁궐을 청소하고 새 왕을 맞이했다. 궁예는 산골짜기에 숨어 이틀 밤을 머물다가 허기가 심해지자 보리 이삭을 몰래 잘라다 먹었다가, 곧 부양斧壤[주37] 백성들에 의해 살해되었다.

原文 貞明四年 … 至六月 乙卯 騎將洪儒裵玄慶申崇謙卜智謙等密謀 夜詣太祖第 共言推戴之意 太祖固拒不許 夫人柳氏手提甲領被太祖 諸將扶擁而出 令人馳且呼曰 王公已擧義旗矣 於是 奔走來赴者 不可勝記 先至宮門 鼓譟以待者 亦萬餘人 裔聞之驚駭曰 王公得之 吾事已矣 乃不知所圖 以微服 出自北門亡去 內人淸宮以迎 裔遁于巖谷 信宿飢甚 偸截麥穗而食 尋爲斧壤民所害

_『고려사』 권1, 세가1, 태조 총서

자료 7

여름 6월 병진일에 태조가 포정전布政殿에서 즉위하여 국호를 고려高麗라 하고 연호를 고쳐 천수天授라고 했다.

原文 夏六月 丙辰 卽位于布政殿 國號高麗 改元天授

_『고려사』 권1, 세가1, 태조 원년(918)

자료 8

봄 3월 견훤의 아들인 신검神劒이 그 아비를 금산사金山寺[주38]에 가두고 동생 금강金剛을 죽였다. 애초 견훤에게는 첩이 많아 아들이 10여 명이나 되었는데, 넷째 아들 금강이 몸집이 크고 지혜가 많았기 때문에 견훤이 특히 사랑한 나머지 왕위를 물려주려 했다. 그 형 신검과 양검良劒 · 용검龍劒 등이 그 사실을 눈치 채고 근심에 싸여 고민하고 있었다. 당시 양검과 용검은 변방을 지키러 나가 있었고 신검만이 홀로 견훤 곁에 있었는데, 이찬伊粲 능환能奐이 사람을 시켜 양검 · 용검과 함께 음모를 꾸며 신검에게 반역을 일으키도록 권한 것이다. 여름 6월 견훤이 막내아들 능예能乂와 딸 애복哀福 및 애첩愛妾 고비姑比 등과 함께 나주羅州로 도망친 후 고려에 입조하겠다고 요청했다. 이어 장군 유금필庾黔弼과 대광大匡 왕만세王萬歲 및 원보元甫 향예香乂 · 오담吳淡 · 능선能宣 · 충질忠質 등을 보내 군함 40여 척을 거느리고 해로로 견훤을 맞아오게 했다. 견훤이 도착하자 그를 다시 상부尙父라 존칭하고 남궁南宮을 객관으로 제공했다. 백관 중에 으뜸가는 지위를 부여하고 양주楊州[주39]를 식읍食邑으로 내려주었으며 금과 비단 및 노비 각 40명과 왕의 말 10필을 주고 앞서 투항했던 신강信康을 아관衙官으로 임명했다.

주38 금산사 : 김제 모악산에 있는 절. 백제 무왕 때 창건하여 통일신라 때 법상종 계열을 중심 사찰이 되었다.

주39 양주 : 지금의 경기도 양주군 일대.

原文 十八年 春三月 甄萱子神劒 幽其父於金山佛宇 殺其弟金剛 初萱多妾媵有子十餘人 第四子金剛 身長多智 萱特愛之 欲傳其位 其兄神劒良劒龍劒等知之憂悶 時良劒龍劒出鎭于外 神劒獨在側 伊粲能奐使人 與良劒龍劒陰謀 勸神劒作亂 夏六月 甄萱與季男能乂 女哀福 嬖妾姑比等奔羅州 請入朝 遣將軍庾黔弼 大匡萬歲 元甫香乂 吳淡能宣忠質等 領軍船四十餘艘 由海路迎之 及至 復稱萱爲尙父 授館南宮 位百官上 賜楊州爲食邑 兼賜金帛奴婢各四十口廐馬十匹 以先降人信康爲衙官

_『고려사』 권1, 세가1, 태조 18년(935)

자료 9

11월 … 기미일에 신라국왕이, "본국이 오랫동안 환란을 겪은 나머지 나라의 운수가 이미 다하여 다시 왕업을 계속 보존해 나갈 가망이 없는지라 이제 신하의 예로서 알현하고자 합니다."라는 글을 올렸으나 왕이 윤허하지 않았다. 12월 신유일에 신하들이, "하늘에 두 개의 해가 없고 땅에는 두 임금이 없는 법인데 한 나라에 두 임금이 존재하니 백성들이 어떻게 견딜 수 있겠습니까? 신라국왕의 요청을 들어 주시기 바랍니다." 라고 아뢰었다. 임신일에 왕이 천덕전天德殿[주40]으로 가 백관을 모아놓고 선언했다. "짐이 신라와 더불어 혈맹을 맺은 것은 두 나라가 길이 우호관계를 유지해 각자의 나라를 보전하기를 바란 때문이었다. 그런데 지금 신라국왕이 굳이 신하가 되겠다고 강청하며 경들도 또한 그것이 옳다고 하니 짐이 매우 난처하기는 하나 중의를 거슬리기가 참으로 어렵다." 이어 신라국왕이 뜰아래에서 올리는 예를 받으니 신하들의 하례하는 함성이 궁궐을 진동시켰다. 김부金傅에게 정승政丞의 벼슬을 주어 지위를 태자의 위에 두고 해마다 녹봉 1,000석씩을 주었으며 신란궁神鸞宮을 지어주었다. 그의 시종들도 모두 관리로 받아들여 토지와 녹봉을 넉넉히 주었다. 신라국이라는 이름을 없애 경주慶州로 고친 다음 김부에게 식읍食邑으로 주었다.

주40 천덕전 : 고려시대 개경(開京)의 궁궐 안에 창건한 정전(正殿). 성종 때 건덕전(乾德殿)으로 이름을 바꾸었다.

原文 十一月 … 己未 羅王上書曰 本國久經危亂 曆數已窮 無復望保基業 願以臣禮見 不允 十二月 辛酉 群臣奏曰 天無二日 土無二王 一國二君 民何以堪 願聽羅王之請 壬申 御天德殿 會百僚曰 朕與新羅 歃血同盟 庶幾兩國永好 各保社稷 今羅王固請稱臣 卿等亦以爲可 朕心雖愧 衆意難違 乃受羅王庭見之禮 群臣稱賀 聲動宮掖 於是 拜金傅爲政丞 位太子上 歲給祿千碩 創神鸞宮賜之 其從者並收錄 優賜田祿 除新羅國爲慶州 仍賜爲食邑

_『고려사』 권1, 세가1, 태조 18년(935)

주41 박영규 : 승주(지금의 전남 순천)의 호족으로 견훤에게 귀부하여 그의 사위가 된 자.

자료 10

봄 2월에 견훤의 사위인 장군 박영규朴英規[주41]가 귀부를 요청해 왔다.

原文 春二月 甄萱壻將軍朴英規 請內附

_『고려사』 권1, 세가1, 태조 19년(936)

자료 11

가을 9월에 왕이 삼군三軍을 거느리고 천안부에 이르러 군사를 모아 일선군一善郡[주42]으로 진격하자 신검神劒이 군사로 역공해 왔다. 갑오일에 일리천一利川[주43]을 사이에 두고 진을 친 후 왕이 견훤과 함께 군대를 사열했다. … 아군이 적을 황산군黃山郡[주44]까지 추격해 탄령炭嶺[주45]을 넘어 마성馬城[주46]에 진을 치자 신검이 동생인 청주菁州[주47] 성

주42 선군 : 지금의 경북 구미시 선산읍.

주43 일리천 : 지금의 경북 구미시 선산읍을 관통하여 흐르는 낙동강의 지류.

주44 황산군 : 지금의 충남 논산시 연산면으로 비정하는 설과 경남 합천군 가야면 황산리 일대로 비정하는 설이 있다.

주45 탄령 : 지금의 전북 완주군 운주면 삼거리로 비정하는 설과 경남 합천군 가야면 매화리 부근의 '숯고개'로 비정하는 설이 있다.

주46 마성 : 지금의 전북 익산군의 미륵산성(기준성)으로 보는 설과 충남 논산시 연산면에 있는 북산성이라는 설, 그리고 경남 거창군 가조면 · 남하면의 둔마리 일대라는 설이 있다.

주47 청주 : 지금의 경남 진주.

주城主 양검良劒과 광주光州 성주 용검龍劒 및 문무 관료들과 함께 와서 항복했다.

原文 秋九月 王率三軍, 至天安府合兵, 進次一善郡, 神劒以兵逆之. 甲午 隔一利川而陣, 王與甄萱觀兵. … 我師追至黃山郡, 踰炭嶺, 駐營馬城, 神劒與其弟菁州城主良劒, 光州城主龍劒, 及文武官僚來降

_『고려사』 권1, 세가1, 태조 19년(936)

출전

『삼국사기』

『고려사』

찾아읽기

신호철, 『후백제견훤정권연구』, 일조각, 1993.

이도학, 『궁예 진훤 왕건과 열정의 시대』, 김영사, 2000.

충남대 백제연구소(편), 『후백제와 견훤』, 서경문화사, 2000.

전북전통문화연구소(편), 『후백제 견훤정권과 전주』, 주류성, 2001.

최재석, 『후백제의 대외교류와 문화』, 후백제문화사업회, 2004.

조인성, 『태봉의 궁예정권』, 푸른역사, 2007.

김철순, 「궁예와 견훤」, 『사학회지』, 1963.

김철준, 「후삼국시대의 지배세력의 성격에 대하여」, 『이상백 박사 회갑기념논총』, 1964.

김상기, 「견훤의 가향에 대하여」, 『가람 이병기 박사 송수논문집』, 1966.

박한설, 「후백제 금강에 관하여」, 『대구사학』7 · 8, 1973.

박한설, 「궁예성명고: 고구려계승표방과 관련하여」, 『하성 이선근 박사 고희기념논문집』, 1974.

김광수, 「고려 건국기의 패서호족과 대여진관계」, 『사총』21 · 22, 1977.

홍순창, 「변동기의 정치와 종교: 후삼국시대를 중심으로」, 『인문학연구』2, 1982.

이정신, 「궁예정권의 성립과 변천」, 『남사 정재각 박사 고희기념 동양학논총』, 1984.

김갑동, 「고려건국기의 청주세력과 왕건」, 『한국사연구』48, 1985.

한규철, 「후삼국시대 고려와 거란관계」, 『부산사총』1, 1985.

정청주, 「궁예의 호족세력」, 『전북사학』, 1986.

최규성, 「궁예정권의 성격과 국호의 변경」, 『상명여대논문집』19, 1987.

홍승기, 「후삼국의 분열과 왕건에 의한 통일」, 『한국사시민강좌』5, 1989.

신호철, 「후백제와 관련된 여러 이설들의 종합적 검토」, 『국사관논총』29, 1991.

조인성, 「태봉의 궁예정권 연구」, 서강대 박사학위논문, 1991.

홍승기, 「궁예왕의 전제적 왕권의 추구」, 『허정도 선생 정년기념 한국사학논총』, 일조각, 1992.

신호철, 「후삼국시대 호족연합정치」, 『한국사상의 정치형태』, 일조각, 1993.

조인성, 「궁예의 세력형성과 건국」, 『진단학보』, 1993.

신호철, 「호족세력의 성장과 후삼국의 정립」, 『한국고대사연구』7, 1994.

최성은, 「후백제지역 불교조각 연구」, 『미술사학연구』204, 1994.

정청주, 「신라말 · 고려초 지배세력의 사회적 성격: 후삼국 건국자와 호족」, 『전남사학』9, 1995.

정선용, 「궁예의 세력형성과정과 도읍 선정」, 『한국사연구』97, 한국사연구회, 1997.

김수태, 「후백제 견훤정권의 성립과 농민」, 『백제연구』29, 1999.

이재범, 「후삼국시대 궁예정권의 연구」, 성균관대 박사학위논문, 1999.

조법종, 「후백제 견훤의 역사계승인식」, 『사학연구』58 · 59, 1999.

권덕영, 「후백제의 해외교섭 활동」, 『후백제와 견훤』, 2000.

김수태, 「견훤정권과 불교」, 『후백제와 견훤』, 2000.

김주성, 「930년대 후백제 정권 내부의 동향」, 『경북사학』23, 2000.

류영철, 「조물성싸움을 둘러싼 고려와 후백제」, 『국사관논총』92, 2000.

박순발, 「견훤왕릉고」, 『후백제와 견훤』, 2000.

이문기, 「견훤정권의 군사적 기반: 특히 신라 공병조직의 재편과 관련하여」, 『후백제와 견훤』, 2000.

강봉룡, 「견훤의 세력기반 확대와 전주정도」, 『후백제 견훤정권과 전주』, 주류성, 2001.

윤명철, 「후백제의 해양활동과 대외교류」, 『후백제 견훤정권과 전주』, 주류성, 2001.

전영래, 「후백제와 전주」, 『후백제 견훤정권과 전주』, 주류성, 2001.

정청주, 「견훤과 호족세력」, 『후백제 견훤정권과 전주』, 주류성, 2001.

강봉룡, 「후백제 견훤과 해상세력: 왕건과 해상쟁패를 중심으로」, 『역사교육』83, 2002.

김갑동, 「후백제의 멸망과 견훤」, 『한국사학보』12, 고려사학회, 2002.

이도학, 「후백제 견훤 정권의 몰락과정에서 본 그 사상적 동향」, 『한국사상사학』18, 2002.

조인성, 「궁예의 세력 형성과 미륵신앙」, 『한국사론』, 2002.

조법종, 「후백제 '전주'와 중국 '전주'의 관계」, 『백산학보』65, 2003.

후백제문화사업회, 『후백제의 대외교류와 문화』, 신아출판사, 2004.

최연식, 「후고구려 불교의 재검토」, 『보조사상』40, 2014.

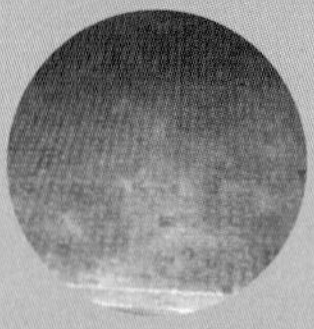

VI.

발해

1. 발해의 건국을 어떻게 볼 것인가
2. 해동성국이라 불린 나라
3. 발해 정치문화의 자주성과 복합성, 그리고 한계

1 발해의 건국을 어떻게 볼 것인가

발해의 건국과 그 의의

698년에 발해를 건국한 대조영은 스스로 고구려인이라는 인식을 가지고 있었고, 후대의 왕들도 고구려 계승의식을 강력 표방하였다. 이 때문에 신라의 삼국통일을 부정하고 신라와 발해가 병립하는 '남북국시대'를 주창하는 견해가 유력하지만, '신라의 통일'과 '발해의 건국'을 모두 인정하며 한국사의 체계 속에서 조화롭게 자리매김할 방도를 찾을 필요가 있다.

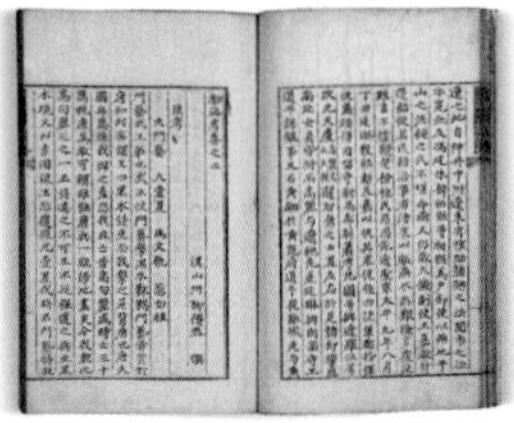

발해의 건국과정

고구려가 멸망한 이후에 당은 옛 고구려 땅에 9도독부와 42주 100현을 설치하여 직접 지배하려 하였지만, 고구려 유민의 격렬한 저항에 부딪혔다. 처음에 당은 무력으로 고구려 유민의 저항을 억누르려 하였지만 효과를 거두지 못하자 다른 방법을 모색하였다. 그것은 무마와 감시를 통해서 저항을 통제하려는 고도의 술책이었다.

먼저 붙잡아 간 보장왕寶藏王을 요동 도독 조선왕으로 봉하여 고구려 유민을 무마하려 하였다. 그러나 보장왕은 당의 의도대로 움직여 주지 않았으며, 오히려 고구려 유민과 말갈인들을 규합하여 당에 저항하였다. 그리하여 당은 그를 다시 소환해 버리고 말았는데, 이것이 고구려 유민을 자극하여 더욱 격렬한 저항 운동을 일으키게 한 기폭제가 되었다.

다음에 당은 요동 및 만주 지역에서 저항운동을 주도하는 유력 인사들을 동북의 변경 지역에 위치한 영주營州[지금의 조양朝陽]로 강제 이주시켜 감시하는 정책을 썼다. 당시 영주는 고구려 유민과 거란인, 말갈인 등 동북방 여러 이종족의 유력 인사들이 이주되어 당의 감시와 통제를 받는 거점으로 활용되고 있었다. 그러나 이러한 당의 감시정책도 결국은 실패로 돌아가고 있었다. 영주에서 저항운동이 끊임없이 일어나더니, 696년에는 급기야 거란 장수 이진충李盡忠 등이 반란을 일으켜 영주 도독을 살해하는 사건이 발생하면서, 영주를 근거로 이루어진 이민족에 대한 당의 감시체제는 일대 혼란에 빠지고 말았던 것이다.

이진충의 난이 일어나자, 영주로 이주되어 감시를 받고 있던 고구려 장수 걸걸중상乞乞仲象과 말갈인 장수 걸사비우乞四比羽는 각각 고구려 유민과 말갈인들을 이끌고 영주를 탈출하였다. 처음에 당은 걸걸중상을 진국공震國公으로, 걸사비우를 허국공許國公으로 각각 책봉하여 회유하려 하였지만 받아들여지지 않자 원정군을 보내어 공격하였다. 이때 걸사비우의 세력은 무모하게 당군과 정면으로 대결을 시도하다가 곧 격파당하고 말았다.

마침 걸걸중상乞乞仲象도 죽자, 그의 아들 대조영大祚榮은 부친 휘하 군졸들을 거느리고 걸사비우 휘하의 말갈인까지 규합하여 전열을 보강하였다. 그는 당과의 직접적인 충돌을 피하고 동쪽으로 이동해 가면서 역공의 기회를 노리다가 천문령天門嶺(지금의 길림성 합달령哈達嶺)에서 당군을 급습하여 대승을 거두고, 동쪽을 향해 이동해 갔다. 당시 영주 지역이 돌궐 세력에 의해 위협을 받고 있어서 북중국에서 만주로 이어지는 육로가 차단되었기 때문에 당은 더 이상 추격하기 어려운 상황이었다. 그리하여 대조영은 마침내 모란강[牧丹江] 상류의 동모산東牟山(지금의 길림성 돈화시) 지역에 정착하여 698년에 나라를 세우고, 국호를 진국(震國 혹은 振國)이라 정했다.[자료1 · 2]

당시 동만주 지역에는 고구려가 멸망한 이후에 당에 대한 저항 운동이 일어나고 있었기 때문에 당의 세력이 거의 미치지 못하고 있었다. 그렇다고 다른 정치적 구심체가 뚜렷하게 형성된 것도 아니어서, 힘의 공백상태를 유지하면서 고구려 유민과 말갈인들이 각 지역에 흩어져 살고 있었다. 자연히 이들은 대조영이 세운 진국을 중심으로 빠른 속도로 결집되어 갔다. 발해에 대한 강경노선을 견지하던 측천무후가 705년에 죽자 새로 즉위한 당의 중종은 진국에 대하여 유화책을 썼고, 중종을 계승한 예종은 713년에 대조영을 발해군왕渤海郡王으로 책봉하여 현실적인 세력으로 인정하기에 이르렀다.[자료3] '발해'라는 나라 이름은 여기에서 연유한다.

발해시조 대조영의 정체성

『구당서』와 『신당서』는 대조영의 출자出自에 대하여 각기 달리 전한다. 『구당서』에서는 '고려의 별종別種'이라 전하고 있는 반면, 『신당서』에서는 '속말말갈粟末靺鞨의 족속으로서 고려에 부속한 자'라 전하고 있다.[자료4·5] 여기에서 '고려'란 고구려를 지칭하고, '속말말갈'이란 7개의 말갈 부족 중 송화강 유역에 산재散在해 있던 속말부粟末部 말갈을 말한다.

두 사서의 차이로 인해 대조영의 출자에 대해서는 고구려인이라는 견해와 말갈인이라는 견해가 팽팽히 맞서 있다. 이는 관련 국가의 역사적 관점의 차이가 작용하여 증폭되어진 감이 있다. 예를 들어 남북한 학자들은 『구당서』의 기사에 의거하여 대조영을 고구려인으로 보려는 경향이 강한 반면에, 중국 학자들은 『신당서』의 기사에 의거하여 말갈인으로 보려는 경향이 강하다. 이는 발해사가 어느 국가의 역사에 귀속될 것인가의 문제와 결부되어 미묘한 파장을 불러일으키고 있다.

그런데 최근에 『구당서』와 『신당서』의 기사를 모두 만족시킬 수 있는 새로운 견해가 제기되기도 하였다. 현재로서 가장 합리적인 견해로 판단하여 이에 따라 대조영의 정체성에 접근해 보기로 한다.

먼저 『구당서』에서 '고려의 별종'이라 한 것은 대조영이 고구려의 본류本流는 아니더라도 지파支派 혹은 방계傍系의 집단으로서 고구려인의 범주에 든 자를 말한다. 그리고 『신당서』에서 '속말말갈의 족속으로서 고려에 부속한 자'라 한 것은 이러한 대조영의 정체성을 구체적으로 풀어 설명한 것이다. 그렇다면 대조영 집단은 원래 속말말갈인으로서 원거주지인 송화강 유역에 거주하다가, 언제부턴가 고구려 안으로 옮겨와 정착하면서 고구려인으로 동화되었다고 할 수 있다. 그리고 고구려가 멸망한 이후에는 고구려의 유력층으로 분류되어 당에 의해 영주 지역으로 강제 이주당하여 감시받았다. 결국 대조영은 이미 고구려인으로 동화되어 스스로 고구려인이라는 귀속의식歸屬意識을 강하게 가지고 있었기 때문에 고구려인의 한 부류로 보아 무방하다.

한편 『삼국유사』에서는, '신라의 옛 기록[新羅古記]'에서 대조영을 '고구려의 옛 장수[高麗舊將]'라 칭한 것을 소개하면서도, 발해를 '말갈의 별종'으로 파악하고 '그 시작과 끝이 다를 뿐'이라는 의미심장한 논평을 내리고 있는데, 이는 시작은 말갈 출신이었으나 끝내는 고구려에 동화되어 그 장수가 되었던 대조영의 정체성을 더욱 명확하게 설명해주고 있다.[자료6] 그렇다면 영주에 이주당하여 당의 감시를 받다가 탈출했던 대조영의 부父 걸걸중상은 물론이고 걸사비우도 고구려인으로 동화된 말갈족의 일원이었다고 할 수 있다. 그들이 죽은 이후에 대조영이 고구려병과 말갈병을 아울러서 당군과 싸워 승리하고 마침내 새로운 나라를 세울 수 있었던 것은 이러한 배경에서 가능했던 것이다.[자료1 · 2]

이후 발해의 역대 왕들이 고구려 계승국임을 강하게 표방했던 것도 대조영의 정체성을 이해할 수 있는 전거가 된다. 대조영을 이은 무왕이 일본에 사신을 보내자 일본은 발해를 옛 고려국이라 인식하였고, 무왕의 국서에서도 "고구려의 옛 땅을 회복하고 부여의 유속遺俗을 지키고 있다."는 것을 밝히고 있다. 무왕의 뒤를 이은 문왕은 스스로 '고려국왕'임을 자처하였다. 일본에서 발해에 보낸 국서에서도 발해왕을 '고려국왕'이라 표기하는가 하면, 고려사高麗使나 고려국高麗國이라 표기한 사례도 여러 군데 보인다.[자료7 · 8 · 9]

발해 건국의 의미와 '남북국론'

이렇듯 발해가 옛 고구려 땅에서 일어나서 고구려를 계승한 국가라고 한다면, 신라가 삼국을 '통일'했다는 것은 부정되어야 하는가? 이런 관점에서 '통일신라시대'라는 개념보다는 '발해와 신라의 공존 시대'라는 개념을 상정하고, 이를 '남북국시대'라 불러야 한다는 주장이 일찍부터 제기되어 왔다. 이러한 주장은 1784년에 유득공柳得恭이

『발해고』의 서문에서 '남북국사南北國史'의 용어를 써서 처음 개진한 이후, 김정호金正浩가 1864년에 『대동지지大東地志』에서 다시금 '남북국南北國'이라는 용어를 씀으로써 재차 그 당위성을 강조한 바 있다.[자료10 · 11] 실제 당시에 신라인들이 발해를 '북국北國'이라 부르기도 했던 것으로 보아, 이러한 주장은 일견 타당한 면이 있을 수 있다.[자료12 · 13]

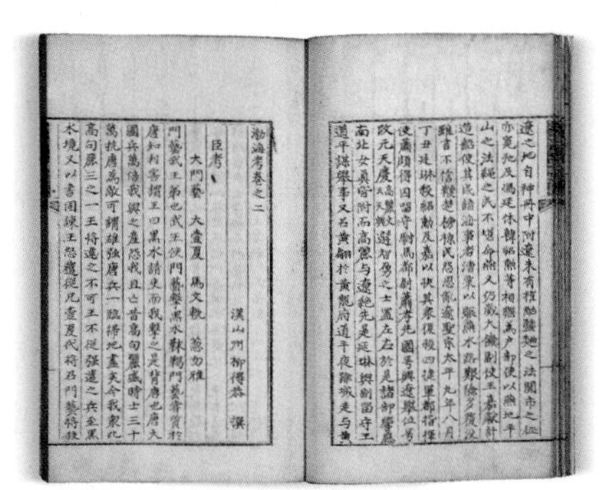

발해고

1784년(정조 8)에 유득공이 쓴 발해에 대한 역사책이다. 모두 9개 부분으로 나누어 기술하였는데, 발해의 종합 사서라 할 만하다. 특히 머리말에서 지은이 유득공이 고려시대에 발해에 대한 체계적 서술을 하지 않은 것을 강하게 비판한 것이라든가, 발해사를 신라사와 더불어 남북국 역사로 서술해야 할 것임을 제안한 것은 매우 획기적이다.

그런데 이렇듯 신라와 발해를 남북국의 개념으로 설정한다면, 신라가 삼국을 '통일'했다는 의미는 전면적으로 부정될 수도 있다. 실제로 일제강점기에 단재丹齋 신채호申采浩는 신라의 삼국통일을 부정하여 외세인 당군唐軍을 끌어들여 동족 국가인 백제를 통합하는 데 그친 것으로 악평했던 반면에, 발해의 건국을 고구려 계승을 실현한 쾌거로서 크게 호평한 바 있다. 그리고 근래에 이러한 단재의 사론을 이어받아 '남북국 시대' 설정의 논거로 삼자는 견해도 제기되고 있다.

그러나 신라의 삼국통일의 의미를 과소평가해서는 안된다는 견해도 많다. 신라의 삼국통일은 그간 난립해 오던 수많은 세력집단들이 장구한 세월을 거치며 서로 간에 통합을 거듭해 오던 끝에 마침내 일국으로 합쳐지는 경험을 처음 하게 만든 민족사 형성의 일대 사건이라는 것이다. 이 역시 일견 타당한 견해임이 분명하다. 이와 함께 신라의 삼국통일은 660년의 백제 멸망과 668년의 고구려 멸망 이후에 신라가 8년 동안 당과 치열한 전쟁을 벌여 성취해 낸 결과물이라는 것도 염두에 둘 필요가 있다.

발해는 신라가 당과의 전쟁에서 승리를 거둔 지 22년 후인 698년에 비로소 건국된 신생국이다. 따라서 적어도 22년간(676~689)은 '통일'의 상태였음을 인정하지 않을 수 없다. 따라서 기왕의 여러 견해들을 수렴하여 '신라의 삼국통일'과 '발해의 건국'이 가지는 의미를 한국사체계 속에서 함께 드러내고 조화롭게 자리매김할 수 있는 방안을 모색하는 것이 앞으로의 과제라 할 수 있다.

자료샘

자료 1

만세통천萬歲通天[주1] 연간에 거란契丹의 이진충李盡忠이 영주도독營州都督 조홰趙翽를 죽이고 반란을 일으키자, 사리舍利 걸걸중상乞乞仲象[주2]이라는 자가 말갈靺鞨의 추장 걸사비우乞四比羽와 고구려의 남은 종족과 동쪽으로 달아나, 요수遼水[주3]를 건너서 태백산太白山[주4]의 동북을 거점으로 하여 오루하奧婁河[주5]를 사이에 두고 성벽을 쌓고 수비를 굳혔다. 무후武后[주6]는 걸사비우를 허국공許國公으로, 걸걸중상을 진국공震國公으로 책봉하여 그 죄를 용서하였다. 걸사비우가 그 명령을 받아들이지 않자, 무후는 옥검위대장군玉鈐衛大將軍 이해고李楷固와 중랑장中郎將 색구索仇에게 조서를 내려 그를 쳐 죽였다. 이때에 걸걸중상은 이미 죽고 그의 아들 대조영大祚榮이 패잔병을 이끌고 도망쳐 달아났는데, 해고는 끝까지 추격하여 천문령天門嶺[주7]을 넘었다. 조영이 고려병과 말갈병을 거느리고 해고에게 저항하니, 해고는 패전하고 돌아왔다. 이에 계단이 돌궐突厥[주8]에 붙으므로 왕사王師의 길이 끊겨서 그들을 치지 못하게 되었다. 조영은 곧 걸사비우의 무리를 합병하여 거칠고 멀리 떨어져 있는 것을 믿고, 나라를 세워 스스로 진국왕震國王[주9]이라 불렀다. 돌궐에 사자를 보내어 통교하였다.

原文 萬歲通天中 契丹 盡忠殺營州都督趙翽反 有舍利 乞乞仲象者 與靺鞨酋乞四比羽及高麗餘種東走 度遼水 保太白山之東北 阻奧婁河 樹壁自固 武后封乞四比羽爲許國公 乞乞仲象爲震國公 赦其罪 比羽不受命 后詔玉鈐衛大將軍 李楷固中郎將索仇擊斬之 是時仲象已死 其子祚榮引殘痍遁去 楷固窮躡 度天門嶺 祚榮因高麗靺鞨兵 拒楷固 楷固敗還 於是契丹附突厥 王師道絶 不克討 祚榮卽幷比羽之衆 恃荒遠 乃建國 自號震國王

_『신당서』 권219, 열전144, 북적(北狄) 발해(渤海)

주1 만세통천 : 당의 측천무후(則天武后)가 696년에 쓴 연호.

주2 걸걸중상 : 『구당서』에는 걸걸중상은 나오지 않고, 대조영이 걸사비우와 함께 영주를 탈출한 것으로 나온다.

주3 요수 : 지금의 요하.

주4 태백산 : 지금의 백두산.

주5 오루하 : 지금의 호이객하(瑚爾喀河)의 상류로 비정됨.

주6 무후 : 측천무후.

주7 천문령 : 지금의 합달령(哈達嶺)에 비정됨. 북류 송화강의 지류인 휘발하(揮發河)와 혼하(渾河)의 분수령에 위치한다.

주8 돌궐 : 6~7세기에 몽골과 중국 북쪽 국경에서 흑해에 이르는 지역에 제국을 건설한 북방 유목 민족.

주9 진국왕 : 『구당서』에서는 '震國'을 '振國'이라 표기하였다.

자료 2

만세통천 연간에 거란의 이진충이 반란을 일으키니, 대조영은 말갈의 걸사비우와 함께 각각 무리를 거느리고 동쪽으로 망명하여 험한 곳에 의지하여 굳게 지켰다. 진충이 죽자 측천則天[주10]이 우옥검위대장군右玉鈐衛大將軍 이해고에게 명하여 군대를 거느리고 가서 그 여당을 토벌케 하니, 먼저 걸사비우를 무찔러 베고, 또 천문령을 넘어 조영을 바짝 뒤쫓았다. 조영이 고려와 말갈의 무리를 연합하여 해고에게 항거하자, 왕사王師는 크게 패하고 해고만 탈출하여 돌아왔다. 마침 거란과 해奚[주11]가 모두 돌궐에게 항복하니 길이 막혀서 측천은 토벌할 수 없게 되었다. 조영은 마침내 그 무리를 거

주10 측천 : 측천무후.

주11 해 : 요하 상류인 서자목륜하(西刺木倫河) 상류, 노합하(老哈河) 유역에 웅거하고 있던 부족. 고막해(庫莫奚)라는 부족명을 줄인 것으로 거란족과 더불어 동호(東胡)의 별종으로 알려져 있다.

느리고 동으로 가서 계루桂婁의 옛 땅[주12]을 차지하고, 동모산東牟山[주13]에 웅거하여 성을 쌓고 살았다.

原文 萬歲通天年 契丹李盡忠反叛 祚榮與靺鞨乞四比羽各領亡命東奔 保阻以自固 盡忠既死 則天命右玉鈐衛大將軍李楷固率兵討其餘黨 先破斬乞四比羽 又度天門嶺 以迫祚榮 祚榮合高麗靺鞨之衆以拒楷固 王師大敗 楷固脫身而還 屬契丹及奚 盡降突厥 道路阻絕 則天不能討 祚榮遂率其衆東保桂婁之故地 據東牟山 築城以居之

_『구당서』 권199하, 열전149하, 북적(北狄) 발해말갈(渤海靺鞨)

주12 계루의 옛 땅 : 고구려의 옛 땅을 의미. 계루는 고구려 5부(部) 중 왕족이 관할하는 핵심의 부로서 고구려를 상징한다. 마치 '계림'이 신라를 상징하는 것과 같다.

주13 동모산 : 중국 조선자치주 돈화시(敦化市) 현유향(賢儒鄉) 성산자산성(城山子山城)에 비정됨.

자료 3

중종中宗[주14]때에 시어사侍御史 장행급張行岌을 보내어 초위招慰하니, 대조영이 아들을 보내어 입시入侍케 하였다. 예종睿宗 선천先天[주15] 연간에 사신을 보내어 조영을 좌효위대장군발해군왕左驍衛大將軍渤海郡王에 제수하고, 거느리고 있는 지역을 홀한주忽汗州로 삼아서 홀한주도독忽汗州都督을 겸임시켰다. 이로부터 비로소 말갈靺鞨이라는 이름을 버리고 오로지 발해渤海로만 불렀다.

原文 中宗時 使侍御史 張行岌招慰 祚榮遣子入侍 睿宗先天中 遣使拜祚榮爲左驍衛大將軍渤海郡王 以所統爲忽汗州 領忽汗州都督 自是始去靺鞨號 專稱渤海

_『신당서』 권219, 열전144, 북적(北狄) 발해(渤海)

주14 중종 : 당의 제4대 황제. 684년에 제위에 오른 지 2개월 만에 어머니 측천무후에 의해 찬탈되었다가 705년 측천무후의 사후에 황권을 회복하였다.

주15 선천 : 당 예종 말 현종(玄宗) 초에 사용한 연호(712~713). 『구당서』에는 선천 2년(713)이라 나오는데, 이 해는 예종이 아니라 현종 치세이다.

자료 4

발해말갈渤海靺鞨의 대조영은 본래 고려의 별종別種이다. 고려가 멸망하자 조영은 가속을 이끌고 영주營州[주16]로 옮겨와 살았다.

原文 渤海靺鞨 大祚榮者 本高麗別種也 高麗既滅 祚榮率家屬徙居營州

_『구당서』 권199하, 열전149하, 북적 발해말갈

주16 영주 : 지금의 중국 조양(朝陽).

자료 5

발해는 본래 속말말갈粟末靺鞨로서 고려에 부속되어 있던 자이다. 성은 대씨大氏이다.

原文 渤海 本粟末靺鞨 附高麗者 姓大氏

_『신당서』 권219, 열전144, 북적 발해

자료 6

또『신라고기』에 이르길, 고구려의 옛 장수 조영祚榮은 성이 대씨大氏인데 남은 병사를 모아 태백산 남쪽에 나라를 세워 국호를 발해라고 하였다. 위의 여러 글을 살펴보면, 발해는 말갈의 별종으로 다만 시작과 끝이 다를 뿐이다.

原文 又新羅古記云 高麗舊將<祚>榮姓大氏 聚殘兵 立國於太伯山南 國號渤海 按上諸文 渤海乃靺鞨之別種 但開合不同而已

_『삼국유사』 권1, 기이1 말갈발해

자료 7

사신을 보내어 고제덕高齊德 등에게 의복과 관冠과 신발을 내렸다. 발해군渤海郡이란 옛날의 고려국이다. 담해조정淡海朝廷[주17] 7년(668) 겨울 10월에 당의 장군 이적李勣이 고려를 정벌하여 멸망시켜 그 후로 조공이 오랫동안 끊어졌다. 이에 발해군왕渤海郡王이 영원장군寧遠將軍 고인의高仁義 등 24인을 보내어 조빙하게 하였는데, 하이蝦夷의 경계에 도착하여 인의仁義 이하 16인은 모두 살해되고 수령首領 제덕齊德 등 8인은 겨우 죽음을 면하여 온 것이다.

原文 遣使賜高齊德等衣服冠履 渤海郡者舊高麗國也 淡海朝廷七年冬十月 唐將李勣伐滅高麗 其後朝貢久絶矣 至是渤海郡王遣寧遠將軍高仁義等廿四人朝聘 而着蝦夷境 仁義以下十六人竝被殺害 首領齊德等八人僅免死而來

_『속일본기(續日本紀)』 권10, 성무천황(聖武天皇) 신구(神龜) 4년(727) 12월 29일

주17 담해조정 : 천지천황(天智天皇)의 조정.

자료 8

천황이 중궁中宮에 나아가자 고제덕高齊德 등이 왕의 교서敎書와 방물方物을 바쳤다. 그 교서는 다음과 같다. "무예武藝[주18]가 아룁니다. … 무예는 열국列國을 주관하고 여러 번蕃을 거느리며, 고려의 옛 땅을 회복하고 부여의 옛 습속을 지니고 있습니다. … 때때로 아름다운 소리를 이어받아 길이 이웃과의 우호를 돈독히 하고자 합니다."

原文 天皇御中宮 高齊德等上其王書幷方物 其詞曰 武藝啓 … 武藝忝當列國 濫摠諸蕃 復高麗之舊居 有扶餘之遺俗 … 時嗣音徽 永敦隣好

_『속일본기』 권10, 성무천황 신구 5년(728) 정월 17일

주18 무예 : 발해 제2대 무왕(武王) 대무예.

자료 9

3일에 천황이 임석한 가운데 고려 사신 양승경揚承慶 등이 방물을 바치고 아뢰기를 "고려국왕高麗國王 대흠무大欽茂주19가 아룁니다. … "라 하였다. 조를 내리기를 "고려국왕이 멀리서 전왕前王이 천궁天宮으로 승하하였다는 소식을 듣고 가만히 있지 않고 양승경 등을 보내 위문하였습니다. … 정성이 지극하여 매우 가상하게 여깁니다."라 하였다. … 18일에 천황이 임석하여 고려대사高麗大使 양승경에게 정3위正三位를 … 주었다.

주19 대흠무 : 발해 제3대 문왕(文王).

原文 庚午 帝臨軒 高麗使揚承慶等貢方物 奏曰 高麗國王大欽茂言 … 詔曰 高麗國王遙聞先朝登遐天宮 不能默止 使揚承慶等來慰 … 勤誠之至 深有嘉尙 … 乙酉 帝臨軒 授高麗大使揚承慶正三位

_『속일본기』 권22, 순인천황(淳仁天皇) 천평보자(天平寶字) 3년(759) 정월

자료 10

고려가 발해사를 편찬하지 않은 것을 보면 고려의 국세가 떨치지 못한 것을 알 수 있다. 옛날에는 고씨高氏가 북에서 고구려를, 부여씨扶餘氏가 서남에서 백제를, 박·석·김씨가 동남에서 신라를 각각 세웠으니, 이것이 삼국이다. 여기에는 반드시 삼국사三國史가 있어야 할 것인데, 고려가 그것을 편찬한 것은 잘할 일이다. 그러나 부여씨와 고씨가 망한 다음에 김씨의 신라가 남에 있고, 대씨大氏의 발해가 북에 있으니 이것이 남북국南北國이다. 여기에는 마땅히 남북국사南北國史가 있어야 할 터인데, 고려가 그것을 편찬하지 않은 것은 잘못이다.

原文 高麗不修渤海史 知高麗之不振也 昔者高氏居于北 曰高句驪 扶餘氏居于西南 曰百濟 朴昔金氏居于東南 曰新羅 是爲三國 宜其有三國史 而高麗修之是矣 及扶餘氏亡高氏亡 金氏有其南 大氏有其北 曰渤海 是謂南北國 宜其有南北國史 而高麗不修之非矣

_유득공(柳得恭), 『발해고(渤海考)』 서문(序文)

자료 11

살핀다. 삼한의 여러 나라들이 합쳐져 삼국이 되었으니 신라와 가야와 백제이다. 후에 가야가 망하고 고구려가 남으로 옮겨와 다시 삼국이 되었다. 고구려와 백제가 망한 지 50년 만에 발해가 다시 고구려의 옛 영토를 계승하여 신라와 더불어 200여 년간

남북국을 이루었다.

原文 按 三韓諸國統爲三國 卽新羅加耶百濟 而後加耶亡 高句麗南遷 又爲三國 及麗濟滅後 五十年 渤海又襲句麗舊疆 與新羅 爲南北國二百餘年

_ 김정호(金正浩), 『대동지지(大東地志)』 권31, 방여총지(方輿總志)3, 발해국

자료 12

3월에 일길찬一吉飡 백어伯魚를 북국北國에 사신으로 보냈다.

原文 三月 以一吉飡伯魚使北國

_『삼국사기』 권10, 원성왕 6년(790) 3월

자료 13

가을 9월에 급찬級飡 숭정崇正을 북국北國에 사신으로 보냈다.

原文 秋九月 遣級飡崇正使北國

_『삼국사기』 권10, 헌덕왕 4年(812) 9月

출전

『삼국사기』

『삼국유사』

『구당서』

『신당서』

『속일본기』

『대동지지(大東地志)』: 고산자(古山子) 김정호(金正浩)가 편찬한 32권 15책의 지지적 지리서. 기록의 하한은 1863년(철종 14)으로 조선 말기의 사정을 반영해주는 자료이다. 전체 구성은 총괄, 팔도지지(八道地志), 산수고(山水考), 변방고(邊坊考), 정리고(程里考), 역대지(歷代志)의 여섯 부분으로 이루어져 있는데, 조선 중기 사림문화를 대표하는 내용인 인물 · 시문 · 고사 등의 항목이 삭제된 반면 각 군현의 역참 · 봉수 · 방면(坊面) · 인구 · 전답 · 군보(軍保) · 장시(場市) · 기발(騎撥) · 보발(步撥) · 목장(牧場) 등이 상세하게 파악되고 있다. 국방 내지 군사적 측면에 대한 관심이 고조된 것을 반영한 자료라고 할 수 있다.

『발해고(渤海考)』: 1784년(정조 8) 유득공(柳得恭)이 쓴 발해의 역사책. 서문(序文) 외에 군고(君考), 신고(臣考), 지리고(地理考), 직관고(職官考), 의장고(儀章考), 물산고(物産考), 국어고(國語考), 국서고(國書考), 속국고(屬國考) 등 9개 부문으로 구성되어 있다. 군고는 일종의 본기(本紀)에 해당하고, 신고는 일종의 열전(列傳)에 해당하여, 기전체에 준하는 체제를 갖추고 있다고 할 수 있다.

찾아읽기

송기호, 『발해를 다시 본다』, 주류성, 1999.

임상선, 『발해의 지배세력 연구』, 신서원, 1999.

박시형, 「발해사 연구를 위하여」, 『력사과학』, 1962-1, 1962.

이용범, 「발해의 성립과 그 문화」, 『한국사』3, 국사편찬위원회, 1978.

손영종, 「발해의 서변에 대하여1 · 2」, 『력사과학』, 1980-2 · 3, 1980.

노태돈, 「삼한에 대한 인식의 변천」, 『한국사연구』38, 1982.

송기호, 「발해사 연구의 몇 가지 문제점」, 『한국고대사론』, 한길사, 1988.

한규철, 「고구려시대 말갈연구」, 『부산사학』14 · 15, 1988.

송기호, 「조선시대 사서에 나타난 발해관」, 『한국사연구』72, 1991.

한규철, 「발해건국과 남북국의 형성」, 『한국고대사연구』5, 1992.

한규철, 「발해국의 주민구성」, 『한국사학보』창간호, 1996.

조인성, 「남북국시대론」, 『한국고대사연구』47, 2007.

2 해동성국이라 불린 나라

발해의 흥망성쇠

발해는 강온의 대외정책을 적절하게 교대하면서 성장을 거듭하였다. 2대 무왕은 당을 선제공격하여 존재감을 과시하였고, 3대 문왕은 당과 화해하여 선진 문물을 적극 도입하였다. 일본과는 무왕 이후 교류를 적극 전개했고, 신라와는 선의의 경쟁을 벌였다. 그리하여 10대 선왕 대에 이르러 '해동성국'이라 찬사를 받을 정도로 강국으로 발전하였다.

고왕 대조영, 대아찬에서 발해군왕으로

696년 이진충李盡忠의 난을 계기로 영주營州에 대한 당의 감시체제가 무너지자 대조영은 영주를 탈출하여 당군의 추격을 뿌리치고 동으로 이동하여 698년 마침내 동모산東牟山을 거점삼아 나라를 세웠다. 진국(振國 혹은 震國)이 그것이었다. 건국 초기의 대조영에게 가장 긴급했던 일은 당의 위협으로부터 벗어나는 일이었다. 그리하여 그는 당과 대립 관계에 있던 돌궐 및 신라 등과 외교관계를 맺어 당에 대한 공동전선을 형성하고자 하였다. 특히 신라와의 관계에서 대아찬大阿飡의 관등을 제수받는 등의 굴욕적인 저자세 외교를 감수하기도 하였다.[자료1] 당시 발해가 느낀 당의 위협이 얼마나 급박하였는지를 짐작케 하는 대목이다.

거란과 제휴하여 요서지역을 압박해 오는 돌궐 세력을 견제하지 않으면 안되는 상황에 처해 있던 당으로서도, 신생의 진국을 중심으로 돌궐과 신라가 동맹세력으로 결성되어가는 추세를 수수방관만은 할 수 없었다. 그리하여 당은 나당 전쟁의 감정이 채 가시지도 않은 신라에 먼저 접근하였다. 마침 702년에 신라에서 효소왕孝昭王이 죽고 성덕왕聖德王이 즉위하자, 당은 효소왕의 죽음에 대해 극진한 예를 표하고 성덕왕에게는 신라왕으로 책봉해 주는 등 성의를 다하였다.[자료2]

동모산 전경
대조영은 쫓아오는 당군을 따돌리고 이곳에 이르러 698년에 첫 건국의 감격을 맛보았다. 해발 600m 정도인 동모산 정상 부분을 감싸며 흙과 돌을 섞어 쌓아 만든 2km에 달하는 산성이 있으며, 산성에는 방어를 위한 치(雉)와 옹성(甕城) 같은 시설이 있다. 사방이 막힘없이 보이는 동모산 정상부에 성을 쌓고 도읍지로 삼은 것은 당나라 공격에 대비해야 하는 발해 건국 초기의 긴박한 상황을 엿보게 한다.

이어 당은 진국에도 화해의 제스처를 보냈다. 705년 진국에 대한 강경노선을 견지해 오던 측천무후則天武后가 죽고 중종中宗이 즉위함을 계기로 당은 진국에 사신을 파견하여 관계 개선을 시도하였고, 대조영도 둘째 아들 대문예大門藝를 당에 보내 화답하였다. 당과 발해의 화해 분위기는 713년에 당이 대조영을 발해군왕渤海郡王으로 책봉하는 것으로까지 이어졌으니, 발해라는 국명은 여기에서 연유한다.

무왕 대무예, 당과의 대결을 통해 세력 확대를 꾀하다

발해는 713년 당과 평화적 외교관계를 맺은 이후에 가급적 국제분쟁에는 개입하지 않고 대외적 안정책을 추구하였다. 이것이 발해의 성장에 유리한 조건으로 작용하여 빠른 속도로 세력을 확대해 갈 수 있었다. 발해의 세력 확대는 719년 대조영이 죽은 뒤 그의 아들 대무예가 왕위에 오르면서 본격화되었다. 무왕 대무예는 대조영의 시호를 고왕高王이라 하고 자신의 연호를 인안仁安이라 정하여 독자적인 국가체제의 정비에 나섰으며, 동북지역의 세력을 복속시켜 판도를 넓혀 갔다. 돌궐의 도전에 직면해 있던 당은 이를 추인할 수밖에 없었다.[자료3] 신라는 발해의 급성장에 긴장하지 않을 수 없었다. 신라가 721년에 동해안의 강릉 지역에 장성長城을 쌓았던 것은 발해 남하를 저지하기 위함이었다.[자료4]

그런데 그 즈음 당의 세력 회복세가 뚜렷하게 나타나면서 새로운 상황이 조성되기 시작했다. 돌궐 세력이 약화되었고 715년에 거란족과 해족이 돌궐에서 이탈하여 당에 귀부해 왔다. 당은 이를 계기로 요서지역에 대한 지배권 확립에 나섰다. 그리고 그 영향력을 동북지역으로 확대하여 발해를 압박해 갔다. 이러한 당의 영향력 확대는 세력 확대를 추구해 가던 발해와의 갈등을 피할 수 없게 하였다. 양국의 갈등은 발해의 배후에 있던 흑수말갈黑水靺鞨 문제를 둘러싸고 마침내 폭발하였다.

726년 흑수말갈은 당에 사신을 파견하였고, 당은 그 땅을 흑수주黑水州로 삼고 장사長史를 두어 총괄하게 하였다. 무왕은 당과 흑수가 공모하여 앞뒤에서 협공할 의도가 있는 것으로 파악하고 아우 대문예大門藝로 하여금 흑수를 치게 하였다. 그러나 이전 당에 파견되어 머문 적이 있던 대문예는 흑수 정벌이 당에 도전하는 무모한 일임을 지적하며 중지할 것을 누차 간언하다가 용납되지 못하고 신변의 위협을 느껴 당으로 망명하였다.[자료5] 대문예의 망명은 당과 발해의 갈등에 불을 당긴 셈이 되어 평화적 해결 가능성을 더욱 어렵게 만들었다.

그 이듬해인 727년에 무왕은 일본에 사신을 처음으로 파견하여 교서를 전달하고, 발해가 '열국列國을 주관하고 여러 번蕃을 거느리는' 강국임을 자부하였다.[자료6] 일본에 사신을 처음 파견한 것은 일본과의 연대를 통해 당에 동조할지도 모를 신라를 견제하기 위함이었다.

마침내 무왕은 당에 대한 선제공격에 나섰다. 732년에 장수 장문휴張文休를 시켜 등주登州를 공격하였던 것이다.[자료7] 이에 당황한 당 현종은 733년에 대문예로 하여금 동북방에서 발해를 공격하게 하는 한편, 신라에게는 남으로부터 발해를 공격할 것을 정식 요청하였다. 대문예가 이끈 당군은 이렇다 할 전과를 올리지 못했고, 신라는 당군에 공조하여 발해의 남쪽 경계를 공격하였으나 폭설 등으로 인해 실패하고 말았다.[자료8] 그럼에도 당은 735년에 신라에게 대동강 이남의 땅을 공인해 줌으로써 나당 전쟁으로 촉발된 앙금을 공식적으로 해소시키는 조치를 취했으니, 이는 발해의 견제를 위해 신라가 필요하다고 판단했기 때문이었다.[자료9]

발해는 전격적인 등주 공격을 감행함으로써 급성장한 국력을 내외에 과시하는 데는 효과가 있었다. 그러나 그 과정에서 당의 위세가 막강하다는 것을 확인하였고 일본의 적극적인 지원을 기대할 수 없는 반면에 배후에 있는 신라의 위협이 상존하는 상황도 경험하였다. 당도 발해에 대한 무력 공격이 어렵다는 것을 체험하였다. 그리하여 이후 발해와 당은 현상유지책으로 선회하여 관계 개선을 꾀하였다. 무왕이 735년에 아우 번蕃을 당에 보내어 조공함으로써 더 이상의 무력 대결을 피하려 하자, 당 역시 이를 기꺼이 받아들였다.[자료10]

문왕 대흠무, 문물교류와 강역확대를 병진하다

737년에 무왕 대무예가 죽고 문왕文王 대흠무大欽茂가 즉위하면서 당과의 친선외교는 더욱 활발해졌다.[자료11] 발해는 일본과 빈번한 교류를 통해서 유대를 더욱 강화하였고, 일본의 신라 공격 계획에도 동조했던 것으로 보인다.[자료12] 당은 762년에 문왕의 작호를 발해군왕渤海郡王에서 발해국왕渤海國王으로 높여주는 등 발해의 국제적 위상을 공인해 주었다.[자료13] 이에 따라 신라의 발해에 대한 경각심은 더욱 예민해질 수밖에 없었다. 신라가 748년에 대동강 이남의 패강 지역에 대곡성大谷城 등 14군현을 설치하였다거나 762년에 패강 지역에 6성城을 축조한 것 등은 발해의 침략 위협에 대비하면서 패강 지역을 개척하기 위한 것이었다.[자료14 · 15]

이후 8세기 후반에는 발해와 당과 신라 사이에 상호 견제와 세력 균형이 이루어지면서 평화적 문물교류의 시대로 접어들었다. 발해는 당과 일본은 물론 신라와도 문물교류를 활발하게 전개하면서 문화 황금기에 접어들었다. 신라는 발해를 북국北國이라 칭하면서 사신을 파견하기도 하였다.[자료16] 이렇듯 당과의 관계가 개선되고 신라의 위협이 사라지자 발해는 그 배후에 있는 미복속 말갈 부족들에 압박을 가하여 세력을 넓혀갔다. 철리부鐵利部, 불열부拂涅部, 월희부越喜部 등의 말갈 부족이 문왕 대에 발해에 귀속했던 것으로 보인다. 이들 부족들의 당에 대한 조공이 철리부는 740년, 불열부와 월희부는 741년을 경계로 하여 두절되기 때문이다. 이로써 문왕 대의 강역은 송화강 하류까지 미치게 되었다.

문왕은 주변 국가들과 평화관계를 복원하여 문물교류를 활성화하면서 대내적으로 국가체제를 전반적으로 정비하는 한편 대외적으로는 강역의 확장에도 앞장섰으니, 조용하지만 실속 있는 대내외 행보를 이어갔다고 할 수 있다.

선왕 대인수, 해동성국을 일으키다

793년에 3대 문왕 대흠무가 사망한 후 25년 동안 발해는 내분에 휩싸이면서 정치적 불안정 상태에 빠지게 된다. 이 짧은 기간 동안에 무려 6명의 왕이 교체되어 평균 재위 기간이 4년에 불과했다는 점이 이러한 정치적 불안정성을 여실히 보여준다.

문왕의 큰 아들 대굉림大宏臨이 일찍 죽어 문왕의 직계가 아닌 방계의 족제族弟 대원의大元義가 4대 왕에 오른 것이 문제의 발단이었다. 귀족들은 불과 몇 개월 만에 그를 죽이고 굉림의 아들 대화여大華璵를 추대하였다. 이가 5대 성왕成王이다. 대원의에 의한 찬탈과 대화여에 의한 재찬탈이 반복되었을 가능성이 감지된다. 성왕은 연호를 중흥中興이라 정한 것으로 미루어 보아 야심찬 정치 개혁을 추진하려 했던 것으로 보이나, 재위 1년도 채우지 못하고 죽고 말았다.[자료17] 그리고 그를 이어 문왕의 작은 아들 대숭린大嵩璘이 즉위하였다. 이가 6대 강왕康王이다. 강왕은 문왕에 이어 처음으로 당으로부터 책봉을 받고 비교적 긴 15년 간(794~809)을 재위하면서 당과 일본에 수차례 사신을 파견하여 존재감을 드러냈지만 인상적인 치적은 남기지 못하였다. 이후 정왕定王 대원유大元瑜(809~812), 희왕僖王 대언의大言義(812~818), 간왕簡王 대명충大明忠(818)이 7, 8, 9대 왕으로 잇따라 즉위했으나 재위기간이 짧아 정치적 불안정을 해소하기는 역부족이었다.

고질적인 정치적 불안정을 해소하고 발해 중흥의 발판을 마련한 이는 간왕의 종부로서 즉위한 10대 선왕宣王 대인수大仁秀(818~830)였다. 그는 고왕 대조영의 아우인 대야발大野發의 4세손으로서, 연호를 건흥建興이라 정하고 중흥의 기치를 치켜세웠다. 북으로 월희말갈과 흑수말갈을 편입하였고, 남으로 신라 북부지역으로 진출하여 대동강과 니하泥河(지금의 영흥만으로 흐르는 용흥강龍興江)를 경계로 하여 신라와 국경선을 맞닿았다.[자료18 · 19] 신라는 대동강 300리 장성을 축조하여 발해의 세력 확장 추세에 대응하였다.[자료20] 최대 판도를 이룬 강역을 5경 15부 62주의 지방행정제로 편제한 것도 이때였다. 재위 12년 동안 일본에 5번이나 사신을 파견하는 등 대외관계도 적극적이었다.

선왕 대의 발해는 최고 융성기를 맞이하여 당으로부터 '해동성국海東盛國'이라는 영예로운 칭호를 얻기도 했다.[자료21] 이러한 융성의 추세는 11대 대이진大彝震(830~858), 12대 대건황大虔晃(858~870), 13대 대현석大玄錫(870~894?), 14대 대위해大瑋瑎(894~906)로 이어지면서 발해는 9세기에 동북아의 명실상부한 강대국으로 부상하였다.

국제 정세의 변동과 발해의 멸망

10세기에 접어들어 국제 정세가 급변하였다. 당이 중심이 되어 안정적으로 돌아가던 국제 관계도 요동쳤다. 당은 환관 정권의 폐해로 국세가 크게 기울더니 황소黃巢의 난의 와중에서 득세한 주전충朱全忠에 의해서 907년에 멸망당했다. 주전충은 후량後粱(907~923)을 세웠으나, 당 말기 황소의 난을 진압하면서 출세한 무장 이극용李克用의 아들 이존욱李存勗은 후량을 격파하고 후당後唐(923~936)을 세웠다. 중국대륙은 이른바 5대 10국의 대분열시대를 맞게 되었고, 한반도 역시 후삼국의 분열시대로 접어들었다. 이러한 국제 정세는 거란이 흥기할 수 있는 유리한 여건을 제공했다. 거란은 야율아보기耶律阿保機가 거란 부족들을 영도하여 916년에 황제에 즉위하면서 동아시아의 신흥 강국으로 부상했다. 그 과정에서 또 하나의 강국 발해와의 충돌은 불가피한 상황이 되었다.[자료22]

거란 태조 야율아보기는 동북의 여러 종족을 병탄하면서 중원 정복의 야망을 품기 시작했다. 이를 위해 먼저 중원 진출의 길목에 해당하는 요동으로 진출하려 하였고, 그 과정에서 요동을 영유하고 있던 발해와 처음 충돌하였다. 거란은 924년에 요동 공격을 감행하였으나 발해의 저항으로 실패하였다.[자료23] 이에 발해에 대한 본격적인 공격의 필요성을 느낀 거란은 서방의 위협세력인 서하西夏를 우선 정복하여 걸림돌을 제거하기로 마음먹었다.[자료24]

마침내 서하 정복에 성공한 거란은 925년 12월 21일 발해 공격에 나섰다.[자료25] 발해는 거란의 침략 위협을 저지하고 생존을 모색하기 위해 중원의 후량과 후당, 한반도의 후삼국後三國, 그리고 바다 건너 일본日本 등과 다각적인 외교를 펼쳤지만, 이들도 거란의 파죽지세를 막아내는 데는 도움이 되지 못했다. 결국 그 이듬해 1월 12일에 발해왕 대인선(大諲譔, 906~926)은 거란에 항복을 청하였고, 14일에 정식 항복 절차를 밟아야 했다.

발해는 거란의 공격을 받은 지 1개월도 버티지 못하고 무너지고 말았다. 직전까지 해동성국이라 일컬어지던 강국의 최후치고는 너무나 허망하다는 인상을 감출 수 없다. 거란의 위세가 워낙 막강했던 것이 1차 원인이었겠지만, 발해의 내분도 빼놓을 수 없는 요인이었다.[자료26] 거란의 위협이 최고조에 달하던 925년에 장관이나 장군에 해당하는 발해의 고위층 인사들이 대규모 인원을 거느리고 고려에 망명한 사건들이 잇따라 확인되고 있으니, 이는 당시 발해에 내분이 일어나고 있었음을 보여주는 단적인 예이다.[자료27]

자료샘

자료 1

신臣 모某[주1]는 아룁니다. … 처음 읍거邑居[주2]를 세우고 사신을 보내와 이웃의 도움에 의지하고자 하기에, 그 추장 대조영에게 비로소 저희 나라의 제5품 대아찬大阿餐[주3]을 주었습니다. 그 후 선천先天[주4] 2년(713)에 이르러 바야흐로 대조의 총명을 받아 발해군왕으로 봉해졌나이다. …

原文 臣某言 … 初建邑居 來憑隣援 其酋長大祚榮始授臣蕃第五品大阿餐之秩 後至先天二年 方受大朝寵命 封爲渤海郡王

_『동문선(東文選)』 권33, 사불허북국거상표(謝不許北國居上表)

주1 모 : 글쓴이 최치원 자신을 지칭. 이 글은 최치원이 당 황제에 보낸 표문으로, 신라와 발해가 외교적 경쟁 관계에 있었음이 잘 나타나 있다.

주2 읍거 : '진국' 세운 것을 낮추어 지칭한 것.

주3 대아찬 : 신라 17등 관등 중 제5위. 일반적으로 '大阿飡'이라 표기한다.

주4 선천 : 당 현종의 연호(712~713).

자료 2

성덕왕聖德王이 왕위에 올랐다. … 당나라 측천무후가 효소왕孝昭王이 돌아가셨다는 말을 듣고 그를 애도하기 위하여 이틀간 조회를 쉬었으며, 사신을 보내 조문하고 아울러 왕을 신라왕으로 책봉하고 형(효소왕)의 칭호인 장군도독將軍都督을 이어받게 하였다.

原文 聖德王立 … 唐則天聞孝昭薨 爲之擧哀 輟朝二日 遣使吊慰 冊王爲新羅王 仍襲兄將軍都督之號

_『삼국사기』 권8, 성덕왕 즉위년(702)

자료 3

현종玄宗 개원開元 7년(719)에 조영이 죽으니, 그 나라에서 사시私諡[주5]로 고왕高王이라 하였다. 아들 무예武藝가 왕위에 올라 영토를 크게 개척하니, 동북의 모든 오랑캐들이 겁을 먹고 그를 섬겼으며, 또 사사로이 연호를 인안仁安으로 고쳤다. 현종玄宗이 책전典冊을 내려 왕호와 거느리는 바를 세습케 하였다.

原文 玄宗 開元七年 祚榮死 其國私諡爲高王 子武藝立 斥大土宇 東北諸夷畏臣之 私改年曰仁安 帝賜典冊襲王幷所領

_『신당서』 권219, 열전144, 북적 발해

주5 사시 : 사사로이 정한 시호(諡號). 당의 허락없이 발해가 독자적으로 시호를 정했던 사정을 나타낸 것이다.

자료 4

가을 7월에 하슬라何瑟羅 방면의 장정 2,000명을 징발하여 북쪽 국경에 장성長城을 쌓았다.

原文 秋七月 徵何瑟羅道丁夫二千 築長城於北境

_『삼국사기』 권8, 성덕왕 20년(721)

자료 5

[개원(開元)] 214년(726)에 흑수말갈黑水靺鞨이 사신을 보내와 조공하므로 조칙을 내려 그 땅을 흑수주黑水州로 삼아 장사長史를 두고, 사신을 보내어 제압하게 하였다. 무예武藝가 부하들에게 말하기를, "흑수黑水가 우리 국경을 거쳐서 처음으로 당과 서로 통하였다. 지난날 돌궐에게 토둔吐屯[주6]을 청할 적에도 모두 우리에게 먼저 알리고 함께 갔었다. 이제 뜻밖에 바로 당에게 벼슬을 청하였으니, 이는 반드시 당과 공모를 하여 앞뒤로 우리를 치려는 것이다."라 하고, 친아우 대문예大門藝와 장인 임아任雅를 시켜 군대를 이끌고 가서 흑수를 치게 하였다. 문예는 일찍이 볼모로 경사京師[주7]에 왔다가 개원開元[주8] 초년에 본국에 돌아갔으므로, 무예에게 말했다. "흑수가 당의 벼슬을 청하였다 하여 그를 바로 치고자 한다면 이는 당을 저버리는 것입니다. 당은 사람의 많음과 군사의 강함이 우리의 1만 배가 되는데, 하루아침에 원수를 맺는다면 스스로 멸망을 부를 뿐입니다. 지난날 고구려가 전성할 적에 강병 30만으로 당과 맞서서 복종을 하지 않다가, 당병이 한번 덮치매 땅을 쓴 듯이 다 멸망하였습니다. 오늘날 발해의 인구가 고구려의 몇 분의 일도 못 되는데, 그래도 당을 저버리려 하니, 이 일은 결단코 옳지 못합니다." 무예는 듣지 않았다. 문예의 군사가 국경에 이르렀을 적에 또 글을 올려 굳이 간하자, 무예는 화를 내어 종형인 대일하大壹夏를 보내어 문예를 대신하여 군사를 통괄하게 하고, 문예는 불러다 죽이려 하였다. 문예가 마침내 그의 무리를 버리고 사잇길로 도망쳐 오니, 조칙을 내려 좌요위장군左驍衛將軍을 제수하였다.

주6 토둔 : 돌궐의 관명인 'tudun'에 대한 한자표음.

주7 경사 : 당의 수도.

주8 개원 : 당 현종의 연호(713~741).

原文 [開元]十四年 黑水靺鞨遣使來朝 詔以其地爲黑水州 仍置長史 遣使鎭押 武藝謂其屬曰 黑水途經我境 始與唐家相通 舊請突厥吐屯 皆先告我同去 今不計會 卽請漢官 必是與唐家通謀 腹背攻我也 遣母弟大門藝及其舅任雅發兵以擊黑水 門藝曾充質子至京師 開元初還國 至是謂武藝曰 黑水請唐家官吏 卽欲擊之 是背唐也 唐國人衆兵强 萬倍於我 一朝結怨 但自取滅亡 昔高麗全盛之時 强兵三十餘萬 抗敵唐家 不事賓伏 唐兵一臨 掃地俱盡 今日渤海之衆 數倍少於高麗 乃欲違背唐家 事必不可 武藝不從 門藝兵至境 又上書固諫 武藝怒 遣從兄大壹夏代門藝統兵 徵門藝 欲殺之 門藝遂棄其衆 間道來奔 詔授左驍衛將軍

_『구당서』 권199하, 열전149하, 북적 발해말갈

자료 6

천황이 중궁中宮에 나아가니 고제덕高齊德 등이 왕의 교서敎書와 방물을方物을 바쳤다. 그 교서는 다음과 같다. "무예武藝가 아룁니다. … 무예는 열국列國을 주관하고 여러 번蕃을 거느리며, 고려의 옛 땅을 회복하고 부여의 옛 습속을 지니고 있습니다. 그러나 다만 너무 멀어 길이 막히고 바다 또한 아득히 멀어서 소식이 통하지 않고 길흉을 물음이 끊어졌습니다. 어진 이와 가까이 하며 우호를 맺고 옛날의 예에 맞추어 사신을 보내어 이웃을 찾는 것이 오늘에야 비롯하게 되었습니다. … "

原文 天皇御中宮 高齊德等上其王書幷方物 其詞曰 武藝啓 … 武藝忝當列國 濫摠諸蕃 復高麗之舊居 有扶餘之遺俗 但以天崖路阻 海漢悠悠 音耗未通 吉凶絶問 親仁結援 庶協前經 通使聘隣 始乎今日

_『속일본기』 권10, 성무천황 신구 5년(728) 정월 17일

자료 7

[개원(開元)] 20년(732) 에 무예가 그의 장수 장문휴張文休를 보내어 해적을 거느리고 등주자사登州刺史 위준韋俊을 공격하였다.

原文 [開元]二十年 武藝遣其將張文休 率海賊攻登州刺史韋俊

_『구당서』 권199하, 열전149하, 북적 발해말갈

자료 8

가을 7월에 발해渤海와 말갈靺鞨이 바다를 건너 등주登州를 침범하였다. 당 현종이 태복원외경太僕員外卿 김사란金思蘭을 귀국시켜 임금에게 관작을 더해 개부의동삼사영해군사開府儀同三司寧海軍使로 삼고 병사를 일으켜 말갈의 남쪽 변방을 치도록 하였다. 때마침 큰 눈이 한 길이 넘게 내려 산길이 막히고 병사 중 죽은 사람이 절반이 넘어 아무런 전공도 없이 돌아왔다. 김사란은 본래 왕족이었는데, 앞서 당나라에 들어가 조회하였을 때 사람됨이 공손하고 예의가 있었으므로 머물러 숙위宿衛하게 되었다가 이 때에 이르러 외지로 나가는 사신의 임무를 맡게 된 것이다.

原文 秋七月 唐玄宗以渤海靺鞨 越海入寇登州 遣太僕員外卿金思蘭歸國 仍加授王爲開府儀同三司寧海軍使 發兵擊靺鞨南鄙 會 大雪丈餘 山路阻隘 士卒死者過半 無功而還 金思蘭本王族 先因入朝 恭而有禮 因留宿衛 及是 委以出疆之任

_『삼국사기』 권8, 성덕왕 32년(733)

주9 패강 : 지금의 대동강.

자료 9

봄 정월에 … 김의충金義忠을 당나라에 보내 새해인사를 올렸다. 2월에 부사副使 김영金榮이 당나라에서 죽자, 광록소경光祿少卿 벼슬을 추증하였다. 의충이 돌아올 때 황제는 조칙을 내려 신라에 패강浿江[주9] 이남의 땅을 주었다.

原文 春正月 熒惑犯月 遣金義忠入唐賀正 二月 副使金榮在唐身死 贈光祿少卿 義忠廻 勅賜浿江以南地

_『삼국사기』 권8, 성덕왕 34년(735)

주10 발해말갈왕 : 발해 제2대 무왕 대무예를 지칭.

자료 10

[개원(開元)] 23년(735) 3월 발해말갈왕[주10]이 그 아우 번蕃을 보내 내조來朝하였다. … 개원 25년(737) 정월에 발해말갈 대수령大首領인 목지몽木智蒙이 왔다.

原文 開元二十三年三月, 渤海靺鞨王遣其弟蕃來朝 … 開元二十五年正月 渤海靺鞨大首領木智蒙來朝

_『책부원귀(冊府元龜)』 권971, 외신부(外臣部)16 조공(朝貢)4

주11 대력 : 당 대종(代宗)의 연호(766~779).

자료 11

(개원開元) 25년(737) 에 무예가 병으로 죽으니, 그의 아들 흠무欽茂가 왕위에 올랐다. 내시內侍 단수간段守簡을 보내어 흠무를 책봉하여 발해군왕으로 삼는 동시에 그의 아버지를 뒤이어 좌효위대장군 홀한주도독驍衛大將軍 忽汗州都督으로 삼았다. 흠무는 조명詔命을 받들어 경내에 사면령을 내리는 한편, 단수간의 편에 사신을 보내어 입조하고 공물을 바쳤다. 대력大曆[주11] 2년(767)에서 10년(775)에 이르기까지 혹은 자주 사신을 보내와 조공하고, 혹은 해를 걸러 오기도 하였으며, 한해에 두세 번 오기도 하였다.

原文 [開元]二十五年 武藝病卒 其子欽茂嗣立 詔遣內侍段守簡往册欽茂爲渤海郡王 仍嗣其父爲左驍衛大將軍·忽汗州都督 欽茂承詔赦其境內 遣使隨守簡入朝貢獻 大曆二年 至十年 或頻遣使來朝 或間歲而至 或歲內二三至者

_『구당서』 권199하, 열전149하, 북적 발해말갈

자료 12

6월 … 18일에 대재부大宰府로 하여금 행군식行軍式을 만들게 하였는데, 장차 신라를 치려는 것이다. … 8월 6일에 대재수大宰帥 3품 선친왕船親王을 향추묘香椎廟에 보내어 신라를 치려는 상황을 아뢰었다. … 9월 … 19일에 배 500척을 만들게 하였는데, 북륙도北陸道 여러 나라에서 89척, 산음도山陰道 여러 나라에서 145척, 산양도山陽道 여러 나라에서 161척, 남해도南海道 여러 나라에서 105척을 모두 한가한 달에 만들되 3년 안에 마치도록 하였는데, 신라를 정벌하기 위한 것이었다.

原文 六月 … 壬子 令大宰府造行軍式 以將伐新羅也 … 八月己亥 遣大宰帥三品船親王於香椎廟 奏應伐新羅之狀 … 九月 … 壬午 造船五百艘 北陸道諸國八十九艘 山陰道諸國一百卌五艘 山陽道諸國一百六十一艘 南海道諸國一百五艘 竝逐閑月營造 三年之內成功 爲征新羅也

_『속일본기』 권22, 순인천황 천평보자 3년(795)

자료 13

보응寶應[주12] 원년(762)에 조서를 내려 발해를 국國으로 인정하여 흠무欽茂를 왕王으로 삼고, 검교태위檢校太尉[주13]로 올려주었다.

原文 寶應元年 詔以渤海爲國 欽茂王之 進檢校太尉

_『신당서』 권219, 열전144, 북적 발해

자료 14

처음으로 대곡성大谷城[주14] 등 14개의 군현을 설치하였다.

原文 始置大谷城等十四郡縣

_『삼국사기』 권9, 경덕왕 7년(748)

자료 15

여름 5월에 오곡五谷,[주15] 휴암鵂巖,[주16] 한성漢城,[주17] 장새獐塞,[주18] 지성池城,[주19] 덕곡德谷[주20]의 여섯 성을 쌓고 각각 태수를 두었다.

原文 夏五月 築五谷鵂巖漢城獐塞池城德谷六城 各置太守

_『삼국사기』 권9, 경덕왕 21년(762)

자료 16

3월에 일길찬一吉湌 백어伯魚를 북국北國에 사신으로 보냈다.

原文 三月 以一吉湌伯魚使北國

_『삼국사기』 권10, 원성왕 6년(790) 3월

주12 보응 : 당 대종의 연호(762~763)

주13 검교태위 : 태위는 정1품으로 사공(司空), 사도(司徒)와 더불어 당대(唐代)에 삼공(三公)으로 일컬어짐.

주14 대곡성 : 지금의 황해도 평산군에 대한 통일신라시대 이름.

주15 오곡 : 지금의 황해도 서흥(瑞興).

주16 휴암 : 지금의 황해도 봉산(鳳山).

주17 한성 : 지금의 황해도 재령(載寧).

주18 장새 : 지금의 황해도 수안(遂安).

주19 지성 : 지금의 황해도 해주(海州).

주20 덕곡 : 지금의 황해도 곡산(谷山).

자료 17

흠무欽茂가 죽으니 사사로이 시호를 문왕文王이라 하였다. 아들 굉림宏臨은 일찍 죽고, 족제族弟 원의元義가 1년간 왕위에 올랐으나 의심이 많고 포학하여 국인國人[주21]이 그를 죽이고, 굉림의 아들 화여華璵를 추대하여 왕으로 삼았는데, 다시 상경上京으로 환도하고 연호를 중흥中興으로 고쳤다. 죽으니 시호를 성왕成王이라 했다.

주21 국인 : 귀족들을 의미.

原文 欽茂死 私謚文王 子宏臨早死 族弟元義立一歲 猜虐 國人殺之 推宏臨子華璵爲王 復還上京 改年中興 死 謚曰成王

_『신당서』 권219, 열전144, 북적 발해

자료 18

인수仁秀는 자못 바다 북쪽의 여러 부部를 토벌하여 국토를 크게 개척한 공이 있어, 조서를 내려 검교사공檢校司空을 제수하고 왕을 잇게 하였다.

原文 仁秀頗能討伐海北諸部 開大境宇 有功 詔檢校司空襲王

_『신당서』 권219, 열전144, 북적 발해

자료 19

흥료현興遼縣[주22]은 본래 한漢의 평곽현平郭縣이 있던 곳인데, 발해 때에 장녕현長寧縣으로 고쳤다. 당唐 원화元和 연간에 발해왕 대인수大仁秀가 남쪽으로 신라를 평정하고 북으로 여러 부락을 공략하여 군과 읍을 설치함에 따라 지금의 이름이 생기게 되었다.

주22 흥료현 : 지금의 중국 랴오닝성(遼寧省) 랴오양(遼陽) 지역.

原文 興遼縣 本漢平郭縣地 渤海改爲長寧縣 唐元和中 渤海王大仁秀南定新羅 北略諸部 開置郡邑 遂定今名

_『요사(遼史)』 권38, 지8, 지리2, 동경도(東京道)

자료 20

가을 7월에 우잠태수牛岑太守[주23] 백영白永에게 한산 북쪽의 여러 주와 군에서 사람 1만 명을 징발하여 패강浿江에 장성 300리를 쌓았다.

주23 우잠 : 지금의 황해도 금천군(金川郡).

原文 秋七月 命牛岑太守白永 徵漢山北諸州郡人一萬 築浿江長城三百里

_『삼국사기』 권10, 헌덕왕 18년(826)

자료 21

처음에 그 나라의 왕王이 자주 학생들을 경사京師의 태학太學[주24]에 보내어 고금古今의 제도를 배우고 익혀 가더니, 이때에 이르러 드디어 해동성국海東盛國이 되었다.

原文 初 其王數遣諸生詣京師太學 習識古今制度 至是遂爲海東盛國

_『신당서』 권219, 열전144, 북적 발해

주24 태학 : 당 최고학부인 국자감을 지칭.

자료 22

태조가 발해를 공격하여 부여성을 함락시키고 나라 이름을 동단국으로 바꾸었다. … 이에 앞서 발해국왕 대인선은 본래 해, 거란과 함께 순치를 이루어 서로 의지하고 있었다. 그런데 거란 태조가 처음에 일어나 8부를 병탄하고, 이어서 군사를 내어 해국도 병탄하였다. 이리하여 대인선이 두려워하여 몰래 신라 등 여러 나라들과 결호하였다. 거란 태조가 이를 알고 회의를 열었으나 결론을 내지 못하였다.

原文 太祖攻渤海 拔其夫餘城 更名曰東丹國 … 先時 渤海國王大諲譔本奚契丹爲脣齒國 太祖初興 倂呑八部 繼而用師 倂呑奚國 大諲譔深憚之 陰與新羅諸國結好 太祖知之 集議未決

_『거란국지(契丹國志)』 권1, 태조기

자료 23

이때 동북의 여러 오랑캐가 모두 복속하였는데, 오직 발해만 복속하지 않았다. 태조가 남정南征을 하고자 했으나 발해가 그 배후에서 칠 것이 두려워 군대를 내어 발해의 요동을 먼저 쳤다. 그 장수 독뇌禿餒와 노문진盧文進을 보내 평주平州와 영주營州 등에 의거하여 연燕의 땅을 소란하게 하고 발해를 공격했으나 공을 세우지 못하고 물러났다.

原文 時東北諸夷皆服屬 惟渤海未服 太祖謀南征 恐渤海掎其後 乃先擧兵擊渤海之遼東 遣其將禿餒及盧文進據平營等州 以擾燕地 師攻渤海 無功而退

_『거란국지(契丹國志)』 권1, 태조기 천찬(天贊) 3년(924)

주25 천찬 : 요 태조의 연호(922~924)

주26 서하 : 11~13세기에 중국 서북부의 오르도스(Ordos)와 간쑤(甘肅) 지역에서 티베트 계통의 탕구트족이 세운 나라. 본래의 명칭은 대하(大夏)이지만, 송(宋)에서 '서하(西夏)'라고 불러 이 명칭으로 널리 알려졌다. 1227년 칭기즈칸의 몽골군에 의해 멸망하였다(1038~1227).

자료 24

천찬天贊[주25] 3년(924)에 장차 발해를 공격하려 하니 야율탁진耶律鐸臻이 간하기를, "폐하께서 발해를 먼저 치면 서하西夏[주26]가 반드시 배후를 공격할 것이니 먼저 서방을 쳐서 후환을 없애야 합니다."라 하니, 태조가 이를 따랐다.

原文 天贊三年 將伐渤海 鐸臻諫曰 陛下先事渤海 則西夏必躡吾後 請先西討 庶無後顧憂 太祖從之

_『요사』 권75, 열전5, 야율탁진(耶律鐸臻)

자료 25

주27 두 가지 일 : 서방의 서하 정복과 동방의 발해 정복을 일컬음.

조서를 내리기를 "이른바 두 가지 일[주27] 가운데 하나는 이미 끝냈다. 그런데 발해는 대대로 원수지간인데도 아직 설욕을 하지 못하였으니 어찌 편안히 있을 수 있겠는가" 하고, 군대를 일으켜 친히 발해 대인선大諲譔 정벌에 나섰다.

原文 詔曰 所謂兩事 一事已畢 惟渤海世讎未雪 豈宜安駐 乃舉兵親征渤海大諲譔

_『요사』 권2, 본기2, 태조 천찬 4년(925) 12월 을해

자료 26

주28 선제 : 거란 태조 야율아보기(耶律阿保機).

태종이 즉위하니 표表를 올려 말하기를 " … 선제先帝[주28]께서 발해가 이심離心해진 틈을 타서 군사를 움직이니 싸우지 않고 이겼다. … "고 하였다.

原文 太宗卽位 上表曰 … 先帝因彼離心 乘釁而動 故不戰而克

_『요사』 권75, 열전5, 야율우지(耶律羽之)

자료 27

가을 9월 6일에 발해渤海의 장군인 신덕申德 등 50명이 투항해왔다. 10일에 발해의 예부경禮部卿 대화균大和鈞과 대균로大均老, 사정司政 대원균大元均, 공부경工部卿 대복모大福謩, 좌우위左右衛 장군將軍 대심리大審理 등이 100호를 거느리고 귀부해왔다. … 12월 29일에 발해의 좌수위左首衛 소장小將인 모두간冒豆干과 검교개국남檢校開國男 박어朴漁 등이 백성 1,000호를 거느리고 귀부해왔다.

原文 秋九月 丙申 渤海將軍申德等五百人來投 庚子 渤海禮部卿大和鈞均老 司政大元鈞工部卿大福謨左右衛將軍大審理等 率民一百戶來附 … 十二月 戊子 渤海左首衛小將冒豆干 檢校開國男朴漁等 率民一千戶 來附

_『고려사』 권1, 세가1, 태조1, 태조 8년(925) 을유년

출전

『삼국사기』

『고려사』

『동문선』

『구당서』

『신당서』

『속일본기』

『요사(遼史)』: 1344년에 편찬한 요나라의 정사. 원나라 때 재상 토크토(脫脫) 등이 1343년 4월부터 1344년 3월까지 11개월 만에 완성하였다. 기전체 사서로서 요나라 역사를 이해하는 데 가장 근본이 되는 사서이다

『거란국지(契丹國志)』: 남송(南宋)의 섭융례(葉隆禮)가 편찬한 기전체의 거란국 사서. 기전체(紀傳體)로 된 책. 섭륭례가 칙명(勅命)을 받들어 송나라 문헌을 토대로 1247년에 편찬했다. 『요사』를 편찬할 때 이용한 자료 중 유일하게 전해지는 사료이다.

『책부원구(册府元龜)』: 북송(北宋)의 왕흠약(王欽若), 양억(楊億) 등이 진종(眞宗)의 명을 받들어 편찬한 유서(類書). 1005년에 편집에 착수하여 1013년에 완성하였다. 고대로부터 오대(五代)까지의 역대 정치에 관한 사적을 당시 현존하던 각종 서적에서 광범위하게 채집하여 제왕부(帝王部)에서 외신부(外臣部)에 이르기까지 31개 부문으로 분류하여 열기(列記)하였다.

찾아읽기

최재석, 『통일신라 · 발해와 일본의 관계』, 일지사, 1993.

한규철, 『발해의 대외관계사: 남북국의 형성과 전개』, 신서원, 1994.

송기호, 『발해정치사연구』, 일조각, 1995.

장국종, 『발해사』1 · 2, 사회과학출판사, 1998.

김종복, 『발해정치외교사』, 일지사, 2009.

김진광, 『발해 문왕대의 지배체제연구』, 박문사. 2012.

손진기, 「발해강역고」, 『북방논총』1982-4, 1982.

채태형, 「발해 남경남해부의 위치에 대하여」, 『력사과학』1991-3, 1991.

채태형, 「료동반도는 발해국의 령토」, 『력사과학』, 1992.

송기호, 「발해의 성쇠와 강역」, 『백산학보』47, 1996.

한규철, 「발해의 서경압록부 연구」, 『한국고대사연구』14, 1998.

3 발해 정치문화의 자주성과 복합성, 그리고 한계

발해의 정치와 문화

발해의 정치체제와 문화는 자주성과 복합성의 특징을 띤다. 당으로부터 3성6부의 중앙 정치체제를 도입하였으나 그 명칭과 운영방식은 독자성이 강하였다. 5경 15부 62주의 지방행정조직은 다종족 국가의 특징적 내용을 담아냈다. 고구려와 당의 문화를 융합하여 세련된 문화를 창조하면서도, 지방에는 말갈의 토착문화를 포괄하기도 하였다.

고구려 계승, 자주국가의 표방

발해는 고구려 유민이 중심이 되어 건국한 나라로서 고구려 계승의식과 정치적 · 문화적 자주성을 내외에 강하게 표명하였다. 발해의 고구려 계승의식은 발해와 일본 사이에서 오고간 국서에 두드러진다. 발해는 일본에 국서를 보낼 때 흔히 고려국왕의 이름으로 보냈고, 일본이 발해에 답신을 보낼 때도 고려국왕이라 칭하곤 하였다.[자료1]

발해의 정치적 · 문화적 자주성은 연호를 사용했던 것을 통해서 엿볼 수 있다. 무왕武王이 인안仁安이라는 연호를 쓴 이후에 문왕文王은 대흥大興, 성왕成王은 중흥中興, 강왕康王은 왕력王曆, 정왕定王은 영덕永德, 희왕僖王은 주작朱雀, 간왕簡王은 태시太始, 선왕宣王은 건흥建興, 대이진왕大彛震王은 함화咸和의 연호를 내세웠다. 연호가 전하지 않는 국왕도 있지만 기록이 남아 있지 않을 뿐이지 계속해서 사용했을 것으로 보아 일세일원一世一元의 원칙이 지켜졌다고 보는 것이 일반적이다. 이렇듯 독자적인 연호를 사용했다는 것은 발해가 당과 대등한 국가로서 자주적 지위를 주장했다는 것을 의미한다. 발해는 당으로부터 발해군왕渤海郡王이나 발해국왕渤海國王의 책봉을 받기도 하였지만, 이렇듯 당과 대등한 국가임을 자부하는 일면도 있었던 것이다.

한편 발해왕이 황제의 칭호인 '성상聖上'이라는 칭호를 썼다는 것은 발해의 자주성과 함께 정치적 전제성을 확인시켜 주는 사례이다. '성상'의 칭호는 문왕의 둘째 딸인 정혜공주의 묘지명墓誌銘에서 나온다. 발해국왕의 전제성은 동궁제東宮制를 실시하여 왕위 계승에서 부자상속 원칙을 확립했던 것에서도 살필 수 있다. 동궁제란 국왕의 장자를 동궁(태자)으로 책봉하여 왕위계승권을 부여했던 제도이다. 당은 발해왕을 발해군왕으로 책봉할 때 그 장자를 계루군왕桂婁郡王으로 책봉하여 양자의 세습적 계승을 공인해 주었는데, 이것이 발해의 동궁제 실시를 확인시켜 준다.[자료2]

이렇듯 발해는 고구려를 계승하면서 자주적이고 전제적인 국가를 지향해 가면서도, 한편으로는 당의 선진문물을 수용하는 데도 인색하지 않았다. 발해가 당의 책봉을 받아들였던 것이 그 정치적 의지의 표현이었다. 또한 발해는 다수의 말갈계 주민들을 포괄하고 있었다. 따라서 발해의 정치·문화는 고구려의 것이 바탕을 이루면서도, 당의 요소가 가미되고 말갈계 문화 역시 지방을 중심으로 포용되어, 다소 복합적인 양상을 띨 수밖에 없었다.

발해의 중앙 정치조직

발해의 중앙 정치조직은 당의 3성6부제三省六部制를 근간으로 하여 정비되었지만, 그 명칭과 운영방식에서 당의 그것과 크게 달랐다. 먼저 명칭을 비교해 보면, 당의 3성6부는 중서성中書省, 문하성門下省, 상서성尙書省의 3성과 이·호·예·병·형·공吏戶禮兵刑工의 6부였음에 반해, 발해의 3성6부는 선조성宣詔省, 중대성中臺省, 정당성政堂省의 3성과 충·인·의·지·예·신忠仁義智禮信의 6부였다.[자료3]

선조성은 세상의 여론을 국왕에게 보고하고 때로는 국왕의 조칙詔勅을 반박하기도 했던 당의 문하성에, 중대성은 조칙을 기초하거나 국왕의 명을 하달하던 당의 중서성에, 그리고 정당성은 6부를 거느리고 국사를 분장分掌하던 당의 상서성에 각각 해당한다고 할 수 있지만, 그 구조와 운영방식은 달랐다. 당의 경우 국사를 입안하고 심의하는 일을 맡은 중서성과 문하성이 집행기구인 상서성을 지휘하는 체제였지만, 발해의 경우 집행기구인 정당성이 선조성과 중대성을 지배하는 상위기관으로 설정되어 있었다. 즉 정당성의 장관 대내상大內相은 왕명을 받들어 선조성의 장관인 좌상左相과 중대성의 장관인 우상右相을 거느리며 국사를 조율·결정하고 이를 집행하는 합좌기구의 의장이자 행정의 수반 역할을 담당했던 것으로 보인다.

발해의 6부 중 충부는 인사를 담당하는 당의 이부에, 인부는 재정을 담당하는 호부에, 의부는 교육과 의례를 담당하는 예부에, 지부는 군사를 담당하는 병부에, 예부는 법률을 담당하는 형부에, 신부는 공사를 담당하는 공부에 각각 비정된다. 그런데 그 명칭이 유교적 덕목을 나타내는 용어를 사용했다는 점에서 발해가 유교정치이념을 중시했다는 것을 알 수 있다. 특히 인사행정을 담당한 관부를 충부라 칭했던 것은 관료가 국왕에 충을 다하는 것을 중시했던 것을 보여주는 것으로 발해 왕권의 전제성을 반영한다.

발해의 중앙 행정기구에는 3성6부 이외에 1대臺, 7시寺, 1원院, 1감監, 1국局이 있었으니, 당의 1대, 9시, 5감, 3성을 발해의 실정에 맞게 축소하여 수용한 것이었다. 감찰기구인 중정대中正臺, 국왕의 궁정생활을 시종하는 전중시殿中寺, 왕족에 관한 사무를 관장하는 종속시宗屬寺, 예의와 제사를 관장하는 태상시太常寺, 외국사절을 접대하는 사빈시司賓寺, 외국무역을 위한 재부를 담당하는 사장시司藏寺, 궁중의 선식膳食을 담당하는 사선시司膳寺, 전국의 창고 등에 관한 사무를 관할하는 대농시大農寺, 궁중 장서와 문서를 관할하는 문적원文籍院, 국립교육기관인 주자감胄子監, 환관의 관청인 항백국巷伯局 등이다.

발해의 지방행정조직

발해의 지방행정조직 5경京 15부府 62주州는 최대 판도를 이룬 10대 선왕 대에 편제된 것이었다.[자료4] 선왕 대의 발해 판도는 남쪽으로 신라와 국경을 접한 대동강과 원산만을 잇는 선이었고, 서쪽으로 랴오둥 반도에 미치고 있었으며, 북쪽으로 동류하는 송화강을 경계로 하였고, 동쪽으로 흑룡강과 우수리강이 합류하는 지점을 거쳐 연해주 남단에 미쳤다.

지방행정조직의 가장 중요한 골격을 이룬 것은 15부였다. 15부는 지방의 중심 도시였고, 주요 교통로의 요지이기도 했다. 예를 들어 용원부龍原府는 일본으로 통하는 일본도日本道, 남해부南海府는 신라도新羅道, 압록부鴨淥府는 당으로 통하는 조공도朝貢道, 장령부長嶺府는 영주도營州道, 부여부扶餘府는 거란도契丹道로 각기 통하는 요지였다.

15부는 발해를 구성하는 각 종족들의 독자적인 생활권生活圈을 단위로 하여 설정되

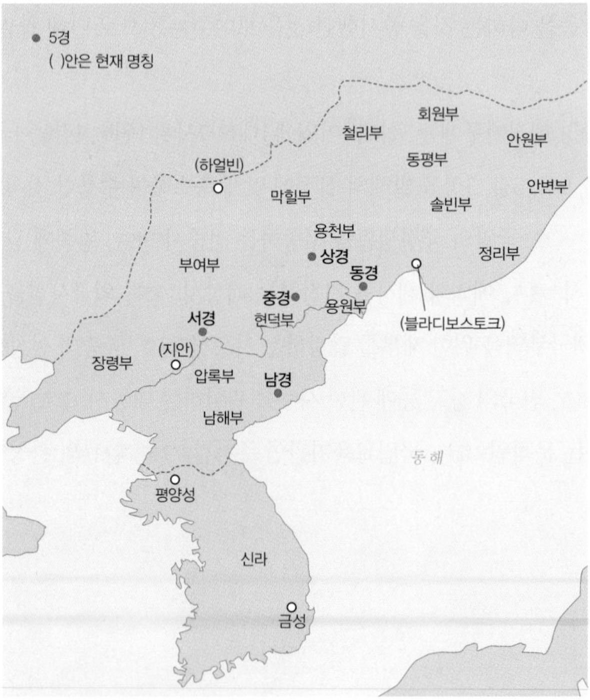

발해의 영역도와 다섯 수도(5경)

었다. 예를 들어서 용천부龍泉府는 숙신의 옛 땅에, 용원부는 예맥의 옛 땅에, 남해부는 옥저의 옛 땅에, 부여부는 부여의 옛 땅, 정리부定理府는 읍루의 옛 땅에, 회원부懷遠府는 월희의 옛 땅에 설치하는 식이다. 이러한 지방행정조직의 구도는 발해의 판도 안에 있는 많은 종족들을 그들의 세력 범위에 따라 편제 · 통치하려는 의도에서 나온 것이었다. 15부에는 그 하부 단위로 62개의 주州가 분치分置되었는데, 각 부에 분치된 주의 수를 보면 적게는 2개, 많게는 9개로 되어 있어 심한 불균등성을 보여주고 있다. 부가 획일적으로 구획된 행정단위라기보다는 각 종족의 독자적인 생활 및 세력의 범위를 토대로 하여 설정된 것임을 보여준다.

부의 지방관은 도독都督, 주의 지방관은 자사刺史라 했고, 그 아래의 지방관은 수령首領이라 하였다. 부를 대촌大村으로, 주를 차촌次村으로 인식하여, 이들 지방관들을 모두 촌장村長이라 총칭하기도 하였다. 발해의 지방 주민은 대개 토인土人이라 불리는 고구려인이 지배층을, 대다수의 말갈인이 피지배층을 이루고 있었으니, 각급의 지방관인 촌장에는 지배층인 고구려인이 주로 임명되었다.[자료5]

15부 중 가장 중요한 5개의 부에는 경京을 두기도 했다. 용천부龍泉府에 상경上京, 현덕부顯德府에 중경中京, 용원부에 동경東京, 남해부에 남경南京, 압록부에 서경西京을 각각 두어 5경제를 실시했다. 발해의 5경제는 토착적 세력기반에 의존한 지방통치조직의 취약성을 보완하기 위해서, 15부 중에서 군사 · 행정적으로 요충지에 해당되는 곳에 5경을 설치하여 중앙에 직속시킴으로써 지방 통제의 거점으로 활용하려는 제도였다.

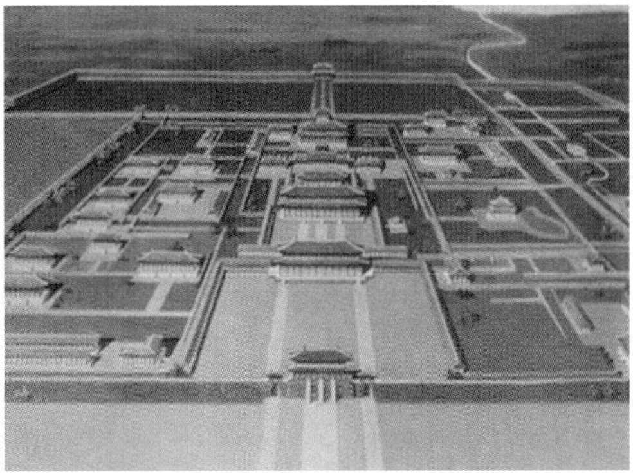
발해 상경의 복원도

발해의 5경제는 통일신라의 5소경제와 당의 5경제를 연상케 하는데, 발해의 경우 여러 경에 수도를 자주 옮겼다는 점이 특이하다. 첫 도읍지인 구국舊國(길림성 돈화시의 동모산)에서 중경 현덕부로 처음 옮겼고, 문왕 대인 천보天寶 년간(742~755)에 상경 용천부로 두 번째 수도를 옮겨 30년 정도 지내다가, 역시 문왕 대인 정원貞元 년간(785~801)의 초에 동경 용원부로 세 번째 옮겼으며, 이곳에서 채 10년도 못 되어 성왕 대에 상경 용천부로 다시 옮겨와 멸망할 때까지 약 130여 년을 지냈다.

가장 오래 수도를 유지했던 상경(지금의 길림성 영안현 동경성)은 당의 장안성을 모델로 삼아 축조한 대규모 평지 도성임이 발굴 결과 밝혀졌다. 정사각형에 가까운 네모진 토성 안의 북쪽에 다시 내성을 쌓고, 이곳에 남향의 궁성을 배치했다. 궁성 동쪽에는 군신이 즐기기 위해 못을 파고 산을 배치한 금원禁苑을 만들었고, 궁성 앞의 중앙에는 남북으로 통하는 주작대로朱雀大路를 뚫어, 이를 중심으로 바둑판과 같이 설계한 조방제條坊制를 실시하였다.

발해의 문화

발해의 문화는 고구려문화를 근간으로 하면서 당문화를 수용 · 가미하는 형태를 띠었고, 여기에 말갈의 토착문화가 지방사회를 중심으로 잔존해 있어, 복합적인 성격을 띠었다.

먼저 고구려문화와 당문화가 교차하는 발해의 독특한 귀족문화는 문왕의 두 딸인 정혜공주貞惠公主와 정효공주貞孝公主의 무덤양식을 통해서 살필 수 있다. 정혜공주 무덤은 1949년에 발해의 첫 도읍지인 길림성 돈화현의 육정산고분군에서 발견되었다. 이는 석실봉토분石室封土墳의 양식으로 조영되었고 말각조정식抹角藻井式의 천장구조를 갖추고 있을 뿐만 아니라 3년장의 장법을 취한 것으로 밝혀져, 고구려의 묘제를 그대로 따랐다는 것을 알 수 있다. 정효공주 무덤은 1980년에 발해의 두 번째 수도인 중경 현덕부(지금의 길림성 화룡현)에서 발견되었다. 이는 기본적으로 당나라식의 벽돌묘양식으로 조영되었지만 천장구조는 고구려식의 말각조정양식을 취하고 있어, 당과 고구려의 문화가 결합된 양상을 띠고 있음이 밝혀졌다.

이러한 두 무덤의 양식 변화를 통해서, 발해의 왕실문화가 처음엔 고구려의 문화전통을 충실히 따르다가 점차 당문화를 수용 · 가미해 간 과정을 엿볼 수 있다. 또한 두 공주의 무덤에서 발견된 묘지문墓誌文을 보면, 중국의 유교경전과 역사서들을 두루 섭

렵하면서 세련된 병려문체駢儷文體를 구사하고 있어, 발해가 당의 유학문화를 수용하고 이를 소화해 내는 능력이 탁월했음을 반영하고 있다.[자료6]

실제 발해는 사신과 유학생을 당에 파견하여 한문학과 유학문화를 적극적으로 받아들였다. 문왕 초에 당에 사신을 보내어 『당례唐禮』, 『삼국지』, 『진서晋書』, 『삼십육국춘추十六國春秋』 등을 베껴오게 했다는 것이 그 대표적인 사례이다.[자료7] 당에 유학생을 파견한 구체적인 사례도 여럿 보이고 있고, 이들 중에는 외국 유학생들을 대상으로 당이 특별히 개설한 과거시험인 빈공과에 합격하기도 하였다. 또한 발해가 궁중 도서를 관장하는 문적원文籍院과 중앙 교육기관인 주자감胄子監 등을 설치한 것은, 귀족자제들에게 유학적 정치이념을 적극 교육하고 보급하려 애썼음을 보여준다.

당의 선진문물 도입은 발해를 문명국가로 발돋움하게 하여, 선왕 대에 이르러 해동성국海東盛國이라는 찬사를 받게 되는 배경이 되었다.[자료8] 또한 발해의 뛰어난 한문학과 유학문화는 사신을 통해서 일본에 전해져서 영향을 주기도 하였다. 당시 일본에

발해 정효공주묘

발해 제3대 문왕 대흠무의 넷째 공주인 정효공주의 무덤이다. 정효공주묘는 길림성 화룡현 용두산에 있는 10여 기 무덤 가운데 하나이다. 무덤 안에서는 벽화와 묘비, 도용(陶俑) 조각, 도금된 동장식, 벽돌 등이 발견되었다. 벽화에는 서 있는 여러 인물상들을 그려 놓았는데, 철퇴를 들고 무덤 들머리를 지키는 모습이다.

파견된 발해 사신들이 지은 주옥같은 시들이 전해지고 있으니, 현재까지 양태사 2수, 왕효렴 5수, 석인정 1수, 석정소 1수 등 모두 9수의 시가 있다.[자료9]

발해의 석등(상경 용천부 내)

발해는 불교문화도 융성하였다. 먼저 정혜공주 묘지문에서 그녀의 부왕父王인 문왕을 '대흥보력효감금륜성법대왕大興寶曆孝感金輪聖法大王'이라 칭한 것이 확인되었는데, '대흥'과 '보력'은 당시의 연호이고, '효감'은 유교적 덕목을 나타낸다고 한다면, '금륜성법대왕'은 불교의 전륜성왕轉輪聖王 이념으로 문왕을 신성화하려 했던 의도를 보여준다고 할 수 있다. 발해에 불교문화가 흥성했다는 것은, 수도였던 상경성, 중경성, 동경성 지역에 수많은 절터가 확인되었고, 지금까지 발굴된 절터에서 불상, 석등, 돌사자, 와당 등 불교관계 유물들이 많이 발굴된 것에서 확인할 수 있다. 그런데 사찰의 양식이나 불교관계 유물들은 직선적이고 소박한 고구려의 예술 양식을 기본으로 하고 있다는 특징이 있다.

한편 발해의 지방사회에는 말갈계 토착문화가 남아 있는 경우가 적지 않게 확인되고 있다. 발해의 선진 지역에서는 이미 소멸한 순장의 흔적이 일부 지방에서 확인되고 있는 것이 그 좋은 예이다. 이는 발해 중앙을 중심으로 발달한 고구려와 당 계통의 선진 문화가 지방사회에까지 충분히 보급되지 못했기 때문일 것이다. 중앙 문화와 지방 문화 사이의 커다란 격차는 각 종족의 생활권을 토대로 편제한 지방통치조직의 취약성에서 말미암는 것으로 여겨진다. 강성했던 발해가 허무하게 무너져 버린 이면에는 이러한 발해사회의 전반적인 취약성이 작용했다고 할 수 있다.

자료샘

자료 1

1월 13일에 천황이 임석한 가운데 고려 사신 양승경揚承慶 등이 방물을 바치고 아뢰기를 "고려국왕 대흠무大欽茂주1가 아룁니다. 일본에서 팔방을 비추던 성명황제聖明皇帝께서 천궁天宮으로 승하하였다는 소식을 듣고 슬프고 추모하는 마음에 가만히 있을 수 없었습니다. 이 때문에 보국장군輔國將軍 양승경과 귀덕장군歸德將軍 양태사揚泰師 등을 뽑아 표문과 상공의 물품을 갖고 가서 입조하게 합니다"라 하였다. 조를 내리기를 "고려국왕이 멀리서 전왕이 천궁으로 승하하였다는 소식을 듣고 가만히 있을 수 없어서 양승경 등으로 하여금 와서 위문하게 하였습니다. 듣고 나니 마음이 아프고 추모하는 마음이 더욱 깊어집니다. 다만 해가 이미 바뀌었고 나라가 길吉한 것을 따르므로 그 예로써 대접하지는 않습니다. 또 옛 정을 잃지 않고 사신을 보내어 공물을 바치니 정성이 지극하여 매우 가상하게 여깁니다"라 하였다.

주1 대흠무 : 발해의 3대 문왕.

原文 庚午 帝臨軒 高麗使揚承慶等貢方物 奏曰 高麗國王大欽茂言 承聞 在於日本照臨八方聖明皇帝 登遐天宮 攀號感慕 不能默止 是以 差輔國將軍揚承慶 歸德將軍揚泰師等 令齎表文并常貢物入朝 詔曰 高麗國王遙聞先朝登遐天宮 不能默止 使揚承慶等來慰 聞之感通 永慕益深 但歲月旣改 海內從吉 故不以其禮相待也 又不忘舊心 遣使來貢 勤誠之至 深有嘉尙

_『속일본기(續日本紀)』 권23, 순인천황(淳仁天皇) 천평보자(天平寶字) 3년 춘정월

자료 2

이 달에 발해군왕 좌요위대장군 대무예주2의 적장자 대도리행주3을 계루군왕으로 책봉했다.

주2 대무예 : 발해의 2대 무왕.

주3 대도리행 : 발해 무왕 대의 태자. 728년 당나라에서 숙위로 머무르던 중 병으로 죽어 왕위를 잇지 못했다.

原文 是月 冊渤海郡王左驍衛大將軍大武藝 嫡男大都利行 爲桂婁郡王

_『책부원귀(冊府元龜)』 권964, 외신부(外臣部)9, 봉책(封册)2 당현종(唐玄宗) 개원(開元) 8년(720) 8월

자료 3

관제에는 선조성宣詔省주4이 있는데, 좌상左相, 좌평장사左平章事, 시중侍中, 조상시左常侍, 간의諫議가 소속되어 있다. 중대성中臺省주5에는 좌상右相, 좌평장사右平章事, 내사內史, 조고사인詔誥舍人이 소속되어 있다. 정당성正堂省주6에는 대내상大內相 1명이 좌·우상左右相의 위에 두어져 있고, 좌·우사정左右司政 각 1명이 좌·우평장사左·右平章事의 아래에 배치되어 있는데, 복야僕射와 비슷하다. 좌·우윤左·右允은 이승二丞과 비

주4 선조성 : 당의 문하성(門下省)에 해당하는 관서. 문하성은 중서성(中書省)에서 기초한 조령(詔令)을 심의하고, 반포하여 시행된 정령의 성과를 검토했다.

주5 중대성 : 당의 중서성(中書省)에 해당하는 관서. 중서성은 모든 조령을 기초했다.

주6 정당성 : 당의 상서성(尙書省)에 해당하는 관서. 상서성은 이·호·례·병·형·공의 6부를 두고 국정을 분장했다.

슷하다. 좌육사左六司에는 충부忠部, 인부仁部, 의부義部에 각각 1명의 경卿이 사정司政 아래에 배치되어 있다. 지사支司인 작부爵部, 창부倉部, 선부膳部에는 부部마다 낭중郎中과 원외員外가 있다. 우육사右六司에는 지부智部, 예부禮部, 신부信部와 지사支司인 융부戎部, 계부計部, 수부水部가 있는데, 경卿과 낭郎은 좌左에 준한다. 이들은 육관六官과 비슷하다.

原文 官有宣詔省 左相左平章事侍中左常侍諫議居之 中臺省 右相右平章事內史詔誥舍人居之 政堂省 大內相一人 居左右相上 左右司政各一 居左右平章事之下 以比僕射 左右允比二丞 左六司 忠仁義部 各一卿 居司政下 支司爵倉膳部 部有郎中員外 右六司 智禮信部, 支司戎計水部 卿郎準左 以比六官

_『신당서(新唐書)』 권219, 열전144, 북적열전(北狄列傳) 발해

자료 4

국토는 5경 · 15부 · 62주[注7]이다. 숙신肅愼[注8]의 옛 땅으로 상경上京을 삼으니 용천부龍泉府[注9]이며, 용 · 호 · 발龍湖渤의 3주州를 거느린다. 그 남부로 중경中京을 삼으니 현덕부顯德府[注10]이며, 노 · 현 · 철 · 탕 · 영 · 흥盧顯鐵湯榮興의 6주를 거느린다. 예맥穢貊의 옛 땅으로 동경東京을 삼으니 용원부龍原府[注11]로, 책성부柵城府라고도 한다. 경 · 염 · 목 · 하慶鹽穆賀의 4주를 거느린다. 옥저沃沮의 옛 땅으로 남경南京을 삼으니 남해부南海府[注12]이며, 옥 · 청 · 초沃晴椒의 3주를 거느린다. 고려高麗의 옛 땅으로 서경西京을 삼으니 압록부鴨淥府[注13]이며, 신 · 환 · 풍 · 정神桓豊正의 4주를 거느린다. 장령부長嶺府는 하 · 하瑕河의 2주를 거느린다. 부여의 옛 땅에 둔 부여부扶餘府에는 늘 강한 군대를 주둔시켜 거란을 방어하는데, 부 · 선扶仙의 2주를 거느린다. 막힐부鄚頡府는 막 · 고鄚高의 2주를 거느린다. 읍루挹婁의 옛 땅에 둔 정리부定理府는 정 · 반定潘의 2주를 거느린다. 안변부安邊府는 안 · 경安瓊의 2주를 거느린다. 솔빈의 옛 땅에 둔 솔빈부率賓府는 화 · 익 · 건華益建의 3주를 거느린다. 불열拂涅의 옛 땅에 둔 동평부東平府는 이 · 몽 · 타 · 흑 · 비伊蒙沱黑比의 5주를 거느린다. 철리의 옛 땅 둔 철비부鐵利府는 광 · 분 · 포 · 해 · 의 · 귀廣汾蒲海義歸의 6주를 거느린다. 월희越喜의 옛 땅에 둔 회원부懷遠府는 달 · 월 · 회 · 기 · 부 · 미 · 복 · 사 · 지達越懷紀富美福邪芝의 9주를 거느린다. 안원부安遠府는 영 · 미 · 모 · 상寧郿慕常의 4주를 거느린다. 또 영 · 동 · 속郢銅涑의 3주를 독주주獨奏州[注14]로 삼았다. 속주涑州는 그곳이 속말강涑沫江과 가까운데, 이른바 속말수粟末

注7 62주 : 아래 기록에는 60주의 이름만 전함.

注8 숙신 : 지금의 만주 동북부에 거주하던 부족의 명칭.

注9 상경 용천부 : 지금의 중국 길림성 영안현(寧安縣)의 동경성(東京城)으로 비정.

注10 중경 현덕부 : 지금의 중국 길림성 화룡현(和龍縣)의 서고성자(西古城子)로 비정.

注11 상경 용천부 : 지금의 중국 길림성 영안현(寧安縣)의 동경성(東京城)으로 비정.

注12 남경 남해부 : 지금의 함경남도 북청으로 비정.

注13 서경 압록부 : 지금의 중국 길림성 임강시(臨江市)로 비정.

注14 독주주 : 행정적으로 부(府)에 속하지 않고 중앙정부에 직속하는 주.

水[주15]인 듯하다. 용원龍原의 동남쪽 연해는 일본도日本道이고, 남해는 신라도新羅道이다. 압록鴨淥은 조공도朝貢道이고, 장령長嶺은 영주도營州道이며, 부여扶餘는 거란도契丹道이다.

原文 地有五京十五府·六十二州 以肅愼故地爲上京 曰龍泉府 領龍湖渤三州 其南爲中京 曰顯德府 領盧顯鐵湯榮興六州 穢貊故地爲東京 曰龍原府 亦曰柵城府 領慶鹽穆賀四州 沃沮故地爲南京 曰南海府 領沃睛椒三州 高麗故地爲西京 曰鴨淥府 領神桓豐正四州 曰長嶺府 領瑕河二州 扶餘故地爲扶餘府 常屯勁兵扞契丹 領扶仙二州 鄚頡府 領鄚高二州 挹婁故地爲定理府 領定潘二州 安邊府 領安瓊二州 率賓故地爲率賓府 領華三州 拂涅故地爲東平府, 領伊蒙沱黑比五州 鐵利故地爲鐵利府 領廣汾蒲海義歸六州 越喜故地爲懷遠府 領達越懷紀富美福邪芝九州 安遠府 領寧郿慕常四州 又郢銅涑三州爲獨奏州 涑州以其近涑沫江 蓋所謂粟末水也 龍原東南瀕海 日本道也 南海 新羅道也 鴨淥 朝貢道也 扶餘 契丹道也

_『신당서』 권219, 열전144, 북적열전 발해

주15 속말수 : 지금의 송화강을 지칭.

자료 5

발해국은 고구려의 옛 땅이다. … 넓이가 2,000리이고 주현州縣이나 관역館驛이 없고 곳곳에 촌리村里가 있는데, 모두 말갈 부락이다. 그 백성은 말갈이 많고 토인土人이 적다. 모두 토인으로 촌장村長을 삼았는데, 대촌大村은 도독都督이라 하고, 다음은 자사刺史라 하고, 그 아래는 백성들이 모두 수령首領이라 한다.

原文 渤海國者 高麗之故地也 … 延袤二千里 無州縣館驛 處處有村里 皆靺鞨部落 其百姓者靺鞨多 土人少 皆以土人爲村長 大村曰都督 次曰刺史 其下百姓皆曰首領

_『유취국사(類聚國史)』 권193, 수속부(殊俗部) 발해 연력(延曆) 15年 4月 무자(戊子)

자료 6

무릇 오래전에 읽었던 『당서唐書』[주16]를 돌이켜 보건대, 요 임금은 두 딸을 규수嬀水의 물굽이에 내려 보내 순 임금에게 시집보냈고, 『구전丘傳』[주17]을 널리 상세히 보건대, 주나라 천자가 딸을 제나라에 시집보낼 때에 노나라 장공莊公이 노관魯館을 지어 그 혼례를 주관하였다. 그러니 부녀자로서 갖추어진 덕이 밝고 밝으면 명예로운 이름이 어찌 후세에 전해지지 않을 것이며, 어머니로서 갖추어진 규범이 아름답고 아름다우면 선인들이 쌓은 은혜가 어찌 무궁하게 전해지지 않으리오. 조상들의 복을 물려받는 것이란 이것을 가리키는 것이다.

주16 『당서』 : 『상서(尙書)』를 지칭. 『상서』 우서(虞書) 요전(堯典)에 "堯帝釐降二女于嬀汭 嬪于虞"라는 구절이 보임.

주17 『구전』 : 『좌전(左傳)』을 지칭. 『좌전』 노장공(魯莊公) 원년조에 "夏 單伯送王姬 築王姬之館于外"라는 구절이 보임.

原文 夫緬覽唐書 嬀汭降帝女之濱 博詳丘傳 魯舘開王姬之筳 豈非婦德昭昭 譽名期於有後 母儀穆穆 餘慶集於無疆 襲祉之稱 其斯之謂也

_「정효공주묘지(貞孝公主墓誌)」

자료 7

발해가 사신을 보내와『당례』,『삼국지』,『진서』,『삼십육국춘추』를 베끼길 요구하여 허락했다.

原文 渤海遣使 求寫唐禮及三國志晉書三十六國春秋 許之

_『책부원귀』 권999, 외신부44, 당현종 개원 36년(746) 6월 갑자(甲子)

자료 8

처음에 그 나라 왕들이 자주 학생들을 보내어 경사京師의 태학太學[주18]에 가서 고금古今의 제도를 배우도록 하였는데, 지금에 이르러 드디어 해동성국海東盛國이 되었다.

原文 初 其王數遣諸生詣京師太學 習識古今制度 至是遂爲海東盛國

_『신당서』 권219, 열전144, 북적열전 발해

주18 태학 : 당 최고학부인 국자감(國子監)을 지칭. 수나라 이전에는 태학이라 칭하다가 수 이후 청대까지 국자감이라 칭하였다.

자료 9

왕효렴王孝廉 지음

봄날에 비를 보고 정자情字를 얻어	春日對雨得情字
이 나라 주인이 변청邊廳에서 큰 잔치 베푸니	主人開宴在邊廳
나그네 상경上京에서처럼 몹시 취했네.	客醉如泥登上京
아마 우사雨師도 사람 뜻을 아는지	疑是雨師知聖意
단비 촉촉이 내려 나그네의 정을 적시네.	甘滋芳潤洒羈情

출전

『신당서』

『속일본기』

『책부원구』

「정효공주묘지(貞孝公主墓誌)」: 정효공주 묘에서 발굴된 묘지석에 새겨진 글. 묘지석은 1980년 발굴 시에 널길 뒤쪽에서 완전한 채로 발견되었다. 모양은 위가 뾰족하고 아래는 네모진 규형(圭形, 옥으로 만든 홀)이다. 크기는 높이 105cm, 너비 58cm, 두께 26cm이며, 정면에 18행, 728자를 해서체(楷書體)로 음각으로 새겼다. 그 내용은 정효공주의 출신, 공주의 지혜로움과 아름다움을 칭송한 것, 출가, 남편과 딸을 일찍 잃고 수절한 사실, 장례, 애도문의 순으로 구성되었다. 정효공주는 발해 제3대 문왕(文王)의 넷째 딸로서 757년(문왕 22)에 태어나 792년(문왕 56) 6월에 36세의 나이로 사망하였다. 무덤은 중국 길림성(吉林省) 화룡현(和龍縣) 용수향(龍水鄕) 용해촌(龍海村)의 서쪽에 있는 용두산(龍頭山)에 있다.

『유취국사(類聚國史)』 : 일본 육국사(六國史)의 내용을 검색(檢索)이 용이하도록 항목별로 분류하여 재편집한 사서(史書). 892년 스가와라 미치자네(菅原道眞)가 편찬하였다. 본문(本文) 200권(卷), 목록(目錄) 2권, 계도(系圖) 3권 등 모두 205권으로 편찬되었지만, 오늘날에는 62권만 전해진다. 육국사(六國史)의 내용을 분류(分類)해 재편집하면서 원문(原文)을 훼손하지 않고 그대로 수록하였기 때문에 사료(史料)로서의 가치가 높다.

찾아읽기

주영헌, 『발해문화』, 사회과학출판사, 1971.

최무장, 『고구려 · 발해문화』, 집문당, 1985.

방학봉, 『발해문화연구』, 이론과실천, 1991.

송기호, 『발해를 찾아서』, 솔, 1993.

송기호, 『발해정치사연구』, 일조각, 1995.

임상선, 『발해의 지배세력연구』, 신서원, 1999.

정찬영, 「우리나라 구들의 유래와 발전」, 『고고민속』, 1966.

노태돈, 「발해국의 주민구성과 발해인의 기원」, 『한국 고대의 국가와 사회』, 일조각, 1985.

채희국, 「발해의 정혜공주묘와 정효공주묘에 대하여」, 『조선고고연구』, 1988.

한규철, 「고분문화를 통해 본 발해국」, 『국사관논총』85, 1999.

손인걸, 「고구려석실분의 기원」, 『고구려연구』12, 2001.

윤재운, 「신라와 발해의 경제교섭」, 『사총』55, 2002.

부록

신라 · 발해 왕 계보도

연표

찾아보기

각 장별 아이콘 설명

신라 · 발해 왕 계보도

• (　) 이름, 재위년, 생몰년　　• || 배우자　　• – 직계 … 방계

신 라

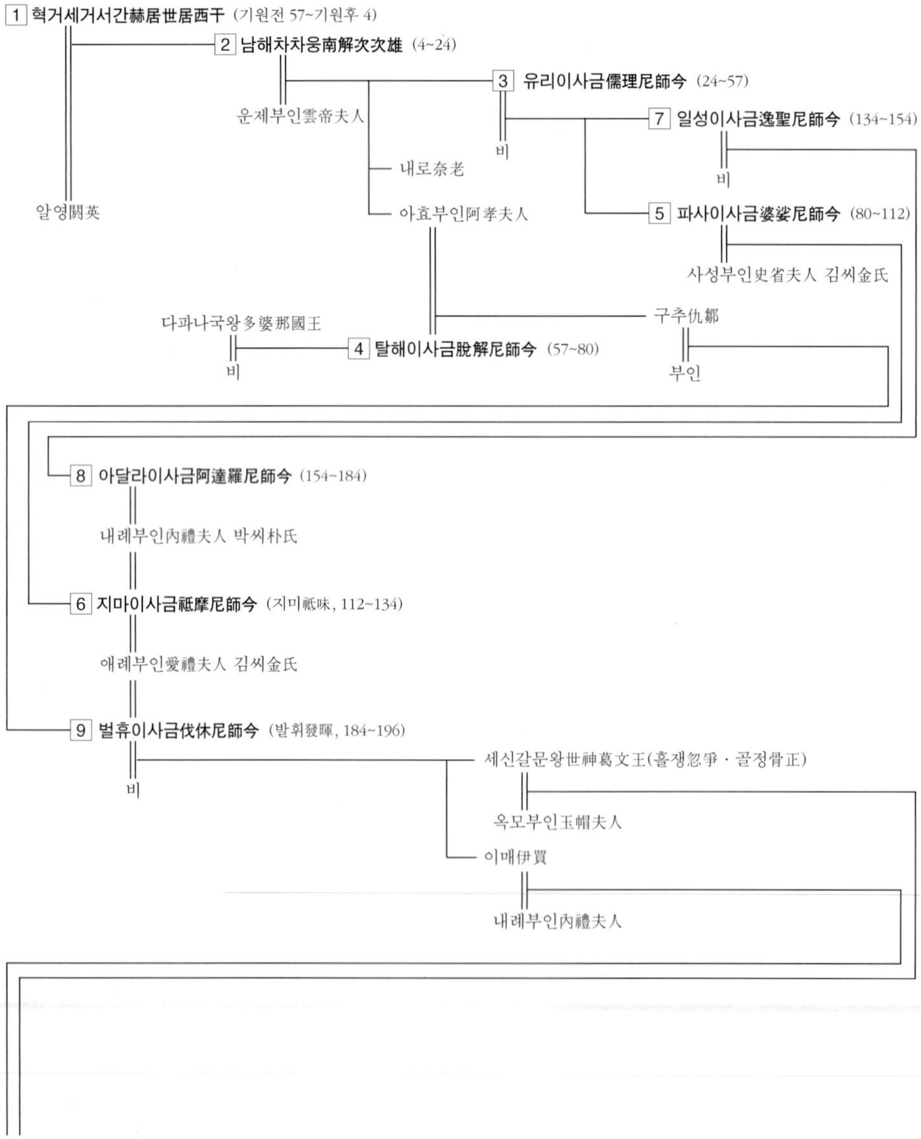

1 혁거세거서간赫居世居西干 (기원전 57~기원후 4)
알영閼英
2 남해차차웅南解次次雄 (4~24)
운제부인雲帝夫人
3 유리이사금儒理尼師今 (24~57)
비
내로奈老
아효부인阿孝夫人
7 일성이사금逸聖尼師今 (134~154)
비
5 파사이사금婆娑尼師今 (80~112)
사성부인史省夫人 김씨金氏
다파나국왕多婆那國王
비
4 탈해이사금脫解尼師今 (57~80)
구추仇鄒
부인
8 아달라이사금阿達羅尼師今 (154~184)
내례부인內禮夫人 박씨朴氏
6 지마이사금祗摩尼師今 (지미祗味, 112~134)
애례부인愛禮夫人 김씨金氏
9 벌휴이사금伐休尼師今 (발휘發暉, 184~196)
비
세신갈문왕世神葛文王(흘쟁忽爭 · 골정骨正)
옥모부인玉帽夫人
이매伊買
내례부인內禮夫人

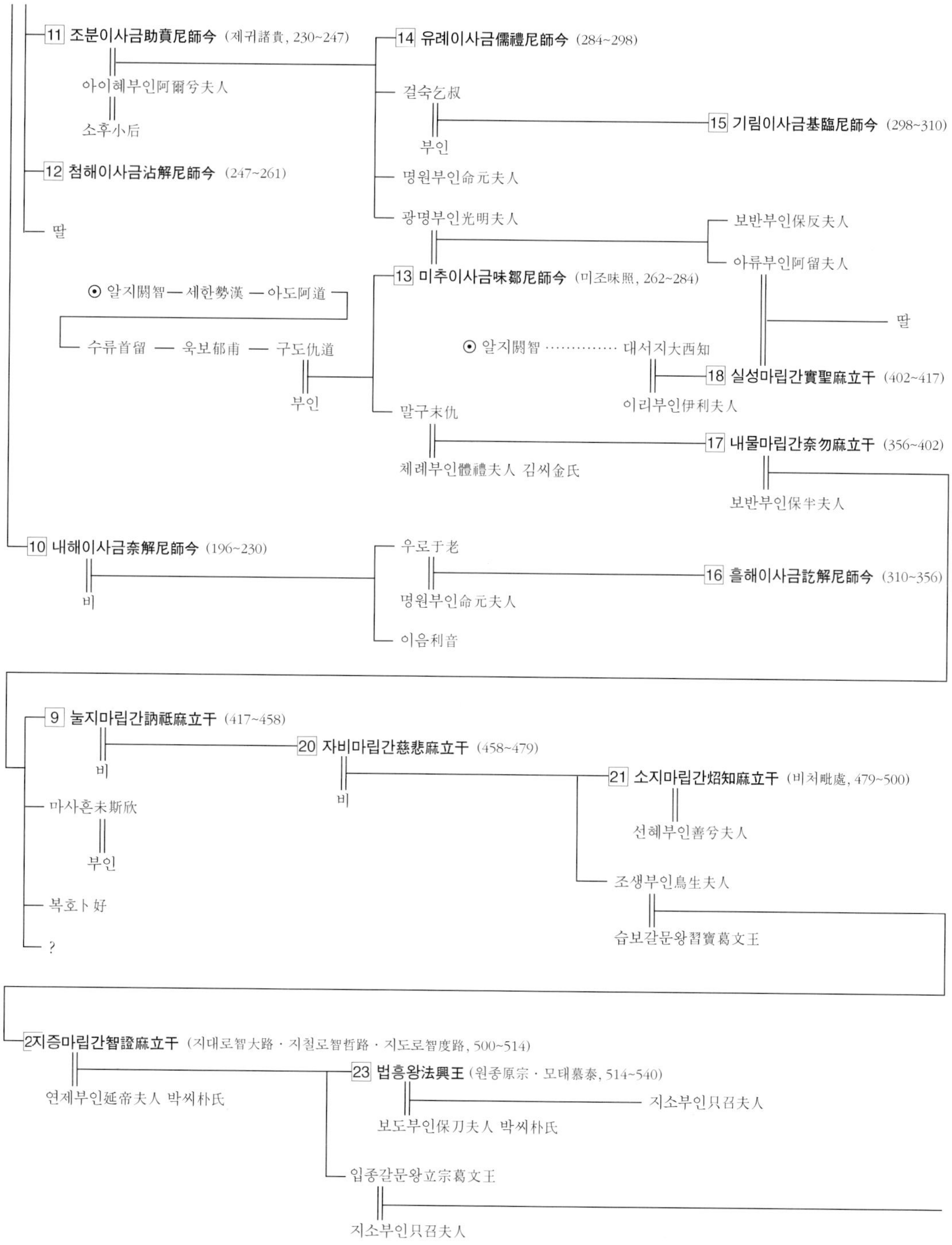
11 조분이사금助賁尼師今 (제귀諸貴, 230~247)
아이혜부인阿爾兮夫人
소후小后
12 첨해이사금沾解尼師今 (247~261)
딸
14 유례이사금儒禮尼師今 (284~298)
걸숙乞叔
부인
15 기림이사금基臨尼師今 (298~310)
명원부인命元夫人
광명부인光明夫人
보반부인保反夫人
아류부인阿留夫人
딸
13 미추이사금味鄒尼師今 (미조味照, 262~284)
⊙ 알지閼智 — 세한勢漢 — 아도阿道
수류首留 — 욱보郁甫 — 구도仇道
부인
⊙ 알지閼智 ············· 대서지大西知
18 실성마립간實聖麻立干 (402~417)
이리부인伊利夫人
말구末仇
체례부인體禮夫人 김씨金氏
17 내물마립간奈勿麻立干 (356~402)
보반부인保半夫人
10 내해이사금奈解尼師今 (196~230)
비
우로于老
명원부인命元夫人
16 흘해이사금訖解尼師今 (310~356)
이음利音
9 눌지마립간訥祗麻立干 (417~458)
비
20 자비마립간慈悲麻立干 (458~479)
비
21 소지마립간炤知麻立干 (비처毗處, 479~500)
선혜부인善兮夫人
마사흔未斯欣
부인
복호卜好
?
조생부인鳥生夫人
습보갈문왕習寶葛文王
22 지증마립간智證麻立干 (지대로智大路 · 지철로智哲路 · 지도로智度路, 500~514)
연제부인延帝夫人 박씨朴氏
23 법흥왕法興王 (원종原宗 · 모태慕泰, 514~540)
지소부인只召夫人
보도부인保刀夫人 박씨朴氏
입종갈문왕立宗葛文王
지소부인只召夫人

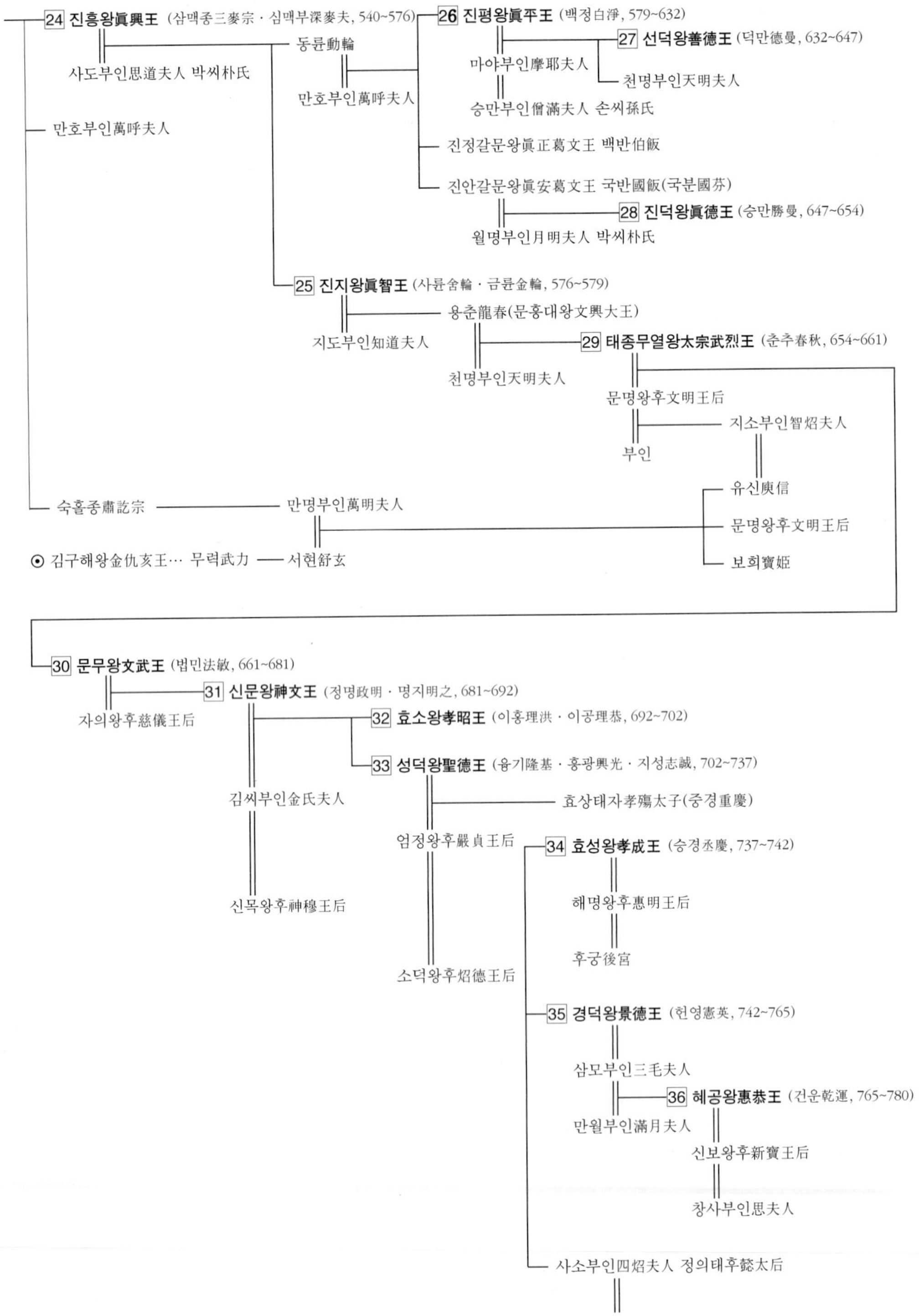
24 진흥왕眞興王 (삼맥종三麥宗 · 심맥부深麥夫, 540~576)
사도부인思道夫人 박씨朴氏
동륜銅輪
만호부인萬呼夫人
26 진평왕眞平王 (백정白淨, 579~632)
마야부인摩耶夫人
27 선덕왕善德王 (덕만德曼, 632~647)
천명부인天明夫人
승만부인僧滿夫人 손씨孫氏
만호부인萬呼夫人
진정갈문왕眞正葛文王 백반伯飯
진안갈문왕眞安葛文王 국반國飯(국분國芬)
28 진덕왕眞德王 (승만勝曼, 647~654)
월명부인月明夫人 박씨朴氏
25 진지왕眞智王 (사륜舍輪 · 금륜金輪, 576~579)
용춘龍春(문흥대왕文興大王)
지도부인知道夫人
29 태종무열왕太宗武烈王 (춘추春秋, 654~661)
천명부인天明夫人
문명왕후文明王后
지소부인智炤夫人
부인
유신庾信
숙흘종肅訖宗
만명부인萬明夫人
문명왕후文明王后
⊙ 김구해왕金仇亥王… 무력武力
서현舒玄
보희寶姬
30 문무왕文武王 (법민法敏, 661~681)
31 신문왕神文王 (정명政明 · 명지明之, 681~692)
자의왕후慈儀王后
32 효소왕孝昭王 (이홍理洪 · 이공理恭, 692~702)
33 성덕왕聖德王 (융기隆基 · 흥광興光 · 지성志誠, 702~737)
김씨부인金氏夫人
효상태자孝殤太子(중경重慶)
엄정왕후嚴貞王后
34 효성왕孝成王 (승경承慶, 737~742)
신목왕후神穆王后
해명왕후惠明王后
후궁後宮
소덕왕후炤德王后
35 경덕왕景德王 (헌영憲英, 742~765)
삼모부인三毛夫人
36 혜공왕惠恭王 (건운乾運, 765~780)
만월부인滿月夫人
신보왕후新寶王后
창사부인昌思夫人
사소부인四炤夫人 정의태후貞懿太后

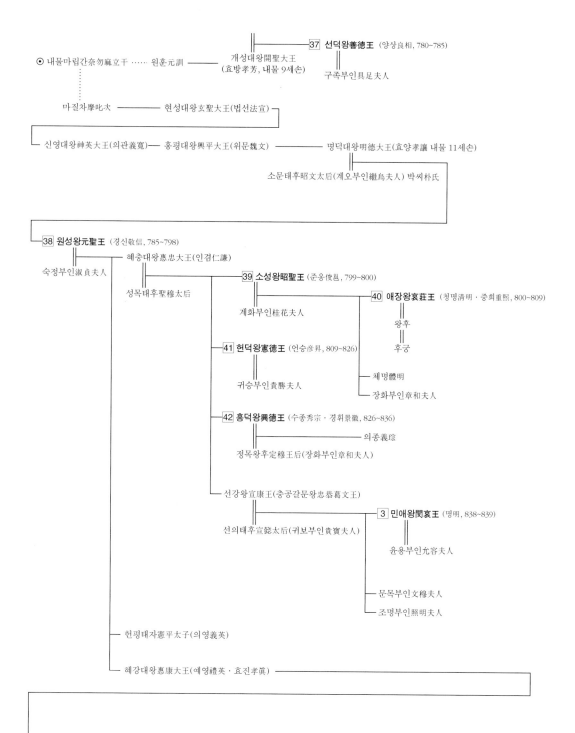

37 **선덕왕善德王** (양상良相, 780~785)

⊙ 내물마립간奈勿麻立干 …… 원훈元訓 —— 개성대왕開聖大王 (효방孝芳, 내물 9세손)

구족부인具足夫人

마질차摩叱次 —— 현성대왕玄聖大王(법선法宣)

신영대왕神英大王(의관義寬) —— 흥평대왕興平大王(위문魏文) —— 명덕대왕明德大王(효양孝讓 내물 11세손)

소문태후昭文太后(계오부인繼烏夫人) 박씨朴氏

38 **원성왕元聖王** (경신敬信, 785~798)

숙정부인淑貞夫人

혜충대왕惠忠大王(인겸仁謙)

성목태후聖穆太后

39 **소성왕昭聖王** (준옹俊邕, 799~800)

계화부인桂花夫人

40 **애장왕哀莊王** (청명淸明 · 중희重熙, 800~809)

왕후

후궁

41 **헌덕왕憲德王** (언승彦昇, 809~826)

귀승부인貴勝夫人

체명體明

장화부인章和夫人

42 **흥덕왕興德王** (수종秀宗 · 경휘景徽, 826~836)

의종義琮

정목왕후定穆王后(장화부인章和夫人)

선강왕宣康王(충공갈문왕忠恭葛文王)

선의태후宣懿太后(귀보부인貴寶夫人)

3 **민애왕閔哀王** (명明, 838~839)

윤용부인允容夫人

문목부인文穆夫人

조명부인照明夫人

헌평태자憲平太子(의영義英)

혜강대왕惠康大王(예영禮英 · 효진孝眞)

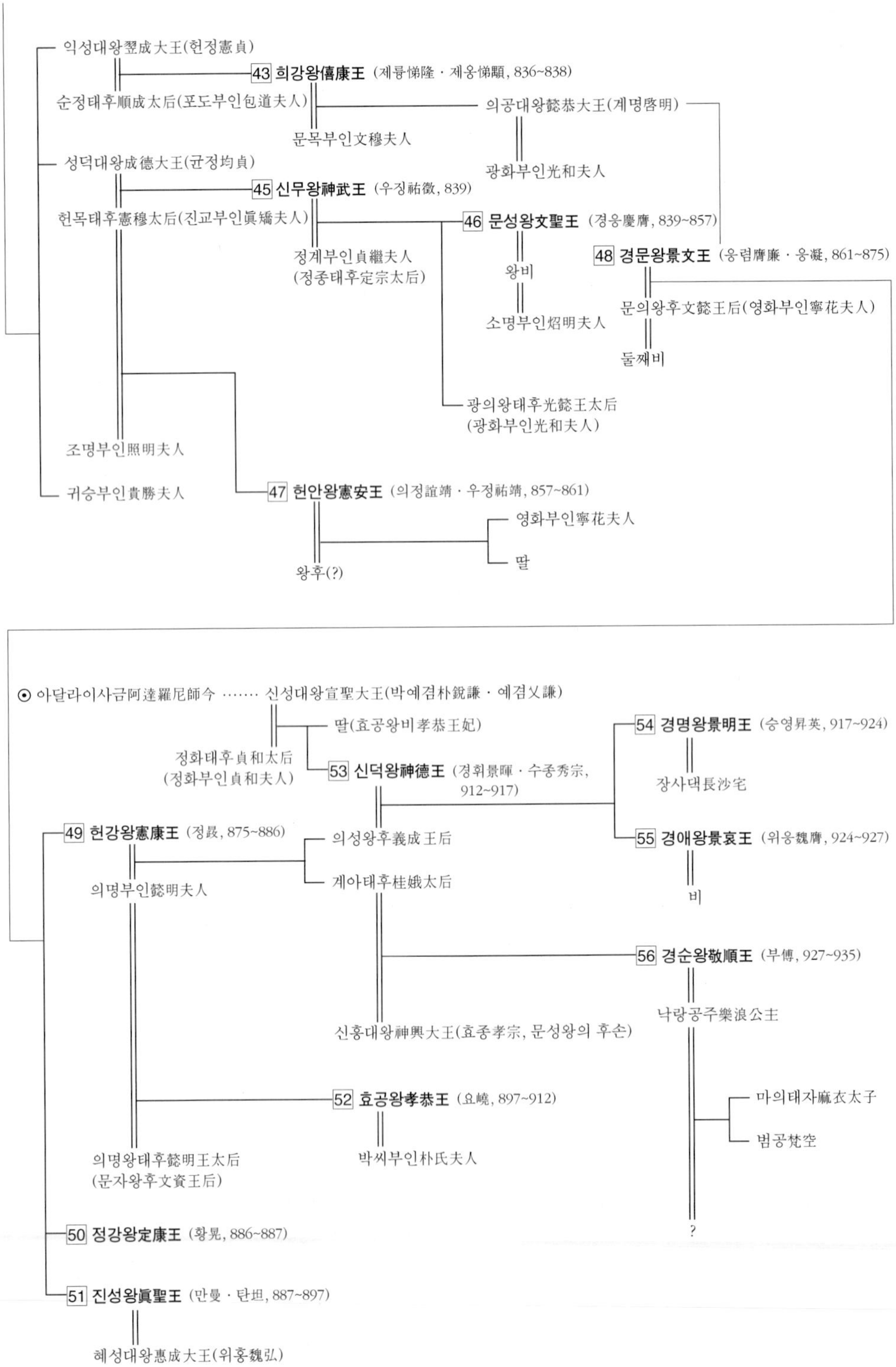
익성대왕翌成大王(헌정憲貞)
순정태후順成太后(포도부인包道夫人)
43 희강왕僖康王 (제륭悌隆 · 제옹悌顒, 836~838)
의공대왕懿恭大王(계명啓明)
문목부인文穆夫人
광화부인光和夫人
성덕대왕成德大王(균정均貞)
45 신무왕神武王 (우징祐徵, 839)
헌목태후憲穆太后(진교부인眞矯夫人)
46 문성왕文聖王 (경응慶膺, 839~857)
정계부인貞繼夫人
(정종태후定宗太后)
왕비
소명부인炤明夫人
48 경문왕景文王 (응렴膺廉 · 응凝, 861~875)
문의왕후文懿王后(영화부인寧花夫人)
둘째비
광의왕태후光懿王太后
(광화부인光和夫人)
조명부인照明夫人
귀승부인貴勝夫人
47 헌안왕憲安王 (의정誼靖 · 우정祐靖, 857~861)
영화부인寧花夫人
딸
왕후(?)
⊙ 아달라이사금阿達羅尼師今 …… 신성대왕宣聖大王(박예겸朴銳謙 · 예겸乂謙)
딸(효공왕비孝恭王妃)
정화태후貞和太后
(정화부인貞和夫人)
53 신덕왕神德王 (경휘景暉 · 수종秀宗, 912~917)
54 경명왕景明王 (승영昇英, 917~924)
장사댁長沙宅
55 경애왕景哀王 (위응魏膺, 924~927)
비
49 헌강왕憲康王 (정晸, 875~886)
의성왕후義成王后
계아태후桂娥太后
의명부인懿明夫人
56 경순왕敬順王 (부傅, 927~935)
낙랑공주樂浪公主
신흥대왕神興大王(효종孝宗, 문성왕의 후손)
52 효공왕孝恭王 (요嶢, 897~912)
마의태자麻衣太子
범공梵空
의명왕태후懿明王太后
(문자왕후文資王后)
박씨부인朴氏夫人
?
50 정강왕定康王 (황晃, 886~887)
51 진성왕眞聖王 (만曼 · 탄坦, 887~897)
혜성대왕惠成大王(위홍魏弘)

발해

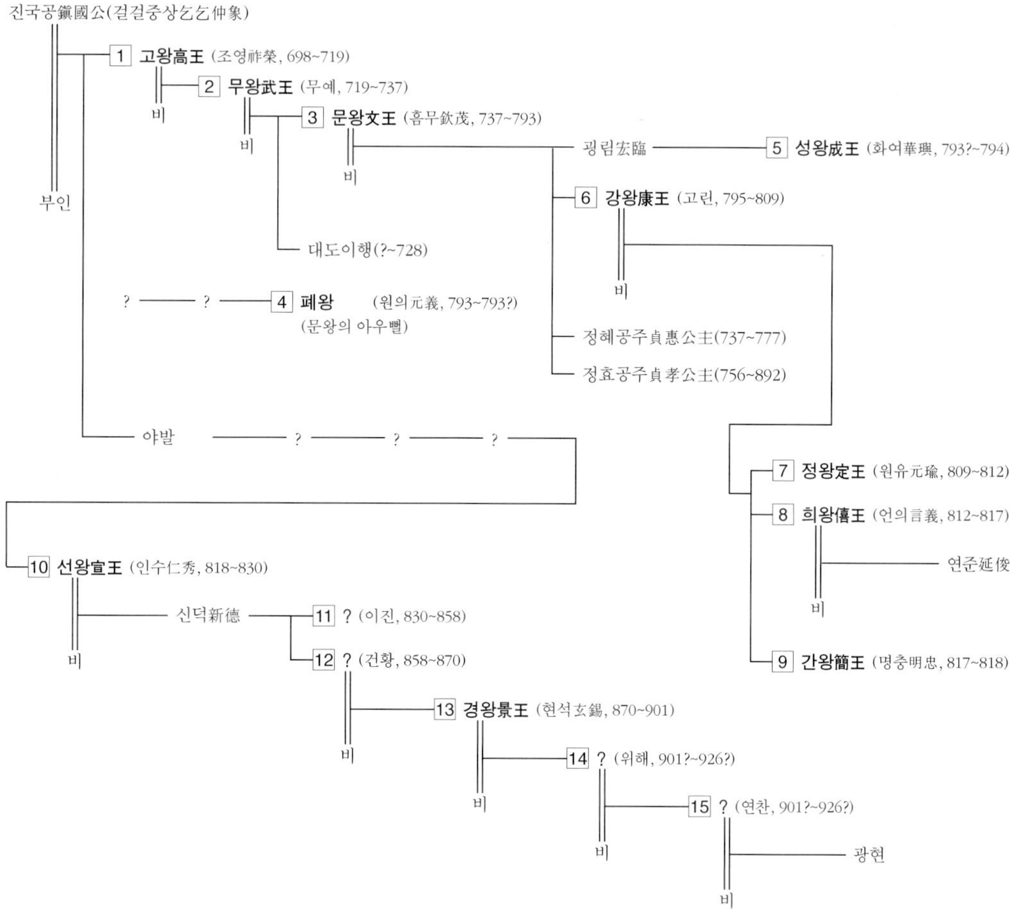
진국공鎭國公(걸걸중상乞乞仲象)
부인
1 고왕高王 (조영祚榮, 698~719)
비
2 무왕武王 (무예, 719~737)
비
3 문왕文王 (흠무欽茂, 737~793)
비
대도이행(?~728)
굉림宏臨
5 성왕成王 (화여華璵, 793?~794)
6 강왕康王 (고린, 795~809)
비
정혜공주貞惠公主(737~777)
정효공주貞孝公主(756~892)
? ? 4 폐왕 (원의元義, 793~793?)
(문왕의 아우뻘)
야발 ? ? ?
7 정왕定王 (원유元瑜, 809~812)
8 희왕僖王 (언의言義, 812~817)
비
연준延俊
9 간왕簡王 (명충明忠, 817~818)
10 선왕宣王 (인수仁秀, 818~830)
비
신덕新德
11 ? (이진, 830~858)
12 ? (건황, 858~870)
비
13 경왕景王 (현석玄錫, 870~901)
비
14 ? (위해, 901?~926?)
비
15 ? (연찬, 901?~926?)
비
광현

연표

서양	중국	일본	한국	한국사	연표	세계사
고대	은		선사시대			450~400만 년 전 인류 등장
				70만 년 전 구석기 문화 시작		
				기원전 7000~6000년경 신석기 문화 시작		
						기원전 3000년경 이집트·메소포타미아 문명 시작
						기원전 2500년경 인더스·황하 문명 시작
		조몬토기시대		기원전 2333 단군, 아사달에 도읍. 고조선 건국 (『삼국유사』)		
						기원전 1768년경 함무라비 왕, 메소포타미아 통일
						기원전 1750년경 함무라비 법전 편찬
						기원전 1600년경 은殷 건국
						기원전 1120년경 주周 건국
	주			기원전 1100년경 기자조선 성립(『삼국유사』)		
			초기국가		기원전 1000	기원전 1000년경 그리스, 폴리스 형성
	춘추전국					기원전 770년경 주周 동천東遷. 춘추春秋 시대 시작
						기원전 670년경 아시리아, 오리엔트 통일
						기원전 600년경 석가모니 탄생
						기원전 551년경 공자 탄생
						기원전 525 페르시아, 오리엔트 통일
						기원전 492 페르시아 전쟁
						기원전 431 펠로폰네소스 전쟁
				기원전 400~300년경 한반도 지역 철기 생산		기원전 334 알렉산더 대왕, 동방 원정
						기원전 264 포에니전쟁
	진					기원전 221 진秦, 중국 통일
	한					기원전 206 한漢 건국
		야요이토기시대		기원전 194 위만조선 성립		
				기원전 108 위만조선 멸망, 한군현 설치		
				기원전 57 신라 건국		
						기원전 44 카이사르 암살
				기원전 37 고구려 건국		
						기원전 27 로마, 제정 시작
				기원전 18 백제 건국		
						기원전 4 예수 탄생
			삼국시대	3 고구려, 국내성 천도		
					기원후	8 왕망, 신新 건국
						25 후한後漢 성립
				42 가락국 시조 수로왕 즉위		
						30 예수, 십자가에 처형됨
						45년경 인도, 쿠샨 왕조 성립
				53 고구려, 태조대왕 즉위		
				56 고구려, 동옥저 통합		
				57 신라, 석탈해 즉위		
						64 네로, 크리스트교 박해
						79 베수비오 화산 폭발, 폼페이 매몰
						105 채륜, 제지법 발명
						150년 무렵 쿠샨 왕조 불교 발흥, 간다라 미술 융성

(주요국 역사 변천: 서양 / 중국 / 일본 / 한국)

서양	중국	일본	한국	한국사	연표	세계사
고대	한	백여국시대	삼국시대		100	166 로마 사절 중국에 옴
				179 고구려, 고국천왕 즉위		
						184 후한, 황건적의 난 발생
				194 고구려, 진대법 실시		
	삼국시대				200	220 후한 멸망, 삼국 시대(위·촉·오) 시작
						226 사산조 페르시아, 파르티아 멸망시킴
						235 로마, 군인 황제 시대
				242 고구려, 요동 서안평 공격		
				244 위 관구검, 환도성 습격		
				260 백제(고이왕), 16관등과 공복 제정		
				261 신라 13대 미추이사금 즉위(김씨 왕 시조)		
						280 진晉. 중국 통일
	진晉	고분시대		313 고구려, 낙랑군을 멸망시킴. 한군현 완전 소멸	300	313 밀라노 칙령으로 크리스트교 공인
						316 서진西晉 멸망. 5호 16국 시대 시작. 동진 東晉 성립
						320 인도, 굽타 왕조 성립
						325 니케아 종교 회의 개최, 아리우스파 추방 결정
				331 고구려, 고국원왕 즉위		
				356 신라, 내물마립간 즉위		
				369 백제, 칠지도 제작		
		야마토정권		371 백제, 고구려 평양성 공격, 고국원왕 죽음		
				372 고구려, 전진의 승려 순도에 의해 불교 전래, 태학 설립 백제, 동진에 사절 보냄		
				373 고구려, 율령 반포		
				375 백제, 『서기』(고흥) 편찬		375년경 게르만족 대이동 시작
				384 백제, 마라난타가 불교 전래		
				391 고구려, 광개토대왕 즉위		
						395 로마 제국, 동서로 나뉨
				396 고구려, 광개토대왕 백제 공격, 대승		
				400 고구려, 백제-가야-왜 연합군 토벌하여 신라 구원	400	
				405 백제, 일본에 한학 전함		
						420 동진東晉 멸망, 송宋 건국
				427 고구려, 평양 천도		
				433 나제동맹 맺음		
						439 북위北魏, 화북 통일(북조 성립)
	남북조시대			475 백제 문주왕 즉위, 웅진 천도		
						476 서로마 제국 멸망
						479 송 멸망, 제齊 건국
						486 프랑크 왕국 건국
				494 부여, 고구려에 완전 흡수		
				502 신라 지증왕, 순장 금지, 우경 실시	500	502 제齊 멸망, 양梁 건국
				503 신라, 국호를 '신라'로 결정. '왕' 칭호 사용		
				505 신라 지증왕, 국내의 주군현을 직접 정함		

주요국 역사 변천				한국사	연표	세계사
서양	중국	일본	한국			
중세	남북조시대	야마토정권	삼국시대	520 신라, 율령 반포, 백관의 공복 제정	500	
				525 백제, 무령왕릉 축조		
				527 신라, 불교 공인		
						529 동로마(비잔틴) 제국, 유스티니아누스 법전 편찬
				532 신라, 금관가야 통합		
						535 북위, 동서로 나뉨
				536 신라, 연호(건원) 처음 사용		
				538 백제, 사비(부여)로 천도		
				545 신라, 거칠부 등이 『국사』 편찬		
				552 백제, 일본에 불교 전함		
				우륵, 신라에 음악 전수		
				고구려 왕산악, 거문고 제작		
				553 신라, 한강 하류 장악, 나제동맹 끝남		
				554 백제 성왕, 관산성에서 전사, 신라에 대패		
				555 신라 진흥왕, 북한산순수비 건립		
						557 서위 멸망, 북주 건국
				566 신라, 황룡사 준공		
						569 양梁 멸망, 진陳 건국
						579 마호메트 탄생
				589 원광법사, 진陳에서 구법		589 수隋, 중국 통일
				590 고구려 온달, 아차성에서 죽음		
	수隋					593 일본, 성덕태자 섭정
				610 고구려 담징, 일본 호류사 금당벽화 그림	600	610 이슬람교 창시
				612 고구려, 살수대첩에서 수나라 군대 물리침		
	당唐			618 고구려, 영류왕 즉위		618 이연, 당唐 건국
						622 마호메트, 메타에서 메디나로 이주(헤지라) 이슬람교 원년으로 정함
				624 고구려, 당에서 도교 전래		
						629 당 현장, 인도 여행 출발
				632 신라, 선덕여왕 즉위		
						634 이슬람, 전 아라비아 통일
		다이카개신		645 고구려, 안시성싸움 승리. 당태종 고구려 원정 실패		645 일본, 다이카大化 개신
						646 당 현장, 인도에서 귀국 『대당서역기』 지음
				647 신라, 첨성대 건립. 비담·염종의 반란		
						655 당 측천무후, 황후 등극
				660 백제 멸망		
						661 이슬람, 옴미아드 왕조 성립
				668 고구려 멸망		
						671 당 의정, 불경 구하러 인도 여행
			통일신라/발해	676 신라, 삼국 통일		
				682 국학 설립, 감은사 창건		
				685 9주 5소경 설치		
				686 원효 죽음		
				687 신라, 문무관료전 지급		
				689 신라, 녹읍 폐지, 세조歲租 지급		
						690 당, 측천무후 실권 장악. 국호를 '주周'로 고침
				698 대조영, 발해 건국		

주요국 역사 변천 서양	중국	일본	한국	한국사	연표	세계사
중세	당 唐	다이카개신	통일신라 / 발해	702 의상 죽음	700	
				704 김대문, 『화랑세기』 『고승전』 지음		
		나라				710 일본, 나라 천도
						712 당, 현종 즉위
						716 제지술, 유럽 전파
				719 발해, 무왕 즉위		
				722 신라, 백성들에게 정전 지급		
						726 로마 교회, 동로마의 성상 금지령으로 분쟁
				727 혜초, 『왕오천축국전』 지음 발해, 일본과 국교		
				737 발해, 문왕 즉위		
						750 이슬람, 아바스 왕조 성립
				751 불국사와 석굴암 창건		751 프랑크 왕국, 카롤링거 왕조 성립
						755 당, 안녹산의 난 발생
				756 발해, 상경용천부로 천도		
				757 신라, 녹읍 부활		
				765 충담사, 「안민가」 지음		
				771 성덕대왕신종 제작		771 카롤루스 대제, 프랑크 왕국 통일
				774 신라, 대아찬 김융 모반 사건		
				780 신라, 이찬 김지정 반란 사건. 혜공왕 피살되고 선덕왕 즉위(신라 하대 시작)		
				788 원성왕, 독서삼품과 설치		
		헤이안		794 발해, 성왕 즉위		
					800	800 프랑크, 카롤루스 1세가 로마에서 대관식 거행. 서로마 제국 부활
						800년대 이슬람 국력·문화 전성기
				822 김헌창의 난 발생		
				828 장보고, 완도에 청해진 설치		
						829 잉글랜드 왕국 성립
				834 백관의 복색 제도 공포		
				841 염장이 장보고 암살		
						843 프랑크, 베르됭 조약으로 왕국 삼분
						862 러시아, 노브고로드 공국 성립
						870 프랑크 왕국 분열
				874 최치원, 당唐 과거 급제		
						875 당, 황소의 난 발생
				879 최치원, 당에서 「토황소격문」 지음		
				886 최치원, 당에서 귀국. 『계원필경』 지음.		
				887 진성여왕 즉위		
				888 신라 위홍·대구화상, 『삼대목』 편찬		
				889 원종·애노, 사벌주(상주)에서 농민 반란		
				890 신라, 지방 각지 조세 거부. 남부 독촉에 각지에서 봉기		
				891 양길 휘하 궁예, 강원 남부 지역 차지		
				892 견훤, 전주에서 농민 봉기, 무진주(광주) 점령		

주요국 역사 변천				한국사	연표	세계사
서양	중국	일본	한국			
중세	당 唐	헤이안	통일신라/발해	894 최치원, 10여 조의 시무책 올림	800	
				899 최치원, 해인사 은둔		
				900 견훤, 완산주(전주)에 후백제 건국	900	
				901 궁예, 후고구려 건국		
				905 궁예, 철원 천도		
						907 당唐 멸망. 5대 10국 시대 시작
						916 야율아보기, 거란 건국
	5대10국		고려	918 왕건, 고려 건국		
				919 고려, 철원에서 송악으로 천도		
				926 발해, 거란에 멸망		
				927 견훤, 경주 침략해 경애왕 죽임		
				935 경순왕, 고려에 항복		
				936 고려, 후삼국 통일. 왕건, 『정계』, 『계백료서』 반포		936 거란, 연운燕雲 16주 차지
				943 혜종 즉위		
				945 왕규의 난. 정종 즉위		
				949 광종 즉위		946 거란, 국호를 요遼라 함
				956 노비안검법 실시		949 요, 하북河北 침략
				958 과거제 실시		
	북송 (요)					960 조광윤, 송宋 건국
				963 귀법사 창건, 제위보 설치		962 오토 1세, 신성 로마 제국 건국, 황제 대관
				973 균여, 「보현십원가」 지음		964 동로마, 수도원 신설, 수도원의 토지 증여. 금지령 포고
				976 전시과 실시		
				982 최승로, 「시무28조」 올림		978 오월吳越, 송에 항복해 멸망
				983 전국에 12목 설치		
				986 의창 설치		
				992 국자감 창립		987 프랑스, 카페 왕조 시작
				993 거란 소손녕, 고려에 침입(제1차). 서희 강동 6주 획득. 상평창 설치		992 베네치아 상인 동로마 황제한테 무역상 특권 획득
				996 건원중보 주조		
				997 목종 즉위		
				1007 월정사 8각 9층탑 세움		
				1009 강조의 정변	1000	
				1010 거란 성종, 고려에 침입(제2차). 현종 나주로 피난		
				1018 거란 소배압, 고려 침입(제3차)		1013 송, 『책부원구』 완성
				1019 강감찬, 귀주대첩		
				1025 대식국大食國 사람 100명이 특산물 가지고 옴		
						1037 셀주크투르크 제국 건국
						1042 송宋, 요遼와 화친

주요국 역사 변천				한국사	연표	세계사
서양	중국	일본	한국			
				1044 천리장성 완성	1000	
				1049 양반의 공음전시법 제정		
						1054 기독교, 동서로 나뉨(로마 : 그리스)
				1055 최충, 문헌공도 세움		
						1066 노르망디공 윌리엄, 잉글랜드 정복
						1069 송宋, 왕안석의 개혁(신법新法)
				1075 혁련정, '균여전' 지음		
	북			1076 전시과 개정, 관제 개혁		1076 신성로마제국, 서임권 파동으로 교황과 황제 대립
						1077 카노사의 굴욕
				1086 흥왕사에 교장도감教藏都監 설치		1086 송宋, 왕안석 죽고 사마광 집권, 신법 폐지
		헤		1087『초조대장경』간행		
				1090 의천,『속장경』조판 시작		
						1095 클레르몽 종교 회의, 교황 십자군 운동 호소
						1096 십자군 원정(~1270)
중	송		고	1097 주전도감 설치. 국청사 낙성		
				1102 해동통보 주조	1100	
				1107 윤관, 여진 정벌		
				1112 혜민국 설치		
						1115 여진, 금金 건국
				1116 청연각 설치		
				1119 양현고 설치		
						1122 신성 로마 제국, 보름스협약(성직 임명권 문제 일단락)
	(요)	이		1124 서긍,『고려도경』완성		
						1125 금金, 요遼를 멸함
				1126 이자겸의 난		
						1127 북송北宋 멸망, 남송南宋 건국
						1128 독일, 기사단 창설
				1132 묘청·정지상 등 서경 천도 건의		
				1135 묘청의 서경 천도 운동		
세			려	1145 김부식,『삼국사기』펴냄		
						1147 제2차 십자군 원정
				1159 고려청자 등 도자기 성행		
						1163 프랑스, 노트르담 성당 건축 시작
		안				1167 영국, 옥스퍼드대학 세움
	남			1170 무신정변 발생		1170 프랑스, 파리대학 세움
				1173 김보당의 난		
				1174 조위총의 난		
				1176 망이·망소이의 난		
	송					1177 남송 주희,『사서집주』완성
				1179 경대승, 정중부 죽이고 집권. 도방 설치		
				1182 전주에서 민란 발생		
	(금)					1189 제3차 십자군 원정
				1190 지눌,「정혜결사문」발표		
						1192 일본, 가마쿠라鎌倉 바쿠후 성립

주요국 역사 변천				한국사	연표	세계사
서양	중국	일본	한국			
				1193 김사미·효심의 민란	1100	
				이규보, 『동명왕편』 지음		1194 셀주크투르크 분열, 멸망
				1196 최충헌 집권		
				1198 만적의 난		
				1200 진주에서 공·사노비가 난을 일으킴	1200	1200 남송, 주희 죽음
		가		1202 경주에서 신라 부흥 운동 일어남		1202 제4차 십자군 원정
						1206 칭기즈칸, 몽골 통일
	남					인도, 노예 왕조 성립
				1215 각훈, 『해동고승전』 지음		1215 영국, 대헌장 제정
				1219 고려·몽골군이 함께 강동성의 거란군 물리침		
						1228 제5차 십자군 원정
		마		1231 몽골 제1차 침입		
				1232 강화 천도		
				1234 금속활자로 『상정고금예문』 펴냄		1234 금金, 원元에 멸망
	송			1235 몽골, 제3차 침입		1235 몽골, 수도 카라코룸 건설
중			고	1236 『팔만대장경』 조판 시작		
				1241 이규보, 『동국이상국집』 펴냄		1241 신성 로마 제국, 한자동맹 맺음
		쿠				1243 원 오고타이, 칭기즈칸 계승
				1247 몽골, 제4차 침입		
						1248 제6차 십자군 원정
				1253 몽골, 제5차 침입		
				1254 몽골, 제6차 침입. 몽골군에게 20만여 명		1254 신성로마제국, 대공위 시대
	(금)			잡혀감		
		라		1258 김준, 최의 죽이고 집권. 화주에 쌍성총관부		1258 몽골군 바그다드 점령, 아바스 왕조 붕괴
				설치		
				1260 이인로, 『파한집』 펴냄		
				1270 고려, 개경으로 환도		1270 제7차 십자군
				서경에 동녕부 설치		
				삼별초, 진도로 들어감		
		바		1271 녹과전 지급		1271 몽골, 원元 제국 성립
세			려	1273 삼별초군 탐라에서 진압됨		
				1274 여麗·원元의 제1차 일본 정벌 실패		
						1279 남송南宋, 원에 멸망
				1281 몽골, 고려군 동원 제2차 일본 정벌, 실패		
		쿠		일연, 『삼국유사』 지음		
	원			1287 이승휴, 『제왕운기』 지음		
				1290 동녕부 폐지		
						1295 영국, 모범 의회
				1298 정방 폐지, 관제 복구		
						1299 마르코 폴로, 『동방견문록』 펴냄
	元	후				오스만 제국 건국
					1300	1302 프랑스, 삼부회 최초 소집
				1304 국학 대성전이 완성		
				1309 각염법(소금 전매제) 제정		1309 교황, 아비뇽에 유폐
				1314 태조 이래 역대왕 실록 펴냄		
						1321 단테, 『신곡』 완성

주요국 역사 변천				한국사	연표	세계사
서양	중국	일본	한국			
					1300	1337 일본, 무로마치 바쿠후 성립
						1338 영국·프랑스 백년전쟁
				1342 이제현, 『역옹패설』 지음		
				1347 정치도감 설치		1347 전 유럽에 페스트 퍼짐, 인구 대폭 감소
	원			1350 왜구 침입 시작		
		무				1351 원, 홍건적의 난 발생
				1356 공민왕이 기철 등 제거		1356 금인칙서(황금문서) 발표
			고			1358 프랑스, 자크리 농민 반란
	元			1359 홍건적 침입, 서경 함락		
				1363 문익점, 원에서 목화씨 가져옴		
중				1365 전민변정도감 설치. 신돈을 판사로 삼음		
		로				1367 신성로마제국, 한자Hansa 시의 쾰른동맹
						1368 원 멸망, 주원장 명明 건국
						1369 티무르 제국 성립
				1376 최영, 왜구 정벌(홍산전투)		
			려	1377 최무선 건의로 화통도감 설치		
				『직지심체요절』 인쇄(청주 홍덕사)		1378 교회 대분열(로마 : 아비뇽)
		마		1380 최무선, 진포에서 화포로 왜구 물리침		1380 명, 황제 독재권 강화
				1388 최영, 요동 정벌		1388 독일, 쾰른대학 세움
				이성계, 위화도회군으로 정권 장악		
세				1389 박위, 쓰시마 섬 정벌		
				1390 토지 문서 소각		
		치		1391 과전법 제정		1391 북원北元, 명에 항복하여 멸망
	명			1392 고려 멸망, 조선 건국		1392 독일, 한자동맹 맺음
				1393 국호를 조선으로 결정		
				1394 한양 천도		
				정도전, 『조선경국전』 펴냄		
				1397 요동 정벌 계획 추진		1397 명, 대명률 반포
		바		정도전, 『경제육전』 펴냄		
				1398 양전 실시. 성균관 문묘, 명륜당 건립. 제1차 왕자의 난		
			조	1400 제2차 왕사의 난, 사병 혁파		
				1401 신문고 설치	1400	1401 무로마치 바쿠후, 최초로 명과 통교
				1402 호패법 실시		
		쿠		1403 주자소 설치		
	明					1404 무로마치 바쿠후, 명과 감합勘合 무역 실시
근						1405 명明 정화, 남해 원정
				1407 관료의 녹과 개정		
			선			1408 명, 『영락대전』 완성
				1411 한양에 5부 학당 설치		
		후		1413 조선 8도의 지방 행정 조직 완성, 『태조실록』 펴냄		
대						
						1415 로마 교회, 후스 화형
						1417 로마 교회, 교황 선거로 교회 대분열 끝냄
				1418 세종 즉위		

주요국 역사 변천				한국사	연표	세계사
서양	중국	일본	한국			
근대	명 明	무로마치바쿠후	조선	1419 이종무, 쓰시마 정벌	1400	
				1420 집현전 설치		
						1424 터키, 콘스탄티노플 제외한 전 동로마 영토 차지
						1431 영국, 잔 다르크 처형
				1433 4군 설치(1443년 완성)		
				1434 6진 설치(1449년 완성)		
				1441 측우기 제작		1441 류큐流球, 시마즈島津에 복속
				1443 훈민정음 창제		
						1445 포르투갈 바르톨로뮤 디아스, 희망봉 발견. 이탈리아, 르네상스 번성
				1446 훈민정음 반포		
						1450 독일 구텐베르크, 최초 인쇄본 『성경』 펴냄
				1453 수양대군, 김종서 죽이고 정권 장악(계유정난)		1453 백년전쟁 끝남 투르크, 콘스탄티노플 점령 동로마제국 멸망
						1455 영국, 장미전쟁 시작(~1485)
				1456 사육신 처형		
				1458 『고려사』 완성		
				1460 신숙주, 여진 정벌		1460 터키, 그리스 전 영토 점령
				1466 직전법 실시		
						1467 일본, 오닌의 난 일어나 센고쿠戰國 시대 시작
						1470 이탈리아 보카치오, 『데카메론』 간행. 잉카제국, 정복 활동 시작
						1472 교황청, 면죄부 남발
						1474 이탈리아 토스카넬리, 세계 지도 작성
				1475 인수대비, 『내훈』 펴냄 『국조오례의』 완성		
						1476 모스크바 공국 이반 3세, 노브고로드 정복. 이탈리아, 메디치 가의 독재 확고해짐
				1478 서거정 등, 『동문선』 완성		
						1479 스페인 왕국 성립
						1480 이반 3세, 킵차크한국 멸망시키고 몽골 속박 벗어남
				1481 서거정 등, 『동국여지승람』 지어 올림		
				1482 폐비 윤씨에게 사약		
				1484 『경국대전』 완성(1485년 시행)		
						1487 포르투갈 바르톨로뮤 디아스, 희망봉 도착
				1491 여진족, 경흥에 쳐들어감		
						1492 스페인, 이베리아 반도에서 이슬람 세력 쫓아냄 콜럼버스, 아메리카 항로 발견
				1493 성현 등, 『악학궤범』 완성		
						1494 이탈리아 메디치 가, 피렌체에서 쫓겨남 중국 나관중, 『삼국지연의』 펴냄
				1498 무오사화 일어남		1498 포르투갈 바스코 다 가마, 인도 항로 발견
						1499 스위스, 독일과 바젤협약 맺고 스위스동맹 맺음, 독립
				1500 과부 재혼 금지	1500	1500 인도, 티무르 제국 멸망
						1501 명, 타타르족 침략으로 수도 닝샤寧夏 함락

주요국 역사 변천				한국사	연표	세계사
서양	중국	일본	한국			
					1500	1502 명, 『대명회전』 완성
						이란, 사파비 왕조 성립
				1503 승려의 도성 출입 엄금		1503 일본, 조선통신사 요청
				1504 갑자사화 일어남		알프스 이북에 르네상스 발흥
				경연 폐지		
		무		성현, 『용재총화』 펴냄		
				1506 중종반정		1506 이탈리아 레오나르도 다 빈치, 「모나리자」 완성
				1510 삼포왜란		네덜란드 에라스무스, 『우신예찬』 지음
				1512 임신약조		
						1516 영국 토마스 무어, 『유토피아』 지음
		로				아라비아, 『아라비안 나이트』 완성
	명					1517 루터의 종교 개혁
						투르크, 이집트 점령. 칼리프 칭호 사용
				1518 소격서 혁파		1518 스위스 츠빙글리, 종교 개혁 주장
				1519 향약 실시. 현량과 실시		1519 마젤란, 세계일주(~1522)
근		마	조	기묘사화 일어남		1524 독일, 농민전쟁 일어남
						1526 인도, 무굴 제국 성립
						1532 스페인 피사로, 페루 정복
						1533 잉카 제국 멸망
						1534 영국, 수장령 발표. 로욜라, 예수회 창립
		치				1536 칼뱅의 종교 개혁
						1541 투르크, 헝가리와 알제리 정복
						1542 영국, 아일랜드 왕국 성립
				1543 주세붕, 백운동서원 세움		1543 코페르니쿠스, 지동설 발표
						1544 로마 교회, 트리엔트 공의회 개최
		바		1545 을사사화 일어남		
				1551 문정왕후, 양종선과 재설치, 도첩제 부활		
				1554 비변사 설치		
				1555 을묘왜변 발생, 제승방략 반포		1555 아우구스부르크 종교 화의, 루터파 신교 공인
				1556 이황, 『주자서절요』 완성		
대		쿠	선	1559 이황·기대승, 사단칠정 논쟁 시작		
				1560 이황, 도산서원 세움		1560 일본, 교토에 크리스트교 포교 허용
				1561 이지함, 『토정비결』 지음		
				1562 임꺽정 처형		1562 프랑스, 위그노전쟁 일어남(~1598)
	明			1565 보우, 제주도에서 처형		1565 일본, 교토의 선교사 추방. 포르투갈, 마카오 건설
		후				1568 네덜란드, 스페인으로부터 독립 전쟁 일으킴
						1571 일본, 나가사키 개항
						스페인, 레판토해전에서 투르크에 승리
						1573 명明, 장거정의 개혁
				1575 동서 분당		
				1577 이이, 해주향약 실시		
		아즈치모모야마		1583 이이, 십만양병설 건의		
				1588 일본 사신, 통신사 요청		1588 영국, 에스파냐 무적 함대 물리침
				정철, 『사미인곡』, 『속미인곡』 지음		
				1589 정여립 모반 사건		1589 도요토미 히데요시, 일본 전국 통일

주요국 역사 변천				한국사	연표	세계사
서양	중국	일본	한국			
근대	명 明	아즈치모모야마	조선	1592 임진왜란 일어남, 한산대첩, 진주대첩	1500	1592 도요토미 히데요시, 조선 침공
				1593 평양 수복, 한성 수복 행주대첩, 훈련도감 설치		1593 영국 셰익스피어, 『로미오와 줄리엣』 지음
				1594 속오군 편성		
						1596 무굴 제국, 인도 통일. 일본, 도요토미 히데요시 죽음
				1597 정유재란		
				1598 도요토미 히데요시 죽은 뒤 일본군 총퇴각 시작		1598 프랑스, 낭트칙령 발표
						1599 일본, 세키가하라 전투
				1600 공명첩 발급	1600	1600 영국, 동인도회사 세움
						1601 마테오 리치, 『곤여만국전도』 지음
						1603 일본, 에도 바쿠후 일어남
						1605 스페인 세르반테스, 『돈키호테』 지음
		에도바쿠후		1607 허균, 『홍길동전』 지음		
				1608 선혜청 설립, 경기도에 대동법 실시		
				1609 일본과 기유약조 맺음, 국교 회복		
				1610 허준, 『동의보감』 지음 김굉필·정여창·조광조·이언적·이황 등 5현 문묘종사		
						1614 프랑스, 삼부회 소집
						1616 후금 건국
						1618 독일, 30년전쟁 일어남(~1648)
						1619 명, 『서유기』, 『금병매』 등 소설 나옴
						1620 영국, 메이플라워호 아메리카 상륙
				1623 인조반정		1623 영국, 서인도에 식민 시작
				1624 어영군 모집, 이괄의 난, 총융군 편성		
						1626 후금, 태종 즉위
				1627 정묘호란		
				1628 벨테브레이, 제주도 표착		1628 영국, 권리청원 제출, 승인
				1631 정두원이 명에서 천리경·자명종·화포 등 수입		1631 명, 이자성의 반란
				1636 병자호란		1636 후금, 국호를 청淸으로 함
	청 淸			1637 인조, 삼전도의 굴욕		
						1642 영국, 청교도혁명(~1649)
						1644 명 멸망, 청淸 중국 통일
				1645 소현 세자, 청에서 과학·가톨릭교 관련 서양 책 가지고 귀국		
						1648 유럽, 베스트팔렌조약 맺음
						1649 영국, 찰스 1세 처형, 공화정 수립
						1651 크롬웰, 항해 조례 발표
				1652 어영군 수를 늘림		
				1653 하멜, 제주도 표착, 시헌력 채택		1653 인도, 아우랑제브 즉위 청, 일조편법 실시
				1654 제1차 나선정벌		
				1658 제2차 나선정벌		
				1659 호서 지방에 대동법 실시, 제1차 예송논쟁		
				1662 제언사 설치		
						1673 청, 삼번의 난
				1678 상평통보 주조		
				1680 경신환국		
				1682 정초군과 훈국중부별대를 합하여 금위영 설치		

주요국 역사 변천				한국사	연표	세계사
서양	중국	일본	한국			
근대	청 清	에도 바쿠후	조선		1600	1688 영국 명예혁명
				1689 기사환국		1689 영국, 권리장전 발표 청·러, 네르친스크 조약 맺음
				1690 희빈 장씨, 왕비 책봉		
				1694 갑술환국		
				1696 안용복, 독도에서 일본인 쫓아냄		
						1699 청, 영국의 광둥 무역 허가
				1701 숙종, 희빈 장씨 사사	1700	1701 에스파냐, 왕위 계승 전쟁
				1708 전국적으로 대동법 시행		
				1712 백두산정계비 건립		
						1723 청, 크리스트교 포교 금지
				1725 영조, 탕평책 실시		
						1727 청·러, 캬흐타조약 맺음
				1728 이인좌의 난		
						1729 청, 아편 판매 금지
						1736 프랑스, 몽테스키외·볼테르 등 계몽 사상가 활약
				1740 영조, 도량형 통일		1740 오스트리아, 왕위 계승 전쟁
				1742 영조, 탕평비 세움		1742 영국·프랑스, 식민지 쟁탈전 시작
						1747 청, 외국 선교사 거주 금지
				1750 균역법 실시		
						1756 프랑스·오스트리아, 베르사유 조약 맺음 7년 전쟁
				1757 영조, 난장형 금지		1757 인도, 플라시 전투
				1762 사도 세자, 뒤주 속에서 죽음		1762 루소, 『사회계약론』 발표
				1763 통신사 조엄, 일본에서 고구마 들여옴		1763 파리 조약, 7년 전쟁이 영국 승리로 끝남
				1764 장예원 혁파		
						1765 와트, 증기 기관 완성, 아메리카 식민지대표회의 뉴욕에서 열림
						1773 미국, 보스턴 차당 사건. 청, 『사고전서』 펴냄
				1776 정조 즉위. 규장각 설치		1776 미국, 독립 선언
				1784 이승훈, 천주교 전도		
				1785 『대전통편』 완성		
				1786 서학을 금함		
						1789 프랑스 혁명, 인권선언
				1790 정약용, 해미읍으로 유배		
				1791 신해사옥 금난전권 없앰(신해통공) 천주교 관계 서적 수입을 금함		
				1794 수원성 축조 시작		
				1796 수원성 완성		1796 청, 백련교도 봉기
				1800 순조 즉위, 정순왕후 김씨 수렴청정	1800	
				1801 신유사옥 황사영 백서 사건 정약용, 강진으로 귀양		
						1804 나폴레옹, 황제 즉위
				1805 안동 김씨, 세도 정치 시작		

주요국 역사 변천				한국사	연표	세계사
서양	중국	일본	한국			
근대	청 清	에도 바쿠후	조선		1800	1806 나폴레옹, 대륙 봉쇄령
				1811 홍경래의 난		
						1814 프랑스, 연합군에 패배 유럽 빈회의 개최
				1818 정약용, 정배에서 풀려남. 『목민심서』 지음		
						1823 미국, 먼로주의 선언
						1824 멕시코, 공화국 수립
						1829 청, 외국과 통상 금지
						1830 프랑스, 7월혁명
				1831 천주교 조선 교구 설치		
						1832 영국, 선거법 개정
						1833 독일, 관세동맹 맺음
				1834 헌종 즉위, 순원왕후 김씨 수렴청정		
						1838 영국, 차티스트 운동
				1839 기해사옥		1839 오스만 제국, 탄지마트(은혜개혁)
				1840 풍양 조씨, 세도 정치 시작		1840 청, 아편전쟁(~1842)
						1842 청, 영국에 의해 상하이·난징 무너짐. 난징 조약 맺음
						1844 네덜란드, 일본에 개국 권고
				1846 김대건 신부 처형		
						1847 영국, 과잉 생산으로 공황 발생
						1848 프랑스, 2월혁명 마르크스·엥겔스, 「공산당선언」 발표
						1851 청, 태평천국운동
				1851 안동 김씨, 세도 정치 재개		영국, 제1회 만국박람회 개최
						1852 프랑스, 나폴레옹 3세 즉위
						1857 인도, 세포이 항쟁
						1858 인도, 무굴제국 멸망
				1860 최제우, 동학 창시		1860 청, 베이징 조약 이탈리아 가리발디, 시칠리아 정복
				1861 김정호, 「대동여지도」 제작		1861 미국, 남북전쟁
				1862 임술 농민 봉기		1862 중국, 양무운동 시작
				1863 고종 즉위, 홍선대원군 집권		1863 링컨, 노예 해방 선언
				1864 동학 교조 최제우 처형		1864 국제 적십자사 창립
				1865 경복궁 중건		
				1866 병인사옥 제너럴 셔먼 호 사건, 병인양요		
		메이지		1868 오페르트 도굴 사건		1868 일본, 메이지 유신
						1869 수에즈 운하 개통
						1870 이탈리아, 통일 완성
				1871 홍선대원군, 서원 정리		1871 독일 통일
				1873 최익현, 홍선대원군을 탄핵 고종 친정 선포		
				1875 운요 호 사건		1875 영국, 수에즈 운하 매수
				1876 강화도 조약 맺음		1876 발칸전쟁 일어남
						1877 영국, 인도 제국 성립 선언

주요국 역사 변천				한국사	연표	세계사
서양	중국	일본	한국			
근대	청(淸)	메이지	조선		1800	1878 베를린회의
				1879 지석영, 종두법 실시		1879 청·러, 이리 조약 맺음
				1880 김홍집, 고종에게 『조선책략』 바침 리훙장, 조선에 서구 열강과 통상 권고		
				1881 신사유람단·영선사 파견		
				1882 미·영·독 등과 통상 조약 맺음 임오군란 일본과 제물포 조약 맺음		1882 독일·이탈리아·오스트리아, 삼국동맹 맺음
				1883 태극기 사용 전환국 설치 원산학사 설립, 혜상공국 설치 「한성순보」 발간		1883 이집트, 영국 속령됨
				1884 우정국 설치, 갑신정변		1884 청·프랑스 전쟁
				1885 영국, 거문도 점령 광혜원 설립, 배재학당 설립 서울-인천 간 전신 개통		1885 청·일, 텐진 조약 맺음 프랑스, 대청전쟁 승리 일본, 내각제 확립 인도, 국민회의 조직
				1886 노비 세습제 폐지 이화학당·육영공원 설립		
				1887 아펜젤러, 정동교회 설립		1887 프랑스령 인도차이나 성립 포르투갈, 마카오 할양
						1888 청, 북양 해군 창설
				1889 함경도, 방곡령 선포		
				1894 동학 농민 전쟁, 갑오개혁		1894 쑨원, 흥중회 결성 청일전쟁 일어남
				1895 삼국간섭 을미사변, 을미개혁		1895 청, 일본에 패배 일본, 랴오둥 반도 할양 포기
				1896 아관파천, 독립협회 창립		1896 아테네, 제1회 올림픽 대회 개최
			대한제국	1897 대한제국 수립		
				1898 독립협회, 만민공동회 개최 보부상, 황국협회 결성 만민공동회 해산		1898 청, 변법자강운동 실시, 무술정변으로 실패 미국, 필리핀 획득 파쇼다 사건 퀴리 부부, 라듐 발견 제1회 만국평화회의
				1899 대한제국 국제 반포 경인선 개통		1899 청, 의화단 운동 보어전쟁 개시
현대				1900 만국우편연합 가입	1900	1900 청, 서구 열강이 베이징 점령, 의화단의 난 진압
				1901 제주 민란		1901 청, 리훙장 사망 뢴트겐, 제1회 노벨상 수상
				1902 서울 인천 간 시외 전화 개통		1902 영일동맹 맺음 쿠바 공화국 성립
				1903 YMCA 발족		
				1904 한일의정서 맺음		1904 러일전쟁 일어남
				1905 경부선 개통 을사늑약 맺음 동학, 천도교로 개칭 통감부 설치		1905 러시아, 피의 일요일 사건 미·일, 가쓰라·태프트 밀약 맺음 쑨원, 중국혁명동맹회 조직 일본, 러일전쟁 승리, 포츠머스 강화조약 맺음 아인슈타인, 특수상대성이론 발표

주요국 역사 변천				한국사	연표	세계사
서양	중국	일본	한국			
현대	청 淸	메이지	대한제국	1906 경의선 개통	1900	1906 인도, 스와라지 운동
				최익현, 대마도에서 순절		
				1907 국채보상운동		1907 제2회 헤이그 평화회의 개최
				신민회 조직		영국·프랑스·러시아, 삼국협상 맺음
				헤이그 특사 파견, 고종 퇴위		
				군대 해산		
				1908 의병, 서울 진공 작전		1908 오스만 제국, 청년투르크당의 혁명 운동
				1909 나철, 대종교 창시		1909 일본, 청과 간도협약 체결, 간도와 안봉선 교환
				일본, 남한대토벌작전		
				안중근, 이토 히로부미 사살		
			일제강점기	1910 한일합방조약 체결, 국권 피탈, 조선총독부 설치	1910	1910 포르투갈, 공화제 선언
				회사령 공포, 시행		
				1911 105인사건 일어남		1911 중국, 신해혁명
				조선교육령 공포		노르웨이 아문센, 남극 도착
	중화민국	다이쇼		1912 토지조사사업 시작		1912 청 멸망, 중화민국 성립
				1913 안창호, 흥사단 조직		
				1914 대한광복단 조직		1914 제1차 세계 대전 일어남
				1916 박중빈, 원불교 창시		파나마 운하 개통
						1917 러시아혁명
						1918 미국 윌슨 대통령, 14개조 평화 원칙 발표
				1919 3·1운동		1919 파리강화회의 개최
				상해 대한민국 임시정부 수립		베르사유 조약
				대한애국부인회 조직		중국, 5·4운동
						인도, 간디의 비폭력·무저항 운동
				1920 김좌진, 청산리대첩	1920	1920 국제연맹 성립
				「조선일보」, 「동아일보」 창간		
						1921 중국공산당 결성
						워싱턴회의
				1922 어린이날 제정		1922 소비에트사회주의공화국 성립
						터키, 술탄제 폐지
						1923 일본, 간토 대지진 일어남, 조선인 무차별 살해
						터키, 케말 파샤, 공화국 수립
						1924 중국, 제1차 국공 합작
		쇼와				1925 쑨원 죽음
				1926 6·10만세운동		1926 장제스, 북벌 시작
				1927 신간회 조직		1927 장제스, 난징에 국민정부 수립
				1929 광주학생항일운동		1929 세계 경제 공황
					1930	1931 일본, 만주사변
				1932 이봉창·윤봉길 의거		
				1933 미곡 통제령 공포		1933 미국, 뉴딜 정책 시행
				조선어학회, 한글 맞춤법 통일안 제정		히틀러, 나치스 정권 수립
				1934 진단학회 조직		1934 마오쩌둥, 중국공산당 대장정 개시
				1935 총독부, 각 학교에 신사 참배 강요		1935 그리스, 왕정 부활
				1936 손기정, 베를린 올림픽 마라톤 우승		1936 일본, 런던군축회의 탈퇴
				안익태, 한국 환상곡 완성		스페인, 내란 일어남
						1937 중일전쟁 일어남, 제2차 국공 합작

서양	중국	일본	한국	한국사	연표	세계사
현대	중화민국	쇼와	일제강점기	1938 일제, 한글 교육 금지	1930	1938 일본, 중국 광둥 점령 1939 제2차 세계 대전 일어남
				1940 창씨개명 등, 민족 말살 정책 강화 「조선일보」, 「동아일보」 강제 폐간 임시정부, 한국광복군 결성	1940	1940 독일, 프랑스 파리 함락 독일·이탈리아·일본, 3국 군사 동맹 맺음
				1941 농산물 공출 제도 시행 임시정부, 대일 선전 포고		1941 대서양헌장 발표 태평양전쟁 일어남 드골, 런던에 망명 정부 조직
				1942 조선어학회 사건 일어남		
				1943 광복군, 미얀마 파견		1943 이탈리아 항복, 카이로 선언
				1944 이육사·한용운 죽음		1944 노르망디상륙작전
			대한민국	1945 8·15광복 포츠담 선언, 한민족 독립 약속 조선건국준비위원회 발족 이승만, 미국에서 귀국 김구, 충칭에서 귀국		1945 얄타회담 개최 독일, 연합군에 항복 국제연합UN 창설 포츠담회담(미국·영국·소련) 일본, 연합군에 항복, 2차대전 종결 중국 국공 내전 시작
				1946 제1차 미소공동위원회 개최 대구, 10·1폭동사건		1946 파리평화회의 개최
				1947 유엔 한국위원단 구성 제2차 미소공동위원회 개최		1947 미국, 마셜플랜 발표 코민포름 결성
				1948 5·10총선거, 대한민국 정부 수립 북한, 공산 정권 수립 여수·순천, 10·19사건 국가보안법 제정		1948 세계인권선언 베를린 봉쇄 제1차 중동전쟁 인도, 간디 피살
	중화인민공화국			1949 김구, 안두희에게 피살 농지개혁법 공포 빨치산 섬멸 작전 펼침 북한, 조선노동당 창당		1949 중화인민공화국 수립 나토(NATO) 성립
				1950 한국전쟁 일어남 9월 유엔군 참전 10월 중국군 개입	1950	1950 유엔, 한국 파병 중국군, 한국전쟁 개입
				1951 1월 4일 서울 다시 빼앗기고 부산으로 후퇴 (1·4후퇴) 2월 거창 양민 학살 사건 3월 국회에서 국민 방위군 사건 폭로 7월 개성에서 휴전 회담 개최 10월 25일 판문점에서 정전 회담 다시 시작 12월 부산·대구 제외한 남한 전 지역 계엄령 선포		1951 1월 미국, 미군 5만 명 한국 증파 결의 4월 맥아더 사령관 해임 6월 유엔 주재 소련 대표 휴전 제의 유엔군 총사령관, 북한에 정전 회담 제의
				1952 1월 이승만 대통령, 평화선 선언 5월 거제도 공산 포로 폭동 일어남 5월 부산 정치 파동 7월 4일 발췌 개헌안 통과 8월 정·부통령 선거 실시(대통령 이승만, 부통령 함태영)		1952 11월 미국, 수소 폭탄 실험 성공 발표

주요국 역사 변천				한국사	연표	세계사
서양	중국	일본	한국			
현대	중화인민공화국	쇼와	대한민국	1953 4월 이승만 휴전 반대, 단독 북진 주장 6월 포로교환협정 조인 7월 27일 휴전협정 조인(북한－미국－중국) 8월 8일 한미상호방위조약 가조인 9월 김일성, 소련 방문 10월 한일회담 3차 회의	1950	1953 3월 소련 스탈린 죽음 9월 소련 공산당 서기장에 흐루시초프 취임 10월 일본 대표 구보타, 일제 통치 유리했다는 망언
				1954 1월 독도에 영토 표지 설치 5월 독도에 민간 수비대 파견 5월 20일 3대 민의원 총선거, 자유당, 금권·폭력 선거로 승리 5월 28일 서울에서 보신탕 판매 금지 11월 29일 사사오입 개헌 공포		1954 4월 26일 제네바 극동평화회의 개최 6월 5일 남한·북한·일본 대표, 제네바회담에서 6개항 통일 방안 제시 9월 10일 북한, 중국군 철수 환송 대회 개최 인도차이나, 휴전 협정
				1955 민주당 창당 북한, 박헌영 사형		1955 반둥회의 개최(반둥 평화 10원칙 발표) 바르샤바조약기구 성립
				1956 대통령 후보 신익희, 뇌일혈로 급사		1956 헝가리·폴란드 반공 의거 이집트, 수에즈 운하 국유화 선언 1957 제2차 중동전쟁
				1960 4·19혁명, 장면 내각 수립	1960	1960 파리군축회의 소련, 인공위성 스푸트니크 호 발사 아프리카의 해(16개국 유엔 가입)
				1961 5·16군사 쿠데타		1961 비동맹 국가 수뇌, 베오그라드에서 공동 선언 발표
				1962 제1차 경제개발계획 1963 박정희 정부 성립 1964 국군, 베트남 파병		1962 케네디, 쿠바 봉쇄 공용 연호 서기로 바꿈 알제리 독립 중국·인도, 국경 분쟁 1966 중국, 문화대혁명 시작
				1967 제2차 경제개발계획 1968 1·21사태, 향토 예비군 창설 국민교육헌장 선포 1970 새마을운동 시작		1967 제3차 중동전쟁 1968 체코슬로바키아, 민주화 선언 1969 미국, 아폴로 11호 달 착륙
				1971 무령왕릉 발굴	1970	1971 중국, 유엔 가입 인도·파키스탄 전쟁
				1972 제3차 남북공동성명(7월 4일), 남북적십자 회담 10월 유신, 제4공화국 수립 1973 6·23평화통일선언 KBS 창립 포항종합제철 준공 경주 천마총, 금관·천마도 출토 1974 남북한불가침협정 제의, 평화통일 3대 기본원칙 천명 북한 땅굴 발견		1972 미국 닉슨 대통령, 중국 방문 중국 창사, 전한묘 발굴 1973 제4차 중동전쟁 동·서독, 유엔 동시 가입 베트남 정전 협상 맺음 전 세계, 석유 파동 1974 중국, 진시황제 능에서 병마용 발견 1975 베트남전쟁 끝남, 인도차이나 3국 공산화 아르헨티나, 페론 정권 붕괴. 헬싱키선언
				1977 수출 100억 달러 달성, 제4차 경제개발계획 1978 자연보호헌장 선포 원자력 발전 시작		1976 남아프리카공화국, 인종 차별 반대하는 흑인 폭동 중동평화조약 맺음

주요국 역사 변천 서양	중국	일본	한국	한국사	연표	세계사
현대	중화인민공화국	쇼와	대한민국	1979 부·마 민주화 운동 10·26사태	1970	1979 소련, 아프가니스탄 쳐들어감 중국·베트남 국경 분쟁 이란, 회교 혁명
				1980 5·18광주민주화운동	1980	1980 이란·이라크 전쟁 일어남 폴란드, 자유 노조 결성 미국, 보이저 1호 토성 접근 탐사 성공
				1981 전두환 정부 수립		1981 미국, 우주 왕복선 콜롬비아호 비행 성공 반핵 운동
				1982 제5차 경제개발계획 시작		1982 이스라엘, 레바논 쳐들어감
				1983 KAL기 격추 사건 미얀마, 아웅산 테러 사건		
						1984 이란·이라크기, 연일 페르시아 만에서 유조선 공격
				1985 이산가족 고향 방문단·예술 공연단 교환 방문		1985 소련, 고르바초프 서기장 취임 미소 수뇌회담 개최
				1986 제10회 아시안 게임, 서울 개최		1986 필리핀, 아키노 정권 수립 소련, 체르노빌 원전 사고
				1987 6월 민주 항쟁 대통령 직선제 헌법 개정(6·29선언)		1987 사우디아라비아, 메카 참사 미·소, 중거리미사일폐기협정 맺음
				1988 노태우 정권 출범 제24회 하계 올림픽 서울 개최		1988 이란·이라크 전쟁 끝남 소련, 아프가니스탄 주둔군 철수
		헤이세이		1989 헝가리·폴란드 등, 동구권 국가와 국교 수교		1989 베를린 장벽 무너짐
				1990 한소 수교	1990	1990 독일 통일
				1991 남북한 동시 유엔 가입		1991 발트 3국 독립 걸프전쟁 일어남 소련 붕괴, 독립국가연합CIS 탄생
				1992 한중 수교 우리별 1호 발사 성공		1992 마스트리히트조약 리우 세계환경회담 개최
				1993 김영삼 정부 수립 대전 세계박람회EXPO 개최 민족공동체 3단계 통일 방안 제의 금융실명제 실시 백제금동대향로 발굴		1993 이스라엘·PLO, 평화협정 맺음
				1994 북한, 김일성 죽음 정부의 신외교 5대 기조 발표 서울 정도 600년 기념 사업		1994 APEC 정상회담 개최 우루과이라운드 타결 유럽연합EU 출범 남아프리카공화국, 만델라 대통령 당선
				1995 지방자치제 전면 실시 한국, 유엔 안보리 비상임 이사국에 선출 옛 조선 총독부 건물 해체 무궁화 위성 발사		1995 GATT 해체. 세계무역기구(WTO) 발족 우루과이라운드 발효
				1996 12·12와 5·18사건 재판 시작 2002 월드컵 한·일 공동 개최 확정		1996 미·베트남 수교 이스라엘, 라빈 총리 암살 복제양 돌리를 성공시켜 유전학 새장 마련 미국, 제42대 대통령에 빌 클린턴 재선

주요국 역사 변천				한국사	연표	세계사
서양	중국	일본	한국			
현대	중화인민공화국	헤이세이	대한민국	1997 황장엽, 한국으로 망명 KAL 여객기 괌에서 추락 외환위기 발생, IMF 관리 체제 시작 제15대 김대중 대통령 당선	1990	1997 중국, 덩샤오핑 죽음 홍콩, 중국에 반환
				1998 정주영 판문점 통해 방북 북한, 김정일이 공식 집권 일본 문화 상품에 대한 개방 선언 금강산 관광 시작		1998 인도네시아, 수하르토 물러남 영국, 북아일랜드 분쟁 끝남
				1999 인공위성 아리랑 호 발사		1999 유로화 출범 포르투갈, 마카오 반환 미국, 파나마 운하 반환 코소보 사태. 동티모르 독립 투쟁
				2000 분단 이후 첫 남북 정상 만남 한·미, SOFA 개정 합의 김대중 대통령, 노벨 평화상 수상	2000	2000 러시아, 푸틴 대통령 당선. 올브라이트 장관 북한 방문
				2001 여성부 공식 출범 인천국제공항 개항 일본 역사교과서 왜곡 파동 국가인권위원회 출범		2001 9·11테러 미국, 아프가니스탄 공격
				2002 한·일 월드컵 대회 개최 미군 장갑차 여중생 치사 사건		2002 유로화 공식 통용
				2003 노무현 정부 출범 대구지하철 참사		2003 미국, 이라크 침공 브라질, 룰라 대통령 취임 중국, 후진타오 국가 주석 취임(~2013)
				2004 노무현 대통령 탄핵 사건 경부·호남 고속 철도 동시 개통		2004 세계적으로 조류 인플루엔자 발생 마크 주커버그, 페이스북 창립
				2005 호주제 폐지 청계천 복원		2005 미국, 허리케인 카트리나 뉴올리언스 강타
				2006 황우석 교수, 논문 조작		2006 북한, 핵실험 강행 사담 후세인 사형 집행
				2007 샘물교회 교인 탈레반에게 집단 피랍 태안 기름유출사고 한미 FTA 타결 대운하 논란		2007 미국, 서브 프라임 모기지 사태 애플 사, 아이폰 출시
				2008 국보 1호 숭례문 화재로 전소 이명박 정부 출범 소고기 광우병 파동으로 촛불 집회		2008 미국, 버락 오바마 대통령 당선
				2009 노무현 대통령 사망 한국 최초의 위성 나로호 발사		
				2010 해군 초계함 천안함 침몰 김연아, 밴쿠버 동계 올림픽 피겨 스케이트 여자 싱글 금메달 수상 한-EU, FTA 조인, 한-미 FTA 협정 체결	2010	2010 튀니지 재스민 혁명, 아랍 국가 민주화 촉발 칠레, 광부 33명 매몰 66일 만에 생환 구조

주요국 역사 변천				한국사	연표	세계사
서양	중국	일본	한국			
현대	중화인민공화국	헤이세이	대한민국	2011 구제역 파동 5·18 기록물 유네스코 세계 기록유산 등재 2012 한-미 FTA 발효 여수 엑스포 개최 제주해군기지 건설 반대 여론 격화 가수 싸이, 〈강남 스타일〉 세계적 홍행 2013 박근혜 정부 출범 숭례문 재개장 국정원 불법 대선개입 논란 2014 세월호 침몰 사고 통합진보당 해산 대한항공 항공기 리턴 논란 청와대 문건 유출 사건	2010	2011 일본, 동북부 대지진으로 후쿠시마 원전 참사 북한, 김정일 사망 이집트 무바라크 대통령 축출 시민혁명 성공. 오사마 빈 라덴 사망 2012 북한, 김정은 국방위원장 취임 러시아, 푸틴 대통령 재선 2013 중국, 시진핑 국가 주석 취임 베네수엘라, 우고 차베스 대통령 사망 2014 스코틀랜드 독립 무산 홍콩 민주화 시위 우크라이나와 러시아의 영토 분쟁

찾아보기

각 장별 아이콘 설명

Ⅰ. 신라의 삼국통일과 그 의의

26쪽: 황강과 합천 읍내를 배경으로 한 대야성지의 모습

40쪽: 김춘

57쪽: 삼충사 계백 영정

72쪽: 주류성으로 비정되는 부안 우금산성

89쪽: 문무왕과 부여융이 삽혈 맹세했다는 취리산의 표석

107쪽: 김유신

119쪽: 봉암사지증대사적조탑비

Ⅱ. 통일신라의 정치와 사회

134쪽: 『삼국사기』

140쪽: 경주 월성

149쪽: 북한산진흥왕순수비

173쪽: 성덕대왕신종

197쪽: 성덕대왕신종 비천상

206쪽: 공자

213쪽: 신문왕릉

221쪽: 「신라촌락문서」

Ⅲ. 통일신라의 대외관계와 무역

230쪽: 최치원

245쪽: 일본 엔랴쿠지에 세운 장보고기념비

266쪽: 매신라물해

281쪽: 적산법화원 내 장보고 전기관

Ⅳ. 통일신라의 불교문화

312쪽: 원효 영정

332쪽: 부석사 무량수전

348쪽: 황룡사 복원도

358쪽: 감은사지 삼층석탑

372쪽: 석굴암 본존불

Ⅴ. 신라 하대의 사회변동

382쪽: 공주 공산성(김헌창의 난 발생지)

393쪽: 합천 해인사 전경

405쪽: 태조 왕건

414쪽: '전주성'명 연화문 수막새 와당

Ⅵ. 발해

430쪽: 『발해고』

441쪽: 발해의 석등(상경 용천부 내)

457쪽: 발해 정효공주묘

뿌리 깊은 한국사
샘이 깊은 이야기 ❷ 통일신라 · 발해

초판 1쇄 펴낸 날 2016.4.15
초판 2쇄 펴낸 날 2018.1.5

지은이 강봉룡
발행인 홍정우
책임편집 김현대
디자인 나선유
마케팅 정다운
발행처 도서출판 가람기획
등 록 1999년 10월 22일(제1999-000148호)
주 소 (04035) 서울시 마포구 양화로7안길 31 (서교동, 1층)
전 화 (02)3275-2915~7
팩 스 (02)3275-2918
이메일 garam815@chol.com

ISBN 978-89-8435-327-5 (04900)
978-89-8435-325-1 (세트)

이 책에 수록된 대부분의 사진들은 공공누리 제1유형에 따라 국립중앙박물관, 문화재청, 한국문화콘텐츠진흥원에서 제공받았습니다. 그 외 일부 사진의 경우 wikimedia commons 등의 공공 저작물 사이트에서 인용하였습니다.

이 도서의 국립중앙도서관 출판시도서목록(CIP)은 서지정보유통지원시스템 홈페이지(http://seoji.nl.go.kr)와 국가자료공동목록시스템(http://www.nl.go.kr/kolisnet)에서 이용하실 수 있습니다.(CIP제어번호: CIP2016007812)